Lukas Gschwend
Der Studentenmord von Zürich

Lukas Gschwend

Der Studentenmord von Zürich

Eine kriminalhistorische und strafprozessanalytische Untersuchung über die unaufgeklärte Tötung des Studenten Ludwig Lessing aus Freienwalde (Preussen) am 4. November 1835.
Zugleich ein Beitrag zur Erforschung der politischen Kriminalität im Vormärz.

Verlag Neue Zürcher Zeitung

Zürcher Habilitationsschrift

© 2002, Verlag Neue Zürcher Zeitung, Zürich
ISBN 3 85823 933 X

Vorwort

Im Sommer 1994 begegnete ich erstmals dem mysteriösen «Studentenmord von Zürich» in J.D.H. Temmes Überlieferung. Der Fall liess mich nicht mehr los. Den Kriminal- wie auch den Geschichtswissenschaften gleichermassen eng verbunden beschloss ich einige Jahre später, den historischen Kriminalfall nach wissenschaftlichen Kriterien aufzuarbeiten. Die internationalen Nachforschungen erwiesen sich als fruchtbar, und je tiefer ich in das Bedingungsgefüge des Delikts eindrang, desto fesselnder wurde die Arbeit. Die Akten eröffnen einen weiten Blick nicht nur auf die Unzulänglichkeit der früheren Strafverfolgungsbehörden, die historische Kriminalistik und Strafrechtsgeschichte, sondern ebenso auf den damaligen Alltag der Menschen. Die Leser begegnen einer recht bunten Zürcher Bevölkerung aus alteingesessenen Männern und Frauen, einflussreichen Politikern, einfachen Leuten und ihren täglichen Sorgen, Flüchtlingen und Handwerkern aus Deutschland und Italien, Abenteurern, Spionen und Verrätern. Im Spannungsfeld von Stabilität und Mobilität, von Reaktion und Revolution lädt sich über der ökonomisch aufstrebenden, aber noch kleinen Stadt wie auch über der ganzen Schweiz die politische Atmosphäre bedrohlich auf. Die Straftat wird in diesem Kontext verstanden, doch dringt das schwache Licht der Strafverfolgung nicht bis zu den Urhebern des Verbrechens vor, was manchem Zürcher ganz recht war. Vieles bleibt rätselhaft. So weht bis heute der Hauch jenes Geheimnisses über der Stadt an der Limmat.

Ein unaufgeklärtes Tötungsdelikt, im Volksmund der «perfekte Mord» genannt, fasziniert und erschreckt den modernen Menschen gleichermassen. Das Verbrechen blieb im vorliegenden Fall nicht mangels Tatverdächtiger unaufgeklärt. Vielmehr gelang es nicht, den Verdächtigen die Tat nachzuweisen. Der junge Zürcher Rechtsstaat sah sich auf eine schwierige Probe gestellt, zumal nicht nur der Anspruch eines gerechten Verfahrens mit dem Wunsch nach strafender Gerechtigkeit im Widerstreit lag, sondern komplexe politische Bedingungen die heikle Untersuchung zusätzlich komplizierten.

Die vorliegende Studie versteht sich einerseits als wissenschaftlicher Beitrag zur Zürcher Rechtsgeschichte. Andererseits richtet sie sich an ein breites Publikum und möchte die Leserschaft auf eine packende kriminalhistorische Entdeckungsreise in das unruhige Zürich der 1830er Jahre führen, eine Reise in eine bewegte und zugleich bewegende Vergangenheit.

Bei der Realisierung der vorliegenden Schrift wurde ich von zahlreichen Menschen auf vielfältige Weise unterstützt. Mein Dank gilt HR Prof. Dr. Leopold Auer, Wien; Prof. Dr. iur. Andreas Donatsch, Unterengstringen/Zürich; Prof. Dr. iur. Alfred Kölz, Zürich; Prof. Dr. phil. Werner Kowalski, Halle a.S.; Prof. Dr. iur. Marcel Senn, Zürich; Prof. Dr. med. Thomas Sigrist, St. Gallen; Prof. Dr. iur. Claudio Soliva, Effretikon; Dr. med. Erwin Gschwend, Jona; Dr. phil. Jan-Christoph Hauschild, Düsseldorf; Dr. phil. Kornelia Küchmeister, Kiel; Dr. phil. Thomas Michael Mayer, Würzburg; Dr. phil. Peter Mesenhöller, Köln; OR Dr. phil. Ernst Petritsch, Wien; Dr. iur. Bruno Schmid, Uster; Dr. phil. Ulrich Schulte-Wülwer, Husby; dipl. phys. Dominique Fluri, Zürich; lic. phil. Andrea Frei, Jona; lic. iur. Alexandra Scheidegger, Effretikon; Franz Gut, Winterthur; W. Simon, Berlin; H. Tempel, Berlin; Th. Ulbrich, Potsdam. Besonderen Dank schulde ich meiner Mutter, Meta Gschwend-Koller, für ihre vielfältige Unterstützung meiner Arbeit.

Die Kantonspolizei Zürich beteiligte sich in grosszügiger Weise an den Herstellungskosten.

Zürich, im Herbst 2001,
Lukas Gschwend

Inhalt

1	**Einleitung**	11
1.1	Zielsetzung und Methode	12
1.2	Zum Quellenmaterial	16
2	**Grundlagen**	21
2.1	Der politische Hintergrund	21
2.1.1	Die Demagogenverfolgungen	21
2.1.2	Formationen politischen Widerstands: Das Junge Deutschland	23
2.1.3	Agenten, Konfidenten, Spitzel – restaurativer Staatsschutz	31
2.1.4	Zur schweizerischen Flüchtlingspolitik 1833 bis 1836	33
2.1.5	Das Fremdenconclusum von 1836	37
2.2	Die Organisation der Zürcherischen Strafrechtspflege um 1835	40
2.3	Die strafprozessrechtlichen Neuerungen von 1831	43
3	**Sachverhalt**	45
3.1	Lessings letzter Tag	45
3.2	Auffinden der Leiche und erste Fragen	47
3.3	Die Voruntersuchung durch das Statthalteramt Zürich	49
3.4	Das Verbrechen im Spiegel der Presse	51
4	**Die Strafuntersuchung – 1. Teil**	55
4.1	Missglückte Eröffnung der Untersuchung	55
4.2	Tatort und Tatinstrumente	56
4.3	Obduktionsergebnisse	57
4.3.1	Vorbemerkung	57
4.3.2	Die an Lessings Leiche festgestellten Befunde	58
4.3.3	Das historische «Gutachten»	63
4.3.4	Beurteilung des «Obductions-Berichts» durch den heutigen Experten	66
4.3.5	Die neue Bestimmung der Todeszeit und deren Konsequenzen für die weitere Untersuchung	74
4.3.6	Der wahrscheinliche Tötungsvorgang – Ein Rekonstruktionsversuch	75

4.4	Der Verfahrensverlauf bis Ende 1835	79
4.4.1	Erste Befragungen und Abklärungen	79
4.4.2	Ermittlungen unter deutschen Flüchtlingen	81
4.4.2.1	Ein Ansatz zur Motiverforschung	81
4.4.2.2	Deutsche Flüchtlinge aus Lessings Zürcher Bekanntenkreis	84
4.4.2.3	Ein Duell	90
4.4.2.4	Vom Kommunisten zum kapitalistischen Karrieristen	96
4.4.2.5	Konturen einer politischen Dimension	98
4.4.3	Diffuse Beleuchtung politischer Hintergründe	103
4.4.4	Ein persönlicher Feind Lessings	106
4.4.5	Spuren führen in die Enge	108
4.4.5.1	Ein wenig stichhaltiger Verdacht	108
4.4.5.2	Raub- oder Milieumord?	110
4.4.5.3	Das Eifersuchtsmotiv	114
4.4.6	Die «Sailer-Episode»	116
5	**Ein politischer Mord?**	**121**
5.1	Vorbemerkung zur Rekonstruktion von Lessings Biographie	121
5.2	Lessings politische Karriere	122
5.2.1	Haft in Berlin	122
5.2.2	Politische Agitation in Bern	125
5.2.3	Politische Diskretion in Zürich	132
5.3	Ein Spion in preussischen Diensten	137
5.3.1	Ein preussischer Lockspitzel	137
5.3.1.1	Erste Verdachtsgründe	137
5.3.1.2	Flankierende Vermutungen und Verdachtserhärtung	139
5.3.1.3	Späte Bestätigung eines dringenden Verdachts	141
5.3.2	Politische Kraftprobe zwische Zürich und Berlin	143
5.3.2.1	Rechtshilfegebot und Rechtsschutzinteressen	143
5.3.2.2	Verweigerung der Rechtshilfe durch Preussen	145
6	**Strafuntersuchung im Zeichen des Verfassungsschutzes – 2. Teil**	**149**
6.1	Ein missglückter V-Mann-Einsatz	149
6.2	Die Aufdeckung der politischen «Klubbs» in Zürich	150
6.2.1	Vorbemerkung	150
6.2.2	Eine folgenschwere Hauptversammlung	151
6.2.3	Die Verhaftung des Barons von Eyb	152
6.2.4	Eine beispiellose Verhaftungswelle	153
6.2.5	Gegen eine Mauer des Schweigens	158

6.3	Der falsche Baron von Eyb alias Zacharias Aldinger	161
6.3.1	Die Frage nach der Identität	161
6.3.2	Drahtzieher eines politisch motivierten Mordes	163
6.3.3	Ein neues Eifersuchtsmotiv	166
6.3.4	Die Spezialinquisition	168
6.3.4.1	Die Versetzung in den Anklagezustand	168
6.3.4.2	Spionageverdacht	173
6.3.5	Abschluss der Strafuntersuchung gegen die Eheleute Eyb	176
6.4	Rache an einem Verräter?	186
6.4.1	Ein Toter wird der Spionage überführt	186
6.4.1.1	Lessings Konfidentenberichte	186
6.4.1.2	Nachspiel eines diplomatischen Kunstgriffes	191
6.4.2	Neue Verhaftungen – alte Fährten	195
6.4.2.1	Freunde oder Mörder?	195
6.4.2.2	Ein dilettantisches Denunziationsschreiben	201
6.4.2.3	Fehlanzeige!	203
6.4.2.4	Würdigung	205
6.4.2.5	Die fremdenpolizeilichen Konsequenzen	207
6.5	Der Abschluss der Untersuchung	208
6.5.1	Schlussbericht	208
6.5.2	Beweisergänzungen	209
6.5.3	Verteidigung durch Aktenpublikation	211
6.5.4	Aufklärung in letzter Minute?	212
7	**Beurteilung und Kritik**	**215**
7.1	Beurteilung der verhörrichterlichen Untersuchungsleistung	215
7.1.1	Strategische und taktische Mängel	215
7.1.2	Mängel in der Vernehmungstechnik	217
7.1.3	Fazit	219
7.2	Weitere Gründe für das Scheitern der Untersuchung	220
7.2.1	Die Macht des Schweigens	220
7.2.2	Politische Einflussnahme auf das Verfahren	222
7.3	Überlegungen zur möglichen Tatbegehung durch Mitglieder des Jungen Deutschlands	227
7.4	Vernachlässigte Ermittlungsrichtungen	233
7.4.1	Die Carbonaria	233
7.4.2	Mazzini und das Junge Europa	236
7.4.3	Preussen	239
7.4.4	Die Brüder Gessner	243

8	**Das Urteil des Criminalgerichts**	249
8.1	Das Hauptverfahren	249
8.2	Der Urteilsspruch	253
8.3	Die Urteilsbegründung	254
8.4	Das Urteil im Spiegel der Medien	260
8.5	Nachspiel: Ein verkannter oder eingebildeter Mörder?	263
9	**Epilog**	267
	Anhang	269
1	Biographien	271
2	In der Strafuntersuchung verwendete Briefe Lessings	285
3	Statutenauszüge	299
	Anmerkungen	313
	Quellenverzeichnis	433
	Sekundärliteratur	447
	Personenregister	471

1 Einleitung

Mitte der Dreissiger Jahre des 19. Jh. erschütterte die brutale Tötung des Studenten Ludwig Lessing aus Freienwalde/Preussen in der Gemeinde Enge bei Zürich die Zürcher Öffentlichkeit. Da die Tat in einem undurchsichtigen, internationalen politischen Kontext unter Involvierung zahlreicher politischer Flüchtlinge wahrgenommen wurde und sich keine Aufklärung des rätselhaften Delikts abzeichnete, verschärfte der Fall in seiner Brisanz die ohnehin angespannten Beziehungen der Eidgenossenschaft zum benachbarten Ausland und beeinflusste deren Asylpolitik massgeblich. Lessing war zur Zeit seines Todes an der 1833 neu gegründeten Zürcher Universität immatrikuliert, wo er Rechtswissenschaft studierte. Er beteiligte sich an politischen Aktivitäten des in den Staaten des deutschen Bundes verbotenen und verfolgten *Jungen Deutschlands*, einer Bewegung von deutschen Exilanten und Handwerkern, die auf die Republikanisierung Deutschlands* hinwirkte.

Am Abend des 3. November 1835, seinem 23. Geburtstag, begab sich Lessing aus unbekannten Motiven von Zürich nach Enge. Am nächsten Morgen wurde seine Leiche, von zahlreichen Dolchstichen durchbohrt, am rechten Ufer der Sihl nahe der heutigen Uto-Brücke gefunden. Nachdem sich der Verdacht, wonach Lessing in Zürich als Lockspitzel im Auftrag Preussens spionierte, erhärtet hatte, schien klar, dass er von verratenen Mitgliedern des *Jungen Deutschlands* getötet worden sein musste. Der Prozess gegen den wegen Gehilfenschaft zur Tötung Lessings und anderer Delikte angeklagten Zacharias Aldinger endete jedoch im Hauptanklagepunkt mit einem Freispruch. Die Täterschaft blieb für immer im Dunkeln. Die Strafuntersuchung warf indessen Licht auf das im Rahmen geheimer Verbindungen intensiv gepflegte radikale Engagement zahlreicher politischer Flüchtlinge. Die aus dem Verfahren gewonnenen Erkenntnisse trugen massgeblich zur restriktiven Kehrtwende in der eidgenössischen Flüchtlingspolitik im Spätsommer und Herbst 1836 bei. Die mit dem Strafverfahren einhergehenden Enthüllungen wirkten auch auf die Karrieren einiger arrivierter deutscher Immigranten; so zog die Untersuchung das zumindest vorläufige Ende der akademischen und politischen Laufbahn des bekannten Regenerationspolitikers und Staatsphilosophen Ludwig Snell nach sich.

1.1 Zielsetzung und Methode

Im 19. Jh. erfreute sich die aktenmässige Darstellung von Kriminalprozessen in verschiedenen europäischen Staaten, insbesondere in Frankreich, England und Deutschland, grosser Beliebtheit.[1] Mit Paul Johann Anselm von Feuerbachs «Aktenmässiger Darstellung merkwürdiger Verbrechen» von 1829 findet die Einzeldarstellung von Kriminalfällen Eingang in die deutsche Strafrechtswissenschaft, welche durch die dem Genre der Fallsammlung eigene empirische Methode wie auch zufolge der mit der Fallbetrachtung einhergehenden Hinwendung zur Kriminalpsychologie eine materiale Bereicherung erfuhr.[2] Das einschlägige Schrifttum des 19. Jh. kennt zahlreiche Sammlungen bedeutsamer Strafprozesse. Zu erwähnen ist etwa das zwischen 1842 und 1890 erschienene Monumentalwerk «Der neue Pitaval», wo unter Mitarbeit etlicher Strafrechtsfachvertreter und versierter Praktiker bedeutende zeitgenössische und historische Strafprozesse teilweise fachorientiert, mitunter der populären Rechtsvermittlung, öfters aber vor allem der allgemeinen Unterhaltung und Belehrung verpflichtet dargestellt und kommentiert werden.[3] Die Pitavalgeschichten sind daher zu Recht als Literaturgattung im Grenzbereich zwischen Belletristik und strafrechtlicher Fachliteratur referiert und eingeordnet worden.[4] Mit der Veröffentlichung der Strafrechtspflege in der ersten Hälfte des 19. Jh. erlebt auch die Kriminalfalldarstellung um 1850 in der Form der Gerichtsreportage und der für ein breites Publikum geschriebenen Kolportageliteratur einen weiteren Höhepunkt ihrer Popularität.[5] In der Schweiz werden in diesem Zeitraum verschiedene bedeutsame Kriminalfälle aktenmässig aufgearbeitet und einer breitgefächerten Leserschaft zugänglich gemacht.[6]

Dementsprechend ist insbesondere für das 19. Jahrhundert ein «gesellschaftlicher Diskurs über Kriminalität» zu beobachten, der zu einer intensiven Thematisierung derselben auch innerhalb von Belletristik und Publizistik führt.[7] Mitunter verlaufen die Grenzen zwischen primär sachlich orientierter, aktenmässiger Darstellung und romanhafter Schilderung von Verbrechen fliessend.[8] Jene Schriften entsprachen einerseits dem Bedürfnis der Bevölkerung nach interessanter Unterhaltung, verfolgten aber auch pädagogische, moralische, mitunter moralisierende, ferner strafrechtspolitische Zwecke.[9] Daneben eigneten sie sich als empirisches, insbesondere die einzelnen Aspekte des Strafprozesses und der Kriminalpsychologie darstellendes Anschauungsmaterial für Juristen aus Wissenschaft und Praxis.[10] Nach dem Ersten Weltkrieg erlitt das Forschungsgenre der aktenmässigen Kriminalfalldarstellung einen Niedergang.[11] Fortan beschränkten sich derartig ausgerichtete Arbeiten im deutschen Sprachraum zumeist auf kriminologisch, insbesondere kriminalpsychologisch, teilweise auch kriminalistisch motivierte Darstellungen von Fällen aus der jüngeren Vergangenheit, die sich an ein kleines interessiertes Fachpublikum, oft aus Polizei- und Psychowissenschaften, wenden, ohne einen besonderen wissenschaftlich-innovativen Anspruch zu erheben.[12]

Rechtsverstösse und die darauf folgenden sozialen und institutionellen Reaktionen sind historische Ereignisse, welche kasuistisch qualitativer Erfassung sowie Deskription fähig sind und breitangelegter, interdisziplinär organisierter und strukturierter wissenschaftlicher Analyse und Erklärung bedürfen. Der einzelne Rechtsfall ist nicht nur Ausfluss einer früheren normativen Konstitution, sondern zugleich rechtstatsächlicher Baustein derselben. Die Beschaffenheit der einzelnen Elemente birgt grosse Aussagekraft über die Eigenschaften des strafrechtlichen Gefüges in der komplexen Reziprozität von Normativität und Faktizität.

Die aktuelle, wissenschaftliche Darstellung eines historischen Kriminalfalls bzw. des darüber geführten Strafprozesses kann nicht in der erwähnten Tradition erfolgen; vielmehr hat sie weiterführenden Ansprüchen unter Berücksichtigung aktueller Erkenntnisgewinne zu folgen. Auch besteht kein Bedarf an blosser strafrechtshistorisch-kasuistischer Ereignisgeschichte. Für historische Kriminalfalldarstellungen ist vielmehr ein methodentechnischer Massstab strenger Wissenschaftlichkeit und Genauigkeit anzulegen, zumal die Aufarbeitung der relevanten Ereignisse im Rahmen der quellenbedingten Möglichkeiten trotz anderweitigem Blickwinkel nicht weniger präzise erfolgen sollte als in einem aktuellen Strafverfahren. Die zeitliche Distanz erschwert Rekonstruktion und nachvollziehendes Verstehen. Die strafrechtsgeschichtliche Auswertung eines Kriminal- bzw. Gerichtsfalles führt nur dann zu einem zuverlässigen Erkenntnisgewinn, wenn die Grunddaten sorgfältig erhoben wurden. Dazu gehört notwendigerweise die genaue, wissenschaftlich korrekte Offenlegung der Fundstellen. Sodann sind die historischen Bezüge innerhalb des rechts- und justizgeschichtlichen Gefüges unter Berücksichtigung insbesondere sozialhistorischer Aspekte aufzuzeigen.[13]

Die vorliegende Arbeit zielt zwar wesentlich darauf ab, den historischen Prozessverlauf anhand des überlieferten Quellenmaterials räumlich und zeitlich nachzuzeichnen, doch gilt ihr Anliegen im Wesentlichen der Zuordnung der einzelnen Verfahrensschritte innerhalb der zeitgenössischen Rechtslage und der Beurteilung des Prozesses im Umfeld der damaligen Strafrechts- und Prozessrechtswissenschaft.[14] Sodann versteht sich die Untersuchung als Beitrag zur Erforschung der zürcherischen Justizgeschichte der 1830er Jahre. Die Sammlung und Erschliessung des reichhaltigen Aktenmaterials nach wissenschaftlichen Kriterien ermöglichen detaillierten Einblick in die rechtstatsächliche Dynamik des historischen Strafverfahrens, eröffnen, wenn auch nicht gänzlich neue, so doch neu geebnete Wege zur Strafrechts- und Prozessrechtsgeschichte inkl. Polizeigeschichte.[15] Die Untersuchung will, soweit für das Verständnis erforderlich, das historische Umfeld des Delikts und des Verfahrens aufzeigen, strukturieren und mit den möglichen Tatmotiven in Beziehung setzen. Neben der Straftatebene sind auch, sofern möglich und sinnvoll, Täter- und Opferaspekte im Gefüge der jeweiligen Lebenswelt und der sozialen Beziehungen der Akteure sowie die Bedeutung der Justiz im Gefüge von Strafprozess und Kriminalisierung zu erhellen. Durch die chronologische Darstellung wichtiger Teile der Strafuntersuchung und die Einstreuung einzelner wörtlicher Wiedergaben von Verhören wird das historische Prozessgeschehen in seinen Abläufen unter Offenlegung und Kritik der erkenntnistheoretischen Aussagekraft authentisch aufgezeigt und analysiert. In einem systematisch-erklärenden Teil erfolgt die hintergründige Vertiefung und die biographische Verankerung der Opferpersönlichkeit in ihrem sozialen, zeitgenössischen Umfeld und den sich aus der Interaktion mit demselben ergebenden relevanten Problemen. Die Beurteilung des Verfahrens richtet ihr Augenmerk auf die Rechtmässigkeit und Prozessförmigkeit des historischen Verfahrens und berücksichtigt den Kenntnisstand der damaligen Wissenschaft. Daneben bleibt Raum für Beurteilungsversuche aus heutiger Sicht, soweit sie etwa kriminaltaktische oder untersuchungstechnische Aspekte betreffen. Wenig fruchtbar erweist sich die Analyse angesichts ihres aussergewöhnlichen Untersuchungsgegenstandes für die Anwendung kriminologischer Theorien, weshalb darauf verzichtet wurde.

Die Aufarbeitung des vorliegenden Kriminalfalles stellt aus methodischer Sicht besondere Anforderungen, da es sich dabei um eine unaufgeklärte, höchstwahrscheinlich politisch motivierte Tat handelt.[16] Bei der Beurteilung eines ungelösten historischen Kriminalfalls läuft der Bearbeiter Gefahr, in detektivische Umtriebigkeit zu verfallen und seinen Forschungsehrgeiz auf die Lösung des Rätsels zu konzentrieren. Ein nachträglicher Aufklärungsanspruch rechtfertigt sich, wenn der Forscher über den damaligen Untersuchungsbehörden nicht zugängliches Material verfügt, oder wenn eine Neubeurteilung historischer Beweismittel sich aufdrängt.[17] Andernfalls sind die Lösungsversuche unweigerlich spekulativ. Ein derartiger Rückblick mag zwar zu durchaus spannenden Gedankengängen und Lösungsvarianten führen, jedoch kaum wissenschaftlichen Erkenntnisgewinn zu generieren. Vorliegende Studie beschränkt sich darauf, im Rahmen einer Kritik der damaligen Untersuchung, unter Berücksichtigung neu erschlossener Quellen, vernachlässigte Lösungsansätze aufzuzeigen.

Historische Kriminalakten sind nicht nur wertvolle Erkenntnisquellen für historisch interessierte Juristen, sondern auch eine wahre Fundgrube für sozial- und kulturgeschichtlich forschende Historiker, enthalten diese Quellen doch oft reichhaltige, relativ präzise und differenzierte Informationen über Gestalt und Dynamik des täglichen Lebens und der jeweiligen Lebensweltkulissen in vergangener Zeit. Überdies werfen sie bisweilen Licht auf Wertvorstellungen und Rechtsauffassung der nicht das justizielle System verkörpernden Akteure (Angeschuldigte, Zeugen u.a.).[18] Freilich sind Kriminalakten stets verbriefte, spezifische Wahrnehmungen durch die interpretierende Brille ihrer damaligen Produzenten und bedürfen entsprechend kritischer Betrachtung und diskursiver Interpretation. Die vorliegende Untersuchung wirft nebenbei Streiflichter auf das Leben der deutschen Studenten an der neu gegründeten Universität Zürich, aber auch auf den Alltag von Flüchtlingen und Stadtbürgern. Man erfährt etwa, wie sich unehelich geschwängerte Zürcher Bürgerstöchter ihres unerwünschten Nachwuchses entledigten. Sogar eine zeitgenössische Reisebeschreibung über die Alpen und beschlagnahmte Liebesbriefe liegen bei den Akten, die sich als reichhaltiger Fundus alltagsgeschichtlicher Erkenntnis erweisen.

Dass historische Kriminalfälle nicht nur rechtsgeschichtliches Anschauungsmaterial darstellen, sondern vielmehr den Blick für ein breites, sozial- und kulturhistorisch geprägtes Verständnis der Strafrechtsgeschichte schärfen, wird in voller Tragweite erst allmählich entdeckt, nicht zuletzt dank den konkreten, wegweisenden Erkenntnissen der historischen Kriminologie der 1990er Jahre.[19] Die auf der Mikroebene betriebene historische Rechtstatsachen- und Kriminalitätsforschung erweist sich naturgemäss oft als resistenter gegenüber faktischen Irrtümern als eine sich einseitig auf der Makroebene entfaltende Geschichtswissenschaft oder primär ideengeschichtlich orientierte Rechtsgeschichte, da «sie neben dem justiziellen auch den lebensweltlichen und sozialen Kontext» berücksichtigt.[20] So essentiell die wissenschaftliche Durchdringung historischer Normengefüge ist und bleibt, so bedürfen zur Erforschung vergangener Kriminalitäts- und Justizrealitäten die jeweiligen Kriminalitätsphänomene wie auch die Strafpraxis der vollen rechtswissenschaftlichen Aufmerksamkeit.[21] Die wissenschaftliche Kriminalfallanalyse im Spannungsfeld von historischer Kriminologie bzw. Kriminalitäts- und Strafrechtsgeschichte erlaubt einen breiten Spielraum zur Setzung und Verknüpfung von Forschungsschwerpunkten und eignet sich daher auch als interdisziplinäres Forschungsfeld.[22] Eine derart pluralistisch-interdisziplinär betriebene Strafrechtsgeschichte lässt die mittlerweile zwar überholte, mitunter indessen noch immer vertretene, zur rechtshistorischen Schicksalsfrage emporstilisierte «Antithese Sozialgeschichte oder Ideengeschichte» obsolet werden.[23] Vielmehr eröffnet die methodische Verbindung oder Ergänzung rechtshistorischer Ansätze mit den Erkenntnissen von Sozial- und Kulturgeschichte sowie Diskursanalyse reiche und fruchtbare Forschungsgründe.[24]

Die Kriminalitätsgeschichte des 19. und 20. Jh. ist mit wenigen Ausnahmen bis heute kaum erschlossen.[25] Eine qualitativ orientierte, wissenschaftliche Analyse historischer Kriminal- und Gerichtsfälle wird kaum betrieben, was angesichts der zahlreich vorhandenen aktenmässigen Darstellungen und deren einfacher

Zugänglichkeit erstaunen mag. So entspricht die methodengerechte qualitative und quantitative Aufarbeitung insbesondere der jüngeren Kriminalitätsgeschichte und mit besonderem Augenmerk auf die Disziplin der materialen Fallanalyse einem aktuellen rechtshistorischen Forschungsdesiderat.[26]

1.2 Zum Quellenmaterial

Vorliegende Studie beabsichtigt eine umfassende wissenschaftliche Aufarbeitung des Kriminalfalles unter Berücksichtigung der einschlägigen Prozessakten im Zürcher Staatsarchiv[27], des Aktenmaterials im Berner Staatsarchiv, im Haus-, Hof- und Staatsarchiv Österreich in Wien, im Brandenburgischen Landeshauptarchiv in Potsdam sowie im Geheimen Staatsarchiv, Preussischer Kulturbesitz, zu Berlin.[28] Das Geheime Staatsarchiv verfügt über zahlreiche Aktenstücke betreffend die Lessing-Affäre, deren Auswertung hier erstmals auf breiter Ebene erfolgt. Solche finden sich u.a. in den umfangreichen diplomatischen Korrespondenzen und in den Überwachungsakten des Innen- und Polizeiministeriums. Das Geheime Staatsarchiv verwahrt weit mehr als hundert Personalakten politischer Dissidenten aus den 1830er Jahren.[29] Zwei in sich geschlossene Aktenmappen enthalten geordnete Dokumente über Lessings Werdegang und sein Ende, insbesondere über die darüber geführte Untersuchung, wie sie vom preussischen Gesandten und dem Aussenministerium wahrgenommen und beurteilt wurde.[30]

Auch im Brandenburgischen Hauptlandesarchiv (ehemals Staatsarchiv Potsdam) befinden sich zahlreiche mit allerlei Detailinformationen bestückte geheime Polizeiakten über einzelne Flüchtlinge. Auch von Lessing ist in diesen Akten die Rede. Für die vorliegende Untersuchung vielversprechendes weiterführendes Quellenmaterial wäre sodann in den Aktenbeständen der ehemaligen *Bundes-Centralbehörde* in Frankfurt a.M. bzw. des Mainzer Zentralpolizeibüros zu erwarten. Diese wurden allerdings bereits 1848 vernichtet.[31] Einiges davon gelangte abschriftlich nach Wien, sodass in den Aktenständen des Haus-, Hof- und Staatsarchivs unter dem Vermerk «Deutsche Akten» Quellenzeugnisse über die weitläufigen Staatsschutzbemühungen der restaurativen Regierungen im Vormärz erhalten geblieben sind. Von besonderer Bedeutung für die vorliegende Studie sind die Abschriften von Lessings Konfidentenberichten nach Berlin, welche durch das preussische Aussenministerium zu Handen Metternichs nach Wien gesandt und dort vermutlich lückenlos archiviert wurden, während die Originale im GStA nicht mehr auffindbar sind. Allerdings sind die nach Wien weitergeleiteten Abschriften nicht allesamt vollständig. Soweit Lessing über preussische Interna berichtete, wurden diese mitunter weggelassen.[32] Als aufschlussreiche Quelle erwies sich ferner die im Nachlass Harro Harrings bei der Schleswig-Holsteinischen Landesbibliothek befindliche Abschriftensammlung von Konfidentenschreiben aus dem Haus-, Hof- und Staatsarchiv in Wien aus den Jahren 1835 und 1836.[33] Sodann fanden vereinzelt Dokumente aus anderen Archiven Berücksichtigung.[34] Die umfangreiche, internationale Archivrecherche war trotz sorgfältiger Planung überaus aufwändig. Als hilfreich bei der Ortung interessierender Quellenbestände und fruchtbar i.S. interdisziplinärer Zusammenarbeit erwies sich angesichts der engen historischen Bezüge die Kontaktnahme mit Exponenten der Georg-Büchner-Forschung sowie der sozialistischen Geschichtsforschung.[35]

Bereits 1837, zeitgleich mit dem Verfahren vor dem Zürcher *Criminalgericht*, publizierte der Rechtsanwalt und Strafrechtsdozent Joseph Schauberg,[36] Verteidiger des angeklagten Zacharias Aldinger und dessen Ehefrau, eine aktenmässige Darstellung der Prozedur, worin er, neben der Darlegung der Geschehnisse, insbesondere die Gründe, die zum Versagen der Untersuchung führten, herausarbeitete.[37] Seine Darstellung offenbart mit der bei einem Strafverteidiger zu erwartenden Kritik Fehler und Versäumnisse der Strafverfolgungsbehörden. Schauberg verfügt als Verfahrensbeteiligter über eine breite und vertiefte Wahrnehmung des gesamten Prozessgeschehens und erscheint daher als idealer Prozessberichterstatter und -kritiker. Allerdings gilt es zu bedenken, dass Schauberg einer durch die Art seiner Involvierung bedingten Darstellungsstrategie, welche insbesondere auf die Freisprechung seiner Klienten abzielt, verhaftet war. Überdies verfolgte er als in Deutschland polizeilich gesuchter politischer Dissident eigene Legitimationsabsichten. Die politische Vereinigung des *Jungen Deutschlands*, dem er politisch nahestand, durfte für ihn nicht die politische Heimat der Täter sein.[38] Diese «Reinwaschung» drängte sich schon durch den Auftrag zur Verteidigung eines wichtigen Exponenten der jungdeutschen Bewegung auf. Schauberg war sich der bedrohlichen rechtlichen, politischen und moralischen Konsequenzen einer solchen Zuschreibung auch für sich selbst bewusst.[39]

Da sich der Freispruch angesichts des schwachen Belastungsmaterials auch für damalige Verhältnisse frühzeitig abzeichnete, die Verteidigung demnach die für die Wirklichkeitserforschung wenig hilfreiche, tendenziöse Strafverteidigungsdialektik nicht zu bemühen brauchte, und weil sich die Beschreibung vorwiegend auf die Wiedergabe von Aktenstücken konzentriert, leiden Textstruktur und -inhalt verhältnismässig gering unter verzerrenden und vorsemiotisierenden oder dialektisierenden Filtereinflüssen. Allerdings stützt Schauberg seine Darstellung auf eine willkürlich getroffene Aktenauswahl, weshalb die gesamte Kriminalakte beigezogen und vollständig analysiert werden musste, um die Grundlagen für eine umfassende Betrachtung zu erarbeiten.[40]

Schaubergs Publikation beabsichtigte nicht nur, eine breite schweizerische Öffentlichkeit über die Strafuntersuchung zu informieren. Sein Anliegen galt – durch die besonders eingehend dargestellte Tatsache pointiert, wonach Lessing als Spitzel in preussischen Diensten deutsche Flüchtlinge aushorchte – der Aufklärung der deutschen Bevölkerung über die skrupellosen Verfolgungstechniken der Behörden gegenüber politisch Andersdenkenden im royalistisch-restaurativen, polizeistaatlich organisierten Preussen wie auch in den anderen Monarchien Deutschlands und Europas. Dass der damalige preussische Gesandte in der Schweiz, Theodor Heinrich Rochus v.Rochow, das Werk als «in der aller schlechtesten Tendenz» abgefasste Schrift «voller Entstellungen», die «wenig Eindruck» hinterlasse, bewertet, kann daher nicht erstaunen.[41]

Schaubergs Darstellung erreicht aufgrund ihrer selektiven Aktenpräsentation und mangelhaften inhaltlichen Einbettung derselben in den prozessualen Kontext nicht die Qualität gewisser mit beträchtlichem wissenschaftlichen Aufwand verfasster Wiedergaben und Analysen von Kriminalprozessen, wie sie etwa in den zu jener Zeit in Berlin erscheinenden «Hitzig's Annalen» nachgelesen werden können.[42] Dennoch erweist sich Schaubergs Publikation, die in knapp sechs Wochen entstand, gesamthaft als sorgfältige, der kriminalistischen Detailpflege gleichermassen wie der Erschliessung des Ereignishintergrundes verpflichtete Arbeit.

Beim kritischen Umgang mit Originalakten gilt für deren Analyse stets zu bedenken, dass polizeiliche und richterliche Einvernahmeprotokolle, Aktennotizen oder Auskunftsschreiben von Drittbehörden nicht die historische Realität in ihrer tatsächlichen Dynamik der damaligen Vorgänge zu widerspiegeln brauchen, sondern vielmehr Belege für durch den schriftlichen Festlegungsprozess zu dauerhaftem Text geronnene subjektive Wahrnehmungen und Handlungen der in casu als zeitgenössische «Geschichtsschreiber» amtierenden Amtspersonen verkörpern.[43] Insbesondere ist eine durch das Erkenntnisinteresse der Untersuchungsbeamten erfolgende implizierte Filtrierung der Aussagen zu berücksichtigen. Die Protokolle sind daher im forensischen Diskurs zu analysieren.[44] Die zur Anwendung gelangenden Protokollierungsmodi der Verhöre können anhand des Aktenmaterials nur teilweise erschlossen werden, insbesondere sind allfällige durch Vor- oder Parallelgespräche bedingte Implikationen nicht erkennbar.[45] Jedoch lässt sich unter Berücksichtigung des relativ hohen Standardisierungsgrades der Akten durch vergleichende Analyse der Sprachkompetenz der Verhörten mit den diesen in den Protokollen zugeschriebenen Aussagen die Bereitschaft der Schreiber zu weitgehend authentischer Protokollierung rekonstruieren. Inwiefern bei Einvernahmen von den wenigen damals verbindlichen Vorschriften abgewichen wurde, und inwieweit die überlieferten Protokolle die tatsächliche Kommunikation wiedergeben, muss offen bleiben.[46] Da i.d.R. in den Verhörprotokollen im Einklang mit der damaligen prozessrechtlichen Anschauung keine Angaben zur Dauer der Einvernahmen enthalten sind, lässt sich die Kongruenz der geführten Gespräche mit den protokollierten Inhalten auch quantitativ nicht überprüfen.[47] Die Untersuchungsrekonstruktion komplizierend treten mögliche selektive Prozesse durch Aktenverwaltung und Archivierung hinzu.[48]

Bei den zahlreichen von preussischen Polizei- und Gesandtschaftsorganen verfassten Mitteilungen wie auch bei den von Spitzeln verfassten Konfidentenberichten handelt es sich aufgrund der darin einfliessenden Intentionen ihrer Verfasser ebenfalls nur bedingt und unter dem Vorbehalt entsprechender Interpretation um zur Rekonstruktion der damaligen Verhältnisse geeignete Quellen. Ihre Auswertung erfordert daher vorsichtiges Abwägen und Vergleichen.

Teilweise unüberwindbare Schwierigkeiten für die vorliegende Untersuchung bereitete die Beschaffung und Sichtung der nur teilweise publizierten und verstreuten, nicht edierten Quellen über politische Geheimverbindungen der frühen Regenerationszeit. Die strafrechtliche Verfolgung dieser Vereinigungen und die Brisanz ihrer von den europäischen Monarchien scharf missbilligten «hochverräterischen» Absichten liessen damals äusserste Zurückhaltung bei der Herstellung kompromittierender Schriftstücke für geboten erscheinen. So liegen heute über diese geheimen Gesellschaften nur wenige, oft nur beschränkt zuordnungsfähige und schwer greifbare sowie widersprüchliche Quellen vor, welche bei Hausdurchsuchungen beschlagnahmt wurden. Diese Art der Beschaffung führte zwangsläufig zu einer zufälligen Auswahl, zumal davon auszugehen ist, dass streng geheime und kompromittierende Informationen, soweit sie überhaupt schriftlichen Niederschlag fanden, durch die Inhaber der Schriftstücke selbst noch vor deren behördlichen Entdeckung vernichtet wurden. Auch die in Verhören mit Verfahrensbeteiligten hergestellten Protokolle erweisen sich diesbezüglich als wenig aussagekräftige Quellen strafprozessual erhobener «oral history», da die Aussagebereitschaft der Involvierten über Organisation und Tätigkeit geheimer politischer Verbindungen naturgemäss äusserst gering ausfiel.

Im Vorwort seiner aktenmässigen, durchaus aber auch belletristisch motivierten Untersuchung des Tötungsdelikts an Ludwig Lessing, die 1872, also über 35 Jahre nach der Tat, in Zürich erschien, verlieh der politische Flüchtling und damalige Zürcher Strafrechtsprofessor Jodokus Donatus Hubertus Temme[49] den tragischen Geschehnissen mit folgenden Worten eine geheimnisvolle Aura, welche bis heute am «Studentenmord von Zürich» haften blieb:

«Der hier mitgetheilte Criminalprocess behandelt einen politischen Mord, der noch immer in ein geheimnisvolles Dunkel gehüllt ist, das indess aufgehellt wird, sobald zwei Augen sich werden geschlossen haben.» Auch am Schluss des

Büchleins findet sich eine Stelle, die verrät, dass Temme wusste oder zumindest zu wissen glaubte, wer der oder die Täter waren: «Wer der Mörder sei, blieb ein Geheimniss. Es wird gelöst werden. Die Acten enthalten einmal einen Fingerzeig. Er wurde nicht beachtet.»[50] Obgleich Temme, dessen wissenschaftliche Leistungen bisweilen hinter seine kriminalgeschichtlich-literarischen Aktivitäten zurücktraten, eine belletristisch gefärbte Darstellung des Tötungsdeliktes an Ludwig Lessing präsentierte, er mithin eine am Publikumserfolg orientierte Darstellungsstrategie verfolgte, entsprach seine Wahrnehmungsfähigkeit derjenigen eines aktenkundigen, zumindest mittelbar gut informierten Zeitgenossen, der eine wahre Begebenheit dramatisch untermalt wiedergibt.[51]

2 Grundlagen

2.1 Der politische Hintergrund

2.1.1 Die Demagogenverfolgungen

Bereits um 1820, im Gefolge der 1819 ergangenen, konservativ-repressiv motivierten Karlsbader Beschlüsse,[52] hatten sich zahlreiche radikal gesinnte politisch Verfolgte vor polizeilicher Nachstellung, insbesondere in Deutschland und Österreich, durch Flucht in verschiedene Kantone der schweizerischen Eidgenossenschaft in Sicherheit zu bringen versucht. Die in diesem Kontext ausgelöste Bekämpfung der deutschen Burschenschaften und radikalen Elemente wird als «Demagogenverfolgung» bezeichnet.[53] Eine Vielzahl deutscher Intellektueller floh, um sich der Jagd auf die eigene Gesinnung zu entziehen, in die Schweiz. Die Brüder Karl und August Follen, ferner Wilhelm[54] und später auch Ludwig Snell[55] hatten damals in Basel Zuflucht gefunden.[56] Auch in Solothurn, Graubünden, Zürich und anderen Kantonen suchten politisch Verfolgte Asyl.[57] Allerdings waren bereits 1823 zufolge erheblichen Drucks der restaurativen Nachbarländer auf die Eidgenossenschaft mittels Beschluss der Tagsatzung viele dieser Flüchtlinge wieder weggewiesen worden.[58]

Die gegen den 1815 gegründeten Deutschen Bund der deutschen Staaten mit Österreich und Preussen wirkende, nach politischer Einheit, Sozialreformen, Meinungsäusserungs- und Pressefreiheit und weiteren Modernisierungen strebende, sich nach dem Wiener Kongress formierende liberale Oppositionsbewegung in Deutschland bildete um 1820 Anlass zur Definition einer neuen politischen Kriminalität durch die restaurativen deutschen Regimes. Die nationalliberale, deutlich republikanisch-bürgerlich gefärbte Gesinnung dieser massgeblich von der 1818 neu gegründeten Burschenschaft «Germania» an der Giessener Universität getragenen Opposition, fand innerhalb der akademischen Jugend an den Universitäten durch die unter dem Eindruck der napoleonischen Kriege gegründeten deutschen Turner- und Burschenschaften Verbreitung.[59] Anlässlich des sog. Wartburgfests, einer Feier zum 300jährigen Jubiläum der Reformation, äusserten diese Interessenvereinigungen 1817 öffentlich ihre auf grundlegende Staatsreformen hinzielenden Anliegen, was den entschiedenen Widerstand der konservativen Regierungen hervorrief und zu Repressalien führte, die sich in Verboten und in der politischen Verfolgung oppositioneller Kräfte niederschlugen.[60] Das mit drakonischen Strafen bedrohte Verbrechen des Hochverrats wurde in der Folge öfters zum Gegenstand strafrechtlicher Untersuchung und fand Einzug in die Rechtsprechung deutscher Gerichte.[61] Zugleich installierten deutsche Regierungen gemeinsam mit dem in der sog. «heiligen Allianz» verbundenen Österreich vermittelst der *Central-Untersuchungs-Commission* in Mainz 1819 und nach dem Hambacher Fest[62] 1832 bzw. dem Frankfurter Attentat im April 1833 mit der international aktiven, von Richtern aus Österreich, Preussen, Bayern, Württemberg und Hessen geleiteten *Bundes-Central-Behörde* in Frankfurt a.M. ein effizientes polizeiliches Fichierungs- und Registratursystem für politisch auffällige Personen.[63] Die *Central-Untersuchungs-Commission* verfügte über die Kompetenz, innerhalb des gesamten Deutschen Bundes Verhaftungen zu veranlassen und die nach Mainz verbrachten Gefangenen dort zu verhören.[64] Die Mainzer Kommission koordinierte die in deutschem und österreichischem Auftrag eingeholten Informationen und wurde 1833 durch ein Zentralpolizeibüro verstärkt, nachdem die liberalen Bewegungen in den deutschen Staaten erstarkt waren und sich zunehmend auch international zu konsolidieren begannen.[65] Diese von Justizbehörden, Informanten und Spitzeln gespiesenen Datenbanken waren den Mitgliedstaaten des Deutschen Bundes zugänglich und lieferten Belastungsmaterial für die polizeiliche und gerichtliche Verfolgung politischer Dissidenten.[66] Angesichts des Erwartungsdrucks und der steten Bemühungen dieser Staatssicherheitsbehörden, Ermittlungserfolge vorzuweisen, dürfte die Vermutung, wonach weniger für Verbrechen Täter, denn für Täter Verbrechen gesucht wurden, faktisch durchaus zutreffen.[67] Soweit eine Beurteilung der von den erwähnten Bundesbehörden ermittelten politischen Delikte durch die Gerichte der Einzelstaaten zu erfolgen hatte, behielt die jeweilige Bundesbehörde die Kompetenz zum Entscheid über den Zeitpunkt des Verfahrensabschlusses.[68] Richter, die am Grundsatz der Unabhängigkeit der Justiz festhielten und sich der Staatspolizei widersetzten, wurden dienstversetzt oder ihres Amtes enthoben.[69] Die Frankfurter Behörde erhielt zufolge Aktenzustellung durch die Gerichte Einblick in über 2'140 Gerichtsverfahren wegen politischer Delikte, die zwischen 1830 und 1842 vor deutschen Gerichten verhandelt wurden.[70]

Auch innerhalb der einzelnen deutschen Staaten trafen Monarchen und Regierungen Massnahmen zur Verteidigung der Verfassung mittels staatspolizeilicher Intervention. In Preussen beispielsweise erlitt das seit Friedrich dem Grossen mehr oder weniger etablierte Gewaltenteilungsprinzip einen schwerwiegenden Einbruch, indem Friedrich Wilhelm III. 1819 zum Schutze der Staatssicherheit in die Kompetenz der Gerichte bei politischen Delikten eingriff. Mit Kabinettsordre vom 6. Dezember 1819 wurde eine regierungsbezogene *Ministerial-Commission* gegründet, deren Aufgabe darin bestand, politische Umtriebe staatspolizeilich zu untersuchen. Allein zwischen 1833 und 1836 ermittelte die *Ministerial-Commission* gegen mehr als tausend politisch Verdächtige, darunter zahlreiche Mitglieder der deutschen Burschenschaft, wegen politischer Delikte. Wenn die von der Justiz unabhängige *Ministerial-Commission* das Belastungsmaterial zusammengetragen hatte, übergab sie dieses an die *Justiz-Commission*, welche auf Weisung der *Ministerial-Commission* für die kriminalrechtliche Beurteilung des Materials zuständig war. Der repressive Polizeistaat überlagerte somit die frührechtsstaatliche Tradition in Preussen wie auch in anderen Ländern restaurativer Prägung.[71]

2.1.2 Formationen politischen Widerstands: Das Junge Deutschland

Nachdem die französische Julirevolution 1830 zu Unruhen in ganz Europa geführt hatte,[72] und im Gefolge des Frankfurter Attentats im April 1833 auch in den deutschen Staaten liberal und radikal gesinnte Personen sich heftiger politischer Verfolgung ausgesetzt sahen,[73] flohen 1833 bis 1836 zahlreiche politisch Verfolgte aus Deutschland, Polen und den italienischen Staaten nach Frankreich, England, Belgien und in die Schweiz.[74] Die restaurativen deutschen Regierungen nutzten das missglückte Attentat vom April 1833, bei dem die Wachmannschaft der Frankfurter Konstablerwache von republikanisch gesinnten Agitatoren überfallen worden war, um harte Repressalien gegen politisch anders Denkende zu rechtfertigen.[75] In der Folge erscheinen in den Personalakten der preussischen Polizei über politische Aktivisten oft Angaben über mögliche Verbindungen oder die Zugehörigkeit der betreffenden Personen zum Frankfurter Putschistenkreis.[76]

Mit Beschluss vom 30. Juni 1833 hatte der Deutsche Bund seine Mitgliedstaaten angewiesen, die Teilnehmer des Attentats ausfindig zu machen und sämtliche erhobenen Daten an die Frankfurter *Central-Behörde* weiterzuleiten, um eine optimale Koordination der bestehenden Informationen zu ermöglichen.[77] Es folgten zahlreiche Verhaftungswellen.[78] Dieser Hetze versuchten sich viele Verfolgte durch Flucht in die regenerierten Kantone der Schweiz zu entziehen.[79] Manche Flüchtlinge, meist Angehörige der verbotenen deutschen Burschenschaften, regelmässig aus bürgerlichen Verhältnissen stammend,[80] immatrikulierten sich an den neu gegründeten Hochschulen in Zürich und Bern, wo auch Flüchtlinge dozierten.[81] Unter diesen Asylanten in Zürich befanden sich zahlreiche liberale Intellektuelle und Exponenten der radikalen Bewegung, die später Berühmtheit erlangten; zu erwähnen sind u.a. der Naturphilosoph und erste Rektor der Hochschule, Lorenz Oken, sowie der Mediziner Johann Lucas Schönlein.[82] Im Herbst 1836 kam der Schriftsteller Georg Büchner (1813–1837) als Privatdozent nach Zürich.[83] Auch in Bern lehrten mit dem in Deutschland scharf verfolgten politischen Dissidenten und Juristen Jakob Siebenpfeiffer[84] wie auch mit dem Privatdozenten der Rechte Ludwig Frey[85] zentrale Persönlichkeiten der radikalen Bewegung.[86]

Nach 1830 liessen sich zahlreiche ausländische Handwerker (Arbeiter), wiederum vornehmlich Italiener und Deutsche, in der Schweiz nieder, da hierzulande eine hohe Nachfrage nach Arbeitskräften bestand, und die Arbeit höher als im angrenzenden Ausland entlöhnt wurde. Ferner hielten sich zahlreiche auf Wanderschaft befindliche Gesellen in der Schweiz auf, von welchen nicht wenige politische Aktivitäten entfalteten.[87] So wurden diverse ursprünglich landsmannschaftliche Handwerkervereine und *Klubbs* gegründet, welche mitunter republikanisches und demokratisches Gedankengut pflegten und verbreiteten, obgleich ihre eigentliche Bestimmung vor allem der Kontaktpflege unter den jeweiligen Landsleuten galt.[88] Flüchtlinge und Arbeiter traten miteinander in enge Berührung.[89] Dieser nahe Kontakt zwischen Handwerkern und Studenten führte zu den für die Reformtendenz des Vormärz charakteristischen heterogenen sozialen Strukturen innerhalb der liberalen Bewegung.[90]

Zahlreiche Deutsche blieben in der Schweiz ihrer politischen Gesinnung treu und nutzten das liberale Umfeld der Regeneration für ihr eigenes radikales Engagement. 1833 gründete Ernst Schüler[91] mit Georg Rottenstein[92] in Biel den «Handwerker-Leseverein». Im selben Jahr entstand unter der Leitung Georg Feins[93] in Zürich eine «Handwerkergesellschaft».[94] Auch in anderen Schweizer Städten organisierten sich politische Flüchtlinge, Emigranten und insbesondere deutsche Handwerker in politisch aktiven Vereinen.[95] Diese Gruppierungen standen meist in engem Kontakt mit den im Ausland agitierenden, seit 1833 fast überall verbotenen radikalen Parteien und republikanischen Geheimbünden. Vorwiegend in Frankreich, in den italienischen Staaten und in Spanien wirkte die bereits vor 1820 gegründete *Carbonaria* (Charbonnerie)[96] und die Generalvenda,[97] mit denen die Flüchtlingsvereinigungen in der Schweiz Kontakte unterhielten und gelegentlich Auseinandersetzungen austrugen.[98]

Im April 1834 folgten in Bern, unter massgeblicher Beteiligung des damals in Biel im Exil lebenden italienischen Freiheitskämpfers Giuseppe Mazzini,[99] die Gründungen der Geheimorganisationen des *Jungen Deutschlands* und, nachdem bereits ein *Junges Italien* und ein *Junges Polen* aus der Taufe gehoben worden waren, des als Dachorganisation derselben geplanten *Jungen Europas*.[100] Weitere wichtige Initianten und Gründungsmitglieder des ersteren waren die zufolge radikaler Umtriebe in Deutschland verfolgten, 1833 in die Schweiz geflohenen Brüder August und Friedrich Breidenstein,[101] ferner Carl Theodor Barth, Georg

Peters und Franz Strohmeyer.[102] Daneben existierte der mit dem *Jungen Deutschland* assoziierte, nach kurzer Zeit mit dieser Organisation personell indes weitgehend fusionierte Berner Handwerkerverein unter dem massgeblichen Einfluss Karl Schappers, Michael Roths und Peter Jakob Dorns formell weiter.[103] Nach einigen Schwierigkeiten gelang durch die erfolgreiche Aufbau- und Organisationsarbeit Ernst Schülers in der zweiten Hälfte des Jahres 1834 und 1835 eine kontinuierliche Verstärkung der nun von Bern und Biel aus geleiteten Organisation.[104] In den grösseren Städten der deutschen Schweiz, insbesondere in Zürich und Bern, aber auch in Liestal, Lausanne, Genf, Biel und Grenchen gediehen zahlreiche dem *Jungen Deutschland* nahestehende oder zugehörige politisch aktive Kolonien deutscher Flüchtlinge und Handwerker.[105]

Das *Junge Deutschland* verstand sich ähnlich wie die *Carbonaria* als hierarchisch strukturierter politischer Geheimbund.[106] Die *Klubbs*, regional und lokal aus Handwerkern und Flüchtlingen demokratisch organisierte Zellen, bildeten die Basiseinheiten.[107] Sie hatten Kommissäre zu bestimmen, welche mit dem periodisch neu zu wählenden Zentralkomitee in regelmässigem Kontakt standen und für die Ablieferung der finanziellen Beiträge an die Bundeskasse der Berner Zentrale zuständig waren. Statutarischer Zweck des *Jungen Deutschlands* war die Herbeiführung eines republikanischen Umsturzes in Deutschland wie auch in den übrigen europäischen Staaten sowie die Abschaffung der Monarchie im Geiste von Freiheit, Gleichheit und Humanität.[108] Neben der demokratischen wurde in den Reihen der Jungdeutschen oft auch eine deutlich ausgeprägte nationalistische Gesinnung vertreten.[109]

Ein wesentliches Ziel des *Jungen Deutschlands* in der Schweiz war die logistische Grundlegung zur politischen Infiltration der Bevölkerung in den monarchischen Heimatstaaten mit radikalem Gedankengut durch sog. «Aufklärung» der Untertanen. Diese demokratische Sensibilisierung oder – schärfer formuliert – die revolutionäre Infektion der Massen in Deutschland sollte u.a. durch den Schmuggel von in der Schweiz gedruckten politischen Broschüren erfolgen, die auf geheimen Wegen in die deutschen Staaten geschleust wurden.[110] Von 2'000 gedruckten Exemplaren der in Zürich erscheinenden radikal-sozialrevolutionären Zeitschrift «Das Nordlicht» sollen anfangs 1835 1'400 illegal nach Deutschland exportiert worden sein.[111] Durch die statutarische Pflicht zur Bewaffnung der Mitglieder war ferner die Vorbereitung «bewaffneter Unternehmungen» zur «Befreiung» deutscher Gebiete von der aristokratischen Herrschaft festgeschrieben.[112] Die im *Jungen Deutschland* organisierten radikalen Kräfte benutzten die in verschiedenen Kantonen seit der Aufhebung des «Pressconclusums» 1829 rechtlich gewährleistete und faktisch relativ intakt funktionierende, in Zürich durch Art. 5 der Staatsverfassung von 1831 garantierte Pressefreiheit[113] dazu, liberales und revolutionäres Propagandamaterial[114] drucken zu lassen und anschliessend ins benachbarte Ausland zu verbringen, wo es auf entsprechenden Kanälen an Handwerker- und Studentenvereine zum Zwecke weiterer Verbreitung verteilt werden sollte.[115] Die deutschen Zensurbehörden führten Listen über beschlagnahmte und illegale Schriften.[116] Finanziell wurde das *Junge Deutschland* vor allem durch Spenden finanziert. Die Organisation beschaffte auch Mittel, um den Umsturz der Monarchien in Deutschland, Frankreich und Italien bzw. die Errichtung künftiger Republiken finanzieren zu können. Dabei kam es bisweilen zu Auseinandersetzungen und – materielle Bedürfnisse verschütteten bisweilen den Idealismus – zu Vermögensdelikten innerhalb der Gruppierungen.[117]

Im September 1834 zählten die dem *Jungen Deutschland* zugehörigen und nahestehenden Vereinigungen der deutschen Handwerker, der Bieler «Leseverein» und die eigentliche Geheimorganisation in der Schweiz gesamthaft je nach Quelle gegen 700 Mitglieder, wovon nur 10 bis 20 Prozent eingetragene Mitglieder des *Jungen Deutschlands* waren. Die gemäss einem Konfidentenschreiben Lessings meist von Mitgliedern des *Jungen Deutschland* geleiteten Handwerkervereine sollen 1834 gegen 3'000 Mitglieder gezählt haben, was jedoch übertrieben sein dürfte.[118] Ende 1835 sollen bereits 252 Genossen ihre Mitgliedschaft erklärt haben.[119] Im ersten Quartal 1836 erreichte der Bestand von politisch aktiven Flüchtlingen und Handwerkern in der Stadt Zürich gegen 300 Leute.[120] Gesamthaft lebten in der Schweiz 1836 knapp 54'000 Ausländer neben 2,13 Mio. Schweizern.[121]

Allerdings beruhte die Furcht der europäischen Regierungen vor diesen Vereinigungen oft mehr auf der geheimbündlerisch-revolutionären Aura, die sie umgab, als auf ihrem tatsächlichen revolutionären Potential. Zwar wurde in radikal-revolutionären Kreisen die Zerschlagung der Monarchien geplant und über die Rechtfertigung des Fürstenmordes diskutiert, doch fehlte es an Einigkeit und Schlagkraft, da sich die einzelnen Gruppierungen gegenseitig misstrauten.[122] Insbesondere das in royalistischen Kreisen gefürchtete und geächtete *Junge Deutschland* verfügte trotz radikaler Gesinnung und reger Propagandatätigkeit sowie der Bereitschaft zur Bewaffnung weder über ein klares noch einheitliches Konzept.[123] Mitunter überwog die Dramatik der Gesinnungsinszenierung durch Äusserlichkeiten das tatsächliche revolutionäre Potential.[124] Die Berner Zentrale führte, nachdem die Flüchtlinge in Zürich bereits im Frühjahr einen Beitritt zur Vereinigung abgelehnt hatten, im Herbst 1834 mit den Zürcher *Klubbs* der Handwerkergesellschaft eine Auseinandersetzung über «den propagandistischen Führungsanspruch innerhalb der deutschen Handwerkervereine der Schweiz.»[125] Über Vermittlung durch den Medizinstudenten und politischen Flüchtling Ernst Dieffenbach[126] versuchte das Berner Zentralkomitee, vertreten durch Ernst Schüler, vergeblich den unter der Leitung Georg Feins gegründeten Zürcher

«Handwerkerverein» in das *Junge Deutschland* zu integrieren.[127] Die organisierten Zürcher Handwerker und Asylanten verfolgten vorerst einen eigenen Weg, ohne indessen die regen Kontakte mit der Berner Sektion zu vernachlässigen.[128] Anfangs 1835 kam es unter den Deutschen Handwerkern in Zürich zu politischen Unruhen. Nachdem der Zürcher Regierungsrat im Februar 1835 für Ausländer ein Verbot, politischen Vereinen beizutreten und solche neu zu gründen, erlassen hatte und im Vorfeld Schwierigkeiten mit den Behörden im Herbst 1834 u.a. die Ausweisung Georg Feins aus dem Kanton Zürich nach sich gezogen hatten,[129] wurde für die nunmehr als illegale politische *Klubbs* informell weiterexistierenden Gruppierungen des «Handwerkervereins» ein leitendes Komitee gewählt. Diesem gehörten Julius Thankmar Alban,[130] Gustav Kombst[131] und Clemens Rust[132] an. Ferner hielten Friedrich Gustav Ehrhardt[133] und Carl Cratz,[134] welche enge Kontakte mit dem von deutschen Flüchtlingen in Paris gegründeten radikalen «Bund der Geächteten» unterhielten, sowie August Lüning[135] und Hermann v.Rauschenplatt,[136] führende Stellungen inne.[137] Da die Aktivitäten des «Handwerkervereins» mehr oder weniger geheim bleiben mussten und radikale Exponenten dessen Führung übernahmen, fügte sich der Verein in eigene, von Bern zwar weitgehend unabhängige, faktisch aber durchaus jungdeutsche Strukturen, die von der überkommenen offenen Form des «Handwerkervereins» differierten. Anfangs 1835 bauten Vertreter des erwähnten Führungsgremiums, allen voran Ehrhardt, die bestehenden Beziehungen zum «Bund der Geächteten» in Paris aus, sodass ein reger Kommunikationsfluss zwischen den dortigen sozialrevolutionären Zentren und dem Zürcher Komitee gewährleistet war.[138] Diese Orientierung des durch Ehrhardt und Cratz vertretenen Teils der Zürcher Gruppierung nach Frankreich (Paris, Elsass) widersprach jedoch den Interessen des auf Einigkeit und Geschlossenheit ausgelegten *Jungen Deutschlands* gemäss der Vorstellung Schülers und Mazzinis in Bern und Biel.[139]

Im Frühjahr 1835 begann sich das *Junge Deutschland* unter der bisherigen Bezeichnung einer Vereinigung von Handwerker-*Klubbs* als selbständige Organisation auch formell in Zürich zu etablieren. Viele Handwerksgesellen, aber auch verschiedene Flüchtlinge, hegten zu dieser Zeit indessen Vorbehalte gegenüber der Organisation, da sich diese zufolge ihrer Illegalität auch als Gefährdung der Ausländer erwies, zumal durch deren Aktivitäten seit dem Sommer 1834 mehrfach behördliche Repressalien provoziert worden waren.[140] Die politischen Flüchtlinge sollen sich daher 1835 aus Furcht vor Verrat und Ausweisung mehrheitlich von den *Klubbs* zurückgezogen und sich fortan informell getroffen und diskret ihre politischen Ziele verfolgt haben.[141] Das die Flüchtlinge betreffende Verbot politischer Betätigung zwang auch politisch aktive Handwerker zum Abtauchen in den Untergrund, wo die jungdeutsche Schicksalsgemeinschaft weitergedieh. Die Versammlungen wurden zufolge des Verbots öfters ausserhalb der Stadt in Nachbargemeinden abgehalten.[142] Charakteristisch war nun der geheime Charakter der politischen Tätigkeiten. Die Abgrenzung des *Jungen Deutschlands* vom derweil gleichermassen politisierten «Handwerkerverein» wurde immer unschärfer. Vorwegnehmend ist an dieser Stelle jedoch zu ergänzen, dass die jungdeutsche Bewegung im Kreise der liberalen Zürcher Regierung gewisse Sympathien genoss, was, wie aufzuzeigen sein wird, in manchen Fällen den Boden für eine bemerkenswerte Toleranz gegenüber Verstössen gegen das genannte Verbot politischer Vereine von Ausländern bereitete.

In mehreren Schweizer Städten rekrutierte das wachsende *Junge Deutschland* 1835 seine Mitglieder aus den bestehenden «Handwerkervereinen».[143] Mitglieder des *Jungen Deutschlands* infiltrierten Handwerkergesellenvereine. In geselligen Anlässen erfolgte über gemeinsames Singen republikanischer Lieder und Vortragen von Brandreden die Politisierung der Handwerker.[144] 1834 hatten innerhalb der agitatorischen deutschen Politszene in der Schweiz die Akademiker zahlenmässig noch deutlich überwogen, während 1836 zufolge der zunehmenden Politisierung der Handwerkervereine die Zahl der Handwerker innerhalb der republikanischen Bewegung weit über jene der Akademiker anstieg.[145] Um weitere revolutionäre Umtriebe und konspirative Vorbereitungen auf dem Gebiet der Eidgenossenschaft und den Import politisch aufrührerischer Potentials durch radikal politisierte Handwerksgesellen nach Möglichkeit zu unterbinden, erliess die deutsche Bundes-Versammlung am 15. Januar 1835 ein Verbot für alle deutschen Handwerker und Gesellen, sich in den Schweizer Kantonen auf Wanderschaft zu begeben.[146] Dieses Verbot wirkte insofern kontraproduktiv, als es die bereits in der Schweiz lebenden deutschen Handwerker ausgrenzte und in manchen Belangen zur verschworenen Schicksalsgemeinschaft zusammenschweisste, was sich nicht zuletzt in einer beachtlichen Bereitschaft zu konsequenter Verschwiegenheit gegenüber den Schweizer Behörden auswirken sollte.

Mitte 1835 vereinigte sich das *Junge Deutschland* auch in Zürich mit den bestehenden «Handwerkervereinen».[147] Dennoch verblieb eine Kluft zwischen den Zürcher *Klubbs* und den anderen, inzwischen vor allem in der Westschweiz, neben Bern in Biel und Lausanne, aktiven Formationen des *Jungen Deutschlands*.[148] Zwar bekannten sich die Zürcher *Klubbs* und das leitende Komitee im Grundsatz zu den Ideen des *Jungen Deutschlands* in Bern, doch bestanden sie auf dem Fortbestehen ihrer Selbständigkeit.[149] Mit der Herausgabe der sozialrevolutionären Zeitschrift «Das Nordlicht» durch Ehrhardt und Cratz unterstrich der Zürcher Verein auch publizistisch seinen von der Zentrale des *Jungen Deutschlands* emanzipierten Kurs.[150] So präsentierte sich die Vereinigung in der Schweiz 1835 trotz regem gegenseitigen Informationsaustausch gespalten einerseits in mehrere Berner, Solothurner und Westschweizer Sektionen, die dem allerdings schwindenden Einfluss Mazzinis unterlagen und andererseits in die Vereine in Zürich und den Seegemeinden, die von Handwerkern und Flüchtlingen in der Form loser politischer *Klubbs* geführt wurden, sich von Mazzinis Europaidee distanzierten und mit der Pariser H.V.U. und dem «Bund der Geächteten» in regem Kontakt standen.[151] Dem *Jungen Deutschland* zugehörige Intellektuelle und Handwerker trafen sich auch in sog. «Lesekränzchen»,[152] wo in äusserlich scheinbar harmlosem Rahmen ideologische Fragen diskutiert und Pläne zur Republikanisierung Deutschlands mittels Revolution geschmiedet wurden.[153]

Im Oktober 1835 existierten in Zürich vermutlich zwei *Klubbs* des *Jungen Deutschlands* mit zusammen 22 Mitgliedern. Seit Ende November 1835 traten gemäss einem anonymen Informanten der Frankfurter *Central-Behörde* vermehrt Flüchtlinge dem *Jungen Deutschland* bei. Cratz und Alban sollen demnach im März 1836 offiziell aufgenommen worden sein, nachdem sie bereits 1835 im Zürcher Komitee leitende Funktionen wahrgenommen hatten.[154] Im Januar 1836 wurden in Zürich 33 Mitglieder des *Jungen Deutschlands* gezählt.[155] Gemäss Temme hatte das *Junge Deutschland* in Zürich anfangs 1836 36 Mitglieder. Sechs davon waren Flüchtlinge, 30 Handwerker. Man traf sich nach diesen Angaben meist in der *Waage*[156] und im «rothen Thurm» (*Café littéraire*) am Weinplatz zu Versammlungen.[157] Um grössere Ansammlungen zu verhindern, wurden die Mitglieder des *Jungen Deutschlands* im Frühjahr 1836 in vier *Klubbs* zu jeweils neun Mitgliedern durch Los verteilt.[158] Die Aktivitäten der Flüchtlinge stiessen auf das rege Interesse der ausländischen Gesandtschaften und wurden durch dieselben intensiv verfolgt und zu Handen ihrer Regierungen ausführlich dokumentiert.[159]

Ergänzend, jedoch mehr formell als inhaltlich analog zum 1834 bis 1836 aufstrebenden *Jungen Deutschland*, wurde im Juli 1835 die *Junge Schweiz* gegründet. Mazzini schien die Gründung einer *Jungen Schweiz* als nationales Analogon zu den anderen innerhalb des *Jungen Europas* vereinigten Gruppen notwendig, weshalb er trotz der Einrichtung des *Nationalvereins* durch Druey,[160] Troxler,[161] Fazy[162] und die Gebrüder Snell im Mai 1835 am 26. Juli desselben Jahres in Villeneuve die Gründung der *Jungen Schweiz* veranlasste.[163] Die teilweise dekkungsgleichen radikalen und national-föderativen Anliegen der beiden Vereine führten trotz wesentlicher Unterschiede öfters zu Verwechslungen. Mazzini begriff die *Junge Schweiz* primär als sichere Basis für die auf die Verbreitung revolutionärer Propaganda ausgerichtete internationale Tätigkeit des *Jungen Europas*, während der *Nationalverein* hauptsächlich für die innere und äussere Stärkung der Eidgenossenschaft durch die Schaffung einer Schweizerischen Bundesverfassung kämpfte.[164] Bedingt durch Personalunion gewisser Mitglieder und aufgrund zahlreicher gleichartiger Anliegen, mitunter aber von missgünstigen Aussenstehenden bewusst gesteuert, wurden die Vereine gezielt miteinander identifiziert und entsprechend öffentlich vermischt.[165] Mazzini hielt die Schaffung einer einheimischen Schwesterverbindung zu den bereits bestehenden republikanischen Vereinigungen für notwendig, da er sich dadurch die Verstrebung der ganzen im *Jungen Europa* zusammengefassten Organisationen in einem sicheren, bereits weitgehend demokratischen Staat erhoffte. Allerdings stiess Mazzinis Wunsch, nachdem im April 1835 bereits der nach innenpolitischen Reformen, insbesondere nach der Errichtung eines Bundesstaates strebende *Nationalverein* gegründet worden war, bei den liberalen Kräften auf wenig Verständnis und Gegenliebe, zumal die durch führende Politiker vertretene öffentliche Meinung in der *Jungen Schweiz* eine Bedrohung der Neutralität und damit der inneren und äusseren Sicherheit der Eidgenossenschaft wahrnahm. Kaum ins Leben gerufen, entpuppte sich die *Junge Schweiz*, ohne je die vermeintliche Bedeutung erlangt zu haben, die ihr Gegner zuschrieben, und trotz der anfänglich tatkräftigen Unterstützung Mazzinis und seiner Gefährten, bereits im Sommer 1836 als Totgeburt und löste sich faktisch auf.[166] Die politische Potenz ihrer Mitglieder lebte zu einem beträchtlichen Teil im *Nationalverein* fort, wo ohne die bedrohlich empfundene Verquickung mit dem *Jungen Europa*, scheinbar auf eigenem Boden, das Terrain zur Schaffung des Schweizerischen Bundesstaates im Jahr 1848 geebnet wurde. Mazzini hat das damalige Wesen der schweizerischen Neutralität nicht verstehen können. Nach seiner politischen und ethischen Philosophie verpflichtete die freie Gesinnung zur öffentlichen Bekenntnis und Umsetzung derselben. Ewige Neutralität entsprach seiner Ansicht nach einem «ateismo politico» und damit einem Verbrechen.[167]

Im Sommer 1835 fanden die Berner, Solothurner und Westschweizer Sektionen[168] des *Jungen Deutschlands* zu mehr Einigkeit und neuen finanziellen Mitteln, sodass im September in Biel die «Druckerei der Jungen Schweiz» errichtet werden konnte, wo Propagandamaterial hergestellt werden sollte. Im April 1836 erschien dort die erste und einzige Ausgabe der Zeitschrift «Das Junge Deutschland».[169] Anfangs 1836 erweiterte sich die zwischen dem von Mazzini geleiteten *Jungen Europa*, dem *Jungen Deutschland* unter der Ägide Schülers in Biel und der Zürcher Sektion des *Jungen Deutschlands* bestehende Kluft, da sich letztere von manchen deutschen Arbeitervereinen wie auch vom *Jungen Europa* distanzierten.[170] Auch begegneten zahlreiche Jungdeutsche Mazzinis Idee der Völkergemeinschaft mit Ablehnung. Während sowohl die französische *Carbonaria* wie auch Mazzini trotz gewisser chauvinistischer Tendenzen primär kosmopolitische Ideale verfolgten, unterstrichen ab 1835 Schüler und Fein vor allem den nationalistischen Charakter der Jungdeutschen Bewegung.[171] Kurz darauf gelang durch die Bestrebungen Baron Carl August v. Eybs, vulgo Don Carlos, eine Annäherung der Zürcher *Klubbs* zur mittlerweile durch Ernst Schüler in Biel geleiteten Zentrale des *Jungen Deutschlands* unter gleichzeitiger

Distanzierung vom *Jungen Europa,* was zu einer kurzfristigen Erstarkung der Bewegung in Zürich führte. Diese Annäherung erfolgte aber nur oberflächlich. Eyb ging es primär darum, Biel als Zentrum des *Jungen Deutschlands* zu schwächen und die Stellung Zürichs als Hort des republikanischen Widerstands zu festigen.[172] Als im Frühjahr und Sommer 1836 in Bern und Zürich die einzelnen Vereine im Gefolge der Prozesse gegen Eyb und Schüler durch die Behörden ausgehoben wurden, erlebte die politische Bewegung des *Jungen Deutschlands* mit der daraufhin folgenden Ausweisung zahlreicher führender Mitglieder aus der Schweiz im Spätsommer 1836 einen mehrere Jahre anhaltenden schweren Rückschlag.

1841 erstarkten in der Schweiz erneut von verschiedenen Gruppierungen ausgehende sozialreformerische Bewegungen. Zu nennen sind insbesondere die Grütlivereine und die neu belebte jungdeutsche Aktion. Im selben Jahr gründeten Mitglieder des reaktivierten *Jungen Deutschlands* unter der Leitung Wilhelm Weitlings (1808–1871) die erste Kommunistenbewegung in der Schweiz.[173]

2.1.3 Agenten, Konfidenten, Spitzel – restaurativer Staatsschutz

Die deutschen Regierungen nahmen die intensiven politischen Aktivitäten der Exilanten in der Schweiz mit Besorgnis und Ärger zur Kenntnis. Seit den ersten Demagogenverfolgungen nach 1819 unterhielten die europäischen Grossmächte in der Schweiz regelmässig Spitzel, die innerhalb der Flüchtlingsszene Informationen zusammentrugen und diese – oft vermischt mit Gerüchten, Übertreibungen und Lügen – an ihre Auftraggeber weiterleiteten.[174] Österreich hatte bereits 1817 Spione nach Graubünden und anderen Kantonen entsandt, während sich die französische Regierung seit 1821 durch informelle Mitarbeiter in der Schweiz über politische Aktivitäten von Exilanten informieren liess.[175] Auch der Neuenburger Fauche-Borel widmete sich als preussischer Generalkonsul 1821 bis 1822 intensiv der Denunziation und Verleumdung liberaler Schweizer sowie radikaler Flüchtlinge, über die er das Berliner Aussenministerium informierte.[176] Es ist davon auszugehen, dass die Beurteilung der politischen Umtriebe der Dissidenten in der Schweiz durch die europäischen Monarchien zufolge zahlreicher falscher Hinweise aus unzuverlässiger Quelle häufig unzutreffend ausfiel.[177] Oechsli bewertet die von Konfidenten in der Schweiz nach 1820 verfassten Spionageberichte pauschalisierend allesamt als «krasse Lügen.»[178]

Neben der durch die vom Mainzer Polizeibüro unter der Leitung Karl Noës geleiteten polizeilichen Überwachung unterhielten die deutschen Staaten sowie Österreich und Frankreich teils gezielt eingeschleuste oder aber über die Gesandtschaften aktivierte Konfidenten und Lockspitzel in der Schweiz.[179] Es ist unter Berücksichtigung des erhaltenen Aktenmaterials anzunehmen, dass man in

Berlin über das Treiben der einzelnen Flüchtlinge in den Städten der regenerierten Kantone bis 1836 detaillierter unterrichtet war als die Polizeibehörden an den Orten des jeweiligen Geschehens in der Schweiz.[180]

Da die restaurativen europäischen Regimes bis 1836 die eidgenössischen Stände und die Tagsatzung nicht nachhaltig von ihrer Asylgewährungspraxis für politische Flüchtlinge abzubringen vermochten, hatten ihre Gesandtschaften die Flüchtlinge besonders genau zu überwachen. 1836 sandte der preussische Gesandte v. Rochow monatlich die aktuellsten Verzeichnisse der sich in der Schweiz aufhaltenden Flüchtlinge mit präzisen Angaben zu Person, Aufenthalt und Tätigkeit sowie die nachgeführten Passvisa-Register nach Berlin.[181] Überdies beauftragten Frankreich, Österreich und Preussen seit 1833 vermehrt Informanten und Lockspitzel in den eidgenössischen Flüchtlingsballungszentren, welche das Mainzer Büro bzw. die jeweiligen Regierungen über die politischen Aktivitäten der Flüchtlinge, deren geheimen Pläne und aktuellen Aufenthalt, detailliert zu unterrichten hatten.[182] Gustav Freytag bemerkt dazu nicht ohne Polemik, nach 1833 hätten die Gesandtschaften der europäischen Grossmächte in der Schweiz ganze «Rudel Spione» in ihren Diensten unterhalten.[183] Entsprechend umfangreich präsentierte sich die in Mainz und Frankfurt eingehende Nachrichtenfülle.[184] Die Möglichkeit zu breitangelegter Spionage ergab sich aus dem faktisch stets nur halbgeheimen Charakter der Verbindungen. Die stetige Gefahr, ausgehorcht zu werden, war den Mitgliedern des *Jungen Deutschlands* zwar bekannt und gewisse Sicherheitsvorkehrungen wurden getroffen.[185] So wurden anfangs 1835 in Zürich die Informationskanäle innerhalb des *Jungen Deutschlands* eingedolt und die Geheimhaltung dadurch erhöht, dass man den Kreis der Eingeweihten enger fasste. Nicht chargierte Mitglieder ausserhalb des Komitees sollten nur noch im Rahmen der Befehlshierarchie die zur Erledigung ihrer Aufträge notwendigen Informationen erhalten.[186] Diese Massnahmen blieben, wie sich zeigen wird, weitgehend unwirksam. Insbesondere in finanzielle Not geratene Flüchtlinge waren für die sich mit einer Informantentätigkeit verbundenen Verdienstmöglichkeiten anfällig, jedenfalls fiel die Rekrutierung von Agenten nicht schwer.[187] Auch Exponenten des *Jungen Deutschlands*, wie Jakob Dorn und Bernhard Lizius, aber auch Joseph Garnier[188] und Franz Strohmeyer dienten, wie sich zeigen wird, als Konfidenten den der Partei feindlich gesinnten Deutschen Staaten.[189]

Die materielle Not und der stete Druck durch die Bedrohung der eigenen Freiheit dürften manchen Flüchtling labilen Charakters[190] dazu motiviert haben, sich auf ein solches Doppelspiel einzulassen.[191] In Genf wirkten besonders zahlreich Informanten der restaurativen Nachbarstaaten.[192] Auch den Flüchtlingen übel gesinnte Schweizer anerboten sich für die Lieferung von Geheimberichten ins Ausland und scheuten vor Denunziationen nicht zurück, so etwa bereits

1820 der Staatswissenschafter Carl Ludwig von Haller und die Berner Clique der «Kabale».[193] Noch 1833 betätigten sich Schweizer als Informanten in ausländischem Auftrag.[194]

Dass es den Monarchien öfters gelang, begeisterte Republikaner für den Spionagedienst zu gewinnen, ist einerseits durch den Wunsch nach finanzieller Sicherheit potentieller Spione zu erklären, zumal die Mittelbeschaffung etwa für ein Studium in den 1830er Jahren erheblich schwieriger war als heute. Andererseits galt die Spionagetätigkeit im Dienste eines mächtigen Staates auch als Verdienst für denselben, woraus sich auf psychologischer Ebene durchaus ein Antrieb herleiten lässt, da die bestehenden sozialen Netzwerke des Agenten mit dem Seitenwechsel ihren kompromittierenden Charakter verloren und zum beruflichen Qualifikationsmerkmal mutierten. Es gelang in besonderem Mass dem preussischen Staat, im Wertbewusstsein mancher Untertanen dem in der offiziellen Sprachregelung weitgehend tabuisierten Spionagedienst das Image einer patriotischen, qualifizierten polizeilichen Spezialarbeit zu verleihen, was potentiellen Spionen den Entscheid wesentlich erleichterte, zumal die preussischen Spione im 19. Jh. wenigstens unter monarchistisch gesinnten Zeitgenossen einen hervorragenden Ruf genossen.[195]

2.1.4 Zur schweizerischen Flüchtlingspolitik 1833 bis 1836

Bis 1848 fielen Gesetzgebung und -anwendung betreffend die Gewährung politischen Asyls grundsätzlich in die Kompetenz der einzelnen Kantone, welche dieses wegen ihrer weltanschaulichen oder religiösen Gesinnung verfolgten Ausländern nach alter Tradition meist grosszügig gewährten. Die Tagsatzung war indessen befugt, gesamtschweizerische Einreisesperren oder Ausweisungen, sog. «Conclusa», zu beschliessen. Gestützt auf diese Kompetenz verhängte sie 1823 ein «Conclusum» über Fremdenpolizei und Presse, das bis 1828 jährlich verlängert wurde.[196] 1829 legte der Vorort Bern mit der Aufhebung des «Conclusums» das Asylrecht und die Fremdenpolizei wieder vollumfänglich in den Kompetenzbereich der Kantone.[197] Im April 1833, als die Asylanträge politisch verfolgter Polen unter den Obersten Oborski und Antonini zu behandeln waren, beantragte Zürich als Vorort erfolgreich, die Beurteilung solcher Anträge sei nicht gemeineidgenössische und solle vielmehr kantonale Obliegenheit bleiben.[198]

Der nach der Pariser Julirevolution 1830 und dem Frankfurter Wachensturm 1833 anschwellende Flüchtlingsstrom nach der Schweiz erregte anfänglich kaum Widerstand bei den hiesigen Behörden. Einerseits mangelte es den meisten Kantonen an qualifizierten Fachleuten zur Beurteilung der Asylberechtigung, andererseits fehlte nach Ausserkraftsetzung des ersten «Fremdenconclusums» von 1823 jeder Ansatz einer koordinierten Flüchtlingspolitik. Zudem genossen die

Flüchtlinge bei der Bevölkerung und den liberalen Behörden der regenerierten Kantone mehrheitlich Ansehen und Sympathie.[199] Auch verfügten sie bisweilen über besondere Kenntnisse, welche sich etwa in Lehre und Forschung zum Vorteil des Gastlandes umsetzen liessen. Zum staatsrechtlichen Politikum von besonderer Virulenz wurde die Asylfrage jedoch erneut, als Flüchtlinge in der Schweiz ihre politische Opposition gegen das Ausland organisierten und kundtaten. Wenig angetan von den politischen Aktivitäten ihrer Exilanten waren die Regierungen der jeweiligen ausländischen Staaten, welche die Schweiz ihrer relativ grosszügigen Asylpraxis wegen zunehmend als Hort liberaler und republikanischer, ihrer Beurteilung nach «verbrecherischer» Kräfte einschätzten und das Land deshalb als revolutionäre Gefahrenquelle wahrnahmen und kritisierten.[200] Die demokratische Entwicklung in den regenerierten Kantonen mit deren liberaler Flüchtlingspolitik stiess im monarchischen Ausland auf tiefe Missbilligung. So galt etwa in preussischen Diplomatenkreisen die Entsendung nach der Schweiz für den betroffenen Gesandten als wenig schmeichelhafte Versetzung quasi in eine «Strafkolonie». Tatsächlich hielt der preussische Gesandte v. Rochow die liberale Schweiz für «ein abscheuliches Land».[201]

Als anfangs 1834 unter der Führung von Giuseppe Mazzini etliche Flüchtlinge aus Polen, Italien und Deutschland von der Schweiz aus in das damals zum Königreich Sardinien gehörende Savoyen auszogen, um dort die Monarchie zu stürzen und eine Republik zu errichten, erkannten neben dem betroffenen sardischen Königreich auch Frankreich, der Deutsche Bund und Österreich-Ungarn in der offensichtlichen Beherbergung militanter Revolutionäre durch die schweizerischen Kantone eine schwere Verletzung der durch die Wiener Kongressakte von 1815 verbrieften eidgenössischen Neutralität,[202] was Androhungen von Sanktionsmassnahmen gegen die Schweiz nach sich zog.[203] Viele Flüchtlinge begriffen in den 1830er Jahren die schweizerische Neutralität als Garant für individuelle Sicherheit und Freiheit, ohne sich darüber ausreichend Rechenschaft abzulegen, dass auch das Dulden von Drittstaaten gefährdendem Verhalten Einzelner oder von Gruppen auf dem eigenen Territorium durch einen neutralen Staat das Gebot, sich nicht gewaltsam in ausländische Angelegenheiten einzumischen, verletzte. Sie verkannten, dass das schweizerische Asylrecht die Einhaltung der Neutralität, wenngleich unter fortgesetzter Gewährung geringfügiger Zugeständnisse, voraussetzte.[204] Das Neutralitätsgebot geriet daher zwangsläufig in Konflikt mit dem Asylrecht.[205]

Der Versuch, in Savoyen eine Revolution auszulösen, misslang zufolge schwerwiegender Organisationsmängel und Denunziation vollständig. Mazzinis kämpferische Hoffnung, die sich am Gleichnis nährte, aus einer Schneeflocke könne eine Lawine werden, mit einigen wenigen militärisch unbedarften, idealistischen Radikalen die Monarchie im Königreich Sardinien, vertreten durch

König Carl Albert, zu stürzen, blieb im Ansatz stecken. Da die etwa 500 Mann starke, bewaffnete Truppe unter der Führung von General Girolamo Ramorino (1792–1849) jedoch über den Genfersee in Richtung Annecy gelangt war und dadurch die Grenzen Savoyens verletzt hatte, und überdies bei der Plünderung des Zollgebäudes in Annemasse Sachschaden entstanden war, bot der angesichts der dilettantischen Durchführung geradezu lächerliche Putschversuch[206] Anlass zu massiven Protesten des Auslands. Es fiel den monarchischen Nachbarländern der Schweiz nach dem Vorfall leicht, die Posse zur gravierenden Staatsaffäre aufzubauschen.[207] Preussen und insbesondere der Staatskanzler Österreichs, Klemens Wenzel Lothar Fürst von Metternich, forderten in mehreren Noten die Ausweisung sämtlicher die Ruhe in irgend einer Form störender Flüchtlinge aus dem Gebiet der Eidgenossenschaft.[208] Um den Protest zu unterstreichen, drohte Österreich mit einer Grenzsperre.[209]

Die Eidgenossenschaft geriet folglich unter massiven Druck: Das Asylrecht verfügte seit der Reformation über eine lange Tradition, und das Recht eines Staates, Fremden den Aufenthalt zu gewähren, entsprach durchaus auch der juristischen Auffassung, zumindest der Wissenschaft.[210] Die Kantone zeigten sich meist sehr zurückhaltend beim Abschliessen von Auslieferungsverträgen. Politische Flüchtlinge brauchten gemäss dem damals in der Wissenschaft vertretenen Völkerrecht vom Aufnahmestaat nicht ausgeliefert zu werden; auch konnte die Auslieferung politischer Flüchtlinge nicht Gegenstand staatsvertraglicher Disposition bilden.[211] Soweit Auslieferungsverträge der Eidgenossenschaft oder einzelner Kantone mit dem Ausland bestanden, verboten diese grundsätzlich die Auslieferung wegen politischer Delikte. Allerdings gerieten die in der Hauptsache zuständigen Kantone ab 1834 in ein Dilemma zwischen dem Grundsatz des Non-refoulement und der Notwendigkeit, sich gegenüber ausländischen Staaten kein die eigene Unabhängigkeit und Sicherheit gefährdendes Verhalten zu Schulden kommen zu lassen.[212]

Der politische Druck des Auslands sowie die Verletzung der Neutralität durch den Savoyer Zug – wobei dieser durch geeignete Intervention durch die schweizerischen Behörden zu verhindern gewesen wäre – erschienen einer Mehrheit der Stände jedoch als berechtigte Ausweisungsgründe. So wurden zufolge des unten noch näher darzustellenden «Fremdenconclusums» vom August 1836 auch politische Flüchtlinge ausgeliefert, die in der Schweiz trotz Verbots weiterhin politischen Aktivitäten nachgegangen waren. Zwar nahm man in der Schweiz die ausländischen Drohungen mit Besorgnis zur Kenntnis, und die Teilnehmer des Savoyer Zugs wurden mit Tagsatzungsbeschluss vom 17. Mai 1834 des Landes verwiesen,[213] doch verzichteten mehrere Kantone, teils aus liberaler Gesinnung, vornehmlich aber zufolge föderalistischen Eigensinns sowie fehlender Information und Koordination, vorerst auf die Durchsetzung des

Beschlusses und auf die Ergreifung weitergehender Massnahmen. Im Sommer 1834 wurden mehrere Studenten, die am Savoyer Zug teilgenommen hatten, von der Universität Zürich weggewiesen.[214]

Wenig später führte die politisch motivierte «Steinhölzliversammlung», die als Erinnerungsfeier für das mittlerweile zum Symbol der republikanisch gesinnten Handwerkerbewegung gewordene Hambacher Fest von 1832 konzipiert war, erneut zu massiven Protesten ausländischer Regierungen. Gegen 200 deutsche Handwerker und Flüchtlinge bekannten sich im Steinhölzli zwischen Bern und Köniz am 27. Juli 1834 feierlich zur Idee einer republikanisch organisierten deutschen Einheit. Es wurden Brandreden gehalten, Freiheitslieder[215] gesungen und die schwarz-rot-gelbe Fahne gehisst, was in Wien, Paris und von mehreren deutschen Regierungen als gravierender Skandal aufgefasst wurde.[216] In der deutschen und österreichischen Presse wurde die Versammlung als revolutionäre Grossveranstaltung dargestellt und die Toleranz der Berner Behörden gegenüber derartigen Ereignissen als schwerwiegende internationale Provokation beanstandet.[217] Metternich liess durch den österreichischen Gesandten Graf de Bombelles[218] der Berner Regierung eine als aggressive Drohung abgefasste Protestnote übergeben und beriet mit Preussen und Frankreich über mögliche Sanktionen.[219] Die Schweiz wurde ihres föderalistischen, liberalen Asylrechts wegen als gefährliche Bedrohung des restaurativen Europas und des anlässlich des Wiener Kongresses gefundenen Gleichgewichts der Mächte eingeschätzt.[220] Das Verhältnis zwischen Preussen und der Eidgenossenschaft war zufolge des Neuenburger Konflikts seit Oktober 1831 ohnehin zugespitzt.[221] Zwischen den Ministern Ancillon (Berlin) und v.Brockhausen (Wien) wurden in geheimen Korrespondenzen die einzelnen Möglichkeiten geprüft, konkreten Druck auf die Schweiz auszuüben. Insbesondere wurde erwogen, die Importabhängigkeit der Schweiz durch ein Zollembargo auszunützen.[222] In der Folge beschlossen Tagsatzung und kantonale Regierungen auf ausländischen Druck hin die Ausweisungen mehrerer Ausländer, die an der Versammlung teilgenommen hatten oder anderweitig wegen ihrer politischen Aktivitäten aufgefallen waren, was vorläufig zu einer Schwächung insbesondere der Berner Sektion des *Jungen Deutschlands* führte.[223] Auch in Zürich folgten im Februar 1835 Restriktionen gegen politisch aktive Ausländer, so hauptsächlich das erwähnte Verbot betreffend Gründung von und Beitritt zu politischen Vereinigungen.

Auch diese 1834 ergangenen Wegweisungsbeschlüsse wurden indessen nie konsequent angewandt und nur mangelhaft vollzogen, sodass Exponenten der Affären um das *Junge Deutschland* wie Rauschenplatt, Harring und Mazzini sich schon wenig später wieder in der Schweiz aufhielten.[224] Da die von den kantonalen Fremdenpolizeibehörden verhängten Ausweisungsverfügungen mangels eidgenössischer Koordination stets nur das Verlassen des Kantonsgebietes beinhalteten, beförderten diese Beschlüsse vornehmlich die Mobilität der Agitatoren, was zu einer noch beschleunigten Ausbreitung der radikalen Aktivitäten auf zahlreiche Kantone beitrug.[225] Die Zurückhaltung bei Anordnung und Vollzug von Ausweisungen beruhte, jedenfalls wenn Handwerker betroffen waren, massgeblich auf der Abhängigkeit der schweizerischen Wirtschaft von ausländischen Arbeitskräften. Im Frühjahr 1835 sollte ein deutscher Schneidergeselle, der von seinem Meister mehr Lohn gefordert hatte, aus dem Kanton Zürich weggewiesen werden. Nachdem zahlreiche andere Schneider aus Deutschland ihren Weggang angeblich aus Solidarität angekündigt hatten, wurde die Wegweisung rückgängig gemacht, denn die Kleider- und Tuchfabrikation war in Zürich auf die Arbeit der deutschen Gesellen angewiesen.[226] Georg Büchner beurteilte die Verhältnisse der politischen Flüchtlinge in der Schweiz im Mai 1835 als keineswegs ungünstig, da sich die «strengen Massregeln (...) nur auf diejenigen, welche durch ihre fortgesetzten Tollheiten die Schweiz in die unangenehmsten Verhältnisse mit dem Ausland gebracht und schon beinahe in einen Krieg mit demselben verwickelt» hätten, erstreckten.[227]

2.1.5 Das Fremdenconclusum von 1836

Der gewaltsame Tod des der Spionage verdächtigen Studenten Lessing liess auch in den liberalen Kantonen an der Harmlosigkeit der Flüchtlinge begründete Zweifel aufkommen. Wohl hatte man sich daran gewöhnt, dass zwischen ausländischen Handwerkern und Flüchtlingen untereinander oder auch Einheimischen mitunter gewaltsame Auseinandersetzungen ausgetragen wurden, doch kontrastierten diese meist in der Form öffentlicher Schlägereien begangenen Gewalttätigkeiten phänomenologisch deutlich von der vorerst als äusserst schockierend empfundenen Mordtat.[228] Ferner präsentierte sich das aussenpolitische Spannungspotential mit dem Spionageverdacht und dessen Offenlegung kontrastierter und zugespitzter als zuvor. Die Strafuntersuchung beleuchtete im Frühjahr 1836 die weiten Dimensionen wuchernden «politischen Unterholzes» innerhalb der Flüchtlingsszene. Das Engagement insbesondere der deutschen Asylanten gegen die Regimes ihrer Heimatstaaten wurde zunehmend als Bedrohung für die Schweiz erlebt. Da der Zürcher Verhörrichter seine Erkenntnisse über das *Junge Deutschland* und dessen Aktivitäten fortlaufend dem Zürcher *Polizey-Rath*[229] mitteilte, welcher als politische Behörde die Informationen weiterleitete, wurden die Erkenntnisse aus der wegen des Mordes an Lessing angehobenen Strafuntersuchung ansatzweise Gegenstand interkantonaler Kooperation in Flüchtlingsangelegenheiten sowie zum eidgenössischen Politikum. Da, wie eingangs beschrieben, das Tötungsdelikt in der öffentlichen Meinung stets als Ergebnis einer Abrechnung unter Flüchtlingen interpretiert wurde, die Untersuchungsergebnisse ebenfalls in diese Richtung deuteten und parallel auch im Kanton Bern die Strafverfolgungsorgane gegen diverse Ausländer wegen unerlaubter Teilnahme an politischen Verbindungen und Umtrieben ermittelten, entstand in der Bevölkerung allmählich ein ebenso tiefes wie breites Misstrauen gegen politisch engagierte Fremde.[230] Der Mord an Lessing hatte bereits im April 1836 einen Tagsatzungsbeschluss über die Ausweisung von 29 Ausländern, teils Studierender, zur Folge.[231] Die in Bern gegen Ernst Schüler u.a. wegen illegaler politischer Umtriebe geführte Strafuntersuchung und die Ereignisse in Zürich bewirkten bei den Behörden eine zunehmend ablehnende, skeptische Haltung gegenüber Flüchtlingen in der Schweiz.[232] Zudem verstärkte sich zufolge der Affäre der Druck des monarchischen Auslands gegen die Schweiz, zumal man sich dort in der Beurteilung der Flüchtlinge als gefährliche Unruhestifter bestätigt fand.[233]

Die öffentliche Meinung wurde massgeblich durch die auch in den regenerierten Kantonen allmählich ausländerskeptische Voreingenommenheit der Polizei- und Strafverfolgungsorgane wie auch der Presse beeinflusst. Die Aufdeckung des in französischem Dienst tätigen Spitzels Auguste Conseil aus Ancona im August 1836 in Bern und der nachfolgend durch Frankreich auf die Eidgenossenschaft ausgeübte zusätzliche Druck spitzten die ohnehin angespannte Situation weiter zu.[234] Frankreich, vertreten durch seinen Gesandten Graf von Montebello, wie auch die deutschen Staaten und Österreich bedrängten nun die Schweiz, endlich gegen politisch agierende Flüchtlinge, in der restaurativen Sprachregelung als gemeine Verbrecher deklassiert, entschieden vorzugehen.[235] Die genaue Aufklärung und politische Beurteilung der Spionageaffäre «Conseil» wurde im Juli 1836 einer von der Tagsatzung einberufenen Kommission unter dem Vorsitz des Zürcher Rechtsprofessors, Richters und Politikers, Friedrich Ludwig Keller[236] übertragen. Die wenig diplomatische öffentliche Aufdeckung der Conseil-Affäre und deren für Frankreich unangenehmen Hintergründe zogen Repressionen Frankreichs gegen die Schweiz nach sich (blocus hermétique).[237] Keller erstattete zu Handen der Tagsatzung einen weiteren Bericht über die Notwendigkeit eines «Conclusums», da die Neutralität und der innere Friede der Schweiz durch die politischen Umtriebe gewisser Flüchtlinge ernsthaft gefährdet sei, diese innerhalb verschiedener Kantone einen grossen Einfluss gewonnen und «in den Köpfen junger Leute ein Bedürfnis nach Unruhe und politischen Leidenschaften genährt» hätten, was nicht länger geduldet werden könne.[238] Es schien an der Zeit, die besonders militanten Elemente unter den Flüchtlingen wegzuschaffen und durch dieses auch für die Vertreter einer liberalen Asylpolitik letztlich wenig schmerzhafte Opfer den Groll der aufgebrachten Nachbarmächte zu besänftigen. Die kantonalen Behörden fürchteten überdies, politisch agitierende Asylanten könnten auch die einheimischen Arbeiter mit revolutionärem, frühsozialistischem Gedankengut aufwiegeln und dadurch weitere innere Unruhe stiften.[239] Die Verschärfung der Bedrohung durch die Nachbarstaaten und die Sorge über die als gefährdet wahrgenommene innere Sicherheit und Ordnung führten unmittelbar zum «Fremdenconclusum», das am 11. August 1836 mit einer knappen Mehrheit von 13 Ständen, teils mit Ratifikationsvorbehalt angenommen wurde.[240] Dass dem Vorhaben innerhalb der Stände erheblicher Widerstand erwuchs, beruhte indessen weniger auf Überlegungen des Flüchtlingsschutzes, denn viel mehr auf dem Widerwillen gegen Einschränkungen der kantonalen Kompetenz in Flüchtlingsfragen.

Das «Conclusum» verordnete unter Mitwirkung des Vorortes (Art.1) die unverzügliche Wegweisung derjenigen Fremden, «welche die ihnen von den Ständen zugestandene Zuflucht gemissbraucht und die innere Sicherheit und Ruhe oder die Neutralität der Schweiz und ihre völkerrechtlichen Verhältnisse durch Handlungen, die gehörig erhoben worden sind, gefährdet haben.»[241] Entgegen insbesondere den Erwartungen Frankreichs wurde von einer Ausweisung sämtlicher Flüchtlinge abgesehen, was einen vorübergehenden Abbruch der diplomatischen Beziehungen Frankreichs mit der Schweiz bewirkte.[242] Gesamthaft wurden 1836 156 politische Flüchtlinge aus der Schweiz weggewiesen, hauptsächlich Deutsche, einige wenige Italiener und Polen.[243] Dass der eidgenössische Vorort Bern trotz diverser Bezüge zum Verfahren erst nach dem Vollzug des «Conclusums» im November 1836 offiziell Einsicht in die über das Tötungsdelikt an Lessing geführte Strafakte zu nehmen wünschte,[244] unterstreicht den zeitlichen Druck, unter welchem das «Conclusum» erlassen wurde, zeigt aber auch die nationale Tragweite des Falles.

So wurden zugunsten der Staatsraison entgegen dem schweizerischen Asylrecht politische Flüchtlinge ausgeliefert, die in der Schweiz trotz Verbots weiterhin politischen Aktivitäten nachgegangen waren. Die Ausweisungen erfolgten regelmässig nach Drittländern.[245] Einige Flüchtlinge, so der im Berner Prozess hauptangeklagte Ernst Schüler, hatten rechtzeitig die damals je nach Gemeinde bereits nach kurzem Aufenthalt mögliche, mitunter durch entsprechende Bezahlung erwerbbare Einbürgerung erwirkt und brauchten trotz Schlüsselfunktion innerhalb der Flüchtlingsbewegung keine fremdenpolizeilichen Massnahmen zu befürchten.[246] Dass das «Conclusum» zwar eine restriktivere Haltung der Behörden gegenüber Flüchtlingen nach sich zog, keineswegs jedoch auf eine Abolition des Asylrechts hinauslief, zeigt sich darin, dass der zürcherische Grosse Rat im September 1836 ein das Asylrecht garantierendes «Gesetz betreffend die besondern Verhältnisse der politischen Flüchtlinge und anderer Landesfremden» erliess, in welchem die gesetzlichen Grundlagen für die Regelung der fremdenpolizeilichen Erfassung und der politischen Betätigungsmöglichkeiten für Ausländer festgehalten wurden.[247] Der Regierungsrat des Kantons Zürich entsprach unmittelbar nach der Vollstreckung des «Conclusums» von Ende November 1836 bis Anfang Mai 1837 immerhin 44 Asylanträgen politischer Flüchtlinge.[248]

So trug die Ermordung Ludwig Lessings wesentlich zur Ausweisung zahlreicher Flüchtlinge aus der Schweiz bei. Das frustrierende Versagen der Untersuchung im Fall Lessing führte in der Bevölkerung wie auch bei Politikern und in den Medien zu einer erheblichen Steigerung der Skepsis gegenüber den Flüchtlingen.[249] Man hatte auch auf liberaler Seite, wie Temme, der – selbst politischer Asylant – den zeitgenössischen Geist treffend erfasst, genug vom «revolutionären Treiben der Fremden».[250] Die anfänglich vorhandene Solidarität breiter liberaler Kreise mit den Flüchtlingen wich allmählich einem tiefen Misstrauen gegenüber den derweil vor allem als Unruhestifter empfundenen Ausländern.[251]

Im selben Zug mit dem Erlass des «Conclusums» erwuchsen unter Federführung Kellers im August 1836 Bestrebungen, die Fremdenpolizei, die sich zufolge kantonaler Zersplitterung bisher für eine effiziente Kontrolle und zuverlässige Erfassung von Ausländern als wenig tauglich erwiesen hatte, durch ein Konkordat zu koordinieren. Da die meisten Kantone jedoch nicht bereit waren, ihre diesbezüglich umfassenden Kompetenzen zu schmälern, fielen diese Bemühungen vorerst auf keinen fruchtbaren Boden.[252] Im September 1838 wurde das «Conclusum» wieder aufgehoben.[253]

2.2 Die Organisation der Zürcherischen Strafrechtspflege um 1835

Das Zürcher Strafrechtspflegegesetz von 1831,[254] das mit dem Malefizgericht zahlreiche weitere alte Institute der Strafrechtspflege aus der Zeit des Ancien Régime aufgehoben hatte, sah eine komplexe Verteilung der Zuständigkeiten im Strafverfahren vor, die hauptsächlich durch das der neuen Verfassung zugrundeliegende Prinzip der Gewaltenteilung zu erklären ist.[255] Das Untersuchungsverfahren war schwerfällig gegliedert: In Kriminalsachen, die durch das fünfköpfige *Criminalgericht*[256] zu beurteilen waren, lag die Kompetenz zur Durchführung polizeilicher Ermittlungen (Voruntersuchung) beim Staatsanwalt, welcher dieselben mit Hilfe des Bezirksstatthalters, der zuständigen Gemeindeammänner und der Landjäger zu leiten hatte (§ 20f. Strafrechtspflegegesetz). In der Regel führte der Bezirksstatthalter die Voruntersuchung selbständig durch.

Gemäss Art. 68 der Zürcher Staatsverfassung vom 10. März 1831 war für die der Voruntersuchung folgende Strafuntersuchung von Verbrechen (schwere Delikte gegen den Staat, gegen Leib und Leben, Sittlichkeit, Vermögen, öffentlichen Glauben u.a.) das dem *Criminalgericht* unterstellte Kantonal-Verhöramt zuständig.²⁵⁷ Die polizeiliche Untersuchung sowie die Überweisungen in Fällen einfacher Kriminalität hingegen fielen in den Kompetenzbereich des dem Regierungsrat unterstellten Statthalteramtes.²⁵⁸ Unterstützt wurde der Verhörrichter vom Verhörschreiber, der ebenfalls vom *Criminalgericht* gewählt, die Einvernahmen zu protokollieren und zu unterzeichnen hatte.²⁵⁹

Diese Kompetenzverteilung barg erhebliches Störungspotential bei der Untersuchung der in die Zuständigkeit des *Criminalgerichts* fallenden Rechtsverstösse, da, wie im vorliegenden Fall deutlich wird, mit den sachlichen Kompetenzen sich auch die fachlichen vermischten und dabei ausdünnten.²⁶⁰ Der für die Untersuchung verantwortliche Verhörrichter konnte erst nach Auftragserteilung und Aktenübergabe durch das *Criminalgericht* Einfluss auf den Fortgang des Verfahrens nehmen. Die ersten Ermittlungen waren ohne Kontaktnahme mit dem Verhörrichter durch das Statthalteramt durchzuführen, das durch die Staatsanwaltschaft mitunter kaum fachliche Unterstützung erhielt. Soweit der kantonale *Polizey-Rath* unter Berufung auf sicherheitspolizeiliche Interessen weitere Abklärungen oder eine Ausdehnung der Untersuchung für angezeigt hielt, konnte er diese in die Wege leiten, ohne seine Pläne mit dem Verhörrichter abzusprechen. Es erstaunt daher nicht, dass verschiedentlich Kommunikationsschwierigkeiten zwischen den einzelnen an der Strafuntersuchung beteiligten Behörden auftraten. Bei dieser Art der zumeist kaum koordinierten Aufteilung der Untersuchung kommt es verschiedentlich zu Informationsverlusten. Sodann verhält sich der *Polizey-Rath* gegenüber dem Verhöramt tatsächlich als vorgesetzte Behörde mit Weisungsbefugnis und beträchtlicher Eigendynamik. Die Entlastung, welche die Ermittlungsarbeit des *Polizey-Rath*s für das Verhöramt bedeuten sollte, geht bisweilen mit qualitativen Verlusten in der Untersuchung einher. Es gebricht an einer konstruktiven Zusammenarbeit und an einer ausgereiften Informationspolitik. Immerhin wird der Verhörrichter durch die regelmässigen Berichte des *Polizey-Rath*s über dessen Tätigkeiten nachträglich aufgeklärt, mitunter indessen vor vollendete Tatsachen gestellt. Aus staatsrechtlicher Sicht bleibt anzumerken, dass die Ausstattung des *Polizey-Rath*s als Exekutivbehörde mit weitgreifenden, eigenständigen, faktisch justiziellen Ermittlungskompetenzen zumindest im Bereich der Sicherheits- und Fremdenpolizei einen Einbruch in das für die Zürcher Staatsorganisation damals noch recht ungewohnte Gewaltenteilungsprinzip bedeutete.²⁶¹

Das 1804 gegründete Landjägerkorps verfügte zwar über ein kantonal recht gut organisiertes, die Gemeinden überziehendes Netz von Beamten, das allerdings personell unzureichend bestückt war. Die Landjäger wurden äusserst bescheiden entlöhnt.²⁶² 1833, nachdem im Vorjahr aus dem Landjägerkorps die «Polizeywache» Zürich gegründet worden war, umfasste das kantonale Korps gesamthaft 118 Mann, davon drei Offiziere, ein Feldweibel, vier Wachtmeister und sechs Korporale. Der einzelne Landjäger erhielt eine sechswöchige Ausbildung, wobei neben Lesen und Schreiben vor allem militärischer Umgang geübt wurden, während die fachpolizeiliche Ausbildung sich auf wenige Grundlagen beschränkte.[263] Die Konfrontation mit den Scharen der Flüchtlinge nach 1830 scheint denn auch die Landjäger überfordert zu haben, zumal sich zuvor ihre fremdenpolizeilichen Aufgaben meist auf die Feststellung und Verjagung von Fahrenden, Bettlern und Vagabunden beschränkt hatten.[264] Das Gesetz über die Strafrechtspflege von 1831 enthält keine materiellen Bestimmungen über die Kriminalpolizei. Aufgaben wie Tatbestandsaufnahme, Spuren- und Beweissicherung waren den Polizisten weitgehend unbekannt. Erst das Gesetz betreffend das Strafverfahren vom 30. Herbstmonat 1852 weist der Kantonspolizei eine Funktion im strafrechtlichen Ermittlungsverfahren zu, wodurch die Kriminalpolizei eine formale Grundlage erhält.[265] Es erstaunt daher nicht, dass die kriminalistischen Kapazitäten der Zürcher Polizeibehörden um 1835 unzulänglich sind, mithin das Vorgehen der Polizeiorgane sich durch erhebliche fachliche Defizite auszeichnet.

Der Staatsanwalt als Leiter der Voruntersuchung unterlag der Weisungsbefugnis des *Criminal-* und Obergerichts (§ 25). Mit dem Abschluss der polizeilichen Ermittlungen, die sich meist auf die Feststellung, Absuchung und Räumung des Tatorts, die Erhebung erster Nachforschungen und die Befragung von Auskunftspersonen beschränkten, ging die Untersuchungskompetenz – entsprechend dem die damalige Organisation der Strafrechtspflege immer noch wesentlich prägenden Inquisitionsprozess – an das *Criminalgericht* über. Sofern keine Gefahr in Verzug war, hatte der Staatsanwalt sämtliche weiteren Untersuchungshandlungen dem Gericht zu überlassen (§ 27). Der Staatsanwalt stellte dem *Criminalgericht* Antrag auf Einleitung eines Strafverfahrens, sofern er sich während der Voruntersuchung von der Notwendigkeit eines solchen überzeugen konnte. Nachdem die Staatsanwaltschaft die Akten des Ermittlungsverfahrens an das *Criminalgericht* überwiesen hatte, wurde durch dieses festgestellt, ob hinlänglich Stoff für eine gerichtliche Untersuchung vorlag (§ 47). Wurde dies bejaht, so waren die Akten dem Kantonal-Verhöramt zuzustellen, welches die gerichtliche Untersuchung unter Aufsicht und Kontrolle durch das *Criminalgericht* in dessen Auftrag vorzunehmen hatte (§ 50). Der Staatsanwalt konnte an den Untersuchungshandlungen des Verhörrichters teilnehmen und an diesen Anträge stellen (§ 51).

Das Strafrechtspflegegesetz sah für die durch das *Criminalgericht* zu beurteilenden Straffälle eine Mischform von Anklage und Inquisitionsverfahren vor. Nachdem das Kantonal-Verhöramt die Strafuntersuchung abgeschlossen hatte, waren die Akten der Staatsanwaltschaft zur Anklageerhebung zuzustellen, welche durch den Staatsanwalt auch vor Gericht zu vertreten war. Dem Inquisitionsgrundsatz entsprach das Strafverfahren durch die organisatorische Unterstellung des Kantonal-Verhöramts unter das *Criminalgericht* sowie die Überwachung und Weisungsgebundenheit durch dieses Gericht.[266] Aufsichtsbehörde des *Criminalgerichts* und Rechtsmittelinstanz gegen dessen Urteile war das aus zwei Präsidenten und weiteren elf Mitgliedern bestehende Obergericht.[267]

2.3 Die strafprozessrechtlichen Neuerungen von 1831

Die vom aufklärerischen Gedankengut der französischen Revolution mitgeprägte Zürcher Staatsverfassung vom 10. März 1831 schuf die Grundlagen für das von David Ulrich[268] entworfene, gemessen am alten Verfahrensrecht durchaus moderne, gleichwohl sehr lückenhaft geregelte Strafrechtspflegegesetz. An strafprozessualen Grundsätzen sind folgende, mit Blick auf den zu untersuchenden Fall bedeutsame Neuerungen zu erwähnen:

Ergänzend zum Strafrechtspflegegesetz erliess der Grosse Rat 1831 ein überaus fortschrittliches Gesetz über die Bedingungen der Verhaftung und der Entlassung aus der Verhaft, welches von einem ausgeprägten Bewusstsein für die Bedeutung der persönlichen Freiheit Zeugnis ablegt.[269] Dieses Gesetz regelt die Voraussetzungen für die Anordnung der Untersuchungshaft. Gefordert wird, neben dem wahrscheinlichen Vorliegen einer Straftat, der Verdacht gegen die zu verhaftende Person, Urheber dieses Delikts zu sein (Nr. 1). Bei der Beurteilung, ob der Verdacht hinreichend sei, hat der Verhörrichter Flucht- und Kollusionsgefahr zu beachten (Nr. 2, 3).[270]

Sodann verbietet Nr. 5 dieses Gesetzes die Beugehaft zum Zwecke, ein Geständnis abzuringen. Die Untersuchungshaft darf nicht länger dauern als die im Falle einer Verurteilung zu erwartende Freiheitsstrafe (Nr. 4). Der Verhaftete ist innerhalb von 24 Stunden dem Verhörrichter zuzuführen und aus der Haft zu entlassen, wenn sich die Verhaftgründe als nicht stichhaltig erweisen oder aber bei weniger gravierenden Fällen eine Kaution hinterlegt wird (Nr. 6, 8, 11).[271] Die Polizei bedarf zur Durchführung einer Verhaftung eines durch eine Behörde ausgestellten «Verhaftsbefehls» (Nr. 9).[272] Die Untersuchungshaft ist, falls innerhalb dieser Frist nicht Anklage erhoben wird, auf maximal vier Wochen beschränkt (Nr. 7 sowie § 28 Strafrechtspflegegesetz). Hat der Statthalter eine Verhaftung verfügt, so muss er den Fall innerhalb von 48 Stunden dem zuständigen Gericht überweisen, jedenfalls aber letzterem von der Verhaftung Kenntnis geben (§ 28 Strafrechtspflegegesetz).

Sodann führt das Strafrechtspflegegesetz die amtliche Verteidigung (§ 60), das Akteneinsichtsrecht des Angeschuldigten und seines Verteidigers (§ 39, 43,

59) wie auch weitere Neuerungen ein, auf die an späterer Stelle einzutreten sein wird.

Als Einbruch in den überholten Inquisitionsprozess brachte das neue Verfahrensrecht, abgesehen von der Einführung der Staatsanwaltschaft als einer vom erkennenden Gericht jedenfalls formell abgespalteten Anklagebehörde, das Prinzip der Öffentlichkeit der Hauptverhandlungen vor Gericht (§§ 67, 72, 81 Strafrechtspflegegesetz).[273] Sodann imponieren als wesentliche Neuerungen die Abschaffung der Folter (Geständniszwang und Peinlichkeit, Art. 14 der Staatsverfassung von 1831 und §§ 85ff. Strafrechtspflegegesetz), die damit verbundene Möglichkeit einer allein auf Indizien beruhenden Verurteilung, ferner der Grundsatz eines zweistufigen Rechtsweges durch Einschiebung einer Rechtsmittelinstanz wie auch das Begnadigungsrecht des Grossen Rates bei Todesurteilen.[274] Die Abschaffung der Folter als zentrales Wahrheitsfindungsmittel des traditionellen Inquisitionsprozesses verdient besondere Erwähnung. Das Gesetz über die Strafrechtspflege hatte in § 85 gestützt auf Art. 14 der Kantonsverfassung den Geständniszwang und die Peinlichkeit im Strafprozess abgeschafft: «Jedes Mittel, um die Ablegung eines Geständnisses von einem Verdächtigen durch Zufügung von Leiden oder Schmerze zu erpressen, ist gänzlich und bey schwerer Verantwortlichkeit untersagt.»[275] Allerdings sah § 86 unter besonderen Einschränkungen die Möglichkeit von Ungehorsams- und Lügenstrafen gegen renitente Untersuchungsgefangene vor, sofern deren Anordnung vom *Criminalgericht* gebilligt wurde.[276]

Neben dem Gesetz über die Strafrechtspflege ist auch das Strafgesetzbuch von 1835 als wesentliche und fortschrittliche legislatorische Innovation der Zürcher Regeneration zu erwähnen.[277] Auf einzelne, ausgewählte Aspekte wird bei der Erörterung materiellrechtlicher Probleme näher einzutreten sein.

3 Sachverhalt

3.1 Lessings letzter Tag

Ludwig Lessing, geboren am 3. November 1812, stammte aus Freienwalde bei Berlin und studierte an der in Zürich neu gegründeten Hochschule seit Wintersemester 1834/35 Rechtswissenschaft, nachdem er bereits während des Sommersemesters 1833 in Zürich als Student der Medizin immatrikuliert war.[278] Der etwa 1.65 m grosse, muskulöse Preusse jüdischer Abstammung hatte braune Augen, schwarzes, krauses Kopfhaar und trug einen dünnen, schwarzen Schnurrbart.[279] Er war im Wintersemester 1835/36 der einzige Jusstudent aus dem Königreich Preussen.[280]

Der 3. November 1835, ein Dienstag, zugleich sein 23. Geburtstag, sollte der letzte Tag in Lessings Leben sein: Am Morgen hinterlegten in seinem Zimmer zur Feier des Tages die mit ihm befreundeten Philosophiestudenten Willibald Geuther[281] aus Gotha und Friedrich Ernst Schlutter[282] aus Altenburg einen Strohkranz mit einer Tabakspfeife aus Ton und einem Gedicht.[283] Lessing hatte sein Zimmer im Haus der Familie Locher-v.Muralt in der Brunngasse[284] zu diesem Zeitpunkt bereits verlassen, da er ab sieben Uhr morgens das Kolleg bei Prof. Johann Caspar Bluntschli[285] besuchte, das im Hinteramt beim Münsterhof erteilt wurde, bis 1838 die Zürcher Regierung dem Hochschulbetrieb einen bedürfnisgerechten Bau übergeben konnte.[286] Am späteren Morgen verrichtete Lessing bei sich zu Hause Schreibarbeiten und ass dann mit seinen Wirtsleuten gemeinsam zu Mittag. Um 13 Uhr kam Schlutter mit einem Medizinstudenten namens Hermann Moritz Trapp[287] aus Sachsen-Meiningen auf Besuch. Letzterer war zwei Tage zuvor in Zürich angekommen und suchte nun eine Wohnung. Lessing machte sich in der Folge mit Trapp auf, um für diesen ein Logis zu suchen. Bereits vor 15 Uhr waren die beiden fündig geworden.[288]

Anschliessend begab sich Lessing gegen 15 Uhr, evtl. schon um 14.30 Uhr, ins *Café littéraire* im roten Turm am Weinplatz.[289] Dort traf er den Medizinstudenten Carl Cratz und einen schon seit längerer Zeit mit seiner Gattin unter dem Namen Baron von Eyb sich in Zürich aufhaltenden Deutschen.[290] Nach kurzem Gespräch verliess Lessing mit Cratz das Café bald nach 15 Uhr, und man ging in Richtung der Brunngasse. Unterwegs trafen die beiden den Universitätsfechtmeister Johann Gottfried Ludwig,[291] mit welchem sie angeblich über finanzielle Angelegenheiten sprachen.[292] Lessing hatte Ludwig bei diesem Treffen, gemäss dessen Aussagen, um Geld gebeten, ohne einen Grund zu nennen, wofür er das Geld brauche.[293] Ludwig hielt die Bitte angeblich für einen Scherz und begab sich nach Hause.[294] Lessing war Cratz, so ergibt sich aus der Einvernahme desselben, 12 Kronen schuldig, welche dieser dringend nötig und daher – allerdings erfolglos – zurückgefordert hatte.[295] Lessing war vermutlich am Tage seines Todes knapp bei Kasse.

Bei der «Apotheke an der Limmat» verabschiedete sich Cratz von Lessing und fragte diesen, ob er am Abend im *Grünen Häusli* vorbeikomme. Das *Grüne Häusli* an der damals noch existierenden Stadtzürcher Befestigungsanlage «Katz» am Schanzengraben, nahe der Werdmühle[296] gelegen, war zu jener Zeit ein von deutschen Flüchtlingen und Handwerkern häufig frequentiertes Lokal, wo auch Zimmer vermietet wurden. Lessing erwiderte, er wisse noch nicht, ob er kommen werde, zumal er «etwas vorhabe». Tatsächlich erschien er an jenem Abend nicht im *Grünen Häusli*.[297]

Nach dem Abschied von Cratz las Lessing vermutlich noch kurze Zeit im Museum auf dem Rüden.[298] Gegen 16 Uhr verliess er das Lesezimmer[299] und traf um 17 Uhr zu Hause ein, obschon der Weg in 5 Minuten zu bewältigen war. Sein Aufenhalt während dieser Zeit ist nicht aktenkundig. Um 18 Uhr verabschiedete er sich «ganz munter» und bei «sehr guter Laune» von seiner Logisgeberin Frau Felicitas Locher-v.Muralt und meinte, «er gehe in eine Gesellschaft, in die er zu kommen versprochen habe». Er könne etwas früher zurückkehren, wenn man dies von ihm verlange.[300] Auch gegenüber dem Mitbewohner und Medizinstudenten Otto Paul Casparis[301] aus Graubünden, dem er um 17 Uhr im Treppenhaus des Locherschen Hauses begegnete, erwiderte Lessing auf die Frage, ob er am Abend das Konzert besuchen werde, er sei «schon anderweitig eingeladen».[302]

Kurz nach 18 Uhr wurde Lessing von den Mitstudenten Friedrich August Lüning und Carl Ludwig Friedrich Stephani[303] erneut im Lesezimmer des Museums, das er kurz vor 18.30 Uhr verliess, gesehen.[304] Wohin Lessing nachher ging, ist unbekannt. Zwar hatte ihn eine Zeugin, die in der Ziegelhütte an der Sihl wusch, um 18.30 Uhr mit hoher Wahrscheinlichkeit gesehen, wie er vom Talakker herkommend, stadtauswärts an der Sihl in Richtung des späteren Auffindeorts der Leiche spazierte.[305] Um 18.45 Uhr wurde Lessing beim äusseren Bleicherweg von einer weiteren Zeugin erkannt. Allerdings sei er – und dies erstaunt – von der Enge her gekommen. Ob die Person in Richtung der Stadt oder gegen Selnau weiterging, konnte die Zeugin nicht angeben. Zwischen Bleicherweg und Enge habe sie sonst niemanden angetroffen.[306]

Die Zeitangaben der Zeugen werfen teilweise Widersprüche auf. Es scheint kaum möglich, dass Lessing um 18.30 Uhr das Museum verliess, wenige Minuten später bereits an der Sihl Richtung Sihlhölzli spazierte und nach kurzer Zeit wieder beim äusseren Bleicherweg in die Gegenrichtung ging. Damals trug nicht jedermann eine die Zeit genau angebende Uhr auf sich. Zeitangaben wurden oft geschätzt oder anhand des letzten Kirchglockenschlages rekonstruiert, weshalb Karenzen von 15 Minuten in den Angaben durchaus plausibel sind.

Aus den vorliegenden Zeugenaussagen kann geschlossen werden, dass Lessing, nachdem er das Lesezimmer des Museums verlassen hatte, die Stadt gegen 18.30 Uhr durch das Badener Tor verliess und der Sihl entlang Richtung Enge ging. Auf dem Weg machte er kehrt und begab sich etwa 15 Minuten später über den Bleicherweg in die Stadt zurück oder aber in Richtung Selnau. Die Strafverfolgungsbehörden gingen davon aus, Lessing habe sich mit jemandem im Sihlhölzli oder in Enge treffen wollen. Weshalb er, kurz nachdem er die Stadt verlassen hatte, jedoch wieder zurückkehrte, blieb unklar. Das Treffen scheint vorerst nicht zustande gekommen oder verschoben worden zu sein. Von dieser Verabredung nahm Lessing scheinbar nicht an, dass sie besonders lange dauern würde, da er Frau Locher erklärt hatte, wenn sie es wünsche, komme er früher nach Hause, damit man noch ein Spiel (Kartenspiel) machen könne.[307]

Lessing ging nach dem Verlassen des Hauses Locher also noch für kurze Zeit ins Lesezimmer des Museums und verblieb dort bis gegen 18.30 Uhr, obschon er wusste, dass er seinen Weg auf dem im Winter ohnehin wenig frequentierten Pfad Richtung Sihlhölzli–Enge dann bei Dunkelheit zurücklegen würde. Daraus kann auf seine Absicht geschlossen werden im Dunkeln zu gehen. Seit 1806 wurden die Strassen der Kleinen Stadt nachts zwar beleuchtet, doch führte Lessings Weg rasch aus diesem Bereich hinaus.[308] Er wollte offenbar im Schutze der Finsternis zu dem vereinbarten Ort gelangen. Die letzten Stunden im Leben Ludwig Lessings bleiben denn auch völlig im Dunkeln.

3.2 Auffinden der Leiche und erste Fragen

Am frühen Morgen des 4. November 1835, einem Mittwoch, begab sich der Milchträger Heinrich Wydler über die Wollishofer Allmend durch das «Spitalhölzli» (Sihlhölzli)[309] nach Zürich, wo er seine Milch verkaufen wollte.[310] Er folgte dem Weg, einer schmalen Naturstrasse, am rechten Ufer der Sihl, die damals zwischen der Gemeinde Enge und der Stadt Zürich noch durch weitgehend unberührte Felder und Waldstücke floss.[311] Wydler sah nahe am Weg, bei der sog. «kleinen Wiese im Spitalhölzli» am Sihlufer – in der Nähe der heutigen Utobrücke[312] – eine in einen Mantel gehüllte Person liegen.[313] Da er angeblich

47

dachte, es handle sich um einen Betrunkenen, traf er keine näheren Abklärungen.³¹⁴ Weil er von seiner Entdeckung in der Stadt erzählte, schickte Frau Pfenninger, die sich angesichts der frostigen Temperaturen Sorgen um den «Betrunkenen» machte, ihren 13jährigen Sohn zum Spitalhölzli, um nachzuschauen. Auf dem Weg traf dieser die Witwe Anna Köchli, die an der Sihl im Teilamt den Fährdienst besorgte und an jenem Morgen im Wald Holz suchte.³¹⁵ Gemeinsam entdeckten sie den bezeichneten Menschen, der mit einem vom Reif weissen, tatsächlich aber dunkelgrauen Mantel bedeckt auf dem Bauch lag. Neben ihm befand sich auf der Erde ein weiss-grauer, eingedrückter Hut.³¹⁶ Da die liegende Person auf Zurufen nicht reagierte, und überdies am Kopf Blutspuren zu sehen waren, entfernten sich die beiden. Kurz darauf benachrichtigte der Knabe auf Geheiss seines Vaters den Gemeindeammann von Enge.³¹⁷ Am nämlichen Ort stellte Gemeindeammann Brändli fest, dass es sich bei der Person um eine männliche Leiche handelte, deren Kleider, ein dunkelgrauer Samtüberrock und eine Weste, Spuren von Stichen und Blut aufwiesen.³¹⁸ Unter der ausgestreckten Leiche, die mit dem Kopf sihlwärts lag, fand sich eine grosse Blutlache.³¹⁹ Auffällig erschienen Brändli das abgerissene, zum Tragen einer Taschenuhr bestimmte, schwarz-rot-goldene Band und die nach aussen gestülpten Taschen der Beinkleider.³²⁰ Die rechte Hand des Toten, die in der zerrissenen Tasche des Überrocks steckte, umklammerte ein «mit einer Feder versehenes, starkes Taschenmesser».³²¹

Da das Erdreich zufolge Frostes oberflächlich gefroren war, konnten Brändli und die beiden inzwischen herbeigerufenen Landjäger der Gemeinde Enge vorerst keine Fussabdrücke feststellen. Wohl aber fanden sie neben der Leiche einen Koffer- und einen messingenen Uhrenschlüssel sowie einen silbernen Zahnstocher.³²² Der Schlüssel war in die Erde eingetreten.³²³ Lessings Stiefel waren sauber und wirkten wie frisch gewichst.³²⁴ Das Gras im Umfeld der Leiche erschien nicht in auffälligem Masse eingedrückt, doch entdeckten die Landjäger nahe der Leiche einen faustgrossen Kieselstein.³²⁵ Eine Platzwunde der Schädelschwarte und der eingedrückte Hut legten nach erster Einschätzung der Ermittlungsorgane die Wahrscheinlichkeit nahe, dass Lessing, bevor er erstochen wurde, mit einem Stein niedergeschlagen worden war. Überdies stiess man nach genauerem Absuchen auf dem Boden neben der Leiche auf Fussabdrücke und Spuren, wonach jemand – wohl der Täter – über dem Verstorbenen gekniet haben könnte.³²⁶ Da keinerlei Spurensicherungsmassnahmen ergriffen wurden, dürfte die Zuordnung der Fussabdrücke zur Täterschaft angesichts dessen, dass sich bereits mehrere Leute in die unmittelbare Nähe der Leiche begeben hatten und nicht festgehalten wurde, wie tief das Erdreich zu dieser Zeit tatsächlich gefroren war, zweifelhaft sein.³²⁷ Da der Körper noch nicht gänzlich erkaltet schien, insbesondere am Rücken noch etwas Wärme feststellbar war, schloss der Gemeindeammann darauf, der Tod sei erst spät in der Nacht eingetreten oder aber, dass der scheinbar Tote gar noch lebte. In der Folge liess er den für die Voruntersuchung eines derartigen Delikts zuständigen, ihm vorgesetzten Statthalter benachrichtigen sowie den Arzt und Gesundheitsrat Dr. Conrad Wirth aus Zürich herbeirufen.[328] Letzterer stellte den Tod der Person sowie im Mantel der Leiche eine beträchtliche Menge Blut fest.[329] Der gegen 9 Uhr eintreffende Bezirksarzt Dr. Hess nahm die Legalinspektion vor.

Gemeindeammann Brändli hob umgehend selbst Nachforschungen über die Umstände dieses «Mordes» an, zumal er sich, da die Leiche auf Engener Gemeindeboden gefunden worden war, für die Ermittlungen jedenfalls mitzuständig fühlte. Gemäss § 15 des Strafrechtspflegegesetzes und § 58 der Kantonsverfassung waren die Vollziehungsbehörden verpflichtet, «die ersten Spuren von Verbrechen und Vergehen zu erheben und diejenigen Massregeln zu treffen, welche, wegen Gefahr im Verzug, der Überweisung an die Gerichte vorgehen müssen.»[330] Er suchte mit den Landjägern das Umfeld des Leichenfundortes sowie das Sihlufer bis zur «Schartanne» ab, fand jedoch keine Hinweise auf weggeworfene Gegenstände oder mögliche Tatwerkzeuge.[331] Zufällig traf er dabei auf den ihm bekannten, bereits erwähnten Universitäts-Fechtmeister und politischen Flüchtling Johann Gottfried Ludwig, der sich gemäss eigenen Angaben auf die Jagd begeben wollte. Dieser wünschte die Leiche zu sehen, die mittlerweile in eine Scheune in der Enge verbracht worden war.[332] Er erkannte in der Person des Toten den Jusstudenten Ludwig Lessing. Dennoch fand vorerst keine amtliche Identifikation statt. Ludwigs verhörrichterliche Einvernahme erfolgte erst am 24. November 1835.[333] Bis dahin existierte kein schriftlicher Hinweis auf eine Identifikation von Lessings Leiche. Förmlich wird in den Akten die Identifikation erst im Überweisungsbericht des Verhöramtes vom 13. März 1837 erwähnt, sodass Schauberg mit Blick auf die in der Aktenführung fortschrittlichere deutsche Strafprozessrechtswissenschaft moniert, die Verteidigung könnte allein schon die Identität des Verstorbenen mit dem diesem zugeordneten Namen in Frage stellen.[334]

3.3 Die Voruntersuchung durch das Statthalteramt Zürich

Statthalter Zwingli von Zürich unterliess es, nachdem ihn der Engener Gemeindeammann über den Leichenfund hatte informieren lassen, sich selbst zum Fundort zu begeben, da er angeblich einen Suizidfall vermutete und anderweitig beschäftigt war. Er schickte stattdessen den Bezirksarzt Hess, der das Vorliegen eines Tötungsdeliktes bestätigte.[335] Diese Delegation der Legalinspektion als Untersuchungshandlung an den Bezirksarzt war nach damaliger Lehre allerdings nicht statthaft, da das Physikat in der Rolle eines Sachverständigen aufzutreten hatte, dem keine selbständige Inquisitionsbefugnis zukommen konnte.[336]

Zwingli unterrichtete auf die Mitteilung des Bezirksarztes hin unverzüglich die Staatsanwaltschaft vom Leichenfund und äusserte den Verdacht, es handle sich bei der Tat um einen Raubmord.[337] Am Nachmittag führte Zwingli einige Einvernahmen durch.[338] Milchträger Wydler und der Knabe Johannes Pfenninger, später auch die vor Ort anwesenden Landjäger hatten über die Auffindesituation zu berichten.[339] Eine amtliche Dokumentation des Auffindeorts, insbesondere eine Detailskizze, wurde indessen nicht angefertigt, obschon die bildliche Tatortdokumentation durch Skizzen und Aquarelle bereits anfangs des 19. Jh. zum Sollbestand des damaligen kriminalpolizeilichen Instrumentariums gehörte.[340] Stattdessen produzierte der Statthalter mehrere in sich teilweise widersprüchliche Einvernahmen über die Auffindesituation.[341] Einerseits wurde festgestellt, dass das Umfeld der Leiche keine Fussabdrücke aufwies, woraus geschlossen wurde, der Boden müsse zur Tatzeit schon gefroren gewesen sein. Zugleich wurde indessen bemerkt, dass der bei Lessing gefundene Kofferschlüssel in die Erde eingetreten war, mithin der Boden zur Tatzeit nicht gefroren sein konnte. Auch bezüglich der genauen Lage der Leiche, insbesondere über die Position der Arme und Hände, äusserten sich die Zeugen widersprüchlich. Ebenso stimmten die Aussagen hinsichtlich der festgestellten Blutmenge nicht miteinander überein. So will Landjägerfeldweibel Lienhart sehr grosse Mengen von Blut im Mantel des Getöteten festgestellt haben, sodass man sozusagen «mit Händen es habe herausschöpfen können», während Landjäger Huber die vergossene Blutmenge gesamthaft auf etwa einen Schoppen schätzte.[342]

Zwingli befragte am 5. November den Waffenschmied Heinrich Waser, ob jemand bei ihm in den Tagen vor der Tat einen Dolch gekauft habe. Dieser wusste zu berichten, am Tag des Geschehens, also am Dienstag, 3. November, hätten zwei französisch sprechende, ihm fremde Herren, dem Aussehen nach Italiener, in seinem Geschäft einen Dolch gekauft. Waser musste daraufhin einen gleichartigen Dolch beim Statthalteramt vorbeibringen. Ferner wurde ihm aufgetragen, die Behörden zu unterrichten, falls sich die beiden Herren erneut bei ihm blicken lassen sollten.[343] Die Zeugin Anna Baur sagte vor dem Statthalter aus, sie habe um 18.30 Uhr einen mittelgrossen Mann mit dunklem Mantel und weissem Hut gesehen, der an der Mühle vorbei der Sihl entlang Richtung Ziegelhütte und Sihlhölzli gegangen sei.[344] Sie habe den Herrn schon öfters diesen Weg gehen sehen.[345] Regula Wunderli, eine weitere Zeugin, hatte dagegen um 18.15 Uhr auf ihrem Weg nach Enge niemanden bemerkt.[346] Der Wirt Peter Schäppi, der Lessing als Gast des *Grünen Häusli* kannte, sagte aus, Lessing sei am Montag noch bei ihm gewesen und habe in Aussicht gestellt, am Dienstag vorbeizukommen, um seinen Geburtstag zu feiern. Lessing sei oft mit Carl Cratz zusammengewesen, welcher im *Grünen Häusli* logiere. Cratz sei am Dienstag nach 16 Uhr nicht mehr ausgegangen. Am Dienstagabend habe er drei deutsche Gäste bewirtet, welche um 21 Uhr das Lokal verlassen hätten. Er sagte auch aus, Cratz könne nicht verstehen, weshalb Lessing ermordet worden sei, da dieser ein «so guter Mensch» gewesen sei. Auch er, Schäppi, habe Lessing als «guten, stillen Mann» erlebt.[347] Schäppis Tochter Margaretha konnte die Namen der deutschen Gäste angeben. Am Dienstagabend seien Carl Cratz, Julius Thankmar Alban, Willibald Geuther und Hermann Trapp im *Grünen Häusli* gewesen. Sie seien um 18.30 Uhr eingekehrt und hätten um 21.30 Uhr das Lokal verlassen. Cratz habe sich anschliessend auf sein Zimmer begeben.[348]

Die Staatsanwaltschaft informierte in Anwendung von § 26 des Strafrechtspflegegesetzes am 5. November 1835 das *Criminalgericht* über das ihr mitgeteilte Geschehen mit den Anträgen, es sei eine gerichtliche Strafuntersuchung durch das Kantonal-Verhöramt einzuleiten.[349] Am selben Tag überstellte Zwingli seine Akten direkt an das bei der Strafanstalt Oetenbach befindliche Verhöramt,[350] worauf der 32jährige Verhörrichter Hans v.Meiss[351] umgehend die Strafuntersuchung aufnahm.[352]

Der Zürcher *Polizey-Rath* ersuchte im Rahmen seiner eigenen, zeitlich parallel geführten Nachforschungen am 6. November die *Central-Polizey-Direktion* des Kantons Bern und das basellandschaftliche Polizeidepartement um Mitteilung allfälliger Informationen über dort ansässige Flüchtlinge, welche zur Tatzeit abwesend waren, woraus ersichtlich wird, dass man seitens der Polizeibehörden die Hintergründe des Verbrechens in einem überregionalen Kontext zu untersuchen gedachte.[353] Während der Kantonal-Verhörrichter noch völlig im Dunkeln tappt, scheint der *Polizey-Rath* bereits zu wissen, dass «Lessing bey den übrigen politischen Flüchtlingen sehr verhasst war und für einen Spion gehalten» werde.[354] Es zeichnet sich ein gewisser Gegensatz ab zwischen der umsichtigen und fachlich relativ kompetenten Ermittlungsarbeit des in gerichtspolizeilichen Angelegenheiten eigentlich gar nicht zuständigen *Polizey-Raths* einerseits sowie den dilettantischen Tatortermittlungen durch das Statthalteramt Zürich und den Engener Gemeindeammann. Zugleich wird bereits ersichtlich, wie unzureichend der Informationsaustausch zwischen *Polizey-Rath* und Verhöramt war.

3.4 Das Verbrechen im Spiegel der Presse

Das Tötungsdelikt fand in der Zürcher Presse grosse Beachtung.[355] Entsprechend der zahlreiche Unklarheiten bergenden Auffindesituation berichtet die Neue Zürcher Zeitung am 6. November 1835 in einer kurzen Notiz über die Bluttat, wobei als mögliche Täter «Gauner», Fremdarbeiter oder Flüchtlinge genannt werden. Als wahrscheinliches Motiv nennt das Blatt die Absicht, einen Raub ohne Zeugen zu begehen.[356] Auch der in Zürich erscheinende, radikal gesinnte «Schweizerische Republikaner» vom 6. November 1835 teilt – allerdings nur als Kurznotiz – mit, der Student Lessing sei Opfer eines Raubmordes geworden.[357]

Am 7. November wurde Lessing auf dem Friedhof der Predigergemeinde im Beisein der gesamten Zürcher Studentenschaft, zahlreicher Professoren und Bürger Zürichs feierlich beigesetzt.[358] Die Grabrede hielt ein Gefährte Lessings, der Theologiestudent und Flüchtling Carl Gottfried Wilhelm Cramer.[359] Anschliessend trafen sich die Deutschen im *Grünen Häusli*.[360]

Die NZZ vom 9. November berichtet auf der ersten Seite ausführlich über die Tat und ihre Folgen. Der Redaktor gibt seiner Empörung Ausdruck und weist darauf hin, ein derart furchtbares Geschehnis sei für Zürich absolut ungewöhnlich. Er äussert nun den Verdacht einer politisch motivierten Tötung. Die Täterschaft wird kriminellen, politisch gefährlichen Ausländern zugeschoben. Der Berichterstatter befürchtet, solch schwere Gesetzesverstösse könnten die «Enkel der Tapferen von Sempach» verderben. Hauptanliegen des Berichterstatters scheint die Versicherung der Leser im In- und Ausland zu sein, dass die «republikanische» Schweiz und insbesondere Zürich ein sicherer, friedliebender Ort sei und alles unternommen werde, um das Delikt aufzuklären und Gerechtigkeit walten zu lassen.[361]

Im «Freitags-Blatt» vom 13. November wird ausführlich über den Fall berichtet. Angesichts der zahlreichen Stichverletzungen und deren ungleicher Beschaffenheit sei die Tat wohl auf mehrere Täter zurückzuführen, die Lessing mit Dolchen getötet hätten. Lessing habe sich nach 18 Uhr vom Museum ins *Grüne Häusli* begeben wollen, wo er für seine Freunde anlässlich seines Geburtstages ein Abendessen bestellt habe. Man habe den Verstorbenen wohl anderswohin gelockt. Da der Leichnam am Morgen noch Wärme aufgewiesen habe, sei es auch denkbar, dass Lessing die Nacht in Gesellschaft zugebracht habe, wo er erdolcht worden, und der Körper erst später an die Auffindestelle gebracht worden sei, welche sich in der Nähe der Fähre befinde, welche benützt werde, um die Höcklerwirtschaft am Fusse des Uetlibergs zu erreichen.[362] Das Blatt berichtet, es liege vermutlich ein politischer Mord vor. Allerdings habe das Gerücht, wonach Lessing früher in Bern spioniert haben soll, durch die Nachforschungen des Verhöramtes bisher nicht bestätigt werden können. Auch das «Freitags-Blatt» gelangt zu einer politischen und moralischen Würdigung des Vorfalls als durch Ausländer begangenen Frevel am schweizerischen Gastrecht.[363]

Der «Schweizerische Constitutionelle» äussert mehrere Tage nach der Tat, inzwischen ebenfalls in der festen Annahme, die Täterschaft stamme aus dem Ausland, die Hoffnung, die Zürcher Fremdenpolizei möge nach diesem Vorfall die persönlichen Verhältnisse der anwesenden Ausländer genauer klären. Die

Bluttat wird als Folge eines Streits unter Fremden interpretiert.[364] Der «Schweizerische Beobachter» weist auf die Identität von Lessings Todes- und Geburtstag hin.[365] Freilich weiss das Blatt für diese Gegebenheit keine Erklärung. Es wird neben der politischen Abrechnungshypothese erneut der Verdacht eines Raubmordes geäussert, zumal Lessing wohlhabend gewesen sein soll.[366]

Deutlich geht aus der Berichterstattung hervor, dass die öffentliche Wahrnehmung des Tötungsdelikts diskrepant, jedenfalls vorgreifend zum Stand der laufenden Ermittlungen erfolgte. Das Ereignis wurde überall in Zürich sofort als «fremde» Tat unter Fremden wahrgenommen und als solche verurteilt.[367] Die NZZ-Berichterstattung zielte, obschon sie im Übrigen keine flüchtlingsfeindliche, sondern vielmehr eine liberale politische Linie verfolgte, auf eine die Wertkohärenz und Rechtschaffenheit in der einheimischen Bevölkerung stärkende, xenoskeptische Selbstvergewisserung der Zürcher Leserschaft. Ferner galt es, das im restaurativen Ausland ohnehin schwer ramponierte Image der regenerierten Eidgenossenschaft vor weiterem Schaden zu bewahren. Die seit den ersten Demagogenverfolgungen um 1820 zahlreich in die Schweizer Städte geflohenen, im Ausland politisch ohnehin kriminalisierten Exilanten, anerboten sich als mögliche Sündenböcke.

Seitens der Zürcher Regierung sah man sich unter dem Eindruck des schweren Verbrechens veranlasst, vorsorglich eine Guillotine zu beschaffen, zumal das auf Januar 1836 in Kraft tretende Strafgesetzbuch die Todesstrafe durch mechanisierte Enthauptung vorsah und die traditionelle Methode des Kopfabschlagens mit dem Richtschwert nicht mehr zur Anwendung gelangen sollte. Man rüstete sich für einen baldigen Einsatz der Apparatur.[368]

Wie der Tod Lessings im Kreise der Flüchtlinge tatsächlich aufgenommen wurde, lässt sich mangels Quellen kaum nachzeichnen. Allfälliges Mitleid mit dem Opfer dürfte gegenüber der Furcht vor einer sich abzeichnenden Verschärfung der Asylpolitik im Gefolge des Delikts oft in den Hintergrund getreten sein. Claire v.Glümer, die Tochter des damals in Zürich lebenden Flüchtlings Carl Weddo v.Glümer[369], erinnert sich an einen Brief, in dem ihre Mutter am 4. November 1835 in Wollishofen an deren Schwester schrieb:

«... Der Klang der Totenglocke, der aus der Stadt zu mir herüberschallt, dringt erschütternd in Ohr und Herz. Carl (der Ehegatte der Schreibenden, Anm.) folgt einem Landsmann, dem Studenten Lessing zu Grabe, der heute vor acht Tagen noch bei uns war, und wenige Tage darauf unweit der Sihl, durch fünfzig Dolchstiche ermordet gefunden wurde. Raubmörder scheinen es nicht gethan zu haben, denn man hat dem Unglücklichen Mantel, Uhr und Geld gelassen. – Noch schwebt dieses Dunkel über der grausen Tat; war es ein Racheakt? Der Gemordete hat sich nicht gewehrt, – Seine Hand steckte in der Tasche, wohl nach seinem Messer suchend – und dennoch fünfzig Stiche!... Gott gebe Licht in dieses Dunkel...»[370]

Auch in den deutschen Zeitungen wurde das Verbrechen erwähnt.[371] Unter dem Einfluss der in den deutschen Staaten vorherrschenden Pressezensur erschien der Fall dort als Resultat der «Unbesonnenheit der jugendlichen sogenannten Patrioten».[372] Der gewaltsame Tod Lessings eignete sich hervorragend, um die Gefährlichkeit und Skrupellosigkeit des *Jungen Deutschlands* zu beweisen und die allgemeine Akzeptanz für ein Verbot zu festigen, das nicht nur die politische Seite des *Jungen Deutschlands*, welche ohnehin nie geduldet wurde, treffen sollte. Am 10. Dezember 1835 erliess der Bundestag in Frankfurt ein totales Verbot des *Jungen Deutschlands*, was faktisch ein Publikationsverbot für jede Art politisch emanzipatorischer Literatur bedeutete.[373]

4 Die Strafuntersuchung – 1. Teil

4.1 Missglückte Eröffnung der Untersuchung

Das Kantonal-Verhöramt übernahm als Organ des *Criminalgerichts* die Untersuchung am 5. November, nachdem die der Staatsanwaltschaft untergeordnete gerichtliche Polizei (Gemeindeammann und Bezirksstatthalter) den Fall zur Untersuchung überwiesen hatte. Dem Kantonal-Verhörrichter oblag auch die über die Vorarbeit von Statthalter und Gemeindeammann hinausführende polizeiliche Ermittlungsarbeit.

Der Augenschein («Ocularinspection») als «die eigene Sinnenerkenntniss des Richters von einer die Ausübung der Strafgewalt bestimmenden Thatsache» nimmt im zeitgenössischen Beweisrecht eine sehr wichtige Rolle ein. Carl J.A. Mittermaier weist in seinem während Jahrzehnten massgeblichen Werk über den Beweis im deutschen Strafprozess auf die essentielle Bedeutung der Augenscheinsvornahme durch den Inquirenten persönlich hin. Er kritisiert die damals durch Gerichte und Untersuchungsbehörden oft praktizierte Delegation der Besichtigung des Tatorts an polizeiliche Hilfskräfte. Falls die Vornahme eines Augenscheins nicht mehr möglich sei, so müssten die Tat- oder Fundortanwesenden ohne Verzug als Zeugen einvernommen werden. Statthalter Zwingli hatte es unterlassen, sich zum Tatort zu begeben. Stattdessen protokollierte er, wie erwähnt, ohne detailliert nachzufragen, die teilweise widersprüchlichen Wahrnehmungen der am Leichenfundort anwesenden Polizeikräfte und anderweitiger Auskunftspersonen. Immerhin fand sich der Bezirksarzt am Fundort ein, dessen Beobachtungen im Zusammenhang mit der nachfolgenden Obduktion von besonderer Bedeutung sind. Die Pflicht, einen Augenschein vorzunehmen, kann durch die juristischen Behörden nicht delegiert werden. Werden Sachverständige beigezogen, so spricht die damalige Lehre von einem «zusammengesetzten Augenschein». Dieser hat durch gemeinsames und gleichzeitiges Zusammenwirken von Gerichts- und Sachverständigenpersonen anlässlich der Augenscheinvornahme zu erfolgen.[374]

Als der Verhörrichter noch am 5. November den Tatort besichtigen wollte, stellte er fest, dass der Gemeindeammann, angeblich aus Rücksicht auf allfällige

Passanten, die Reinigung der Wiese vom Blut bereits hatte vornehmen lassen. Überdies war über Nacht etwas Schnee gefallen, sodass ein Augenschein am Auffindeort bzw. wahrscheinlichen Tatort nicht mehr sinnvoll war.[375] Schauberg erwähnt das voreilige Räumen des Auffindeorts als typisches Beispiel für eine ungenügende und dilettantische polizeiliche Voruntersuchung. Er betont die Notwendigkeit, Kriminalfälle von Anfang an in die Hände juristisch und kriminalistisch gut ausgebildeter Fachleute zu geben.[376] Der Verhörrichter musste sich auf die Aussagen des Gemeindeammanns, der Landjäger und der übrigen Zeugen verlassen. Der Statthalter hatte keinerlei Fahndungsmassnahmen eingeleitet. Wertvolle Zeit ging dadurch verloren.[377] Diese für die rasche Aufklärung höchst ungünstige Situation resultierte nota bene weniger aus einem mangelhaften Entwicklungsstand der damaligen Strafprozesslehre, Polizeiwissenschaft und Kriminalistik, sondern vielmehr aus deren Unkenntnis oder Vernachlässigung durch die Zürcher und Engener Ermittlungsbehörden.[378] Die Staatsanwaltschaft, vertreten durch David Ulrich und dessen Substituten Johann Jakob Rüttimann,[379] scheint auf jede Instruktion verzichtet zu haben.

Durch das Unterlassen einer detaillierten und präzisen Tatortdokumentation gingen im Fall Lessing wesentliche Hinweisquellen auf die Einzelheiten der Tatbegehung unwiederbringlich verloren. Die zuständigen Behörden hätten diesbezüglich auch unter Berücksichtigung des zeitgenössischen Wissensstandes eine bessere Leistung erbringen müssen, zumal Mittermaiers Werk über den Beweis im deutschen Strafprozess damals auch in der Schweiz bekannt war. Die mangelhafte Tatortdokumentation wie auch die wenig aussagekräftigen ersten Befragungen boten dem Verhörrichter eine ungünstige Ausgangslage für eine erfolgreich durchzuführende Strafuntersuchung.

4.2 Tatort und Tatinstrumente

Die ersten Überlegungen des Verhörrichters mussten der Frage gelten, ob Lessing am Auffindeort seiner Leiche gestorben war, ferner, ob und womit er getötet worden war. Da die Überlegungen des Verhörrichters nicht dokumentiert sind und sich jeweils nur aus seinen Handlungen und Fragen erschliessen lassen, wird nachfolgend auf Schauberg zurückgegriffen, der diesen Fragen mit Akribie nachgegangen ist.

Für die Identität von Tat- und Auffindeort sowie für eine Fremdtötung sprachen sowohl das Fehlen von Transportspuren (Blut, Schleifspuren), als auch die Lage der Leiche (Griff nach dem Messer in der eigenen Rocktasche). Wäre die Leiche transportiert worden, so hätte sich durch die mit dem Transport verbundenen Manipulationen die eigenartige, von der Abwehr bestimmte Endlage der

Hände in der Manteltasche bzw. am Rocksaum verändert.[380] Gegen die Identität von Tat- und Auffindeort deuteten dagegen die sauberen Stiefel und die relativ geringen Blutspuren vor Ort. Schauberg ist von der Identität zwischen Tat- und Auffindeort überzeugt. Er hält einen spurlosen Transport der Leiche für ausgeschlossen.[381] Auch der Obduktionsbericht gelangt zur Erkenntnis, dass das Fehlen von Blutflecken an der Stirn und an den unteren Extremitäten gegen einen Transport spreche.[382] Die widersprüchlichen Angaben betreffend die unter der Leiche befindliche Blutlache führt er auf die Tatsache zurück, dass diese, ehe sie genau beschrieben werden konnte, bereits beseitigt worden war.

Für die genaue Deskription der verwendeten Stichwaffe war das bezirksärztliche Gutachten abzuwarten. Mehr Rätsel gab der eingesetzte Hiebgegenstand auf. Schauberg stellt – die zeitgenössische Zürcher Strafverfolgungspraxis hart kritisierend – fest, dass der asservierte Stein, der als Tatwerkzeug in Frage kam, mit der Beschreibung des angeblich am Tatort gefundenen Steines durch die Zeugen nicht übereinstimmte.[383] Mehr als ein halbes Jahr später, im Sommer 1836, wurde von einem Zeugen geäussert, in der Nähe des Tatorts einen blutigen Stock gesehen zu haben. Gemeindeammann Brändli berichtet mit Schreiben vom 17. September 1836, er habe den besagten Stock bei der «Schartanne» in der Nähe des Badener Tors aus der Sihl gezogen.[384] Tatsächlich habe dieser Prügel rote Flecken aufgewiesen. Doch habe der Augenschein durch sachkundige Personen[385] ergeben, dass es sich dabei nicht um Blut handle.[386]

Schauberg bemängelt sodann, dass nur das unmittelbare Umfeld der Leiche, nicht aber das Flussbett der Sihl nach weggeworfenen Gegenständen (Tatwerkzeug, Uhr, Geld) durchsucht worden sei.[387]

4.3 Obduktionsergebnisse

4.3.1 Vorbemerkung

Ist die Todesursache ungewiss oder deliktisch, so hat nach den damaligen strafprozessualen Grundsätzen, zumindest nach Anschauung der Lehre – das Zürcher Strafrechtspflegegesetz hüllt sich darüber in Schweigen –, neben der Legalinspektion auch eine Sektion (Obduktion, Autopsie) der Leiche durch einen Mediziner zu erfolgen, deren Resultate in einem Befundschein mit Gutachten (visum repertum) festzuhalten sind.[388] Im Verlauf des 18. Jh. wurden die ärztliche Leichenschau und die gerichtlich angeordnete Obduktion als strafprozessuales Erkenntnismittel Gegenstand wissenschaftlichen Interesses und fanden jedenfalls in urbanem und universitärem Einfluss unterstehenden Gebieten des deutschsprachigen Rechtsraums allmählich Eingang in die Praxis der Strafverfolgung, sofern deutliche Spuren für das Vorliegen eines Delikts sprachen.[389] Anfangs des 19. Jh. war die gerichtliche Medizin bzw. «Staats-Arzneykunde», meist ausgeübt durch Amtsärzte, in ihrer Funktion innerhalb der Kriminalwissenschaften weitgehend institutionalisiert.[390] In den 1830er Jahren wurden im Kanton Zürich bei Todesfällen mit möglichem deliktischen Hintergrund regelmässig ärztliche Obduktionen angeordnet.[391]

Nach damaliger Lehre hat die gerichtlich-medizinische Leichenschau folgende Schritte zu umfassen: a) äussere Besichtigung, genaue Beschreibung der Wunden, natürliche Beschaffenheit der Wunden und Protokollierung dieser Wahrnehmungen; b) Eröffnung von Schädel-, Brust- und Bauchhöhle sowie Sektion der beschädigten Körperteile und Protokollierung der Wahrnehmungen; c) Abfassung des Gutachtens durch den Obduzenten über die Todesursache und, soweit rekonstruierbar, die dem Tod vorausgegangenen Ereignisse.[392]

Der über Lessing durch den Zürcher Bezirksarzt Hess verfasste «Obductions-Bericht» wird diesem Anspruch weitgehend gerecht und bildet eine der wenigen kriminalistisch ergiebigen Erkenntnisquellen in der vorliegenden Strafuntersuchung.

4.3.2 Die an Lessings Leiche festgestellten Befunde

Bezirksarzt Hess erhob am Auffindeort am 4. November 1835 um ca. 09 Uhr anlässlich der äusseren Legalinspektion folgende Befunde:[393]

- Grosse Blutlache an der Stelle, wo die Leiche aufgelegen hatte, ausserhalb davon keine Blutspuren;
- 6–8 Schritte neben der Leiche der stark eingedrückte Hut, nebenan ein oberflächlich liegender (sauberer) Kieselstein;
- Der Boden war etwas gefroren; der Mantel (der Leiche) leicht mit Reif bedeckt;
- Körper mit Mantel eingehüllt, die linke Hand in der Innentasche;
- Stiefel ohne Schleifspuren;
- Gesicht auf der rechten Seite zusammengedrückt;
- Kleidungsstücke über der Brust stark blutig verunreinigt mit vielen Stichläsionen in diesem Bereich;
- «Der Körper war wohl überall erkaltet, doch fühlte sich (...) die Lendengegend etwas wärmer an; alle Glieder waren in ihren Gelenken fast unbeweglich, und die Hornhaut der halb geöffneten Augen leicht getrübt.»

Das Statthalteramt Zürich beauftragte Bezirksarzt Hess mit der Obduktion von Lessings Leiche, die am Abend des 4. November auf Veranlassung Lochers in dessen Wohnung geschafft worden war, nachdem sie den ganzen Tag unbewacht in einer Engener Scheune gelegen hatte.[394] Die Obduktion fand am 5. November 1835 in der Wohnung Locher-v.Muralt durch den Bezirksarzt Dr. Hess und den Adjunkten Dr. Meyer-Hofmeister im Beisein des Verhörrichters v.Meiss, des Polizeihauptmanns Jakob Fehr[395] und des Prosektors der Medizinischen Fakultät, Dr. Hodes,[396] von 08 bis 13 Uhr statt.[397] Sie ergab Folgendes:[398]

A	Besichtigung der Kleidungsstücke
1.	Mantel mit 8 Stichlöchern in der Brustgegend
2.	Überrock mit 8 Stichlöchern rechts unten, 3 Löchern am Kragen und 19 Löchern «von der linken Schulter über das Brustblatt und den Ärmel»
3.	Weste mit 9 Löchern rechts und 15 Löchern links
4./5.	Hosenträger und Krawatte mit jeweils 2 Löchern
6.	entsprechende Löcher auch im Hemd
7.	Hose mit Blutflecken im obersten Teil und kleinem Blutfleck über dem rechten Knie

B	Legalinspektion des Leichnams
I.	*Beschreibung der Konstitution der Leiche*
1.	Glieder sind stark erstarrt (= komplett ausgebildete Totenstarre)
2.	blasse Haut; «am Rücken befinden sich nur etliche Todtenflecken von blasser Farbe»
3.	Sehr viel, grösstenteils angetrocknetes Blut vor allem an der Vorderseite des Körpers
5.	kleine Hautschürfung an der Nasenwurzel
7.	Mundlippen links blau und leicht geschwollen, rechts ganz blass
9.	Nach Abschneiden der Kopfhaare: rechts auf dem Scheitel, ca. 4 cm von Pfeil- und Hinterhauptsnaht entfernt, eine ca. 1,8 cm lange, bis auf die Knochenhaut reichende Quetschwunde
10.	An Hals, Brust und linker Achsel, Ober- und Unterarm links und an beiden Händen zahlreiche Wunden, die aufgrund ihrer Gestalt als «Stichwunden» bezeichnet werden. Nachfolgend die wichtigsten Befunde (Angaben in hinterster Spalte stammen z.T. aus «C»):

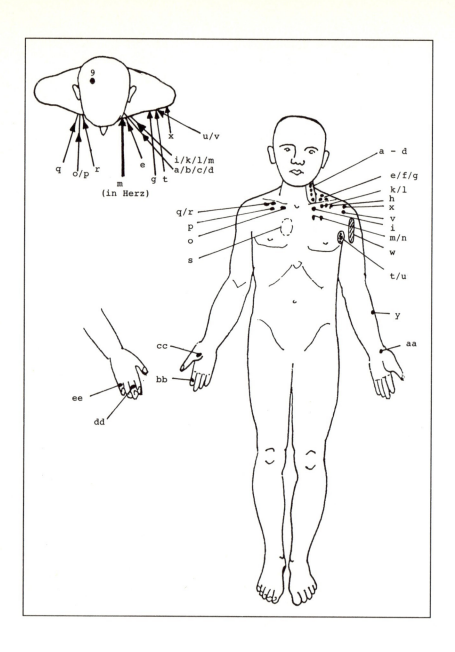

Verletzungsschema von Ludwig Lessings Leiche (angefertigt durch Prof. Dr. Thomas Sigrist, St. Gallen).

II. Beschreibung der Stichwunden

Nr.	Grösse	Lokalisation	Verlauf, Besonderheiten
		Hals links:	
a	3,3 x 1,8 cm	unter Kieferwinkel	a–c sind zusammengehörig
b	1,0 x 0,4 cm	unterhalb a)	
c	1,6 x 0,6 cm	1,2 cm unter b)	
d	0,8 x 0,3 cm	1,2 cm unter c)	längs, aufwärts
e	5,0 x 1,4 cm	über linkem Schlüsselbein	quer, gegen Halswirbel
f	0,8 cm	nahe e)	
g	1,8 x 0,8 cm	Schlüsselbein Mitte links	quer, hinten oben
		Brust links:	
h	1,8 x 1,2 cm	unter Schlüsselbein	
i	2,3 x 0,8 cm	Brustbeinrand links	wenig nach rechts
k	0,6 x 0,4 cm	zwischen i) u. e)	nach rechts (4,8 cm)
l	0,6 x 0,4 cm	neben k)	nach rechts (1,2 cm)
m	2,3 x 0,8 cm	unterhalb i)	senkrecht durch Rippenknorpel
n	1,0 x 0,6 cm	ausserhalb von m)	nach rechts (1,8 cm)
		Brust rechts:	
o	2,1 x 0,8 cm	unter rechtem Schlüsselbein	quer, tief in Brust
p	3,3 x 1,2 cm	über 2. Rippe rechts	quer, in Brust/nach unten
q	1,8 x 0,6 cm	unterhalb rechtem Schlüsselbein	quer, kleines Stück der Oberhaut eines Fingers in der Wunde
r		4,4 cm neben q)	nach rechts (0,6 cm)
s	1,2 x 0,4 cm	«Herzgrube» rechts	nach innen (4,8 cm)
		Achsel, Arm links:	
t	0,6–1 cm	8 Wunden, linke Achselhöhle	hinten rechts
u	1,8 x 0,7 cm	linke Achselhöhle	unklar, in Brusthöhle
v	2,3 x 0,8 cm	vorne linke Schulter	in Richtung t)

w	1–3,6 x 0,8–1,6 cm	13 Wunden Schulter/ Oberarm links	ein- und aufwärts/ z.T. nur Ausstiche
x	1,8 x 1 cm	Schulterkuppe links vorne	quer aufwärts
y	1,8 x 0,7 cm	linker Unterarm aussen	nach oben

Hand links:

z	3,8 x 1,2 cm	nahe linkem Handgelenk	
aa	1,2 x 0,6 cm	Ausstich von z)	
bb		linker Mittelfinger, nagelnah	kleines Stück Oberhaut abgeschnitten

Hand rechts:

cc	1,6 x 0,8 cm	rechter Daumenballen	Durchstich
dd	–	rechter Rücken, Mittelfinger	(Einstich)
ee	–	rechter Ringfinger	kleine Schürfung

C «Legalsektion» (innere Leichenbesichtigung)

1. Durchtrennungen von innerer Halsvene links und Kopfnickermuskel (ausgehend von Wunden a–c)
2. Durchtrennungen von Hals- und Schlüsselbeinvene links sowie von Halsmuskel links (ausgehend von e und g); Verletzungsgang e) reicht bis auf Wirbelsäule
3. Recht starke, blutige Durchsetzung der Halsweichteile; keine weiteren Gefäss-, Nerven- oder Luftröhrenverletzungen
4. Brustwanddurchsetzungen links ausgehend von Wunden k, v, u und m (hier mit Durchtrennung der Zwischenrippenarterie)
5. Brustwanddurchsetzungen rechts ausgehend von den Wunden o, q und p; mit Durchtrennungen von 2 Zwischenrippenarterien
6. Blutgerinnsel (ca. 1 dl) über Herzbeutel
7. 3 Stiche in rechtem Lungenoberlappen in Richtung Wirbelsäule (korrespondierend zu Wunden o, q und p)
8. Schnitt am Vorderrand des rechten Lungenoberlappens; 2 kleine Stiche im Herzbeutel

9.	Durchstich am Herzbeutel links (2,4 cm); scharfe Durchtrennung der Herzvorderwand nahe der Basis (1,2 cm) mit Verbindung in rechte Herzkammer (korrespondierend zu Wunde m)
10.	4 Einstiche (ca. 2,5 cm tief) aussen am linken Lungenoberlappen (ausgehend von Wunden k, u und v)
11.	0,6 dl geronnenes Blut im Herzbeutel; 1 dl Blut in linker und 1,2 dl Blut in rechter Brusthöhle
12.	Herz und grosse Gefässe sind leer
13.	zusammengefallene Lungen
14.	Bauchorgane blass, sonst regulär beschaffen
15.	0,3 dl bräunliche Flüssigkeit im Magen
16.	Harnblase leer
17.	Hohlvene und Pfortader leer
18ff.	kleinfleckige Blutunterlaufung der Kopfschwarte im Scheitelbereich
22.	intakter Schädel, reguläre Verhältnisse am Gehirn
23.	Extremitätensektion ergibt vorwiegend kurze Wundkanäle mit geringen Blutaustritten

4.3.3 Das historische «Gutachten»

Es folgt im «Obductions-Bericht» das «Gutachten», d.h. die Beurteilung der erhobenen Befunde durch die medizinischen Sachverständigen (Bezirksarzt, Prosector der Universität) hinsichtlich Todesart und -ursache. Da dieses ein aussagekräftiges rechtsmedizinhistorisches Dokument darstellt und Aufschluss über den damaligen Stand der Wissenschaft bzw. der zürcherischen bezirksärztlichen Begutachtungspraxis gibt, zugleich auch einige Anhaltspunkte zur Rekonstruktion des Tatvorganges erlaubt, wird der Text im Folgenden weitgehend getreu dem «Obductions-Bericht» vom 7. November 1835 wörtlich wiedergegeben:[399]

> «Aus der gepflogenen Obduction und der Untersuchung der äussern Verhältnisse ergibt sich:
> 1) dass bei dem Herrn Ludwig Lessing kein Selbstmord, sondern ein Mord durch fremde Hand, und zwar:
> 2) muthmasslich nach einem vorherigen Schlag auf den Kopf, worauf er zu Boden stürzte, durch Beibringung einer äusserst zahlreichen Menge von Stichen mit einem oder mehreren spitzigen und zweischneidigen, dolchähnlichen Instrumenten, wovon auf der Oberfläche des Körpers, namentlich am Halse, an der vordern Fläche der Brust und an den oberen Gliedmassen 49 Wunden entstanden sind, Statt gefunden hat;

3) dass dieser Mord an der Stelle, wo der Leichnam gefunden wurde, vollzogen worden ist;
4) dass der Tod dadurch, theils in Folge der Verblutung, theils wegen des gehemmten Atemholens, schnell eintreten musste;
5) dass unter den beigebrachten Wunden die penetrirende Wunde auf der linken Seite der Brust, wodurch, nebst einer Intercostalarterie, die rechte Herzkammer verletzt wurde (...), so wie auch jene rechterseits, in welcher die Lunge an zwei Stellen durchstochen und gleichzeitig noch eine Intercostalarterie und der Herzbeutel lädirt wurden (...), zu den absolut tödtlichen gehören, und dass die übrigen fünf penetrirenden Brustwunden, die die Lungen ebenfalls lädirten (...), nebst den drei Wunden am Halse, wobei die Drossel- und Schlüsselbeinvene sich verletzt fanden (...), solche Wunden sind, die, jede für sich allein betrachtet, unter ungünstigen Umständen, den Tod bewirken können.

Ad.1. Der Mord durch fremde Hand bedarf wohl keines weitern Beweises. Zum Überfluss führen wir daher an, dass als Gründe dafür die Anzahl, Lage und Richtung der Wunden überhaupt, die Haltung der verwundeten Hände, welche zeigt, dass der Entseelte die Stiche abzuwehren und sich zu vertheidigen gesucht hatte, das Festhalten eines geschlossenen unblutigen Messers in der rechten durch die zerrissene Seitentasche gesteckten Hand, das Nichtauffinden eines Mordinstrumentes, die, vielleicht um den Verdacht abzulenken, vorgenommene Beraubung seiner Uhr, die Umstülpung der Hosensäcke und das zerstreute Herumliegen seines Hutes, Schlüssels, Zahnstochers und Uhrschlüssels aufzustellen sind.

Ad.2. Wenn wir die Vermuthung äussern, dass dem Entseelten zuerst ein Schlag auf den Kopf versetzt worden sein möge, worauf er zu Boden stürzte, so gründet sich dieselbe zunächst darauf, dass auf dem höchsten Punkte des Kopfes, wo nicht so leicht eine Verletzung durch Hinstürzen entsteht, sich eine ¾ Zoll lange Quetschwunde vorfand, die im Umkreise eines Vierbatzenstücks mit starker Sugillation der Kopfbedeckungen verbunden war (...). Zugleich wird diese Vermuthung noch verstärkt, weil einerseits an der Stelle, wo der Mord vollzogen worden sein musste, kein Gegenstand bemerkt worden ist, an dem man sich beim Hinstürzen auf solche Art hätte beschädigen können, und andererseits unweit davon, wo der eingeschlagene Hut lag, auch zugleich ein Stein, wodurch diese Quetschwunde könnte beigebracht worden sein. Auch deutet die Richtung und Beschaffenheit der Wunden darauf hin, dass die meisten, wo nicht alle, Wunden in der Rückenlage mit etwas nach der rechten Seite geneigtem Körper, während der Mörder rechterseits nebst oder auf ihm kniete, zugefügt wurden.

Um bei Aufstellung der Schlusssätze, die aus der Obduction zu ziehen sind, die muthmasslichen Schlüsse möglichst zu vermeiden, liessen wir daselbst den Umstand unberücksichtigt, dass bei der Leichenschau der Mund linkerseits blau und geschwollen, das Gesicht rechterseits platt gedrückt, linkerseits etwas aufgetrieben, die Zunge zum Munde herausgestreckt und zwischen die Zähne eingeklemmt, und die Haut zwischen den Augenbrauen und rechterseits an der Nase leicht abgeschürft sich zeigten (...). Dieser Umstand erregt allerdings die Vermuthung, dass dem Entseelten, um das Hülferufen zu verhindern, der Mund gewaltsam zugedrückt worden sei. Indessen können auch möglicher Weise die Quetschung der Lippen und die erwähnten Hautabschürfungen an der Stirne und Nase, entweder vom Hinstürzen auf den Boden oder vom selbstigen Eindrücken des Gesichts in denselben während des Sterbens herrühren, so wie auch die ungewöhnliche Lage der Zunge nebst der krampfhaften Verschliessung des Mundes von einem in Folge des Schmerzens und der Verblutung eingetretenen Krampf.

Die Beibringung der Stichwunden mit einem spitzigen und zweischneidigen Instrument beweist die Beschaffenheit der Wunden selbst, namentlich derjenigen, die nicht geschlitzt sind, oder wobei das Instrument nicht zu wiederholten Malen eingestossen oder seitwärts bewegt, sondern in gleicher Richtung wieder zurückgezogen wurde, da dieselben zwei sehr spitzigen Winkel, und ebenso zwei scharf getrennte Ränder haben; auch steht der Möglichkeit, ja selbst der Wahrscheinlichkeit, dass alle Wunden mit dem nämlichen Instrument zugefügt worden, nichts entgegen, in so fern ein solches sehr spitzig, über 6 Zoll (ca. 14,4 cm, Anm.) lang und hinten 9 bis 11 Linien (ca. 2 cm, Anm.) breit ist, da die grössern äussern Wunden theils von der veränderten Richtung des Instrumentes durch Widerstand leistende Theile, besonders Knochen, theils durch Hin- und Herbewegen desselben in der Wunde, und theils durch wiederholtes Einstossen entstanden sind.

Ad.3. Dass der Mord an dem Fundorte vollbracht worden sei, wird durch die daselbst auf dem Boden wahrgenommene Blutlache, während man sonst in näherer oder entfernterer Umgebung keine Spur von Blut sah, durch die Haltung der Hände u.s.w., die nothwendig beim Transport einer noch nicht erstarrten Leiche hätte verändert werden müssen, und durch den Mangel von Blutflecken an entferntern Körpertheilen, wie namentlich an der Stirne und den untern Extremitäten, wohin das Blut sehr leicht fliesst, oder sonst gelangt, wenn man eine verwundete Leiche, bei welcher es noch flüssig ist, transportirt, vollständig dargethan.

Ad.4. Den Tod durch Verblutung beweisen nicht nur die vorhandenen Wunden selbst, die, da sie, wie ihre Beschaffenheit zeigt, während des Lebens beigebracht worden sind, auch nothwendig eine schnelle Verblutung bewirken mussten, sondern auch die Merkmale der Depletion selbst, als die weisse Farbe der Haut und selbst des Rückens, die Blässe der Brust- und Baucheingeweide und die Blutleere in den grossen Gefässen dieser Höhlen (...).

Wenn in der Schädelhöhle eine verhältnissmässig grössere Menge Blutes sich vorfand (...), so lässt sich im Allgemeinen als Grund davon anführen, dass der Tod hier zugleich auch, bevor sich der Körper gänzlich verbluten konnte, durch das gehemmte Athemholen eintreten musste, da dasselbe bei einer derartigen Verletzung der Brustwandung und der Lungen unmöglich fortbestehen kann. Indessen ist es auch möglich, dass ein Druck, wodurch die Halsgefässe comprimirt wurden, die gänzliche Entleerung der Hirngefässe verhindert hat.

Ad.5. Bezüglich auf die Tödtlichkeit und den sogenannten Grad derselben, kann die Quetschwunde am Kopfe gar nicht in Betracht kommen, wenn schon die mechanische Gewalt, in deren Folge sie entstand, zugleich eine leichte Hirnerschütterung und augenblickliche Betäubung hat veranlassen können. Auch sind alle Stichwunden an der Brust, die nicht eindringen, so wie jene an den obern Extremitäten, jede einzeln und für sich betrachtet, als nicht tödtliche zu erklären, da es einfache, zum Theil sehr kleine Haut- und Fleischwunden sind.

Als allgemein nothwendig tödtliche oder als solche, die selbst unter den günstigen äussern Verhältnissen einen tödtlichen Ausgang nehmen, lassen sich auch die Wunden am Halse (...) nicht ansehen, wohl aber als solche, die unter ungünstigen Verhältnissen leicht tödtlich werden, da Verletzungen der innern Drosselvenen und der Schlüsselbeinvenen leicht durch Verblutung tödten können. Das Nämliche gilt in Bezug auf allgemeine Tödtlichkeit von jeder einzelnen penetrirenden Brustwunde, wodurch die Lunge mehr oberflächlich lädirt wurde (...). Auch diese werden nicht selten tödtlich, jedoch tödten sie gewöhnlich nicht schnell durch Hemmung der Respiration und Blutung, sondern meistens erst durch hinzutretende Entzündung, Eiterung u.s.w. Je tiefer eine Wunde in die Lunge eindringt, je mehr dadurch die grössern Gefässe in derselben lädirt sind, desto höher steigt die Gefahr und Tödtlichkeit, und es sind daher auch die beiden obern penetrirenden Wunden auf der rechten Seite der Brust (...) wenigstens als solche zu betrachten, die ohne das Dasein aller übrigen, sehr leicht hätten den Tod herbeiführen können.

Dass die Wunde, die in das Herz gedrungen ist, eine absolut tödtliche sei, unterliegt gar keinem Zweifel, mehr dagegen die absolute Tödtlichkeit der Wunde Lit.p. Wenn man aber dabei in Anschlag bringt, dass durch diesen Stich nicht allein die Lunge bis gegen die Stelle, wo die grossen Blutgefässe in sie eintreten, durchbohrt, sondern zugleich auch der Rand des Lungenlappens aufgeschlitzt, der Herzbeutel lädirt und eine Intercostalarterie durchschnitten worden ist, so kann wohl, selbst bei den abstraktesten Begriffen über absolute Letalität, dieselbe kaum bezweifelt werden.

Schliesslich versichern wir, dass die Untersuchung genau angestellt und das Gutachten mit bestem Wissen und Gewissen abgefasst worden ist.»[400]

Am 23. Januar 1837 nimmt Bezirksarzt Hess auf Ersuchen des Staatsanwaltsubstituts in einem «Bezirksärztlichen Bericht» über ein Jahr nach der Leichenschau Stellung zur Frage nach der Tatzeit.[401]

Es wird aus dem Obduktionsbericht zitiert und u.a. nochmals dargelegt, dass die Leiche am 4. November 1835, morgens vor 8 Uhr aufgefunden worden sei, dass Hess um 9 Uhr vom Todesfall erfahren und sich sofort an Ort und Stelle begeben habe. Vor seiner Ankunft habe man die Leiche auf den Rücken gewendet. Der Körper sei überall «erkaltet» gewesen, jedoch «fühlte sich die Lendengegend etwas wärmer an als der übrige Körper.» Ein Zeuge habe überdies festgestellt, dass «der Rücken ja noch ganz warm gewesen sei.»[402]

Hess bleibt letztlich bei seiner Erstaussage, dass «der Mord höchstwahrscheinlich am späten Abend des 3. November 1835 verübt worden sei», wobei er sich auf folgende Fakten stützt:
- einzelne Blutflecken am Körper waren angetrocknet,
- weitgehend ausgeprägte Totenstarre (Glieder fast unbeweglich),
- leichte Trübung der Hornhäute,
- alle Körperpartien fühlten sich kalt an,
- in der Lendengegend war ein fast temperierter Wärmegrad zu fühlen.

Aus der Tatsache der noch wahrgenommenen Wärme könne keineswegs bewiesen werden, dass der Mord erst am Morgen des 4. November 1835 verübt worden sei. Offenbar liege eine Täuschung vor, weil nicht die Wärme des Leichnams selbst, sondern jene in den Kleidern wahrgenommen worden sei.[403]

4.3.4 Beurteilung des «Obductions-Berichts» durch den heutigen Experten

Das ärztliche Gutachten stellt unter den Ergebnissen der ersten Ermittlungen den einzigen aussagekräftigen und einigermassen verlässlichen Hinweis auf Art und Ursache von Lessings Tod dar. Es schien daher angezeigt und erwies sich als hilfreich, den Obduktionsbericht durch einen Experten der aktuellen Rechtsmedizin auswerten und beurteilen zu lassen:[404]

«Der Gesamteindruck vom vorliegenden ‹Obductions-Bericht› (eingeschlossen das ‹Gutachten›) erweckt in mir die Vorstellung, dass der beigezogene Bezirksarzt, Dr. Hess, seinerzeit vorbildliche Arbeit geleistet hat.[405] Immerhin begab er sich unverzüglich an den Leichenfundort und nahm dort selbst erste Untersuchungen vor. Am folgenden Morgen führte er dann eine sehr exakte und umfassende äussere und innere Besichtigung der Leiche durch, wobei er die gleich grosse Sorgfalt auch bei der Inspektion der Bekleidung anwandte. Er beschrieb die vielfältigen Befunde eingehend und ermüdete nicht, die zahlreichen Verletzungen – immerhin spricht er von 49 Stichläsionen – hinsichtlich Lokalisation, Lage und teilweise Beschaffenheit zu erwähnen. Dr. Hess erstattete dann seinen schriftlichen Bericht bereits innert zwei Tagen. Eine solche Gesamtleistung verdient meine hohe Anerkennung. Jüngere (und selbst einige ältere) rechtsmedizinische Fachkollegen sowie etliche Amtsärzte könnten auch heute noch viel davon lernen.

Wie bereits erwähnt wurde, ist der Obduktions-Bericht sehr umfassend und hält in formaler Hinsicht heutigen Anforderungen stand. Er macht weitgehend eine klare Trennung zwischen selbsterhobenen (d.h. objektiven) Feststellungen und subjektiver (d.h. wertender) Interpretation der Befunde. Nur vereinzelt weicht Dr. Hess von diesem Gebot ab. Besonders deutlich ist dieser Verstoss bei Punkt A.2, wo er bei der Beschreibung der Beschädigungen an der Bekleidung bereits zu einer Interpretation der Entstehungsweise derselben ausholt und im gleichen Zug auch schon bereits von Mord (‹mörderischem Angriff›) spricht – was grundsätzlich als vorgefasste Meinung leicht zu Fehlschlüssen führen könnte. Hier ist ihm sein Temperament eindeutig durchgebrannt.

In die Kategorie ‹etwas voreilige Interpretation› könnte man bei strenger Betrachtung auch die Formulierungen ‹Stichlöcher› bzw. ‹Stichwunden› aufnehmen (siehe z.B. A.1 bzw. B.10). Hierbei handelt es sich nicht um rein deskriptive Begriffe, sondern bereits um diagnostische Ausdrücke, die eine exakte Erhebung der objektiven Befunde an den Wunden bzw. an der Bekleidung voraussetzen. Dr. Hess holt diesen ‹Mangel› zwar bald nach, und zwar spätestens bei Punkt B.10b. Hier sagt er, dass die Wunde unterhalb des linken Unterkieferwinkels ‹zwei spitze Winkel und zwei scharfe Ränder (wie fast alle übrigen, mit Ausnahme einiger am linken Arm) aufweist›. Diese Beobachtungen sind in der Tat kennzeichnende morphologische Kriterien dafür, dass eine ‹scharfe Gewalt› eingewirkt hatte, namentlich ein klingenhaltiges Werkzeug mit beidseits geschliffener Klinge, was zu einem Tatinstrument in der Art eines Dolches passen würde. Ich stimme hier mit Dr. Hess völlig überein.

Weitere, für ‹scharfe Gewalt› charakteristische Wundmerkmale wären noch die fehlende Oberhautschürfung an den Wundrändern, die glatte Begrenzung der Wundflächen und – damit verbunden – das Fehlen von Gewebsbrücken in der Wundtiefe. Die von Dr. Hess erwähnten Wundkriterien genügen aber für die Annahme einer stattgefundenen vielfachen scharfen Gewalteinwirkung, also des Zustechens mit einem klingenhaltigen Tatwerkzeug.

Anschliessend an das Befundprotokoll nimmt Dr. Hess im ‹Gutachten› Stellung zur Todesart und -ursache sowie zum Tatort und zur Tödlichkeit einzelner Verletzungen. Er tut dies zunächst in einer zusammenfassenden, recht pragmatischen Form, was ‹auf Anhieb› als wenig begründete Schlussfolgerungen abgetan werden könnte. Dies ist aber nicht der Fall, weil die Begründungen auf den nachfolgenden Seiten nachgereicht werden. Diese Vorgehensweise könnte folglich einer damaligen Gepflogenheit entsprechen. Heute geht die Lehrmeinung eher in der Richtung, dass die Befunde zunächst nach den Möglichkeiten ihrer Entstehung interpretiert werden, dass dann Überlegungen zur Wahrscheinlichkeit der einzelnen Möglichkeiten angestellt und letztlich die am ehesten zutreffende Variante aufgezeigt wird. Erst abschliessend wird eine – dann zulässigerweise pragmatische – Zusammenfassung gebracht.

Dr. Hess hegt überhaupt keinen Zweifel, dass L. Lessing durch <Mord> – also durch Tötung von fremder Hand – ums Leben gebracht worden war. Die Beschaffenheit und insbesondere die Vielzahl der Wunden bringt ihn zu diesem Schluss. Aus heutiger Sicht wäre hier zunächst Vorsicht und Zurückhaltung angebracht. Gerade bei geisteskranken Personen (vor allem bei Schizophrenen) kommt es immer wieder vor, dass sie sich eine Unzahl von Verletzungen (Stiche/Schnitte) zufügen können – ein richtiggehendes <Gemetzel> ist nicht ungewöhnlich. Wenn dann die verstorbene Person erst noch ein Klingenwerkzeug auf sich trägt oder sich ein solches in der Nähe der Leiche befindet, dann muss unbedingt ein Suizid in Betracht gezogen werden. In concreto hielt L. Lessing ein Messer in seiner geschlossenen rechten Hand. Betrachtet man noch die Tatsache, dass viele der Stichwunden nur verhältnismässig wenig tief in den Körper hinein reichten, dann müsste aufgrund dieser Befundlage an eine Selbsttötung gedacht werden. Dagegen sprechen nun aber zunächst die Befunde von vielfachen Durchstechungen der Bekleidung. Dies ist typisch für eine Fremdtat. Der Suizidant schiebt in aller Regel die Kleidung beiseite und legt damit jene Körperstellen frei, gegen die die Stiche geführt werden sollen. Hinzu kommen noch die Stichverletzungen in der linken Achselhöhle und am linken Arm sowie an beiden Händen – namentlich an den Handrücken. Diese Verletzungen passen nicht zu einer Selbsthandlung, sondern sprechen viel eher für eine Fremdtat. Die Handverletzungen sind am ehesten als sog. defensive Abwehrverletzungen zu interpretieren, wie sie dann zustande kommen, wenn das Opfer seine Hände schützend an den Körper hält. Demgegenüber können die beiden Verletzungen an den Handinnenseiten (Wunden aa bzw. cc) als sog. offensive Abwehrverletzungen interpretiert werden. Solche können dann entstehen, wenn das Opfer seine Arme und Hände abwehrend dem Täter entgegenstreckt und ihn von der Tat abzuhalten versucht. In dieser Richtung spricht auch der Befund eines kleinen abgeschnittenen Oberhautstückleins, das in einer Stichwunde unterhalb des rechten Schlüsselbeins lag. Dieses stammt sehr wahrscheinlich von der linken Mittelfingerkuppe, wo ein entsprechendes Hautstücklein fehlte. Damit liegt ein weiterer Hinweis auf eine defensive Abwehrverletzung vor, indem L. Lessing die linke Hand an die rechte Brustpartie hielt, als zugestochen wurde.

Die Todesursache sieht Dr. Hess im Zusammenwirken der Verblutung mit einem <gehemmten Atemholen> – kurz einer Atemstörung. Dem ist aus meiner Sicht im Wesentlichen zuzustimmen. Die Stichverletzungen von Halsgefässen und Brustorganen – namentlich Lunge und Herz – hat zu einem inneren und äusseren Blutverlust geführt, der nicht unerheblich war. Wäre er sehr schwer und für sich allein tödlich gewesen, dann wäre es kaum mehr zur Ausbildung von Totenflecken (= abgesenktes Blut in Gefässen) gekommen. Solche werden aber in concreto beschrieben (siehe B: <am Rücken befinden sich nur etliche Totenflecken von blasser Farbe>). Die blasse Farbe zeigt an, dass zwar vermutlich recht viel Blut aus dem Gefässbett verloren gegangen war, von einem alleinigen Verbluten kann aber eher nicht die Rede sein. Dr. Hess ist ebenfalls dieser Ansicht, führt er doch als zweiten Faktor die Atemstörung an, die er als <gehemmtes Atemholen> bezeichnet. Gemäss dem Obduktionsprotokoll waren die Lungenflügel teilweise zusammengefallen (kollabiert), weil sie Stichverletzungen zeigten. Aus diesen konnte Luft in die Brusträume entweichen, und die Lungenflügel zogen sich aufgrund ihrer Eigenelastizität zusammen. Damit wurde eine Entfaltung derselben bei atemsynchronen Bewegungen des Brustraums weitgehend verunmöglicht. Der Fachbegriff für eine solche (traumatische) Luftbrust lautet <Pneumothorax>. Er geht effektiv mit einer Störung der Atemtätigkeit und damit mit einer Sauerstoffverarmung im volumenmässig ohnehin reduzierten Blut einher, sodass die lebensnotwendigen Organe – u.a. Gehirn, Herz usw. – letztlich wegen inneren Sauerstoffmangels zum Stillstand kommen. Dies dürfte auch für den Fall von L. Lessing zutreffen.

Grundsätzlich sind noch zwei weitere tödliche Faktoren zu diskutieren – erstens eine ‹Herzbeuteltamponade› und zweitens eine ‹Luftembolie des Herzens›. Bei einer Herzstichverletzung – wie in concreto – fliesst Blut in den Herzbeutel und sammelt sich hier innert kurzer Zeit an, wenn es nicht durch eine grössere, schlitzförmige Verletzung der Herzbeutelwand in den Brustraum abfliessen kann. Im Minutenbereich kann es folglich zu einer blutigen Ausstopfung des Herzbeutels kommen (Fachbegriff: Herzbeuteltamponade). Dadurch wird das Herz von aussen komprimiert und in seiner Beweglichkeit eingeschränkt, sodass es sich nach jeder Kontraktion nicht mehr genügend entfalten kann. Dies führt innert kurzer Zeit zum Kreislaufzusammenbruch. In concreto ‹befanden sich im Herzbeutel ungefähr 2 Unzen.... Blut› (Zitat von Punkt C.11). Es war also tatsächlich zu einer Blutansammlung im Herzbeutel gekommen, möglicherweise aber deshalb nicht zu einer, die Herzexkursionen beeinträchtigenden Tamponade, weil der Herzbeutel an der linken Seite ‹einen fast Zoll-langen Schnitt› aufwies (siehe C.9), durch welchen sich die Blutansammlung teilweise in den Brustraum entlasten konnte. Hier ist allerdings festzuhalten, dass nach unserer Erfahrung durchaus eine unmittelbar tödlich wirkende Herzbeuteltamponade auftreten kann, und dass dann ein Teil des Blutes in der Folgezeit – also erst post mortem – durch die Schlitzöffnung aus dem Herzbeutel abfliessen kann. Das autoptisch nachgewiesene Blutvolumen im Herzbeutel (0,6 dl) muss folglich nicht zwingend jener Blutmenge entsprechen, die sich in der Sterbephase im Herzbeutel angesammelt hatte. Dies hat nämlich insofern Bedeutung, als eine Herzbeuteltamponade in aller Regel sehr rasch auftritt, sodass der Kreislauf in kurzer Zeit zusammenbricht, und dementsprechend die Handlungsfähigkeit rasch nach Zufügung der entsprechenden Stichverletzung abhanden kommt. Ich vermute folglich im Fall von L. Lessing, dass – nebst dem Blutverlust und der Atemstörung – auch eine Herzbeuteltamponade aufgetreten war, die einerseits die Dauer der Handlungsfähigkeit bestimmte und andererseits zum Todeseintritt beitrug.

Als weiterer Faktor wäre noch eine Luftembolie des Herzens zu erwägen. Wenn Halsvenen durchtrennt werden – in concreto war es die Drosselvene links – dann kann unter Umständen Luft über die Stichwunde in die Vene angesogen und dann über die obere Hohlvene in die rechte Herzhälfte abtransportiert werden. Es resultiert dann eine Luftansammlung in Vorhof und Kammer rechts, welche zusammen mit dem wenigen vorhandenen Blut unter der Einwirkung der Herztätigkeit zu Schaum ‹geschlagen› wird. Dies führt zu einem abrupten Zusammenbruch des Blutkreislaufs mit raschem Todeseintritt. Dr. Hess hat zwar bei der Autopsie keine spezielle Technik angewandt, um die Anwesenheit eines solchen Befundes aufzuzeigen; er beschreibt aber unter Punkt C.12, dass ‹das Herz und die grossen Gefässe blutleer erschienen›. Ich vermute angesichts der sonst gewahrten Sorgfalt, dass Dr. Hess im Falle des Vorliegens einer Luftembolie des Herzens den kennzeichnenden Befund von schaumigem Blut erwähnt hätte. Dies war nicht der Fall. Damit kann dieser denkbare tödliche Zusatzfaktor eher ausgeschlossen werden.

Das Ausbleiben einer Luftembolie des Herzens könnte sich dadurch erklären, dass L. Lessing bei der Zufügung der zahlreichen Stiche am Boden gelegen hatte, worauf weiter unten eingegangen wird. Eine Herz-Luftembolie tritt nämlich insbesondere dann auf, wenn sich eine Person in aufrechter Körperhaltung befindet und eine der Halsvenen eröffnet wird, weil unter dieser Voraussetzung ein negativer Druck und damit ansaugender Effekt vorherrscht.

Zusammenfassend gehen wir also einig mit den Äusserungen von Dr. Hess, dass L. Lessing durch das Zusammenwirken des inneren und äusseren Blutverlustes mit der akuten Atemstörung evtl. verstärkt durch eine blutige Herzbeuteltamponade ums Leben gekommen ist.

Personen mit ausschliesslichen Stichverletzungen der Weichteile und evtl. der Brustwand – eingeschlossen von einem oder mehreren Lungenlappen – kommen erst nach längerer Zeit in eine lebenskritische Situation – nämlich dann, wenn der Blutverlust und/oder die Atemstörung (siehe oben) so stark geworden sind, dass die Blut- und Sauerstoffversorgung des Gehirns nicht mehr hinreichend gewährleistet ist und deshalb eine Bewusstseinstrübung bzw. eine Bewusstlosigkeit eintritt. Solchenfalls sistiert die Fähigkeit zu aktiven und gezielten Handlungen. Bis dies eintritt, kann das Opfer verschiedene Handlungen vollziehen – also auch fliehen und sich damit über eine grössere Distanz fortbewegen. Im Falle der Verletzung von Halsgefässen (v.a. von Arterien) kann sich dieses Zeitintervall deutlich verkürzen. Ist allerdings – wie in concreto – nur die eine Halsvene verletzt, und tritt überdies keine Luftembolie des Herzens (siehe oben) auf, dann kann auch hier von einer längeren Handlungsfähigkeit ausgegangen werden. Dies sieht anders aus im Falle der Bildung einer blutigen Herzbeuteltamponade. Solchenfalls kollabiert der Kreislauf in aller Regel sehr rasch. Falls ich richtig liege mit der Vermutung, dass auch im Fall von L. Lessing eine Herzbeuteltamponade aufgetreten war, dann wäre grundsätzlich von einem raschen Verlust der Handlungsfähigkeit auszugehen. L. Lessing hätte sich also nicht mehr über eine grössere Distanz fortbewegen können, sondern wäre dort zusammengebrochen, wo seine Leiche später gefunden wurde.

Nun ist aber zu bedenken, dass es doch einer gewissen – wenn auch kurzen – Zeit bedarf, bis im Falle eines Herzstichs (mit Tamponade) die Handlungsfähigkeit versagt. In dieser kurzen Zeit sollte es dem Opfer möglich sein, sich zumindest vom Täter abzuwenden oder sich zu ducken usw. Demzufolge müssten – falls der Täter weiter zustechen würde – unterschiedlich gerichtete Stichgänge resultieren (evtl. vorne und hinten am Rumpf). In concreto waren sie aber auffallend gleich gerichtet. Das lässt daran denken, dass die Handlungsfähigkeit schon vor dem Einsetzen der Stichserie sistiert hatte – vermutlich infolge einer Bewusstlosigkeit. Darauf wird weiter unten noch eingegangen. In beiden Fällen – Herzbeuteltamponade oder vorgängige Bewusstlosigkeit – wäre L. Lessing an Ort und Stelle verblieben. Ich gehe folglich einig mit der Ansicht von Dr. Hess, dass Tat- bzw. Sterbeort identisch sind mit dem Leichenfundort.

Hätte die Leiche während längerer Zeit an einer anderen Stelle auf dem Bauch gelegen, dann wäre schon dort reichlich Blut in die Umgebung ausgelaufen und nicht auch noch an jener Stelle, wohin die Leiche später gebracht worden wäre. Stellt man sich allerdings vor, dass die Leiche primär anderswo auf dem Rücken gelegen hätte, und dass sie erst später an den Fundort gebracht und hier auf den Bauch gelegt worden wäre, dann wäre zu erwarten, dass sich am Tatort – wegen der primären Rückenlage – Blut in weit grösserer Menge in den Bruströumen angesammelt hätte. Man hätte dann bei der Autopsie – trotz der sekundären Leichenverschiebung – eine grössere Blutmenge im Brustraum vorfinden müssen. Dies war aber nicht der Fall. Das bringt uns zur Ansicht, dass die Tat im Wesentlichen an jener Stelle verübt worden war, wo die Leiche später aufgefunden wurde, und dass hier Blut – intra vitam und post mortem – aus den nach unten weisenden Verletzungen ausgeflossen war.

Gegen eine sekundäre Leichenverschiebung sprechen überdies das Fehlen von schmutzigen Verunreinigungen bzw. von Schürf- und Schleifspuren an der Bekleidung bzw. an den Stiefeln.

Ich komme nun zum Versuch der rekonstruktiven Erklärung der Zufügung der vielfachen Verletzungen. Im Protokoll sind sehr zahlreiche Stichverletzungen erwähnt – Dr. Hess spricht von 49 Stück. Sie sind, wie das separate Schema zeigt,[406] zum Grossteil auf die linke Halsseite bzw. den oberen vorderen Brustbereich und den linken Arm sowie die Hände konzentriert. An Kopf und Nacken, an Rücken und Bauch sowie an den Beinen fehlen entsprechende Befunde. Die Verletzungsgänge verlaufen – soweit das Protokoll diesbezüglich aufschlussreich ist – im Wesentlichen von vorne nach hinten mit gewissen Abweichungen nach links bzw. rechts. Einige Stichgänge weisen auch etwas nach hinten oben. Diese Verlaufs-Verhältnisse sind im separaten Schema links oben dargestellt.[407]

Wenn ich dieses Bild betrachte, dann lehrt mich die langjährige Erfahrung, dass sich das Opfer mindestens im Grossteil des Zeitabschnittes der Stichzufügungen nicht oder nicht wesentlich bewegt hatte. Wäre dies der Fall gewesen – hätte sich also das Opfer gegenüber dem Täter geduckt oder abgewendet oder wäre entflohen oder hätte ihn angegriffen – dann wäre bei vergleichbarer Anzahl von Stichen ein <buntes Bild> von Stichgängen zustande gekommen. In concreto war dieses Bild aber relativ monoton. Das lässt den Schluss zu, dass das Opfer im Wesentlichen unbeweglich auf dem Rücken gelegen hatte, und der Täter mit dem Instrument vielfach von vorne her gegen Hals und Brust eingestochen hatte, z.T. auch von links aussen her gegen Oberarm und Achselregion links. So etwas ist nur möglich im Falle einer Tötung auf Verlangen oder wenn das Opfer vorgängig handlungsunfähig gemacht worden war. Aus der Gesamtsituation darf die erstgenannte Version vernünftigerweise ausgeschlossen werden. Für das Zutreffen der zweiten Version – vorgängige Handlungsunfähigkeit – spricht der Befund einer Quetschwunde im Scheitelbereich rechts.

Diese Wunde ist als das Ergebnis einer einmaligen stumpf-mechanischen Gewalteinwirkung anzusehen. Allein aufgrund der morphologischen Befunde kann keine sichere Aussage über das ursächliche <Instrument> gemacht werden. Grundsätzlich kämen z.B. ein schwerer Holzstab oder ein anderer schwerer Gegenstand mit ebener Wirkfläche in Frage oder allenfalls auch ein Stein. Gemäss Protokoll soll ein Kieselstein in der Nähe der Leiche vorgefunden worden sein. Demnach ist es durchaus möglich, dass L. Lessing einen heftigen Schlag von oben gegen den Kopf erhalten, deshalb das Bewusstsein verloren hatte, zu Boden auf den Rücken gefallen war und daraufhin – im wehrlosen Zustand – die zahlreichen von oben geführten Stiche erhalten hatte.

Dr. Hess interpretiert die Quetschwunde im Scheitelbereich als Folge einer Schlageinwirkung und schliesst im Prinzip eine Sturzfolge aus. Stürzt eine Person über eine Treppe oder etwa von einer Leiter oder einem Balkon, dann können Weichteilverletzungen in der Scheitelgegend auftreten – nicht jedoch bei einem Sturz aus vorgängig aufrechtem Stand zu Boden. In letzterem Fall schlägt der Kopf mit dem Hinterhaupt oder mit einer der Schläfenseiten oder mit der Stirnregion auf, sodass die Quetschwunde an entsprechender Stelle zu liegen kommt. In der rechtsmedizinischen Fachliteratur ist für die diagnostische Entscheidung der Fachbegriff der <Hutkrempen-Regel> gebräuchlich. Darunter versteht man jene gedachte Querebene am Kopf, welche durch die Krempe eines getragenen Zylinders markiert wird. Befindet sich die Verletzung oberhalb dieser Ebene, dann ist sie – nach Ausschluss der oben erwähnten besonderen Absturzvarianten – eher auf einen von fremder Hand geführten Schlag auf den Kopf zu erklären, wohingegen Verletzungen inner- und unterhalb der Hutkrempen-Ebene eher auf ein Sturzgeschehen hinweisen.

Ich gehe also in Übereinstimmung mit Herrn Dr. Hess davon aus, dass L. Lessing zunächst einen heftigen stumpf-mechanischen Schlag mit irgend einem Gegenstand gegen die Scheitelregion erhalten hatte, deshalb eine Hirnerschütterung erlitten und daher das Bewusstsein verloren hatte. Ein solcher Vorgang muss keineswegs mit augenfälligen Hirnveränderungen – namentlich Blutungen – einhergehen, sodass also das Fehlen eines entsprechenden Befundes nicht gegen das Auftreten einer Hirnerschütterung mit nachfolgender Bewusstlosigkeit spricht. L. Lessing dürfte also mit dem Rücken voran zu Boden gefallen sein. Anschliessend dürfte der Täter mit der Stichwaffe von oben in vermutlich sehr rascher Abfolge vielfach auf das Opfer eingestochen haben, wobei er den Hals und die obere Brustregion traf. Etliche der Stichverletzungen verliefen von links vorne nach rechts hinten (siehe Schema links oben).[408] Man könnte vielleicht daraus – in Übereinstimmung mit Dr. Hess – schliessen, dass sich der Täter teils rechts neben dem Opfer, teils auf diesem befunden hatte, als er zustach. Das mag für die Annahme einer Rechtshändigkeit des Täters zutreffen und überdies für die Annahme, dass sich der Täter rechts neben der Brust befand, mit Blick in Richtung auf den Kopf des Opfers. Denkt man sich aber die umgekehrte Version, dass sich der Täter etwa oberhalb des Kopfes der am Boden liegenden Leiche befunden hätte – z.B. in kniender Stellung – dann hätte durchaus ein vergleichbares Befundbild erzeugt worden sein können. Ich betrachte es deshalb eher als spekulativ, aus der Anordnung und dem Verlauf der Verletzungen auf die Position des Täters rückzuschliessen. Ich würde diese Frage offen lassen.

Nach der Zufügung der Stiche muss der Körper des sterbenden oder vielleicht schon toten L. Lessing in Bauchlage umgewendet worden sein – in jene Lage, in welcher die Leiche am Morgen des 4.11.1835 vorgefunden wurde. Ich halte es nämlich für äusserst unwahrscheinlich, dass sich L. Lessing in der Sterbephase noch aus eigener (schwindender) Kraft aus der ursprünglichen Rückenlage auf den Bauch umgewendet hatte und dann liegen blieb.

Obwohl Dr. Hess in seinem ersten Gutachten den Aspekt des Tat- bzw. Todeszeitpunktes nicht diskutiert, ist davon auszugehen, dass er der Ansicht war, L. Lessing sei am Abend des 3.11.1835 ums Leben gebracht worden. Dies geht nämlich aus dem weiteren ‹Bezirksärztlichen Bericht› vom 23.1.1837 hervor. Hierbei stützt sich Dr. Hess u.a. auf die – nach seiner Ansicht – vollständige Auskühlung des Leichenkörpers. Dem steht aber die Beobachtung eines Zeugen sowie von ihm selbst entgegen, dass in der Lendenregion des Verstorbenen noch eine Restwärme spürbar gewesen sei, und zwar im Zeitpunkt der Auffindung bzw. der ärztlichen Untersuchung. Dieser ausserordentliche Befund lässt Dr. Hess offenbar nicht an seiner Todeszeitschätzung zweifeln, sondern er äussert die (aus heutiger Sicht) etwas merkwürdige, physikalisch nicht haltbare Meinung, Wärme könne sich in der Bekleidung zurückhalten, obwohl der Körper selbst bereits ausgekühlt sei. Wir wissen aber, dass beim Auskühlungsvorgang immer ein Temperaturgefälle vom Zentrum nach aussen besteht. Wie unten noch aufzuzeigen sein wird, hat Dr. Hess diesen wichtigen Leichenbefund nicht ernst genommen und hat sich daher in der Todeszeitbestimmung getäuscht.

Das Abschätzen der Leichentemperatur durch blosses Anfühlen mit der Hand war und ist ohnehin problematisch, weil die oberste Körperschicht infolge der stattfindenden Verdunstung rasch bedeutend kühler wird als der Körperkern. Durch reines Handauflegen kann man deshalb getäuscht werden. Die Körperkerntemperatur wird deshalb heute mit einem Thermometer bestimmt.[409]

Eine weitere Möglichkeit für die Abschätzung der Leichenzeit (postmortales Intervall) wäre die Berücksichtigung des Verhaltens der Totenflecken (Livores) gewesen. Auch heute verwenden wir das Verhalten der Livores als ein wichtiges Mittel für die Leichenzeitschätzung. Grundlegend hiefür ist die Tatsache, dass sich Totenflecken bis etwa 6 Stunden post mortem völlig umlagern lassen – d.h. wenn die Leiche innerhalb dieses Zeitabschnittes umgewendet wird, dann verschwinden die Totenflecken an der nun oben befindlichen Körperregion und bilden sich an der nun unten liegenden Körperfläche erneut aus. Nach Ablauf von etwa 12 Stunden sind die Totenflecken fixiert durch Eindickung des Blutes in den Gefässen. Die Livores sind dann nicht mehr umlagerbar. Im Intervall zwischen etwa 6–12 Stunden besteht eine abnehmende Umlagerbarkeit. Selbstverständlich gibt es auch hier – wie überall im biologischen Bereich – gewisse Abweichungen zu kürzeren oder längeren Zeiten.

Man kann nun diese Regel auf den vorliegenden Fall übertragen. Nach Aktenlage wurde die Leiche von L. Lessing auf dem Bauch liegend mit dem Gesicht nach unten vorgefunden. Dies war etwa um 08 Uhr (4.11.1835) der Fall. Kurz vor 09 Uhr, als Dr. Hess vor Ort erschien, soll die Leiche auf den Rücken gedreht worden sein. Bei der äusseren Leichenbesichtigung am folgenden Tag beschreibt Dr. Hess unter Punkt B.2: <Die Haut ist blass; am Rücken befinden sich nur etliche Totenflecken von blasser Farbe>. Er erwähnt keine Totenflecken an der vorderen Körperregion, insbesondere auch nicht am Gesicht, wo er zwar auf der rechten Seite eine Abplattung und linksseitig eine gewisse Schwellung erwähnt (Punkt B.6), was durch die ursprüngliche Lage auf dem Gesicht erklärt wird. Daraus ziehe ich nun den Schluss, dass die ursprünglich an der Körpervorderseite ausgeprägten Totenflecken vollständig verschwunden waren und sich am Rücken neu ausgebildet hatten. Demzufolge dürfte das postmortale Intervall mit weniger als 6 Stunden anzusetzen sein. Ausgehend vom Zeitpunkt der Leichenumwendung (ca. 09 Uhr) käme man folglich zu einer Todes- bzw. Tatzeit von etwa 03 Uhr (4.11.1835) und später.

Die Totenstarre tritt erfahrungsgemäss nach etwa 2–3 Stunden auf und verstärkt sich dann zunehmend. Im Fall von L. Lessing schreibt Dr. Hess, dass <alle Glieder in ihren Gelenken fast unbeweglich waren>. Daraus schliesse ich, dass die Totenstarre etwas nach 09 Uhr deutlich ausgebildet war, was auf ein postmortales Intervall von mindestens 3–4 Stunden und ev. mehr hinweist.

Betrachtet man nun die beiden frühen Leichenerscheinungen hinsichtlich der Leichenzeitschätzung gemeinsam, dann wird es wahrscheinlich, dass L. Lessing in den frühen Morgenstunden des 4.11.1835 – zwischen ca. 03 Uhr und 06 Uhr – ums Leben gebracht worden war. Demzufolge hatte er nach meiner Ansicht vor Mitternacht noch gelebt.

Zusammenfassung

Dr. Hess hat einen vorbildlichen, sehr umfassenden, sorgfältigen und aufschlussreichen Obduktionsbericht verfasst.

Im Kerngehalt gehe ich mit den Schlussfolgerungen von Dr. Hess einig, und zwar bezüglich
- der *Schadensarten* (stumpfe Gewalteinwirkung auf den Kopf; zahlreiche Stiche an Hals, Brust und obere Gliedmassen),
- der *Todesart* (Tötung durch Stichverletzungen, namentlich in Halsgefässe, Herz und Lunge),
- der *Todesursache* (Blutverlust und Atemstörung, evtl. zusätzlich Herzbeuteltamponade),
- der *Ereignisart* (Tötung von fremder Hand entspr. <Mord>),
- der *Identität* von Tat-, Todes- und Fundort,
- des *rekonstruktiven Tatablaufs* (zuerst Schlag auf Kopf, dann Sturz zu Boden auf den Rücken, anschliessend zahlreiche Stiche, letztlich Umwenden des sterbenden oder toten Mannes auf den Bauch).

L. Lessing dürfte um die Mitternachtszeit (3./4.11.1835) noch gelebt haben und erst in den frühen Morgenstunden des 4. November 1835 – zwischen ca. 03 Uhr und 06 Uhr – ums Leben gebracht worden sein.»[410]

4.3.5 Die neue Bestimmung der Todeszeit und deren Konsequenzen für die weitere Untersuchung

Die Neubeurteilung und Interpretation der im «Obductions-Bericht» erhobenen Befunde durch den heutigen Experten führt zu überraschenden Ergebnissen. Der Todeszeitpunkt, der im historischen Gutachten auf die späten Abendstunden festgesetzt wurde, fällt nach der neuen Beurteilung in einen deutlich späteren Zeitraum.[411] Bereits Schauberg hält in Abweichung vom Gutachten dafür, der Tod, den er mit dem Tatzeitpunkt gleichsetzt, sei um Mitternacht oder später eingetreten, da bei früherem Todeseintritt nicht erklärbar wäre, dass die Leiche angesichts der nächtlichen Temperaturen unter dem Gefrierpunkt morgens um 8 Uhr eine noch deutlich feststellbare Wärme am Rücken aufgewiesen haben soll. Er kritisiert scharfsinnig und für seine Zeit durchaus fortschrittlich, dass der Bezirksarzt zwar die Aussentemperatur am Morgen, nicht aber die Temperatur der Leiche gemessen habe.[412] Auch sei das Blut anlässlich der bezirksärztlichen Legalinspektion zwischen 9 und 10 Uhr morgens an den Händen und am Gesicht noch flüssig gewesen. Die Glieder seien «fast unbeweglich» und die Hornhaut der halb geöffneten Augen «leicht getrübt» gewesen.[413] Sodann erklärt er die Tatsache, dass Lessings Stiefel nur geringfügig beschmutzt waren, folgendermassen: Nachdem es am späten Nachmittag des 3. November bei + 1° R geregnet hatte, sei die Temperatur in der Nacht unter den Gefrierpunkt gefallen, was erst nach einigen Stunden zu einem Einfrieren des feuchten Bodens geführt habe.[414] Als Lessing zu später Stunde über den mittlerweile gefrorenen, wenige Stunden zuvor noch feuchten und schmutzigen Feldweg gegangen sei, habe sich im Verlauf des Kampfes und beim Hinfallen kaum Erde an seinen Stiefeln und am Mantel festsetzen können.[415]

Die Verletzungsbefunde ergeben eine sehr hohe Wahrscheinlichkeit für ein zeitlich äusserst nahes Zusammenliegen zwischen Angriff und Todeseintritt. Die Tötungshandlungen sind daher in den Bereich der frühen Morgenstunden zu verlegen, was bedeutsame Konsequenzen für die Beurteilung der damaligen Untersuchung nach sich zieht. Sämtliche Alibis der in die Untersuchung einbezogenen verdächtigen Personen beschränken sich auf den ersten Teil der Nacht vom 3. auf den 4. November 1835.[416] Mehrere zu Beginn der Untersuchung Tatverdächtige wurden nicht näher überprüft, nachdem sie ein zeitlich einigermassen plausibles Alibi vorweisen konnten. Diese Personen können nun aber angesichts der neuen Erkenntnisse als mögliche Täter nicht mehr ausgeschlossen werden. Die Neubeurteilung erlaubt sogar die im Verfahren nie geprüfte Hypothese, dass Lessing erst am frühen Morgen, nachdem er die Nacht auswärts verbracht hatte, überfallen worden war. Jedenfalls fällt dadurch die Annahme des Verhörrichters, wonach Lessing am Abend aus der Stadt in die Enge hinausgelockt und beim Sihlhölzli von auflauernden Tätern umgebracht worden war, auf der die gesamte Strafuntersuchung beruhte, ausser Betracht. Es verbleibt ein erheblicher zeitlicher Zwischenraum zwischen Lessings Verlassen der Stadt und der Tatzeit. Die Annahme, dass Lessing auf seinem Weg in die Enge bereits kurz nach 19 Uhr einem organisierten Attentat zum Opfer fiel, erweist sich geradezu als unmöglich.

Tatsächlich wurden von den am nächsten beim Tatort wohnhaften bzw. sich aufhaltenden Personen keine auffälligen Geräusche für den Zeitraum vor Mitternacht mitgeteilt.[417] Eine Zeugin, die an der Verbindungsstrasse zwischen Enge und Zürich stadtwärts des Tatorts wohnte, gab an, gegen Mitternacht raschen Schrittes vorbeigehende, «dumpf redende Männer» gehört zu haben.[418] Allerdings meinten andere, näher am Tatort wohnende Zeugen, in der fraglichen Nacht keine besonderen Geräusche gehört zu haben. Insbesondere deponierte der «500 Schritte» vom Tatort wohnhafte Schuhmacher Beerli, sein «sehr wachsames Hündchen» habe sich an jenem Abend gänzlich ruhig verhalten.[419]

Wenn nun aber Lessing erst mehrere Stunden nach Mitternacht getötet wurde, so stellt sich die Frage, wo er zwischen 19 Uhr und dem Tatzeitpunkt weilte. Die Obduktion ergab, dass der Magen des Verstorbenen vollständig leer war, er in den letzten Stunden vor dem Tod mithin nichts gegessen hatte und daher – so der Schluss der Untersuchungsbehörden – wohl kaum in einem Wirtshaus gewesen war.[420] Auch sprechen die relativ sauberen Stiefel und das kalte, regnerische Wetter dagegen, dass sich Lessing längere Zeit im Freien aufgehalten hatte. Der Obduktionsbericht äussert sich nicht über eine mögliche Alkoholisierung. Hätte Lessing vor seinem Tod in grösserem Mass alkoholische Getränke konsumiert, so hätte der Obduzent dies bei der Sektion gerochen und protokolliert. Die Tatsache der fehlenden Alkoholisierung spricht jedenfalls nicht für einen ausgelassenen Wirtshausbesuch. Wenn Lessing aber in den Abendstunden mässig gegessen und getrunken hatte, so ist es wahrscheinlich, dass der Magen mehrere Stunden später, als der Tod eintrat, wieder leer war. Es ist daher keineswegs auszuschliessen, dass er einen grossen Teil der Nacht in einem Gast- oder Privathaus in der Enge verbrachte.

4.3.6 Der wahrscheinliche Tötungsvorgang – Ein Rekonstruktionsversuch

Obzwar angesichts der kriminalistisch mangelhaften Spurenausbeute ein Rekonstruktionsversuch der letzten Minuten in Lessings Leben gewisser spekulativer Momente nicht entbehren und wissenschaftlich nur bedingt erfolgreich sein kann, soll dennoch ein solcher wenigstens ansatzweise unternommen werden. Betreffend das Tötungsgeschehen bestätigt der heutige Experte weitgehend die Vermutungen des historischen Gutachtens. Weshalb aber Lessing in den frühen

Morgenstunden einer kalten Novembernacht den einsamen, düsteren Weg an der Sihl entlang ging, und wie er auf seine Mörder stiess, bleibt unklar. Völlig unwahrscheinlich erscheint angesichts der Kälte und Dunkelheit, dass Lessing sich seit seinem Verschwinden aus der Stadt beim Sihlhölzli im Freien aufgehalten hatte. Es muss recht ungemütlich gewesen sein, in einer kalten, feuchten Novembernacht, umgeben von Wald, an der Sihl zu warten.[421]

Obschon nicht einmal klar ist, zu welcher Zeit Lessing Zürich verliess, kann angenommen werden, dass dies wenig später geschah, als er zum letztenmal von der Zeugin Rass um 18.45 Uhr lebend gesehen worden war, wie er vom Sihlhölzli in Richtung Zürich zurückkehrte. Lessing wird den Abend kaum in Zürich verbracht haben, um erst nach Mitternacht erneut nach Enge zu gehen. Es hätten sich Zeugen gefunden, die Lessing an jenem Abend in der Stadt angetroffen hatten, zumal man ihn dort kannte. Denkbar wäre allerdings, dass Lessing, als er an Rass vorbeispazierte, nicht nach Zürich, sondern nach Selnau ging. In Selnau wurden keine näheren Nachforschungen unternommen.

Als wahrscheinlicher Hergang bleibt die Variante, dass Lessing sich in der Enge mit einer oder mehreren Personen traf. Diese Zusammenkunft wollte er vor seinen Kollegen und vor seiner Wirtsfamilie geheim halten. Der Besuch in der Enge dauerte erheblich länger als Lessing ursprünglich angenommen hatte. Er hatte Frau Locher ja zugesagt, rechtzeitig für ein Spiel wieder zurückzukehren. Wahrscheinlich ist Lessing in der Enge seinen Mördern oder einer Lockperson begegnet, deren Gesellschaft er nicht gemeinsam mit seinen Studienkollegen zu teilen wünschte. Zu denken ist etwa an frühere Bekannte oder an eine Frau. Dass eine solche im Spiel gewesen sein dürfte, ist, wie die Untersuchung aufzeigen sollte, naheliegend. Im Verlauf der Untersuchung wird gewiss, dass Lessing sich 1835 öfters in die Enge begeben hatte und Beziehungen zum weiblichen Geschlecht, wahrscheinlich auch zu Prostituierten unterhielt. Es ist durchaus denkbar, dass er seinen Geburtstag in der Gesellschaft einer ihm bekannten oder durch Lockpersonen empfohlenen Frau evtl. aus dem Gunstgewerbe verbringen wollte.

Alternativ ist folgende Variante denkbar: Ende August 1835 schrieb Lessing in einem Konfidentenbericht nach Berlin, die Mitglieder des Komitees würden sich inskünftig öfters in v.Glümers Haus in Wollishofen nachts treffen, um dort im Geheimen Gewehrkugeln zu giessen.[422] Die Munition sollte eine bewaffnete Revolution im süddeutschen Raum ermöglichen. Falls im November noch immer gegossen wurde, wäre es durchaus denkbar, dass Lessing in der Tatnacht von Wollishofen her kam. Diese Variante legt die Begehung der Tat durch Jungdeutsche nahe, welche nach der Arbeit bei v.Glümer gemeinsam mit Lessing im Schutz der Dunkelheit entlang der Sihl nach Zürich zurückkehrten.

Die Täter hielten – so der weitere Verlauf des aufgegriffenen Gedankenfadens – ihr Opfer so lange in der Enge oder in Wollishofen auf, um sicherzugehen, nicht durch späte Passanten bei der Tat überrascht zu werden. Da dem Verkehr zwischen Enge und Zürich mehrheitlich die Strasse von Wiedikon her links der Sihl diente, und der rechtsufrige Weg im Winter zu so später Stunde mit an Sicherheit grenzender Wahrscheinlichkeit nicht benutzt wurde, konnten die Täter vor unerwünschten Zeugen sicher sein.

Als Lessing gegen 3 Uhr endlich den Heimweg antrat, begleiteten oder verfolgten ihn seine Mörder. Denkbar ist auch, dass er mit der oder den Lockpersonen den Rückweg nach Zürich angetreten hatte. Da nachts kein Fährdienst unterhalten wurde, war Lessing gezwungen, den im Winter wenig frequentierten Weg durch den Wald am rechten Sihlufer zu nehmen. Es ist wahrscheinlich – die während der Nacht gefallenen Temperaturen weisen darauf hin –, dass der Himmel sich aufgeklart hatte und der Mond über der Wollishofer Allmend und der Sihl hell leuchtete.[423] Lessing hatte wohl keine Laterne mitgeführt. Für die Täter wäre eine künstliche Beleuchtung zu auffällig und daher unerwünscht gewesen.

Kurz vor dem Sihlhölzli – weit genug von den Wohnhäusern der Enge und noch in ausreichender Entfernung von den ersten Wohnungen am Bleicherweg – schlugen sie zu. Lessing wurde am oder in unmittelbarer Nähe des Auffindeorts wahrscheinlich von zwei Personen angegriffen, wobei die eine mit einer dolchartigen Stichwaffe von vorne auf ihn einstach. Lessing versuchte instinktiv die Hiebe abzuwehren, was zu den charakteristischen Verletzungen an den Händen führte. Diese ersten Verletzungen waren noch nicht unmittelbar lebensbedrohlich. Daraufhin schlug ein zweiter Tatbeteiligter mit einem stumpfen Gegenstand, möglicherweise mit dem am Tatort aufgefundenen Stein oder mit einem mitgeführten Stock, dem Verletzten von hinten auf den Kopf. Lessing trug zu dieser Zeit noch immer seinen Hut, welcher vom Schlag eingedrückt wurde. Der Angriff erfolgte überraschend, und der Zeitraum zwischen dem ersten Stich und dem Schlag dürfte eng gewesen sein, da ein längerer, intensiver Abwehrkampf, ohne dass der Abwehrende seinen fast 20 cm hohen Hut verliert, schwer denkbar ist. Nach dem Hieb fiel Lessing bewusstlos zu Boden. Der den Dolch führende Täter stürzte sich daraufhin entweder rittlings auf sein Opfer oder kniete über dem Kopf und brachte dem Verletzten hastig zahlreiche nur partiell gezielte Stiche parallel in der Halsgegend bei. Lessing lag zu dieser Zeit wehrlos auf dem Rücken und starb, ohne das Bewusstsein wieder zu erlangen. Daraufhin stülpten die Täter die Taschen des Verstorbenen heraus und rissen die Uhr von der Kordel. Aus irgendwelchen Gründen, denkbar ist ein abergläubisches Motiv, drehten sie ihr Opfer nach dessen Tötung auf den Bauch, breiteten den Mantel über die Leiche und verliessen den Ort des Geschehens.[424]

Nicht ausgewertet wurde in der Untersuchung das Phänomen des Liegenlassens der Leiche. Oft versuchen Mörder die Leichen ihrer Opfer zu verstecken, um der Strafverfolgung zu entgehen oder zumindest Zeit für Flucht und Kollusion zu gewinnen. Wer den Leichnam des von ihm niedergestochenen Opfers an einem öffentlichen Weg liegen lässt, könnte dadurch gerade das rasche Auffinden der Leiche und die dadurch ausgelösten behördlichen Konsequenzen beabsichtigen. Jedenfalls will er, dass die Tat und das Opfer bekannt werden. Weitere potentielle Opfer sollen abgeschreckt werden.[425]

Schauberg nimmt aufgrund der wenigen und kaum feststellbaren Spuren auf dem Boden an, das Verbrechen müsse das Werk eines Einzeltäters sein. Auch hält er es für durchaus wahrscheinlich, dass der Mörder über keine Tötungserfahrung verfügte und deshalb so viele Stiche brauchte, oder aber dass es sich um einen Fanatiker handelte, der aus blindem Hass heraus besonders grausam handelte. Schauberg prüft im Rahmen einer möglichst vollständigen theoretischen Motivforschung auch die Möglichkeit eines Totschlages.[426] Für eine Tötung aus momentaner schwerer affektiver Erregung spricht seines Erachtens die Tatsache, dass Lessing selbst von aufbrausendem Charakter war und daher oft Streit provozierte. Sodann hält er es für wahrscheinlicher, dass ein Täter aus heftiger Gemütserregung den nächstbesten Stein aufhebt und sein Opfer niederschlägt, als dass ein planender Mörder sich auf das Vorhandensein eines geeigneten Steines am Tatort verlässt. Allerdings findet Schauberg keinen ausreichenden Grund für eine derart grausame Tatbegehung, was ihn selbst an der Totschlagshypothese zweifeln lässt.[427] Dennoch scheint ihm die Tat wenig geplant, da ein vorausdenkender Täter sich nicht auf die Gegenwart geeigneter Steine als Schlagwerkzeug verlassen hätte.[428] Tatsächlich ist die Tatbegehung mit einem Stein unter diesem Aspekt wenig wahrscheinlich. Der Schlag könnte indessen auch mit einem kräftigen Stock, Ast oder Knüppel verabreicht worden sein, der nach Gebrauch vielleicht in die Sihl geworfen oder aber vom Täter mitgenommen wurde.

Jedenfalls bleibt offen, weshalb Lessing durch zahlreiche Stiche niedergemetzelt wurde. Ein keiner besonderen Tötungstradition folgender Auftragsmörder würde naheliegenderweise seinem Opfer wohl eher den Hals abschneiden und so geräuschlos und innert kürzester Zeit dessen sicheren Tod herbeiführen. Lessing war, wie die nachfolgende Darstellung zeigen wird, freilich nicht der Typ, der sich ohne weiteres den Hals abschneiden liess; vielmehr war er zu heftiger Gegenwehr entschlossen. Dennoch befremdet das sprichwörtliche Niedermetzeln. Gemäss v.Hentig töten Mörder nur in bestimmten Fällen durch die Zufügung von zahlreichen Messerstichen ihr Opfer. Für den vorliegenden Fall beachtenswert ist die bei diesem Autor aufgeführte Tatkonstellation des aus Hass motivierten politischen Mordes.[429] Mit dem exzessiven Niedermetzeln gehen gleichermassen Momente der Affektentladung wie auch der Demütigung einher. Die Vielzahl der teilweise schlecht gezielten und wenig kraftvoll geführten Stiche könnte überdies Hinweis auf eine Alkoholisierung des Täters zur Tatzeit sein.

4.4 Der Verfahrensverlauf bis Ende 1835

4.4.1 Erste Befragungen und Abklärungen

Kantonal-Verhörrichter v.Meiss führte, unterstützt von seinem als Protokollführer amtierenden Verhörschreiber Hirzel, in den ersten zwei Wochen nach Eröffnung der Strafuntersuchung durch das *Criminalgericht* zahlreiche Einvernahmen mit Flüchtlingen und deren Wirtsleuten durch und nahm Aussagen von diversen Auskunftspersonen entgegen, vornehmlich von Leuten, die Lessing an seinem letzten Tag gesehen hatten oder mit ihm vor seinem Verschwinden noch zusammengetroffen waren. Auch aus der Gemeinde Enge wurden diverse Personen durch den Verhörrichter einvernommen. Im Verlauf des ersten Monats der Untersuchung, bis am 2. Dezember, wurden 176 Aktenstücke angelegt.

Bei der Durchführung der Befragungen wird formell nicht zwischen Auskunftspersonen, Zeugen und Tatverdächtigen unterschieden. Ebensowenig wird zwischen Verhör und einfacher Befragung differenziert.[430] Die in dieser generalinquisitorischen Prozessphase protokollierten Aussagen werden meist als «Depositionen» bezeichnet. Jene Personen, die am engsten mit dem Geschehen in Beziehung zu stehen vermutet wurden, hatten die Wahrheit und Vollständigkeit ihrer Aussage zu bezeugen, wodurch diese zum Zeugnis wurde, und im Falle der absichtlichen Unrichtigkeit der Aussage ein Verfahren wegen Falschaussage drohte. Es handelt sich bei diesen Befragungen um «summarische Verhöre», welche im Rahmen der generalinquisitorischen Untersuchungsphase, wo es um die allgemeine Ausmittlung von Tatbestand und möglicher Täterschaft, ursprünglich um die Feststellung des «corpus delicti», geht, dazu dienen, den Stoff der Kriminaluntersuchung zu beschaffen, während die mit dem Angeschuldigten im Verfahren der Spezialinquisition formstreng durchgeführten «ordentlichen Verhöre» auf ein Geständnis, auf die Feststellung von Schuld oder Unschuld abzielen.[431] Die Generalinquisition, auch Informativ-Untersuchung genannt, hat stets folgende grundlegende Fragenkomplexe zu untersuchen: «a) ob ein Verbrechen, und welches in dem vorliegenden Falle begangen worden seye; b) wem dasselbe zur Schuld zugerechnet werden könne, c) unter welchen, die Beurtheilung bestimmenden Nebenumständen dasselbe verübt worden seye.»[432]

Das damalige Prozessrecht erlaubte und die Lehre empfahl mitunter geradezu, Verdächtige im Rahmen der Informativ-Untersuchung ohne Nennung eines bereits bestehenden Verdachts zum Geschehen zu befragen, um ihnen falsche, sorglose Sicherheit vorzugaukeln und sie dadurch leichter zu grosszügiger Aussagebereitschaft zu verleiten.[433]

In einer ersten Einvernahme vom 6. November 1835 will v.Meiss von der 38jährigen Hauswirtin Lessings, Frau Felicitas Locher-v.Muralt, wissen, ob Lessing sich je über die politische Verbindung des *Jungen Deutschlands* geäussert habe. Offensichtlich hat er bereits Verdacht eines politisch motivierten Delikts geschöpft. Frau Locher verneint. Der Verhörrichter fragt nach Lessings Bekannten. Frau Locher kann neben den Flüchtlingen Julius Thankmar Alban und Friedrich Gustav Ehrhardt nur wenige nennen. v.Meiss will ferner erfahren, ob ihr am Tag der Tat bei Lessing etwas Besonderes aufgefallen sei. Frau Locher verneint erneut. Die übrigen Nachforschungen gelten Lessings Lebensgewohnheiten, seiner Kleidung und seinen persönlichen Gegenständen zum Zeitpunkt der letzten Begegnung sowie möglichen Feinden. Frau Locher scheint, sofern ihre Unwissenheit ehrlich ist, über Lessing offensichtlich weniger gut im Bild als sie meint. So weiss sie nichts von einem angeblichen Duell, das Lessing im September mit Ehrhardt ausgetragen hatte, obschon damals ein diesbezügliches Gerücht in Zürich herumgeboten wurde.[434] Ferner kann sie keine Feinde Lessings nennen, obschon es solche gab, und sie vermag trotz einjähriger Bekanntschaft und häufiger Gesellschaft mit dem Studenten eigenartig wenig über dessen Person und Charakter auszusagen.[435]

Ihr Ehemann, Hans Conrad Locher-v.Muralt,[436] Lessings Hauswirt, gibt an, der Verstorbene habe am Vorabend nicht spät nach Hause zurückkehren wollen. Lessing habe beim Abschied mitgeteilt, «er habe etwas verabredet». Dabei sei er «munter gewesen», was seiner wahren Stimmungslage entsprochen habe, da sich der Preusse in dieser Hinsicht nicht habe verstellen können.[437] Der Befragte ist jedoch ebenfalls nicht in der Lage oder aber nicht willens, nähere Angaben zu Lessings Person zu machen. Dieser sei am vergangenen Donnerstag (30. Oktober 1835) zwar auffällig still gewesen, aber er, Locher, habe nicht gewusst, was der Grund für die Verstimmung gewesen sei. Lessing habe keine Feinde gehabt. Sein Charakter sei zwar heftig aber gutmütig gewesen. Er habe – darüber ist sich Locher sicher – einen alten Säbel und einen Dolch besessen. Letzteren habe er auf einer Reise mit Alban verloren.

Auch Locher scheint nichts von einem Duell mit Ehrhardt gewusst zu haben. Lessing – so gibt der Hauswirt auf Nachfrage des Verhörrichters zu Protokoll – habe ihm nur erzählt, Ehrhardt habe sich auf einem Spaziergang den Arm gebrochen.[438]

Am selben Tag wird ein Verzeichnis über die Lessing gehörenden Effekten (Bücher, Kleider, Briefe, Geld, übrige Gegenstände) aufgenommen.[439] Eine der ersten verhörrichterlichen Untersuchungshandlungen gilt sodann der Feststellung sämtlicher Personen, die vom 1. bis 3. November mit der Postkutsche nach Zürich gereist waren bzw. am 4. November Zürich verlassen hatten.[440] Es handelte sich dabei um wenige Dutzend Personen. Aus dieser Prioritätenordnung wird deutlich, dass auch der Verhörrichter anfänglich von einer auswärtigen Täterschaft ausgeht, eine solche jedenfalls nicht ausschliesst. v.Meiss lässt überdies vom *Polizey-Departement* des Kantons Aargau ein Verzeichnis sämtlicher Hotelgäste, welche zwischen Mitte Oktober und Mitte November in Gaststätten an den Strassen nach Zürich logiert hatten, anfertigen. In Ermangelung der Pflicht zur Führung einer Hotelkontrolle, unterbleibt in Zürich die Einholung von Gästelisten.[441] Am 2. Dezember übersendet das Aargauer Departement eine Liste, welche die Gäste sämtlicher Hotels an der Strecke bis nach Zofingen und Zurzach für diesen Zeitraum aufführen soll. Es handelte sich um knapp 70 Personen.[442] Auch aus diesem Ermittlungsvorstoss wird deutlich, dass die Täterschaft auswärts gesucht wird.[443]

Am folgenden Tag werden vorerst mögliche Auskunftspersonen befragt, etwa der Müller der Mühle an der Sihl, der Kellner des *Café littéraire* im «rothen Turm», der Pedell der Hochschule, David Wirz, der alle Studenten persönlich kannte,[444] die Bibliothekarin der Museumsgesellschaft, der Abwart derselben, ferner die Zimmervermieterin Barbara Lieb im Münsterhof und der bereits durch den Statthalter einvernommene Waffenschmied Waser.[445] Die Vernehmungen verlaufen ohne wesentlichen Erkenntnisgewinn über die letzten Stunden im Leben des Verstorbenen. Waser gibt später, nämlich am 21. November 1835, vor Statthalter Zwingli zu Protokoll, die ausländischen Herrschaften, die bei ihm am Tage von Lessings Verschwinden einen Dolch gekauft hätten, befänden sich noch immer in der Stadt und seien bei Eduard Gessner in Logis.[446] Eine Überprüfung der Letzteren ist nicht aktenkundig.

4.4.2 Ermittlungen unter deutschen Flüchtlingen

4.4.2.1 Ein Ansatz zur Motiverforschung

v.Meiss stützt bereits seine ersten Ermittlungen auf die Annahme, die Tötung Lessings sei aus politischen Motiven erfolgt, nachdem er gerüchteweise vernommen hatte, Lessing sei 1834 in Bern als politischer Aufrührer bekannt gewesen. Die tatsächlichen politischen Verhältnisse innerhalb der deutschen Flüchtlingsgemeinde in Zürich und in anderen Schweizer Städten sind dem Verhörrichter zu diesem Zeitpunkt allerdings weitgehend unbekannt.[447] So konzentriert er seine Untersuchungshandlungen, im Bestreben, Licht auf den erahnten politischen Hintergrund der Tat zu werfen, auf die Einvernahme behördlich registrierter politischer Flüchtlinge aus Lessings engerem Bekanntenkreis.[448]

Am 7. November 1835 um 19 Uhr sucht der Verhörrichter gemeinsam mit Bezirksarzt Hess und Polizeihauptmann Jakob Fehr den deutschen Flüchtling Friedrich Gustav Ehrhardt, der wegen eines mit Lessing gerüchteweise ausgetragenen Duells verdächtig erscheint, in dessen Zimmer auf. v.Meiss wittert ein mögliches Rachemotiv. Der in Ehrensachen wenig erfahrene Verhörrichter neigt in Anbetracht der Bereitschaft Ehrhardts zur Teilnahme an Duellen auf Tod und Leben zum Schluss auf das Vorliegen einer «allgemeinen Neigung» zu Gewalttaten im Sinne eines allgemeinen Indizes.[449] Allerdings handelt es sich bei einem Duell um eine vom hier wahrscheinlich vorliegenden Meuchelmord grundverschiedene Tatkonstellation.

v.Meiss leitet die Einvernahme ohne gesichertes Vorwissen ein. Aufgrund eines ärztlichen Befundes gelingt ihm ein Geständniserfolg bezüglich des stattgehabten Duells zwischen Lessing und Ehrhardt. Dieses erste Verhör mit einem Flüchtling ist zugleich das erfolgreichste in Bezug auf den hervorgegangenen Erkenntnisgewinn während der gesamten folgenden Strafuntersuchung.

Die hier weitgehend wörtlich wiedergegebene Einvernahme zeigt den Stil der damaligen Verhörtaktik innerhalb der summarischen Phase der Generalinquisition. Die Erforschung des konditionalen Tatvorfeldes steht im Mittelpunkt des verhörrichterlichen Interesses:

«1. Können Sie sich vorstellen, weswegen das Vehöramt sich zu Ihnen begebe? Zum Theil, ich vermuthe wegen des Statt gehabten Vorfalles mit Lessing. 2. Haben Sie den verstorbenen Lessing gekannt? Ja, von des Collegia her und weil er ein Deutscher ist. 3. Wann haben Sie ihn zum letzten Mal gesehen? Das kann ich nicht bestimmt sagen; ich bin nun bereits 8 Wochen auf meinem Zimmer. 4. Was ist der Grund, dass Sie sich so lange im Hause aufhalten? Ich hatte eine Fatalität, ich habe meinen Arm gebrochen. 5. Sie werden allen Ernstes aufgefordert anzugeben, welche dieses und wie es sich zugetragen hat? Ich ging mit Stephani spazieren und fiel hier in der Nähe. 6. Wollen Sie auf dieser Angabe verbleiben? Ja. 7. Wenn nun aber dem Verhöramt bereits bekannt ist, dass diese Folgen eines ganz anderen Vorfalles am Arm sind? Dann muss ich es für einen Irrthum erklären. 8. Wer behandelt sie als Arzt? Herr Professor Locher-Zwingli.[450] 9. Wann ist derselbe das letzte Mal bei Ihnen gewesen? Gestern vor 8 Tagen. 10. In wie weit ist der Arm nun geheilt? Das kann ich so genau nicht sagen; den untern Arm kann ich etwas brauchen; den obern noch nicht. – 11. Wollen Sie es auf eine genaue Untersuchung ankommen lassen? Ja ich wünsche aber, dass Herr Professor Locher dabei sein kann. --
Es wird Herr Bezirksarzt Hess, welcher zu dieser Untersuchung vom Verhöramt berufen wurde, beauftragt, die Untersuchung vorzunehmen: Nach Abnahme des Verbands und Besichtigung einer darunter befindlichen Wunde erklärt Herr Bezirksarzt, dass es nichts anders, als eine Schusswunde sei. --

12. Halten sie nicht dafür, dass es besser sei, genau anzugeben woher Sie diese Schusswunde erhalten? Es ist keine Schusswunde. 13. Hatten Sie denn nicht vor etwa 8 Wochen mit dem verstorbenen Lessing oder einem anderen Studenten einen Zweikampf? Nein, ich kam mit Lessing wenig in Berührung und hatte mit ihm auch keinen Streit. 14. Dürfen Sie denn diese von Ihnen gemachten Aussagen als der Wahrheit gemäss unterzeichnen? Warum nicht. 15. Wünschen Sie sonst nocht etwas hinzuzufügen? Nein. Vorgelesen und richtig befunden, Ehrhardt.»

Im Anschluss an die Einvernahme wird Ehrhardt eröffnet, dass er unter diesen Umständen in Untersuchungshaft genommen werden müsse. Daraufhin legt er ein Geständnis ab, wonach er mit Lessing tatsächlich ein Duell ausgetragen habe:

«16. Aus wes Gründen? Es war eigentlich unbedeutend, im Vorfeld rief einer den Lessing mit meinem Namen Erhardt. Darauf wurde er böse und so entstand dann der Streit. In Folgedessen schlug er mich mit der Hand; ein ander führte ihn hinaus. 17. Wer waren die Sekundanten? Nach langem Zaudern: Stephani war mein Sekundant, Cratz von der andern Seite. 18. War sonst niemand dabei? Nein. 19. Weiss Alban auch von dieser Geschichte? Das weiss ich nicht. Dabei war er wenigstens nicht. 20. Dürfen Sie gewissenhaft bezeugen, dass Sie von dem Verweilichen, was mit Lessing geschehen ist, keine Auskunft geben können? So gewiss als ich hier sitze, weiss ich nichts. 21. Wünschen Sie noch etwas beizufügen? Nein. Vorgelesen und für richtig befunden. Ehrhardt.»[451]

Ehrhardt wird im Anschluss an die Einvernahme verhaftet und ins Untersuchungsgefängnis abgeführt. Auch Stephani und Cratz werden kurz darauf um 21 Uhr im *Grünen Häusli* verhaftet,[452] ihre Zimmer von Polizeiorganen durchsucht und die dort befindlichen Korrespondenzen beschlagnahmt.[453]

Am nächsten Morgen wird Carl Ludwig Friedrich Stephani aus Wertheim am Main einvernommen. Er gibt an, Lessing zum letzten Mal im Lesezimmer des Museums um 18.30 Uhr gesehen zu haben. Er selbst habe mit Lüning dort studiert, nicht aber mit Lessing gesprochen. Er sei stets in gutem Einvernehmen mit demselben gestanden und könne überhaupt nichts über die Tat aussagen, doch wünsche er aus der Haft entlassen zu werden, zumal er über ein Alibi für den Abend des 3. November verfüge.[454] Im Anschluss wird Carl Cratz verhört. Dieser schliesst kategorisch aus, dass Deutsche eine solche Tat begangen hätten. Lessing sei mit keinem Deutschen in Feindschaft gestanden. Die Frage, ob Lessing ein Spion gewesen sei, verneint Cratz entschieden. Vielmehr sei dieser im Vorjahr in den öffentlichen Blättern verleumdet worden. Niemand glaube heute mehr, dass Lessing je spioniert habe. Er habe Lessing sehr gut gekannt und sei sicher, dieser habe niemals Flüchtlinge bespitzelt. Cratz streicht die Freundschaft unter den deutschen Flüchtlingen hervor. Lessing habe überhaupt keine Feinde gehabt. Er und Alban hätten Lessing sehr gemocht. Alban sei sogar mit Lessing im Berner Oberland in den Ferien gewesen. Allerdings habe – so erinnert sich

Cratz im Verlauf der Einvernahme – «Präsident Keller», gemeint ist Obergerichtspräsident F.L. Keller, sich einmal dahingehend geäussert, Lessing sei Spion, worauf letzterer über Keller sehr erbost gewesen sei. Bezüglich des eigenen Aufenthalts am Abend des 3. November erklärt Cratz, er habe sich gegen 19 Uhr über die Rennweger Pforte zu Alban begeben. Etwa eine halbe Stunde später sei er mit diesem ins *Grüne Häusli* zurückgekehrt, wo bereits Cramer und Geuther gesessen hätten. Zuvor seien auch Schlutter und Trapp dort gewesen, hätten das Lokal jedoch bereits verlassen als er, Cratz, noch bei Alban war. Er habe dann bis gegen 21.30 Uhr Billard gespielt.[455]

v.Meiss versucht Cratz an seinen Aussagen, wonach er über die Tathintergründe nichts aussagen könne, rechtlich festzunageln. So fragt er diesen, ob er bestätige, dass er nichts zu berichten habe, das mit der Ermordung Lessings in Zusammenhang stehe. Dadurch eröffnet sich ihm die zumindest theoretische Möglichkeit, falls sich Cratzens Aussage als Lügen entpuppen sollte, diesen durch eine Lügenstrafe einer härteren Untersuchungshaft zu unterziehen.[456] Abstreiten oder Lügen, auch zum Zweck der Selbstbegünstigung, waren insofern nicht straflos, als sie prozessrechtliche Disziplinierungsmassnahmen nach sich ziehen konnte. Die Arrestanten blieben vorläufig in Haft.

4.4.2.2 Deutsche Flüchtlinge aus Lessings Zürcher Bekanntenkreis

Es folgen am 9. November ergebnislose Einvernahmen weiterer Personen, die Lessing kannten und ihn am letzten Tag seines Lebens gesehen hatten.[457] Ebenfalls am 9. November 1835 wird erstmals August Baron v.Eyb befragt. Dieser sagt aus, er habe Lessing schon seit längerem gekannt und mit demselben eine Loge im Theater geteilt.[458] Befragt zum *Jungen Deutschland* und dessen Aktivitäten in Zürich sieht sich Eyb, der später als zentraler Protagonist dieser politischen Verbindung in Zürich entlarvt werden sollte, ausser Stande irgendwelche Auskünfte zu geben. Er will auch nichts über Lessings Verbindungen zu solchen Kreisen wissen. In Bern sei Lessing im Ruf gestanden, Spion zu sein. Er habe Lessing etwas Geld geliehen und diesen zum letzten Mal am Nachmittag vor seinem Tod im *Café littéraire* gesehen. Über die Umstände von Lessings Ende wisse er überhaupt nichts. Unaufgefordert gibt er an, den ganzen Abend des 3. November in der Gesellschaft von Oberst Sulzberger und Major Winkler verbracht zu haben.[459]

Am selben Tag wird ein weiterer enger Bekannter Lessings, der Medizinstudent Julius Thankmar Alban, einvernommen. Alban erklärt, er fühle sich als Freund des Verstorbenen selbst verpflichtet, nach Kräften alles in Erfahrung zu bringen, was auf die Identität der Täterschaft hindeute, doch seien seine Bestrebungen bisher nicht von Erfolg gekrönt gewesen. Hätte Lessing am Abend seines

Todes eine Verabredung oder gar einen Zweikampf ohne Sekundanten gehabt, so hätte er selbst bestimmt davon erfahren. Lessing sei seines Wissens nie Mitglied einer politischen Verbindung gewesen. Alban erzählt wahrheitswidrig, er kenne selbst keine politischen Verbindungen in Zürich und habe damit auch nichts zu schaffen. Der Vorwurf, Lessing sei Spion gewesen, stamme aus dessen Berner Zeit. Heute glaube indessen in Zürich niemand mehr, dass Lessing Spion gewesen sei. Tatsächlich wirkte Alban, wie oben aufgezeigt, entgegen seiner Beteuerung zu dieser Zeit in leitender Stellung im Komitee der mit dem *Jungen Deutschland* weitgehend verschmolzenen Zürcher Handwerker-*Klubbs*.[460]

Befragt zum Aufenthalt zur fraglichen Tatzeit gibt Alban an, er sei ab 20 Uhr mit anderen Deutschen im *Grünen Häusli* gewesen und um 21 Uhr mit Geuther und Cramer zu sich aufs Zimmer gegangen. Eine Stunde später hätten sich die beiden verabschiedet, und er habe sich zur Ruhe gelegt. Schlutter habe ihn am 3. November bereits zwischen 18 und 19 Uhr besucht, nachher habe er diesen an besagtem Abend nicht mehr gesehen.

Auf die Frage, was der Kranz bedeute, den Lessing zum Geburtstag geschenkt erhalten habe, erklärt Alban, es sei in Deutschland Brauch, zum Geburtstag Geschenke zu überreichen. Der Kranz sei ein Geschenk von scherzhaftem Charakter gewesen. Auf die Frage, ob er etwas vom Säbel Lessings wisse, entgegnet Alban, diese Waffe befinde sich seines Wissens seit einiger Zeit in Cratz' Besitz. v.Meiss will sodann in Erfahrung bringen, ob Lessing «verdächtige Häuser», gemeint sind Bordelle bzw. zwielichtige Kneipen, besucht habe. Alban versichert, Lessing habe mit keiner «Weibsperson» Kontakt gepflegt. Im Frühjahr 1835 scheint Lessing jedoch, entgegen dieser Behauptung, eine Freundin aus Zürich gehabt zu haben. Jedenfalls schreibt er solches seinem Freund Hermann Lebert.[461]

Die durch Albans wenig zuverlässigen Angaben und diversen Lügen geprägte Einvernahme findet ihren Abschluss in folgender Versicherung: Auf die Frage des Verhörrichters: «Dürfen Sie gewissenhaft bezeugen, dass Sie nichts weiteres angeben können, das zur Aufhellung dieses Vorfalles dienen könnte?» erwiderte Alban: «Ja, ich weiss gar nichts ausser dem bereits angegebenen.»[462]

Der Verhörrichter fragt in Anwendung trivialer Psychologie auch nach Bedeutungslosem, so will er wissen, ob es Alban leid getan habe, von Lessings Verschwinden erst am Mittwochmittag durch Dritte erfahren zu haben, was dieser erwartungsgemäss bejaht.[463] Im Übrigen teilt Alban mit, er und seine Freunde verfügten in der Frage nach der Täterschaft über keinen Anhaltspunkt, «auf den man sich heute verlassen könnte.» Worin der durch diese Aussage implizierte «unzuverlässige Anhaltspunkt» besteht, kommt nicht zur Sprache. Der Verhörrichter verfolgt keine weiteren möglichen Verdachtsmomente. Die Einvernahme verläuft kaum systematisch und durchaus oberflächlich. v.Meiss verfügt über zu wenig Wissen, um eingehend nachfragen zu können. Es zeichnet sich deutlich ab, wie gering das Wahrheitsfindungspotential der generalinquisitorischen Verhöre war, sofern diese nicht auf aussagekräftigen Indizien aufbauen konnten und dadurch zielgerichtete Fragen erlaubten.

Am selben Tag wird auch der Theologiestudent Carl Gottfried Wilhelm Cramer aus Altenburg (Sachsen) einvernommen. Dieser kennt Lessing angeblich erst seit August 1835. Er fühlt sich letzterem gemäss eigenen Aussagen freundschaftlich verbunden, kann aber keine näheren Angaben zur Person Lessings machen. Cramer will am fraglichen Dienstagabend mit Geuther und Schlutter um 19 Uhr ins *Grüne Häusli* gegangen sein, wo anfänglich auch Trapp verweilt haben soll. Später seien noch Alban und Cratz dazugestossen.

Der Verhörrichter konzentriert seine Nachforschungen daraufhin auf Schlutter, statt nach Trapp zu fragen, der offensichtlich als erster und alleine das Gasthaus verliess. Die Diskrepanz zu Albans Aussage, wonach Schlutter am Dienstagabend nicht im *Grünen Häusli* gewesen sei, erklärt Cramer damit, dass Schlutter das Lokal bereits verlassen habe, als Alban einkehrte. Um 21.30 Uhr sei er zu Alban nach Hause gegangen. Schlutter, der im selben Haus wie Alban wohnte, sei zu dieser Zeit noch auswärts gewesen. Statt nun nach Schlutters weiterem Verbleib zu fragen, will der Verhörrichter die Bedeutung des Kranzes in Erfahrung bringen, den Lessing zum Geburtstag geschenkt erhalten hatte. Es habe sich, so Cramer, um ein spassig gemeintes Geschenk gehandelt. Er gibt ferner an, er könne sich vorstellen, dass Lessing ein «verdächtiges Haus» besucht und dort «mit seinen Sachen geglänzt» habe. Seit Lessing in Zürich studiere, gelte er unter den Flüchtlingen indessen nicht mehr als Spion. Auf die Frage, ob unter den Deutschen selbst «zwey Partheien» bestünden, antwortet Cramer, er wisse davon nichts.[464]

Das Verhör wirkt etwas sprunghaft. Soweit aus dem Protokoll ersichtlich, braucht der Inquisit angesichts des verhörrichterlichen Befragungsstils nicht sein ganzes Wissen zur befragten Thematik darzulegen. Oft eröffnet die Fragestellung dem Befragten Raum für selektive oder aber abstrakte und pauschale Antworten.

Es folgt die Einvernahme des Philosophiestudenten Willibald Geuther aus Gotha. Auf Befragen erklärt Geuther, er habe mit Schlutter zusammen am Dienstagmorgen Lessing den Kranz überbringen wollen, doch sei dieser nicht mehr zu Hause gewesen. Am Abend sei er dann mit Cramer ins *Grüne Häusli* gegangen. Um 21 Uhr hätten sich Cramer, Alban und er selbst bis etwa 22 Uhr auf Schlutters Zimmer begeben. Danach sei er mit Cramer nach Hause gegangen, wo ihnen der Hauswirt die Tür geöffnet habe. Schlutter habe sich bereits um 20 Uhr aus dem *Grünen Häusli* verabschiedet, um sich alleine zur Lektüre ins Museum zurückzuziehen. Der Verhörrichter fragt nicht, woher Geuther weiss, wohin sich Schlutter begab, nachdem er das *Grüne Häusli* verlassen hatte. Auch scheinen ihn der Aufenthalt Schlutters und die Widersprüche zu Cramers Aussage nicht weiter zu interessieren. Er will nun vielmehr wissen, wo sich Trapp zu dieser Zeit aufgehalten hatte. Geuther kann dazu nichts sagen. Er weiss auch nicht, ob Lessing Feinde hatte. Er erwähnt, es gäbe ein Gerücht, wonach «da draussen verdächtige Häuser seyen». Geuther kann sich nicht vorstellen, wer die Tat begangen haben könnte. Unter den Flüchtlingen wisse man gar nichts. «Die Sache ist uns auch so unerklärbar, dass wir nicht wissen, wo uns der Kopf steht.»[465]

Im Anschluss wird der Philologiestudent Friedrich Ernst Schlutter einvernommen. v.Meiss beginnt die Befragung, nachdem Schlutter erklärte, Lessing zu kennen, mit der Frage: «Hat Ihnen der Vorfall, der sich mit ihm ereignet hat, von Herzen leid gethan?» worauf Schlutter erwidert: «Ja, und ich versichere, dass, was von mir abhängt, ich alles tun will, was zur Entdeckung des Falles helfen könnte.» Die rhetorisch gestellte, psychologisch sehr einfach durchschaubare Frage kann schwerlich eine aufschlussreiche Antwort erzielen.

Schlutter zeigt sich davon überzeugt, die deutschen Flüchtlinge verfügten über keine Kenntnisse bezüglich der Tathintergründe. Er bezweifelt auch, dass Lessing eine Mädchenbekanntschaft hatte. Er habe Lessing am Dienstagnachmittag um 13 Uhr bei diesem zu Hause besucht. Am Nachmittag habe er ihn erneut gesehen. Nachdem er am Abend um 20 Uhr aus dem *Grünen Häusli* weggegangen sei, habe er Professor Lorenz Oken einen Besuch abgestattet. Um 22 Uhr sei er nach Hause zurückgekehrt, wo ihm Frau Michel das Nachtessen zubereitet habe.[466] Es seien, so auf entsprechende Nachfrage, in letzter Zeit keine fremden Studenten nach Zürich gekommen. Befragt nach Trapp, führt Schlutter aus, er kenne diesen noch von Jena her, wisse aber nicht, wo dieser am besagten Abend gewesen sei.[467]

Es folgt noch am selben Tag die Einvernahme des Medizinstudenten August Lüning aus Bielefeld. Auch Lüning kann keine weiterführenden Angaben zur Tat machen. Er sei mit Lessing in sehr freundschaftlichem Verhältnis gestanden und habe ihn fast täglich im Museum oder im *Grünen Häusli* getroffen. Er habe Lessing zum letzten Mal am Dienstagabend um 18.30 Uhr im Museum gesehen. Die Fragen des Verhörrichters, ob dort eine weitere Person zu Lessing gestossen sei oder ihm eine Nachricht überbracht habe, verneint Lüning bestimmt. Er wisse auch nichts davon, dass Lessing in der Enge ein Mädchen habe besuchen wollen. Lüning geht davon aus, Lessing sei das Opfer eines Raubmordes geworden. Der Getötete habe bei den Deutschen nie als Spion gegolten, einzig die Schweizer hätten ihn verdächtigt. Es scheint ihm undenkbar, dass hinter der Tat ein politischer Verein stecken könnte.[468]

Anschliessend wird der Medizinstudent Hermann Trapp[469] aus Römhild (Sachsen-Meiningen) verhört. Er sei vor acht Tagen nach Zürich gekommen, habe zuerst im *Pöstli*, dann bei Schlutter gewohnt. Später habe ihm Lessing, den er erst am Montag, 2. November 1835, kennengelernt haben will, mitgeteilt, bei Herrn Locher sei ein Zimmer frei. Doch letzterer habe das Zimmer nicht vermieten wollen. Daraufhin habe ihn Lessing am vergangenen Dienstagnachmittag zu einem Herrn Staub geführt, wo er nun logieren könne.

Trapp gibt an, nicht zu wissen, wo sich Lessing am Dienstagabend aufgehalten habe. Er selbst sei von 17.30 bis 19 Uhr im *Grünen Häusli* gewesen. Danach habe er sich nach Hause in sein Zimmer begeben. Um 21 Uhr habe er mit der Familie Staub Abendbrot gegessen und sich bis gegen 23 Uhr mit den Leuten unterhalten. Danach sei er zu Bett gegangen. Der Verhörrichter will wissen, ob Trapp in den letzten Tagen Nachteiliges über Lessing vernommen habe, was jener verneint. Man habe «gar nichts besonderes» von Lessing gesprochen.[470]

Auch Trapp will, so viel wird aus dem Einvernahmeprotokoll deutlich, von der Angelegenheit gar nichts wissen. Seine Unwissenheit erscheint durch die Tatsache, dass er in Zürich eben erst angekommen ist, besonders plausibel. Freilich wäre dem nicht so, wenn der Verhörrichter wüsste, dass Trapp schon früher in Zürcher Flüchtlingskreisen verkehrt hatte. Trapp lügt nämlich, wenn er angibt, Lessing erst am 2. November 1835 kennengelernt zu haben. Lessing und Trapp kannten sich mindestens seit April 1835. Lessing schreibt in einem Brief vom 20. April 1835 nach Berlin, Trapp sei «erst kürzlich ins hiesige Komitee aufgenommen worden» und «mit Aufträgen, deren Inhalt» Lessing «unbekannt ist, vor einigen Tagen nach Strassburg abgegangen».[471] Aus Dieffenbachs Briefwechsel lässt sich entnehmen, dass Trapp bereits im Sommer (Juni/Juli) 1835 mit diesem gemeinsam in Hirslanden wohnte.[472]

Darauf hin wird der in Zürich nicht immatrikulierte Pharmaziestudent und Apothekergeselle Ferdinand Sailer aus Nördlingen einvernommen.[473] Obschon Sailer seit einem Jahr in Zürich lebt und angibt, alle deutschen Flüchtlinge zu kennen, will er mit Lessing nur zweimal und zwar «zufälliger Weise» zusammengekommen sein. Er gibt an, von einer Verbindung mit dem Namen das *Junge Deutschland* schon gehört zu haben, doch kenne er dessen Mitglieder nicht.

Am Dienstagabend habe er im Strohhof Billard gespielt. Um 20 Uhr sei er nach Hause zurückgekehrt.[474] Der Wirt Heinrich Hotz bestätigt später gegenüber dem Verhörrichter, am fraglichen Abend einen jungen, ihm unbekannten Studenten im Strohhof beim Billard gesehen zu haben.[475]

In einer weiteren Einvernahme am selben Tag berichtet Nachtwächter Ludwig Peter, er habe am Freitag nach der Tat sechs Männer mit einer Bahre die Stadt in Richtung Unterstrass verlassen sehen.[476] Verschiedentlich melden Stadtbewohner verdächtige Beobachtungen, welche mit der Tat jedoch offensichtlich in keinem Zusammenhang stehen, an das Verhöramt. Es ist ein Bedürfnis der einheimischen Bevölkerung festzustellen, an der Untersuchung aktiv mitzuwirken. Ebenso scheint die Vorstellung, wonach sich Mörder frei in der Stadt bewegen, bei manchen Bürgern eine neben der Aufmerksamkeit auch die Einbildungsfähigkeit schärfende Nervosität auszulösen.

Am 10. November 1835 wird Professor Georg Wilhelm August Sell[477] einvernommen. Der gibt an, Lessing zu kennen, da dieser bei ihm Vorlesungen gehört habe. Er habe Lessing am fraglichen Abend um 18 Uhr auf dem Museum zum letzten Mal gesehen, könne aber nicht sagen, ob sich Lessing dort allein aufgehalten habe oder ob er in Begleitung gewesen sei. Die Frage, ob er das *Junge Deutschland* kenne, verneint Sell entschieden.[478] Diese Aussage ist angesichts der überaus engen Beziehungen Sells zu Drahtziehern innerhalb der jungdeutschen Bewegung in Zürich höchst unglaubwürdig. Sie wird aber nie überprüft.[479]

Am selben Tag folgt die Einvernahme von Frau Michel, der Gastwirtin Albans, Lünings und Schlutters. Sie bestätigt die Aussagen derselben betreffend Aufenthalt am fraglichen Abend und gibt an, Lüning habe bereits um 20 Uhr das Lokal verlassen, Alban und Schlutter seien im *Grünen Häusli* gewesen und zwischen 21 und 22 Uhr nach Hause zurückgekehrt.[480] Der Verhörrichter unterlässt es, detailliert nach den Zeiten zu fragen, obschon die zeitliche Fixierung eines Alibis von entscheidender Bedeutung für die weitere Untersuchung wäre.[481] Die Logisgeberin Hermann Trapps weiss nicht, ob dieser am fraglichen Abend zuhause war. Der Verhörrichter erkundigt sich, ob ihr bei Trapp an jenem Dienstagabend etwas Besonderes aufgefallen sei oder ob dieser mit Lessing Streit geführt habe. Sie vermag keinerlei Auskünfte zu geben, zumal Trapp erst wenige Tage bei ihr wohne.[482] Trapps Hauswirt Staub, In Gassen,[483] sagt aus, Trapp habe nach 19 Uhr das Haus nicht mehr verlassen. Die Haustüre sei die ganze Nacht hindurch verschlossen gewesen.[484]

Die Wirtin im *Grünen Häusli*, die insgesamt acht Studenten, darunter auch deutsche Flüchtlinge bei sich beherbergt, kann keine Angaben zum Aufenthalt ihrer Pensionäre am fraglichen Abend machen. Sie weiss auch nichts von politischen Vereinen oder Fehden.[485]

Diese generalinquisitorischen Verhöre liefern kaum Anhaltspunkte für die weitere Untersuchung. Durch zu oberflächliche und sprunghafte Befragung erhält der Verhörrichter kein ausreichend konkretes Bild der Beziehungen zwischen Lessing und den Einvernommenen. Zwar will man diesen überall geschätzt haben, gar freundschaftlich mit ihm verbunden gewesen sein, doch schwingt in den Aussagen stets auch eine eigenartig reservierte Distanz mit. Widersprüche in den Einvernahmen bleiben bestehen, Lügen zeichnen sich ab. Angesichts seines geringen Wissensstandes fällt es v.Meiss schwer, den effektiven Wert und Wahrheitsgehalt einzelner Aussagen richtig einzuschätzen. Insbesondere behindert die sich durch das ganze Verfahren hindurchziehende Entschlossenheit der Einvernommenen zu konsequentem Verschweigen der politischen Verhältnisse der deutschen Flüchtlinge jede Wahrheitserforschung auf dem Weg direkter Befragung. Der Verhörrichter bemüht sich in dieser Phase der Untersuchung nur mangelhaft um Stringenz und Kohärenz der zusammengetragenen Informationen. Zwar prüft er umgehend, wenn auch nur pauschal, die Alibis, doch lassen die Antworten der befragten Wirtsleute mitunter erheblichen Spielraum für Zweifel an der Zuverlässigkeit der Angaben der Flüchtlinge. Überdies erfolgt die Abklärung lückenhaft. So unterbleiben vorläufig jede weitere Überprüfung des Barons v.Eyb sowie Nachforschungen über dessen Aufenthalt zur Tatzeit.

4.4.2.3 Ein Duell

Am 11. November vormittags wird Friedrich Gustav Ehrhardt aus der Haft zur zweiten Einvernahme vorgeführt. Das oben erwähnte Duell wird nun vorübergehend zum Gegenstand der Lessingschen Prozedur und nährt das gegen Ehrhardt bestehende Verdachtsmoment. Da es sich bei dem Verhör um ein besonders interessantes und für den Stil der Befragung repräsentatives strafprozessrechtliches Zeitdokument handelt, das angesichts der Seltenheit von Duellfällen im Zürich der 1830er Jahre zudem eine Rarität darstellt, wird das Protokoll im Folgenden weitgehend vollständig wiedergegeben:[486]

> «1. Bestätigen Sie auch heute noch das Geständnis mit dem Duell, das sie mit dem verstorbenen Lessing gehabt? Ja. 2. Erzählen Sie nun genau, was die Veranlassung dazu war? Es war an einem Freitag Abend vor 8 oder 9 Wochen, als ich gegen 6 oder 7 Uhr ins Seefeld kam, wo viel Gesellschaft war.[487] Gegen 9 Uhr setzte man sich in den Garten. (...), ich sass am einen Ende des Tisches und Lessing ganz am entgegengesetzten. Daneben sass Doctor Kämmer (...); dieser wandte sich an Lessing und verwechselte den Namen, indem er ihn mit meinem Namen Ehrhardt ansprach. Darauf erwiderte Lessing rasch, ich verbiete sich solche Beleidigungen. Ich wandte mich an Kämmer, er möchte solche Verwechslungen vermeiden. Nun verging wohl ¼ Stunde, als Lessing plötzlich hinter mir stand (...) und sagte in ziemlich grobem Ton: ‹Hat dieser Mensch etwas über mich gesagt›, darauf wurde ihm gesagt, dass ich nichts gesagt hätte. Darauf sagte auch ich, dass ich nichts über ihn geäussert. – Nun sagte Lessing in noch gröberem Tone: ‹Wird nicht räsonirt hier,

sondern das Maul gehalten>; nun drehte ich mich um und sagte ihm, er solle sich doch in dieser Gesellschaft etwas geniren, sich in seinem Ausdruck etwas zusammennehmen und während ich mich umdrehte, so schlug er mich an den Kopf. – Als das geschehen war, nahm ihn jemand und führte ihn vor die Thüre, auf welche Art das aber geschehen, sah ich nicht. – Darauf hörte ich dann die Worte von ihm: <Ich gebe auf jede Pistolenforderung Satisfaction.> Ich sprang nun über den Bank weg, einige von meinen Bekannten hielten mich aber an den Armen und später ging ich dann ruhig nach Hause. 3. Sind sie also schon früher mit Lessing nicht in den besten Verhältnissen gestanden? Das gerade nicht. 4. Wann haben Sie den Lessing gefordert? Am folgenden Tag sagte ich ihm auf dem Museum, dass ich es zufrieden käm (?) und bath dann den Stephani, der auch da war, dass er ihm sage dass er Morgen früh mit mir losgehen solle, auch wählte er den Ort, wo wir uns schlugen. 5. Wann ist man dahin gegangen? Am folgenden Morgen gegen 7 Uhr; die Stelle kann ich aber nicht genau beschreiben; vor uns her gingen Lessing und Cratz. 6. Was geschah nun, als man auf dem Platze angekommen? Man lud die Pistolen und verabredete auf 15 Schritte Distanz;[488] auch konnte nach Belieben ohne Commando geschossen werden: Ich schoss zuerst, traf aber nicht; dann that er den Schuss in meinen Arm. Dann gingen wir nach Hause. Stephani führte mich und nun kam auch Lessing und unterstützte mich. Wir gingen auf Mühlehalde zu Frau Schweizer, wo ich damals noch nicht wohnte und ich blieb bis Herr Doctor Locher-Zwingli kam, der mir Umschläge machte und mich in einer Sänfte herunterzutragen erlaubte. 7. Hatte nach den getroffenen Verabredungen jeder nur einen Schuss zu thun? Man verabredete desswegen nichts besonders, denn es ist so gebräuchlich nur einen Schuss zu thun.[489] 8. Wurde Lessing in Folge ihres Schusses gar nicht getroffen? Nein, er sagte mir noch: <Ich bin gut weggekommen.> – Erst später hörte ich sagen, meine Kugel hätte ihn an der Seite gestreift, sie sei an seinem Taschenmesser abgesprungen. 9. War niemand ander, als die benannten Personen dabey gewesen? Nein -- Nachdem Herr Ehrhardt aufmerksam gemacht wurde, sich mit den übrigen Implicirten in keinen Widerspruch zu verwikeln, erklärte er, dass Doctor Dieffenbach als Arzt dabei gewesen. (...). 11. Wer hat die Waffen zu dem Duell geliefert? Das kann ich nicht sagen; ich gab mich nicht mit den Waffen ab. – Es waren ein Paar Pistolen da, welche ich als das Eigenthum des Cratz ansah, mit denen wurde aber nicht geschossen. Wer die andern gebracht, weiss ich nicht. 12. Glauben Sie nun, dass Lessing Sie (...) ohne weitere Veranlassung von ihrer Seite, auf solche Weise beleidigt habe, dass Sie genöthigt gewesen, ihn zu fordern? Ich gab gar keine Veranlassung zu Streit; das werden auch alle anwesend gewesenen bezeugen können; als Doctor Kämmer, Doctor Bach,[490] Doctor Glümer in Wollishofen, Doctor Zeiss, Lüning stud.med., Cratz, Stephani und mehrere Unbekannte. 13. Hatten Sie sich auf keine andere Weise Satisfaction verschaffen können? Ich hätte jedenfalls von Lessing keine andere Satisfaction erhalten, ich glaube mich durch die allgemeine Übung entschädigt, welche unter den Studenten überall herrscht. 14. Wussten Sie nicht, dass hier, wie auch auf deutschen Universitäten das Duell verbotten ist? Ja das soll ich als Jurist wohl wissen, obschon ich das Strafmass nicht kenne.[491] 15. Haben Sie den Lessing später nicht wieder gesehen? Nein; ich ging seit jenem Vorfall auch nicht mehr aus. Er besuchte mich auch nicht. 16. Hat man auf Ihrem Zimmer von Lessing gesprochen? Nein. 17. Haben nicht vielleicht gerade wegen dieses Duells andere Ihrer Bekannten einen Hass auf Ihn geworfen? Ich glaube nicht. 18. Wäre es denn unmöglich, dass der in der letzten Zeit mit Lessing Statt gehabte Vorfall mit dem Duell im Zusammenhang stehen könnte? Ich zweifle hieran ganz bestimmt, zumal ein Duell keine Veranlassung zu einem Meuchelmord abgeben kann. 19. Ist Ihnen etwas bekannt, dass Lessing mit anderen in Feindschaft gestanden ist? Nein, hier weiss ich niemanden; von seinen früheren Verhältnissen ist mir nichts bekannt. 20. Hörten Sie niemals, dass er für einen Spion gehalten wurde? Ja, in der ersten Zeit, als ich herkam, hörte ich, dass er von Bern weggewiesen wurde; – was auch aus dem Volksfreund ersichtlich war, was er, Lessing, auch selbst nicht verhehlte. 21. Sie können niemanden nennen, mit dem er hier in besonderer Feindschaft gestanden ist? Nein. 22. Hielten Sie ihn selbst nicht für einen solchen Spion? Nein, ich habe mich hierüber mehrmals bestimmt geäussert. 23. Theilte Lessing Ihnen etwas mit, dass er in einer Verbindung sich befunden? Nein; auch zweifle ich, dass er in einer gewesen. 21. Wäre es nicht möglich, dass er in der Verbindung <das Junge Deutschland> gewesen? Das kann ich nicht sagen; wenigstens hat er sich so wie meine Bekannten alle immer höchst ungünstig über solche Verbindungen ausgesprochen. 25. Kennen Sie denn die Statuten der benannten Verbindung? Nein. 26. Was haben diejenigen zu bedeuten, die unter Ihren Papieren gefunden wurden? Ich erhielt dieselben, als ich in Paris war von einem Deutschen (...). 29. Glauben Sie nicht, dass die Hauptgrundsätze, welche sich in diesen befinden auch in denen des *Jungen Deutschlands* enthalten seyn? Da kann ich mir kein Urteil erlauben, ich habe die des *Jungen Deutschlands* nie gesehen, auch habe ich dieser Verbindung nie angehört. 28. Glauben Sie nicht, dass Lessing als Mitglied einer solchen Verbindung und als angeblicher Verräther desselben ermordet worden (...)? Nein, – das halte ich für ganz unwahrscheinlich, – und wirklich muss ich mich bey diesem Anlass erklären, dass nach allem, was ich über den Vorfall mit Lessing gehört, ich mir gar nichts bestimmtes vorstellen kann, wesswegen und von wem er umgebracht wurde. 29. Können Sie sich nicht erinnern, dass Sie so wie Cratz u.a., diese Personen vor Lessing gewarnt haben? Nein, im Gegentheil nahm ich Lessing in Schutz, was das Spionieren betrifft. 30. Es will doch bestimmt verlauten, dass dieses geschehen seyn soll? Ich weiss von niemandem; jedenfalls müsste man mir denselben vorstellen. Ähnlichs versichere ich, dass ich überall, wo sich Gelegenheit darboth das Gegentheil über Lessing behauptet habe; auch äusserte ich mich zu Herrn Präsident Keller, dass Lessing kein Spion sey; was sich auch mit seinem Character gar nicht vertragen haben könnte. 31. Haben Sie den Lessing früher oft besucht? Ja, ich war zuweilen in seiner Wohnung. 32. Ist Ihnen bekannt, dass er verdächtige Häuser besuchte? Nein ich war nicht so vertraut, dass er mir solches mitgetheilt haben würde. 33. Können Sie sich erinnern, wer an jenem Abend bey Ihnen gewesen, als der Vorfall sich mit Lessing ereignet hatte? Mittags gegen 2 Uhr kam Cratz und blieb bis gegen 5 Uhr, dann kam Stephani um ½ 7 Uhr heim; nun assen wir zu Abend und blieben auf unserem Zimmer. 34. Wann erfuhren Sie das Vorgefallene? Am Mittwoch nach Tisch, da kam Herr Locher (...) zu uns. 35. Sind Sie nicht früher auch schon wegen Duelles in Untersuchung gestanden? Ja, auf der Universität Halle im Anfange 1833. 36. Sind Sie sonst ein gerichtlich Bekannter? Nein; ich war wohl wegen politischer Vergehen in Untersuchung, konnte mich aber durch die Flucht derselben entziehen. Es war in Greifswald, wo ich zuletzt studirt hatte. 37. Wünschen Sie noch etwas beizufügen? Ich bitte, dass man mich so bald möglich des Verhaftes entlasse, sogar, wenn es nothwendig ist, auf Caution.»[492]

Als Duell galt gemäss der gemeinrechtlichen Auffassung anfangs des 19. Jh. ein Zweikampf mit tödlichen Waffen zwischen zwei Personen in gegenseitigem Einverständnis und nach bestimmten Regeln zur Abwicklung eines Ehrenhandels.[493] Die Frage nach der Strafbarkeit desselben war Anlass zu einer breitgeführten wissenschaftlichen und kriminalpolitischen Debatte. Eine Minderheit von Strafrechtlern betrachtete die während eines Duells verübte Körperverletzung oder Tötung vornehmlich als einen Akt der Notwehr oder der (unerlaubten) Selbsthilfe, der mit geringer Strafe zu ahnden sei.[494] Die Mehrheit der Lehre erkannte im Zweikampf aber ein Delikt gegen die Staatsgewalt und den öffentlichen Frieden bzw. gegen Leib und Leben.[495] Die meisten Strafgesetze in Deutschland und in der Schweiz stellten das Duell, jedenfalls aber Verletzungen und Tötungen, die im Rahmen von Zweikämpfen erfolgten, unter teilweise recht strenge Strafe, doch wurden bis in die 1870er Jahre in Kreisen deutscher Akademiker, Offiziere und Adeliger Duelle faktisch meist ohne ernstliche strafrechtliche Bedrohung und mit grosser Selbstverständlichkeit in beträchtlicher Zahl ausgetragen.[496] Das Strafgesetzbuch für die Preussischen Staaten von 1851 sanktionierte Duelle mit Einschliessung bzw. nicht unehrenhaft zu vollziehender Festungshaft.[497] Das Deutsche Strafgesetzbuch von 1871 stellte Duelle unter Strafe.[498] Da der deklarierte Zweikampf jedoch unter den Vertretern genannter Schichten über eine weitreichende Bedeutung und Tradition verfügte, wurden bis ins 20. Jh. wissenschaftliche und politische Auseinandersetzungen in der Duellfrage geführt.

Im Kanton Zürich war die Teilnahme an einem Zweikampf gemäss dem Strafgesetzbuch von 1835 nur indirekt verboten, aber keineswegs mit strenger Strafe bedroht. Wurde durch das Duell ein Teilnehmer verletzt oder getötet, so kamen die entsprechenden Strafbestimmungen zur Anwendung. Trat kein Erfolg ein, so wurde das Duell als Versuch der Körperverletzung bzw. der Tötung behandelt. Ein allgemeiner Gefährdungstatbestand war dagegen nicht vorgesehen. Dies wohl insbesondere deshalb, weil das Duell in der Schweiz keine Tradition besass und weder die öffentliche Ordnung noch Leib und Leben der Bürger gefährdet erschienen.[499]

§ 112 des Zürcherischen StGB untersagte die unerlaubte Selbsthilfe. Entsprechend dem teilweise noch stark erfolgstrafrechtlichen Charakter des Gesetzes wird jedoch nicht die Teilnahme an einem Duell als solche pönalisiert, sondern die Verletzung oder Tötung eines Dritten im Zweikampf als strafprivilegierter Spezialfall von Körperverletzung und Tötung aufgeführt. Wer im geregelten Zweikampf einen Menschen tötet, kann gemäss § 152 milder bestraft werden als derjenige, der sich des Totschlags gemäss § 148 schuldig gemacht hat. Dem Richter ist sodann gestattet, den Schuldigen aus dem Gebiet der Eidgenossenschaft oder – auch Kantonsbürger – aus dem Kanton auszuweisen. Wer einen anderen im geregelten Zweikampf verletzt, dessen Strafe kann das Gericht gemäss § 170 unbeschränkt mildern.[500]

In Zürich sollen gemäss v.Löw bis 1837 «fast niemals» Duelle vorgekommen sein.[501] Tatsächlich wurden bis 1856 kaum Fälle aktenkundig.[502] Neben dem Fall Ehrhardt/Lessing ist vor 1850 nur ein einziger Fall durch das *Criminalgericht* beurteilt worden.[503] Im Winter 1834 untersuchte Verhörrichter v.Meiss ein Fechtduell, dessen Hintergründe sich jedoch nicht klären liessen.[504] Nach der Eröffnung des Eidgenössischen Polytechnikums stieg auch in Zürich die Zahl der Duelle unter Studenten an. Nach mehreren tödlichen Zwischenfällen erliess der Kanton Zürich 1866 daher ein Gesetz betreffend das Duell. Gemäss § 1 dieses Gesetzes wird mit höchstens zwei Monaten Gefängnis bestraft, wer an einem Duell teilnimmt. Erfolgt daraus eine Körperverletzung oder eine Tötung, so beträgt die Maximalstrafe drei Jahre Gefängnis.[505]

In der nachfolgenden Einvernahme Stephanis leugnet dieser vorerst, beim Duell zwischen Ehrhardt und Lessing anwesend gewesen zu sein. Nach einigem Nachfragen bestätigt er dann aber Ehrhardts Angaben über das Geschehene. Die Frage, ob er nach dem Duell Lessing nicht gehasst habe, verneint Stephani bestimmt. Er ergänzt sodann, am 3. November habe er um ca. 18.30 Uhr das Museum verlassen und sei nach Hause gegangen, wo er den Abend mit Ehrhardt verbracht habe. Er könne das Gerücht, wonach Lessing eine Frau habe besuchen wollen, nicht bestätigen. Auch die engsten Bekannten Lessings wüssten nichts davon, dass sich dieser mit dem weiblichen Geschlecht abgegeben habe. Da Lessing auch unter den politisch aktiven Flüchtlingen nicht als gefährlich gegolten habe, könne er sich nicht vorstellen, dass letztere den Preussen ermordet hätten. Stephani will über eine mögliche Zugehörigkeit Lessings zu einer politischen Verbindung und von einem Gerücht der Spionage nie gehört haben. Er gibt aber zu, selber wegen Beteiligung an einem Duell von der Universität Göttingen weggewiesen worden zu sein.[506]

Am 12. November 1835 wird der verhaftete Carl Cratz zum zweiten Mal verhört. Der Streit Lessings mit Ehrhardt sei ursprünglich darüber entbrannt, dass dieser die Gedichte des Burgdorfer Redaktors Bernhard Lizius[507] gelobt habe. Lessing habe heftig widersprochen. Das Duell sei auf dem Zürichberg ausgetragen worden. Die Waffen, die angeblich einem hiesigen Bürger gehörten, hätten Ehrhardt und Stephani mitgebracht. Er hält es für ausgeschlossen, dass Lessing sich erneut einem Zweikampf und erst noch ohne Sekundanten gestellt hätte, da so etwas nicht vorkomme und «höchst albern» wäre.[508]

Am selben Tag wird auch Ernst Dieffenbach, der als Arzt am Duell teilgenommen hatte, vor dem Verhöramt einvernommen. Er habe Lessing in Strassburg kennengelernt. Der Verhörrichter interessiert sich scheinbar nicht dafür, dass Lessing in Strassburg war, was insofern bemerkenswert ist, als Strassburg seit 1833 ein sehr häufig gewählter Zufluchtsort für politische Exilanten aus Deutschland wie auch ein Zentrum der republikanischen Bewegung war.[509] Dieffenbach bestätigt, dass die Anfeindungen, die Lessing in Bern erfahren hatte, in Zürich rasch «verklungen» seien. Er kann keine Angaben zur Tat machen, bestätigt aber, als Arzt am Duell mitgewirkt zu haben.[510]

Der Verhörrichter überprüft das Alibi Ehrhardts. Dessen Logisgeberin, Dorothea Schaufelberg, bestätigt, Ehrhardt pflege das Haus nie zu verlassen. Über

Nacht halte sie stets die Haustüre verschlossen; niemand könne das Haus unbemerkt verlassen.[511] Mit diesen Abklärungen fand die Untersuchung des Vorfalls ihr vorläufiges Ende. Anfangs 1836 wurde das von der Lessingschen Prozedur mittlerweile getrennte Untersuchungsverfahren wegen Zweikampfs gegen Ehrhardt, Cratz, Stephani und Dieffenbach abgeschlossen und vom *Criminalgericht* an das Bezirksgericht Zürich überwiesen. Dieses erklärte sich jedoch für nicht zuständig, da der Schusswechsel zwar nur eine «Körperverletzung ohne bleibende Nachtheile» nach sich gezogen habe, dass indessen «Anzeigen dafür vorhanden seien, dass die Absicht der Duellanten auf Tödtung gerichtet gewesen», und somit ein «Verbrechen» gemäss § 152 des zürcherischen StGB vorliege, zu dessen Beurteilung das *Criminalgericht* zuständig sei.

Gemäss § 1 lit. i Strafrechtspflegegesetz i.V. mit § 1 des Ergänzungsgesetzes[512] zum Gesetz über die Strafrechtspflege fällt die Beurteilung von Duellen, die den Tod oder eine Körperverletzung mit gefährlicher oder bleibender Schädigung der Gesundheit eines Beteiligten zur Folge haben, in die Zuständigkeit des *Criminalgerichts*. Das *Criminalgericht* entgegnete darauf im April 1836, die Absicht der Duellanten lasse sich ohnehin nicht klären, da die Beteiligten darüber in voraussehbarer Weise nie ein Geständnis ablegen würden. Sodann hange der Eintritt des tödlichen Erfolges bei einem Duell massgeblich von aleatorischen Momenten ab. Ein auf mehrere Schritte abgefeuerter Pistolenschuss brauche keineswegs tödlich zu sein, vielmehr hätte aus dem Schusswechsel auch nur eine «leichte Hautverwundung» resultieren können. Das *Criminalgericht* geht davon aus, der Entscheid über die sachliche Zuständigkeit sei einzig vom «objektiven Tatbestand» abhängig zu machen.[513] Die Zuständigkeitsdebatte der Gerichte unterstreicht ihre fehlende Praxis bei der Beurteilung von Duellen.

Die *Justiz-Commission* des Obergerichts verfügt schliesslich die Zuständigkeit des *Criminalgerichts*, welches am 6. Juli 1836 die Prozedur mit dem Hauptangeschuldigten Ehrhardt und den Mitangeschuldigten Sekundanten Cratz, Stephani und Dieffenbach, der als Arzt am Duell teilnahm, für vollständig erklärt.[514] Am 16. Juli wird der Fall verhandelt. Eingangs stellt das Gericht fest, das Zürcher Strafgesetzbuch bedrohe das Duell an sich nicht mit Strafe. Es könne gemäss dem Grundsatz von «nulla poena sine lege» daher auch keine eigene Strafbarkeit hergeleitet werden.[515] Das Delikt müsse demnach als Körperverletzung behandelt werden. Ehrhardt stritt jedoch deren vorsätzliche Begehung mit der Begründung ab, er habe an Lessing vorbeigezielt. Eine Körperverletzung war nicht aktenkundig, zumal Lessing den Duellplatz unverletzt verlassen hatte. Da Ehrhardt indessen selbst schwer getroffen wurde und seine Kugel Lessing, wie allerdings nicht erhärtet, an der Hose gestreift haben soll, schien seine Aussage, wonach er nicht auf Lessing zielte, unglaubwürdig, sodass das Gericht auf versuchte Körperverletzung bzw. Tötung erkannte. Strafmildernd wurde die Beleidigung durch Lessing berücksichtigt; strafschärfend imponierte der Rückfall, da Ehrhardt, wie erwähnt, bereits 1833 in Halle an einem Duell mit tödlichem Ausgang teilgenommen hatte. Die Beteiligten wurden wegen «Beihülfe» zum Versuch der Körperverletzung bzw. Tötung schuldig gesprochen. Ehrhardts Strafe lautete wegen «nahen Versuchs von Körperverletzung resp. Tödtung» auf drei Wochen Gefängnis und 50 Franken Busse, während sein Sekundant Stephani zu 12 Tagen und 30 Franken, Cratz und Dieffenbach zu 8 Tagen und 20 Franken Busse verurteilt wurden. Die Verfahrenskosten hatten Ehrhardt und die übrigen Verurteilten je zur Hälfte zu tragen.[516]

v.Meiss erkannte nun, dass ein Duell keineswegs Anlass für spätere Racheaktionen zu sein brauchte. Der preussische Gesandte v.Rochow informierte allerdings das preussische Aussenministerium mit Schreiben vom 6. November 1835 darüber, die Deutschen in Zürich hätten sich nach dem Duell mit Ehrhardt von Lessing abgewandt.[517] Tatsächlich scheint die Wertschätzung Lessings im Kreis der Deutschen nach dem Zweikampf gering. Es ist daher nicht auszuschliessen, dass nach dem Ereignis Ressentiments auf Seiten Dritter bestanden.

4.4.2.4 Vom Kommunisten zum kapitalistischen Karrieristen

Der Verhörrichter scheint sich davon überzeugt zu haben, dass Ehrhardt angesichts seiner Schussverletzung als unmittelbarer Täter nicht in Frage kommen konnte. Dabei geht die Tatsache, dass Ehrhardt eine Schlüsselstelle in der militanten Bewegung deutscher Flüchtlinge wahrnahm, gänzlich unter. Er brachte 1835 das von Theodor Schuster[518] herausgegebene politische Organ der deutschen Flüchtlinge in Paris, die Zeitschrift «Der Geächtete», unter die Zürcher Exilanten.[519] Ehrhardt scheint zudem Emissär der deutschen Assoziation der Generalvenda gewesen zu sein.[520] Ehrhardt und Cratz standen mit der Pariser Assoziation der Flüchtlingsbewegung (Bund der Geächteten, Bund der Gerechten) in besonders engem Kontakt, wo unabhängig vom *Jungen Deutschland* sozialpolitische Anliegen i.S. militanter Klassenkritik kommuniziert wurden.[521]

Cratz und Ehrhardt gründeten 1835 in Zürich die ultraradikale, agitatorische Zeitschrift «Das Nordlicht», nachdem ihnen die Linie des republikanischen Bundes zu gemässigt erschien.[522] Die beiden hatten sich im Frühjahr 1835 dem *Jungen Deutschland*, wie es sich in Bern und Biel entwickelte, widersetzt und die Assoziation mit den deutschen Geheimbünden in Paris einer Vereinigung mit der Berner Gruppe vorgezogen. Allerdings pflegten sie intensive Kontakte mit der jungdeutschen Sektion in Zürich.

Ehrhardt zählte jedenfalls zum fanatischen Kern der radikalen Flüchtlingsbewegung in Zürich. Sein Name erscheint bereits in den Polizeiakten über politische Flüchtlinge in der Schweiz von 1834, nachdem er liberale Schriften nach Greifswald hatte überführen lassen.[523] Seine politischen Aktivitäten waren von Lessing in dessen noch näher darzustellenden Briefen an die preussischen Behörden verraten worden. Ehrhardt hätte zweifellos über ein Motiv verfügt und wäre angesichts seines jähen und entschlossenen Charakters zu dieser Tat vielleicht auch fähig gewesen. Ehrhardts politisch bewegte Vergangenheit im Zuge der Demagogenverfolgung von 1833 in Deutschland, die wiederholte Bereitschaft zur Teilnahme an Duellen auf Leben und Tod trotz der damit verbundenen erheblichen Gefährdung nicht nur des Lebens, sondern auch der Stellung als anerkannter Flüchtling, lassen auf einen engagierten, vielleicht auch fanatischen Charakter schliessen.[524] Dass die Untersuchung so harmlos für Ehrhardt verläuft, ist massgeblich im Zusammenhang mit dessen Verbindungen zu Zürcherischen Justizorganen zu erklären. Ehrhardt arbeitete bekanntlich bereits 1834 als Auditor am Zürcher Bezirksgericht, wo er u.a. Friedrich Ludwig Keller kennenlernte. Gemäss einem Schreiben vom 15. Januar 1836 des preussischen Gesandten v.Rochow an die *Ministerial-Commission* in Berlin soll Ehrhardt beim *Criminalgericht* sogar schon ein Praktikum als Verhörrichter absolviert haben.[525] Bereits 1836, kurz nach der Duellaffäre, wurde Ehrhardt Substitut in der Anwaltskanzlei des späteren Bundesrates Jonas Furrer in Winterthur. Furrer war 1836 Grossratspräsident. Die Involvierung in den Fall Lessing und die Teilnahme an einem Duell hätten ohne weiteres ausgereicht, um Ehrhardts Einbürgerung zu verhindern und ihn aus dem Kanton Zürich bzw. 1836, im Rahmen des eidgenössischen «Fremdenconclusums», aus der Eidgenossenschaft auszuweisen.[526] Doch Ehrhardt blieb trotz seines militanten politischen Engagements von alldem unberührt. Es folgten Einbürgerung und Karriere als Anwalt, Kantonsprokurator und Oberst der Schweizer Armee.[527] Ehrhardt muss während der für ihn heiklen Zeit 1835 und 1836 von einflussreicher Seite her massiv protegiert worden sein.

Ehrhardts Aufenthalt in der Tatnacht wird, abgesehen von der Einholung eines allgemeinen Alibis der Wirtsfrau, nicht eingehend überprüft, da seine Schussverletzung am Arm als zu ernsthaft eingestuft wird, als dass eine Tatverübung in Frage käme. Allerdings beruht diese Einschätzung nicht auf einer ärztlichen Begutachtung, sondern wird aus der Tatsache hergeleitet, Ehrhardt habe angeblich während acht Wochen das Haus nicht verlassen. Letzteres rührt aber bestimmt auch daher, dass Ehrhardt befürchtete, in der Öffentlichkeit unter Erklärungsdruck für seine Verletzung zu geraten, sodass er hätte riskieren müssen, wegen Duells in Strafuntersuchung gezogen zu werden, was angesichts seiner einschlägigen Vorstrafe wegen Tötung im Duell und der angespannten politischen Situation seine juristische Laufbahn in der Zürcher Justiz hätte gefährden können. Allein die Tatsache seiner schweren Verletzung sowie ein recht allgemein formuliertes Alibi befreiten ihn vom Verdacht. Doch kann dieses allein nicht überzeugen.⁵²⁸ Einem Schreiben des mit Lessing bekannten Ferdinand Sailer vom 5. November 1835 ist zu entnehmen, dass Ehrhardt «seit ein Paar Tagen» wieder das Zimmer verlassen könne.⁵²⁹ Gemäss einem Brief desselben nach Berlin hatte Ehrhardt bereits anfangs Oktober das Krankenbett verlassen.⁵³⁰ Vielleicht hätte auch der gesunde Arm ausgereicht, um Lessing die Stiche beizubringen, zumal dieser vermutlich von einem zweiten Täter zuerst mit einem Stein niedergeschlagen wurde und anschliessend zu keinem Widerstand mehr fähig war.⁵³¹ Gemäss einer Auskunft des Mainzer Poizeikommissärs v.Engelshofen soll Ehrhardt während seiner Genesung bereits auf Rache gesonnen haben.⁵³² Ehrhardts Involvierung in die geistige Urheberschaft als Beteiligter an der Tat ist jedenfalls ohne weiteres denkbar. Die Untersuchung bricht hier zu früh ab. In der Bevölkerung wird Ehrhardt noch Jahrzehnte später mit der Tat gerüchteweise in Verbindung gebracht.⁵³³

Auch werden die von Ehrhardt erwähnten Teilnehmer der Gesellschaft im Seefeld nie zur Sache befragt. Ehrhardts mögliche Tatbeteiligung hätte jedenfalls eingehender untersucht werden müssen, zumal er ein überaus engagierter politischer Agitator mit engen und wirksamen Beziehungen auch nach Frankreich und Deutschland war.⁵³⁴ Dass er sich, obschon er bereits 1833 im Zweikampf einen Menschen getötet hatte, im September 1835 wieder auf ein Duell auf Leben und Tod einliess bzw. gar selbst zu einem solchen forderte, zeugt unter Vorbehalt des erwähnten, diesbezüglich die Handlungsfreiheit einschränkenden studentischen Ehrenkodex wohl weniger von einem überdurchschnittlichen Ehrgefühl als vielmehr von besonderer Impulsivität. Dass Ehrhardt als ultraradikaler, den kommunistischen Ideen nahestehender Herausgeber des «Nordlichts» später zum bourgeoisen Rechtskonsulenten des erzkapitalistischen Eisenbahnkönigs Escher wurde, weckt Zweifel an der Festigkeit seines Charakters.

4.4.2.5 Konturen einer politischen Dimension

Nachdem bereits zu Beginn der Untersuchung die Möglichkeit eines politischen Hintergrundes der Mordtat im Brennpunkt der Ermittlungen stand, wurde nun intensiv in Ausländerkreisen der näheren und ferneren Umgebung nachgeforscht. Gerüchteweise war die Rede von Spionage und Verrat. Die einen Raubmord assoziierende Auffindesituation schien nur der Irreführung der Untersuchungsbehörden zu dienen. Allein schon die Vermutung, dass möglicherweise ein Agent aus dem Intellektuellenmilieu Opfer eines politischen Racheakts geworden war, weckte Assoziationen zur Ermordung des der Spionage im Auftrag Russlands verdächtigten Schriftstellers August v.Kotzebue durch den dem geheimen «Bund der Schwarzen» zugerechneten Theologiestudenten Carl Ludwig Sand am 23. März 1819 in Mannheim.⁵³⁵

Cratz gibt in der Einvernahme vom 12. November zu, vom *Jungen Deutschland* und dessen Statuten, wonach Verrat an der Vereinigung mit dem Tod geahndet werde, schon gehört zu haben und dessen Mitglieder zu kennen. Allerdings, so berichtet er, würden die soeben erneuerten Statuten die Todesstrafe für Verrat nicht mehr vorsehen.[536] Überdies sei Lessing gar nicht Mitglied des *Jungen Deutschlands* gewesen. Er wisse aber nicht, ob er früher einmal dabei gewesen sei. Jedenfalls halte er die Mitglieder des «Commitées» in Zürich für zu «guthmütig», um einen Mord zu beschliessen. Das «Commitée» habe sich zur Zeit ohnehin zerstreut und sei nicht mehr aktiv. Lessing habe als Spion gegolten, als er von Bern gekommen sei, doch habe man sich in Zürich vom Gegenteil überzeugen lassen. Cratz selbst streitet ab, einer politischen Verbindung anzugehören.[537]

Cratz, der neben Alban, Ehrhardt und Eyb seit dem Sommer 1835 eine massgebliche Führungsrolle innerhalb der *Klubbs* des *Jungen Deutschlands* in Zürich wahrnimmt – formell soll er der Verbindung allerdings erst 1836 beigetreten sein –, hat gleich seinen Kollegen keine Hemmungen, diesbezüglich Unwahrheiten anzugeben und zu bezeugen. Die deutschen Flüchtlinge hatten sich offensichtlich längst miteinander abgesprochen und beschlossen, keinerlei Angaben über mögliche politische Hintergründe der Tat gegenüber den Untersuchungsbehörden zu machen.

In der Folge versucht v.Meiss die bisher protokollierten Aussagen, insbesondere die noch offenen Alibis zu verifizieren. Im Anschluss wird Johannes Müller, ein Schriftsteller und Flüchtling aus Berlin,[538] bei dem Cratz gelegentlich wohnte, befragt, welcher angibt, Cratz empfange täglich Besuch von einem Doctor Bach. Cratz selbst bleibe aber immer zu Hause und lebe «sehr eingezogen». Er könne sich nicht bestimmt erinnern, aber Cratz sei wohl auch am fraglichen Abend auf seinem Zimmer gewesen.[539] Peter Schäppi, Wirt im *Grünen Häusli*, weiss, dass Cratz am Abend des 3. November in der Gaststube sass, kann aber nicht angeben, wer in dessen Gesellschaft war. Jedenfalls, soviel weiss er bestimmt, sei Lessing nicht dabei gewesen. Cratz habe wie ein Kind geweint, als man am Mittwoch Mittag vom Schicksal Lessings erzählte, der sein Freund gewesen sei.[540] Auch Schäppis Tochter Catharina kann nicht mit Sicherheit sagen, ob Cratz den ganzen Abend im *Grünen Häusli* war. Es sei ihr an diesem aber nichts Besonderes aufgefallen.[541]

Die Überprüfung von Stephanis Alibi ergibt, dass dessen Logisgeberin, Dorothea Schaufelberg, bei der er gemeinsam mit Ehrhardt wohnt, bestätigen kann, Stephani sei am 3. November um 19 Uhr heimgekommen und während dem restlichen Abend zu Hause geblieben. Das Haus werde über Nacht verschlossen, niemand könne dieses unbemerkt verlassen.[542]

Nachdem Geuther des langen und breiten über den Strohkranz und dessen Symbolik befragt worden war, gibt er in einer weiteren Einvernahme an, Lessing habe kurz vor seinem Tod mit einer anderen, ihm unbekannten Person in Herausforderung gestanden. Lessing habe ihm das Billet der Satisfaktionsforderung vorgelesen, doch habe er den Namen des Kontrahenten nicht genannt.[543] Was es mit dieser angeblichen Forderung auf sich hat, wird – jedenfalls enthalten die Akten keine entsprechenden Hinweise – nicht näher abgeklärt.

Am 22. November 1835 wird Carl August Baron v. Eyb zum zweiten Mal einvernommen. Er gibt zu Protokoll, Lessing habe ihn am Nachmittag vor seinem Tod um vier Louis d'or gebeten. Auf seine Frage, wozu er das Geld brauche, habe Lessing geantwortet, «er dürfe, er könne es ihm nicht sagen.» Er habe Lessing schon zuvor Geld geliehen, dieses jedoch nie zurückerhalten. Lessing habe ihm gesagt, er selbst habe gegen 300 preussische Taler an Deutsche verschenkt oder verliehen. Der Getötete habe sich übrigens stets gegen die geheimen Verbindungen ausgesprochen und an Versammlungen nie teilgenommen. Lessing sei gewiss nicht Opfer eines politischen Mordes geworden, denn nur ein Fanatiker hätte eine solche Tat verüben können. Unter den Deutschen in Zürich gebe es indessen keine Fanatiker. Es habe gar keinen Anlass zu einer solchen Tat bestanden, da Lessing entgegen der Meinung der Berner Behörden und der Denunziation durch den Redaktor Lizius kein Spion gewesen sei. Es liege überdies nicht im «Character der Deutschen» solche Gewalttaten zu verüben. Es seien in letzter Zeit in der Schweiz mehr als zwölf Spione entlarvt und keiner von diesen beseitigt worden. Er könne sich allerdings eine Person vorstellen, die zu dieser Tat fähig wäre, doch halte diese sich nicht in Zürich auf. Auch könne er ihren Namen nicht mitteilen, da er sonst um seine eigene Person fürchten müsste. Der Baron gibt ferner an, während einiger Zeit bei Fechtmeister Meili in der Enge gewohnt zu haben. Lessing habe ihn dort aber nie besucht. Er wisse vom Hörensagen, dass Lessing bezüglich der Frequenz «verdächtiger Häuser», gemeint sind wiederum Bordelle bzw. Wirtshäuser mit an grosszügigen Trinkgeldern interessierten, in sittlicher Hinsicht leichtfertigen Kellnerinnen, «sehr unsolid lebte».[544]

Dass Eyb sich in der deutschen Flüchtlingsszene und in den Belangen des *Jungen Deutschlands* offenbar genau auszukennen scheint, interessiert den Verhörrichter vorläufig noch nicht. Auch will er nicht wissen, wer die durch Eyb verdächtigte Person sei, deren Name dieser nicht auszusprechen wagt.

Der Schustergeselle Friedrich Herrscher aus Bayern, der Lessing bereits in Bern kennengelernt hatte, berichtet in der Einvernahme vom 22. November, Cratz und Ehrhardt, wie auch der Frisör Georg Göbel, hätten ihn vor Lessing gewarnt, da dieser sich als Spion betätige.[545] Lessing sei gelegentlich bei den Zusammenkünften der Handwerker und Studenten in Zürich, «im Klösterli auf dem Zürichberg»[546] oder bei «Bühlers hinter der Metzg», gemeint ist das Gasthaus zur *Waage,* zugegen gewesen. Der Schuster Dorn aus Thun habe ihm noch mitgeteilt, er solle Lessing auffordern, sich von der «Sache» zurückzuziehen. Dann sei im Herbst Hermann Rauschenplatt vorübergehend in die Schweiz zurückgekehrt und Dorn habe ihm am 10. Oktober mitgeteilt, er solle nicht andere verdächtigen. Kurz vor der Tat, sei ihm «ganz bange» gewesen, ohne dass er einen Grund dafür angeben könne. Noch am 2. November habe er Lessing aufgesucht, um ihn zu warnen, doch sei dieser nicht zu Hause gewesen.

Statt nach dem Inhalt der Warnung oder der Art der Ahnung Herrschers zu fragen, ferner die wirren Aussagen des Gesellen zu konkretisieren und in Zusammenhang zu stellen, will der Verhörrichter nur wissen, ob er bestimmte Angaben zum Mord machen könne, was der Schustergeselle verneint. Er gehe davon aus, es seien Lessings Feinde gewesen, die sich als seine Freunde ausgegeben hätten. Dorn habe ihm geschrieben, Lessing habe dieses Schicksal verdient, falls er wirklich spioniert habe. Herrscher weist auf den Racheparagraphen in den Statuten des *Jungen Deutschlands* hin, wonach Mitglieder, welche an der Verbindung Verrat verüben, mit dem Tod zu bestrafen seien. Er wisse aber nicht, ob Lessing Mitglied des *Jungen Deutschlands* gewesen sei. Jedoch sei dieser öfters mit anderen Studenten bei Professor Ehrenberg[547] zusammengekommen. Die Frage, ob er denn «auch wirklich für sich überzeugt» sei, «dass Lessing von seinen Landsleuten ermordet worden sei», bejaht Herrscher. Er verweist auf einen Übergriff, der sich in Winterthur zugetragen habe, wo ein Schreiner aus Berlin beauftragt worden sei, einen geschwätzigen Handwerker zur Warnung zu verprügeln. Befragt nach Aufenthalt und Tätigkeit gewisser politisch aktiver Ausländer wie Rottenstein und Lizius, die v.Meiss allmählich als bedeutsame Vertreter der radikalen Agitation begreift, kann Herrscher keine näheren Angaben machen.[548]

Bei aller Mitteilsamkeit des Schustergesellen wird nicht klar, ob er tatsächlich über keine weiterführenden Informationen verfügt. Es gelingt dem Verhörrichter jedenfalls nicht, systematisch nach solchen zu fragen und fragmentarische Mitteilungen zu einem sinnvollen Ganzen zu ordnen bzw. die so gewonnenen Informationen in den Ermittlungsplan seiner nachfolgenden Strafuntersuchung einzufügen. Die Einvernahme bleibt konfus und widersprüchlich. Durch die mangelhafte, wenig zielstrebige Befragung Herrschers lässt der Verhörrichter eine vielleicht ergiebige Informationsquelle ungenutzt versiegen.

Auch die Organisation und Durchführung der folgenden Verhöre sind von verschiedenen Mängeln geprägt. So wird etwa der Arzt Dr. Ludwig Schröder,[549] der Lessing von seiner Studienzeit her kannte, aus Andelfingen nach Zürich zur Einvernahme bestellt. Er reist nach Zürich und unterhält sich am Abend vor dem Einvernahmetermin mit den Flüchtlingen im *Grünen Häusli*, sodass er dem Verhörrichter zum grössten Teil Informationen weitergibt, die er von diesen vernommen hat, sonst aber überhaupt nichts Neues angeben kann oder will.

Der im Kratzquartier wohnhafte Fechtmeister Johann Gottfried Ludwig aus Gotha, der Lessings Leiche am Tag ihrer Auffindung informell identifiziert hatte, erklärt in der Einvernahme vom 24. November, er habe mit Lessing keinen näheren Umgang gepflegt. Er zweifelt an einem politischen Hintergrund der Tat. Auch habe er Lessing nie in der Gegend der Sihl gesehen, obschon er sich praktisch täglich dort aufhalte. Im Übrigen scheint Ludwig über erstaunlich wenig Information zu verfügen. Insbesondere will der politische Flüchtling nicht über die politischen Aktivitäten der Deutschen in Zürich reden.[550] Dass er bereits 1834 Mitglied des jungdeutschen Komitees war, bleibt unbekannt.[551] Die Frage, ob sich Ludwig tatsächlich der Jagd wegen am Morgen des 4. November ins Sihlhölzli begab, wird nicht gestellt.

Keineswegs alle Ermittlungen gehen vom Verhöramt aus. Bürgermeister Johann Jakob Hess,[552] zugleich Präsident des *Polizey-Raths*, dessen Kompetenzen vorwiegend Sicherheits- und Fremdenpolizeiaufgaben in der Stadt sowie die Zusammenarbeit mit anderen Polizeiorganen betreffen, beauftragt persönlich den Regensberger Statthalter Krauer mit der Einvernahme des bei der Regensberger Bezirksgerichtskanzlei angestellten Flüchtlings Georg Rottenstein, aus der nur hervorgeht, dass sich Rottenstein zur Tatzeit nicht in Zürich aufhielt.[553]

Die meisten der befragten Deutschen stehen dem *Jungen Deutschland* in Zürich nahe oder sind Mitglied eines politischen Handwerkervereins, doch macht niemand darüber brauchbare Angaben. Verhörrichter v.Meiss stösst immer wieder gegen eine Mauer des Schweigens, deren Ursachen mehrschichtig sind. Einerseits ist die Mitgliedschaft politischer Flüchtlinge in einer politischen Partei seit Februar 1835 im Kanton Zürich verboten. Andererseits gelten in den Vereinigungen nicht transparente Schweigeregeln, welche die Mitglieder in ihrer Aussagebereitschaft hemmen und die Verbindungen selbst, insbesondere das *Junge Deutschland*, wiederum in den Verdacht der Beteiligung an der Ermordung Lessings führen. Der Berner Regierungsstatthalter Roschi[554] und der für den Prozess gegen Ernst Schüler eingesetzte Untersuchungsrichter A. Lufft machen im Rahmen ihrer Untersuchungen in Bern dieselben Erfahrungen. Die Flüchtlinge schweigen in der Einvernahme konsequent. In einem Fall gibt ein Handwerker gemäss Roschi als Grund für sein Schweigen an: «Von Politischem darf ich nichts sagen, denn ich bin gewiss, dass ich dem Dolch nicht entgehen würde.»[555]

4.4.3 Diffuse Beleuchtung politischer Hintergründe

Am Sonntagmorgen, dem 15. November 1835, wird der krank darniederliegende Julius Thankmar Alban vom Verhörrichter aufgesucht und erneut einvernommen. Alban erinnert sich nun, Lessing habe ihm kurz vor seinem Tod berichtet, er habe mit einem «Junker Escher», der im selben Haus wohnte, Streit gehabt, worauf letzterer ausgezogen sei. Auf die Frage, ob er sich vorstellen könne, dass Lessing am Abend der Tat zu einem formlosen Duell gefordert worden sei, erwidert Alban, er halte dies für unwahrscheinlich, könne die Vermutung aber nicht ganz in Abrede stellen. Vor sechs bis acht Wochen habe übrigens ein Student aus Bern namens Adolf Barth[556] für einige Zeit bei Cratz logiert.[557] Der sei indessen schon vor längerer Zeit nach Bern zurückgekehrt. Alban bekräftigt erneut, Lessing sei bestimmt nicht Mitglied einer politischen Verbindung und sicherlich kein Spion gewesen. Es folgen wieder allgemeine Fragen zum Aufenthalt am 3. November.

Der Verhörrichter versucht, durch Stellen derselben Fragen wie anlässlich der ersten Einvernahme, Widersprüche zu provozieren, doch Alban bleibt bezüglich Verbringen des fraglichen Abends bei seiner ersten Aussage. v.Meiss wird allmählich ungeduldig.[558] Er versucht Albans und Lünings Alibi zu erschüttern und wirkt auf deren Logisgeberin Frau Michel ein, versucht von ihr irgend einen Hinweis zu erhalten: «Glauben Sie neuerdings die Überzeugung aussprechen zu können, dass diejenigen Herren die sich bey Ihnen aufhalten von der Ermordung des Lessings keine Kenntnis haben?» Frau Michel kann sich solches nach wie vor nicht vorstellen. v.Meiss hinterfragt ihre Aussage bezüglich der Versicherung, Alban, Lüning und Schlutter hätten alle bei ihr zu Hause geschlafen. Sie bestätigt, dass um 22 Uhr alle daheim waren. Sie hält auch die Annahme des Verhörrichters, Lessing könnte durch die Übergabe des Kranzes als Geburtstagsgeschenk beleidigt worden sein, für völlig unwahrscheinlich.[559]

Am Morgen des 16. November werden weitere Auskunftspersonen einvernommen. Der Medizinstudent Franz Kämmer[560] aus Sachsen, selbst seit 1834 Komiteemitglied,[561] ist davon überzeugt, Lessing habe seit seiner Zürcher Zeit keiner politischen Verbindung mehr angehört und sich auch nicht politisch engagiert. Ehrhardt habe Lessing nach dem Duell nicht mehr sehen wollen, obschon dieser ihm einen Besuch abzustatten wünschte. Ehrhardt sei so schwer verwundet, dass er das Haus nicht verlassen könne und scheide daher ohnehin als Täter aus. Kämmer bestätigt den Streit Lessings mit Escher. Der geschenkte Strohkranz sei keine Beleidigung Lessings gewesen. Vielmehr entspreche die Gabe einem norddeutschen Brauch.[562] Auch er schliesst aus, dass Lessing sich nachts im Sihlhölzli zu einem irregulären Duell eingefunden habe. Lessing habe seinen Säbel kurz vor seinem Tod Cratz übergegeben, dem er ihn auch verkaufen wollte, da er unverhofft in Geldverlegenheit geraten sei, obschon er sonst stets über reichlich Geld verfügt habe.[563] Tatsächlich befand sich Lessing bereits zu Beginn seiner Zürcher Zeit – so zumindest schreibt er nach Berlin – in knappen finanziellen Verhältnissen und war öfters auf Kredit angewiesen.[564]

Anschliessend wird erneut Schlutter verhört. Dieser berichtet auf die Frage, ob er etwas Neues im Fall Lessing vernommen habe, was er gerüchteweise über die laufende Untersuchung gehört hatte. Im Protokoll erscheint der Hinweis, dass die Behörden unter Lessings Papieren Hinweise auf eine neue Herausforderung gefunden hätten. Schlutter erklärt, Lessing habe wohl mit Mädchen zu schaffen gehabt, doch kenne er keine Einzelheiten. Er bestätigt, der Strohkranz sei als Geschenk beabsichtigt gewesen und von Lessing auch mit Freude angenommen worden.[565] Woher Schlutter letzteres wusste, kommt nicht zur Sprache.

Am Nachmittag wird wieder Carl Cratz einvernommen. Dieser hält es ebenso für durchaus wahrscheinlich, dass sich Lessing am Tatabend in ein «verdächtiges Haus» begab. Er bestätigt seine Aussagen, wonach er selbst am Abend im *Grünen Häusli* war. Lessing schulde ihm noch 12 Kronen. Befragt zu Lessings Säbel, gibt er zu Protokoll, er habe von diesem einen solchen geschenkt bekommen. Weder Lessing noch er selbst hätten einer politischen Verbindung angehört, obschon sie beide in Deutschland in Strafuntersuchungen wegen politischer Umtriebe gewesen seien. Daraufhin wird Cratz gegen Kaution aus der Haft entlassen, ohne dass seine Aussagen überprüft werden.[566]

Der Verhörrichter lädt weitere Auskunftspersonen vor, öfters auch solche, die er schon einvernommen hat. Immer wieder fragt er nach neuen Informationen und Gerüchten. Lessings Hauswirt Locher gibt auf erneute Befragung hin an, es sei neulich, kurz vor der Tat, ein ihm namentlich unbekannter Schustergeselle, wohnhaft in der Schoffelgasse,[567] vorbeigekommen und habe angedeutet, Lessing habe den Hass der Deutschen auf sich gezogen. Des Geselle habe sich dahingehend geäussert, man werde Lessing wohl umbringen, denn solches werde in der *Waage* unter Studenten und Handwerkern besprochen. Diese von Locher reichlich spät gemachte Aussage – beim genannten Gesellen dürfte es sich um Herrscher handeln – scheint den Verhörrichter nicht besonders zu interessieren. Jedenfalls fragt er nicht nach Details. Zumindest gehen solche aus dem Protokoll nicht hervor.

Locher versichert, Lessing sei über den Strohkranz keineswegs beleidigt gewesen. Er gibt eine Beschreibung von Lessings Uhr ab, welche seine Ehefrau diesem leihweise übergeben hatte. Locher bestätigt sodann, dass Lessing eine Auseinandersetzung mit seinem Zimmernachbar, dem «Junker Escher», gehabt habe.

Letzterer sei vor einigen Wochen an einem Sonntagabend betrunken nach Hause gekommen und habe Lessing, auf den er wegen dessen engerer Beziehung zur Familie Locher schon seit einiger Zeit «jaloux» gewesen sei, beleidigt und als Juden beschimpft. Escher habe Lessing aufs Äusserste beleidigt. Dieser habe nur geantwortet, dass er ihm, wenn er, Escher, nicht «besoffen» wäre, die Flasche auf den Kopf schlagen würde.[568] Er, Locher, habe eingegriffen, den Streit geschlichtet und den «Junker Escher» aufgefordert, sich schriftlich bei Lessing zu entschuldigen. Daraufhin sei Escher bei ihm ausgezogen. Er wohne nun bei seiner Schwester. Der Vorfall habe sich 14 Tage vor Lessings Tod ereignet.

Befragt zu Lessings finanziellen Verhältnissen erklärt Locher, Lessing habe es nicht geschätzt, wenn er dessen Post aus Berlin geöffnet habe, obschon die Wechsel an ihn, Locher, adressiert gewesen seien. Er habe das Öffnen in der Folge unterlassen und die Briefe jeweils sofort Lessing übergeben und wisse daher nicht, über wieviel Geld Lessing verfügen konnte.[569] Auch der Aussteller der Wechsel bleibt unbekannt. Eigenartigerweise kommt in diesem Zusammenhang nicht zur Sprache, dass, wie einem Konfidentenbericht entnommen werden kann, Locher im Frühjahr einen beachtlichen Betrag als Kaution bei den Stadtzürcher Behörden für Lessing hinterlegt hatte.[570]

Jacob Hans Caspar von Escher[571] bestätigt die Aussagen Lochers bezüglich der Auseinandersetzungen. Er habe Lessing nie gemocht, da dieser ständig seine politischen Ideen «aufs Tapet» gebracht habe. Locher habe Lessing sogar einmal ermahnt, damit aufzuhören, da er damit ihn, Escher, ständig reize. Nach dem Wegzug von Locher sei er froh gewesen, Lessing nicht mehr sehen zu müssen. Für den Tatabend kann er ein Alibi angeben, da er sich in der *Saffran* in der Gesellschaft von «Staatsschreiber Meier»[572] befand und anschliessend zu Hause war.[573]

Das Kantonal-Verhöramt setzt Mitte November 1835 auf Hinweise, die zur Aufklärung des Delikts führen, 1'000 Franken aus und lässt ein entsprechendes Inserat in verschiedenen schweizerischen und europäischen Blättern erscheinen.[574] Der *Polizey-Rath* ersucht am 12. November die Polizeidirektionen Aargaus und Luzerns um Nachforschungen unter den politischen Flüchtlingen in ihren Kantonen.[575] Das Polizei-Departement des Kantons Aargau teilt darauf am 17. November mit, die Polizeidirektion des Kantons Luzern habe in der Strafuntersuchung gegen einen Deutschen namens Carl August Julius Stock in Erfahrung bringen können, dass dieser anfangs Monat in Zürich einen Diebstahl begangen habe. Es wird ein möglicher Zusammenhang mit dem Tötungsdelikt freilich erfolglos durch Befragung überprüft.[576]

Am 19. November erfährt der Verhörrichter vom Buchbinder Caspar Lohbauer an der Spiegelgasse,[577] dass Stock am 2. November bei diesem um Arbeit gebeten habe. Er, Lohbauer, habe ihn eingestellt, doch schon nach acht Tagen habe Stock die Stelle wieder verlassen. Freilich sei ihm das recht gewesen, zumal sich Stock sehr unanständig aufgeführt habe. Lohbauer weiss von einem seiner Gesellen, dass Stock früher Söldner in holländischen und neapolitanischen Diensten gewesen sei. Am fraglichen Abend sei Stock seines Wissens bei der Arbeit gewesen, denn die Gesellen hätten zufolge zahlreicher Aufträge bis Mitternacht arbeiten müssen. Normalerweise werde bis 20 Uhr gearbeitet und um 22 Uhr verschliesse er jeweils das Haus.[578] Nachdem feststeht, dass Stock am 3. November bis Mitternacht in der Werkstatt war, werden keine weiteren Nachforschungen angestellt.

Eine Spur, die in den Augen des Verhörrichters zu einem aufgrund seines sozialen Status, seiner Herkunft und seiner kriminellen Vergangenheit valablen Täter hätte führen können, verlor sich damit im Ungewissen. Aufgrund der heutigen Erkenntnis bezüglich Lessings in die frühen Morgenstunden fallender Todeszeit, erweist sich die Aufgabe der Nachforschungen als verfrüht.

4.4.4. Ein persönlicher Feind Lessings

Verhörrichter v.Meiss erkennt allmählich die komplexen Dimensionen des Kriminalfalles. Auch drei Wochen nach der Tat lässt sich die Auswahl möglicher Tatmotive noch nicht deutlich eingrenzen. Immerhin geht aus den bisherigen Aussagen hervor, dass Lessing wenigstens einen erklärten Feind hatte. Der Verdacht fällt nun auf den in Bern lebenden Flüchtling August Ludwig Bernhard Lizius, der als Redaktor der Burgdorfer Zeitung «Der Volksfreund» 1834 in einem Artikel Lessing öffentlich als preussischen Spion bezeichnet hatte, worauf dieser ihn zum Duell forderte, was Lizius aber ablehnte, da er sich nicht mit Verrätern schlagen wolle.[579] Dieser Vorfall dürfte zwischen Lessing und Lizius in Anbetracht der damaligen Sensibilität in Ehrensachen eine Todfeindschaft begründet haben. Lessing hatte Lizius in einer seiner später bekannt gewordenen vertraulichen Mitteilungen nach Berlin als überaus einflussreiche, treibende Kraft der antipreussischen Revolutionsbewegung in der Schweiz bezeichnet.[580] Lizius wird darin als hemmungsloser, fanatischer Verleumder der preussischen Regierung dargestellt. Lessing denunziert Lizius in diversen Berichten als äusserst gefährlichen Agitator[581] und erklärt in einem Schreiben, er «denke diesen Menschen mit allen» ihm zur Verfügung stehenden Mitteln «bald unschädlich zu machen.»[582] Lizius, der Lessing öffentlich als Spion brandmarkte, wurde 1836 selber Mitarbeiter deutscher und österreichischer Geheimdienste.[583]

Am 25. November gelangt der Verhörrichter mit einem Rechtshilfegesuch an die *Central-Polizey-Direktion* des Kantons Bern mit dem Antrag, Bernhard Lizius zu verhaften und über dessen Aufenthalt zur Tatzeit zu befragen. Begründet wird das Gesuch damit, dass Lizius als Lessings Todfeind gelte.[584] Am 1. Dezember bestätigt die *Justiz und Polizei-Commission* des Kantons Basel Landschaft die erfolgte Verhaftung.[585] Am 3. Dezember folgt aus Liestal die gewünschte Einvernahme des Bernhard Lizius, 23 Jahre alt, angeblich Jurist und Philosoph. Lizius erklärt zu Protokoll, von anfangs Mai 1834 bis 10. November 1835 in Bern in Pension bei Rektor Wilhelm Snell gewohnt zu haben. Vom 26. Oktober bis 4. November 1835 habe er sich in Brienz aufgehalten. Zum Beweis reicht er eine Gasthausrechnung vom 26. Oktober bis 2. November (!) ein. Am 4. November abends sei er wieder in Bern gewesen. Frau Professor Snell habe ihm das Essen gekocht.[586] Die Wirtin in Brienz bestätigt Lizius' Abreise für den 4. November.[587] Der bei Snells ebenfalls in Pension weilende Flüchtling Adolf Barth kann Lizius' Ankunft entsprechend dessen Aussagen bestätigen.[588]

Bestimmt wäre hier die Auslieferung des Lizius zum Zwecke der Einvernahme durch Verhörrichter v.Meiss angezeigt gewesen, da eine solch wichtige und verdächtige Person im Rahmen einer unmittelbaren Einvernahme zielgerichteter hätte befragt werden können.[589] Überdies hätten die Widersprüche bezüglich der Reisedaten geklärt werden müssen. Aus den Akten geht auch nicht hervor, ob eine Konfrontation mit der Brienzer Wirtin stattfand. Es ist denkbar, dass eine Drittperson in Brienz sich für Lizius ausgegeben hatte, um diesem ein Alibi zu verschaffen.

Lizius hielt sich im Oktober 1835 für kurze Zeit in Zürich auf, nachdem man ihn aus dem Kanton Bern verwiesen hatte, weil er dort unter falschem Namen lebte und seine politischen Umtriebe verraten worden waren.[590] In Zürich dürfte er Kontakte zum *Jungen Deutschland* unterhalten haben. Bereits im November nahm Lizius Wohnsitz im Kanton Basel Landschaft. Er hätte über ein mögliches Rachemotiv verfügt, zumal er Lessings Erzfeind war. In einer weiteren Einvernahme vom 8. Dezember gibt Lizius an, in Zürich auch Alban und Cratz zu kennen. Von der Ermordung Lessings habe er im «Constitutionellen» gelesen. Er sei der Ansicht, dass es sich dabei um einen Raubmord oder Totschlag handle. Lizius gibt vor, einen politischen Hintergrund der Tat für völlig unwahrscheinlich zu halten. Vielmehr wollten die Behörden den Flüchtlingen die Tat in die Schuhe schieben, um einen Sündenbock zu finden. Er verlangt eine angemessene Entschädigung für die ungerechtfertigte Verhaftung.[591]

Hält man sich vor Augen, dass Bernhard Lizius wenige Monate später Korrespondent des Mainzer Büros wurde und als talentierter, erfolgreicher Spion von Metternich so sehr geschätzt wurde, dass er bis 1848 in dessen Diensten stand, so wird man sich jedenfalls ernsthafte Gedanken über die charakterliche Integrität dieses Polit-Abenteurers machen müssen, selbst wenn sich daraus kein Tatverdacht erhärten lässt. Gemäss einer Mitteilung Lessings vom 5. November

1834 nach Berlin hat Lizius auch mit der Berner Regierung kooperiert und gegen Lessing gearbeitet.[592] In einem Konfidentenbericht aus Zürich nach Mainz vom 10. November 1835, von dem auch Metternich in Kenntnis gesetzt wurde, wird der «Riesenverdacht» geäussert, dass Lizius, der wenige Tage vor Lessings Ermordung aus dem Kanton Bern ausgewiesen worden und während einiger Zeit untergetaucht sei, sich die Tat habe zu Schulden kommen lassen. Der Verfasser hält Lizius «für fanatisch, für rachsüchtig und auch für entschlossen genug, einen solchen Mord an seinem Todfeind (und das war ihm Lessing) zu begehen.»[593] Auch v.Rochow verdächtigt in einem Schreiben vom April 1836 gegenüber dem preussischen Geheimen Staatsminister Ancillon[594] Lizius als Täter. Er habe dem Verhörrichter eine entsprechende Mitteilung zukommen lassen.[595] Aus der wiederholten extremen Verunglimpfung durch Lessing liesse sich durchaus ein plausibles Rachemotiv begründen.

4.4.5 *Spuren führen in die Enge*

4.4.5.1 *Ein wenig stichhaltiger Verdacht*

Am 13. November folgen erste Einvernahmen der Tatortzeugen aus der Enge. Die Befragungen durch den Statthalter werden vor dem Kantonal-Verhöramt wiederholt. v.Meiss versucht sich anhand der Angaben ein Bild über die kriminalistisch relevanten Einzelheiten der Auffindesituation zu machen. Allerdings erfolgt dieser Rekonstruktionsversuch sehr pauschal. Widersprüche werden auch ansatzweise nicht bereinigt, weshalb das Bild des Tatorts weiterhin präziser Konturen entbehrt.

Bis Ende November werden zahlreiche Personen aus der Enge einvernommen. Auf die Frage über ungewöhnliche Geräusche während der Nacht vom 3. auf den 4. November fallen die Aussagen unbestimmt aus. Es könne schon sein, dass nachts jemand vorbeigegangen sei, so der Tenor der wenig ergiebigen Befragungen.[596] Die meisten Einvernahmen finden erst am 23. und 24. November statt. Nachdem die Einwohner von Enge sich dem dörflichen Charakter des Ortes[597] entsprechend gegenseitig reichlich ausgetauscht haben, verweisen sie in der Einvernahme öfters auf gerüchteweise in Erfahrung gebrachte Informationen. Dies führt dazu, dass die Aussagen aller Auskunftspersonen sehr ähnlich ausfallen, und sich die Untersuchung in einer Spirale von Mutmassungen dreht, die der Verhörrichter beschleunigt, indem er die Einvernommenen verschiedentlich nach den «neuesten Gerüchten» im Fall Lessing fragt. Allerdings kann v.Meiss die Konzentration seiner Nachforschungstätigkeit auf der Ebene von Gerüchten angesichts der schwachen Beweislage nicht zum Vorwurf gemacht werden, zumal das Gerücht in der damaligen Strafprozesswissenschaft einen bedeutenderen Stellenwert besass als heute.[598] Doch hätte er die Quellen der Gerüchte genauer verfolgen und deren Urheber zuschreiben müssen.[599]

Am 14. November meldet sich eine Magd namens Maria Waser, welche am Freitag vor der Tat drei Studenten gesehen haben will, die auf der Sihlbrücke laut schimpfend einen Mord besprochen hätten. In der Einvernahme wird aber deutlich, dass sich die Zeugin über den Inhalt des Gesprochenen keineswegs sicher ist. Auch kann sie sich kaum mehr an das Aussehen der Männer erinnern.[600] Auf eine Konfrontation mit den damals inhaftierten deutschen Flüchtlingen wird verzichtet. Es folgen wiederum diverse Einvernahmen von bisweilen zufällig gewählten Auskunftspersonen, ohne dass v.Meiss zu aufschlussreichen Angaben gelangt. Er veranlasst weitere Abklärungen. Am selben Tag ersucht der Verhörrichter die *Central-Polizey-Commission* in Bern um rechtshilfeweise Einvernahme eines deutschen Flüchtlings namens Schwartz, der sich am 4. November in Zürich aufgehalten haben soll.[601]

Nur eine Spur in der Enge wird ernsthaft weiterverfolgt: Die Witwe Köchli, welche in Enge den Fuhrdienst über die Sihl besorgte und gemeinsam mit dem Knaben Pfenninger Lessings Leichnam vorgefunden hatte, sagt am 24. November aus, sie habe einen Johannes Meili am 3. November mittags über die Sihl gesetzt und zwei Stunden später wieder zurückbefördert. Am Nachmittag um 15 Uhr sei Meili mit einer ihr unbekannten Person erneut vorbeigekommen. Sie habe die beiden, die während der Überfahrt kein Wort geredet hätten, vom südlichen ans Engener Ufer geführt, wobei der Unbekannte ausgestiegen und im Spitalhölzli verschwunden sei. Meili habe sich wieder zum anderen Ufer bringen lassen, den Unbekannten habe sie jedoch nicht wieder gesehen.[602]

Johannes Meili, Gelegenheitsarbeiter aus Wiedikon, gibt an, sein Begleiter sei ein Mann namens Caspar Hegetschwiler gewesen, mit dem er im Giesshübel[603] gearbeitet habe. Meili erinnert sich vorerst nicht daran, mit der Fähre die Sihl mehrmals überquert zu haben, was den Verhörrichter misstrauisch macht. Am fraglichen Abend habe er mit dem genannten Hegetschwiler und Conrad Haager im *Höckler* getrunken und sei dann um 22.30 Uhr direkt nach Wiedikon gegangen.[604] Er habe viel getrunken und könne sich nicht mehr an alle Details erinnern.[605] Der Verhörrichter nimmt Meili in Haft und überprüft dessen Aussagen. Der Höcklerwirt, Caspar Morf, bestätigt, Meili und Haager seien am späten Abend des 3. November auf der alten Landstrasse durch das Wiedikoner Holz und nicht zur Sihl hinunter weggegangen.[606] Meilis Frau gibt an, sie habe an ihrem Mann gar nichts Verdächtiges bemerkt. Er sei noch vor Mitternacht nach Hause gekommen. Sie versichert dem Verhörrichter, dass ihr Ehemann von diesem Verbrechen nichts wisse.[607]

109

Caspar Hegetschwiler bestätigt im Grossen und Ganzen die Aussagen Meilis durch seine Beschreibung des Tagesablaufs des 3. November.[608] Allerdings befragt der Verhörrichter Hegetschwiler nicht umfassend nach Meilis Verhalten und Tätigkeit an jenem Tag, sodass durch dessen Angaben nicht der ganze Zeitraum abgedeckt wird; auch bleiben Unstimmigkeiten im Dunkeln. Jedenfalls ergibt sich aus dieser Einvernahme kein taugliches Alibi. Haager gibt an, er sei mit Meili erst spät nach Hause zurückgekehrt, während Hegetschwiler schon früher den *Höckler* verlassen habe. Er gibt für Meili ein Alibi, da er den ganzen Abend mit ihm verbracht haben will. Hegetschwiler sei mit Sicherheit nach Hause gegangen, denn dieser habe sich am nächsten Morgen früh um dessen Schulden kümmern müssen.[609]

Die Befragungen führen nicht weiter, da der Verhörrichter die zum Teil bestehenden Abweichungen und Widersprüche nicht aufzuhellen und zu bereinigen versucht. Meili wird am 2. Dezember noch einmal verhört. Er kann wiederum keine weiterführenden Angaben machen. Da sich der anfängliche Verdacht nicht erhärtet, wird er anschliessend aus der Haft entlassen.[610]

4.4.5.2 Raub- oder Milieumord?

Da die Uhr des Opfers abgerissen oder abgeschnitten, bei der Leiche kein Geld zu finden war und die Hosentaschen nach aussen gestülpt waren, gingen die Polizeibehörden anfänglich von einem Raubmord aus.[611] Es galt, die Raubmordhypothese zumindest eingehend zu prüfen, zumal verschiedene in die Untersuchung involvierte Personen, so etwa Lüning und Lizius, gegenüber dem Verhörrichter erklärten, Lessing sei vermutlich Opfer eines Raubmordes geworden.

Nachdem aus den Einvernahmen von Bekannten Lessings zumindest vermutungsweise hervorgegangen war, dass dieser gelegentlich mit Prostituierten bzw. «leichten Mädchen» verkehrte[612] und damals in der Enge Wirtshäuser von zweifelhaftem Ruf existierten, welche die Zürcher offenbar in einschlägiger Absicht frequentierten, wurden parallel zur Untersuchung möglicher politischer Tatmotive Recherchen zur Ausleuchtung eines möglichen «Milieumordes» angestellt.[613]

Landjäger Heinrich Huber befragt die Einwohner der Enge, doch niemand will Lessing überhaupt je gesehen haben. Gemeinsam mit Polizeihauptmann Fehr begibt sich der Landjäger in die übelbeleumdeten Lokale *Der steinerne Tisch* und die *Altorfersche Weinschenke*, doch weiss man dort nichts von einem Gast, dessen Beschreibung auf Lessing passen würde.[614] Auch Gemeindeammann Brändli befragt zahlreiche Einwohner der Enge, insbesondere das Personal der «verdächtigen» Wirtschaften. Doch aus seinen Nachforschungen resultieren, soweit den Akten zu entnehmen ist, keinerlei neue Informationen.[615] Der Weinschenk Rudolf Altorfer erklärt in der Einvernahme vom 23. November, er habe überhaupt keine Studenten unter seinen Gästen, jedenfalls erkenne er keine als solche.[616]

In der Einvernahme vor dem Verhörrichter gibt der Wirt des *steinernen Tisches*, Johannes Isler, zu Protokoll, da sie keine Serviertochter mehr hätten, wohne er seit Juli allein mit seiner Ehefrau im Haus. Auch seien schon seit sieben oder acht Wochen keine Studenten mehr vorbeigekommen. Er ärgert sich über die Frage des Verhörrichters bezüglich «Weibspersonen» in seinem Haus. Er habe genug von solchen Fragen und könne keine Auskunft geben.[617] Isler gibt sich in der Einvernahme mürrisch und wortkarg. Am selben Tag noch wird die 25jährige Wäscherin Anna Bikel einvernommen, die seit drei Wochen in derselben Liegenschaft, wo sich die Schenke zum *steinernen Tisch* befindet, arbeitet. Allerdings scheint sie, so jedenfalls ihre Aussage, mit der Wirtschaft nichts zu tun zu haben. Weder weiss sie etwas über den Mord an Lessing auszusagen, noch will sie die Gäste der Schankwirtschaft kennen. Der Verhörrichter verpflichtet sie zur Bezeugung der Wahrheit und Vollständigkeit ihrer Aussagen.[618]

Auch die Wirte der anderen Engener Schankwirtschaften, Johannes Klingler und Jacob Huber, wollen höchstens gelegentlich im Sommer Studenten unter ihren Gästen haben. Sie können sich auch nicht an die Gäste erinnern, welche am Tag des Geschehens in ihrer Wirtschaft verkehrten und sehen sich zu weiteren Auskünften ausser Stande.[619]

Isler bestreitet, von Kuppelei oder Ähnlichem überhaupt nur zu wissen, was angesichts des sowohl in Zürich wie auch in Enge verbreiteten Gerüchts wenig glaubwürdig erscheint. Dennoch dürfte in der Enge um 1835 tatsächlich ein «Rotlichtmilieu», wenn auch in relativ bescheidenem und diskretem Rahmen, existiert haben. Aus den Akten sind kaum Angaben über die Realität der Prostitution in der Enge zu entnehmen. Auch Schauberg – obschon Zeitzeuge – will sich, wohl um keine Zweifel an seiner eigenen sittlichen Integrität aufkommen zu lassen, nicht über die Faktizität des Gewerbes in der Enge äussern.[620] Schauberg schreibt an anderer Stelle von «dienstbaren Mädchen» und «Hurenhäusern», in den Akten werden lediglich «verdächtige Häuser» genannt.[621]

Das Wirtshaus spielt zu dieser Zeit im urbanen Milieu gleichermassen wie auf dem Land als Ort der Begegnung und der Lustbarkeit insbesondere bei Tanzveranstaltungen eine wichtige Rolle für die Aufnahme zwischengeschlechtlicher Beziehungen unter jungen Leuten, ohne dass ein prostitutiver Charakter sich beizumengen braucht.[622] Da die Enge und ihre «Gütli» im Sommer beliebte Zürcher Ausflugsziele waren, ist anzunehmen, dass jeweils während der warmen Jahreszeit auch das «horizontale Gewerbe» eine gewisse Konjunktur erlebte, zumal die zwinglianische relative Sittenstrenge wie auch die Sozialkontrolle durch die Mitbürger an der Zürcher Stadtgrenze von ihrer Schärfe einbüssten.[623]

Im Winter jedoch war die Enge nachts von Zürich her schlechter zu erreichen als andere Nachbargemeinden und daher wohl kein geeigneter «Milieuort». Historisch nachweisbar ist, dass sich um 1850 allein in Zürich fünf amtlich bekannte Bordelle befanden. In manchen Wirtshäusern dürfte überdies Gelegenheitsprostitution ausgeübt worden sein. Gemäss Lessing sollen im Januar 1835 im Gasthaus zur *Waage* «(...) die beiden Jungfrauen, welche mit edler Aufopferung ihren Leib so oft und so lange der deutschen Republik Preis gegeben hatten», von der Polizei abgeführt worden sein.[624] Wenig kontrolliert und in beachtlichem Ausmass wurde die Prostitution in den Vororten Aussersihl, Riesbach und Hottingen betrieben.[625] Die in den Engener Schankhäusern existierende Prostitution hat man sich als vorwiegend von einzelnen Kellnerinnen, deren ordentlicher Lohn ausschliesslich aus Trinkgeldern bestand, nebenbei betriebenes, recht bescheidenes Gunstgewerbe vorzustellen.[626] Hätte sich in der Enge tatsächlich ein den Behörden bekanntes Bordell befunden, so wäre es wohl Gegenstand der Untersuchung geworden. Dass ein Bordell in einem Dorf wie Enge geheim funktionieren konnte, scheint unwahrscheinlich. Dagegen ist es durchaus möglich, dass private Damen Herrenbesuche empfingen.

Noch am Sonntag vor seinem Tod soll Lessing ein Mädchen besucht haben.[627] Die Tatsache, dass das Tötungsdelikt sich als Raubmord präsentierte und sich der Tatort in der Nähe der Ortschaft Enge befand, wo ausserhalb des Zugriffsbereichs der Stadt Zürich zwielichtige Lokale geführt wurden, nährte den Verdacht, es handle sich bei dem Verbrechen um die Tat einer Prostituierten oder eines Zuhälters. Lessing hatte offenbar am selben Tag sowohl von Ludwig wie auch von Baron Eyb Geld zu borgen versucht, sich möglicherweise zum Geburtstag etwas «Besonderes» leisten wollen. Eyb gab zu Protokoll, Lessing habe ihn um vier Louisd'or ersucht. Als er ihn fragte, wofür er das Geld brauche, habe ihm Lessing gesagt, «er dürfe, er könne dies nicht sagen.»[628] Kurz zuvor hatte Lessing auch den ihm bekannten Ferdinand Groschvetter in Burgdorf um Geld gebeten.[629] Offenbar hat Lessing auch anderen Flüchtlingen Geld vorgestreckt oder geschenkt. Er hatte den Berner Führungsmitgliedern des *Jungen Deutschlands*, Georg Peters und Carl Theodor Barth, offenbar Geld geliehen, das diese ihm nicht mehr zurückzahlen konnten oder wollten, worüber er sich bei Groschvetter mit Schreiben vom 5. Oktober 1835 beschwerte. Wie aus dem Schreiben hervorgeht, führte dieses Darlehen zu einer angespannten Situation zwischen Lessing und seinen Schuldnern.[630] Lessing forderte im Oktober 1835 seine Guthaben ein. Offenbar brauchte er dringend einen grösseren Betrag. Später wird auch bekannt, dass Lessing kurz vor seiner Ermordung die Taschenuhr, die ihm Frau Locher geliehen hatte, nachdem er seine eigene anlässlich eines Reitausfluges nach Baden verloren hatte, beim Uhrmacher Joseph Baron verkaufen wollte.[631]

War Lessing von Räubern bzw. zwielichtigen Kupplern dazu verlockt oder gezwungen worden, mit einem grösseren Geldbetrag nach Enge zu kommen? Möglicherweise hatte Lessing in diesen einschlägigen Kreisen Schulden gemacht. Temme hält diese Vermutung für unwahrscheinlich, zumal nach Lessings Tod in dessen Kammer angeblich Geld gefunden wurde, das dieser im Falle der Milieuhypothese wohl mitgenommen hätte.[632] Unverständlich erscheint dem heutigen Betrachter, dass die Ermittlung von Lessings finanziellen Verhältnissen nur am Rande Gegenstand der Untersuchung bildete, obgleich die Bestrebungen des Studenten nach einer Erhöhung seiner Barschaft in unmittelbaren zeitlichen Zusammenhang mit seinem Ableben fielen.

Ob Lessing tatsächlich übel beleumdete Häuser in der Enge besuchte resp. ob er dort bestimmte weibliche Bekanntschaften pflegte, geht aus der Untersuchung nur bruchstückhaft hervor. Gemäss dem erwähnten Schreiben Leberts soll Lessing eine einheimische Freundin gehabt haben. Auch steht fest, dass er die Eheleute Eyb, insbesondere Eybs Frau, 1835 verschiedentlich in der Enge besuchte. Ferner will die Zeugin Anna Baur den Mann, der vermutlich Lessing war und den sie am Abend vor der Tat die Stadt in Richtung Sihlhölzli verlassen sah, schon öfters auf diesem Weg beobachtet haben.[633] Auch soll Schauberg in seinem anlässlich der Hauptverhandlung vor dem *Criminalgericht* im April 1837 vorgetragenen Plädoyer darauf hingewiesen haben, Lessing habe oft «1 bis auf 40 Gulden geborgt», um «liederliche Mädchen» zu besuchen.[634] Die Zürcher Vororte boten, wie erwähnt, den Stadteinwohnern mehr Anonymität als die damals sehr überschaubare, im Bereich des Nachrichten- und Gerüchteaustauschs heftig interagierende, urbane Zürcher Gesellschaft. Es leuchtet ein, dass ein in der Stadt Zürich bekannter deutscher Student, der sein Privatleben, wie sich aus den Einvernahmen deutlich ergibt, jedenfalls zum Teil auch vor seinem engeren Bekanntenkreis geheimzuhalten versucht, dieses in einen abgrenzbaren, scheinbar besser geschützten Raum zu verlegen strebt. Dass Lessing auf die eine oder andere Art mit dem weiblichen Geschlecht in der Enge in Kontakt kam, scheint durchaus wahrscheinlich. Ob sich aus einer solchen Bekanntschaft eine derart fatale Konstellation ergeben konnte, bleibt indessen Gegenstand von Spekulationen. Schauberg ist sicher, dass «nur eine Angelegenheit sinnlicher Liebe» Lessing in die verhängnisvolle Dunkelheit des Sihlhölzli locken konnte.[635]

Die Raubmordinterpretation hält Schauberg hingegen für unwahrscheinlich. Insbesondere geht er gestützt auf kriminaltaktische Überlegungen davon aus, dass Raubmörder nicht in dunkler, kalter Nacht irgendwelchen beliebigen Passanten auflauerten, da das Risiko vergeblichen Wartens oder eines Mordes ohne Beute zu hoch sei.[636] Raubmorde würden im Kanton Zürich ohnehin nur äusserst selten vorkommen.[637] Schauberg widerlegt wenig überzeugend die Hypothese eines Raubmordes durch Täter, die von einer möglichen grösseren Barschaft

Lessings durch vorhergehenden Kontakt in einem Wirtshaus in der Enge wussten. Denn falls Lessing tatsächlich mit seinen Mördern im Wirtshaus gewesen wäre, hätte er das Geld dort vermutlich auch ausgegeben. Es wäre sonst nicht einzusehen, weshalb Lessing mit einem grösseren Betrag ausgestattet nach der Enge ging und mit diesem auch wieder zurückkehrte.[638] Überdies wäre die Täterschaft durch Mitwisser aus der Enge im Rahmen der intensiven polizeilichen Nachforschungen wohl verraten worden, wenn es sich um einen gewöhnlichen Raubmord an einem Wirtshausgast durch einheimische Täter gehandelt hätte.[639] Letztere hätten sich durch auffälliges Verhalten oder gar öffentliches Renommieren vielleicht auch selbst verraten. Schon das Vorgehen mittels überraschendem Niederschlagen und anschliessendem blindwütigen Erstechen spricht nach Schauberg gegen einen Raub. Räuber hätten seiner Ansicht nach überdies auch die Kleider geraubt und, falls dazu nicht die Zeit fehlte, den Leichnam versteckt.[640] Aus diesen Gründen hält Schauberg mit dem *Criminalgericht*, das in seinem Urteil vom 6. April 1837 zum selben Schluss gelangt, einen Raubmord zu Recht für sehr unwahrscheinlich.[641]

Zwar bleibt ein Raubmord dennoch denkbar, doch ist angesichts der Tatumstände nicht einzusehen, weshalb die Täter unter besonderem Zeitdruck standen. Die Verwendung einer Stichwaffe zum Zwecke einer geplanten Tötung durch Beibringung einer Vielzahl von Verletzungen, die in ihrer Gesamtheit den Tod des Opfers herbeiführen sollen, ist eine wenig ökonomische und unnötig grausame Art der Tötung. Sie entspricht etwa im Gegensatz zum Erschlagen oder Halsabschneiden auch keiner gängigen Tötungsart des damaligen Viehschlachtbetriebes.

Nachdem sämtliche Ermittlungsversuche in den Gaststätten der Enge und die Befragung verschiedener an den Wegen nach Zürich wohnender Personen ergebnislos verlaufen waren,[642] und sich nach wie vor kein Motiv für einen Raubmord herauskristallisiert hatte, hielten es Statthalter- und Verhöramt für sehr wahrscheinlich, dass das Abreissen der Taschenuhr und das Ausstülpen der Hosentaschen durch die Mörder erfolgt waren, um die wahren Hintergründe der Tat zu verdunkeln und diese als räuberisch motivierte Tötung zu inszenieren.[643]

4.4.5.3 *Das Eifersuchtsmotiv*

Unter den Flüchtlingen wurde nicht ausgeschlossen, dass Lessing das Opfer einer eifersuchtserweckenden Affäre gewesen sein könnte. Gustav Kombst, der – selber deutscher Emigrant und bestens informierter Zeitzeuge – in seinen Lebenserinnerungen vornehmlich die Rehabilitierung und Idealisierung der deutschen Flüchtlinge in der Schweiz anstrebt, will eine Abrechnung aus Eifersucht als Ursache des Verbrechens keineswegs ausschliessen. Die «Züricher Seebuben» seien bekannt für ihre Brutalität, und Messerstechereien unter ihnen nichts Seltenes.[644] Lessing soll bekanntlich eine einheimische Freundin gehabt haben.

Gerüchteweise wird ein in Enge wohnhafter Fechtmeister Meili mit der Tat in Verbindung gebracht. Da sich Landjäger Huber aber nicht vorstellen kann, dass dieser zu einer solchen Tat fähig sein sollte, werden vorerst keine weiteren Überprüfungen angestellt.[645] Am 14. November 1835 verhört v.Meiss Rudolf Meili. Dieser will mit deutschen Studenten nicht in Verbindung stehen. Lessing habe er nicht gekannt. Meili verfügt über kein Alibi, gibt aber an, er sei am fraglichen Abend allein zu Hause gewesen.[646] Die Befragung von Meilis Vermieter, Hans Jacob Bosshard, ergibt, dass Meili während einiger Zeit einen «Baron von Heib» in Untermiete gehabt, welcher oft Besuch von deutschen Studenten empfangen, was ihn, Bosshard, geärgert habe.[647] Meili hatte den Verhörrichter über seine Beziehungen zu deutschen Studenten angelogen. In der Enge gehe, so Bosshard, das Gerücht um, Meili habe Lessings Uhr geraubt, doch sei dies nicht möglich, denn Meili habe anfangs November das Haus überhaupt nie verlassen. Allerdings vermeine sich seine Frau zu erinnern, in besagter Nacht Geräusche von vorbeigehenden Personen gehört zu haben, doch sei ihr die Erinnerung «wie ein Traum».[648] Es kommt zu keinen weiteren Abklärungen. Auffällig erscheint die nahe Bekanntschaft mit Eyb, die eigentümliche und so stehen gelassen wenig glaubwürdige Aussage, Meili habe seine Wohnung anfangs November 1835 überhaupt nie verlassen.

Viel später, am 22. Juli 1836, erklärt Hans Conrad Locher-v.Muralt, am Tag als Lessings Leiche aufgefunden wurde, sei Frau Eyb bei ihm vorbeigekommen und habe gesagt, der Täter sei bestimmt der Fechtmeister Meili, da dieser schon öfters gedroht habe, wenn ein Mann seiner Frau zu nahe komme, so werde er diesen erstechen. Lessing habe öfters in Meilis Haus verkehrt.[649]

Der allerdings nie ernsthaft verdächtigte Fechtmeister Rudolf Meili hätte angesichts seiner Äusserung, jeden umzubringen, der sich mit seiner Frau einlasse, in die Strafuntersuchung enger eingebunden werden müssen, sofern sich herausgestellt oder zumindest als wahrscheinlich erwiesen hätte, dass Lessing mit Meilis Ehefrau in Kontakt gestanden hatte. Letzteres scheint keineswegs unmöglich, zumal der Getötete, wie sich später zeigen sollte, der bis im Herbst 1835 im selben Haus wohnhaften Frau Eyb verschiedentlich galante Besuche abgestattet hatte. Doch wurden auch hier keine näheren Abklärungen getroffen. Der Meili nahe bekannte Baron Eyb verfügte, wie sich zeigen wird, ebenfalls über ein Eifersuchtsmotiv. Allein, die Strafuntersuchung vermochte keinen entsprechenden Beweggrund zur Tat bezüglich des Fechtmeisters Meili herauszukristallisieren.

Ende November kommt es zum Streit zwischen dem Verhörrichter und Gemeindeammann Brändli von Enge, nachdem sich letzterer bei ersterem darüber beschwert hatte, v.Meiss behandle ihn wie einen «Weibel» und missbrauche ihn als Boten bei der Vorladung von Zeugen aus der Enge. Es gehöre nicht zum Pflichtenheft eines Gemeindeammanns «Citationen» mitzuteilen. Daraufhin schreibt v.Meiss an Brändli einen zornigen Brief und tönt an, das *Criminalgericht* werde über Ton und Inhalt von dessen Schreiben zu gegebener Zeit befinden. Er droht mit einer Aufsichtsbeschwerde.[650] Zwar ist der Gemeindeammann gemäss § 33 des Gemeindeverwaltungsgesetzes von 1831 dem Statthalter unterstellt, doch hat er gemäss § 34 auch die Aufträge «oberer Behörden» zu erledigen und insbesondere «gerichtliche Vorladungen und andere Aufträge von Gerichtsstellen» zu vollziehen.[651] Tatsächlich befand sich der eigenmächtige und eitle Gemeindeammann im Irrtum über seine Pflichten.

Durch diesen Zusammenstoss wird die wichtige Kooperation zwischen den Untersuchungsbehörden von Zürich und jenen von Enge faktisch beendet. Wie sich zwischen den Aktenstücken und dem Schlussbericht des Verhörrichters entnehmen lässt, sieht dieser die Ursache der letztlich erfolglosen Strafuntersuchung massgeblich im Verhalten der Polizeiorgane, hauptsächlich des Engener Gemeindeammanns, unmittelbar nach Auffinden der Leiche. Die von Statthalter Zwingli veranlassten ersten Ermittlungsarbeiten waren allerdings, mit Ausnahme der bezirksärztlichen Legalinspektion, ebenso mangelhaft wie jene Brändlis. Nur anerbot sich der Zürcher Statthalter als mit dem *Polizey-Rath* in unmittelbarem Kontakt stehende soziale Respektsperson dem Verhörrichter im Gegensatz zum Engener Gemeindeammann nicht als geeigneter Prügelknabe.

4.4.6 Die «Sailer-Episode»

Am 26. November erstattet der Verhörrichter dem *Criminalgericht* einen kurzen Bericht über seine bisherigen Untersuchungen. Er teilt auch mit, welche Vermögensstücke sich in Lessings Nachlass befinden und erkundigt sich, ob ein öffentlicher Schuldenruf eingeholt werden müsse. Die Inventarisierung des Nachlasses und die Liquidation der Erbschaft wird von der Notariatskanzlei Zürich unter Beizug des Verhöramts besorgt.[652] Am 27. November gelangt v.Meiss mit einem Rechtshilfegesuch an das Statthalteramt Burgdorf mit der Bitte, Lessings ehemaligen Studienkollegen Ferdinand Groschvetter einvernehmen zu lassen.[653] Am 1. Dezember wird das Verhörprotokoll zugestellt, welches etwas Licht auf Lessings Zeit in Bern wirft, ansonsten aber wenig aussagekräftig ist.[654]

Aus den in Lessings Zimmer vorgefundenen Papieren ergibt sich dessen nahe Bekanntschaft zum erwähnten Apothekergehilfen Ferdinand Sailer. Am 4. Dezember 1835 erfolgt aufgrund eines Gerüchts dessen Verhaftung wegen Verdachts der «Wissenschaft um den Mord». Die folgenden Einvernahmen, welche der Verhörrichter gegenüber den ersten Einvernahmen geschickter organisiert, indem er vor dem Verhör des Verdächtigen durch die Einvernahme mehrerer Auskunftspersonen sich einen solideren Wissensstand zu verschaffen versucht, erhellen die Hintergründe dieses Gerüchts.

Am Sonntag, 6. Dezember, erzählt Conrad Vogel vor dem Verhörrichter, ein Bekannter sei Zeuge gewesen, wie Sailer im Alkoholrausch diesem anvertraut habe, er kenne die Hintergründe des Lessingschen Mordes. Er wisse sogar, dass Lessing als letztes vor seinem Tod gesagt habe: «Oh, ihr Meuchelmörder.»[655] Sein Sohn, Heinrich Vogel, bestätigt die Aussagen des Vaters: Sailer habe in Embrach dem Victor Bohrer im Rausch gestanden, er verfüge über genaue Informationen, wie Lessing ermordet worden sei. Ein Mann namens «Mazzeno» habe zwei Italiener von Biel nach Zürich gesandt, um Lessing zu ermorden. Der habe auch das Geld für die Mörder besorgt. Sailer soll am 3. November in Embrach gewesen sein, er könne das indessen nicht bestätigen. Auch habe sich Sailer über das Schicksal Lessings ziemlich gleichgültig gezeigt.[656]

Handwerker Bohrer gibt vor dem Verhörrichter vorweg eine andere Geschichte zu Protokoll: Sailer habe ihm an jenem Tag in betrunkenem Zustand mitgeteilt, er kenne durch einen Major v.Hennenhofer, Flügel-Adjutant am badischen Hof, die Hintergründe des unaufgeklärten Mordes an Kaspar Hauser. Es wird eine lange, etwas wirre Geschichte protokolliert, die später Schauberg zur Edition des zweiten Beihefts seiner aktenmässigen Darstellung veranlasst. Aus dem beschlagnahmten Schriftenwechsel zwischen Sailer und Hennenhofer ergeben sich gewisse Vermutungen über die Urheber des Hausermordes.[657] Sailer war mit dem badischen Hofberater Major v.Hennenhofer bekannt, der diesen als Informanten in Zürich gebrauchte.[658] Es wird offensichtlich, dass Sailer über Hennenhofer für Baden aus der Zürcher Flüchtlingsszene berichtete, mithin selbst einer Spionagetätigkeit nachging.[659]

Betreffend Sailers Ausführungen über Lessing gibt Bohrer zu Protokoll, Sailer habe gesagt, er kenne die Hintergründe des Mordes an Lessing und verfüge gar über einen Brief mit Einzelheiten. Dahinter stecke ein «Mazzeno», der den Savoyer Zug veranlasst habe. Lessing sei für sein «Plaudermaul» und für seine stete Opposition gegen das *Junge Deutschland* bestraft worden. Aber auch der ehemalige Hauswirt Lessings in Bern könne einiges dazu sagen, denn dieser sei wegen Lessings guten Verhältnisses zu seiner Gattin eifersüchtig gewesen. Mehrere Deutsche in Zürich, besonders die Mitglieder des *Jungen Deutschlands*, seien über die Hintergründe der Tat unterrichtet.

Der Verhörrichter will Details von Bohrer wissen, die dieser teilweise wohl in Interpretation seiner Erinnerung ergänzt. Bohrer erklärt, er habe Sailer richtiggehend ausgefragt, doch habe dieser ihm nicht alles sagen wollen.[660] v.Meiss lässt die Einvernahme wörtlich protokollieren, da er sich davon den Schlüssel zur Lösung des Falls erhofft. Sämtliche Haushaltmitglieder und Bekannten, auch die früheren Hauswirte Sailers, werden einvernommen, um dessen soziales Umfeld und politische Aktivitäten, insbesondere seine Korrespondenzbeziehungen auszuleuchten. Auch wird sein Alibi neuerdings überprüft. Zahlreiche Personen werden befragt, die indessen keine weiterführenden Aussagen machen können. Ernst Dieffenbach, der Sailer ebenfalls kennt, deutet an, Sailer habe mit dem badischen Ministerium korrespondiert und versucht, in Winterthur und Zürich deutsche Flüchtlinge auszuhorchen. Auch bestehe eine Verbindung zu einem Major v. Hennenhofer, mit dem Sailer öfters korrespondiert habe.[661]

Sailer gibt, befragt auf sein Wissen über Lessings Tod, vor dem Verhörrichter an, seit Juli 1834 in Bern und seit 1835 vorwiegend in Winterthur wohnhaft zu sein. Er will sich in der Flüchtlingsszene jedoch nicht auskennen. Lizius habe im vergangenen Jahr das Gerücht verbreitet, Lessing sei ein Spion, doch hätten die beiden nicht in derselben Verbindung miteinander zu tun gehabt. Während Lizius bei den *Carbonari* sei, habe Lessing bei keiner Verbindung mitgetan. Er könne sich nur vorstellen, dass die Tat von Bern aus veranlasst worden sei. Lizius sei Lessings einziger Feind gewesen. Die Frage, ob der in Biel und Grenchen weilende Ideologe eines freien und geeinten Italiens, Organisator des Savoyer Zuges und koordinierender Agitator der europäischen republikanischen Bewegungen, Giuseppe Mazzini, den Lessing gehasst haben soll, mit dem Mord etwas zu tun habe, will Sailer nicht beantworten.[662]

Sailer beschwert sich am 18. Dezember nach 14tägiger Haft, als ihn der Verhörrichter befragt, ob er sich nun über die früher gestellten Fragen «etwas näher besonnen» habe: «Nein, ich habe mich nicht zu besinnen, aber zu beklagen, dass man mich auf Indizien, die aus der Luft gegriffen sind, so eingekerkert hat, auf blosses Geschwätze hin.» Er gibt an, auf der Reise mit Bohrer nach Embrach habe er über einen Liter «bouteillen-Wein» getrunken. Er habe dann erzählt, die *Carbonari* oder das *Junge Deutschland* könnte hinter der Tat stecken, da Mazzini und viele Italiener dort mitwirkten. Das sei aber eine blosse Vermutung gewesen. Am Morgen danach habe er Kopfschmerzen gehabt und Bohrer gesagt, alles sei nur «Geschwätz» gewesen. Er habe Bohrer das alles nur erzählt, weil der so neugierig nachgefragt habe. Auch habe er nie einen Brief besessen, worin die Tathintergründe beschrieben gewesen seien. Sailer erklärt, nachdem ihm die beschlagnahmten Briefe v. Hennenhofers gezeigt werden, wie es zum Kontakt mit demselben kam. Er gibt zu, Informationen über das lokale Geschehen unter den Flüchtlingen nach Stuttgart geliefert zu haben.[663]

Am 23. Dezember wird Sailer erneut befragt. Er hat seinen Aufenthalt am 3. November nochmals detailliert darzulegen, wobei er entsprechend seiner ersten Aussage erklärt, er sei nach dem Kolleg abends in den Strohhof zum Billardspiel gegangen und um 20 Uhr nach Hause zurückgekehrt.[664] Der Verhörrichter lässt durch das Bezirksgericht Bülach diverse Auskunftspersonen einvernehmen, um weitere Informationen darüber zu gewinnen, was Sailer und Bohrer auf ihrer Reise nach Embrach mit Drittpersonen besprochen haben. Allein, es kann niemand darüber Näheres berichten.[665] Es werden auch die früheren Vorgesetzten Sailers in Winterthur und Ettenheim (Baden), wo dieser als Apothekergehilfe gearbeitet hatte, zu dessen Person und Umgang befragt. Auskünfte wie auch Rechtshilfehandlungen werden vom Verhöramt direkt bei der zuständigen Behörde im In- und Ausland eingeholt bzw. beantragt.[666] Dem Hinweis auf Mazzini geht v.Meiss dagegen nicht nach.

Obgleich Sailer über ein Alibi für den Abend des 3. November verfügt und seine Aussagen auf deren Wahrheitsgehalt nicht näher erhärtet werden, sieht v.Meiss in Sailer jedenfalls einen Mitwisser. Die von Sailer zu dessen Entlastung vorgetragenen Aussagen erscheinen ihm nicht glaubwürdig. Er beantragt daher dem *Criminalgericht* gestützt auf § 53 des Strafrechtspflegegesetzes die Versetzung Sailers in den Anklagezustand.[667] Er begründet dies damit, die bisherige Untersuchung habe gezeigt, dass Lessing mit höchster Wahrscheinlichkeit aus politischen Gründen ermordet worden sei und Sailer sich in der Weise konkret geäussert habe, sodass er mit hoher Wahrscheinlichkeit tatsächlich Näheres über das Verbrechen wisse, mithin eine Anklage wegen «Wissenschaft» um den Mord sich rechtfertige. Sailers Charakter sei kein ehrenhafter, zumal er ohne Beschäftigung sei und zweifelhafte Korrespondenzen unterhalte. Überdies scheine er auch noch in den Fall betreffend den Tod des Kaspar Hauser verwickelt zu sein.

v.Meiss verspricht sich von der Versetzung in den Anklagezustand die Weiterführung der Untersuchung durch weitere Abklärungen, nötigenfalls auch durch Konfrontationen. Falls der Antrag abgelehnt würde, so erklärt er offen, käme er in eine äusserst unangenehme Situation, da er Sailer aus der Haft entlassen müsste, und die Untersuchung dadurch nicht zu Ende geführt werden könnte.[668] Gemäss § 28 des zürcherischen Strafrechtspflegegesetzes von 1831 muss ein Inhaftierter bekanntlich nach vier Wochen aus der Untersuchungshaft entlassen werden, wenn er bis Ablauf dieser Frist nicht in den Anklagezustand versetzt werden kann

Die Begründung des Antrags enthält eine Kumulation sämtlicher nur erdenklicher Argumente zur Belastung Sailers. Es geht daraus wie aus dem übrigen Vorgehen des Verhörrichters hervor, dass dieser seiner durch die zeitgenössische Prozesslehre gebotenen Pflicht zur Untersuchung auch der entlastenden Hinweise nicht ausreichend nachkam.[669]

Das *Criminalgericht* lehnt den Antrag des Verhörrichters mit Beschluss vom 31. Dezember 1835 ab. Der Entscheid wird damit begründet, Sailer habe gemäss den überstellten Akten mit Lessing in keinem feindschaftlichen Verhältnis gestanden, sein Charakter neige zwar zu «Jugendstreichen», jedoch sei kein Hang zu schweren Verbrechen festzustellen, was für sich genommen ein Indiz begründet hätte. Ferner könne den beschlagnahmten Korrespondenzen überhaupt nichts Konkretes über das Delikt entnommen werden. Sodann seien Sailers Äusserungen bezüglich der Tatumstände nach reichlichem Genuss geistiger Getränke durch Bohrer provoziert erfolgt und daher wenig glaubwürdig. Zudem habe Sailer seine Aussage selbst widerrufen. Somit bestünden keine ausreichenden Indizien, die eine Versetzung in den Anklagezustand rechtfertigten.[670]

Sailer wird am 31. Dezember 1835 umgehend auf freien Fuss gesetzt.[671] Das *Criminalgericht* verfasst seinen Beschluss in einem den Verhörrichter massiv disziplinierenden, ja disqualifizierenden Stil, freilich durchaus begründet. Der Entscheid entspricht der zeitgenössischen Beweislehre, wonach ein Indiz nur dann den Verdacht der Täterschaft zu begründen vermag, «wenn es selbst vollständig erwiesen» ist.[672] Die Richtigkeit der Sailers Aussage begründenden Indizien war überhaupt nicht erwiesen, weshalb sich die Eröffnung der Spezialinquisition nicht rechtfertigte, obgleich nur diese die Täterschaft abschliessend auszumitteln vermocht hätte.

Den vertraulichen Briefen Sailers an dessen Auftraggeber Hennenhofer in Baden lässt sich entnehmen, dass der Verfasser zumindest über keine unmittelbaren Informationen zur Mordtat verfügte.[673] Sailer, der sich bereits im November 1834 in Berlin in einer Strafuntersuchung wegen Verdachts der Teilnahme an einer revolutionären Propagandaaktion befand, machte in einer über 70seitigen Einvernahme (!) gegenüber der preussischen Polizei zahlreiche einlässliche Ausführungen über die Flüchtlingssituation in der Schweiz. Insbesondere kannte er die Namen von Flüchtlingen und berichtete über deren politische Aktivitäten sowie die lokalen Wirkungsgebiete. Unter anderem teilte er mit, Mazzini habe für die Flüchtlinge Waffen besorgt.[674]

Sailer scheint Ende 1834 über die Schweizer Flüchtlingsszene sehr gut informiert gewesen zu sein. Falls sein Wissensstand 1835 aktualisiert war, ist seinen Angaben betreffend Mazzini mehr Gewicht beizumessen als dies während der Untersuchung in Zürich geschah. Mazzini wurde zur Sache nie befragt und in die Untersuchung nie einbezogen.[675]

5 Ein politisch motivierter Mord?

5.1 Vorbemerkung zur Rekonstruktion von Lessings Biographie

Ausser den wenigen durch die Befragung der Eheleute Locher-v.Muralt und der mit Lessing befreundeten Deutschen gewonnenen Informationen verfügten die Behörden der Zürcher Strafrechtspflege im November 1835 kaum über nähere Angaben zur Person Ludwig Lessings. Die Informationen der Behörden beschränkten sich im Übrigen auf dessen nachgelassene Briefe. Mit seinen Angehörigen in Freienwalde, einer mittelständischen, jüdischen Kaufmannsfamilie, stand Ludwig Lessing bis an sein Lebensende in regelmässigem Briefwechsel. Aus den nachgelassenen Briefen wird ersichtlich, dass er mit einem Bruder und zwei Schwestern aufgewachsen war.[676] Lessing hatte 1831 das Joachimsgymnasium in Berlin mit bescheidenem Abgangszeugnis verlassen und begann anschliessend in Bonn und Berlin mit dem Studium der Medizin. An Ostern 1833 zog er nach Zürich, um an der eben neu eröffneten Universität das Medizinstudium fortzusetzen.[677] Ende September desselben Jahres kehrte der Student wieder nach Berlin zurück. Über diese erste Zürcher Zeit Lessings wurden während der Strafuntersuchung eigenartigerweise keine Erhebungen angestellt.

Weitere Informationen waren für die Behörden vorerst nicht zu gewinnen, zumal Lessings deutsche Studienkollegen sich über dessen Vergangenheit kaum äusserten, die preussische Gesandtschaft in Bern sich bedeckt hielt und es offenbar nicht möglich war, Kontakt zur Familie herzustellen. So gelangten die Zürcher Behörden nur zu einer fragmentarischen Rekonstruktion von Lessings Persönlichkeit und Werdegang. Die unscharfen biographischen Konturen erschwerten die exakte Präparierung eines überzeugenden deliktsmotivationalen Gefüges. Erst die für die vorliegende Untersuchung angehobenen Archivrecherchen, deren Ergebnisse im Folgenden dargestellt werden, werfen Licht auf Lessings Vergangenheit.

5.2 Lessings politische Karriere

5.2.1 Haft in Berlin

Weshalb der preussische Student und Untertan die berühmte Medizinische Fakultät zu Berlin verliess und im Frühjahr 1833 nach dem damals eher provinziellen Zürich aufbrach, wo das Medizinstudium sich noch im Aufbau befand, und nur unter fachlichen Einschränkungen gepflegt werden konnte, blieb vorerst unklar. Zwar unterrichtete 1833-1840 mit Lucas Schönlein (1793-1864) eine Koryphäe der Pathologie an der Medizinischen Fakultät zu Zürich, was der neu gegründeten Hochschule einen guten fachlichen Ruf auch im Ausland verschuf.[678] Dennoch dürfte es nicht das wissenschaftliche Ansehen der Zürcher Fakultät allein gewesen sein, das einen preussischen Studenten von der Berliner Universität weglockte. Wie sich herausstellen sollte, waren es politische Gründe, die Lessing dazu bewogen hatten, im freisinnigen Zürich der Regeneration zu studieren.

Gemäss Auskunft der Eheleute Locher-v.Muralt musste Lessing nach dessen eigener Mitteilung im September 1833 nach Berlin zurückkehren, da die preussische Regierung den Besuch der neuen Zürcher Hochschule für Studenten aus Preussen verboten habe.[679] Falls Lessing seinen Wirtsleuten tatsächlich diese Begründung für seine Rückkehr angegeben hat, so handelte es sich dabei wohl nicht um die ganze Wahrheit, zumal Preussen erst am 18. Dezember 1834 für seine Untertanen ein Studierverbot über die Universitäten Zürich und Bern verhängte.[680]

Im Verlauf der Untersuchung konnte in Erfahrung gebracht werden, dass Lessing im Wintersemester 1833/34 in Berlin nicht dem Studium der Medizin nachgegangen war, wie er ursprünglich beabsichtigt und später erzählt hatte, sondern jenen Winter vielmehr im Gefängnis der Berliner Stadtvogtei in Untersuchungshaft verbracht hatte. Dies entnahmen die Zürcher Untersuchungsbehörden zwei Briefen, die im Nachlass Lessings gefunden wurden, ohne jedoch die Gründe für die Inhaftierung zu erfahren.[681]

Lessing geriet nach seiner Rückkehr im Herbst 1833 nach Berlin mit den preussischen Behörden in ernsthafte Schwierigkeiten. Seine heute im Geheimen Staatsarchiv verwahrte Personalakte des Preussischen Innenministeriums enthält eine Mitteilung des Berliner Universitätsrektors vom 30. Oktober 1833 an Justizminister v.Brenn,[682] wonach Lessing, der eben an der «Carl Strasse 29» Wohnsitz bezogen hatte,[683] sich an der Berliner Universität zu reimmatrikulieren wünsche. Das Gesuch werde, so das Rektorat, vorläufig zurückgewiesen, bis eine entsprechende Genehmigung des Innenministeriums vorliege. Wie sich aus seiner Berliner Personalakte ergibt, war Lessing bereits am 1. November 1833 auf die Mitteilung seines Immatrikulationsgesuchs hin in Berlin verhaftet worden. Polizeipräsident Gerlach begründet die Massnahme gegenüber Justizminister v.Brenn damit, Lessing habe sich in seinen Korrespondenzen mit Hermann Müller und Heinrich Jacoby wegen Teilnahme an burschenschaftlichen Umtrieben seit längerem verdächtig gemacht.[684] Er habe sofort gestanden, Verfasser der genannten Briefe zu sein.[685]

Temme und Schauberg bemerken, dass die preussischen Polizeibehörden die Tatsache der Vorstrafe bzw. den makelhaften Leumund nicht in den Legitimationspapieren (Reisepass, Leumundszeugnis) verzeichneten, was der damaligen Praxis durchaus entsprochen hätte, stattdessen sogar ein meist nur ausgewählten Persönlichkeiten zugebilligter Ministerialpass ausgestellt worden war.[686] Während die Zürcher Untersuchungsbehörden zum Schluss gelangten, Lessing sei wohl aus politischen Gründen inhaftiert worden, erklärt Temme 1872 als Kenner der damaligen Berliner Justiz dies für unwahrscheinlich, da zu jener Zeit in der Stadtvogtei nur gemeine Verbrecher einzusitzen hatten.[687] Wie sich aus den Akten des Brandenburger Hauptlandesarchivs ergibt, wurde Lessing trotz politisch bedingter Haft aus Gründen der Überbelegung der Hausvogtei im November 1833 in die Stadtvogtei verlegt.[688] Tatsächlich erzählte Lessing dem aus Berlin stammenden Architekten Prof. Ferdinand v.Ehrenberg, bei dem er 1835 jeweils die Berliner Zeitung lesen durfte, wohl um seinen Ruf besorgt, er sei in Berlin in der Hausvogtei inhaftiert gewesen, bevor ihn sein Vater gegen Kaution freigekauft habe.[689] Schauberg nimmt begründetermassen an, Lessing habe sich wegen illegaler politischer Aktivitäten ausschliesslich in Polizeihaft befunden, da er nie in Anklagezustand versetzt und kein Urteil über ihn gesprochen worden sei.[690]

Im Hauptlandesarchiv Brandenburg finden sich in den Geheimen Präsidialen Registraturen des königlichen Polizeipräsidiums verschiedene Hinweise auf Lessings politische Tätigkeit in den Jahren 1832 und 1833. Bei diesen Geheimregistraturen handelt es sich um Fichen über politisch auffällige Personen, insbesondere über burschenschaftlich organisierte Studenten. Sie enthalten eine Vielzahl von Informationen, Mutmassungen und Verdächtigungen. Oft wird dieselbe, mitunter von schwerfälliger Hand aufgezeichnete Notiz aus verschiedenen Protokollen und Mitteilungen übertragen und abgeschrieben, sodass in derselben Personalakte dieselbe Information sich wiederholt. Nicht immer geht aus dem Text hervor, ob solche oft wenig detaillierten, redundanten Mitteilungen aus denselben Quellen von unterschiedlichen Protokollführern zusammengetragen wurden, oder ob sich ein ähnliches Ereignis tatsächlich wiederholte. Überwachung und Disziplinierung der Bevölkerung auf allen Ebenen des öffentlichen, mitunter auch des privaten Lebens wurden nach 1820 zu Kernaufgaben der preussischen Polizei, deren Selbstverständnis auf straffe, den Bürger als Untertanen behandelnde Durchsetzung der Staatsgewalt und bürokratische Verwaltung ausgerichtet war, den Vormärz in Preussen politisch gleichsam prägte.[691] Aus der Geheimregistratur über stud.phil. David Normann, alias Laus, aus Berlin geht hervor, dass dieser 1833 gemeinsam mit Heinrich Jacoby im Verdacht stand, im Vorjahr in Heidelberg an Zusammenkünften burschenschaftlicher Verbindungen teilgenommen zu haben. In derselben Akte wird auch Lessing aufgeführt, der zu dieser Zeit mit Normann und Jacoby korrespondierte.[692] Aus beschlagnahmten Briefen konnten die Polizeiorgane nachvollziehen, dass Lessing in Berlin von Normann über das Studentenleben in Heidelberg aufgeklärt werden wollte. Dort verfolgten die badischen Behörden Angehörige von Burschenschaften angeblich weniger konsequent als in Preussen. Aus Normanns Antwortschreiben liess sich offenbar entnehmen, dass dieser in Heidelberg der «Franconia» beigetreten war, die in Preussen als verbotene geheime Burschenschaft galt. Lessing geriet in der Folge ebenfalls in den Verdacht der Teilnahme an burschenschaftlichen Umtrieben, zumal er sich in einem Schreiben kritisch über den Kronprinzen geäussert hatte, insbesondere die seit dem Hambacher Fest geübte Praxis radikaler Parteigänger, am Geburtstag des Thronfolgers mit der Pistole auf dessen Konterfei zu schiessen,[693] begrüsst hatte und offensichtlich die Gründung einer geheimen Burschenschaft in Berlin anstrebte. Normann sandte Lessing radikale Broschüren von Heidelberg nach Berlin, wie sich aus einem Dankesschreiben Lessings vom 2. Juli 1832 ergibt.[694] Lessing spielte offensichtlich eine führende Rolle in der Aufbaubewegung einer geheimen Berliner Burschenschaft. Heinrich Jacoby bestätigte diese Vorkommnisse später in Untersuchungshaft.

Lessing forderte im genannten Brief Normann auf, in Heidelberg über bestimmte Berliner Vorkommnisse per Inserat in einer freisinnigen Zeitung öffentlich zu berichten. Die preussische Polizei ging deshalb davon aus, dass über die Verbindung Lessing–Jacoby–Normann und die Heidelberger Burschenschaft politische Angelegenheiten Preussens in Baden veröffentlicht und kritisiert werden sollten, um die preussische Zensur zu umgehen.[695] Im März 1835 befand sich Jacoby vorübergehend in Zürich. Auch Normann reiste später in die Limmatstadt und wurde, jedenfalls gemäss preussischen Angaben, im Januar 1836 Mitglied des *Jungen Deutschlands* in Zürich.[696]

Die Spirale, die zu Lessings späterer Verhaftung führt, drehte sich 1833, während Lessing in Zürich studierte. Im Juni 1833 befand sich sein Gefährte Jacoby wegen Wissenschaft von und Teilnahme an geheimen burschenschaftlichen Verbindungen in Berlin in Polizeihaft. Er wurde durch die bei ihm beschlagnahmten Briefe Lessings und Hermann Levis überführt. Die Polizeiakten enthalten über Lessing, der sich damals Louis Lessing nannte, den Hinweis, er sei aus Freienwalde gebürtig und habe von 1831 bis 1833 an der «neuen Friedrichstrasse nah der Friedrichsbrücke» gewohnt. Hermann Levi,[697] Sohn des Bankwarts Levi an der Rudolf Friedrich Strasse, sei mit Lessing im Frühjahr 1833 nach Zürich verreist, wo er unter dem Namen Lebert studiere und seine Briefe unterzeichne.[698]

Jacoby gab in der Einvernahme vor dem Polizeipräsidium zu Protokoll, er sei mit Lessing und Levi auf trautem Fuss gestanden, habe jedoch nicht gewusst, dass diese sich zu «einem sogenannten Kränzchen in dem Blettermannschen Lokal zu versammeln pflegten», wo die Studenten offenbar burschenschaftlichen Umtrieben nachgingen.[699] Lessing habe zuerst in Heidelberg seine Studien fortsetzen wollen und sei mit dem dortigen landsmannschaftlichen Corps *Borussia* in Kontakt getreten. Tatsächlich habe ihm Lessing mitgeteilt, in Heidelberg sei mit der Zustimmung des dortigen akademischen Senates eine neue Verbindung namens *Franconia* gegründet worden.[700]

Als Lessing im Spätsommer 1833 nach Berlin zurückkehrte, folgte im Herbst anlässlich seines Versuchs einer Reimmatrikulation an der Universität die Verhaftung wegen Verdachts der Teilnahme an und Wissenschaft von geheimen Verbindungen. Weshalb Lessing nach Berlin zurückkehrte, obgleich er wissen musste, dass er Gefahr laufen würde, verhaftet zu werden, bleibt ungewiss.

Im Januar 1834 gab ein in der Stadtvogtei inhaftierter Baron von Odeleben der Gefängnisverwaltung zu Protokoll, er habe mit Lessing, der dort in Zelle Nr. 6 sass, über Kassiber korrespondiert. Aus der Aktennotiz geht hervor, dass sich v.Odeleben von Lessing Informationen über seine Freilassung versprach. Ferner forderte der Baron vom Gefängniswärter Papier und Bleistift sowie Bücher aus der Leihbibliothek und verlieh seinem Wunsch damit Nachdruck, dass Lessing diese Privilegien auch gewährt würden.[701] Lessing genoss in der Stadtvogtei offenbar einen Sonderstatus. Er verfügte über Schreibmaterial und zusätzliche interne Informationen.[702] Diese Privilegien, ebenso wie die Haftentlassung im Februar 1834, beruhen, wie sich zeigen wird, auf Lessings kooperativer Gesinnung gegenüber den Polizeibehörden.

5.2.2 Politische Agitation in Bern

Nach seiner Haftentlassung verliess Lessing im März 1834 Berlin, versehen mit einem während eines Jahres gültigen preussischen Ministerialpass für die Reiseroute über Leipzig nach Karlsruhe, um – so seine Erklärung gegenüber Behörden und Freunden – seine Studien ohne Behelligung durch die preussischen Behörden in Zürich fortzusetzen.[703] In Karlsruhe liess er den Pass von der preussischen Gesandtschaft für Frankreich und die Schweiz visieren und erreichte nach kurzem Aufenthalt in Strassburg gegen Ende April Bern, wo er entgegen seiner ursprünglichen Absicht dem Studium der Medizin nachgehen wollte. Freilich war der Lehrbetrieb der neuen Hochschule in Bern im Frühjahr 1834 noch nicht fertig installiert. Schauberg vermutet, Lessing, der mit seinem Komilitonen Ferdinand Groschvetter, welcher in Bern Jus studieren wollte, in die Schweiz einreiste, habe beabsichtigt, sich dort unauffällig in die deutsche Flüchtlingsszene der Stadt Bern zu begeben, um diese zu bespitzeln.[704] Groschvetter war Lessing durch Darlehen und Geschenke verpflichtet und daher ein für solche Zwecke geeigneter Gefährte.[705]

Statt sich dem Studium zu widmen, entfaltete Lessing in Bern tatsächlich intensive politische Aktivitäten – gemäss Temme versuchte er in «aufregenden politischen Reden» deutsche Handwerker zu Demonstrationen zu bewegen –, sodass die Berner Polizei auf ihn aufmerksam wurde.[706] Anlässlich der «Steinhölzliversammlung» wollte Lessing, der sich den Kampfnamen «Riperta» zugelegt hatte, vor Flüchtlingen und Handwerkern – jedenfalls wurde ihm ein entsprechendes Manuskript zugerechnet – eine Brandrede gegen die «Tyrannei» Preussens und Österreichs halten.[707] Nachdem ihm dies von den Organisatoren nicht gestattet worden war, nahm er am Fest nicht teil.[708] Als der preussische Gesandte v. Olfers daraufhin die preussischen Untertanen in Bern vorlud, um sie wegen ihrer agitatorischen Umtriebe zu rügen und ihnen Pässe und Wanderbücher abzunehmen, forderte Lessing die betroffenen Handwerker auf, die Abgabe ihrer Dokumente zu verweigern und stattdessen vor dem Haus des Gesandten Freiheitslieder zu singen.[709] Der zufolge späterer Kenntnisgabe an den Gesandten v. Rochow durch Regierungsstatthalter Roschi auch in Berlin bekannt gewordene Brief Lessings vom 15. Oktober 1834 an die Handwerker ist eine Apotheose von Freiheit und Heimat, die in der zweifelhaften Erkenntnis gipfelt: «Ja! Glücklich und frei sind die Todten!» Lessing versucht die Handwerker mit pathetischen Worten zum öffentlichen Protest gegen die Anordnung des preussischen Gesandten zu provozieren und verweist auf deren Bekenntnis zu den Grundsätzen der Freiheit, die von den Ansichten der preussischen Regierung so «sehr differirten». Er scheint sich eine Signalwirkung dieser von ihm angeregten Erhebung auf die deutschen Handwerker in anderen Städten zu versprechen.[710] Perfiderweise empfiehlt er zugleich den Behörden in Berlin, bezüglich der Schweiz ein Wanderverbot für preussische Handwerker zu erlassen. Dadurch würde sowohl das von denselben ausgehende politisch-radikale Potential entschärft und zugleich die Wirtschaft in der Schweiz empfindlich getroffen, da man hierzulande auf ausländische Arbeitskräfte dringend angewiesen sei.[711] Daher verzichteten die Behörden angeblich auch auf eingehende Passkontrollen, sodass man sich in Bern mit jedem «falschen Wisch» zufrieden gebe. Die Regierungen der schweizerischen Kantone würden unter noch grösseren Druck als durch ein Zollembargo gesetzt.[712] Die Handwerksgesellen erscheinen in Lessings Schilderung als gefährliche Bedrohung der deutschen Regierungen, da sie bei ihrer Rückkehr nach Deutschland aktiv revolutionäres Gedankengut verbreiten würden, oft sogar entsprechende, konkrete Aufträge zu erfüllen hätten. Auch ist die Rede von der Kennzeichnung der Pässe verdächtiger Handwerker durch deutsche Polizeiorgane.[713]

Kurz darauf erhielt Lessing, angeblich von seinem «Bruder», einen Brief aus Berlin, aus welchem die ausdrückliche Mahnung hervorgeht, sich von Unannehmlichkeiten fernzuhalten. Es dürfte sich dabei um eine Warnung vor weiteren derartigen Provokationen aus dem preussischen Polizeiministerium gehandelt haben.[714] Bei der Berner Stadtpolizei galt Lessing im Herbst 1834 als eifriger Agitator mit den «mehrsten Connexionen».[715]

Nach einem handgreiflichen Zusammenstoss im Berner Gasthof *Adler*[716] mit dem Wirt Duby, der Lessing angeblich wegen dessen «absprechend burschikoser» Art nicht mehr aufnehmen wollte, wurde Lessing bereits im Mai die Unterkunft gekündigt.[717] Will man Lessing glauben, so hatte er ein Liebesverhältnis mit Frau Duby. Da diese daneben auch mit einem Berner Politiker eine Liebschaft pflegte, diente sie ihm angeblich als Informantin.[718] Daraufhin wohnte er mit Ferdinand Groschvetter bei einem Herrn Jeandrevin an der Postgasse. Am 3. Oktober 1834 – Lessing war inzwischen zu einem Herrn Rothlin an die Junkergasse umgezogen – fand in seinem neuen «Ruhezimmer» ein Treffen von 15 bis 18 Handwerkern und Flüchtlingen statt.[719] Dort soll, so die Mitteilung des bayerischen Staatsministeriums nach Berlin, Lessing die Anwesenden dazu aufgefordert haben, sich vom «Tyrannenjoch» der deutschen Aristokratie zu befreien. Ferner habe er einen bewaffneten Ausfall nach Baden angeregt, da der Schwarzwald angeblich hinter den Anliegen der Flüchtlinge stehe.[720] Gleichzeitig steht Lessing in regem Briefwechsel mit seiner Berliner Kontaktstelle. In einem Schreiben vom 22. Oktober bezeichnet er den Berner Regierungsrat, darunter auch Carl Schnell, als unfähig, opportunistisch, inkonsequent und feige. Namentlich Polizeidirektor Kohler[721] führe die allgemeine Unzufriedenheit ganz allgemein auf die Flüchtlinge zurück, ohne indessen sich mit deren politischer Führung anzulegen, da er den Einfluss Mazzinis und Lizius' fürchte. So würden geheime Treffen der verbotenen Organisationen ohne weiteres geduldet. Hingegen habe er eine weitreichende polizeiliche Spionageorganisation eingerichtet.[722]

Zufolge seines unablässigen politischen Aktivismus' und des genannten Streits, der eine polizeiliche Untersuchung nach sich zog, geriet Lessing bei der Berner Regierung in Misskredit. Er beklagte sich mit Schreiben vom 31. Oktober 1834 beim Berner Erziehungsdirektor darüber, dass ihn die Polizei der Spionage verdächtige, wies allen Verdacht von sich und bat um gerechte Behandlung. Verzweifelt bemühte sich Lessing um seinen Ruf im Kreise der Handwerker. In einem Schreiben an den Schuster Jakob Dorn betonte er die Notwendigkeit der Einigkeit unter den radikalen Kräften. Angesichts der Bedrohung in der Heimat und durch die Berner Behörden müsse man zusammenstehen. Verrat sei «Frevel und Todsünde».[723] Offenbar geriet Lessing in dieser Zeit auch in eine psychische Krise. Einem stilistisch äusserst pathetisch und sentimental verfassten, nicht abgeschickten Brieffragment ist zu entnehmen, dass er den Entschluss gefasst habe, nach Amerika auszuwandern, nachdem ihn alle seine Freunde verlassen hätten. Er wolle dort eine neue Existenz aufbauen, um seinen Eltern und Geschwistern für deren «alten Tage» ein «Asyl zu bereiten», nachdem er ihnen in letzter Zeit «bittere Tage bereitet» habe.[724] In seinen Spitzelbriefen nach Berlin verunglimpft er die Berner Regierung als korruptes und unfähiges Regime, das sich in die Abhängigkeit der radikalen Flüchtlinge begeben habe. So beruhe die neue Hochschule in Bern auf Gesetzen, welche die Regierung «unter Siebenpfeiffer's Anleitung» verfasst habe.[725] Letzterer soll überdies Kohlers intimer politischer Berater gewesen und dafür reichlich entlöhnt worden sein.[726]

Am 6. August 1834 war Lessings Aufenthaltsbewilligung von der Berner Regierung noch ohne weiteres verlängert worden.[727] Am 5. November beschloss diese jedoch Lessings Wegweisung aus dem Kanton Bern zufolge unerlaubter politischer Aktivitäten, vorläufig jedoch ohne den Entscheid vollstrecken zu lassen.[728] Gleichentags meldete der Informant nach Berlin, die Berner Regierung habe sich wieder festigen können und gehe nun – durch das «Wohlwollen» der Nachbarstaaten frech geworden – gegen die Flüchtlinge vor. Kohler habe Lizius darauf angesprochen, dass er, Lessing, mit einem Ministerialpass in den Kanton Bern eingereist sei, worauf dieser sich mit dem preussischen Gesandten v.Olfers über die Herkunft und Bewandtnis des Passes unterhalten habe. Der Gesandte habe Lizius im Verlauf dieses Gesprächs über mehrere Handwerker detailliert ausgefragt, über ihn jedoch nichts Näheres in Erfahrung zu bringen versucht, obgleich Lizius ihn als Drahtzieher der radikalen Bewegung in Bern bezeichnet habe. Daraufhin habe die Polizei sein Zimmer durchsuchen lassen, währenddem Lizius ihn nach Burgdorf geschickt habe. Obschon man keine kompromittierenden Dokumente gefunden habe, sei er bei der Berner Regierung inzwischen in Ungnade gefallen.[729] Auf diese Weise erklärte Lessing, er stehe nun in Bern im Ruf eines Spions.

Umgehend wurde eine polizeiliche Untersuchung gegen Lessing eingeleitet, welche zur Folge hatte, dass das Berner Erziehungsdepartement Lessing am 8. November 1834 die Immatrikulation für das Wintersemester an der neu eröffneten Berner Universität verweigerte. Auf Lessings Protest hin wurde ihm die Immatrikulation nachträglich doch bewilligt. Am 9. November griff die in Burgdorf erscheinende Zeitung «Volksfreund» den Vorwurf erneut auf, Lessing betreibe in Bern Spionage gegen die deutschen Flüchtlinge. Am 13. November 1834 wies Lessing in einem Inserat im «Volksfreund» jegliche Verdächtigung von sich und drohte den Berner Polizeibehörden, die an seiner Ausweisung aus dem Kanton Bern festhalten wollten, er werde in einer Broschüre «die geheimen Machinationen eines berüchtigten Polizeihäuptlings» im Zusammenhang mit der Behandlung politischer Flüchtlinge in Bern beleuchten.[730]

Dieses Inserat führte zu Lessings sofortiger polizeilicher Festnahme und zur Einleitung einer Strafuntersuchung wegen Beleidigung der Behörde, nachdem der Berner «Central Polizey Direktor» Blumenstein umgehend Anzeige beim Regierungsstatthalter Roschi erstattet hatte. Der Regierungsstatthalter wollte vom renitenten Studenten wissen, wem er die Titulatur des «Polizeihäuptlings» zugedacht habe. Da Lessing, wie er sagte, «festentschlossen» war, «lieber zeitlebens sich der rohen Gewalt zu fügen, als sich irgend eine Ungesetzlichkeit gefallen zu lassen,»[731] wollte er nicht bekanntgeben, wen er mit der Bezeichnung «Polizeihäuptling» gemeint hatte und wurde daher am 14. November 1834 ohne Angabe von Gründen im «Käfigthurm» zu Bern in Haft gesetzt. Lessing erklärte sich zu einer Offenlegung bereit, sofern ihm die Identität desjenigen, der ihn im «Volksfreund» der Spionage bezichtigte, durch die Behörden mitgeteilt werde.[732] Bereits am darauffolgenden Tag gab Lessing bekannt, sein Vorwurf habe sich gegen den Berner Regierungsstatthalter Jakob Emmanuel Roschi gerichtet.[733] Er richtete den Brief mit dem Geständnis am 15. November «morgen ½ 8 Uhr» an Roschi selbst, worin er diesen unterwürfig und hypochondrisch um Nachsicht bat: «Denken Sie aber nicht geringes von mir, hochgeehrter Herr, wenn die Qualen unter denen ich leide, mir dieses Geständniss auspressen. Ich befinde mich in einem schrecklichen Kerker, gequält vom Ungeziefer, habe bis jetzt noch nichts genossen, und fühle mich so krank, dass ich der schleunigen Hülfe eines Arztes bedarf. Dringend ersuche ich Sie, mit meiner Freilassung ja nicht länger zu säumen, wodurch Sie für immer verpflichten werden Ihren Ergebensten Lessing, stud.med.»[734] Daraufhin wurde Lessing aus der Haft entlassen und zur gerichtlichen Aburteilung überwiesen.[735]

Vor dem Richteramt beschwerte er sich am selben Tag, man habe ihn «durch künstliche Mittel zu diesem Geständnisse gezwungen.» Die Bezeichnung «berüchtigter Polizeihäuptling» sei allgemein zu verstehen und nicht auf eine bestimmte Person anzuwenden.[736] Als ihm der das Verhör leitende Berner Gerichtspräsident erneut Beugehaft in Aussicht stellte, wenn er sich nicht auf eine bestimmte Person festlege, antwortete Lessing, der Präsident solle ihm einen beliebigen Beamten nennen und er werde sofort gestehen, dass er diesen als «berüchtigten Polizeihäuptling» habe bezeichnen wollen. Lessing ersuchte um Freilassung gegen Erlegung einer Kaution und wurde gleichentags entlassen.[737] Am 18. November stellte das Richteramt die wegen Beleidigung angehobene Strafuntersuchung wegen absehbarer Beweisschwierigkeiten ein.[738] Doch damit wollte es der Preusse nicht auf sich bewenden lassen.

Wieder in Freiheit schrieb Lessing unverzüglich nach Berlin. Seine Stellung als Konfident, soviel musste ihm klar geworden sein, war gefährdet. Er rückte die Affäre ins rechte Licht und erklärte, alles sei nun wieder gut, von der «Spions-Geschichte (...) vollends keine Rede» mehr, die Verdächtigungen allesamt widerrufen. Die Flucht nach vorne ergreifend kündigte er an, den gegenwärtigen Hass der Berner Regierung gegen die Deutschen noch zu schüren, was den Flüchtlingen ganz im Sinne der preussischen Regierung schaden werde.[739] Tatsächlich verfasste er umgehend einen Artikel mit dem Titel «Pressfreiheit und Tortur» über die unmenschlichen Bedingungen der Berner Polizeihaft, den er als Inserat im «Schweizerischen Beobachter» vom 18. November 1834 erscheinen liess. Lessing monierte, dass seine auf den der Behörde missliebigen Zeitungsartikel folgende Inhaftierung gegen die Pressefreiheit verstossen habe. Überdies seien die Bedingungen im Berner Käfigturm derart katastrophal (Gestank, Ungeziefer etc.), dass sie als Folter zu qualifizieren seien. Er disqualifiziert die polizeiliche Untersuchung und die Verhaftung als «barbarisches Verfahren», um die Leute zum Reden zu bringen.[740]

Am Tage nach der Veröffentlichung entschuldigte er sich umgehend bei Roschi für das Inserat, versicherte diesen seiner hohen Wertschätzung und teilte mit, dass er auf die Publikation der angekündigten, die Missstände im Berner Polizeiwesen kritisierenden Broschüre verzichten werde, falls er «nicht von Neuem provozirt werde» und man ihn von behördlicher Seite her inskünftig unbehelligt lasse. Für das ihm zugefügte Unrecht habe er durch die Publikation nun ausreichend «Genugthuung» erhalten.[741] Ebenfalls am 18. November 1834 gelangte Lessing an den Direktor der Berner Stadtpolizei v. Watt, nachdem dieser ihn, das Gerücht betreffend Spionage verfolgend, dazu aufgefordert hatte, seine Geldquellen offenzulegen. Lessing gab an, er beziehe seine Wechsel über den Bankier Marquart. Offenbar war auf den an Lessing adressierten Briefen aus Deutschland der Inhalt nicht vermerkt worden, was dieser auf Sicherheitsgründe zurückführte.[742]

Lessings Inserataktion war nun für die Berner Regierung der Anmassung und Respektlosigkeit zu viel. Der Berner Zentralpolizeidirektor Blumenstein bezeichnet in einer Gegendarstellung Lessings Aussagen als Lügen und schamlose Übertreibungen. Insbesondere wendet er sich gegen den Vorwurf schlechter Haftbedingungen. Manch einer, so meint er, würde unter dem Vorbehalt der Freiheit seine eigene Wohnung gerne gegen eine Zelle im Käfigturm eintauschen. Immerhin seien diese Zellen beheizt. Er stellt Lessing als ignorante, arrogante und freche Person dar.[743] In der Folge wurde Lessing mit Beschluss des Regierungsrates vom 20. November 1834 umgehend polizeilich aus dem Kanton Bern fortgewiesen, wobei der Regierungsstatthalter mit der Ausschaffung beauftragt wurde.[744]

Die Frankfurter *Central-Behörde* des Deutschen Bundes verfolgte und dokumentierte Lessings öffentlichen Schlagabtausch mit der Berner Justiz detailliert und informierte die preussische *Ministerial-Commission* fortwährend über das Treiben ihres Untertanen.[745] Am 27. November 1834 teilt ein Informant aus Zürich mit, Lessing sei aus Bern ausgewiesen worden.[746]

Dieses äusserst auffällige, geradezu lächerliche Verhalten Lessings gegenüber den Behörden mutet für einen angeblichen Spion sehr ungeschickt an, wirft wohl aber recht helles Licht auf Lessings eigenartige, fragwürdige Persönlichkeit. Spätestens mit der provozierten Ausweisung, wohl aber bereits durch das Erwekken des Eindrucks, Lockspitzel zu sein, vereitelte Lessing in Bern den Informationszweck seines Auftrags.[747] Die Frankfurter *Central-Behörde* meldete im November 1834 nach Berlin, Lessing habe in Bern seine Stellung als Organisator von Handwerkerzusammenkünften eingebüsst, nachdem Polizeidirektor Blumenstein die Deutschen in Bern vor Lessing gewarnt und mitgeteilt habe, dieser sei Lockspitzel. Begründet habe Blumenstein dies damit, dass Lessing stets «gut lebe», obschon er weder postalisch Geld zugesandt erhalte, noch welches verdiene, mithin reichlich mit Barschaft ausgestattet worden sein müsse und überdies mit einem preussischen Ministerial-Pass nach Bern eingereist sei.[748] Tatsächlich hatte Lessing im Oktober einen grösseren Geldbetrag aus Berlin erhalten, den ihm das preussische Polizeiministerium zur Wahrnehmung besonderer «Operationen», vermutlich, um Auskunftspersonen zu bestechen, hatte zukommen lassen.[749] Lessing wehrte sich gegen den Vorwurf der Spionage und erklärte, er habe den preussischen Ministerialpass durch familiäre Beziehungen erhalten.[750]

Durch die Affäre sah sich das Mainzer Polizeibüro zu einer Untersuchung veranlasst. Mit Schreiben vom 28. November 1834 gelangte Karl Noé an Metternich und teilte mit, Lessing sei in Bern kompromittiert worden, der Konfident Albert habe sich der Sache angenommen und werde v.Engelshofen, der demnächst in die Schweiz reise, persönlich über die Hintergründe informieren. Insbesondere sei Lessings Erklärung der Geschehnisse nachzugehen und «die Richtigkeit der Lessing'schen Notizen» zu prüfen.[751] Nachdem das Mainzer Büro, offenbar auf Metternichs Veranlassung hin, den Ereignissen auf den Grund gehen wollte, gelangte die Berliner Kontaktstelle unter der Leitung des Fürsten v.Wittgenstein am 31. Dezember beschwichtigend an Metternich. Tatsächlich scheine es ganz so, als ob Lessing seine Rolle als Informant unzweckmässig wahrnehme und wieder seiner alten Gesinnung verfallen sei. Doch könne er den Fürsten jedenfalls dahingehend versichern, dass sich kein Chiffrierschlüssel in Lessings Händen befinde, zumal dieser nur einmal chiffrierte Nachrichten erhalten habe und der Dechiffriercode inzwischen geändert worden sei.[752]

In Lessings Berliner Akte findet sich ein Schreiben der preussischen Staatsminister v.Rochow und v.Mühler, in welchem diese der *Central-Behörde* in

Frankfurt a.M. auf deren Beschwerde wegen Lessings Inserat im «Schweizerischen Beobachter» hin bestätigen, Lessing verhalte sich in der Schweiz als preussischer Untertan völlig unkorrekt, und versichern, man werde ihn gleich nach seiner Rückkehr nach Berlin verhaften und strafrechtlich zur Rechenschaft ziehen.[753] Während der auffällige und geradezu provokative Aktivismus Lessings für einen Spitzel eher untypisch ist und eigener Erklärung bedarf, entspricht die mit dem Engagement verbundene hohe Präsenz einem charakteristischen, mit der Ausübung des Spitzelberufs damals einhergehenden Phänomen.[754]

Das provokative Verhalten Lessings braucht nicht zwingend Ausdruck eines geltungssüchtigen, für Informantenzwecke gänzlich ungeeigneten Charakters zu sein. Vielmehr diente gerade die Provokation zu politischen Kundgebungen der Identifizierung von Dissidenten und verschaffte den monarchischen Regierungen Anlass für diplomatische Noten und aussenpolitische Drohungen gegen die Schweiz. Tatsächlich legt er diese Absicht auch in mehreren Konfidentenberichten gegenüber seinen Auftraggebern offen. Lessings Persönlichkeit schwingt psychologisch eindrucksvoll inmitten eines Spannungsfelds von echter radikaler Begeisterung und der durch Nützlichkeitsüberlegungen motivierten, der staatlichen Autorität Preussens verpflichteten, verräterischen Umtriebigkeit eines agent provocateur.

5.2.3 Politische Diskretion in Zürich

Lessing reiste Ende November 1834 nach Zürich, wo er sich als Student der Rechtswissenschaft an der Hochschule reimmatrikulierte und tatsächlich juristische Vorlesungen besuchte.[755] Die neue Universität in Zürich geriet nicht zuletzt, weil sie anlässlich ihrer Gründung liberal gesinnte Professoren, mitunter in Deutschland politisch verfolgte Akademiker wie die Gebrüder Snell, angestellt hatte, im restaurativen Ausland in den Ruf einer radikalen Hochburg, was wiederum auf die Flüchtlinge Anziehung ausübte.[756] Lessing verkehrte in Zürich vorwiegend in deutschen Flüchtlingskreisen, pflegte etwas Kontakt zu Einheimischen, insbesondere zur Familie Locher-v.Muralt. Er besuchte regelmässig den Lesesaal des Museums, das Theater sowie Konzertveranstaltungen.[757] Inwiefern er sich innerhalb der Flüchtlingsszene engagierte und ob er förmliches Mitglied des *Jungen Deutschlands* war, ist unklar, jedenfalls pflegte er engen Umgang mit den Exponenten der jungdeutschen Bewegung in Zürich.[758]

Seine erste Meldung aus Zürich nach Berlin erfolgt am 27. November 1834. Im Bestreben seine Stellung als Konfident behalten zu können, versichert Lessing die Adressaten seiner absoluten Loyalität. Tatsächlich gerät seine Vertrauens- und Glaubwürdigkeit in Berlin, Mainz und Wien zu dieser Zeit massiv ins Wanken. Er will bereits eine «nicht unbedeutende» Zahl von Flüchtlingen um sich geschart haben, die ihm «blind ergeben» seien. Lessing scheint sich eingehend über die lokalen politischen Verhältnisse innerhalb der Flüchtlingsszene informiert zu haben. So ist er im Stande, diverse Namen politischer Aktivisten innerhalb der Handwerkerbewegung, darunter Ehrhardt, Alban, Cratz, Dieffenbach, Ludwig und Rauschenplatt, zu nennen. Der Medizinprofessor Schönlein unterstütze, wie «fast alle Professoren an der Universität», die Bewegung durch grosszügige Geldspenden.[759] Über die Berner Affäre schreibt er rückblickend, er sei Opfer einer Intrige Lizius' und der Regierung geworden, doch würde letztere «noch lange am Feuer zu löschen haben», das er dort angezündet habe. Durch seine «persönliche Fehde» wolle er «den Hass schüren». Er gibt an, über mit ihm sympathisierende bernische Postbeamten, die grösstenteils radikal gesinnt und in Schutzvereinen organisiert seien, nach wie vor über die Berner Politik informiert zu werden.[760] Lessings Zeilen ist jedenfalls andeutungsweise zu entnehmen, dass Postbeamte – allenfalls gegen Bestechung – wichtige Briefe der Regierung erbrachen und deren Inhalt weitergaben. In der Folge greift Lessing auf altbewährte Mittel zurück, um sich wichtig und unentbehrlich zu machen. Am 18. Dezember berichtet er von neuen Waffendepots in Basel Landschaft und Thurgau und stellt eine baldige Truppeninvasion nach Baden in Aussicht. Letztere wird – emporstilisiert zum für die deutsche Verfassung tödlichen Bedrohungsszenario – geradezu zum Leitmotiv der nachfolgenden Korrespondenz. Ihre Schilderung erfolgt stets dramatisch untermalt, wobei die Menge eingestreuten Katastrophenkolorits mit der aktuellen Gefährdung der eigenen Stellung korreliert. Alban habe ihm die Aufnahme in das Komitee des *Jungen Deutschland* angeboten, doch habe er abgelehnt, um «Collisionen mit der Polizei» zu vermeiden. Am Ende des Briefes folgt – er stellt die Möglichkeit zu ausführlicher Informationsbeschaffung in Aussicht – die Bitte um Geld.[761]

Bereits am 15. Dezember schreibt er an Jakob Dorn, in Zürich lasse sich, wenn man sich ruhig verhalte, jeder Kontakt mit der Polizei vermeiden. Auch sei das Verhältnis unter den Flüchtlingen besser als in Bern, dessen Regierung er wegen seiner Ausweisung des Verrats bezichtigt.[762] Wenig später will Lessing jedoch bereits wieder im Interesse seiner Mission aktiv geworden sein und, um dem Verbindungswesen in Zürich zu schaden, «Zwietracht» unter den Handwerkern erregt haben. Im Übrigen habe er bevorstehende Handwerkerzusammenkünfte Polizeihauptmann Fehr gemeldet, der gestützt auf diese Informationen Verhaftungen habe vornehmen können.[763] Lessing präsentiert sich anfangs Januar 1835 in seiner Korrespondenz nach Berlin als Urheber der damaligen Handwerkerunruhen in Zürich. Da in der späteren Untersuchung davon nie die Rede ist und Lessings politische Bedeutung unklar bleibt, dürfte diese Mitteilung nicht der Wahrheit entsprechen.

Im Januar 1835 wurde Lessing unter der Bezeichnung «Berliner Jude» im «Volksfreund» erneut beschuldigt, als «agent provocateur» tätig zu sein. Verfasser des Artikels war der Berner Regierungsrat Carl Schnell.[764] Lessings Berner Gefährte und politischer Verbündeter, Ferdinand Groschvetter, tadelte in einer Bekanntmachung vom 25. Januar 1835 im «Volksfreund» Schnells Unterstellung umgehend als Lüge.[765] Inwiefern diesen Pressemitteilungen in Zürich Beachtung geschenkt wurde, lässt sich aus dem vorhandenen Aktenmaterial nicht erschliessen. Jedenfalls fühlte sich Lessing in Zürich zu dieser Zeit durch «einen besonderen Spion» der Berner Regierung beschattet.[766] Gemäss einem Konfidentenbericht vom März 1835 soll die Berner der Zürcher Regierung die Ausweisung Lessings und Kombsts dringend empfohlen haben, worauf Lessing tatsächlich anfangs 1835 von Polizeihauptmann Fehr angewiesen worden sein soll, den Kanton Zürich innert 48 Stunden zu verlassen. Durch Verwendung mehrerer einflussreicher Personen, darunter der Rektor der Hochschule, Lorenz Oken, sowie die Regierungsräte Zehnder und Hegetschweiler, insbesondere aber durch die Hinterlegung einer «Caution» durch Lessings «Wirth» Locher-v.Muralt soll es dann gelungen sein, den Ausweisungsbeschluss aufzuheben.[767]

Oken befürchtete – so lässt sich aus einem Brief Lessings vom Januar 1835 glaubwürdig entnehmen –, nachdem in Deutschland ein die deutschen Studenten betreffendes allgemeines Studienverbot über die Zürcher Hochschule verhängt worden war, dass die neu gegründete Bildungsstätte mangels Studenten nicht existenzfähig sei. Er soll Lessing in einem längeren Begrüssungsgespräch anlässlich der Immatrikulation versichert haben, die Universität sei für jene Studenten, «welche sich nicht compromittirten durch öffentliches Aufhebens», ein sicheres «Asyl».[768] Oken verwandte sich, wie noch zu zeigen sein wird, verschiedentlich und nachdrücklich für die deutschen Studenten und deren Verbleib in Zürich. Tatsächlich kam es zu dieser Zeit vor, dass sich auch der akademische Senat für ausländische Studierende einsetzte, um deren Wegweisung zu verhindern, sofern diese ernsthaft ihren Studien nachgingen.[769]

Dem Protokoll des *Polizey-Raths* ist zu entnehmen, dass Hans Conrad Locher-v.Muralt mit Zuschrift vom 9. März 1835 erklärt habe, für den bei ihm lebenden Ludwig Lessing «gutzustehen, dass derselbe still und ruhig in seinem Hause bleiben, und in nichts politisches sich einmischen werde». Ob tatsächlich eine Kaution hinterlegt wurde, lässt sich aus den Akten nicht nachvollziehen.[770]

Lessing, nach dem Zusammenstoss mit den Zürcher Behörden über diese aufgebracht, lässt seinem Ärger in einem Brief vom 9. März 1835 nach Berlin freien Lauf. Nicht die Flüchtlinge, sondern vielmehr die in den Regierungen vertretenen Schweizer Radikalen bedrohten die europäischen Monarchien. Die Schweiz sei von radikalen Schutzvereinen verseucht. Die Eidgenossen hätten – Lessing greift auf die älteren Kapitel der Schweizer Geschichte zurück – schon einmal Österreich gedemütigt, nun werde eine Wiederholung unter Einbezug auch der anderen Mächte Europas angestrebt. Nur eine Zerschlagung der national-liberalen Kräfte in der Schweiz werde Remedur schaffen können.[771] Dass derartige Verunglimpfungen, wurden sie durch Indiskretionen bekannt, Lessing von verschiedener Seite her in Gefahr bringen mussten, liegt auf der Hand.

Lessing dürfte zu dieser Zeit in Zürich, jedenfalls innerhalb der Gruppe deutscher Asylanten und Handwerker, sozial recht gut integriert gewesen sein, obschon aus den Verhören immer wieder hervorgeht, dass er zwar viele Bekannte hatte, ihn jedoch nur wenige näher kannten oder kennen wollten. Auch nahm die gesamte Zürcher Studentenschaft an Lessings Begräbnis teil. Allerdings ist zu beachten, dass wer das Begräbnis nicht verfolgt hätte, sofort zum Objekt allgemeiner Verdächtigungen geworden wäre, weshalb aus dem regen Besuch der Beisetzung nicht vorbehaltlos auf eine allgemeine Sympathie für Lessing bei den Flüchtlingen geschlossen werden kann. Entgegen den Aussagen in den Einvernahmen stand Lessing jedoch auch in Zürich zumindest bei einzelnen Deutschen im Verdacht, Polizeispion zu sein.[772] Im Juni vor seinem Tod erregte er offenbar das Misstrauen der jungdeutschen Führung, nachdem er sich nach Baden begeben hatte, ohne sich zuvor beim Komitee abzumelden. Diese Widrigkeit wurde durch einen Ausschluss von sämtlichen Vereinstätigkeiten auf die Dauer von acht Tagen geahndet. Pikanterweise wurde diese Ausschlussphase so angesetzt, dass sie ausgerechnet den Tag einer grossen Zusammenkunft des *Jungen Deutschlands* im Zürcher Kratzquartier umfasste, als wichtige Dinge besprochen wurden.[773] Es liegt auf der Hand, dass im Frühsommer 1835 Lessing auch in Zürich in den Verdacht der Spionage geraten war.

Im Sommer 1835 scheint sich die revolutionäre Stimmung unter den politisch organisierten Exilanten und Handwerkern in Zürich zusätzlich erhitzt zu haben. Louis Napoléon kam gemäss Lessing mehrfach nach Zürich, um sich mit Komiteemitgliedern des *Jungen Deutschlands*, namentlich mit Cratz, zu treffen. Angeblich soll er auch Geld mitgebracht haben. Lessing schreibt nach Berlin, er habe persönlich einem Bankett mit Louis Napoléon beigewohnt. Man habe über den Sturz Louis Philipps, dem während des Gelages zahlreiche Pereats gegolten hätten, gesprochen.[774] Ende August werden nachts im Geheimen angeblich Gewehrkugeln hergestellt.[775] Lessing versucht zu dieser Zeit, seine Stellung in Zürich zu festigen und beantragt in Berlin, man möge ihm die Einbürgerung in Zürich ermöglichen. Er bedürfe dazu 600 bis 800 Franken. Als Schweizer Bürger würde er tieferen Einblick in die Regierungsgeschäfte erhalten und könnte mehr und wertvollere Information liefern. Keller würde ihn bei der Einbürgerung unterstützen und dafür sorgen, dass er von der Pflicht, die dafür notwendigen Unterlagen beizubringen, entbunden würde.[776] Doch Lessing hatte den ohnehin nie hohen Zenit seiner Glaub- und Vertrauenswürdigkeit längst überschritten.

135

Schon eine Woche später – seine Situation in Zürich dürfte sich weiter verschlechtert haben – vermeldet er einmal mehr, der Überfall auf den süddeutschen Raum stehe unmittelbar bevor. Er gerate dadurch in eine schwierige Situation und bitte um Instruktionen und um einen neuen Pass. Bei Ausbruch kriegerischer Ereignisse gedenke er sofort nach Berlin zu reisen.[777]

Nach dem Duell mit Ehrhardt verliert er erneut Sympathie und wird durch befristeten Ausschluss aus dem *Jungen Deutschland* bestraft.[778] Seinem Ärger über diese Sanktion verschafft er dadurch Luft, dass er mit Schreiben vom 17. September den umgehenden Einmarsch deutscher Truppen in die Schweiz empfiehlt, da die Bevölkerung gegenwärtig «lau» sei und die Radikalen ihre Macht noch nicht etabliert hätten und die Streitkräfte jedenfalls in Zürich mangels Disziplin kaum ernsthaften Widerstand zu leisten im Stande wären.[779] Offenbar erhält er nach dem 20. September 1835 weniger Einblick in die Geschehnisse; die Informationsdichte seiner Briefe nimmt ab, seine Ausführungen reduzieren sich vermehrt auf Gemeinplätze. Im Oktober schickt er nur einen einzigen Brief nach Berlin.

Lessings aufbrausender Charakter führte verschiedentlich zu Auseinandersetzungen. Eine solche gipfelte im oben beschriebenen Duell mit Ehrhardt. Lessing scheint in Zürich aber keine bedeutsame politische Rolle im Kreis der recht zahlreichen deutschen Flüchtlinge gespielt zu haben. Offenbar bewogen ihn die Berner Affäre, möglicherweise aber auch Ermahnungen seiner Angehörigen in Freienwalde oder der Kontaktleute in Berlin, zu mehr Zurückhaltung. In der Tat fiel Lessing bisweilen durch Schweigsamkeit auf.[780] Entgegen seiner äusserlichen Ruhe scheint Lessing indessen im Frühjahr 1835 wieder vermehrte politische Aktivitäten angestrebt zu haben. So kündigte er in einem Schreiben vom 20. April 1835 nach Berlin an, er gedenke inskünftig wieder geheime Versammlungen zu organisieren.[781]

Wenn diverse Flüchtlinge in den Verhören der Vermutung, Lessing sei Spion gewesen, entschieden widersprachen, so beruhte dies zweifellos auch auf taktischen Überlegungen. Dass viele Flüchtlinge tatsächlich nicht glauben wollten, einen Spion im Freundeskreis zu haben, lässt sich psychologisch erklären, zumal die Umstände der Flucht und des Aufenthalts in der Fremde eine hohe Abhängigkeit von gegenseitigem Vertrauen produzierte. Wurde letzteres zerstört, so wirkte sich dies verheerend auf das dringend notwendige gute Verhältnis unter den Betroffenen aus. So befürchtete etwa Claire v.Glümers Mutter, wenn sich der im Verlauf der Untersuchung aufkeimende Spionageverdacht gegen Eyb bewahrheiten sollte, könne sie sich nie wieder «fremden Menschen arglos anschliessen.»[782]

5.3 Ein Spion in preussischen Diensten

5.3.1 Ein preussischer Lockspitzel

5.3.1.1 Erste Verdachtsgründe

Lessing ist als preussischer Lockspitzel, den verratene deutsche Flüchtlinge aus Rache ermordeten, in die Schweizer Geschichte eingegangen, obschon der Fall nie aufgeklärt wurde.[783] Dagegen deutet v.Treitschke die Tat in seiner preussisch gefärbten «Deutschen Geschichte des Neunzehnten Jahrhunderts» als Raubmord. Dass Preussen in die Angelegenheit verwickelt sein könnte, weist dieser Autor jedenfalls im vierten Band seines Werkes noch weit von sich.[784] v.Treitschke berichtigt seine Meinung, wonach Preussen in der Schweiz niemals Spionage betrieben habe, jedoch im Anhang des 1894 erschienenen fünften Bandes und gelangt, nicht ohne sein persönliches Bedauern darüber zu äussern, gestützt auf Akten des Preussischen Geheimen Staatsarchivs zur Erkenntnis, dass Lessing tatsächlich Spion im Auftrag Preussens war.[785] Nach Durchsicht der Korrespondenz v.Rochows nach Berlin kommt derselbe Autor zum Ergebnis, wenigstens der Gesandte habe tatsächlich nichts über Lessings Spionagetätigkeit gewusst.[786] Allerdings enthalten die Gesandtschaftsakten im Geheimen Staatsarchiv ein Schreiben v.Rochows vom 16. Juli 1837, worin dieser einen Maler namens Besinger aus Thun, den er für einen Spitzel hält, explizit als «zweideutiges Subject» und als einen «zweiten Lessing» bezeichnet.[787]

Aus den zahlreichen erwähnten allgemeinen Indizien schlossen die Zürcher Untersuchungsbehörden, dass Lessing im Dienst fremder Mächte spioniert hatte. In der Bevölkerung war bekanntlich bereits am Tag nach der Tat von einem politischen Mord die Rede gewesen.[788] Da unter den Einwohnern Zürichs und dessen Behörden entgegen der eher liberalen Gesinnung zunehmend Argwohn gegenüber den trotz Verbots weiter betriebenen politischen Aktivitäten zahlreicher Flüchtlinge und Handwerker aufkam, traf ein solcher Verdacht auf reichliche Nahrung. Die deutschen Flüchtlinge ermassen die schlimmen Folgen dieses Verdachts in seiner Tragweite und setzten selbst eine Belohnung für Hinweise auf die Täterschaft aus.[789] Dass der Aufschwung des *Jungen Deutschlands* in Zürich zeitlich ausgerechnet mit dem Tod Lessings zusammenfällt, die Hemmung der Flüchtlinge, sich trotz Verbots politisch zu engagieren, offenbar abnahm, legt die Vermutung nahe, dass mit der Entfernung Lessings sich die Flüchtlinge untereinander offenbar sicherer fühlten. Der Mord an Lessing bewirkte in Zürich angesichts der behördlichen Untersuchungsbemühungen ein engeres Zusammenstehen und eine Intensivierung des Engagements in den Zürcher *Klubbs* zum Zwecke der gemeinsamen Wahrnehmung eigener Interessen. Vielleicht hielten die Jungdeutschen die Gefahr des Verrats nach Lessings Tod tatsächlich für geringer als sie es in Wirklichkeit war. Dass Jakob Venedey gerade im Januar 1835 die Zürcher *Klubbs* des *Jungen Deutschlands* vor dem in der Schweiz blühenden Spionagewesen warnte, könnte mit Lessings Umzug nach Zürich in Verbindung stehen.[790] Freilich tat sich dieser in Zürich trotz regelmässiger Teilnahme an politischen Versammlungen nicht mehr provozierend hervor, dennoch brachten ihm gewisse Flüchtlinge kein Vertrauen entgegen, sondern hielten Lessing weiterhin für unzuverlässig.[791]

Im März 1835 wurde der Fall des u.a. auch in Zürich wirkenden preussischen Medizinstudenten Heinrich Jacoby bekannt, der im Verdacht stand, während seiner kurzen Zürcher Studienzeit die Aktivitäten der deutschen Flüchtlinge ausgekundschaftet zu haben. In einem Korrespondenzartikel über eine «Generalversammlung» politischer Asylanten aus Deutschland nannte Jacoby den preussischen Behörden die Namen zahlreicher deutscher Flüchtlinge, so auch denjenigen Lessings.[792] Jacoby war bekanntlich ein enger Freund Lessings. Die beiden hatten sich bereits in Berlin gekannt und dort gemeinsam den Aufbau geheimer Burschenschaften in der preussischen Hauptstadt angestrebt.[793]

Lessing stand mithin seit seiner Berner Zeit im Rufe, als preussischer Spion und Lockspitzel tätig zu sein. Mit Temme scheint die Tatsache bemerkenswert, dass Lessing auf sein für die preussische Regierung völlig inakzeptables Verhalten hin keine Schwierigkeiten mit deren Gesandtschaft erwuchsen, obschon er sich äusserlich als vehementer Gegner der Monarchie exponiert hatte. Insbesondere wurde ihm sein preussischer Ministerialpass, «der nur zuverlässigen Vertrauensmännern erteilt wurde», nicht entzogen, was angesichts der sonst eher rigorosen preussischen Ausweiserteilungspraxis einigermassen überraschte bzw. ein deutliches Indiz für die Spionagetätigkeit und den damit verbundenen Sonderstatus Lessings darstellte.[794] Allerdings sandte der über Lessings wahre Bestimmung offenbar unkundige preussische Gesandte v.Olfers am 2. November 1834 von Bern nach Berlin eine Liste der in der Schweiz politisch aktiven Deutschen. Lessing wird an neunter Stelle in der Funktion eines «Hauptleiters der Handwerksvereine» erwähnt, der von einigen Handwerkern der Spionage verdächtigt werde und über einen Ministerialpass verfüge und bei Handwerkerversammlungen schon die «Hauptrede» gehalten habe.[795] In einer ergänzenden Notiz wird Lessing wegen seiner «Zeitungsfehde» mit den Berner Behörden erwähnt. Lessing weise den Verdacht der Spionage entschieden von sich und bezeichne sich offiziell als «radikal gestimmter Flüchtling», der seiner Gesinnung wegen in der Berliner Hausvogtei habe einsitzen müssen.[796]

5.3.1.2 Flankierende Vermutungen und Verdachtserhärtung

Schauberg gelangt zum Ergebnis, Lessing sei ein «elender und verworfener Agent-provocateur und Spion» gewesen, der die deutschen Flüchtlinge zu «revolutionären Streichen» hätte verführen sollen, was deren Ausweisung aus der Schweiz und damit deren Verhängnis zur Folge gehabt hätte. Zugleich erhebt Schauberg den Vorwurf, Lessing habe durch sein rücksichtsloses Tun auch die Stabilität der «schweizerischen Regierungen» gefährdet.[797] Fast scheint es – und darin tritt ein Widerspruch zur zumindest in strafrechtlichen Fragen eher kühlen Sachlichkeit Schaubergs hervor –, der Zürcher Strafrechtler begreife den Mord an Lessing als letztlich gerechte Strafe für dessen gefährliches und verwerfliches Tun. Diese Haltung, welche unter den Flüchtlingen verbreitet war, dürfte eine wichtige Erklärung für die scheinbare Unaufklärbarkeit der Tat gewesen sein.

Temme – nach 1850 selbst preussischer Flüchtling – hält Lessing für einen «der gefährlichsten Spione» überhaupt.[798] Er begründet seinen Verdacht folgendermassen: Im Nachlass Lessings fanden sich zahlreiche Briefe, bei denen Unterschrift und Datum unkenntlich gemacht waren. In einem an Lessing gerichteten Schreiben wird an dessen politischer Zuverlässigkeit gezweifelt. Sodann brachte die Untersuchung hervor, dass Lessing von einem nie namentlich genannten «Oheim», an den er sich über die Verwandten in Freienwalde verschiedentlich wandte, regelmässig finanzielle Unterstützung erhielt. Die Wechsel wurden an den Hauswirt Locher-v.Muralt adressiert, der sie angeblich jeweils unbesehen sofort an Lessing weitergegeben haben wollte.[799] Lessing schien für einen Studenten reichlich mit Geld ausgestattet gewesen zu sein.[800] Die oberflächlichen Abklärungen des Verhörrichters über die genaue Herkunft der Zahlungen blieben ohne nennenswerten Erkenntnisgewinn. Allerdings geriet Lessing im Juli 1835 in finanzielle Verlegenheit, da sein Wechsel nicht rechtzeitig eintraf. Er musste sich von der Vereinskasse eines der politischen *Klubbs* Geld leihen, das er im August zurückzahlen wollte.[801] Dass man Lessings finanziellen Verhältnissen nicht näher nachging, scheint umso rätselhafter, falls der Konfidentenbericht vom März 1835 zutrifft, wonach Locher-v.Muralt für Lessing bei den Polizeibehörden eine Kaution von 800 Gulden hinterlegt haben soll.[802] Dies kommt gemäss den Akten während der ganzen Untersuchung nie zur Sprache.

Eigenartig erscheint ferner die Tatsache, dass Lessings Familienangehörige, mit denen er zu Lebzeiten regelmässig in schriftlichem Verkehr gestanden hatte, sich überhaupt nicht für das Strafverfahren und die Hintergründe der Tat zu interessieren schienen. Jedenfalls hörten die Zürcher Untersuchungsbehörden nichts von den Familienangehörigen in Freienwalde. Auch schien es nicht möglich, mit diesen in Verbindung zu treten. Man vermutete, dass der Familie durch das preussische Justizministerium untersagt worden war, mit den Zürcher Behörden Kontakt aufzunehmen.[803] Einzig im Frühjahr 1836 kündigten Lessings Eltern Conrad Locher-v.Muralt an, sie würden «bei besserer Witterung» nach Zürich reisen, was allerdings, soweit aus den Akten ersichtlich, nie geschah.[804] Weshalb das Kantonal-Verhöramt, nachdem Locher-v.Muralt den Brief von Lessings Eltern erhalten hatte, nicht die Adresse behändigte und direkt mit den Hinterbliebenen in Verbindung trat, geht aus den Akten nicht hervor.

In einem Schreiben an Lessing aus dem Sommer 1835, dessen Absender mit einem für das Verständnis des Briefes wesentlichen Textstück weggerissen wurde, steht: «mich kannst, mich darfst Du nicht täuschen, sonst bist Du ein Schurke.» Der Brief endet mit der Feststellung: «(...) es gibt nur eine Todsünde, sie ist Verrath.»[805] Hier zeichnet sich bedrohlich ab, dass jemand Lessings Doppelspiel durchschaute.[806]

In anderen Briefen Lessings, welche im Sommer 1836 über den Berner Regierungsstatthalter bzw. den preussischen Gesandten v.Rochow in die Hände der Zürcher Behörden gelangten, berichtet Lessing einem «Freund» ausführlich und insbesondere unter genauer Nennung von Namen bzw. Pseudonymen und Örtlichkeiten über die politischen Aktivitäten und Absichten («Unternehmung gegen Deutschland») deutscher Flüchtlinge in Zürich und Umgebung, wie auch über das politische Klima in der Schweiz bezüglich dieser Aktivitäten.

Aus den Erinnerungen der Zeitzeugin Claire v.Glümer lässt sich gut rekonstruieren, wie es Lessing gelang, sich diskret das Vertrauen innerhalb des Kreises der Flüchtlinge zu erschleichen, sodass nach seinem Tod von verschiedenen Verratenen wohl auch durchaus ehrlich an seiner Spitzeltätigkeit gezweifelt wurde:

«Im Laufe des Sommers hatte sich ein junger Deutscher, der in Zürich studierte, unserm Freundeskreis angeschlossen. Meine Eltern hatten ihn gern und lobten seine guten Manieren – was ich nicht begriff, da er sich um uns Kinder nicht im geringsten kümmerte. Auch am Gespräch beteiligte er sich kaum; sah nur lächelnd von einem der Sprechenden zum andern. Vielleicht war er dumm – jedenfalls ganz uninteressant. Aber wie grausig interessant wurde er mir, als der Vater eines Tages mit der Nachricht nach Hause kam, dass der arme junge Mann ermordet sei.»[807]

5.3.1.3 Späte Bestätigung eines dringenden Verdachts

Dass Lessing tatsächlich Agent in preussischen Diensten war, deckte 1894 der die Spionagetheorie ursprünglich heftig abstreitende preussische Historiker Heinrich v.Treitschke auf. Im Geheimen Staatsarchiv zu Berlin stiess er auf Akten, die keine Zweifel über einen entsprechenden Auftrag bestehen lassen.[808]

Eine neuerliche genaue Durchsicht dieser Akten führt zu folgendem Ergebnis: Lessing erklärte sich während seiner Gefangenschaft in der Berliner Stadtvogtei, wo er wegen Teilnahme und Wissenschaft an burschenschaftlichen Umtrieben bekanntlich in Untersuchungshaft sass, am 6. November 1833 gegenüber dem Polizeipräsidenten bereit, «über eine Verschwörung gegen das Leben Seiner Majestät» Aussagen zu machen, sofern man ihn amnestiere und ihm die Fortsetzung seiner Studien ermögliche. Der König persönlich verfügte daraufhin mit Cabinetsordre vom 9. November 1833 an Justiz- und Polizeiminister v.Brenn, dass das Strafverfahren gegen Lessing eingestellt und diesem die Fortsetzung seiner Studien ermöglicht werden solle, sofern er tatsächlich wichtige Informationen mitzuteilen habe. Am 14. November 1833 wurde Lessing von den geheimen Staatsministern v.Brenn, v.Kamptz und v.Mühler persönlich befragt. Man erklärte sich bereit, unter gewissen Einschränkungen auf Lessings Angebot einzutreten. Allerdings erwiesen sich Lessings vermeintliche Enthüllungen sofort als weitgehend belanglos und aus der Luft gegriffen. Daraufhin machte Lessing ein neues Angebot. Er wolle dem Justizministerium «nützliche Dienste» leisten, sofern man ihn entlasse und ihm die Fortführung seiner Studien ermögliche. Die *Ministerial-Commission* trat auf dieses Angebot Lessings vorläufig nicht ein.[809] Es folgten diverse Einvernahmen, aus denen offenbar die erwünschten Informationen und Zusicherungen hervorgingen, sodass mit Cabinetsordre vom 18. Januar 1834 Lessing 200 Taler zur Bestreitung der Kosten des laufenden Studienjahrs angeboten wurden. Offensichtlich sollten die «nützlichen Dienste» darin bestehen, dass Lessing inskünftig die Polizeibehörden über burschenschaftliche Umtriebe innerhalb der Studentenschaft unterrichtete. Am 6. Februar hielt Polizeiminister v.Brenn fest, die belastenden Hinweise gegen Lessing reichten nicht für eine Anklage vor dem Kammergericht aus.[810] Am 11. Februar 1834 folgte die Entlassung Lessings aus der Untersuchungshaft. Polizeipräsident Gerlach ermahnte Lessing ausdrücklich, über die Untersuchung und die Verhandlungen Stillschweigen zu bewahren.[811] Lessing wurde unter polizeiliche Aufsicht gestellt.[812] Am 23. Februar 1834 teilte Gerlach v Mühler mit, Lessing wolle Berlin verlassen und liess prüfen, ob dies möglich sei.[813] v.Mühler gestattete die Ausreise, sofern «Criminalrath Dambach» damit einverstanden sei.[814] Lessing wurde angewiesen, sich von politischen Umtrieben inskünftig fernzuhalten. Er versprach ferner, Berlin sobald wie möglich zu verlassen.[815] Des weiteren liess Gerlach Lessing einen Ministerialpass nach Karlsruhe mit der Route Leipzig–Halle–Göttingen–Kassel ausstellten und teilte v.Brenn mit, Lessing gedenke nach der Schweiz, Italien oder Frankreich auszureisen.[816]

Die z.T. kommentierten Abschriften von Lessings Briefen nach Berlin im HHStA werden explizit demselben zugeschrieben, was eine zuverlässige Zuordnung erlaubt. Lessing richtet sich in den ihm zuzurechnenden Konfidentenberichten – auf die unten eingehend zurückzukommen sein wird – an eine ihm bekannte Person.[817] Seine Ausführungen erfolgen oft assoziativ und sind sowohl chronologisch als auch systematisch wenig strukturiert. Lessing offenbart sich in seinen Berichten nicht als genau beobachtender und überlegter Spion. Seine Berichte sind oft Ergebnis eines detailverliebten Übereifers, bisweilen indessen Produkt offensichtlicher Wichtigtuerei. So schreibt er gerne und oft über die grosse Politik in Paris, London und Madrid, über deren geheimen Hintergründe er eingehend informiert sein will, und kündigt ständig drohende Invasionen deutscher und schweizerischer Radikaler nach Deutschland an.[818] Bezeichnenderweise beantragt Lessing in Berlin mehr finanzielle Mittel, um angeblich vermittelst Bestechung Zugang zu noch geheimeren und detaillierteren Informationen zu erhalten.[819] Im Oktober 1834 schreckt er nicht davor zurück, gegenüber den preussischen Behörden Ferdinand Sailer als badischen Informanten, der durch seine «falschen Nachrichten viel schaden» könne, zu denunzieren.[820] Doch scheint sich Lessing mit der revolutionären Bewegung nach wie vor in widersprüchlicher Art und Weise zu identifizieren. So benützt er öfters die erste Person Plural, wenn er von den Mitgliedern der Bewegungen spricht. Die Wahl dieser Formulierung einzig aus Gründen der Tarnung erscheint unwahrscheinlich, da die Briefe zu viele andere eindeutige Hinweise auf den verräterischen Zweck enthalten. Der Verfasser hält verschiedentlich Übertreibungen fest, erzählt gerüchteweise in Erfahrung gebrachte und wohl auch frei erfundene Unwahrheiten. Dies bemerkten auch seine Auftraggeber. Metternich scheint mehrfach in Berlin auf die mangelhafte Zuverlässigkeit Lessings hingewiesen zu haben, dort prüfte man im Januar 1835 jedenfalls die Zwischenschaltung einer mit den Verhältnissen in der Schweiz vertrauten Bezugsperson zur Überprüfung der Lessingschen Briefe auf deren Wahrheitsgehalt.[821]

Lessing imponiert als narzistische, fanatische Persönlichkeit. Er präsentiert sich in einem dieser Schreiben bei der Darstellung einer Reise mit Alban jedoch auch als willenloses Anhängsel desselben. Seine Eigeninitiative erschöpft sich im dilettantischen Versuch zur Vereitelung der Pläne Albans. Handkehrum soll er im März 1835 bei der Überführung eines deutschen Spions massgeblich beteiligt gewesen sein, was einerseits Ausdruck einer gewissen Verbundenheit mit der Bewegung sein mag, wahrscheinlich aber vielmehr dem Ausschalten möglicher

Konkurrenz diente.[822] Um sich vor seinen Auftraggebern ins richtige Licht zu rücken, schreckt er nicht davor zurück, von sich selbst ein Bild serviler Unterwürfigkeit zu zeichnen. Einerseits haftet Lessing seit 1834 der Verdacht an, Spion zu sein. Andererseits ergibt sich aus seinen Kontakten und seinen Informationen, dass er offensichtlich doch recht weitgehend in die Pläne der *Klubbs* und ihrer Mitglieder eingeweiht, von Alban gar als persönlicher Reisebegleiter ausgewählt wurde. Dies deutet darauf hin, dass Lessing trotz des verhängnisvollen Verdachts ein beträchtliches Mass an Vertrauen genoss.[823] Auch die Tatsache, dass ihm Freunde ein Geburtstagsgeschenk überbrachten, lässt darauf schliessen, dass er im Kreise der Flüchtlinge nicht unbeliebt war. Offenbar bewegte sich Lessing zwischen freundschaftlicher Zuneigung und misstrauischer Ablehnung im sozialen Umfeld der Deutschen in Zürich.

Vielleicht trug auch eine gehörige Portion Leichtsinn und innere Unverbindlichkeit dazu bei, dass Lessing sich doppelt wichtig vorkam, wenn er einerseits politisch ruchbaren Tätigkeiten nachging und andererseits die Erkenntnisse aus diesem Tun an Preussen verriet. Lessing war kein rationaler, kühl berechnender Agent, sondern vielmehr eine unreife, geltungshungrige und auch zwiespältige, aber durchaus intelligente Persönlichkeit, wie man sie unter Verrätern und Spionen, insbesondere bei Doppelagenten nicht selten antrifft. Einerseits scheint er sich effektiv für das republikanische Gedankengut begeistert zu haben, andererseits untergräbt er die radikale Bewegung durch seinen Verrat und trägt damit zur Vereitelung der von ihm selbst propagierten Ideale bei. Dadurch dient er dem Macht- und Autoritätsgefüge seiner preussischen Heimat und erhält dafür Geld.[824] Widersprüchlich präsentiert sich auch sein Ehrgefühl, das ihn dazu bewegt, sich unter Todesgefahr mit Ehrhardt zu duellieren, zugleich indessen ihn vom Verrat nicht abhält. Lessing gefällt sich – soviel wird aus seinen Briefen deutlich – sehr in der Rolle des Konfidenten, der alle möglichen wichtigen und unwichtigen, wahren und spekulativen Vorkommnisse nach Preussen übermittelt.

5.3.2 Politische Kraftprobe zwischen Zürich und Berlin

5.3.2.1 Rechtshilfegebot und Rechtsschutzinteressen

Der Fall Lessing beschäftigte Behörden und Öffentlichkeit in der Schweiz und insbesondere in Zürich verständlicherweise ungleich mehr als in Preussen, obschon es sich beim Opfer um einen preussischen Untertanen handelte. In Berlin und Frankfurt a.M., am Sitz der *Central-Behörde* des Deutschen Bundes, wo die Informationen über das Treiben politisch verdächtiger Elemente im In- und Ausland gesammelt und weitergeleitet wurden, interessierte man sich brennend für die schweizerische Flüchtlingspolitik. Der gewaltsame Tod Lessings steht für das Versagen dieser Politik. Noch im November 1835 wird die Kooperation im Bereich des Informationstransfers zwischen Frankfurt und Berlin in der Angelegenheit um den Mord aufgenommen.[825] Als die Behörden in Deutschland die Tragweite des Falles und der in der Untersuchung gewonnenen Erkenntnisse über die Flüchtlinge in der Schweiz realisieren, wird der Verhörrichter zufolge eines weiträumig angelegten Rechtshilfeverfahrens zum Denunzianten der Flüchtlinge in deren Heimat. Auf Anfragen von Justizbehörden u.a. aus Frankfurt a.M. und Kassel nach den Namen der Drahtzieher des *Jungen Deutschlands* in Zürich gibt er im Sinne der Gegenrechtsgewährung diese preis, da er sich dadurch die Kooperation dieser Behörden bei seiner eigenen Untersuchung erhoffte, waren doch verschiedene Personen zu befragen, welche die Schweiz bereits verlassen hatten.[826]

Die Mitteilung der Zürcher Untersuchungsergebnisse an die deutschen Behörden erfolgte zwar erheblich selektiver als in Bern, wo der mit Frankfurt kooperierende Untersuchungsrichter Lufft sämtliche neuen Erkenntnisse im Schüler-Prozess umgehend an die *Central-Behörde* weiterleitete.[827] Dennoch mussten sich aus der Mitteilung von Namen für die in der Schweiz befindlichen Flüchtlinge Gefahren ergeben, deren Inkaufnahme aus heutiger Sicht unzulässig erscheint, zumal gegen diese Verfolgten in Deutschland zumeist wegen in der Schweiz nicht strafbaren Verhaltens ermittelt wurde. Allerdings ist die damalige politische Grosswetterlage mit den die Eidgenossenschaft massiv belastenden, durch das benachbarte Ausland erzeugten Druckverhältnissen zu berücksichtigen, die eine kooperative Einstellung der Schweizer Behörden begünstigte.

Mehr als für die Aufklärung des Verbrechens interessierte sich die preussische Gesandtschaft für jene Ergebnisse der Untersuchung, welche genauere Kenntnis über das Verhalten und die Pläne der in Zürich lebenden Flüchtlinge vermittelten, woraus man sich Belastungsmaterial in künftigen Strafprozessen gegen dieselben versprach.[828] Um die eigene Betroffenheit, die politische Tragweite und den dringenden Ernst des Aufklärungsbedürfnisses zu betonen, setzte Preussen eine Belohnung von 1'000 Franken aus für Hinweise, die zur Entdeckung der Täterschaft führen.[829] Als im Herbst 1837 das Zürcher *Criminalgericht* dem Gesandten v.Rochow Abschriften verschiedener Einvernahmen aus der Lessingschen Prozedur übergab, beförderte dieser die Dokumente unverzüglich an die preussische *Ministerial-Commission* nach Berlin. Von dort wurden sie umgehend dem Kammergericht zugestellt, um als Belastungsmaterial gegen zurückkehrende Flüchtlinge Verwendung zu finden.[830]

Bereits im August 1836 interessierten sich das Grossherzoglich Badische Bezirksamt Bischofsheim und das Kurfürstlich Hessische Landgericht Kassel, welche beide auf dem Rechtshilfeweg durch das Kantonal-Verhöramt kontaktiert worden waren, für Akten aus der Lessingschen Prozedur, um Aufschluss über die politischen Tätigkeiten der aus ihrem Territorium stammenden Flüchtlinge zu gewinnen. Für das *Criminalgericht* steht bei der Beurteilung der Requisitionsbegehren indessen nicht die damit verbundene Problematik einer zusätzlichen Gefährdung der politischen Flüchtlinge in ihren Heimatländern, sondern vielmehr die Frage nach der Erhebung einer angemessenen Abschriftengebühr und deren Höhe im Vordergrund.[831] Das Obergericht präzisiert mit Beschluss vom 8. September 1836, Rechtshilfe sei soweit zu leisten, als Abschriften von Aktenstücken verlangt würden, die im Rahmen der Strafuntersuchung angefertigt worden seien, dagegen sollen darüber hinaus keine besonderen Schriftstücke erstellt und übergeben werden. Die Requisition habe insbesondere mit Hinblick auf die Gewährung des Gegenrechts zu geschehen.[832] Nach Deutschland zurückkehrende Flüchtlinge, die in der Schweiz Mitglied einer republikanischen Verbindung waren, riskierten in der Folge schwerwiegende Repressalien und hohe Freiheitsstrafen.[833]

5.3.2.2 Verweigerung der Rechtshilfe durch Preussen

Im Februar 1836 war in Berlin die *Ministerial-Commission*, nachdem der Gesandte v.Rochow angedeutet hatte, dass die mutmasslichen Täter, die er unter den Flüchtlingen vermutete, nach wie vor in Zürich seien, zum Schluss gekommen, bei den Zürcher Behörden auf eine Intensivierung der Untersuchung zu dringen.[834]

Am 25. März 1836 gelangte der preussische Gesandte v.Rochow an den Zürcher Regierungsrat mit dem Ersuchen um Auskunft über den gegenwärtigen Stand der Strafuntersuchung. Dieser liess sich durch das Obergericht informieren. Letzteres teilte in einem Schreiben seinen Standpunkt an den Regierungsrat mit, worauf die Exekutivbehörde diesen Brief, worin das Obergericht darauf hinwies, die zuständigen Behörden würden mit allen Mitteln an einer Aufklärung des Falles arbeiten, in durch Staatsschreiber Hottinger beglaubigter Abschrift an den preussischen Gesandten weiterleitete. Auch mögliche politische Motive, so die Mitteilung, würden in der Untersuchung berücksichtigt. Im Übrigen verwies das Gericht auf den Grundsatz, wonach über ein laufendes Verfahren keine detaillierte Auskunft erteilt werden könne.[835] Von diesem Prinzip abzuweichen sei man aber bereit, sofern die preussischen Behörden in der Lage seien, «auf irgend welche Weise die diesseitigen bei der Fortsetzung der fraglichen Untersuchung zu unterstützen, (...).»[836] Daraufhin blieben weitere Nachfragen vorerst aus.

Wenig später wandte sich v.Rochow mit einem Schreiben an Ancillon, in dem er diesen u.a. über den gegenwärtigen Stand der Strafuntersuchung unterrichtete und die Namen von 39 bisher in die Untersuchung involvierten deutschen Flüchtlingen erwähnte. Die Informationen wollte er «auf ganz vertraulichem Wege» erlangt haben.[837] In der Liste sind auch Personen aufgeführt, welche zum Zeitpunkt der Erstellung des Verzeichnisses nicht in die Strafuntersuchung des Kantonal-Verhöramts einbezogen waren.[838] Dies kann die Folge einer Unsorgfalt des Gesandten sein, indem er sämtliche ihm bekannten politischen Aktivisten aufführte oder aber daher rühren, dass v. Rochow die Namen über eine Indiskretion aus Kreisen der Zürcher Justiz oder Polizei beschafft hatte.[839]

Der Zürcher Verhörrichter gelangt, die scheinbare Gunst der Stunde zu nützen trachtend, am 4. April 1836 mit einem Rechtshilfegesuch an das preussische Polizeiministerium in Berlin. Er ersucht, nachdem die Erkenntnismöglichkeiten vor Ort – der Untersuchungsnotstand wird selbstredend nicht offengelegt – gänzlich erschöpft schienen, das Ministerium um rechtshilfeweise Einvernahme von Lessings Vater bezüglich der persönlichen Verhältnisse des Verstorbenen, der Einzelheiten betreffend Studienabsichten, Reisetätigkeit, der Passmodalitäten sowie der politischen Vergangenheit Lessings. Ferner fragt der Verhörrichter beim Ministerium nach den Grundlagen der Passerteilung, nach politischen Aktivitäten Lessings in Deutschland, konkret nach einer allfälligen Zugehörigkeit zum *Jungen Deutschland*; insbesondere aber will der Verhörrichter vom preussischen Polizeiminister naiverweise wissen, ob Lessing allenfalls Spion im Dienste Preussens gewesen sei.[840]

Am 14. April 1836 sendet der preussische Polizeiminister und Bruder des preussischen Gesandten, Gustav Adolf Rochus v. Rochow, sein Antwortschreiben nach Zürich. Dem verschnörkelten, floskelhaften Brief ist neben Unverbindlichkeiten nur zu entnehmen, dass die rechtshilfeweise Einvernahme von Lessings Vater nicht vorgenommen werden könne, da dieser dem Ministerium nicht bekannt sei. Überdies bedürfe das Ministerium vor Anhandnahme einzelner Abklärungen Einsicht in die Strafakte, welche das Kantonal-Verhöramt dem Ministerium zustellen möge. Insbesondere seien der Obduktionsbericht und die Zeugeneinvernahmen der politischen Flüchtlinge einzureichen.[841] Als äusserst fadenscheinige Erklärung für diese Wünsche führt der Minister an, Lessings Vater könne durch Vorweisen dieser Einvernahmen überzeugt werden, dass die Behörden in Zürich sich dem Mordfall auch ernsthaft annehmen würden.[842] Die Frage nach der Ausstellung des Passes wird nur teilweise beantwortet. Diese sei gestützt auf die erforderlichen Unterlagen zu Recht erfolgt. Der preussische Justizminister scheint sich besonders für die Aktivitäten des politischen Flüchtlings Ehrhardt in Zürich zu interessieren, gegen den in Berlin in contumaciam eine Strafuntersuchung geführt wurde. Er ersucht seinerseits den Zürcher Verhörrichter um Informationen über diese Person.[843]

Am 10. August 1836 gelangt der Verhörrichter erneut an das Polizeiministerium. In seinem Schreiben hält er mit Nachdruck fest, wie sehr ihm an der Aufklärung der Tat gelegen sei, und beklagt sich über den Argwohn, den das preussische Polizeiministerium seiner Untersuchung entgegenbringe."[844] v.Meiss ersucht dringend um Beantwortung der in seinem ersten Schreiben gestellten Fragen. Er verweist im Übrigen auf den ausführlichen Bericht, den er der preussischen Gesandtschaft über die bisherigen Ergebnisse der Untersuchung habe zukommen lassen.[845] Minister v.Rochow macht in seinem kurzen Antwortschreiben vom 3. September 1836 erneut jede weitere Rechtshilfe von der Zusendung wesentlicher Aktenstücke abhängig. In seinem diesmal sehr direkten Schreiben zeigt er sich beleidigt darüber, dass ihm der Verhörrichter die gewünschten Zeugeneinvernahmen, insbesondere jene Ehrhardts, nicht habe zukommen lassen.[846]

Das Verhalten des preussischen Justizministers braucht nicht notwendigerweise Ausdruck einer grundsätzlich mangelnden Kooperationsbereitschaft gegenüber schweizerischen Behörden zu sein. Bereits im Januar hatte man in Berlin durch die Nachrichten des Gesandten ernsthafte Zweifel an der Fachkompetenz des Verhörrichters v.Meiss erhalten. Obschon die Requisition auf dem Dienstweg und damit über die Vermittlung des Regierungsrats erfolgte, mithin auf die Form mehr Wert als in anderen in dieser Strafuntersuchung angestrengten Rechtshilfeverfahren gelegt wurde, sah sich das preussische Polizeiministerium nur unter der Bedingung der Denunziation von Flüchtlingen zu Rechtshilfehandlungen veranlasst.[847] Im Übrigen gründete Preussens Zurückhaltung auf den Umstand, dass es Lessings Spitzeltätigkeit in preussischem Auftrag auf jeden Fall geheimzuhalten galt.

6 Strafuntersuchung im Zeichen des Verfassungsschutzes – 2. Teil

6.1 Ein missglückter V-Mann-Einsatz

Am 7. Januar 1836 nahm der Verhörrichter die Untersuchung wieder auf und befragte, ohne neue Anhaltspunkte zu finden, verschiedene Einheimische, so den Wirt des Gasthauses zur *Waage*, der oft deutsche Flüchtlinge bewirtete, ferner Gäste des Wirtshauses Bryner auf der Brandschenke nach allgemeinen Beobachtungen, Erinnerungen und Hinweisen.[848]

Sodann meldeten sich, wie oft bei schweren, die Öffentlichkeit erschütternden Straftaten, verschiedene Auskunftspersonen, die über besonders wichtige Informationen zu verfügen meinten.[849] Aus Disentis/GR gelangte im März 1836 ein deutscher Flüchtling namens Philipp Bruch an den Verhörrichter und behauptete die Mörder Lessings zu kennen. Bruch wurde umgehend in Polizeibegleitung und auf Staatskosten nach Zürich geführt. Dies schien der Bündner Zeitung vom 23. März 1836 eine Mitteilung wert, worauf auch die NZZ und der «Schweizerische Beobachter» über den für die Untersuchung erfolgversprechenden Zeugen berichteten.[850] Bruch erklärte vor dem Verhörrichter, die Tathintergründe zu kennen, doch stellte sich nach langwierigen Einvernahmen heraus, dass er die Täterschaft vorwiegend aufgrund seiner Abneigung gegen die revolutionären Tendenzen radikaler deutscher Flüchtlinge in den Kreisen des *Jungen Deutschlands* vermutete, indessen keine Beweise zu liefern vermochte.[851] Er erinnerte daran, dass diese Vereinigung gemäss ihren Statuten Verrat mit der Todesstrafe bedrohte, und dass Lessing als Spion zweifellos von Mitgliedern des *Jungen Deutschlands* statutengemäss bestraft worden sei. Allerdings wusste auch er nicht, ob Lessing tatsächlich Mitglied des *Jungen Deutschlands* gewesen war oder nur im ehemaligen «Handwerkerverein» mitgetan hatte. Im Sinne eines besonderen, aber nicht näher begründeten Verdachts wies Bruch ferner darauf hin, dass sich der Baron Eyb zur Tatzeit in Zürich aufgehalten habe.[852]

Bruch erklärte sich, da er nun mal in Zürich war, auf eigenen Vorschlag hin bereit, sich unauffällig unter die Flüchtlinge zu mischen und diese auszuhorchen. Doch wurde er zufolge der Zeitungsmitteilungen sofort erkannt und durch die Flüchtlinge isoliert.[853] Trapp und Dieffenbach stellten Bruch zur Rede, nachdem sie vom Versuch einer verdeckten Fahndung in der Zeitung gelesen hatten. Dieser soll sich unwissend gestellt haben.[854] Verhörrichter v.Meiss verlieh mit Schreiben vom 2. April 1836 an den Gesandten v.Rochow seiner Enttäuschung über die «Aktion Bruch» geradezu entschuldigend Ausdruck. Die Zeitungen hätten mit der Publikation die Hoffnung auf weitere Aufklärung des Falles verdorben. Immerhin sei auch Bruch der «moralischen Überzeugung», dass die Tat vom *Jungen Deutschland* ausgegangen sein müsse.[855]

Im Protokoll einer Versammlung der vereinigten *Klubbs* des *Jungen Deutschlands* vom Juni 1836 wird Bruchs Lauschangriff als erfolglos und verwerflich bewertet. Das Tötungsdelikt an Lessing findet dabei keinerlei Erwähnung. Eine Abschrift des Protokolls gelangt umgehend auch nach Berlin, was die Vermutung nahe legt, dass auch nach Lessings Elimination weiter gespitzelt wurde, letzterer in Zürich mithin nicht der einzige Informant war.[856] Auch der Gesandte v.Rochow hatte Hoffnungen in Bruchs Aufklärungsversprechen gesetzt, nachdem dieser bereits früher «gute Dienste» geleistet habe, offenbar schon vorher als Spitzel eingesetzt worden war.[857] Der Gesandte berichtete Ende März 1836 über die gescheiterte Einschleusung Bruchs in die Zürcher Flüchtlingsszene nach Berlin, wobei er das vorzeitige Öffentlichwerden einer polizeilichen Massregel als «avis au lecteur» für die Mangelhaftigkeit der Strafverfolgung in Zürich hervorstrich, womit die Behörden nun einen weiteren Vorwand für die aus ihrer Unfähigkeit resultierende Erfolglosigkeit des Verfahrens vorzuschieben hätten.[858]

6.2 Die Aufdeckung der politischen «Klubbs» in Zürich

6.2.1 Vorbemerkung

In der festen Überzeugung, dass sich über die politischen Vereinigungen der Deutschen in der Schweiz der Schlüssel zur Lösung des Rätsels um das an Lessing begangene Verbrechen finden liesse, wandte sich Verhörrichter v.Meiss mit Schreiben vom 2. April 1836 an den preussischen Gesandten in Bern, um die Namen der Vorstandsmitglieder des *Jungen Deutschlands* in Erfahrung zu bringen.[859] v.Rochow nannte in seinem Antwortschreiben vom 3. April 1836 die Mitglieder des *Central-Committées* in Bern, das dort seit 1834 politische Schriften publizierte. Aufgeführt werden Dr. August Breitenstein (auch Breidenstein), Carl Theodor Barth, Georg Peters, Christian Scharpf und Friedrich Breitenstein.[860] Der Gesandte v.Rochow vermochte hingegen keine Angaben über die personelle Besetzung der Zürcher *Klubbs* zu liefern. Er erhoffte sich darüber Aufschluss durch die Untersuchung. v.Rochow spielte dadurch, dass er den Zürcher, insbesondere aber den Berner Untersuchungsbehörden Informationen über die politischen Verbindungen der Flüchtlinge in der Schweiz verschaffte, eine wichtige Rolle bei der Gestaltung des Bedrohungsbildes, das sich die schweizerischen Behörden von der Lage machten.[861]

Es erwies sich als überaus schwierig, Informationen über das *Junge Deutschland* in Zürich zu erhalten. Die Flüchtlinge und Handwerker stritten vorerst konsequent jegliche Kenntnis einer solchen politischen Vereinigung ab. Der Schriftsetzer Johannes Roth aus Homburg sagte in der Einvernahme vom 29. Juni 1836 vor dem Verhörrichter in vollem Ernst aus, in Zürichs *Klubbs*, die er keineswegs als politische Interessensgruppen versteht, sei gar nie von Lessing die Rede gewesen, weshalb er überhaupt nichts aussagen könne.[862]

6.2.2 Eine folgenschwere Hauptversammlung

Am 25. Mai 1836 wurde beim Bezirksstatthalter Anzeige erstattet, wonach zehn Tage zuvor im Rebhäuschen in der Enge, dem sog. «Lavatergütli»,[863] eine Versammlung von ca. 30 Deutschen stattgefunden habe.[864] Die 19jährige Wirtstochter, Magdalena Landolt, hatte die Versammlung belauscht und dabei aufgeschnappt, dass auch von «Sterben» oder «Tödten» die Rede gewesen sei.[865] Wenn sie jeweils zur Bedienung den Raum betreten habe, seien alle Gäste verstummt. Man habe ihr den bestellten Wein dann sogar schon auf der Treppe abgenommen, sodass sie den Versammlungsraum gar nicht mehr betreten habe.[866] Allerdings konnte die Denunziantin keine detaillierten Angaben machen, da sie das Hochdeutsch der Redner nicht verstanden hatte und ihr jeder Zusammenhang der aufgeschnappten Wörter fehlte.[867] Es ist anzunehmen, dass die durch reichlichen Weinkonsum und politische Reden erhitzte Stimmung im Saal, vermutlich durch gegen die deutschen Fürsten gerichtete, wütende Pereat-Rufe akustisch eindrucksvoll untermalt, auf Magdalena Landolt einen bedrohlichen Eindruck machte.[868] Die Anzeige wurde umgehend an das Kantonal-Verhöramt und an den *Polizey-Rath* weitergeleitet, worauf die mittlerweile weitgehend ruhende Untersuchung eine intensive Belebung erfuhr.[869]

Wie später durch den Berner Regierungsstatthalter Roschi rekonstruiert wurde, erfolgte die Einberufung der Versammlung durch Eyb und Rauschenplatt, der sich seit April wieder in Zürich aufhielt.[870] Rauschenplatts von Eyb unterstützter Antrag, einen bewaffneten Einfall nach Baden zu unternehmen, soll von den Anwesenden einstimmig gutgeheissen worden sein. Als Abgeordnete der Zürcher und des Wädenswiler *Klubbs* für die kommende Generalversammlung aller Sektionen des *Jungen Deutschlands* in der Schweiz wurden Rauschenplatt, Harring, Cratz, Vincens[871] sowie Rottenstein gewählt. Die illegale Versammlung der deutschen Flüchtlinge und deren Pläne werden von der Presse teilweise mit Empörung kommentiert.[872]

6.2.3 Die Verhaftung des Barons von Eyb

Gemäss der Zeugin Landolt hatte Baron Eyb die Versammlung geleitet. Dieser soll seit anfangs 1836 gemeinsam mit Hermann Rauschenplatt verschiedentlich Zusammenkünfte von deutschen Flüchtlingen und Handwerkern organisiert haben.[873] Eyb wurde auf diese Anzeige hin auf Veranlassung des *Polizey Raths*präsidenten, Bürgermeister J.J. Hess, umgehend verhaftet und in das Gefängnis Oetenbach überführt.[874] Tatsächlich hatte, wie sich heute nachweisen lässt, Eyb seit Herbst 1835 seine Machtstellung innerhalb des *Jungen Deutschlands* über das Gebiet des Zürichsees hinaus auch in den Städten des schweizerischen Mittellandes ausbauen können. Er bot sogar Harro Harring und Mazzini in Zürich Unterkunft an.[875] Eyb war an engem Kontakt mit den führenden Köpfen der republikanischen Bewegung in der Schweiz gelegen, da er, wie sich zeigen wird, deren Kontrolle aus beruflichen Gründen suchte.

In der Einvernahme vom 25. Mai 1836 gibt Eyb an, er könne die Namen der im «Lavatergütli» versammelten Deutschen nicht mitteilen, da er sich dieselben nicht gemerkt habe.[876] Offensichtlich versucht er als Schlüsselfigur der politischen *Klubbs* die Mitglieder des *Jungen Deutschlands* zu decken und weitere Nachforschungen abzublocken.[877] Die Nachricht von der Verhaftung Eybs löste gemäss dem preussischen Gesandten v.Rochow unter den Flüchtlingen grosse Aufregung aus, zumal auch bekannt geworden war, dass bei Eyb Korrespondenzen beschlagnahmt wurden.[878] Zudem zweifelten die Flüchtlinge daran, dass Eyb dem Druck der «Einkerkerung» standhalten würde, und fürchteten daher die Preisgabe von Geheimnissen über die Aktivitäten der *Klubbs*. Da die Bedingungen der Untersuchungshaft im alten Gefängnis Oetenbach nicht besonders angenehm waren, scheinen die Befürchtungen durchaus berechtigt. Zwar waren 1830 bis 1834 Umbauarbeiten erfolgt, doch kam es seit 1836 erneut zu Engpässen bei der Belegung der Zellen, was sich negativ auf die ohnehin stark beeinträchtigte Lebensqualität der Insassen auswirkte.[879]

Eyb habe, so v.Rochow, über keine kompromittierende Schreiben verfügt. Diese hätten Cratz und Rottenstein bei sich aufbewahrt und nach der Verhaftung Eybs umgehend vernichtet, sodass sie bei ihrer eigenen Verhaftung am folgenden Tag keine belastenden Dokumente mehr besassen.[880] Bei Eyb fanden sich tatsächlich kaum Briefe, da er sämtliche persönlichen Schreiben jeweils nach der Lektüre zu vernichten pflegte.[881] Tatsächlich war es Eyb gelungen, wichtige Korrespondenzen unmittelbar vor seiner Verhaftung durch seine Frau vernichten bzw. verstecken zu lassen.[882]

Nachdem in der Strafuntersuchung seit der Haftentlassung Sailers Ende 1835 keine grösseren Aktivitäten mehr entfaltet worden waren, erfuhr das Verfahren durch die Festnahme Eybs eine neue und intensive Belebung. Eyb bezeichnete vor dem Verhörrichter die Versammlung vom vergangenen Sonntag als «ganz harmlose» Veranstaltung. Befragt, weshalb die Türe verschlossen wurde, meinte er, das müsse zufälligerweise geschehen sein. Eyb wollte sich weiterhin an keine Namen erinnern. Der Versammlung hätten allerdings teilweise Leute beigewohnt, die zum *Jungen Deutschland* zählten. Der Verhörrichter fragte, ob das *Central-Comitée* des *Jungen Deutschlands* Protokolle führe. Eyb verneinte.[883]

Nachdem v.Meiss auf Lessing zu sprechen gekommen war, gab Eyb an, er verfüge über ein Verzeichnis der Zürcher Mitglieder des *Jungen Deutschlands*, das sich in einer Brieftasche bei ihm zu Hause befinde. Lessing sei nicht Mitglied gewesen, kein einziger Flüchtling habe im Herbst 1835 im *Jungen Deutschland* mitgetan. Er könne mit Sicherheit bestätigen, dass die Zürcher Abteilung des *Jungen Deutschlands* mit Lessings Ermordung nichts zu schaffen habe. Allerdings wolle er sich nicht für die Machenschaften anderer Verbindungen verbürgen.[884]

Eybs Ehefrau, Ida Szent-Györgyi,[885] führte anlässlich ihrer Einvernahme vom 28. Mai 1836 die besagte Brieftasche mit sich, welche diverse Korrespondenzen enthielt. Das Behältnis stammte aus Eybs Schreibtisch. Doch fand v.Meiss darin zwar Geld, nicht aber weiterführende Dokumente vor; insbesondere fehlte das gesuchte Mitgliederverzeichnis der Zürcher *Klubbs* des *Jungen Deutschlands*. Eyb erklärte daraufhin bestimmt, die Unterlagen über die Verbindung müssten sich in der Brieftasche befinden.[886]

Nach Androhung sofortiger Inhaftierung durch den Verhörrichter gibt Ida Szent-Györgyi zu, sie habe die Brieftasche einem Lithographen namens «Schmidt» gegeben, der die vermissten Unterlagen wohl behändigt habe.[887] Der angeblich aus England stammende Adam Smith[888] bestreitet jedoch in seiner Einvernahme, die Brieftasche auch nur berührt zu haben, obschon er einräumt, sich verschiedentlich in der Wohnung bei Frau Szent-Györgyi aufgehalten zu haben. Er selbst sei jedoch nicht Mitglied einer politischen Verbindung.[889] Anlässlich der Konfrontation mit Szent-Györgyi versichert Smith, er habe die Liste nicht behändigt. Doch sei es durchaus denkbar, dass diese sich bei ihm zu Hause befinde. Zwar kann der Verhörrichter anlässlich der Hausdurchsuchung in Smith's Zimmer nichts finden, doch übergibt ihm dessen Zimmernachbar, Student Altermatt, die gesuchte Liste.[890]

6.2.4 *Eine beispiellose Verhaftungswelle*

Im Besitz des Mitgliederverzeichnisses des *Jungen Deutschlands* richtet v.Meiss seine Untersuchungsstrategie nun ganz auf die Befragung dieser Mitglieder. Am 26. Mai wird auch Carl Cratz verhaftet. In der Einvernahme vom 27. Mai gibt

153

sich dieser sehr einsilbig, will insbesondere vom *Jungen Deutschland* nichts wissen. Befragt, ob er Rauschenplatt kenne, erwidert er, derselbe sei neulich aus Spanien nach Zürich gekommen, um seine Freunde zu besuchen. Rauschenplatt verkehre regelmässig im *Café littéraire* und werde demnächst nach Frankreich weiterreisen.[891] Auch Hermann Trapp und ein neu in Zürich angekommener stud.med. Carl Ludwig Wolf,[892] Flüchtling aus Rheinhessen, werden festgenommen und befragt. Doch die Verhafteten machen keine weiterführenden Angaben, sondern bestreiten jede Beteiligung an politischen Vereinigungen.[893]

v.Meiss erkannte, dass er die Inhaftierten nicht über einen längeren Zeitraum würde einbehalten können. Er liess den Untersuchungshäftlingen daher «ordentlich bürgerliche Kost» verabreichen, da vorläufig nicht anzunehmen sei, dass sie überführt werden könnten und stellte beim *Criminalgericht* Antrag um Kostengutsprache, da er befürchtete, die Extraportionen selbst bezahlen zu müssen, was offenbar schon vorgekommen war.[894] Das *Criminalgericht* beschloss am 28. Mai, die bürgerliche Kost sei gerechtfertigt, «sofern es ohne Belästigung des Staates geschehen könne.»[895] Die Inhaftierten hatten somit selbst für die Kosten aufzukommen.

Parallel dazu führte Statthalter Zwingli im Auftrag des *Polizey-Raths* ein Ermittlungsverfahren zur Feststellung und Befragung der bei der Hauptversammlung der jungdeutschen *Klubbs* im «Lavatergütli» anwesenden Deutschen. Es drohte allmählich die Zerstreuung der Untersuchung, da nun Verhörrichter und Statthalter nebeneinander Verhaftungen anordneten und Einvernahmen durchführten sowie nach kompromittierenden Korrespondenzen suchten, welche dem *Polizey-Rath* abzuliefern waren. Dieser interessierte sich aus fremden- und sicherheitspolizeilichen Gründen für die Vereine, welche im Verdacht standen, widerrechtliche Versammlungen abzuhalten, zumal seit Februar 1835 den Flüchtlingen verboten war, sich im Kanton Zürich politisch zu engagieren. Diese vorübergehend parallel wahrgenommenen Kompetenzen erschwerten Transparenz und Kommunikation; eine gemeinsame Strategie fehlte weitgehend.

Es braucht wenig Phantasie, um sich auszumalen, wie psychisch belastend diese Verhaftungen sich auf die am Verbrechen unbeteiligten Flüchtlinge auswirkten.[896] Wer sich vor dem Verhörrichter ungeschickt äusserte lief Gefahr, vom *Polizey-Rath* umgehend aus dem Kanton verwiesen zu werden. Ein deutscher Handwerker namens Friedrich Daniel gab zu, Mitglied einer politischen Partei zu sein und an der Versammlung teilgenommen zu haben. Er wurde wenig später aus dem Kanton Zürich weggewiesen.[897] Der Präsident des Rats, Bürgermeister Johann Jakob Hess, machte – die Gefahr einer allzu breit angelegten Untersuchung für den Erfolg der Aufklärung des Tötungsdelikts ermessend – den Verhörrichter darauf aufmerksam, dass es gelte, zwischen dem Mord an Lessing und der Ausmittlung von politischen Verbindungen und deren Machenschaften zu unterscheiden.[898] Der *Polizey-Rath* beanspruchte bei den Ermittlungen gegen das *Junge Deutschland* eine Schlüsselrolle. So gehörte die Untersuchung und Auswertung der beschlagnahmten Korrespondenzen zum Kompetenzbereich des *Polizey-Raths*.[899]

Am 31. Mai meldet Statthalter Zwingli dem *Polizey-Rath*, es seien nun gesamthaft 17 Personen, die an der Versammlung im «Lavatergütli» teilgenommen hatten, verhaftet worden.[900] Verhörrichter v.Meiss befragt am 1. und 2. Juni die Inhaftierten persönlich: Eduard Ferdinand Redeker, angeblich der Präsident des vierten *Klubbs* des *Jungen Deutschlands* in Zürich, sagt am 1. Juni 1836 vor dem Verhörrichter aus, die Aktivitäten des *Jungen Deutschlands* fänden in sehr diskretem Rahmen statt und seien rechtlich unbedenklich, er habe anfangs Jahr die Statuten desselben durch Regierungsrat Hegetschweiler[901] genehmigen lassen. Dieser habe ihm versichert, gegen die Statuten sei nichts einzuwenden, sofern nicht noch anderweitige Aktivitäten entfaltet würden. Redeker bestätigt, dass sich jedes Mitglied verpflichte, über die Tätigkeiten des Vereins Stillschweigen zu bewahren und niemanden zu verraten. Über die Hintergründe von Lessings Tod wisse er jedoch nichts auszusagen. Falls das *Junge Deutschland* hinter der Tat stehe, so brauche das den Mitgliedern nicht unbedingt bekannt zu sein, da ein solcher Entscheid wohl vom *Central-Committée* beschlossen worden wäre. Eyb habe unter den Deutschen stets die Theorie vertreten, Lessing sei vom eifersüchtigen Mann einer Frau, mit der er ein Verhältnis gehabt habe, ermordet worden.[902] Wegleitend für Redekers Aussagen ist sein offensichtliches Streben nach Entlastung und Verharmlosung der Zürcher Mitglieder des *Jungen Deutschlands*, das in seiner scheinbar kooperativen Mitteilungsbereitschaft Ausdruck findet.

Gleichentags verhört v.Meiss den deutschen Arzt und Flüchtling Ernst Dieffenbach, gemäss Redeker, Mitglied des *Jungen Deutschlands*. Dieffenbach erklärt, nicht lange Mitglied dieser Verbindung gewesen und inzwischen bereits wieder ausgetreten zu sein. Tatsächlich habe er an der Versammlung im «Lavatergütli» teilgenommen und dort Eyb angetroffen. Der sei seit anfangs 1836 Vorsitzender gewesen und habe die Verbreitung der Verbindung gefördert. Zuvor hätten in Zürich nur wenige Handwerker am *Jungen Deutschland* partizipiert. Über einen Zusammenhang mit dem Mord an Lessing will er nichts wissen.[903]

Der bereits früher befragte Johannes Müller erklärt, mit dem *Jungen Deutschland* nichts zu tun zu haben. Doch ist er sich sicher, hinter dem Mord an Lessing stehe kein Mitglied des *Jungen Deutschlands*, obschon er nicht abstreiten will, dass die Tat auf einem politischen Hintergrund gediehen sei. Er schliesst nicht aus, dass die *Carbonaria* Lessing beseitigen wollte. Vielleicht wisse ein

155

gewisser Siebert, der wegen eines Diebstahls aus Bayern habe fliehen müssen und in Bern bei einem «Professor Hermann» gewohnt habe, den er auch betrogen haben soll, mehr von der Tat. Dieser Siebert habe im letzten Jahr etwa sechs Wochen bei Schlutter gewohnt. Plötzlich sei er verschwunden. Zwar sei Siebert im November 1835 nicht mehr in Zürich gewesen, doch könne es sein, dass er mit Lessing in Bern bekannt war.[904] Der Verhörrichter fragt nicht nach dem Beweggrund Müllers für diese Vermutung, nimmt auch keine weiteren Abklärungen vor. In einer späteren Einvernahme erklärt Müller, die deutschen Regierungen könnten die Tat veranlasst haben, um den Verdacht auf das *Junge Deutschland* zu lenken und dadurch Repressionen der Schweiz gegen dasselbe zu provozieren.[905]

Es folgen zahlreiche Einvernahmen, welche die Realität der politischen *Klubbs* und deren Organisation aufhellen sollen. Allerdings ergeben sich aus den Aussagen wenig verwertbare Informationen. Die meisten Vernommenen wollen Eyb überhaupt nicht oder jedenfalls nicht näher kennen. Dass bei der Versammlung im «Lavatergütli» die Rede von einer Tötung gewesen sei, wird bestritten. Allerdings erklären einzelne Einvernommene, Eyb habe in Aussicht gestellt, dass das *Junge Deutschland*, wenn es sich vom *Jungen Europa* getrennt habe, bei der ersten Gelegenheit in Deutschland mit Gewalt eindringen werde.[906] Diese Mitteilung interessiert insbesondere den *Polizey-Rath*, weil dadurch die für die Sicherheit der Eidgenossenschaft gefährliche neutralitätspolitische Brisanz der Vereinigung offensichtlich wird.[907]

Die «Lavatergütli-Affäre» schlug Wogen bis nach Solothurn und Bern. Dort hörte man von den neuen Aktivitäten des *jungen Deutschlands* in Zürich. Durch Mitteilung des Zürcher Bürgermeisters Hess – man hatte mittlerweile die beschlagnahmten Korrespondenzen gesichtet – vernahm die Solothurner Regierung, dass am 28. Mai in Grenchen eine geheime Konferenz deutscher Flüchtlinge stattfinden sollte, worauf sie 120 Rekruten und 18 Landjäger nach Grenchen sandte. In der vermuteten konspirativen Wohnung, Mazzinis Logis im Bachthalenbad, wurden aber nur Mazzini, dessen Freund und Mitstreiter Agostino Ruffini sowie die deutschen Flüchtlinge Harro Harring[908] und Karl Soldan[909] angetroffen, verhaftet und nach Solothurn überführt.[910] Hermann Rauschenplatt und Giovanni Ruffini, die dem Treffen ebenfalls beiwohnten, vermochten sich der Verhaftung zu entziehen.[911]

Da sich die Gerüchte betreffend die Zusammenkunft einer grossen Zahl von Mitgliedern des *Jungen Deutschlands* nicht bewahrheitet hatten und die Solothurner Behörden keine Hinweise auf eine Verschwörung fanden, entliess man die Inhaftierten am folgenden Tag.[912]

Angeblich fand die Versammlung dann doch statt und soll tatsächlich der Vorbereitung eines bewaffneten Einfalles in das badische Grossherzogtum gedient haben.[913]

Regierungsstatthalter Roschi führte im Sommer 1836 eine grosse Untersuchung gegen politisch aktive Flüchtlinge im Kanton Bern durch, welche sich insbesondere gegen den Redaktor der «Jungen Schweiz», Ernst Schüler, richtete, der im Juli 1836 angeblich eine revolutionäre Erhebung anzuzetteln versucht haben soll. Es folgte eine Anklage wegen Hochverrat.[914] Insgesamt wurde gegen 22 Personen ermittelt, darunter neben Schüler auch gegen Weingart, Strohmeyer, Cratz, Dorn, Ludwig Snell, Scriba, Soldan und Dieffenbach.[915] Da sich die Untersuchung auch gegen die Verantwortlichen des Publikationsorganes «La Jeune Suisse» in Biel richtete, wurde Mazzini in das Verfahren involviert, doch hatte Roschi auf diesen nur beschränkt Zugriff, da Mazzini 1836 im Kanton Solothurn lebte.[916] Roschi entpuppte sich bei seiner Untersuchung als ausländerfeindlicher Gesinnungsgenosse der Gebrüder Schnell.[917]

Am 2. Juni erfolgten durch das Statthalteramt Zürich sechs neue Verhaftungen.[918] Sämtliche auf der Liste Eybs erscheinenden Personen befanden sich nun in Haft.[919] Nachdem die umfangreichen Recherchen über die Organisation der ausländischen Flüchtlinge insbesondere in Zürich während mehr als einem Monat die Untersuchung beherrscht hatten, rückte im Juli 1836 auch die am 26. Juli 1835 vorwiegend durch Mazzini verbundene, durch Westschweizer Freunde des *Jungen Europas* in Villeneuve gegründete Verbindung der *Jungen Schweiz* in den Brennpunkt des Interesses. Denn diese begriff sich als Assoziation des *Jungen Europas* und unterstützte die Demokratisierung der europäischen Staaten, worin ein Verstoss gegen das Neutralitätsgebot erblickt wurde. Da die *Junge Schweiz* in Zürich jedoch über keinerlei Rückhalt verfügte und deren Mitglieder im Kanton keine Rolle spielten, ferner auch kein Zusammenhang zum Tötungsdelikt erkennbar war, brauchten sich die Zürcher Behörden nicht weiter mit dieser Verbindung zu befassen. Deren Aufdeckung und Zerstreuung blieb der vom Berner Regierungsstatthalter Roschi geführten Strafuntersuchung gegen politische Flüchtlinge vorbehalten und war im Sommer 1836 faktisch bereits erfolgt.[920]

Auf dessen Verhältnis zur *Jungen Schweiz* befragt erklärt Eyb, das Zentrum derselben befinde sich in Biel. Dort würden auch politische Broschüren und Zeitungen gedruckt. Er sei zweimal nach Biel gereist und mit den Redaktoren Ernst Schüler und Karl Mathy in Kontakt getreten.[921] Tatsächlich hatte Eyb 1835 vorübergehend für die neu gegründete, vorwiegend von Schüler redigierte, durch Mazzini mitverfasste und -finanzierte Zeitung «Die Junge Schweiz – La Jeune Suisse» gearbeitet.[922] Er soll sogar als Teilhaber im Besitz der Druckerei gewesen sein.[923] Wie sich aus von Eyb selbst verfassten Konfidentenschreiben an den Mainzer Informationsdienst – für welchen Eyb, wie aufzuzeigen sein wird, arbeitete – entnehmen lässt, besuchte er Mazzini, um bei diesem Vertrauen zu schaffen und dessen Pläne in Erfahrung zu bringen.[924] Als die Druckerei der *Jungen Schweiz* in finanzielle Bedrängnis geriet, besorgte Eyb vom österreichischen Staat Geld, um Mazzini und Schüler zu unterstützen. Metternich soll den Zuschuss akzeptiert haben, weil man sich daraus eine weitere Stärkung der Stellung Eybs als Konfident innerhalb des *Jungen Deutschlands* erhoffte. So finanzierte das Metternichsche Regime, falls Eyb das Geld tatsächlich in die Druckerei investierte, vorübergehend die republikanisch-radikale *Junge Schweiz* (!).[925]

v.Meiss versuchte nicht ohne Erfolg, die Organisationsstruktur der geheimen radikalen Vereine um den Zürichsee aufzudecken. Radikale Vereine sollen demnach neben Zürich, so ergibt die Untersuchung, auch in Stäfa, Uster und Wädenswil existiert haben.[926] Von Lessing war in den Verhören freilich kaum mehr die Rede. Durch beschlagnahmte Korrespondenzen erhielt der Verhörrichter zwar tieferen Einblick in die deutsche Flüchtlingsszene in Zürich, doch führten diese Erkenntnisse in der Untersuchung des Tötungsdelikts nicht weiter. Die Abklärung der Identität der in den Schreiben erwähnten Personen und deren Rolle in der breitgefächerten politischen Landschaft der Vereine im In- und Ausland erwies sich als äusserst aufwändig. Verhörrichter und *Polizey-Rath* scheuten keine Mühe, um mittels unzähliger Einvernahmen und rechtshilfeweise im In- und Ausland eingeholter Auskünfte weiterführende Hinweise zu finden. Doch die Untersuchung komplizierte sich zusehends, zumal immer neue Namen erschienen, die zwar mit den politischen Bewegungen der Flüchtlinge und Handwerker in Zusammenhang standen, nicht jedoch mit dem Tötungsdelikt in sinnvolle Verbindung gebracht zu werden vermochten.

6.2.5 Gegen eine Mauer des Schweigens

v.Meiss sah sich jedenfalls darin bestätigt, dass die Tat einen politischen Hintergrund haben musste. Abgesehen vom Verstoss gegen das Verbot der Beteiligung von Ausländern an politischen Vereinen konnte indessen über kriminelle Machenschaften anlässlich der Versammlung im «Lavatergütli» bzw. innerhalb der *Klubbs* nichts festgestellt werden. Aus den beschlagnahmten Briefen wie auch aus mehreren Einvernahmen liess sich zumindest keine moralische Verurteilung der Bluttat entnehmen. Die *Klubbs* schienen intern nicht gegen das Delikt aufgebracht oder empört gewesen zu sein, was v.Meiss in seiner Vermutung bestärkte.[927] Lessings Tod wurde, soviel wird aus den Akten ersichtlich, von den meisten Deutschen nicht bedauert.

Die verhörrichterliche Einvernahmetaktik und die auf integrale Negation ausgerichtete Erwiderungsstrategie der Handwerker kommen in folgendem Verhör vom 8. Juni mit Jacob David Sieber, vulgo Negro, Schuster aus Württemberg, deutlich und repräsentativ zum Ausdruck:

«1. Wollt ihr abermals behaupten, dass ihr von einer Verbindung die in hier unter den Deutschen bestand, nichts wisst? Ja, immerhin.– 2. Hörtet ihr niemals von dem jungen Deutschland sprechen? Nein, dagegen wo ich war vor 3 Jahren schon. 3. Wie kommt es denn auch, dass ihr in einem Verzeichnisse über die Mitglieder dieser Verbindung steht? Das weiss ich nicht. 4. Wer kann euch denn schon euren Wissens aufgeschrieben haben? Das weiss ich nicht. 5. Seit ihr öfters auf die Waage gekommen? Ja bis in die letzte Zeit. 6. Mit wem seid ihr damals gewöhnlich zusammen gekommen? Mit niemandem, ich trank für mich und ging dann wieder. 7. Hörtet ihr denn niemals von Versammlungen sprechen, welche stattfinden sollten? Nein. 8. Habt ihr bestimmt an keiner solchen teilgenommen? Das kann und darf ich immerhin behaupten. 9. Hat man auch euch niemals aufgefordert in eine Versammlung der Verbindung einzutreten? Nein. 10. Seid ihr niemals mit den Deutschen in einem Rebhäuschen in der Enge gewesen? Nein. 11. Kennt ihr auch von den sich hier aufhaltenden Flüchtlingen? Nein mit Wissen nicht. 12. Sprachet ihr denn niemals mit Baron Eyb? Nein ich kenne denselben meines Wissens auch nicht. 13. Ist euch auch einmal etwas von dem Morde zu Ohren gekommen, der an einem Studenten Ende v. Jahres verübt worden? Ich hörte dieses, weil man allgemein davon schwatzte, allein ich könnte keine Auskunft geben. 14. Glaubt ihr denn wirklich, dass ihr euch unschuldig in Verhaft findet? Ja. 15. Es ist doch kaum gedenkbar, dass man ohne euer Wissen und ohne eure Einwilligung euch in ein Verzeichnis eingetragen, welches doch ganz richtig sein soll? Ich bin nicht in der Verbindung und gebe mich mit nichts so ab. 16. Habt ihr sonst noch etwas zu sagen? Nein. Vorgelesen und unterzeichnet. Sieber.»[928]

Das konsequente Leugnen und Schweigen der Handwerker erschwert die Untersuchung ungemein. v.Meiss' Nachforschungen führen zu keinen Ergebnissen, denn es fehlen griffige Anhaltspunkte, um die Mauer des Schweigens und Abstreitens zu überwinden.

Tags darauf bricht jedoch Christian Gorrizi,[929] Schuster aus Langenburg, das Schweigen. Da nun ohnehin die Sache verraten sei, wolle er die Wahrheit sagen. Gorrizi erklärt, er sei im vergangenen Sommer auf Betreiben des deutschen Flüchtlings Harro Harring dem *Jungen Deutschland* beigetreten. Er habe gegenüber Eyb schwören müssen, sich mit allen Kräften für die Errichtung einer Republik in Deutschland einzusetzen und die Verbindung unter keinen Umständen zu verraten. Gorrizi bestätigt die Richtigkeit des beschlagnahmten Mitgliederverzeichnisses. Lessing will er jedoch nicht kennen.[930]

Mittels Konfrontation[931] mit Gorrizi werden daraufhin andere Handwerker dazu gebracht, ihre Zugehörigkeit zum *Jungen Deutschland* offenzulegen. Sobald ein Handwerker gesteht, wird er zu Konfrontationen mit jenen, die nichts wissen wollen, eingesetzt.[932] So gelingt es nach und nach, mehreren Handwerkern ein Geständnis der Mitgliedschaft zum *Jungen Deutschlands* abzuringen. Der Flüchtling Hermann Trapp bleibt dagegen dabei, er habe nie mit dem *Jungen Deutschland* zu tun gehabt, obgleich er zugibt, an der Versammlung im «Lavatergütli» teilgenommen zu haben. Befragt, weshalb er auch bereits erwiesene Tatsachen abstreite, meint er, er müsse sagen, was er «für das Beste halte».[933]

Es folgen weitere Einvernahmen. Dabei wird bestätigt, dass die Zusammenkunft auf dem «Lavatergütli» eine Statutenänderung des *Jungen Deutschlands* im Sinne einer Loslösung vom *Jungen Europa* bezweckte. Eyb habe sich bei seinen Auftritten stets als «wahrer Patriot» aufgeführt.[934]

Verhörrichter v.Meiss konzentriert seine Ermittlungen nach diesem Erfolg gänzlich auf das *Junge Deutschland*.[935] Es scheint, als ermittle der Verhörrichter einzig wegen Zugehörigkeit zu einer illegalen politischen Verbindung, ein Vergehen, das nicht in seine Zuständigkeit fällt.[936] Allerdings lässt er auch hier widersprüchliche Aussagen offen stehen. So wirft die Behauptung, die Versammlung der Zürcher Mitglieder des *Jungen Deutschlands* im «Lavatergütli» sei zwecks Statutenänderung erfolgt, Fragen auf, zumal § 58 der Statuten vorsieht, dass nur die Gesamtheit aller Mitglieder Statutenänderungen beschliessen könne, nicht aber eine Fraktion lokaler *Klubbs*.[937] Es folgen gestützt auf die beschlagnahmte Mitgliederliste weitere Verhaftungen und Einvernahmen verschiedener deutscher Handwerker in Zürich, welche Licht auf die Identität und Stellung Eybs im *Jungen Deutschland* werfen und die anlässlich der Zusammenkunft im «Lavatergütli» geäusserten Pläne erhellen sollen.[938] Die Handwerker, namentlich Schuster und Glaser, erwidern auf die gestellten Fragen nur sehr knapp, verneinen die suggestiven Fragen des Verhörrichters und äussern sich ausführlich nur zu Belanglosem. Dass Verrat des *Jungen Deutschlands* jemals mit dem Tod des Verräters geahndet worden sein soll, wird konsequent abgestritten.

Am 17. Juni berichtet ein Informant nach Berlin, die Untersuchung des Tötungsdelikts an Lessing werde mit «beispielloser Lauheit und Oberflächlichkeit» betrieben.[939] Die Behörden seien an einer Aufklärung der Tat gar nicht interessiert. Verhörrichter v.Meiss mangele es freilich weder «an Talent noch am Willen», aber man habe ihn mit anderen Geschäften überladen. Zudem habe der «Erz Radikale» Staatsanwalt David Ulrich seine Hand im Spiel, obschon er in der Sache nie auftrete.[940] Die Berechtigung dieses Vorwurfes wird noch zu diskutieren sein. Aus den Akten lässt sich tatsächlich kein Hinweis auf eine Intervention durch die Staatsanwaltschaft entnehmen.[941]

Obgleich die durch die zahlreichen Verhöre und Nachforschungen gewonnenen Informationen grösstenteils nicht mit dem Delikt gegen Lessing in Zusammenhang gebracht werden können, sind sie eine wertvolle Quelle für den

Zürcher *Polizey-Rath* zur Erfassung der politischen Aktivitäten und Verbindungen der Flüchtlinge.

6.3 Der falsche Baron von Eyb alias Zacharias Aldinger

6.3.1 Die Frage nach der Identität

Gleich zu Beginn der Untersuchung jungdeutscher Umtriebe in Zürich rückt Eybs Abstammung in den Vordergrund des verhörrichterlichen Interesses, nachdem sich gezeigt hatte, dass das Württemberger Baronengeschlecht Eyb den Verhafteten Carl gar nicht kannte und sein Pass gefälscht zu sein schien.[942] Am 2. Juni ergibt die Abklärung der Identität Eybs durch das königlich württembergische Oberamt Künzelsau, dass der angebliche Baron v.Eyb in Wahrheit der jüdische Optiker Zacharias Aldinger ist, dessen Vater – angeblich ein Schwerverbrecher – im Zuchthaus zu Würzburg verstorben sein soll.[943] Da Eyb hartnäckig abstreitet, seinen Namen unrechtmässig zu tragen, werden weitere Nachforschungen in Württemberg getroffen. Am 2. Juli erfolgt die Konfrontation mit einem von Eyb als Entlastungszeugen angeführten, ihm von früher her bekannten Landsmann, einem Reallehrer namens Engelhard aus St. Gallen. Doch dieser kennt den vermeintlichen Baron nur unter dem Namen «Zacharias Aldinger», worauf der Verhörrichter definitiv von Namensanmassung ausgeht. Die Konfrontation von sich widersprechenden Zeugen gilt in der älteren wie auch in der neueren Prozessrechtslehre als probates Mittel zur Ausräumung von Missverständnissen und Dissens. Im vorliegenden Fall dient die Konfrontation der Herstellung der Identität Eybs, was in der älteren Prozessrechtslehre als «Recognition» bezeichnet wird.[944] Grolman räumt indessen ein, die direkte Konfrontation könne Widersprüche zementieren, wenn der die Unwahrheit angebende Zeuge im Angesicht des die Wahrheit aussagenden Zeugen zugeben müsse, dass er lüge. Um nicht vor dem anderen seine Lüge einzugestehen, sei der die Unwahrheit äussernde Zeuge versucht, sich auf seine falsche Aussage zu versteifen.[945] Tatsächlich ist Eyb nicht bereit, in Gegenwart des Belastungszeugen ein Geständnis abzulegen. Eyb[946] protestiert; es gehe dem Verhöramt nur darum ihn zu erniedrigen, nachdem das ganze Untersuchungsverfahren in der Lessingschen Angelegenheit missglückt sei.[947]

Aus der Einvernahme der Ehefrau Eybs, Ida Szent-Györgyi, vom 28. Mai 1836 geht hervor, dass der Name ihres Ehemannes auf dem Kopulationsschein ausgekratzt wurde. Der Verdacht, Eyb habe mit falschen Papieren in Zürich gelebt, erhärtet sich dadurch. Am 6. Juni erfolgt eine weitere Einvernahme mit der mittlerweile ebenfalls verhafteten Ehefrau. Im Vordergrund stehen nun die

Feststellung und Bestätigung der richtigen Identität des Ehepaars Eyb. Die Inquisitin gibt an, man hätte sich nach der Heirat 1832 vorerst nach Wien begeben, wo ihr Ehegatte Schwierigkeiten mit der Polizei bekommen habe, da er über keinen gültigen Pass verfügte. Später hätten sie in Strassburg gelebt und anfangs 1835 seien sie nach Zürich gekommen.[948] Szent-Györgyi erklärt, sie hätten in Strassburg wenig Geld gehabt und seien daher weggezogen. In Zürich verfügten sie über mehr Mittel, obgleich ihr Gemahl ihres Wissens keinem Erwerb nachgehe.[949]

Gelegentlich sickern auch aus der Bevölkerung gerüchteweise Zweifel an Eybs Identität durch, die ihren Weg zum Verhöramt finden.[950] Eyb gibt wenig später zu, ursprünglich Aldinger geheissen zu haben, doch habe ihm ein Bekannter 1825 Namen und Pass abgetreten, weshalb er sich nun zu Recht Baron v.Eyb nenne.[951] Geld habe er stets von seiner Mutter und von Bekannten erhalten. Auch beziehe er über einen Bevollmächtigten flüssige Mittel.[952] Die Geldquelle des Ehepaares bleibt unklar. Die Herkunft der Mittel interessiert, zumal solche, da Eyb oft Geld verschenkte, in beachtlichem Masse vorhanden sein mussten, ohne dass ein Grund für diesen Reichtum ersichtlich war.[953] Nachdem es ihm nicht gelingt, den Verhörrichter mit diesen Erklärungen zufriedenzustellen, will er mit ungarischen Effekten gehandelt haben. Er macht widersprüchliche Angaben. Als er erkennt, dass die Benützung eines falschen Passes Strafe nach sich ziehen würde, gibt Eyb an, zwar zwei Pässe besessen zu haben, sich jedoch stets nur mit dem auf Zacharias Aldinger lautenden Pass gegenüber den Behörden legitimiert zu haben.[954]

v.Meiss holt bei den Behörden in Würzburg und Strassburg Auskünfte über Aldingers Vergangenheit ein. Es geht ihm nun darum, den angeblichen Baron in dessen dubioser Rolle innerhalb der Zürcher Flüchtlingsszene zu entlarven und ihm möglichst viele Gesetzesverstösse nachzuweisen. Das Kantonal-Verhöramt scheut dabei keinen Aufwand und trifft allerhand Abklärungen an den Herkunftsorten der Flüchtlinge.[955] Auch in Wien versucht v.Meiss durch den Geschäftsträger der Eidgenossenschaft Informationen über die Herkunft der Szent-Györgyi zu gewinnen, doch scheitert dieses Unterfangen daran, dass die zuständige ungarische Hofkanzlei die über die K.K. Hof- und Staatskanzlei zugestellte Anfrage offenbar nicht beantwortete.[956] Aus Österreich-Ungarn war keine Unterstützung zu erwarten, da Metternich über v.Engelshofen bereits Mitte Juni erfahren hatte, dass die Zürcher Behörden in Ungarn nach der Herkunft der Szent-Györgyi forschen.[957] Die Gewährung von Rechtshilfe stand in diesem heiklen Fall nicht zur Diskussion.

Dagegen vernahm v.Meiss vom Berner Regierungsstatthalter, Eyb habe im Herbst 1834 mit einer Ungarin in Bern gelebt, dort intensive Kontakte zu anderen Flüchtlingen gepflegt und einen verfallenen, auf den Namen Zacharias Aldinger lautenden, mit dem Visum ungarischer und österreichischer Behörden versehenen Pass vorgewiesen. Nachdem dort ruchbar geworden war, dass Eyb auch unter einem anderen Namen auftrat und bereits in Strassburg eine «zweideutige Rolle» gespielt haben soll, wurde ihm der weitere Aufenthalt verweigert, sodass er im Januar 1835 nach Zürch gezogen sei. Eyb habe stets über viel Geld, «namentlich Dukaten» verfügt. Im Juni 1835 habe er sich auf einer Reise nach Lausanne, Genf und Lyon erneut vorübergehend im Kanton Bern aufgehalten.[958] Aus diesen Berichten verdichtete sich der Verdacht, dass Eyb unter falschem Namen und in fragwürdiger Mission in Zürich lebte. Eine durch den Bezirksarzt durchgeführte Körperinspektion ergab überdies, dass Eyb «nach jüdischem Gebrauche beschnitten» war, die Angaben des Oberamts Künzelsau, wonach der betreffende Aldinger aus jüdischer Familie stamme, mithin durchaus glaubwürdig erschienen.[959]

Ida Szent-Györgyi wird in fast jedem der zahlreichen Verhöre danach befragt, ob sie Eybs wahre Identität gekannt habe, was diese stets konsequent verneint, sogar angibt, sie hätte anfangs den Namen ihres Liebhabers überhaupt nicht gekannt.[960] Ein Geständnis sollte den Weg zu einer erfolgreichen Anklage wegen Gehilfenschaft zur Benützung falscher Ausweise bereiten. Doch auch in einer späteren Einvernahme vom 19. November 1836 beharrt sie darauf, den Namen ihres Ehemannes erst in Strassburg erfahren zu haben.

6.3.2 Drahtzieher eines politisch motivierten Mordes

Allmählich nahm die Vermutung, dass Lessing einem Racheakt des *Jungen Deutschlands* zum Opfer gefallen war, konkrete Formen an. Dass diese politische Verbindung tatsächlich Verräter oder Schädlinge exekutierte, schien wenig zweifelhaft, zumal Roschi in Bern zwei Fälle aus dem Jahre 1834 aufdeckte, wo Rachetötungen durch politische Geheimbünde ausgesprochen worden sein sollen.[961] Mit Eyb befand sich nun ein wichtiger Repräsentant des *Jungen Deutschlands* in Haft, der, wenn nicht selbst beteiligt, so mit höchster Wahrscheinlichkeit vom Verbrechen und dessen Hintergründen Kenntnis haben musste.

Am 31. Mai 1836 schien die Untersuchung einen entscheidenden Schritt weiter zu kommen. Barbara Schweizer, bei der Ida Szent-Györgyi öfters Blumen gekauft hatte, berichtete, dass diese ihr erzählt habe, der Baron Eyb habe sie oft misshandelt. Als dieser seiner Ehefrau angedroht habe, sie loszuwerden, habe sie ihm in Aussicht gestellt, bei der Polizei anzuzeigen, dass er die Mörder Lessings kenne. Am Tag nachdem ihr die Szent-Györgyi dies mitgeteilt habe, sei sie wieder vorbeigekommen und habe gesagt, sie hätte das wegen Lessing nicht ernst gemeint, sondern nur ihren Mann reizen wollen. Da sie, Barbara Schweizer, Frau Eyb für eine rohe und eingebildete Person und den Baron für einen einer solchen Tat nicht fähigen Menschen gehalten habe, habe sie sich vorerst auch nicht veranlasst gefühlt, den Behörden Mitteilung von dieser Geschichte zu machen. Nachdem nun aber Eyb in Haft sei, könne sie nicht länger darüber schweigen.[962]

In der Folge beauftragt der Verhörrichter Polizeihauptmann Fehr mit der sofortigen Arrestation der Ida Szent-Györgyi.[963] Die Aussage der Frau Schweizer wird Szent-Györgyi erst am 15. Juni vorgehalten. Diese bestreitet konsequent, je von ihrem Ehemann misshandelt worden zu sein oder etwas Ähnliches erzählt zu haben.[964] Auch in der Einvernahme vom 12. September weist sie den Vorhalt entschieden von sich. Selbst wenn sie von ihrem Mann misshandelt worden wäre, so hätte sie das nie Frau Schweizer erzählt. Auch über den Mord an Lessing habe sie mit dieser überhaupt nie gesprochen. Befragt, weshalb denn Frau Schweizer solches dem Verhörrichter erzähle, erwidert die Inquisitin, jene habe sie einige Male vergeblich um Geld gebeten. Ferner begehre die Schweizer wohl die Prämie von 1'000 Franken für Hinweise, die zur Ergreifung der Mörder Lessings führten. Frau Schweizer sei eine verlogene Person und mache für Geld alles. Ihr Ehemann sei zudem ein Betrüger.[965]

Erst am 18. November 1836 findet eine Konfrontationseinvernahme zwischen Barbara Schweizer und Ida Szent-Györgyi statt. Letztere bestreitet vehement, mit der Schweizer je über Lessing gesprochen zu haben. Die Konfrontation zwischen den beiden Frauen verläuft in totalem gegenseitigen Widerspruch.[966] Es misslingt dem Verhörrichter trotz einiger Anstrengung denselben auszuräumen. Insbesondere fehlt es hier v.Meiss am psychologischen Sensorium zur Entdeckung und Offenlegung der Lüge.[967] Die Ausräumung von Widersprüchen zwischen den Aussagen verschiedener Prozessbeteiligter ist jedoch eine wesentliche Voraussetzung für die Bildung einer die Verurteilung stützenden Überzeugung. Dies entspricht den damals das Beweisrecht beherrschenden Beweisregeln, da widersprüchliche Aussagen nie «nahe» (belastende) Indizien zu begründen vermögen, welche in Ermangelung des Grundsatzes freier richterlicher Beweiswürdigung für eine Verurteilung jedenfalls erforderlich sind.[968]

Es folgt am 10. Juni eine weitere Einvernahme mit Eyb. Befragt, ob er wirklich Flüchtling sei, gibt er an, nachdem der württembergische Minister nach Österreich geschrieben habe, er sei ein «höchst gefährlicher Mensch», sei ihm 1834 der weitere Aufenthalt in Österreich und Ungarn unmöglich geworden, sodass er in die Schweiz habe fliehen müssen. Bezeugen könne das jedoch niemand, da er keine Bekannten aus der Zeit vor seinem Aufenthalt in der Schweiz habe. Anfangs 1835 sei er mangels gültigem Pass aus dem Kanton Bern ausgewiesen worden.[969] Er habe während einiger Zeit aus Ungarn Geld erhalten, um republikanische Broschüren nach Deutschland zu schmuggeln. Bezüglich der

Einzelheiten zu den Statuten des *Jungen Deutschlands*, insbesondere vom Racheparagraphen, will Eyb noch immer nichts wissen. Er habe niemals über solche Statuten verfügt. Allerdings erkennt er die Statuten auf Vorlegen und weist auf die anlässlich der Versammlung im «Lavatergütli» verabschiedete Änderung bezüglich Abspaltung vom *Jungen Europa* hin. Eyb gibt daraufhin zu, Kassier des *Jungen Deutschlands* zu sein. Der Präsident sei Professor Schüler in Biel. Cratz und Trapp seien seit kurzer Zeit Mitglieder. Insgesamt gebe es in der Schweiz 15 bis 18 *Klubbs*. Daneben existierten auch einige wenige *Klubbs*, die nicht zum *Jungen Deutschland* zählten, so in Winterthur und Wädenswil. Die Zusammenkunft im «Lavatergütli» sei notwendig geworden, nachdem die einzelnen *Klubbs* nur für sich gearbeitet hätten und man sich über die Loslösung vom *Jungen Europa* habe Rechenschaft ablegen müssen. Befragt, ob auch Mazzini bei der Versammlung zugegen war, meint Eyb, dass man denselben dort gar nicht zugelassen hätte, da dieser eine andere politische Linie als die *Klubbs* in Zürich vertrete. Er selbst sei anlässlich dieser Versammlung zum Präsidenten gewählt worden, wobei das Amt in seiner personellen Besetzung alle drei Monate rotiere.

Betreffend die Zeugenaussage, wonach bei der Versammlung von «Töten» die Rede gewesen sei, erklärt Eyb, er habe in seiner Ansprache gesagt, es sei besser, wenn die Flüchtlinge nach Deutschland zurückkehrten, selbst wenn sie dabei sich «totschiessen» lassen müssten, als irgendwo in der Fremde ein liederliches Leben zu führen.[970]

Der Verhörrichter fragt, welche Rolle Hermann Rauschenplatt bei der illegalen Zusammenkunft der Deutschen gespielt habe. Eyb will sich nicht mehr genau erinnern, wie sich dieser geäussert hatte. Die Frage bleibt weitgehend unbeantwortet. Erst jetzt beginnt die Schlüsselfigur der deutschen Flüchtlingsszene in der Schweiz, Hermann Rauschenplatt, die Zürcher Behörden zu interessieren. Allerdings wird nichts zu dessen Ergreifung unternommen. Als der Flüchtling und Arzt Carl Vincens am 17. Juni nach dem Aufenthalt Rauschenplatts befragt wird, erklärt er, dieser sei bereits vor acht Tagen nach Frankreich abgereist.[971] Damit hatte die kurze und wenig ernsthafte Suche nach Rauschenplatt auch schon ihr Ende gefunden.

v.Meiss interessiert sich immer mehr für die *Klubbs* und ihr Zusammenwirken in der Schweiz. Auch in dieser, sich über 66 Fragen erstreckenden Einvernahme ist von Lessing nicht mehr die Rede. In seinem Bericht an den *Polizey-Rath* vom 11. Juni 1836 gibt sich der Verhörrichter zuversichtlich, dass gegen das Ehepaar Eyb ein Strafverfahren eingeleitet werden könne, zumal Delikte wie Passverfälschung und Hintergehung der Behörden bereits unzweifelhaft feststünden. Ausserdem setzt v.Meiss den Rat über die Aktivitäten der Zürcher *Klubbs*, welche für diesen aus Gründen des Verfassungsschutzes und der Fremdenpolizei von besonderer Bedeutung sind, in Kenntnis, soweit er die Umtriebe vermittelst der inhaltlich dürftigen Aussagen zu rekonstruieren vermag.[972]

Nachdem der Verhörrichter nun über das *Junge Deutschland* und dessen Aktivitäten in Zürich einigermassen informiert war, wandte sich die Ermittlung den politischen Aktivitäten der einzelnen deutschen Flüchtlinge zu. Während Hermann Trapp nach wie vor abstritt, mit der Verbindung etwas zu schaffen zu haben, gab Carl Cratz an, vor sechs Wochen dem *Jungen Deutschland* beigetreten zu sein. Zweck dieser Verbindung sei es, die Deutschen über die republikanischen Grundsätze zu unterrichten. Danach befragt, ob Eyb mit der österreichischen Gesandtschaft Kontakte unterhalten habe, erklärt Cratz, Eyb habe seines Wissens mit Graf de Bombelles nur einmal zu tun gehabt, als jener nämlich für die Szent-Györgyi einen Pass besorgte. Er sei davon überzeugt, dass Eyb «wirklich zu uns gehört». Geld habe Eyb von dessen Verwandten und von den Angehörigen der Gattin erhalten.[973] Dieffenbach erwidert auf die Frage, ob bei der Versammlung im «Lavatergütli» die Tötung einer Person angekündigt worden sei: «Gott bewahre; möglich wäre es, dass einige betrunkene jemanden den Tod geschworen, welcher 100 Meilen von hier entfernt ist.»[974] Ob es sich dabei um eine Redensart handelte oder ob Dieffenbach eine bestimmte Person im Auge hatte, wird aus den Unterlagen nicht ersichtlich.[975]

Alban und Lüning wollten in den nachfolgenden Einvernahmen vom *Jungen Deutschland* weiterhin überhaupt nichts wissen und Eyb nur flüchtig vom *Café littéraire* her kennen.[976]

6.3.3 Ein neues Eifersuchtsmotiv

Am 15. Juni wird Eyb, gestützt auf den Bericht aus Bern, erneut befragt. Er bleibt dabei, zu Recht Eyb zu heissen. Zu seiner Berner Zeit befragt, gibt er zu, dort politisch aktiv gewesen zu sein. Mazzini will er überhaupt nie getroffen haben. Auch mit Lessing habe er in Bern nie zu schaffen gehabt, da dieser mit anderen Deutschen verkehrt und keine neuen Bekanntschaften gesucht habe. Erst in dieser Einvernahme wird Eyb zu seinem Aufenthalt am Abend der Tat befragt. Er gibt an, den Abend bis gegen Mitternacht in der Gesellschaft eines Major Winkler verbracht zu haben. Eyb versichert, mit Lessing, den er in Zürich nur selten angetroffen habe und den er nicht näher kenne, nie Streit geführt zu haben, auch nicht, als er das Theaterabonnement, das er gemeinsam mit diesem geteilt hatte, nicht mehr verlängern wollte, da sie immer zuhinterst hätten Platz nehmen müssen, nachdem in der Loge fast immer «4–5 Frauenzimmer» die vorderen Plätze besetzt hätten. Zwar sei Lessing in Bern tatsächlich der Spionage bezichtigt worden. Doch er selbst habe ihn nie verdächtigt, denn der junge Student schien ihm «überhaupt zu unbedeutend zu sein». Eyb gibt sich nach wie vor davon überzeugt, dass das *Junge Deutschland* mit dem Mord an Lessing nichts zu tun habe.[977] Die Szent-Györgyi bestätigt diese Angaben, ergänzt indessen, Lessing sei verschiedentlich bei ihr und ihrem Ehemann zuhause gewesen, als sie noch auf dem Münsterhof gewohnt hätten.[978] Die Nachbarin der Eheleute Eyb auf dem Münsterhof bestätigt, Frau Eyb habe ihr gesagt, Lessing sei öfters zu ihr gekommen, doch ihr Mann sehe das nicht gerne. Auch sei ihr aufgefallen, dass Eyb über die Ermordung Lessings nicht viel gesagt, während seine Frau grosses Mitleid bezeugt habe.[979]

Am 12. September erklärt Szent-Györgyi, Lessing habe sie gesamthaft nur viermal besucht. Darauf befragt, ob es zwischen ihr und ihrem Mann wegen Lessing zum Streit gekommen sei, als dieser sie besucht habe, erwidert sie:

«Nein, es war mehr Spass, Lessing sagte etwas zu mir, das ich nicht recht verstand, mein Mann wurde hierüber ungehalten, indem er bemerkte er verbiete sich solches Geschwätz gegen seine Frau. Lessing drohte meinem Mann, ihn zur Thür hinauszuwerfen und sagte überdies, er wolle ihm zeigen wie man im Augenblick sterben müsse, allein es begegnete nichts und beide lachten nachher wieder. Später kam Lessing wieder in Abwesenheit meines Ehemannes und wollte mich ins Schwert[980] zum Mittagessen einladen, damit mein Mann recht böse werde, allein ich schlug das aus und nun begab er sich wieder fort, indem mein Mann, der gerade nach Hause gekommen, ihn nicht beachtete.»[981]

Einmal habe Lessing sie geärgert, indem er ihr spassehalber einige Fäden zerrissen habe, als sie an einem Mantel Näharbeiten verrichtete. Lessing habe sie auch am früheren Wohnsitz in der Enge besucht und versucht, für sie und ihren Mann bei Lochers ein Logis zu finden, doch ihr Ehemann habe das nicht gewollt. Sie sei Lessing aber nie böse gewesen. v.Meiss will auch wissen, ob Lessings Besuche in der Enge auch der Gattin des bereits früher in die Untersuchung einbezogenen Fechtmeisters Meili gegolten hätten. Szent-Györgyi erwidert, dass zur Zeit von Lessings Besuchen Meilis Frau, welche mit ihrem Gatten in der Enge im selben Haus wie die Eybs wohnte, während längerer Zeit bei Verwandten im Ausland zu Besuch gewesen sei. Auf Befragen erklärt sie sodann, tatsächlich habe Meili ihr einmal gesagt, er würde den Mann, der etwas mit seiner Frau hätte, erstechen. Der Verhörrichter fragt sodann, ob sie nicht den Wunsch geäussert habe, Lessings Leiche zu sehen. Nach anfänglichem Abstreiten gibt sie zu, dass sie bemerkt habe, sie möchte die Leiche gerne sehen, wenn das möglich sei.[982]

Die eheliche Beziehung zwischen den Eheleuten Eyb scheint nicht besonders glücklich gewesen zu sein.[983] Dagegen muss Eyb, wie sich aus seinen bei der Gattin beschlagnahmten Liebesbriefen ergibt, anfangs der 1830er Jahre intensive, zumindest intensiv dargestellte Gefühle für sie empfunden haben. Auch lässt sich aus diesen Schreiben auf einen stark sanguinischen Charakter des Verfassers schliessen, der zwischen düsterer Verzweiflung und euphorischem Enthusiasmus hin und hergerissen wird.[984] Unter den beschlagnahmten Liebesbriefen befindet sich ein bemerkenswertes Schreiben unterzeichnet von einem «guten Teufel (...) Mephistopheles Lucifer» aus Regensberg, der am 31. August 1835 einen in der Form eines Gebetes abgefassten Brief an Szent-Györgyi mit der Anrede «Theuerster Schutzengel» sendet. Das Schreiben zeugt von einem sehr persönlichen Umgang zwischen Verfasser und Adressatin. Vermutlich war Rottenstein der Verfasser, zumal er damals in Regensberg auf der Gerichtskanzlei arbeitete. Der Brief ist angeblich mit Blut (rote Tinte?) unterschrieben. Der Verfasser bezeichnet sich selbst als Teufel, der von dem «lieben Engel» einen Brief bekommen möchte. Das Schreiben endet mit dem Satz: «Adieu himmlisches Engelskind; ich gebe nicht die Hoffnung auf, dass Ihr noch alle des Teufels werdet.»[985]

Es ist wohl nicht auszuschliessen, dass Ida Szent-Györgyi ihrem Mann nicht gänzlich treu war. So erstaunt denn auch nicht, dass wenig später in Zürich das Gerücht umging, Bezirksarzt Hess habe anlässlich der Obduktion von Lessings Leiche bei dieser eine bestehende «syphilitische Krankheit» festgestellt, worauf Prof. Muralt-Zwingli bekannt gegeben habe, die Szent-Györgyi wegen Syphilis behandelt zu haben.[986]

6.3.4 Die Spezialinquisition

6.3.4.1 Die Versetzung in den Anklagezustand

Mit der Versetzung in den Anklagezustand beginnt nach dem das damalige Zürcher Strafverfahrensrecht beherrschenden Inquisitionsprozess die sog. Spezialinquisition. Während dieser Verfahrensphase steht die strafrechtliche Überführung, also der prozessual korrekte Nachweis von Täterschaft und Schuld des nun Angeklagten im Vordergrund.[987] In der ersten Hälfte des 19. Jh. werden General- und Spezialinquisition jedoch nicht mehr klar getrennt, sodass auch im spezialinquisitorischen Untersuchungsabschnitt Raum für allgemeine Nachforschungen verbleibt.

Um einen Angeschuldigten effizient im Rahmen der spezialinquisitorischen Verhöre befragen zu können, hätte der Verhörrichter jedoch während der Generaluntersuchung mehr belastendes Material zusammentragen müssen. Es fehlte nun das Wissen für eine erfolgreiche Durchführung der Spezialinquisition. Der deutsche Kriminalist Pfister warnt 1820 in seiner Empfehlung für Untersuchungsrichter vor dieser Situation. Der zu schwach fundierte Untersuchungsverantwortliche gerate unverhofft in die unangenehme Lage, sein fehlendes Wissen «unter schicklichem Vorwand» gegenüber dem Angeschuldigten verbergen zu müssen, was der eigenen Glaubwürdigkeit und Autorität Abbruch tue.[988]

In der Spezialuntersuchung werden Angeschuldigte, aber auch Zeugen meist «ordentlich» verhört. Grundsätzlich soll zu diesem Zeitpunkt die Aufnahme allgemeiner «Depositionen» abgeschlossen sein. Das «ordentliche Verhör» des Angeschuldigten in der Spezialuntersuchung teilt sich wiederum in ein «summarisches», in dem derselbe zu den Umständen des ihm zur Last gelegten Delikts befragt wird, und in ein «artikulirtes», welches unter Vorbehalt des «Schluss-Verfahrens» den Abschluss der Einvernahmen bildet und das strafrechtliche Verhältnis des Angeschuldigten zu seiner während der summarischen Phase ausgemittelten Tat zum Inhalt hat. Die «summarischen Verhöre» können vom Untersuchungsrichter nach eigenem Gutdünken weitgehend frei organisiert sowie durchgeführt werden und sollen die aus der Generalinquisition gewonnenen Erkenntnisse vertiefen.[989]

Für die Durchführung «artikulirter Verhöre» hatte der Untersuchungsrichter ursprünglich den gesamten aus der Generalinquisition gesammelten Prozessstoff in einzelne Fragen (Inquisitionsartikel) zu fassen, welche dem Angeschuldigten in unveränderter Form zu stellen waren. Dadurch wurde der Untersuchungsrichter zu sorgfältiger Durchdringung des Prozessstoffes gezwungen.[990] Zweck des «artikulirten Verhörs» war, eindeutige Antworten auf entsprechend formulierte, auf eine Überführung hinzielende Fragen zu erhalten, mit welchen sich die Beweiskette argumentativ schliessen liess. Zwischen den beiden Phasen erfolgt die förmliche Aufnahme der durch das summarische Verfahren ausgemittelten Beweise.[991] Die formelhaft «artikulirten Verhöre» verloren seit dem 18. Jh. an Bedeutung.

Feuerbach differenziert in diesem Sinne die Spezialuntersuchung analog der entsprechenden Verhörformen: In einer ersten Phase («summarische Untersuchung») sammelt der Richter Beweise für und gegen den Angeschuldigten, in einer zweiten («articulirte Untersuchung») sind die Beweise darzustellen und die für die Bestrafung relevanten Punkte einzeln zu beweisen.[992] Ähnlich versucht auch der Zürcher Verhörrichter in seinen Einvernahmen allmählich beweisorientiert vorzugehen. Da verschiedene Tatvorwürfe sich abzeichnen, deren Beweisbarkeit differiert, muss während der Verhöre verschiedentlich vom «artikulirten» zum «summarischen» Stil übergegangen werden.

Am 16. Juni – die 20tägige Frist für eine verhörrichterlich angeordnete Untersuchungshaft ist verstrichen – verfasst v.Meiss einen Bericht an das *Criminalgericht* des Kantons Zürich und stellt in Anwendung von § 53 des Strafrechtspflegegesetzes Antrag, Eyb sei wegen Mitwissenschaft und Teilnahme an der Tötung Lessings in Anklagezustand zu versetzen. Er begründet diesen Antrag im Wesentlichen damit, Eyb nehme in der Vereinigung des *Jungen Deutschlands* eine zentrale Funktion wahr. Angesichts des statutarischen Gerichtsparagraphen dieser Partei betreffend das Vorgehen gegen Verräter, sei Eyb mit Sicherheit in der Lage, nähere Angaben über die Tat zu machen, zumal der Mord bestimmt politisch motiviert gewesen sei. Da Eyb im Laufe der Untersuchung verschiedentlich und nachgewiesenermassen die Unwahrheit gesagt habe und überdies unter falschem Namen mit einem verfälschten Pass lebe, seien seine Aussagen zur Entlastung ungeeignet. Sodann sei Eyb auch wegen Verfälschung von Urkunden in Anklagezustand zu versetzen und seine Ehefrau in beiden Fällen als Gehilfin entsprechend einzubeziehen. v.Meiss bittet im Schlusssatz – vielleicht etwas verunsichert durch das Scheitern seines ersten Antrags auf In-Anklagezustand-Versetzung des Ferdinand Sailer, prozessrechtlich indessen unbegründet –, das *Criminalgericht* möge wenigstens «einstweilen» seine Anträge gutheissen, damit ihm mehr Zeit für weitere Abklärungen bleibe.[993] Wie bereits im Fall Sailer war es dem Verhörrichter nicht gelungen, innerhalb der gesetzlichen Frist bezüglich des Tötungsdelikts, die Inhaftierten zu irgendwelchen Eingeständnissen zu bewegen, weshalb er, wollte er die Eheleute Eyb weiterhin in Gefangenschaft einbehalten, die Versetzung in Anklagezustand notwendigerweise beantragen musste.

Das *Criminalgericht* gibt dem Antrag bezüglich des Verdachts auf mehrfache Urkundenfälschung durch die Eheleute Eyb mit Entscheid vom 21. Juni statt, wobei sich das Gericht in seinen Erwägungen massgeblich vom bereits weit gediehenen Teilgeständnis Eybs bezüglich der Passfälschung leiten lässt, welches ohnehin zu einem Strafprozess Anlass geben musste. Der Verhörrichter wird angewiesen, die Urkundenfälschung von der Prozedur wegen des Lessingschen Mordes zu trennen und für die erstere die Spezialuntersuchung zu eröffnen.[994]

Gegen den Beschluss des *Criminalgerichts* rekurriert daraufhin der Verhörrichter am 24. Juni bei der *Justiz Commission* des Kantons Zürich, der leitenden Behörde des Obergerichts, die durch Friedrich Ludwig Keller und Johann Kaspar Ulrich[995] besetzt war. Dort macht er mit derselben Begründung geltend, es bestehe ausreichender Verdacht, den Anklagezustand auch auf den Verdacht der Teilnahme und Wissenschaft am Tötungsdelikt an Lessing auszudehnen. Er betont, dass Eyb als führender Kopf der *Klubbs* des *Jungen Deutschlands* in Zürich von den Hintergründen der Ermordung wissen müsse, da diese sehr wahrscheinlich vom *Jungen Deutschland* ausgegangen sei. Überdies, so argumentiert v.Meiss wenig überzeugend, müsse er gestehen, wenn sein Antrag abgelehnt werde, sei davon auszugehen, dass niemand gefunden werden könne, gegen den sich im Falle der Tötung Lessings eine Spezialinquisition rechtfertigen liesse. Schliesslich regt der Verhörrichter an, inskünftig solle der mit der Führung einer besonders wichtigen und aufwändigen Kriminaluntersuchung betraute Verhörrichter von den übrigen Geschäften entbunden werden, was auch die Erfolgschancen zur Aufklärung solcher Delikte erhöhen würde.[996] Der Verhörrichter droht gleichsam damit, die Zürcher Justiz müsse sich, falls sie das von ihm vorgeschlagene Opfer nicht annehme, vor dem das Verfahren kritisch verfolgenden Ausland wohl oder übel mit der Schmach eines unaufgeklärten Mordes abfinden.

Am 2. Juli folgt das Obergericht dem Antrag des Kantonal-Verhöramtes. Es seien die Eheleute Eyb auch wegen Teilnahme und Gehilfenschaft zur Tötung Ludwig Lessings in Anklagezustand zu versetzen. Das Obergericht begründet seinen Entscheid, entgegen der prominenten und fachlich überaus kompetenten Besetzung, in diesem Fall mehr praktischen als juristischen Überlegungen verpflichtet. Es erkannte, dass zufolge der Urkundendelikte die Eheleute Eyb ohnehin das «Übel» der mit der Versetzung in den Anklagezustand verbundenen Unannehmlichkeiten der Spezialuntersuchung zu erleiden hätten. Da tatsächlich gewisse Indizien die Teilnahme der Inquisiten am Lessingschen Mord möglich erscheinen liessen, sei es in diesem Fall sinnvoll, den Anklagezustand auf die Teilnahme am Mord auszudehnen, wodurch der Verhörrichter weitere Gelegenheit erhalte, die Wahrheit ausfindig zu machen.[997] Auf die Problematik einer Anklage wegen Gehilfenschaft zu einem Delikt ohne bekannte Haupttäterschaft wird nicht eingegangen. Bezüglich des Antrags auf künftige Entlastung des Verhörrichters vom Tagesgeschäft bei starker Inanspruchnahme durch grosse Untersuchungen verweist das Obergericht das Kantonal-Verhöramt an das *Criminalgericht* als Aufsichtsbehörde.[998]

Mit der Versetzung in den Anklagezustand konnte in Anwendung von § 86 des Strafrechtspflegegesetzes ein Untersuchungshäftling, wenn dieser trotz begründeten Verdachts «sich weigerte, bestimmte Antworten zu geben, oder sich eines beleidigenden oder drohenden Benehmens schuldig» machte, mit Haftverschärfung, Fesseln und Kostschmälerung bestraft werden. Dazu bedurfte es allerdings eines Beschlusses durch das *Criminalgericht*.[999] Ein solcher findet sich jedoch nicht bei den Akten. Grundsätzlich bot die Eröffnung der Spezialinquisition aber schärfere Methoden zur Ermittlung von Täterschaft und Schuld, auch wenn seit 1831 auf peinliche Verhöre verzichtet werden musste.

Der Verdacht der Wissenschaft oder «Mitwisserschaft» um das Tötungsdelikt allein hätte für eine Versetzung in Anklagezustand nicht ausgereicht. Die zeitgenössische Lehre ist sich nicht einig über die Behandlung der Mitwisser. Für strafbar beurteilt Grolman das Wissen um ein geplantes Delikt im Sinne einer Verschwörung, sofern eine «societas delinquendi» vorliegt, der Mitwisser zum intellektuellen «Coauctor» wird und das Delikt tatsächlich stattfindet. Nicht erforderlich ist, dass der Miturheber an der Ausführung der Verschwörung teilnimmt.[1000] Feuerbach beurteilt den Tatbeitrag der am Delikt nicht mitwirkenden «coauctores ex conjuratione» als Versuch desselben.[1001] Henke dagegen be-

171

schränkt die strafrechtliche Rolle des an einer strafbaren Tat nichtbeteiligten Mitwissers auf jene eines Gehilfen, sofern dieser die Tat nicht zu verhindern versucht oder allfällige Vorteile derselben für sich selbst in Anspruch nimmt.[1002] Jarcke bewertet solches Verhalten, insbesondere die Nichtanzeige oder Nichtverhinderung eines Delikts, als möglichen Anwendungsfall von Begünstigung, weist aber auf die gemeinrechtliche Umstrittenheit der Pönalisierung solchen Verhaltens hin.[1003] Das Bayerische Strafgesetzbuch von 1813, das in Art. 78 die Mitwisserschaft als dritten Grad der «Beihülfe» einordnet, pönalisiert das fragliche Verhalten.[1004] Das Zürcher Strafgesetzbuch von 1835 unterscheidet als Formen der Teilnahme an Verbrechen zwischen «Urheber» (Anstifter, Mittäter), «Gehülfen» und Begünstiger. Für blosses Mitwissen und Nichtverhindern eines Delikts sind gemäss § 54f. nur Personen zu bestrafen, welche durch elterliche, häusliche oder vormundschaftliche Gewalt bzw. durch besondere gesetzliche Bestimmungen zur Verhinderung verpflichtet gewesen wären. Wegen Begünstigung zufolge Nichtanzeige sind nach § 58 nur öffentlich Beamtete und Angestellte zu bestrafen, denen die Anzeige von Delikten von Amtes wegen obliegt. Eine absolute Anzeigepflicht für alle Kantonsangehörigen, ausgenommen die nahen Blutsverwandten des Täters, statuierte § 92 des zürcherischen Strafgesetzes von 1835 einzig bei Hochverrat. Da Eyb keiner dieser Gruppen zugeordnet werden kann, ist eine gesetzliche Strafbarkeitsvoraussetzung für «Wissenschaft» im Rahmen der Gehilfenschaft nicht ersichtlich.

Erst am 8. Juli wird Eybs Alibi für den Abend der Tat überprüft. Major Jacob Winkler[1005] gibt an, Eyb habe vom 16. September bis am 16. Dezember 1835 bei ihm im Münsterhof logiert. Anfänglich habe er mit den Eheleuten ein freundschaftliches Verhältnis unterhalten, später jedoch hätten sich diese oft gestritten und dem Lärm nach tätlich misshandelt, weshalb er den Kontakt etwas verloren habe.[1006] Am Abend bevor Lessings Leiche gefunden wurde, seien die Eheleute Eyb gemeinsam mit Oberst Sulzberger bei Winklers eingeladen gewesen. Allerdings sei Eyb erst gegen 20 Uhr hinzugestossen, da er, wie er sagte, noch «Geschäfte» zu erledigen hatte, und habe sich, nachdem er seiner Frau den Schlüssel übergeben hatte, für etwa eine halbe Stunde erneut entfernt. Es sei ihm an jenem Abend an Eyb nichts besonderes aufgefallen.[1007] Johannes Sulzberger bestätigt die Angaben Winklers, gibt aber an, Eyb sei, ohne irgendwie besonders aufzufallen, erst um 21 Uhr in die Abendgesellschaft gekommen.[1008]

Erst am 12. September wird Ida Szent-Györgyi zum Aufenthalt ihres Mannes am Abend vor der Tat befragt. Sie gibt an, dass sie sich mit Eyb in ihrer Wohnung aufgehalten habe. Sie hätten Winklers Einladung vergessen, als man sie um 20.30 Uhr gerufen habe, weil die anderen Gäste schon lange warteten. Ihr Mann habe sich dann noch einmal für etwa eine Viertelstunde entfernt, um die Kleider zu wechseln. Befragt, ob Eyb nicht, wie durch die Eheleute Winkler angegeben, noch während einer halben Stunde geschäftlich verhindert gewesen sei, erwidert sie, ihr Ehemann sei im Gegenteil bereits früher als sonst nach Hause gekommen, sie habe erst gerade Licht gemacht. Er habe Tee getrunken und sei nachher nicht mehr ausgegangen. Ausser Billardspielen gehe er gar keinen Geschäften nach. Sie bestreitet, bereits vor ihrem Mann in der Gesellschaft bei Winklers gewesen zu sein. Auch sei es nicht wahr, dass Eyb, nachdem er zu den Gästen gestossen sei, ihr einen Schlüssel übergeben habe. Nach dem Essen habe er allerdings noch ausgehen wollen, um in der *Waage* einen Schoppen Bier zu trinken, doch sie habe die Wohnung verschlossen und den Schlüssel an sich genommen und ihm gesagt, er solle doch ausgehen, wenn er könne. Daraufhin sei er dann zu Hause geblieben.[1009]

Diese Aussagen werden von Winklers Magd nur teilweise bestätigt. Sie gibt an, das Ehepaar Eyb sei zwischen 18 und 19 Uhr zur Gesellschaft gestossen. Eyb habe sich dann für eine Viertelstunde entfernt, nachdem er seiner Frau die Schlüssel übergeben habe. Sie kann sich nicht erinnern, an jenem Abend die Eheleute Eyb in ihrer Wohnung aufgesucht zu haben. Sie bestätigt jedoch, dass sich die Eybs oft gezankt hätten.[1010] Auf die Widersprüche ihrer Angaben bezüglich des Hinzustossens zur Gästeschaft bei Winklers angesprochen, bestätigt Szent-Györgyi in der Einvernahme vom 26. September ihre früheren Aussagen und erklärt, sie habe nach bestem Wissen und Erinnern ausgesagt.[1011]

6.3.4.2 Spionageverdacht

Am 7. Juli 1836 führt der Verhörrichter, bestätigt durch den seinen Rekurs gutheissenden Entscheid des Obergerichts, ein weiteres Verhör mit Eyb durch. Da dieser, obschon er bereits zugegeben hat, ursprünglich Zacharias Aldinger geheissen zu haben, nach wie vor behauptet, den Namen Carl August v.Eyb zu recht zu tragen, versucht ihn v.Meiss zu einem umfassenden Geständnis zu bewegen. Doch Eyb gibt zu Protokoll, man könne ihm eher sein Leben als seinen Namen nehmen. Er versteift sich erneut darauf, Sohn eines Majors v.Eyb zu sein, obschon die Abklärungen des Kantonal-Verhöramtes das Gegenteil ergeben haben. Im Anschluss verwickelt sich Eyb gegenüber früheren Aussagen, wonach er regelmässige Einkünfte von seiner Mutter aus Dörzbach bezogen habe, in Widersprüche. Auf Vorhalt, seine rechtshilfeweise befragte Mutter habe ausgesagt, seit drei Jahren von ihrem Sohn überhaupt nichts mehr gehört zu haben,[1012] erklärt Eyb, er besitze kein Barvermögen, sondern nur Ansprüche, die er aber nicht geltend machen wolle. In der Schweiz habe er vornehmlich von ungarischen und böhmischen Patrioten Spenden erhalten, die ihm über Frankfurt a.M. nach Zürich überwiesen worden seien. Auch habe er bei Caspar Schulthess &

Cie. Obligationen versilbert. Weitere Nachforschungen ergeben, dass Eyb beim Bankhaus Ott & Cie. regelmässig Wechsel vorwies, die von einem Maggi Minoprio in Frankfurt unterzeichnet waren.[1013] In der Namens- wie auch in der Vermögensfrage insistiert Eyb, er könne keine weiteren Angaben machen, da ihm dies «Ehre und Tugend» verböten und er Rücksicht auf seine Familie nehmen wolle.[1014] Am 11. Juli endlich gesteht er in einem Brief an den Verhörrichter ein, in Wirklichkeit Zacharias Aldinger zu heissen.[1015]

Auch Ida Szent-Györgyi kann oder will diverse Fragen des Verhörrichters noch immer nicht beantworten. Sie wisse nicht, woher ihr Mann sein Geld bezogen habe. Auch will sie seinen wahren Namen nicht kennen. Sie gibt jedoch an, den Winter 1833/34 in Wien, Maria Hilf, verbracht zu haben. Über seinen Pass hätten sie nie miteinander gesprochen, da Eyb sich dazu nicht habe äussern wollen.[1016] Erst am 6. August gibt sie zu, ursprünglich sei im «Copulationsschein» ein anderer Name eingetragen gewesen, allerdings will sie sich nicht erinnern, wie dieser lautete.[1017] Eyb oder sie selbst hätte diesen ausgekratzt.

Soweit der Einvernahme zu entnehmen ist, scheint Eybs Gemahlin insbesondere erstaunt über die Enthüllung der jüdischen Abstammung ihres Ehemannes.[1018] Sie kann kaum glauben, dass Eyb tatsächlich Jude sein soll, zumal dieser die Juden stets verachtet habe und zornig geworden sei, als der jüdische Ladenbesitzer von der Augustinergasse[1019] einmal bei ihnen vorbeigekommen sei. Dieser habe Beziehungen zum österreichischen Gesandten Graf de Bombelles unterhalten, weshalb sie ihn darum gebeten habe, ihr einen Pass zu verschaffen. Ihr Mann habe über Bombelles oft geschimpft und diesen ihres Wissens nur einmal besucht. Eyb habe überhaupt alle Aristokraten gehasst, indessen allen Flüchtlingen Geld gegeben, die welches brauchten.[1020]

Der jüdische Ladenbesitzer, Joseph Bettelheim, bestätigt, Frau Eyb habe ihn kurz vor der Verhaftung ihres Ehemannes darum ersucht, ihr bei Bombelles einen Pass zu besorgen. Er habe ihr empfohlen, sich persönlich an die Gesandtschaft zu wenden.[1021] Tatsächlich hat Bombelles Frau Eyb am 14. Mai 1836 einen für drei Monate gültigen Reisepass nach Ungarn ausgestellt.[1022]

Da sich die Finanzierungskanäle Eybs nicht aufklären liessen und dieser keine zuverlässigen Angaben über die Herkunft seiner Einkünfte zu machen bereit war, verdichtete sich der Verdacht, dass Eyb, wie man es auch von Lessing vermutete, im Dienst einer fremden Macht in Zürich spioniert hatte. In den beschlagnahmten Korrespondenzen fand sich zudem ein Schreiben eines «Fritz» aus Mainz, datiert vom 29. März 1836, worin Eyb die Zusendung von «Passblanquets» angekündigt wird.[1023] Am 23. Juli gibt der Flüchtling Architekt Georg Gailfuss von Worms zu Protokoll, Eyb sei während seiner Zeit in Strassburg unter den Flüchtlingen im Ruf gestanden, Spion zu sein.[1024] Die Untersuchung breitet sich erneut über die Flüchtlinge in Zürich aus. Verhörrichter v.Meiss holt diverse Auskünfte ein. Eyb bestreitet in einer Einvernahme vom 6. August den Vorwurf vehement, in irgendwelcher Weise Spitzelarbeit geleistet zu haben. Er sei 1832 von den württembergischen Behörden wegen Verbreitung politischer Schriften verfolgt worden, womit er andeuten will, dass er kein loyaler Anhänger der dortigen Regierung sei und daher keineswegs für Spionagedienste in Frage komme.[1025] Verschiedene Flüchtlinge und Bekannte Eybs in Zürich (Dieffenbach, Vincens) und Bern (Siebenpfeiffer) äussern ihren Verdacht, dass der angebliche Baron «Abenteurer» und «verdächtig» gewesen sei. Auch der Maire von Strassburg stellt dem Angeschuldigten ein zweifelhaftes Zeugnis aus, wonach diesem während seines dortigen Aufenhalts eine «sehr zweideutige Rolle zugeschrieben» worden sei.[1026] Eyb präsentiert immer wieder neue Versionen zur Erklärung seines Einkommens wie auch der angeblichen Berechtigung, den Namen v.Eyb zu tragen.[1027] Die allmähliche Enttarnung Eybs wird auch von der Strassburger Flüchtlingsgemeinde mit regem Interesse verfolgt. Bereits im Juni 1836 schreibt Georg Büchner an seine Eltern, Eyb sei «Agent des Bundestags», zumal er «starke Summen von einem Frankfurter Handelshause» bezogen und fragwürdige Pässe auf sich getragen habe.[1028]

Dass Eyb in österreichischem Dienst der Spionage nachging, war zuvor schon in Bern geäussert worden.[1029] Der in Biel wegen Hochverrat in eine Strafuntersuchung verwickelte Ernst Schüler sagte aus, Eyb sei Spion, was wiederum das Missfallen des Deutschen Bundes erweckte, da die Bestätigung der diesbezüglichen Gerüchte den Ruf der sich gegen aussen um Integrität bemühenden Monarchien zu schädigen geeignet war.[1030]

Die im Preussischen Geheimen Staatsarchiv verwahrten, über ein- und ausgehende Korrespondenz geführten Journale der Preussischen Regierung und Verwaltung enthalten von 1835 bis 38 verschiedentlich Einträge mit dem Namen Eybs. Die Akte, die über Eyb einst angelegt worden war, wurde jedoch kassiert. Offenbar schien deren Inhalt nicht archivierungswürdig, was die Annahme, wenn nicht bestätigt, so im vorliegenden Sinnzusammenhang jedenfalls nahelegt, dass Eyb auch in preussischem Dienst in Zürich eine Doppelrolle als Präsident des *Jungen Deutschlands* und als Spitzel wahrnahm. v.Rochow wünscht später, man möge in Zürich nichts über die Geldquellen Aldingers erfahren.[1031]

Eyb war, soviel lässt sich heute nachweisen, tatsächlich seit Juni 1834 Polizeispitzel in österreichischen Diensten und lieferte unter dem Decknamen «Albert» Informationen an die Mainzer *Central-Untersuchungs-Commission*.[1032] Eybs Professionalität und Skrupellosigkeit geht etwa daraus hervor, dass er bei der Beschlussfassung über den bewaffneten Einfall in Baden anlässlich der Versammlung im «Lavatergütli» glaubwürdig die Rolle des Drahtziehers zu spielen vermag, die geplante Aktion indessen zuvor schon an seine Auftraggeber verriet.[1033] Seine Berichte wurden Metternich persönlich unterbreitet. Eybs Verhaftung führte in Mainz zu einiger Aufregung, sodass Polizeiunterkommissär v.Engelshofen umgehend nach Zürich reiste, «um möglichst durch entsprechende Massnahmen der abzusehenden Unbesonnenheiten von Alberts Frau zeitig genug vorzubeugen».[1034] Allein, diese befand sich bei Eintreffen v.Engelshofens auch bereits in Haft. Die Aushändigung der Mitgliederliste des *Jungen Deutschlands* an den Verhörrichter durch Eyb erklärt v.Engelshofen gegenüber Metternich als verzweifelten Versuch, durch Enthüllungen das gesamte «Gebäude» der revolutionären Bewegungen in der Schweiz zu erschüttern «und sich gleichsam unter seinen Trümmern zu begraben.»[1035]

6.3.5 Abschluss der Strafuntersuchung gegen die Eheleute Eyb

Am 13. September wird Eyb durch Verhörrichter v.Meiss und Kriminalrichter Hess einvernommen. Im Vordergrund des Interesses stehen erneut Fragen nach der Organisation des *Jungen Deutschlands* in Zürich, ferner auch nach dessen Verhältnis zur *Jungen Schweiz*. Erwartungsgemäss verläuft das Verhör ohne nennenswerte neue Erkenntnisse. Befragt auf die Bedeutung der Strafbestimmungen in den Statuten des *Jungen Deutschlands*, versichert Eyb, die Strafnorm gegen Verräter sei in Zürich nie zur Anwendung gelangt, da sie ohnehin dem «reinen Sinne der deutschen Handwerker» stets widersprochen habe. Einzig gegen das schlechte Benehmen von Mitgliedern habe man möglicherweise bisweilen Untersuchungen eingeleitet. So sei im vergangenen Jahr den *Klubbs* angezeigt worden, es befinde sich ein Buchbindergeselle unter den Zürcher Handwerkern, der sich als Spion betätige. Allein, die Nachforschungen hätten nicht einmal die Existenz eines solchen Buchbindergesellen ergeben. Hätte man diesen dingfest gemacht, so wäre er wohl verwarnt oder «aus dem Zimmer geworfen» worden. Genau könne er die Konsequenzen einer solchen Aufdeckung nicht angeben, da niemals ein Präzedenzfall eingetreten sei. Bezüglich Lessing hätten die Zürcher *Klubbs*, seit er, Eyb, sich beteilige, nie eine Warnung erhalten. Das *Junge Deutschland* stehe bestimmt nicht hinter der Tat, sonst hätte er selbst gewiss davon erfahren. Tatsächlich ist es durchaus wahrscheinlich, dass Eyb Näheres über die Hintergründe der Tat wusste. Jedenfalls ist es unrichtig, wenn Eyb angibt, nichts von geplanten Rachetötungen innerhalb des *Jungen Deutschlands* zu wissen. So ist einem Konfidentenbericht Eybs vom 23. März 1836 zu entnehmen, er habe tags zuvor von Harro Harring gehört, dieser habe aus London vernommen, dass ein Gericht aus 13 deutschen, dort im Exil lebenden Flüchtlingen die Tötung des Journalisten und Mitbegründers des «Deutschen Volksvereins» in Paris, Joseph Garnier, beschlossen hätte.[1036] Garnier hatte in einem aggressiven Pamphlet die Tötung Kaspar Hausers 1833 als durch die badische Regierung veranlasste Machenschaft verurteilt sowie deren Ausführung dem badischen Flügeladjutanten Major Hennenhofer zugerechnet und wurde daher politisch verfolgt. Um sich den polizeilichen Nachstellungen zu entziehen, habe Garnier die Front gewechselt und offenbar als Konfident der badischen Regierung agiert, nachdem ihn diese durch Geldzahlung davon abgehalten habe, weiter über die Hintergründe des Schicksals Hausers zu publizieren.[1037] Eyb schliesst seinen Bericht mit der Feststellung: «Nun hat wohl Garnier auch schon seinen Lohn!»[1038] Das Gerücht über Garniers Tod bewahrheitete sich zwar nicht,[1039] doch weist die Formulierung darauf hin, dass diese Art von «Lohn» für Verräter Eyb nicht unbekannt sein konnte.

Der Racheparagraph und die Norm über die Bewaffnungspflicht der Mitglieder sollten allerdings – darüber schweigt Eyb – erst anlässlich der Zusammenkunft im «Lavatergütli» aus den Statuten gestrichen werden.[1040] Mit der Trennung von Mazzini verloren auch die von diesem eingebrachten geheimbündlerischen Bestimmungen an Bedeutung. Im Juni 1836 wurden anlässlich der Konferenz des *Jungen Deutschlands* in Brügg bei Nidau die Statuten des Verbandes revidiert.[1041]

Gegen Ende der Einvernahme wird Eyb erneut über seinen Verbleib in den letzten Stunden vor Lessings Ermordung verhört. Eyb kann sich über zehn Monate nach dem Geschehen verständlicherweise nicht mehr ausführlich an alle Einzelheiten erinnern. Er betont, er habe nach seinem Besuch des *Café littéraire*, wo er gewöhnlich die Majoren Schoch und Ulrich wie auch gelegentlich Staatsschreiber Meyer antraf, unverzüglich die Gesellschaft bei Winklers aufgesucht.[1042] Dadurch setzt er sich in massiven Widerspruch zu den Aussagen seiner Ehefrau. Als er dies zufolge hartnäckigen Nachfragens des Verhörrichters bemerkt, beruft er sich auf Erinnerungsschwäche.[1043]

Im Anschluss an dieses Verhör richtet sich Eyb in einem Brief an den Verhörrichter. Er äussert sich darin ausführlich zum *Jungen Deutschland* in Zürich und erklärt, diese Vereinigung sei von der unter gleichem Namen durch Mazzini 1834 in Bern gegründeten Verbindung zu unterscheiden. Im Frühjahr und Sommer 1835 habe er selbst die Mitglieder des bestehenden Handwerkervereins in Zürich zu einem ideellen Verband zusammengezogen. Der Eintritt in die «Bruderschaft» sei frei. Es sei undenkbar, dass ein solcher Verein sich als «Vehmegericht» betätige. Im Übrigen beschwert er sich über das Vorgehen des Verhöramtes, da man ihn gleich nach der Tat nicht einmal nach seinem Alibi befragt habe, nun aber, bald ein Jahr später, jedes Detail über seinen damaligen Aufenthalt wissen wolle, nachdem er sich daran nicht mehr genau erinnern könne. Er erklärt die Widersprüche in seinen Aussagen zu diesem Punkt mit der langen Haft zur Sommerzeit, die ihn geistig verwirrt habe.[1044] Auf diese Weise liesse sich ein jeder verdächtigen und anschuldigen. Obgleich man gegen ihn über keinerlei Beweise verfüge, befinde er sich in Haft und in Anklagezustand, was gegen das Recht verstosse. Eyb schliesst sein Schreiben mit dem folgenden Satz:

> «Da es also gewiss nicht die Absicht sein kann, so lange zu zögern, bis der Angeschuldigte durch strenge Gefangenschaft zum Geist- und willenlosen Sklaven herabgesunken, unfähig wird, das Richtige der Entschuldigung darzuthun, so glaube ich mit der Wiederholung der Bitte, um baldige Einvernahme nicht unbescheiden zu sein.»[1045]

Daraufhin überprüft v.Meiss erneut das Alibi Eybs für den frühen Tatabend. Doch weder der Zeuge Diethelm Fretz, noch der von Eyb erwähnte Major Schoch können mit Sicherheit bestätigen, dass der Angeklagte an jenem Nachmittag bis zum Abend im *Café littéraire* war.[1046] Eybs Skatpartner, Jacob Heinrich Ulrich,[1047] welcher der radikalen Bewegung sehr nahe stand, kann sich nicht erinnern, an jenem Abend mit Eyb gespielt zu haben.[1048] Ebenso vermag sich Staatsschreiber Meyer, der bestätigt, im *Café littéraire* öfters mit Eyb Karten gespielt und gesprochen zu haben, nicht mehr zu entsinnen, ob er auch am fraglichen Abend mit diesem zusammen war.[1049] Heinrich Wolfensberger, der mit Eyb öfters Billard und Karten spielte, weiss auch nicht mehr, ob er sich an jenem Abend in dessen Gesellschaft befunden habe. Er erklärt auf die Frage, ob er nie den Verdacht gewonnen habe, Eyb wisse Näheres über den Hintergrund des Mordes:

> «Nein, ich würde zwar gerne auch nur das geringste angeben, was zur Entdeckung dieses Mordes dienen könnte, allein es ist mir nicht möglich; dagegen gestehe ich offen, dass ich den Eyb wegen seines Benehmens immer für einen Juden gehalten und ich es vermied in nähere Bekanntschaft mit ihm einzutreten.»[1050]

Nachdem sich die Aussagen der Eheleute Eyb stets aufs Neue als zumindest teilweise falsch erwiesen und sich untereinander widersprachen, nimmt sich Verhörrichter v.Meiss erneut die Szent-Györgyi vor, welche ihm trotz hoher Loyalität zu ihrem Mann weniger widerstandsfähig erscheint.[1051] v.Meiss führt ein richtiggehendes Zermürbungsverhör, in welchem dieselben Fragen wiederholt werden, wie verschiedentlich zuvor in den Verhören der vergangenen Monate:[1052]

> «1. Haben Sie sich vielleicht mit Ihrem letzten Verhöre etwas genauer darüber besonnen, wann und unter welchen Verumständungen Sie jenen Dienstag Abend, den 3. November vorigen Jahres nebst ihrem Ehemann sich zu Herrn Major Winkler begeben? Nein, ich hab wohl hierüber best möglichst nachgedacht, allein ich kann auf nichts anderes kommen, als dass Jungfer Trachsler uns um ½ 9 Uhr abholte, dann begleitete mich mein Mann zu den Winklers hinauf und (?) begab sich sogleich wieder unter dem Vorwande, er habe noch irgendwelche Geschäfte. Erst später kam er dann wieder und blieb bis die Gesellschaft aus einander ging. 2. Es will doch Jungfer Trachsler nichts davon wissen, dass

sie Sie jenen Abend abgeholt? Sie muss es wissen, oder dann hat sie diesen Umstand vergessen, denn Gott ist mein Zeuge, dass sie mit dem Licht gekommen, als ich an der Arbeit sass und mein Mann in einem Buch las. 3. Wissen Sie denn nicht mehr, wann Ihr Mann an jenem Abend nach Hause gekommen? Nein, allein jedenfalls kam er auffallend früher als gewöhnlich, daher ich ihn hierüber befragte, worauf er mir antwortete, dass wir in Gesellschaft gehen müssen. 4. Kam er nicht öfters unerwartet während des Abends nach Hause? Nein, ausser wenn er zuweilen auf den Thee kam und nachher wieder aufs Caffeehaus ging. 5. Es kann derselbe sich dieses Umstands nicht erinnern, dass die Jungfer Trachsler Sie abgeholt. Dann muss ich meinen Verstand verloren haben ungeachtet ich mich zu erinnern glaube, wie wenn es gestern geschehen. 6. Können Sie sich nicht erinnern, dass ihr Mann, ehe er zu des Herrn Winklers gekommen, einen Schlüssel gebracht oder geholt? Nein. 7. Ist Ihnen jenen Abend an ihm nichts besonderes aufgefallen? Nein. 8. Sind Sie auch heute noch versichert, dass er jenen Abend noch nichts von dem wusste, was dann an Lessing verübt wurde? Ich bin dessen gewiss, dass er weder mit Hand noch Herz sich in diese Sache gemischt hat, ob jedoch später von den Deutschen etwas erfahren, weiss ich nicht daher ich mich der Möglichkeit nicht in Widerspruch setzen will. 9. Sie wollen also davon nichts wissen, dass sie ein Mal als Sie gegen ihn aufgebracht gewesen, ihm hierüber etwas vorgeworfen? Nein, das wäre ja entsetzlich, wenn ich im mindesten etwas der Art gesagt, was mir durch aus nicht bekannt ist. 10. Sie werden darauf aufmerksam gemacht, dass es kaum gedenkbar ist, dass Frau Schweizer etwas der Art ersonnen, wenn sie ihr nicht etwas der Art mitgetheilt? Ja freilich, denn sie ist zu allem fähig, denn sie hat öfters zuviel Verstand. 11. Wollen Sie es daraufankommen lassen, dass sie selbst Ihnen gegenüber dasjenige wiederholen muss, was sie bereits zu Protokoll gegeben? Ja, ungeachtet ich überzeugt bin, dass sie es wagen wird, wider Wissen und Gewissen gegen mich aufzutreten. 12. Es ist doch nicht vorauszusehen, dass sie irgend welchen Nutzen davon habe? Ja freilich, sie meint vielleicht die 1000 Franken zu gewinnen, welche ausgesetzt sind. 13. Behaupten Sie auch heute noch, dass (...) ihr Ehemann Sie mit Vorwissen ihres Vaters geheirathet? Ja, man hat mich das noch jedes Mal gefragt, ich kann nichts anderes als ‹Ja› sagen. 14. Haben Sie in Pest Bekanntschaft mit Ihrem Ehemann gemacht? Ja, und wenn er das nicht sagt, so lügt er, denn sagte mir oft, ich solle niemandem sagen dass ich in Pest seine Bekanntschaft gemacht. 15. Wissen Sie noch, wie der Gasthof heisst, wo sie logirten? Nein, ich war in keinem Gasthof, sondern in einem Privathause und war nur mit der Post im Kurfürsten abgestiegen. (...).»[1053]

Es folgen diverse Fragen zu Aufenthalt, Tätigkeit und Bekanntschaften der Eheleute vor der Zeit, als sie in Zürich lebten. Die Fragen zielen darauf ab, den Spionageverdacht gegen Eyb zu erhärten. v.Meiss sucht Szent-Györgyi zur Belastung Eybs zu bewegen:

«39. Wollen Sie auch heute nicht angeben, durch welche Gegebenheit ihr Mann hier oder früher Geld bekommen? Nein, ich kann es nicht, einzig vermuthe ich, so habe mein Mann seit wir in Zürich uns befinden etwa 6–800 Franken von meinem Vermögen bezogen, was durch einen Banquier aus Wien geschehen ist. 40. Glauben Sie, es falle Ihnen gar nichts unrechtes zur Last? Ja, gar nichts. 41. Sie werden doch einsehen, dass es Ihre Pflicht gewesen, sich genau zu erkundigen, was eigentlich der wahre Name ihres Mannes sei, woher er stamme, damit später Sie wenigstens indirecte Hülfe leisten die Behörden zu hintergehen? Ja, ich sehe wohl ein, dass gefehlt, allein jetzt ist es zu spät dieses wieder gut zu machen und ich versichere, dass ich meinem Mann nur zu gut getrauet habe. 42. Glauben Sie nicht, dass es für Sie weit besser wäre, wenn sie über verschiedene heute angegebene Punkte genau die Wahrheit angäben? Ich habe nichts als die Wahrheit gesagt, soviel ich mich erinnern kann. 43. Wünschen Sie noch etwas hinzuzufügen? Nein. Vorgelesen und richtig befunden.»[1054]

Tags darauf, am 27. September, wird wieder Eyb verhört:

«1. Haben Sie sich seit Ihrem letzten Verhöre vielleicht etwas näher besonnen, wo Sie sich Dienstag Abends den 3. November vorigen Jahres aufgehalten haben und wann Sie denn zu Major Winklers gegangen sind? Nein, mehr kann ich nicht sagen, als bereits das letzte Mal geschehen, doch ist es mir als ob ich jedenfalls nicht so spät zu Winklers kommen und es etwa 7, ½ 8 Uhr gewesen sein mag, mehr als 8 Uhr war es jedenfalls nicht. 2. Glauben Sie sich bestimmt zu erinnern, dass Sie an jenem Abend auf dem *Café littéraire* gespielt haben? Nein, es kommen mir nämlich keine bestimmten Daten in den Sinn, allein ich weiss, dass ich zu jener Zeit, an den Abenden, an welchen kein Theater stattfand, regelmässig auf dem *Café littéraire* eine Parthie hatte. 3. Es gibt Ihre Frau an, dass Sie mit ihr erst ca. ½ 9 Uhr zu Winklers hinauf gegangen sind? Ich glaube dieses nicht und wahrscheinlich müssten hierüber alle dort anwesend gewesenen Auskunft geben können. 4. Können Sie sich des Umstandes durchaus nicht erinnern, dass Sie jenen Abend ihrer Frau einen Schlüssel gebracht oder geholt haben, als sie schon bei Major Winklers gewesen war, und dann sich wieder fortbegaben, und erst um 9 Uhr wieder zurückgekommen seien? Nein. 5. Es stimmen nun die Angaben des Major Winkler dessen Ehefrau, sowie des Herrn Oberst Sulzberger dahin überein, dass ihre Frau schon ½ 7 oder 7 Uhr zu ersteren gekommen, worauf Sie dann ca. 8 Uhr ihr einen Schlüssel gebracht oder einen solchen bei ihr geholt, dann sich wieder fortbegeben haben, und erst um 9 Uhr herum wieder gekommen und geblieben seien? Es scheinen mir diese Angaben höchst unwahrscheinlich zu sein, allein wie gesagt, es ist mir nicht möglich genauere Auskunft hierüber zu geben, vielleicht dass noch ein Umstand verificirt werden könnte, aus welchem sich zeigen würde, ob ich nicht jenen Abend vom *Café littéraire* noch auf die Safran gegangen, ich war nämlich ein einziges Mal aus der Gesellschaft am spätern Abend in letzteres Café gekommen, damals traf ich Junker Staatsschreiber Meier daselbst an, und ich erinnere mich bestimmt dass das Billardtuch abgezogen war, indem ein neues hingelegt wurde. Ob nun dieses gerade jenen Dienstag Abend war, kann ich nicht sagen. 6. Wissen Sie bestimmt, dass Sie an jenem Tage ihrer Ehefrau keinen Auftrag erteilt, den Winklers zu berichten, dass Sie wegen dringender Geschäfte erst später in die Gesellschaft kommen könnten? Ja, und wenn meine Frau etwas dieser Art gesagt hat, so geschah solches jedenfalls nur desswegen, weil sie nicht sagen konnte oder wollte, dass ich mich im Caféhaus befindt und ich überhaupt nicht gerne einen ganzen Abend in solchen Gesellschaften zubringe. 7. Haben Sie niemals des Abends den Thee zu Hause getrunken? Ja in der Regel jeden Abend, und zwar um 4 oder 5 Uhr, allein dannzumal begab ich mich nachher wieder fort. 8. Sie erinnern sich also nicht, dass jenen Abend Jungfer Trachsler, Schwester der Frau Major Winkler zu Ihnen in Ihr Wohnzimmer gekommen ist? Dass sie wirklich in unser Zimmer gekommen, weiss ich bestimmt, jedoch könnte ich nicht sagen, ob es damals der Fall gewesen, als sie uns die Einladung überbrachte, oder (?) uns sogleich zu den Winklers hinaufzuholen. 9. Kam nicht zu jener Zeit, als Sie auf dem Münsterhof wohnten, Friseur Göbel öfters zu Ihnen? Nein, nur einige Male, um meine Frau zu frisieren, oder weil er mir einen Brief betreffend die Verbindung überbrachte. 10. Sind Sie zu jener Zeit mit dem Studenten Ehrhardt in keiner näheren Verbindung gestanden? Ich war damals mit Ehrhardt theils wegen der Art, wie er nebst andern deutschen Flüchtlingen mich als Mitglied des Jungen Deutschlands behandelte, theils wegen andern Schwätzereien durchaus in keinem guten Einverständniss, im Gegentheil betrachtete ich ihn als meinen Feind. 11. Haben Sie denn nachher nicht, sich auf solche Weise geäussert als ob Ehrhardt von dem Lessingschen Mord nähere Kenntniss habe? Ich kann mich dessen nicht erinnern. 12. Sprachen Sie denn nicht mit Herrn Locher-Muralt hierüber? Nein, dessen bin ich sicher, dass ich jedenfalls zu ihm keinen bestimmten Verdacht geäussert habe. 13. Sagten Sie ihm denn nicht, dass Ehrhardt den Lessing mehrmals auf heillose Weise geplagt habe? Dieses ist möglich, indem während einer Zeit nur eine Stimme darüber war und Ehrhardt den Lessing gleichsam gezwungen hat, mit ihm Streit anzufangen, und ihm eine Ohrfeige zu versetzen. 14. Hat nicht Rottenstein eine Zeitlang bei Ihnen logirt? Ja ungefähr Anfangs Juli vergangenen Jahres als ich noch in der Enge wohnte. Nach Verfluss von ca. 14 Tagen reiste er mit mir nach Lausanne, wo selbst er sich von mir trennte.[1055] 15. Was hatten Sie damals für Geschäfte in jener Gegend? Gar keine, ich wollte einmal den Genfer See sehen. 16. Ist Rottenstein, später öfters zu Ihnen gekommen? Ja, so oft er von Regensberg, wo er in der Gerichtskanzlei angestellt war, hierher kam.»[1056]

Es folgen mehrere ergebnislose Fragen über Eybs Beziehungen zu gewissen Flüchtlingen und Handwerkern. Dann vernimmt der Verhörrichter Eyb zur Herkunft des auf den Namen Eyb lautenden, aller Wahrscheinlichkeit nach falschen Passes.

«32. Sie werden doch jedenfalls zugeben, dass dieser Pass nicht auf dem ordentlichen Wege ausgestellt worden? Ich gebe zu, dass Verhältnisse obgewaltet hatten, die es nöthig machten, dass ich den Pass nicht auf dem ordentlichen Wege erhalten konnte, allein ich habe mich nachher überzeugt, dass die Unterschriften jedenfalls echt seien. 33. Haben Sie nicht auch hierüber die Behauptung aufgestellt, dass der vormalige Oberamtmann einen Pass mit dem Namen <Eyb> ausgestellt habe? Ja. 34. Ist dieses denn wirklich richtig? Nein, ich wollte eben dass die Untersuchung wegen dieses Passes von jemand anderem abgeleitet werde. 35. Warum haben Sie von dem Pass vom Jahr 1831 keinen Gebrauch gemacht? Es war nicht nothwendig – ich blieb in Deutschland und da konnte ich keinen Gebrauch davon machen.»[1057]

Es folgen wiederum diverse Fragen, wo überall Eyb sich unter falschem Namen aufgehalten habe. Zuvor hatte der Verhörrichter die einzelnen Aufenthaltsorte mit den dortigen Behörden in aufwändiger Weise abgeklärt, was einen etwas effizienteren Verhörstil erlaubte. Eyb gerät erneut in Widersprüche.

«50. Können Sie keinen ganz bestimmten Grund angeben, warum Sie ihren Namen Aldinger in dem Copulationsschein ausgemacht? Nein, ich wollte nur den Namen Aldinger nicht mehr zum Vorschein kommen lassen, überhaupt machte ich ja niemehr von diesem (...) wirklichen Gebrauch. 51. Hat man Sie nicht in Mannheim aufgefordert, denselben vorzulegen? Ich weiss diess nicht mehr, allein ich zweifle hieran, denn ich hätte solches wirklich gethan, da ich zu jener Zeit mit dem Pass auf den Namen Aldinger reiste, und dieser mithin mit dem Copulationsschein übereinstimmte. 52. Sie sollen sich doch damals wirklich dessen geweigert und aus diesem Grunde sich von Mannheim wegbegeben haben? Dies ist nicht richtig, wenigstens entfernte ich mich nicht desswegen, sondern weil ich befürchtete, man möchte mir in politischer Beziehung nicht mehr trauen. 53. Haben

Sie sich niemals mit Ihrer Frau in Mainz aufgehalten? Nein. 54. Können Sie sich denn nicht erinnern, dass Sie ihr einige Male nach Mainz geschrieben haben? Nein. 55. Es haben sich doch zwei Briefe vorgefunden, welche an ihre Ehefrau nach Mainz adressiert sind? Diess ist wohl möglich, denn ich habe mehrmals solche Briefe absichtlich an andere Orte adressiert, alleine diess geschah dannzumal, wann ich Gelegenheit hatte auf Privatwegen meiner Frau Nachrichten zu schicken.»[1058]

Im Verlauf dieses umfangreichen Verhörs schliessen sich weitere Fragen bezüglich den Inhalt dieser Briefe an, auf die Eyb jedoch keine weiterführenden Antworten gibt.

Im Oktober 1836 werden – reichlich spät – weitere Zürcher Bekannte der Eheleute Eyb über deren Verhältnisse und Besonderheiten befragt, freilich ohne auf Anhaltspunkte zu stossen, die der Strafuntersuchung betreffend die Tötung Lessings zu neuen Erkenntnissen verhelfen können. Es wird in Erfahrung gebracht, dass sich Ida Szent-Györgyi in Zürich stets als Tochter aus vermögendem ungarischen Adelsgeschlecht ausgegeben hatte. Die Auskunftspersonen bestätigen die häufigen Streitigkeiten des Paares und die Unzufriedenheit der Frau, da der Mann viel Geld für seine Ausgänge brauchte und abends stets im *Café littéraire* weilte.[1059] Major Schoch gibt überdies an, Eyb habe ihm etwa zwei Wochen nach dem Tod Lessings erklärt, dieser habe über einen schlechten Charakter verfügt.

Zur selben Zeit gilt das Interesse des Kantonal-Verhöramts der Witwe Dättwiler aus dem Niederdorf, welche für deutsche Flüchtlinge Botengänge machte und ihre Adresse für politische Korrespondenzen zur Verfügung stellte. Es ergibt sich, dass die Witwe von Deutschen als Übermittlerin und Briefkastenverwalterin für den geheimen Nachrichtendienst der *Klubbs* eingesetzt wurde. So diente die offenbar ahnungslose Witwe Dättwiler mehreren Deutschen als Botin für delikate Korrespondenzen ins Ausland. Aus ihrer Einvernahme geht hervor, dass sie auswärtige Flüchtlinge bei sich unterzubringen pflegte, für diese Botendienste und Besorgungen u.a. nach Mülhausen[1060] und Strassburg erledigte, angeblich ohne genau zu wissen, mit wem sie es zu tun hatte und welchem konkreten Zweck ihre Hilfe galt.[1061] Da diese Frau überdies einst Nachbarin der Eheleute Eyb war und mit diesen bis zur Verhaftung lockeren Kontakt unterhalten hatte, gerät sie in Verdacht, sich in irgendeiner Weise als Gehilfin an politischen Umtrieben beteiligt zu haben. Es werden zahlreiche Bekannte Dättwilers verhört. Dabei erfährt man, dass die Dättwiler bei einem ihrer Botengänge nach Mülhausen auch die unehelich schwangere Tochter einer Bekannten zur diskreten Geburt ins Elsass begleitet hatte.[1062] Diese Tochter, Margaretha Wunderli, gibt an, die Dättwiler sei in Mülhausen ihres Wissens keinen besonderen Geschäften nachgegangen und habe keine Beziehungen zu Flüchtlingen gepflegt. Das Kind sei acht Tage nach der Niederkunft gestorben. Befragt, weshalb sie den Zürcher Behörden nicht Anzeige von der Geburt gemacht habe, erklärt sie, der Vater des Kindes, ein Handwerksgeselle aus Preussen, habe, nachdem sie schwanger geworden sei, Zürich verlassen, und sich nie wieder gemeldet, sodass sie von ihm nicht wusste, wo er hingezogen sei.[1063]

Die bei der Witwe Dättwiler gefundenen, teilweise unleserlich unterzeichneten Briefe sollen den Urhebern zugeordnet werden. Der Verhörrichter holt ein Schriftgutachten ein.[1064] Allerdings führen auch diese Hinweise in der Untersuchung nicht weiter, zumal ein Vergleich mit Schriftproben von in das Verfahren involvierten Personen unterbleibt.

Ende Oktober erklärt die mittlerweile wegen ihrer Botengänge, die sie für Flüchtlinge unternommen hatte, und aufgrund ihrer persönlichen Beziehungen zu denselben, verhaftete Witwe Dättwiler, Frau Eyb habe sie nach der polizeilichen Festnahme ihres Mannes gebeten, falls sie selbst auch inhaftiert werden sollte, unverzüglich die im doppelten Boden versteckten und im Garten des Wohnhauses in der Enge vergrabenen Korrespondenzen zu vernichten. v.Meiss lässt daraufhin in der Eybschen Wohnung alle Böden aufreissen und den Garten umstechen, doch die Polizei findet keine Papiere.[1065] Frau Eyb sagt am 4. November aus, tatsächlich habe sie der Witwe Dättwiler solches gesagt, jedoch habe sie gar nie Papiere versteckt. Nur ein einziges Dokument sei vertraulich zu behandeln gewesen. Da dieses in der Diele ohnehin nicht sicher gewesen wäre, habe sie das Papier, als sie mit dem Schiff von Enge nach Zürich gefahren sei, in den See geworfen.[1066] Das Schreiben habe aber, so versichert sie, bestimmt keine politischen Informationen enthalten. Das Verhörprotokoll unterzeichnet sie nur noch mit ihrem Vornamen «Ida».[1067] Der Engener Gemeindepräsident und Kapitän Johann Jacob Sträuli kann sich nicht erinnern, Frau Eyb, als sie auf seinem Schiff unterwegs nach Zürich war, Papier in den See werfen gesehen zu haben.[1068]

Einer Mitteilung v.Engelshofens vom 7. Juni 1836 an Metternich ist zu entnehmen, dass Eyb bei seiner Verhaftung im Begriff war, einen Bericht an ihn zu verfassen und den Brief gemeinsam mit dem «letzten chiffrierten Schreiben» v.Engelshofens gerade noch seiner Frau zustecken konnte, welche diese Papiere in Sicherheit zu bringen vermochte.[1069] Es dürfte sich bei dem gesuchten und wahrscheinlich vernichteten Dokument um diesen Brief gehandelt haben, denn für Eyb selbst wie auch für seine Auftraggeber wäre eine Entdeckung der Spionagetätigkeit erheblich nachteiliger gewesen als die Beschlagnahme von belastenden Flüchtlingskorrespondenzen, was, wie dargestellt, durchaus in Österreichs Interesse lag.

Barbara Dättwiler wird am 12. November 1836 aus der Untersuchungshaft entlassen.[1070] Verhörrichter v.Meiss ist es müde, von den Eybs immer wieder angelogen zu werden und die Wahrheit in langwieriger, mühsamer und letztlich meist vergeblicher Arbeit herausfinden zu müssen. So beginnt das Verhör Eybs vom 5. November 1836 mit folgender resignierter Frage, die allein durch ihre komplexe Formulierung keine konkrete Antwort erwartet:

> «Können Sie sich auch gegenwärtig noch nicht entschliessen, genau Auskunft zu geben, unter welchen Verhältnissen Sie ihre angebliche Ehefrau geheirathet, in was für Verbindungen Sie nachher durch sie gekommen und woher sie ihr Geld bezogen haben?»[1071]

Eyb erklärte in dieser Einvernahme, er sei nicht durch seine Frau in politische Beziehungen getreten, habe von ihr aber Geld erhalten. Der andere Teil seines Vermögens stamme von den politischen Vereinen in Zürich.[1072] Endlich gab Eyb eine konkrete, den Erwartungen in gewisser Hinsicht entsprechende Antwort.

Am 19. November 1836 wird Eyb erneut ausführlich verhört. Es handelt sich faktisch um die Schlusseinvernahme. Die Vorschriften des Inquisitionsverfahrens fordern für den Abschluss der Spezialuntersuchung wie erwähnt ein «artikulirtes Verhör». Dabei sind dem Inquirenten die vorgeworfenen Tatbestände einzeln vorzuhalten. Der Angeschuldigte hat auf jeden Punkt der Anschuldigung eine «deutliche und bestimmte Erklärung» abzugeben. Verweisungen auf frühere Einvernahmen sind unzulässig. Falls der Inquisit neue Angaben macht, welche von Belang für die Schuld sind, ist das Verhör in diesem Punkt summarisch zu gestalten, d.h. es ist wieder nach den einzelnen Umständen der Tat zu fragen.[1073]

Eyb bestätigt, 1828 bis 1830 in Dörzbach mit optischen Gläsern gehandelt zu haben und anschliessend mit einem Pass lautend auf Zacharias Aldinger nach Frankreich gereist zu sein. 1831 sei er nach Dörzbach zurückgekehrt und habe einen neuen Pass beantragt. Mit dem sei er dann nach Ungarn gereist, wo er wieder mit optischen Gläsern handelte. Dort habe er beschlossen, den Namen Eyb anzunehmen, ohne jedoch unter diesem Namen zu reisen. Der Wunsch, einen neuen Namen zu führen, sei eine «Gefühlssache» gewesen: «Ich wollte künftig nicht mehr als Aldinger bekannt sein.» Auf die Frage, ob der unter seinen Schriften gefundene «Copulationsschein» richtig sei, erwidert Eyb: «Ja, damals wohl, jetzt nicht mehr, da der Name ausgekratzt ist.» Er gibt zu, selbst den Namen ausgekratzt zu haben. 1832 habe er von den württembergischen Behörden einen Pass auf den Namen Eyb erhalten und 1834 einen solchen in Bern erstmals benutzt.[1074] Über die genaue Herkunft des ersten falschen Passes und die Einzelheiten der Beschaffung desselben schweigt Eyb. Er stellt sich auf den Standpunkt, der Pass sei von der zuständigen Behörde ausgestellt worden und deshalb in Ordnung. Befragt zum *Jungen Deutschland* und dessen Statuten bestätigt Eyb seine früheren Aussagen und betont erneut, die alten Statuten seien für die Mitglieder nicht verbindlich gewesen, weshalb auch dem Gerichtsbarkeitsparagraphen keinerlei Bedeutung zukomme. Überdies sei Lessing gar nie Mitglied des *Jungen Deutschlands* gewesen. Er beteuert seine Unschuld am Tötungsdelikt. Auch wiederholt Eyb seine Angaben betreffend Aufenthalt am Tatabend, wobei er betont, sich nicht mehr an alle Details erinnern zu können.

Ida Eyb wiederholt im Verhör vom 19. November erneut, zwischen ihrem Mann und Lessing sei nie die Rede von politischen Angelegenheiten gewesen. Lessing habe sie indessen mehrmals danach gefragt, «was die Deutschen eigentlich zu thun im Sinne hätten». Sie habe ihm keine Auskunft geben können. Auch habe sie ihrem Mann von Lessings Neugier nichts erzählt. Befragt, ob ihr Mann Spion sei, erwidert sie, sie könne sich das nicht vorstellen. Sie denke, als Spion müsse man «gescheit» sein. Dass sie nun beide im Zuchthaus sässen, deute darauf hin, dass ihr Mann über diese Eigenschaft nicht verfüge. Auch wisse sie nichts von Geld, das er für solche Dienste erhalten habe. Sie gibt sich davon überzeugt, dass ihr Mann über die Hintergründe der Ermordung Lessings keine Kenntnis habe und nur wisse, was er von anderen gehört habe. Ferner wiederholt und bestätigt sie ihre früheren Aussagen.[1075]

Es gelingt v.Meiss auch in den Schlusseinvernahmen nicht, die Eheleute Eyb wenigstens zu einem klaren Geständnis bezüglich der Herkunft des offensichtlich falschen Passes zu bewegen. Nicht einmal die Vorsatzfrage wird geklärt, obschon dies im artikulierten Verhör unbedingt stattfinden müsste. Der Verhörrichter bewegt sich bis zum Schluss in generalinquisitorischen Fragekomplexen. Bezüglich dem Vorwurf der Gehilfenschaft zum Mord gelingt es v.Meiss zwar, Eybs Alibi für den frühen Abend vor der Tatnacht zu erschüttern, doch beruht dieser nur scheinbare und vor Gericht kaum verwertbare Erfolg mehr auf der späten Befragung der sich nicht mehr genau erinnernden Zeugen als auf einer tatsächlichen Entkräftung des Alibis.[1076] Die gesammelten Indizien sind äusserst schwach und reichen, soviel ist bereits absehbar, niemals für eine Verurteilung aus.

Es gelingt dem Verhörrichter jedoch, die beiden Angeklagten sozial zu disqualifizieren, sodass sie, begünstigt durch eigene Fehler, letztlich typologisch bestens in die Übeltäterrolle passen. Das aufwändige Verfahren erhält dadurch in seiner ganzen Dimension eine materale Legitimation vor der Öffentlichkeit. Ida Szent-Györgyi geht aus der Untersuchung als verlogene, moralisch unzuverlässige, trotzige und freche Frau hervor, der man mit Fug und Recht die Beteiligung an einem gravierenden Delikt zutrauen muss. Da die Szent-Györgyi durch ihr Äusseres und ihr Verhalten den auch von den Flüchtlingen geteilten bürgerlichen Vorstellungen keineswegs entsprach, dürfte eine negative Etikettierung nicht schwer zu vermitteln gewesen sein.[1077] Zacharias Aldinger erscheint als verworfener, betrügerischer Jude, der trotz seiner Arbeitsscheu doch stets über reichliche, wenn auch dubiose Geldquellen verfügt und in Ermangelung jeden Ehrgefühls keine Hemmungen kennt, sich sogar Namen und Adelstitel einer existierenden, hoch angesehenen Familie anzumassen. Die vermutete Spitzeltätigkeit passt zu einem solchen Charakter. Obgleich die rechtliche Überführung im Hauptanklagepunkt misslingt, finden sich die Angeklagten durch das Verfahren sozial ruiniert.

Die Untersuchung erweist sich als sozial- und verfahrenspsychologisch durchaus gelungene Präparation der «Täter» für die Rolle als Sündenböcke. Die zumindest ansatzweise Durchführung des Verfahrens gemäss den damals neuartigen rechtsstaatlichen Ansprüchen verhinderte die Verurteilung. Der Inquisitionsprozess hatte im 19. Jh. viel von seiner einst oftmals verheerenden Gewalt eingebüsst. Das Streben nach formaler Gerechtigkeit bewahrte wenigstens teilweise vor einer irrationalen Fiktion vermeintlicher materialer Gerechtigkeit, wo diese nicht gefunden werden konnte.

6.4 Rache an einem Verräter?

6.4.1 *Ein Toter wird der Spionage überführt*

6.4.1.1 *Lessings Konfidentenberichte*

Parallel zur Untersuchung gegen die Eheleute Eyb folgten die verhörrichterlichen Ermittlungsbestrebungen auch anderen Spuren. Am 13. Juli 1836 – die verhöramtlichen Untersuchungen konzentrieren sich derweil unter staatsschützerischen Gesichtspunkten auf die Organisation und die personelle Verbreitung und Vertretung des *Jungen Deutschlands* – erhält der Verhörrichter von Bürgermeister Hess in dessen Funktion als Präsident des *Polizey-Raths* den erwähnten anonymen Brief, der offensichtlich von einem Spitzel innerhalb der deutschen Flüchtlingsszene in Bern oder Zürich geschrieben wurde und über deren Umtriebe detailliert berichtet. Hess will die Herkunft des Briefes nicht preisgeben.[1078] Das Schreiben sei «confidentiell» in seine Hände gelangt.

Der Brief ist an «Herrn Handlungscommis Carl Kurth bei Arons Wolff in Berlin» adressiert und trägt ein Siegel, das einzig den Buchstaben «L» aufweist.[1079] v.Meiss legte ihn Conrad Locher-v.Muralt vor, welcher sogleich die Handschrift

Lessings und dessen Siegel erkannte.[1080] Durch dieses Schreiben war für Verhöramt und *Polizey-Rath* endlich erwiesen, dass Lessing tatsächlich Spion war.[1081] Das Rachemotiv, wonach verratene Mitglieder des *Jungen Deutschlands* den Spitzel Lessing getötet hatten, rückte für die laufende Untersuchung noch weiter in den Vordergrund. In der Folge konzentrierte der Verhörrichter seine Nachforschungen wieder auf die Aufklärung des Mordes.

Lisette Büeler, Wirtin auf der *Waage*, erklärt im Verhör, die Deutschen hätten im Wirtshaus häufig über die Tat gesprochen, doch seien, soweit sie deren Unterhaltung verfolgt habe, auch diesen die Hintergründe des Verbrechens rätselhaft gewesen. Sie habe auf der Strasse aber selbst vernommen, Lessing habe «eine Bekanntschaft mit einem hiesigen Frauenzimmer gehabt».[1082] Bezirksarzt Heinrich Sträuli, der 1836 in Küsnacht eine Speisewirtschaft betrieb und mit zahlreichen Flüchtlingen, die er in beachtlicher Zahl beherbergte, befreundet war,[1083] berichtet kurzangebunden, er habe im vergangenen Mai Hermann Rauschenplatt bewirtet. Über Flüchtlinge und den Mord will er nichts wissen, was v.Meiss ihm erstaunlicherweise zu glauben scheint. Ebenso sei Lessing ihm persönlich unbekannt, was insofern in Zweifel gezogen werden müsste, als Lessing im Sommer 1835 tatsächlich im Hause Sträulis verkehrte.[1084] Aus Lessings Konfidentenberichten ergibt sich, dass Sträulis Gaststätte einer der wichtigsten Treffpunkte für politische Flüchtlinge ausserhalb der Stadt war.[1085] Es ist unwahrscheinlich, dass die Zürcher Strafverfolgungsbehörden davon nichts wussten, zumal der Gemeinderat von Küsnacht gemäss Lessing im Januar 1835 beschlossen haben soll, die bei Sträuli wohnhaften Flüchtlinge angeblich zufolge Nachtruhestörung aus der Gemeinde auszuweisen.[1086]

Zur selben Zeit zeigte sich die preussische Gesandtschaft in Bern sehr offen, gab sich im Juli und August 1836 «überhaupt mittheilender als jemals zuvor».[1087] Der Verhörrichter erhielt mehrere «confidentielle Mittheilungen» zum Teil auf diplomatischem Weg durch die preussische Gesandtschaft, teilweise als anonyme Zuschriften. Die preussische Gesandtschaft übergab dem Berner Regierungsstatthalter Jakob Emmanuel Roschi für dessen Untersuchung gegen Schüler und andere Aktivisten des *Jungen Deutschlands* in Bern mehrere Briefe, deren Urheberschaft Lessing zugeordnet wurden. Insgesamt scheinen sieben dieser Briefe Lessings in die Hände des Berner Regierungsstatthalters gelangt zu sein. Verhörrichter v.Meiss reiste nach Bern, um Einsicht in die Schreiben zu nehmen. Es handelte sich dabei um die Spitzelbriefe, die Lessing seinem «Oheim» geschrieben hatte.[1088] Der Verhörrichter liess in Zürich von vier Briefen, die ihm der Regierungsstatthalter zur Einsicht übergab, Abschriften verfertigen. v.Meiss trat in Kontakt mit dem preussischen Gesandten, der ihm erlaubte, von den Briefen für die Strafuntersuchung Gebrauch zu machen und erklärte, Lessing habe diese Briefe tatsächlich seinem in Preussen lebenden Oheim geschrieben.[1089] Selbstver-

187

ständlich war davon nie die Rede, dass Lessing im Dienste des preussischen Staates stand. Sodann ersuchte v.Meiss Roschi um Zustellung sämtlicher Schreiben Lessings, welche die preussische Gesandtschaft dem Regierungsstatthalter übergeben hatte.[1090] Der Berner Regierungsstatthalter wollte die Papiere aber vorläufig nicht herausgeben, da er diese in einer eigenen Untersuchung benötigte. Doch Roschi sicherte zu, v.Meiss demnächst Abschriften zukommen zu lassen. Als dieser aus Bern nichts mehr hörte, ersuchte er Roschi erneut um Übergabe der Schreiben. Der Regierungsstatthalter liess v.Meiss wissen, die Gesandtschaft habe die Schreiben zurückverlangt, nachdem in der Zeitung der nationalen Partei über angebliche Einmischung des Auslands in die schweizerische Politik geschrieben worden war, «öffentliche Blätter der nationalen Partei» in der Schweiz «die schamlosesten Artikel über fremde Einmischung» publiziert hätten. Vielleicht könne v.Meiss auf direktes Ersuchen des Gesandten die Schreiben einsehen.[1091] Ob der Verhörrichter sich bei v.Rochow um Einblick in die seiner Untersuchung fehlenden Briefe Lessings bemüht hatte, geht aus der Akte nicht hervor. So gingen mindestens drei Schreiben Lessings für die Untersuchung verloren.[1092]

Ihrem Stil nach entsprechen die Briefe dem durch Locher-v.Muralt identifizierten Schreiben Lessings. Ihr Inhalt weist deutlich auf Lessings Urheberschaft hin; eine Fälschung ist unwahrscheinlich, denn sie sind mit den nun im HHStA vorgefundenen Konfidentenberichten Lessings identisch. In diesen Schreiben ist die Rede von Beziehungen des *Jungen Deutschlands* zur französischen Bewegung der H.V.U., die über Mittelsleute in Mülhausen, Strassburg und Paris abgewickelt werden sollten.[1093] Aus einem Schreiben vom 13. Juni 1834 geht hervor, dass auch Erzherzog Karl von Braunschweig sich unter den Kräften für eine deutsche Republik befunden haben soll.[1094] Ferner teilt Lessing mit, er habe unter Benützung des von ihm finanziell abhängigen Kollegen Groschvetter veranlasst, dass aus Flüchtlingskreisen in den Schweizer Medien inskünftig keine Berichte gegen die preussische Regierung mehr erscheinen würden.[1095] Sodann gibt er preis, Rauschenplatt habe eine revolutionäre Schrift Lamenais'[1096] ins Deutsche übersetzt und über Strassburg nach Deutschland eingeschleust.[1097]

Im Brief vom 20. April 1835 berichtet Lessing über Rauschenplatts Reise nach Spanien, wo dieser gedenke, mit republikanischen Kräften in Verbindung zu treten.[1098] Am 3. August 1835 rapportiert er nach Preussen, Rauschenplatt werde in Bern aus dem Exil zurückerwartet.[1099]

In einem Schreiben vom 20. April 1835 teilt Lessing mit, die *Carbonaria* führe eine grosse Aktion gegen die französische Regierung Louis-Philippes im Schilde. Eine zentrale Rolle als Drahtzieher innerhalb der deutschen *Carbonaria* spiele ein Urban Muschani. Dieser stand damals im Verdacht, enge Kontakte mit französischen Revolutionären zu pflegen. 1834 wurde er wegen Installation revolutionärer «Hütten» in Zürich, Bern und Liestal gesucht.[1100]

Alban scheine, so führt Lessing weiter aus, die Unternehmung mit dem *Jungen Deutschland* zu koordinieren. Die Informationen würden äusserst spärlich fliessen, da Alban nur in groben Zügen informiere.[1101] Man erwarte in Zürich «Instructionen aus Paris», um, sobald der Rädelsführer der spanischen Republikaner (Konstitutionellen), General Mina, und die französische *Carbonaria* zuschlügen, sich in den Magazinen Schinznach und Arenenberg[1102] zu bewaffnen und an der Revolution gegen Deutschland teilzunehmen.[1103] Diese Mitteilung Lessings lässt sich historisch nicht verifizieren und dürfte die Bedrohungslage der deutschen Monarchien und das Gefährdungspotential durch die geheimen Gesellschaften massiv übertreiben. Es kam in der Folge jedoch tatsächlich zu mehreren Zwischenfällen. Für die Schweiz von besonderer Bedeutung war der von Louis Napoléon 1836 inszenierte Putsch in Strassburg gegen Louis Philippe.[1104]

Im selben Schreiben berichtet Lessing, nun habe sich auch eine *Junge Schweiz* formiert, an deren Spitze Ludwig Snell und dessen Bruder Wilhelm sowie Ignaz Vital Troxler[1105] amtierten.[1106] Tatsächlich fanden im Juni 1835 die Vorbereitungen zur Gründung der *Jungen Schweiz* und zur Herausgabe einer Zeitung gleichen Namens unter massgeblicher Mitbeteiligung Mazzinis und Henri Drueys statt. Lessing vermengt den *Nationalverein* begrifflich weitgehend mit der *Jungen Schweiz*, identifiziert die Organisationen mitunter vollständig,[1107] wie dies auch Hans und Carl Schnell zum Schaden der Gebrüder Snell verschiedentlich taten.[1108]

Aus einem weiteren Brief wird ersichtlich, dass Lessing nicht nur über das Treiben der deutschen Flüchtlinge in der Schweiz spionierte, sondern auch Aktualitäten aus der Schweizer Politik weitergab. So schreibt er am 18. Juli 1835 nach Berlin, in einer geheimen Sitzung habe sich die Tagsatzung mit dem «preussischen Zollverband» beschäftigt. Tatsächlich hatte sich eine Kommission der Tagsatzung am 13. Juni 1835 in geschlossener Sitzung mit dem Bericht der Zollkommission auseinandergesetzt und gegen einen Beitritt entschieden. Preussen hatte sich anfänglich dafür interessiert, auch die Schweiz mit Baden in die deutsche Zollunion aufzunehmen, und v.Rochow instruiert, dahingehend auf die Tagsatzung einzuwirken. Allerdings mass Preussen dem Beitritt nationalitätskonsolidierenden Charakter bei, was den Kommissionsmitgliedern als unerwünschte Tendenz erschien, obschon Schaffhausen dringend für einen Eintritt plädierte, da nach einem alleinigen Beitritt Badens Hemmnisse für den Handel mit Süddeutschland zu befürchten waren.[1109] Lessing hält es durchaus für möglich, die Schweiz «mit hineinzuziehen», wenn «der Verein», gemeint sind die Mitgliedstaaten des Zollverbands, entsprechend auf die Abgeordneten einwirken würden.[1110] Gegnerschaft erwachse den Anschlussbestrebungen jedoch durch den

189

Nationalverein und die *Junge Schweiz*, welche von einem Verband mit Preussen die Stärkung aristokratischer Tendenzen in der Schweiz erwarteten. Eine Mitgliedschaft der Schweiz in der Zollunion würde nach Lessings Einschätzung der radikalen Bewegung Freiräume entziehen und deren revolutionäre Umtriebe dadurch erheblich einschränken.[1111]

Aus demselben Schreiben geht hervor, dass in Zürich trotz behördlicher Restriktionen geheime Zusammenkünfte des *Jungen Deutschlands* stattfänden. Allerdings habe man sich zuvor der Erlaubnis des einflussreichen Obergerichts- und Grossratspräsidenten Friedrich Ludwig Keller versichert.[1112] Tatsächlich steht in einem der Schreiben, Keller pflege mit dem *Jungen Deutschland* Kontakte und sei in gewisse Tätigkeiten eingeweiht.[1113] Diese Enthüllung liess die NZZ nach der Publikation der Lessing-Briefe vorerst an deren Echtheit zweifeln.[1114] Wie auch in den vorhergehenden Schreiben werden zahlreiche, die Verratenen belastende Details über deren politische Umtriebe mitgeteilt.[1115]

In einem weiteren in Zürich an die anonym gehaltene Kontaktperson in Berlin verfassten Schreiben vom 3. August 1835 beschreibt Lessing die Notwendigkeit, den Flüchtling Alban im August 1835 auf einer Reise zu begleiten, da dieser sich einen «ganz neuen langen Dolch» habe anfertigen lassen. Lessing will es nicht zulassen, so unterrichtet er seinen Kontaktmann in Preussen, dass «irgend eine Ermordung bedeutender Art» begangen werde.[1116] Alban soll demnach bis Juli 1835 Vorsitzender eines *Klubbs* des *Jungen Deutschlands* gewesen sein.[1117] In der zweiten Julihälfte unternahm Alban mit Lessing offenbar eine geheime Reise, welche im genannten Brief ausführlich beschrieben wird.[1118] Zuerst begaben sich Alban und Lessing gemäss diesem Brief nach Glarus, wo die beiden Gesinnungsgenossen trafen. Weiter führte der Weg durch Graubünden ins Tessin. Lessing berichtet seinem Mittelsmann, Alban sei verschwenderisch mit dem Reisegeld aus der *Klubb*kasse umgegangen und habe reichlich für Essen und Trinken ausgegeben. Es sei ihm, Lessing, nicht gelungen, die wahre Mission dieser Reise herauszukriegen. Alban habe ihm verschiedentlich angedeutet, bald würde etwas Wichtiges geschehen. Die beiden reisten mit Dokumenten, die Alban angeblich ohne Kenntnis Lessings besorgt hatte, auf dem Lago Maggiore nach der Isola Bella, wo Alban einen aus Italien stammenden Verbindungsmann traf. Alban habe ihm dort je ein geheimes Schreiben an Ludwig Snell und an August Lüning übergeben, welche er auf Befehl hin umgehend spedieren müsse.[1119] Lessing war vom Gespräch mit dem Italiener jedoch ausgeschlossen. Seiner Vermutung nach ging es um die Planung eines Umsturzes in Frankreich (Attentat gegen König Louis Philippe).[1120] Noch auf der Isola Bella traf Lessing, so hält er jedenfalls in seinem Spitzelbrief fest, Vorkehrungen, um Alban und den Italiener an die Behörden zu verraten, zumal er an einen unmittelbar bevorstehenden Anschlag geglaubt haben will, und versuchte die Polizei von Sesto Calende einzuschalten. Allein, das konspirative Gespräch Albans mit dem Italiener habe nur kurz gedauert.[1121] Offenbar, so lässt sich dem Schreiben Lessings entnehmen, teilte der Mittelsmann mit, die geplante Aktion könne nicht durchgeführt werden. In der Folge reisten Alban und Lessing unverzüglich wieder zurück in die Schweiz. Lessing schreibt, dass sich Alban auf der Isola Bella über den Frankfurter Untersuchungsrichter Müller aufgeregt habe, der einige Monate zuvor in Bern gewesen sei. Alban habe sich geäussert, Müller könne froh sein, «dass er bei seiner Spionenreise mit dem Leben davon gekommen wäre.»[1122]

Lessing berichtet überdies, das *Junge Deutschland* in Zürich habe das Misslingen des Attentats gegen Louis Philippe bedauert. Gemeint ist der Anschlag des Korsen Fieschi vom 28. Juli 1835.[1123]

Aus diesen Briefen konnten die Zürcher Polizeiorgane und der Verhörrichter ein ungefähres, wenn auch unzuverlässiges Bild über das Ausmass, die Aktivitäten und Verbindungen der geheimen politischen Gesellschaften anfertigen. Für v.Meiss wurde allmählich die hohe Bereitschaft zu Falschaussagen auf Seiten der deutschen Flüchtlinge deutlich. Tatsächlich versuchte er aus den Briefen gewonnene Erkenntnisse in neuen Verhören zu verwenden, doch gelang es auch weiterhin nur in geringem Mass, die Einvernommenen zur Angabe der Wahrheit zu bewegen. Nachdem sich im August 1836 mit dem «Fremdenconclusum» eine politische Lösung des Falles abzeichnete, verloren auch die Briefe ihre Bedeutung als Informationsquelle über das Treiben der geheimen politischen Vereinigungen. Angesichts ihrer oftmals geringen Zuverlässigkeit bezüglich Wahrheitsgehalt taugen Lessings Briefe auch nur bedingt als Quellen historischer Forschung, obgleich ihre Enthüllung auf die eidgenössische Asylpolitik 1836 grossen Einfluss ausübte.

6.4.1.2 *Nachspiel eines diplomatischen Kunstgriffes*

Die Lessingschen Briefe, welche die preussische Gesandtschaft den Untersuchungsbehörden übergeben hatte, verfügten, jedenfalls bezüglich des Verdachts der Spionage Lessings in preussischem Auftrag, nicht über hieb- und stichfesten Beweiswert, enthielten sie doch kaum sichere Zuordnungskriterien. Dennoch überrascht die Übergabe dieser Briefe durch die preussische Gesandtschaft, zumal der Inhalt dieser Schreiben den Verdacht, wonach Lessing in Zürich Flüchtlinge bespitzelte, weitgehend bestätigte und zugleich die begründete Vermutung nähren musste, dass die Überwachung im Auftrag Preussens erfolgt war. Der ehemalige General und Bruder des gleichnamigen Justizministers Rochus von Rochow galt als raffinierter, wenn auch keineswegs brillanter Diplomat. In einem Brief aus jener Zeit an den preussischen Hofrat Kelchner stellt er mit

Genugtuung fest, dass er alles, was er nur begehre, von den Schweizer Behörden erhalten könne.[1124] In diesem Fall hatte er seine Schlauheit überschätzt. Immerhin liess sich durch diese Briefe die Existenz eines preussischen Spitzelwesens in der Schweiz mehr als vermuten, in Zusammenschau mit dem genannten, identifizierten Schreiben Lessings praktisch nachweisen. Offenbar war die Übergabe der Briefe durch v.Rochow eigenmächtig, gleichermassen schlau wie naiv motiviert, verfügt worden. Bis im April 1837 hatte v.Rochow die Briefe in seiner Korrespondenz mit dem Aussenministerium und der *Ministerial-Commission* nie erwähnt und am 8. April 1837 in einer Mitteilung an Hofrat Kelchner nach Berlin wegen des vom *Criminalgericht* gegen Preussen indirekt erhobenen Vorwurfs, mit Lessing in Zürich einen Spion unterhalten zu haben, noch verharmlosend geschrieben: «Acht Tage spricht man davon, dann verhallt es.»[1125]

Nachdem Schauberg indessen die Lessing-Briefe publiziert hatte und deren Übergabe durch v.Rochow allgemein bekannt wurde, geriet der Gesandte gegenüber der *Ministerial-Commission* unter massiven Legitimationsdruck. Aus einem langen, schwerfälligen Rechtfertigungsschreiben des preussischen Gesandten an seinen Vorgesetzten, den Geheimen Staatsminister Ancillon in Berlin, wird der Hintergrund der Briefübergabe ersichtlich. v.Rochow erklärt, im Frühjahr 1836 nähere Kontakte zu den wichtigen Berner Tagsatzungsabgeordneten Carl Friedrich Tscharner[1126] und Franz Carl von Tavel[1127] geknüpft zu haben. Es sei ihm ein wichtiges Anliegen gewesen, die beiden einflussreichen Politiker von der Gefährlichkeit der politischen Flüchtlinge zu überzeugen, um auf diese Weise Einfluss auf die für Preussen so widerwärtige, asylfreundliche eidgenössische Flüchtlingspolitik zu nehmen. v.Tavel forderte gemäss v.Rochows Bericht Beweise für die dem Frieden abträgliche Gesinnung der Flüchtlinge, worauf sich der Gesandte dazu entschloss, demselben «Briefe über Schweizerische Zustände», die ihm «zufällig zu Händen gekommen» waren, zu übergeben und dadurch dem Politiker «die Augen zu öffnen.» v.Rochow war offenbar bereit, unter dem Siegel der Verschwiegenheit den seiner Ansicht nach ohnehin unbeweisbaren Verdacht preussischer Spionage in der Schweiz in Kauf zu nehmen, zumal dafür mit Sicherheit darauf zu zählen war, dass die in Lessings Briefen enthaltenen Enthüllungen über die in Zürich seit anfangs 1835 verbotenen politischen Aktivitäten der Flüchtlinge letzteren schweren Schaden zufügen und die von Preussen tief missbilligte, liberale eidgenössische Flüchtlingspolitik ein jähes Ende finden würde. Es war absehbar, dass die Behörden der schweizerischen Kantone, allen voran die von politisch organisierten Ausländern stark frequentierten Stände Bern und Zürich, aus neutralitäts- und sicherheitspolitischen Gründen nicht dulden konnten, dass, wie aus Lessings Briefen mit der Antönung eines bewaffneten Einfalls nach Baden hervorgeht, erneut Asylanten in der Schweiz einen Angriff gegen ein Nachbarland planten. Tatsächlich, so v.Rochow in seiner Mitteilung nach Berlin, habe die Indiskretion Früchte getragen. v.Tavel habe sich von der üblen Gesinnung vieler Deutscher überzeugen lassen und seine Einstellung in der Asylpolitik geändert. Zahlreiche deutsche Flüchtlinge, allen voran Ernst Schüler, seien wenig später in Bern und Biel verhaftet worden. Die endlich angehobene Untersuchung habe auch die an der Hochschule lehrenden Flüchtlinge und Aktivisten, Ludwig Snell und Jakob Siebenpfeiffer, in Mitleidenschaft gezogen.[1128] Tatsächlich wurde Snell am 22. Juli 1836 verhaftet und im Oktober aus dem Kanton Bern weggewiesen. Später habe man sogar ihn, v.Rochow, für die Ausarbeitung des Entwurfs zum Fremdenconclusum beigezogen.

Im Sommer 1836, so die Version des Diplomaten, habe der Zürcher Verhörrichter, dem durch den bernischen Regierungsstatthalter das Vorliegen der Briefe zu Ohren gekommen war, bei ihm die Schreiben einsehen wollen, da dieser sich davon angeblich Rückschlüsse auf die Hintergründe der Ermordung Lessings erhoffte. Der preussische Gesandte zeigte v.Meiss die Briefe in den Räumlichkeiten der Gesandtschaft in Bern in der Absicht, diesem bei der Aufklärung der Tat behilflich zu sein. In seinem Schreiben an Ancillon beklagt sich v.Rochow darüber, der Verhörrichter habe sein Vertrauen missbraucht, indem er, statt «die Mörder des Lessing zu entdecken», der Frage nachgegangen sei «was Lessing wohl gewesen sein könne.» Diese «Schlechtigkeit» des indiskreten Verhörrichters habe letztlich dazu geführt, dass Schauberg die Briefe, zu deren Publikation er, v.Rochow, niemanden autorisiert habe, veröffentlichte und damit Stoff für neue «Missbräuche» durch die Presse bot.[1129]

Der preussische Gesandte, mit Öffentlichkeitsprinzip und Pressefreiheit scheinbar ungenügend vertraut, empört sich über das liberale Kommunikationsrecht in der Schweiz. Die Tatsache, dass Schauberg eine aktenmässige Darstellung des Verfahrens publizieren darf, kann sich v.Rochow einzig durch die Befürchtungen der Zürcher Behörden erklären, Schauberg würde im Falle eines Verbotes der Publikation die Akten ausserhalb des Zürcher Zuständigkeitsbereichs und dadurch gänzlich unkontrolliert veröffentlichen und dann die engen Verbindungen zwischen den deutschen Flüchtlingen und führenden Zürcher Politikern ausführlich enthüllen.

Obschon v.Rochow verschiedentlich darauf hinweist, die Zuspielung der Briefe sei ein Erfolg bezüglich Änderung der liberalen Asylpolitik gewesen und Lessings Spionage für Preussen nicht nachweisbar, räumt er ein, in seinem «Eifer zu weit gegangen» zu sein.[1130] So wird nun deutlich, weshalb Roschi – zweifellos von höherer Stelle ermahnt – v.Meiss bei der Mitteilung weiterer Lessing-Briefe nicht mehr behilflich sein wollte. Bemerkenswert ist auch die Eigendynamik des Gesandten, zumal Lessing die Briefe, so jedenfalls das erste bekanntgewordene und als einziges mit der Adresse versehene Schreiben an Carl Kurth bei Arons

Wolff, nach Berlin schickte. Es scheint, dass die Briefe auch an den Gesandten gingen. In seinem Rechtfertigungsschreiben offenbart v.Rochow den Weg dieser Briefe nicht.

Am 24. April 1837 sieht sich der Gesandte zu einem Schreiben veranlasst, worin er, inzwischen durch Schaubergs Aktenpublikation offenbar unter erheblichen Druck geraten, Erklärungen und Rechtfertigungen für seine in den Broschüren beschriebene Informationspolitik liefert. Seine Ausführungen enthalten zahlreiche Verunglimpfungen der Schweiz und ihres politischen Systems, das allerhand «verbrecherischen» Elementen Unterschlupf gewähre. Der Begriff «Spion» werde mittlerweile für jeden verwendet, der mit seiner Meinung zurückhalte. Schauberg wie v.Meiss hätten sich über Preussen «unüberlegt» und «unverschämt» geäussert. Seine Klage über die Aktenpublikation gipfelt in der Feststellung, das aus den Akten hervorgehende Verhalten der Schweizer Behörden gegenüber der preussischen Regierung und ihrer Gesandtschaft sei als «eines jener äusseren Kennzeichen» zu betrachten, «wohin man kommt, wenn man genöthigt wird, sich mit Revolutionsmännern in schriftlichen Verkehr zu setzen.» In Zürich und auch in der übrigen Schweiz herrschten ungeordnete Verhältnisse, die nach wie vor Freiräume für allerhand politische Umtriebe erlaubten, sodass «revolutionaire Autoritäten (...) thun oder lassen dürfen, was gerade beliebig sei.»[1131]

Nach Akteneinsicht berichtet der Gesandte anfangs Mai nach Berlin, dass die Untersuchung keine Beweise dafür habe erbringen können, dass Lessing Spion in preussischen Diensten gewesen sei, obschon sich ein solches Gerücht in Zürich hartnäckig halte.[1132] Kurz darauf vermeldet er im Hinblick auf die Publikationen Schaubergs und Schülers: «Die Demagogie in der Schweiz erlaubt sich alles (...).»[1133] «Die sämmtlichen über diesen Gegenstand publicirten Druckschriften sind ein nur zu klarer Beweis von dem Charakter der Machthaber in der jämmerlich zerrissenen Schweiz.»[1134] Der Gesandte versteht sich als Vertreter einer reaktionären, altpreussischen Gesinnung.[1135] Er kann offensichtlich nicht nachvollziehen, dass ein Staat einem politischen «Verbrecher» erlaubt, eine Publikation zu verfassen, in der ein so ehrenwerter Staat wie Preussen durch die Enthüllung der Spionage in ein unrühmliches Zwielicht gezerrt wird: Schaubergs Publikation «zeigt die Verworfenheit der Demagogie.»[1136] v.Rochows Empörung dürfte einerseits aus dem Ärger über die eigene Einfalt hervorgegangen, andererseits aber auch Ausdruck einer Verteidigungsstrategie sein. Er versucht seinen Fehler offensichtlich dadurch zu vertuschen, dass er die Schweiz als garstiges, von unehrlichen, revolutionären Gesellen chaotisch regiertes Umfeld darstellt, wo ein preussischer Ehrenmann nichts verloren hat. Die Empörung des Gesandten weckte in Berlin, wie sich den Mitteilungen aus dem Aussenministerium entnehmen lässt, kein besonderes Interesse mehr. Die Frankfurter *Central-*

Behörde hatte die *Ministerialcommission* bereits im März 1837 darüber informiert, dass Schauberg, ein als in Deutschland wegen Hochverrats steckbrieflich gesuchter, krimineller «Rechtspraktikant», in der Schweiz eine Propagandaschrift vorbereite und den Prozess gegen Eyb in Zürich dazu missbrauchen werde, seine eigenen «hochverrätherischen» Ansichten über den Fall zu publizieren.[1137] Im September 1836, nachdem im August das «Fremdenconclusum» verhängt und vorerst 53 Flüchtlinge aus der Schweiz ausgewiesen worden waren,[1138] versiegte der Informationsfluss durch die preussische Gesandtschaft gänzlich, ohne dass hierfür ein Grund mitgeteilt wurde.[1139]

Erheblich professioneller als im Fall Lessing organisierte Preussen 1851 die Bespitzelung der Flüchtlingsszene in London, als – angeblich zum Schutz der Besucher der Weltausstellung – preussische Polizeibeamte anreisten und gemeinsam mit verdeckt arbeitenden Agenten insbesondere die kommunistischen Kreise aushorchten, denunzierten und teilweise verleumdeten (Mission Wilhelm Stieber).[1140]

6.4.2 Neue Verhaftungen – alte Fährten

6.4.2.1 Freunde oder Mörder?

Am 3. August 1836 wird v.Meiss am frühen Morgen zu Bürgermeister Hess gerufen. Dieser teilt dem Verhörrichter mit, Obergerichtspräsident Keller habe als Tagsatzungsabgeordneter vom preussischen Gesandten v.Rochow erfahren, dieser verfüge über genaue Informationen, wie Lessing ermordet worden sei.[1141] Cratz und Alban hätten Lessing unter dem Vorwand, «ihn zu einer hübschen, neu angekommenen Oberländerin» zu führen, in die Enge gelockt, wo er von Besagten erstochen wurde. Es folgte gleichentags in Bern die Verhaftung von Carl Cratz, der eben das Medizinstudium abgeschlossen hatte – der Studienabschluss war nach der Involvierung in das Strafverfahren 1835/36 nur durch die Protektion Okens möglich[1142] – und bereits am 24. Juli 1836 nach Bern ausgeschafft worden war.[1143] Ebenso ergingen gegen Julius Thankmar Alban sowie August Lüning in Zürich Haftverfügungen.[1144] Die Verhaftung Cratzens in Bern geschah auf direkte Veranlassung Kellers.[1145] Cratz hatte bei der französischen Gesandtschaft bereits einen Pass nach Montpellier beantragt, der ihm jedoch zufolge Intervention v.Rochows durch den französischen Gesandten v.Montebello verweigert wurde.[1146]

Einen Tag später traf Cratz aus Bern ein. v.Meiss beschwerte sich am nächsten Tag bei der Polizeidirektion in Bern über die Art der Auslieferung des Deutschen.[1147] Der Berner Polizist, der Cratz per Eilwagen nach Zürich überführte, hatte diesen auf dessen Wunsch hin ins *Grüne Häusli* begleitet, wo sich Cratz mit den Anwesenden unterhalten hatte, woraus resultierte, dass er, als man ihn dem Verhörrichter vorführte, über die stattgefundenen Verhaftungen Albans und Lünings bereits eingehend informiert war.[1148] Diese dilettantische Zuführung schuf massive Kollusionsgefahr. Der Gasthausbesuch des Verhafteten bot nicht nur Gelegenheit zu erneuten Absprachen, sondern ermöglichte Cratz, sich auf die kommende Befragung vorzubereiten.[1149] Offenbar kannte sich der Berner Landjäger in Zürich nicht aus. Cratz erklärte sich bereit, mit ihm zu Hauptmann Fehr zu gehen, doch führte er den Polizisten dann statt auf die Wache ins *Grüne Häusli*.[1150] Auf Geheiss des Landjägers schickte man dort nach der Polizei, welche Cratz später abholte.[1151]

Roschi hatte Cratz, der ja eben erst in Bern angekommen war, bereits am 27. Juli im Rahmen seiner Untersuchung der Berner Flüchtlingskreise im Verfahren gegen Ernst Schüler u.a. verhört. Dabei interessierte er sich sehr für die Verbindungen zwischen den Flüchtlingen in Bern und Zürich und für deren Schriftenwechsel. Sein besonderes Augenmerk galt der Aufklärung der Rolle Ludwig Snells innerhalb der jungdeutschen Bewegung.[1152]

Roschi legte Cratz die Lessingbriefe vor, ohne ihn darüber zu befragen, ob er gewusst habe, dass Lessing Spion sei. Roschi pflegte einen wenig geschickten Fragestil, der den tatsächlichen Wissensstand des Inquirenten dem Verhörten leicht erkennbar machte und ohne weiteres unbestimmte oder verneinende Antworten erlaubte.[1153] Auf die Frage, ob Mazzini nicht im Sommer vergangenen Jahres nach Zürich gereist sei und Alban ihn in Dietikon abgeholt habe, erwiderte Cratz entrüstet, das könne nur eine «elende Spionsgeschichte» sein. Alban kenne Mazzini ebensowenig wie er selbst.[1154] Es erstaunt, dass Cratz als überzeugtes Mitglied des *Jungen Deutschlands* Mazzini nicht einmal kennen wollte, zumal seine politische Gesinnung den Behörden derweil bekannt war und Mazzini von Eyb als Gast zumindest nach Zürich eingeladen worden war.[1155] Cratz galt als politischer Gegner Mazzinis. Als ihn später v.Meiss befragt, weshalb er vor dem Berner Regierungsstatthalter abgestritten habe, mit dem *Jungen Deutschland* in Verbindung zu stehen, gibt er an, er habe einen Pass nach Montpellier beantragt, um dort weiterstudieren zu können. Frankreich erteile aber an aus Bern ausgewiesene Flüchtlinge nur Laufpässe (Transitvisa). Daher habe er nichts riskieren wollen.[1156]

Woher Roschi von einer Reise Mazzinis nach Zürich und das Detail betreffend die Zusammenkunft in Dietikon wusste, geht aus den Zürcher Akten nicht hervor. Offenbar stammte die Information aus einem Schreiben Lessings vom 17. September, wo dieser mitteilt, Alban hätte Mazzini am 10. September in Dietikon getroffen und mit diesem geheime Gespräche geführt.[1157] Jedenfalls ist bekannt, dass die Zürcher mit den Berner und Solothurner Jungdeutschen trotz Rivalitäten zahlreiche Kontakte unterhielten. Auch Mazzini und Eyb sollen, insbesondere nachdem Eyb Teilhaber der Druckerei der *Jungen Schweiz* geworden war, miteinander oft verkehrt haben.[1158] Die Beziehung Mazzinis zu den Zürcher Flüchtlingen scheint den Verhörrichter indessen wenig zu interessieren. Aus der Strafuntersuchung des Berner Regierungsstatthalters Roschi gegen Ernst Schüler wird ersichtlich, dass ein Informationsaustausch stattgefunden hat, der hier allerdings nicht weiterführte, da Schüler keine Namen zu nennen bereit war.[1159] Die Aussagen der Verhörten lassen dagegen den Eindruck aufkommen, dass zwischen den Zürcher, den Berner und Solothurner politischen Verbindungen kaum Kontakte bestanden. Eine enge Zusammenarbeit und ein breitangelegter Wissensaustausch zwischen v.Meiss und Roschi hätten hier Not getan. Freilich befinden sich bei den Zürcher Akten einige wenige Briefe Roschis, sowie ein paar Abschriften aus dem Schüler-Prozess stammender Verhörprotokolle, doch scheint sich insbesondere Verhörrichter v.Meiss – im Bewusstsein, dass die nach Bern gelieferten Daten nach Frankfurt und Berlin weitergeleitet wurden – bei der Rechtshilfe zurückhaltend erwiesen zu haben. Im September 1836 gelangte Roschi über den Vorort an den Zürcher Regierungsrat mit dem Antrag, das Verhöramt sei anzuweisen, ihm bestimmte Akten, soweit sie sich auf seine Untersuchung beziehen, zuzustellen. Der Antrag wurde gutgeheissen und das Verhöramt eingeladen, allfällige Indizien in der Berner Angelegenheit dem Regierungsrat mitzuteilen.[1160] Eine engere und strukturierte oder gar systematische Kooperation ist indessen nicht nachweisbar. In seinem Rechenschaftsbericht an den Regierungsrat bedauert Roschi, dass «kein allgemein eidgenössischer Central-Untersuch» in der Flüchtlingsangelegenheit habe geführt werden können, zumal «in andern Cantonen entweder keine oder nur partielle, also unzulängliche Nachforschungen statt fanden und auch hiervon keine Mittheilungen an irgend eine Centralbehörde zur Abfassung eines Gesammtberichtes erfolgt sind.»[1161]

Am 4. August 1836 wird Alban vom Zürcher Verhörrichter einvernommen:

«1. Können Sie sich vorstellen, warum Sie gestern arretirt worden sind? Nein. 2. Haben Sie sich denn, seit Sie sich hier befinden (...) in keine politischen Verbindungen eingelassen? Nein. 3. Dürfen Sie behaupten, dass Sie sich überhaupt in keine politischen Umtriebe gemischt haben? Ja, das kann ich behaupten. 4. Sind Sie nicht seiner Zeit, nachdem Sie an dem Frankfurter Attentat Theil genommen, daselbst verhaftet worden und nachher ausgebrochen? Ich stehe in der Ansicht, dass ich nicht befugt bin, darüber in hier Auskunft zu geben, wessen ich mich vielleicht in Deutschland schuldig gemacht habe. – Allerdings bin ich in Frankfurt aus dem Gefängnis entsprungen und da deswegen die Untersuchung gegen mich nicht fortgesetzt werden konnte, so wird man mich nicht als überwiesen betrachten, an dem Frankfurter Attentate Theil genommen zu haben. 5. Es wird Ihnen bekannt sein, dass verschiedene Flüchtlinge und Handwerker wegen politischen Verbindungen verhaftet wurden? Ich habe davon gehört, ob es wahr ist, weiss ich nicht. 6. Können Sie über diese Verbindungen Auskunft geben? Nein, nur was ich in Zeitungen las und gerüchteweise vernahm. 7. War niemals davon die Rede, dass wenigstens der grösste Theil der in Zürich sich aufhaltenden Flüchtlinge in die Verbindung genannt das Junge Deutschland treten wollten? Ich habe nichts davon gehört. 8. Es ergibt sich doch aus einem bei den Acten liegenden Briefe des angeblichen Baron Eyb, dass hiervon die Rede gewesen? Das kann ich nicht widersprechen, allein ich war nicht dabei, als man davon sprach. 9. Ist Ihnen nicht bekannt, was der Zweck oder die Grundsätze der Verbindung genannt das Junge Deutschland sind? Nein. 10. Sie werden doch nicht widersprechen wollen, dass ausser dieser Verbindung auch noch andere politische Gesellschaften hier seien? Ich weiss von keiner, überhaupt kümmere ich mich um solche Gesellschaften nicht. 11. Glauben Sie gegenwärtig noch, dass Lessing kein Mitglied einer geheimen politischen Verbindung gewesen? Ja, ich habe keine Gründe meine früher hierüber ausgesprochene Meinung zu ändern. 12. Hat Ihnen Lessing hierüber niemals etwas näheres mitgetheilt? Nein. 13. Sie waren doch sein vertrauter Freund? Ja. 14. Wenn nun aus verschiedenen bei den Acten liegenden Schriften sozusagen erwiesen ist, dass er wirklich Mitglied einer solchen Verbindung gewesen, so ist es kaum gedenkbar, dass Ihnen nichts davon bekannt sei? Er hat mir hierüber nichts mitgetheilt, wenn er nun Mitglied einer solchen Verbindung war, so hat er vielleicht die Verpflichtung für sich gehabt, mir davon nichts zu sagen, und will man den Begriff <vertraut> so weit ausdehnen, dass man einem alles mittheilen soll, so muss ich erklären, dass Lessing nicht mein vertrauter Freund war. 15. Erklären Sie auch heute noch, dass Sie den Lessing nicht für einen Spion gehalten? Ja, ich hatte gar keine Veranlassung noch viel weniger Beweise für so etwas. 16. Wenn er aber wirklich Spion gewesen ist? Dann thut es mir leid, indem ich dieses Geschäft nicht für ein ehrenvolles halte. 17. Haben Sie niemals irgend das Mindeste in dieser Beziehung an Lessing geahnt? Nein, ich stand auch weder mit ihm noch anderen in einem Verhältnisse, dass mich so etwas hätte interessieren oder besorgt machen können. 18. Sie wollen also auch gegenwärtig noch nicht die mindeste Auskunft über den Lessingschen Mord geben können? Es ist durchaus nicht mein Wille keine Angaben zu machen, sondern es ist mir nicht möglich, solche zu machen. 19. Dürfen Sie dieses letztere gewissenhaft bezeugen? Ja, das darf ich. 20. Können Sie niemanden benennen, welcher im Stande wäre, diesfalls etwas zu eröffnen? Nein. 21. Sie werden doch gegenwärtig nicht mehr behaupten wollen, dass nicht die grösste Wahrscheinlichkeit vorhanden sei, dass Lessing aus politischen Gründen ermordet worden? Hierüber muss das Gericht urtheilen, meine Sache ist es nicht, auch leuchtet mir diese Wahrscheinlichkeit nicht ein, da ich keine Gründe hierfür habe. 22. Haben Sie nicht im Sommer vorigen Jahres mit Lessing eine Reise gemacht? Ja. 23. Wohin sind Sie gekommen? Wir gingen am See hinauf nach Glarus, dann über das Martins Loch[1162] nach Reichenau, dann durchs hintere Rheinthal über den Bernhardin, dann durchs Misoxerthal nach Bellinzona, dann nach Isola bella, dann wieder zurück über Bellinzona zu dem Gotthard, dann ins Berner Oberland nach Meiringen etc. 24. Ist ausser Lessing niemand ander mit Ihnen gereist? Nein. 25. War nie die Rede davon, dass Lüning diese Reise mit machen wollte? Ja, allein damalige Geldverlegenheit hielt ihn davon ab. 26. Trafen Sie auf der Reise bis auf die boromäischen Inseln niemanden bekannten an? Ja, in Glarus einen Steinmetz,[1163] den ich früher in Jena, wo er studierte, kannte, er kam, wie er sagte von einer Reise und war an einen angesehenen Beamten daselbst empfohlen. 27. Machten Sie nicht in anderer Bekanntschaft mit einigen Personen? Mit dem Wirthe im ersten Gasthaus in dem ich an diesen von seinem Schwager Contini,[1164] der hier studierte empfohlen war. 28. Trafen Sie nicht daselbst mehrere Mahler an? Nein, wir waren die einzigen Gäste. 29. Bekamen sie denn in jener Gegend oder kurz nachher keine Briefe aus dem Innern der Schweiz? Nein. 30. War keine Verabredung getroffen, dass sie auf einer der boromäischen Inseln jemand treffen wollen? Wir wussten gar nicht, dass wir uns dahin begeben konnten, denn erst in jener Gegend erkundigte ich mich bei dem Capitain des Dampfschiffes, ob es Schwierigkeiten gebe, ohne visirte Pässe die boromäischen Inseln zu besuchen, er erwiderte mir, dass das leicht geschehen könne, da auf derselben keine Polizei sei. 31. War nicht vielleicht davon die Rede, dass Sie sich in jener Gegend von Lessing trennen wollten? Gott bewahre. 32. Sie haben also auf keiner jener Inseln mit jemanden eine geheime Unterredung gehabt? Wir waren nur auf einer Insel Isola bella, auch kann ich nicht begreifen, worauf sich die an mich gestellte Frage beziehen solle, eine Unterredung hatte ich mit niemandem. 33. Haben sie damals mit Lessing nur eine Vergnügungsreise gemacht? Ja. 34. Es will doch verlauten, dass auch damals politische Zwecke obgewaltet haben? Nicht im mindesten. 35. Kennen Sie die Gebrüder Snell, welche in Bern sich aufhalten? Den Ludwig Snell von Küsnacht her, wo ich am Anfang mich 2 Wochen aufhielt. 36. Sind Sie nun mit diesem in Correspondenz gestanden? Nein, ich wüsste nicht, dass ich einen Buchstaben von ihm geschrieben gesehen. 37. Wünschen Sie noch etwas beizufügen? Nein. Vorgelesen und richtig befunden. Julius Thankmar Alban.»[1165]

Alban bedient sich erneut der inzwischen bewährten Methode, alles abzustreiten und durch scheinbare Ignoranz und Naivität aufzufallen. Sein Selbstvertrauen und bestimmtes Auftreten beeindruckt angesichts der drohenden Ausweisung aus der Eidgenossenschaft. Zweifellos verfügt auch er über Protektion durch einflussreiche Zürcher Politiker und Hochschuldozenten.

Es folgt die Einvernahme August Lünings. Auch der streitet weiterhin ab, Kenntnis von politischen Verbindungen in Zürich zu haben. Mit Eyb habe er keine persönlichen Beziehungen unterhalten. Dieser sei ihm wegen seiner «romanhaften Erzählungen» stets verdächtig gewesen. So habe der Baron unglaubwürdigerweise erklärt, seine Frau stamme von einem ungarischen «Magnaten» ab.[1166] Eyb sei kein Flüchtling gewesen und er, Lüning, habe an der Richtigkeit seines Namens gezweifelt. Der Verhörrichter befragt Lüning gestützt auf die Angaben in Lessings Spitzelbrief, ob er die Reise mit Alban nicht deshalb habe absagen müssen, weil er sich um das Präsidium des Komitees der Zürcher *Klubbs* zu kümmern hatte. Lüning will von keinem Komitee einer politischen Verbindung wissen. Er streitet ab, je davon gehört zu haben, dass Lessing Mitglied einer politischen Verbindung gewesen oder gar aus politischen Gründen ermordet worden sein könnte. Er habe Lessing auch nie für einen Spion gehalten.[1167]

In der Einvernahme vom 6. August gibt Ida Szent-Györgyi zu Protokoll, ihr Ehemann habe regelmässig mit den Flüchtlingen Cratz, Göbel, Alban, Lüning, Stephani und Ehrhardt verkehrt. Sie wisse aber nicht, was die Herren jeweils besprochen hätten, da sie das Zimmer stets verliess, wenn diese Männer zu Besuch weilten, weil sie «alles voll rauchten». Von politischen Aktivitäten ihres Mannes will sie nach wie vor nichts wissen.[1168]

Eyb selbst bestreitet, näheren Kontakt mit Lüning oder Alban unterhalten zu haben. Mit Ehrhardt hingegen habe er politische Auseinandersetzungen geführt.

Lessing sei nie im *Jungen Deutschland* gewesen. Eine solche Mitgliedschaft wäre verhindert worden, denn die Flüchtlinge hätten zu Lessing «kein Zutrauen» gehabt. Nach dem Grund dieser allgemeinen Skepsis gegenüber Lessing befragt, erwidert Eyb, die einen hätten dessen Benehmen als verdächtig empfunden, die anderen hätte Lessings Charakter nicht angesprochen. Es sei möglich, dass Cratz, Alban oder Lüning mit ihm einmal über die Frage, ob Lessing Spion sei, gesprochen hätten. Allein, er glaube nicht, dass Lessing tatsächlich als Spitzel gewirkt habe. Eyb schliesst erneut aus, dass das *Junge Deutschland* eine Strafaktion gegen Lessing veranlasst habe. Er könne sich einzig vorstellen, dass Lessing zu einem Duell im Sihlhölzli ohne Sekundanten gefordert worden sei oder dass ihn gute Bekannte dorthin gelockt hätten. Allerdings verwirft er die erste Variante gleich wieder, da es zur Zeit von Lessings Verschwinden bereits dunkel gewesen sei.[1169]

Die Putzfrau der Eheleute Eyb gibt an, Frau Eyb habe ihr gesagt, Lessing komme oft auf Besuch. Sie habe ihn aber nie persönlich angetroffen. Dagegen sei der Friseur Göbel täglich bei den Eybs gewesen, als diese noch im Münsterhof wohnten.[1170]

Erst am 13. August, also zehn Tage nach seiner Verhaftung in Bern, wird Carl Cratz dem Verhörrichter zur Einvernahme vorgeführt.[1171] Er berichtet, Roschi habe ihm anonyme Briefe von einem Informanten gezeigt. In einem Schreiben vom September 1834 habe der Verfasser dieser Briefe, wie daraus entnommen werden könne, die Berner Handwerker aufgefordert, vor der französischen Gesandtschaft Freiheitslieder zu singen. Im selben Schreiben habe der Verfasser festgehalten, auf dem Weg von Zürich nach Baden seine Uhr verloren zu haben. Es sei damals Lessing gewesen, der die Handwerker zum Singen der Lieder vor der Gesandtschaft aufgefordert habe. Ebenso habe Lessing ihm den Verlust seiner Uhr geklagt, die ihm auf einem Ritt von Zürich nach Baden abhanden gekommen sei. Cratz äussert gegenüber v.Meiss seine Überzeugung, wonach Lessing der Urheber dieser Briefe sei. In anderen Schreiben sei die Rede von einer «Mordgeschichte» Albans gewesen. Das angetönte Attentat hätte wohl «Kaiser Ferdinand» gelten sollen. Cratz erklärt, er halte es inzwischen selbst für sehr wahrscheinlich, dass Lessing tatsächlich Spion gewesen sei. Nun scheine es ihm auch durchaus möglich, dass Lessing Opfer einer von diesem verratenen politischen Partei wurde; er wisse indessen nicht, welche Partei hinter der Tat stecken könnte. Im Anschluss an die Einvernahme im vergangenen Monat in Bern habe er an Alban geschrieben, was er über ihn in den Lessingschen Briefen gelesen habe und ihm mitgeteilt, Lessing sei tatsächlich Spion gewesen. Über Lessings Ende könne er aber bestimmt nichts sagen.[1172]

Der Verhörrichter unterlässt die Konfrontation Albans mit Cratzens Aussagen, obschon er dadurch dem Ersteren wenigstens die Unwahrheit und Unvollständigkeit seiner Aussagen hätte nachweisen können. Dass Lessing tatsächlich als Spitzel unter den Flüchtlingen wirkte, dürfte diesen spätestens im Februar 1836 allgemein bekanntgeworden sein, als Eyb zur Deckung einer durch ihn selbst vorgenommenen Entwendung von Unterlagen des *Jungen Deutschlands* gegenüber Stephani Lessing derselben beschuldigte und den Getöteten glaubwürdig der Spionage bezichtigte.[1173]

6.4.2.2 Ein dilettantisches Denunziationsschreiben

Am 24. August 1836 trifft beim Zürcher Verhörrichter aus Lausanne ein anonymer Brief ein.[1174] Darin wird dargelegt, die Flüchtlinge Alban und Cratz hätten am 3. November 1835 zwischen 18 und 19 Uhr Lessing im Café *Saffran* angetroffen und ihm versprochen, ihn zu einer «schönen neu angekommenen Oberländerin» zu führen. Auf dem der Sihl entlang führenden Weg in die Enge habe Alban mit seinem Dolch einen Stock abgeschnitten, um diesen Lessing zu übergeben. Im selben Moment habe Cratz einen grossen Stein von hinten auf Lessings Schulter geschlagen, worauf dieser zusammengesunken sei. Alban habe Lessing sodann einen «starken Schnitt» in die Gurgel zugefügt. Da Lessing daraufhin geschrien habe und auch nach mehreren Messerstichen noch bei Bewusstsein gewesen sei, habe ihm Cratz weitere Stiche in den Leib versetzt. Den Dolch hätten die Täter nach dem Tod Lessings zerbrochen und mit der Uhr und dem Geld des Opfers in die Sihl geworfen. Anschliessend seien Alban und Cratz mit Dieffenbach und Stephani in einem Wirtshaus zusammengetroffen. Einer der Mörder habe seinen Mantel am Tatort vergessen und ihn dort erst am folgenden Morgen geholt und später von Blutflecken gereinigt.

Die Informationen, die Keller anfangs August durch den preussischen Gesandten zugegangen waren, stimmten teilweise mit dem Inhalt des Briefes an den Verhörrichter überein. Dass dieses Schreiben durch v. Rochow veranlasst worden war, um dem Zürcher Verhörrichter «auf die Sprünge» zu helfen und zu einer für Preussen erfreulichen «Aufklärung» des Falles zu gelangen, drängt sich als Vermutung auf, zumal das durch v. Rochow verbreitete Gerücht und der Inhalt des anonymen Schreibens weitgehend identisch sind.[1175] Auch teilte der preussische Gesandte mit Schreiben vom 21. August 1836, also noch bevor der Verhörrichter den Brief erhielt, das ihm aus geheimer Quelle zugetragene, mit dem Inhalt des Denunziationsschreibens identische angebliche Tatgeschehen dem preussischen Aussenministerium detailliert mit.[1176] Die tatsächlichen Hintergründe und der Wahrheitsgehalt des Gerüchts lassen sich heute nicht mehr rekonstruieren.

Am 25. August unterrichtet v.Meiss Roschi über den eingegangenen Brief. Er scheint angesichts der Widersprüche zu den Erkenntnissen seiner eigenen Untersuchung, vor allem hinsichtlich der an der Leiche Lessings festgestellten Verletzungen, nicht allzu viel von diesem Schreiben zu halten. Dennoch bittet er Roschi um Einvernahme des sich mittlerweile in Bern befindenden Ernst Dieffenbach betreffend Aufenthalt am Tatabend. Am 30. August schickt Roschi dem Kantonal-Verhöramt die gewünschte Einvernahme, die keine neuen Erkenntnisse liefert.[1177]

Am 27. August verhört v.Meiss gestützt auf die mögliche Tatbegehungsschilderung des anonymen Briefes erneut Alban. Dieser streitet nach wie vor sämtliche Beziehungen zu politischen Gruppierungen in Zürich kategorisch ab. Auch will er mit Eyb keine Kontakte unterhalten haben. Er habe diesen nur ein einziges Mal, doch vergeblich, um Geld ersucht und gelegentlich mit ihm Whist gespielt, doch will er nie bei Eyb zu Hause in der Enge gewesen sein. Konfrontiert mit Lessings Briefabschriften gibt er an, der Getötete habe alles erfunden. Insbesondere bestreitet er, mit Ludwig Snell Kontakte unterhalten zu haben, was, will man einem Konfidentenschreiben Alberts glauben, nicht der Wahrheit entspricht, zumal gemäss dieser Quelle jedenfalls im Frühjahr 1835 sowohl Alban wie auch Cratz mit Ludwig Snell in Verbindung standen.[1178] Gemäss einer Mitteilung Lessings nach Berlin soll Alban im Juni 1835 von Snell sogar Weisungen empfangen haben.[1179] Im Oktober 1835 soll Snell Alban und Cratz in Küsnacht bei Streuli getroffen haben.[1180]

Den sich aus dem anonymen Schreiben ergebenden Vorwurf, Lessing ermordet zu haben, weist Alban entschieden zurück und bezeichnet die Aussage als «infame Lüge». Auch Cratz sei seiner Meinung nach zu einer solchen Tat nicht fähig. Befragt, ob er einen Dolch zu tragen pflege, gibt Alban an, er habe einen solchen vor längerer Zeit in Zürich beim Eisenhändler gekauft. Er habe ihn aber nur zum Botanisieren verwendet oder auf weitere Touren als Werkzeug mitgenommen.[1181] Wiederum erfolgt keine Gegenüberstellung mit den abweichenden Aussagen Cratzens und Ida Szent-Györgyis.

Am selben Tag bestätigt Lüning seine früheren Aussagen, wonach er nie im *Jungen Deutschland* mitgetan und sich überhaupt von politischen Tätigkeiten ferngehalten habe, da er sich auf das Examen der Medizin vorbereiten wollte. Die Professoren der Medizinischen Fakultät könnten bestätigen, dass er die Collegien «fleissig besucht» habe, was nicht möglich gewesen wäre, hätte er «Conspirationes mitgemacht». Auch er will Eyb nur von Whistpartien her kennen, welche allerdings vor über einem Jahr und nur während eines Zeitraums von ca. drei Wochen stattgefunden hätten. v.Meiss befragt Lüning erneut nach dessen letzter Begegnung mit Lessing im Museum. Auf die Frage, ob es nicht sehr wahrscheinlich sei, dass Lessing sich an jenem Abend in die Enge begeben habe, nachdem ihn Bekannte dorthin gelockt hätten, erwidert er ausweichend: «Nach meiner Meinung kann man hierüber keine Hypothesen aufstellen, indem die eine so unwahrscheinlich als die andere erscheint – und ich versichere, dass mir in meinem Leben noch nichts so unerklärbar vorgekommen ist, als diese Sache.» Auch Lüning ist sich sicher, an jenem Abend Cratz und Alban nicht mehr getroffen zu haben. Er fügt jedoch hinzu, er könne sich nach so langer Zeit nicht mehr an alles genau erinnern. Alban habe tatsächlich einen zweiten Dolch besessen, den ihm ein Deutscher beim «Bockessen» anlässlich des Osterfests geschenkt habe. Auch er besitze einen Dolch. Auf die Frage, weshalb eigentlich alle deutschen Flüchtlinge einen Dolch besässen, kann Lüning keinen bestimmten Grund nennen.[1182] Aus den Akten wird nicht ersichtlich, ob v.Meiss diese Dolche zwecks Begutachtung als mögliche Tatwerkzeuge beschlagnahmen liess.

6.4.2.3 Fehlanzeige!

Am 31. August läuft die Frist für die Untersuchungshaft ab. v.Meiss schreibt an Obergerichtspräsident Keller, dass er Alban, Cratz und Lüning zwar entlassen müsse, diese sich aber weiterhin dem *Polizey-Rath* für fremdenpolizeiliche Fragen und Massnahmen zur Verfügung zu halten hätten.[1183] Für eine Versetzung in den Anklagezustand bestünden zuwenig Indizien. Die im anonymen Brief dargestellte Version der Tat scheine ihm wenig glaubwürdig. Er habe Bürgermeister Hess indessen gebeten, mit der Wegweisung der zu Entlassenden aus Zürich noch zuzuwarten bis auch er, Keller, sein Einverständnis erteilt habe. v.Meiss bittet Keller ferner darum, beim preussischen Gesandten v.Rochow nachzufragen, wie dieser zur ursprünglichen Information betreffend die Variante, Lessing habe in der Enge eine Frau treffen wollen, gekommen sei.[1184] In den Akten findet sich keine Antwort auf diese Frage, was nicht weiter erstaunt, zumal v.Rochow seine angebliche Quelle nicht einmal dem preussischen Aussenminister hatte offenlegen wollen. Auch die Staatsanwaltschaft wird über den laufenden Stand der Untersuchung und über die bevorstehende Freilassung der genannten Flüchtlinge und deren Gründe unterrichtet.[1185]

Am 1. September führt der Verhörrichter Schlusseinvernahmen mit Alban und Cratz durch. Alban antwortet auf die Frage, wer denn einen ihn derart verleumdenden Brief geschrieben haben könnte, dass seine politischen Feinde dahinter steckten, nachdem er zuvor stets bekräftigte, er habe mit politischen Verbindungen nichts zu schaffen. Doch v.Meiss greift diesen augenfälligen Widerspruch nicht auf. Er versucht noch einmal aus Alban herauszubekommen, wie und wo dieser mit Cratz den fraglichen Abend verbracht habe. Alban bleibt bei seinen früher gemachten Angaben und kann sich, soweit der Verhörrichter nach Ergänzungen fragt, nicht mehr erinnern. Alban erklärt ferner, er habe seinen Dolch nie mitgeführt, wenn er ein Wirtshaus besuchte. Er gibt zu, einst einen zweiten Dolch besessen zu haben, doch habe sich jener zum Zeitpunkt der Tötung Lessings nicht mehr in seinem Besitz befunden. Auf die Frage, weshalb man bei ihm keine Korrespondenzen gefunden habe, antwortet Alban, er brauche diese fortlaufend als Makulatur.

Alban bedient sich plumper Ausreden und wenig stichhaltiger Lügen. Er ist sich darüber im Klaren, dass gegen ihn kein genügender Verdacht für eine Anklage vorliegt und dass ihn der Verhörrichter ziehen lassen muss. Gute Beziehungen verleihen ihm auch hinsichtlich des zu erwartenden fremdenpolizeilichen Nachspiels beachtliche Selbstsicherheit. Auf die Frage, ob er von Cratz Briefe erhalten habe, nachdem er von seiner Reise mit Lessing zurückgekommen sei, erwiderte Alban überaus selbstbewusst: «Wenn man mir nicht nachweist, dass ich durch Briefe compromittirt werde, so brauche ich keine Auskunft darüber zu geben.»[1186] Auch diese letzte Einvernahme verläuft ergebnislos.

Es folgt Cratz' abschliessende Befragung:

«1. Können Sie sich noch genau erinnern, was für Angaben Sie darüber gemacht, wo Sie an jenem Dienstag Nachmittage und Abend gewesen als Lessing ermordet worden? Ich war bis gegen 3 Uhr auf dem Caffee litteraire, wo ich Lessing antraf, dann ging ich nach dem Spitale, wohin mich Lessing begleitete, bei seiner Wohnung ging er fort und als ich gegen das Anatomie Gebäude kam, war gerade ein Colleg aus, da traf ich Alban, Dieffenbach und Trapp an. Nun kehrte ich wieder um und ging mit Alban über den Mühlesteg nach Hause ins grüne Häusli, wo mich Alban verliess. Ich blieb nun zu Hause bis 6 Uhr dann ging ich zu Alban um ein Buch zu holen. Bei diesem blieb ich bis gegen 8 und ging dann mit Alban nach Hause wo ich dann blieb. 2. Hat Ihnen Lessing an jenem Nachmittage nichts besonderes mitgetheilt? Nein. 3. Sie haben in Ihrer ersten Einvernahme angegeben, dass Sie in jenem Zeitpunkte mit dem Baron Eyb nicht in den besten Verhältnissen gestanden, was war der Grund davon? Als Eyb hieher kam, lebte er eine Zeit lang ganz ruhig und erst nachdem er eine Reise nach Bern, Lausanne und Genf gemacht, gründete er nach seiner Rückkunft das Junge Deutschland, ich nannte ihn Renomisten, so entstand ein Wortwechsel zwischen uns, dass ich längere Zeit in keine Beziehung mehr mit ihm trat. 4. Haben Sie also den Lessing, nachdem Sie ihn bei seinem Logis verlassen, nicht mehr gesehen? Nein. 5. Sind Sie denn jenen Abend nicht mit Alban und ihm irgend wo zusammen gekommen? Nein, bestimmt nicht. 6. Sie sollen doch den Lessing damals irgend wo angetroffen und ihm versprochen haben, ihn zu einer soeben angekommenen Oberländerin zu führen. Das ist nicht wahr. 7. Es ergibt sich aus einem Briefe, welcher in der letzten Zeit an das Verhöramt gelangt ist, dass Sie und Alban jenen Abend den Lessing unter verschiedenem Vorgeben in die Enge gelockt haben? Davon weiss ich nichts. Ich gebe mein Ehrenwort, dass ich den Lessing von dem angegebenen Zeitpunkt an, nicht mehr gesehen und in wie weit man solchen Briefen Glauben beimessen kann, wird man sich aus denjenigen überzeugt haben, welche von Bern hierher gesandt wurden. 8. Kennen sie vielleicht die in diesem Brief enthaltene Handschrift? Nach Vorlegung des Briefes: Nein, allein jedenfalls ist das ein untergeschobener Brief, was sich aus dem Umstand zeigt, dass es darin heisst, wir seien auf Caffee Safran zusammengekommen, während die Untersuchung gezeigt haben wird, dass wenigstens Alban und ich jenen Abend nicht auf Safran gewesen. 9. Können Sie sich vorstellen, wer denn ein Interesse hätte, Sie auf solche Weise zu verdächtigen? Der Bundestag, welcher uns verfolgt oder diejenigen, welche den Lessing als Spion bezahlten. 10. Es ist doch kaum gedenkbar, dass dieses Mittel auch gegen Sie ergriffen würde, da Sie ja bereits wegen Ihrer politischen Umtriebe weggewiesen worden waren? Es kommt darauf an, zu welcher Zeit dieser Brief geschrieben wurde und wenn das auch in der letzten Zeit geschehen ist, so kann ich keinen bestimmten Grund angeben. 11. Hat irgend Jemand Sie auf dem Zimmer des Alban jenen Abend gesehen? Aufs Zimmer kam niemand, dagegen glaube ich, dass Schlutter und Frau Michel uns gesehen als wir um 8 Uhr fortgegangen.[1187] 12. Sehen Sie nicht ein, dass es allerdings auffallend ist, wie Sie gerade zu jener Zeit mit Alban zusammen gekommen, hin und her gegangen in welcher Lessing in die Enge hinausgegangen sein muss? Ich kann hierüber nichts anderes sagen als dass ich mein Ehrenwort geben darf, dass wir zu jener Zeit den Lessing nicht gesehen und dieses Zusammensein mag nur desswegen auffallen, weil man in betreff dieses benannten Abend inquirirt, allein ich versichere, dass wir jeden Tag auf solche Art zusammengekommen. 13. Sahen Sie jenen Abend Dieffenbach und Stephani nicht? Nein, das weiss ich bestimmt, denn es waren jenen Abend, als ich mit Alban ins grüne Häusli kam, niemand da, als Geüther, Kramer und Schlutter. 14. Sie werden doch zugeben müssen, dass es kaum gedenkbar ist, dass Lessing durch einen Fremden in jene Gegend geführt worden? Wenn Lessing nicht allein dahin gegangen ist, so kann ich keine Auskunft geben wie das zugegangen. 15. Dürfen Sie gewissenhaft bezeugen, dass Sie abermals nicht im Falle seien, etwas näheres hierauf bezügliches anzugeben? Ja. 16. Behaupten Sie neuerdings, dass Sie die verschiedenen Berichte, welche Ihnen Herr Roschi in Bern vorgelegt, als falsch ansehen? Ja, ich bin fest davon überzeugt, dass daran gar nichts ist, was ich gelesen. 17. Wie können Sie sich denken, dass Lessing, welcher die Briefe geschrieben, solche Angabe gemacht? Die Actenstücke, welche ich gelesen, konnten in der Schweiz so lange als Lessing lebte nicht gegen uns gebraucht werden, da sie sogleich widerlegt worden wären, daher wird er den Auftrag von jemandem erhalten haben sie so zu schreiben. 18. Sie werden sich erinnern, dass das vorliegende Scriptum unter Ihren Papieren sich vorgefunden hatte?[1188] Ja, ich habe solches selbst geschrieben, es hat ein Hilgard (...) das Manuskript aus Strassburg gesandt, dieser war wie ich glaube, in einer Verbindung, als er noch in Deutschland war. 19. In welcher Verbindung stehen die Pariser Associationen zu den politischen Verbindungen in der Schweiz? So viel ich weiss in gar keiner, was aus den Statuten des Jungen Europas hervorgeht (Verbrüderungsact) indem es in einem dortigen § heisst, dass jedem Mitglied des Jungen Europas verbothen sei einer auswärtigen Verbindung beizutreten besonders einer solchen, welche von der Carbonaria abhängig ist. (...).»[1189]

Cratz' Verteidigungsstrategie, generell sämtliche Verdachtsmomente zu bestreiten, bewährte sich erneut. Seine Aussagen erschienen dem Verhörrichter weitgehend plausibel, jedenfalls gab sich dieser damit zufrieden.

6.4.2.4 Würdigung

Für Cratz wie auch für Alban hätten sich neben der Funktion als vollstreckende Organe des *Jungen Deutschlands* ohne weiteres auch persönliche Motive für die Tötung Lessings finden lassen. Beide wurden in schwerwiegender Weise durch diesen verraten, sodass sie in Deutschland massive Repressalien befürchten mussten. Cratz und Alban nahmen eine führende Stellung in der Zürcher Assoziation des *Jungen Deutschlands* ein.[1190] Alban wie auch Cratz behaupten vor dem Verhörrichter angesichts der Pflicht zu wahrem Zeugnis nicht, sie hätten mit Lessings Ermordung nichts zu tun. Vielmehr versichern sie ihn immerfort, sie könnten dazu nichts sagen. Diese Nuance beruht wohl nicht auf Zufall.

Schauberg deckt einen Widerspruch im Verhalten der Zürcher Untersuchungsbehörden auf. Einerseits, so stellt er fest, habe der Verhörrichter von allem Anfang an die Tat als politisch motiviertes Delikt behandelt. Andererseits sei die Tat indessen nicht nach den Kriterien eines politisch motivierten Delikts behandelt worden. Man habe jedenfalls zu Beginn der Untersuchung keinerlei konkrete Vorkehrungen zur Aufklärung allfälliger politischer Motive getroffen.[1191] Dieser Eindruck wird dadurch bestätigt, dass die Befragungen Albans, insbesondere aber Cratzens und Ehrhardts zu Beginn der Untersuchung wenig zielstrebig vorgenommen werden und, auch unter Berücksichtigung der primär auf Informationsbeschaffung angelegten generalinquisitorischen Phase, in der sich die Untersuchung in jener Zeit befand, sehr oberflächlich verlaufen. Insbesondere fehlen differenzierte, sorgfältige Analysen denkbarer politischer Motive.

Sodann zeigt sich der neue Zürcher Strafprozess nach definitiver Abschaffung der Tortur im Jahr 1831 gänzlich ausser Stande, hartnäckig abstreitende Inquisiten und renitente Zeugen zu einer kooperativen Gesinnung zu bewegen. Der Verhörrichter sieht nach wie vor im Geständnis das zuverlässigste Beweismittel und zeigt sich ausserstande, erfolgreich einen Indizienprozess zu führen.[1192] Obschon zahlreiche Briefe Ehrhardts aus Paris an Cratz in Zürich vorliegen, aus denen zumindest hervorgeht, dass die beiden auf europäischer Ebene tiefen Einblick in die revolutionäre Bewegung haben, teilweise gar leitende Positionen wahrnehmen und über breite Kenntnisse verfügen müssen, gelingt es nicht, von diesen persönlich die geringsten Informationen zu erhalten.[1193] Die Betreffenden brauchen nicht einmal klar Stellung zu ihrer politischen Funktion zu nehmen. Offensichtliche Widersprüche werden auch hier nicht ausgeräumt. Besonders krass zeigt sich die Schwierigkeit, an Informationen zu gelangen, am Beispiel Albans, der sogar noch abstreitet, mit dem *Jungen Deutschland* irgendetwas zu tun zu haben, nachdem seine Zugehörigkeit zu demselben erwiesen ist.

v.Meiss hielt das Denunziationsschreiben aus Lausanne angesichts der inhaltlichen Abweichungen von den gesicherten Sachverhaltsaspekten von Anfang an für eine Fälschung, von welcher er sich keinen Aufklärungserfolg versprach. Im Übrigen liessen sich nach damaliger beweisrechtlicher Lehre aus anonymen Briefen keine als beweistaugliche Indizien zu bewertende Verdachtsgründe herleiten.[1194] Da er die gegen Cratz, Alban und Lüning geführten Ermittlungen erst im August 1836 aufgriff, war überdies viel Zeit verflossen, welche Erinnerungslücken und Widersprüche in den Aussagen plausibel machte. v.Meiss erfüllte bei diesen Befragungen eine Pflichtübung, zumal er im Sommer 1836 wohl selbst nicht mehr an die Aufklärung des Falles glaubte.

6.4.2.5 Die fremdenpolizeilichen Konsequenzen

Noch während der Untersuchung wurde im Rahmen der Vollstreckung des «Fremdenconclusums», nachdem bereits im Frühsommer 44 Flüchtlinge, darunter diverse Nebenakteure der Strafuntersuchung, aus der Schweiz ausgewiesen worden waren, zahlreichen politisch aktiven Asylanten der weitere Aufenthalt in der Schweiz verwehrt. So verliessen am 8. Juli 1836 unter Polizeibegleitung Johannes Müller, Hermann Trapp, Georg Göbel die Schweiz über Delle in Richtung Frankreich. Peter Jacob Dorn und zahlreiche weitere Asylanten wurden am 21. Juli über Pontarlier abgeschoben.[1195] Am 9. August erfolgte die Ausschaffung Franz Strohmeyers über Pontarlier, am 12. August wurde Karl Mathy aus der Schweiz weggewiesen; ferner wurden am 27. August Harro Harring und Ernst Dieffenbach über Pontarlier nach Frankreich transportiert. Am 13. September verliess Carl Cratz unter Polizeiaufsicht über Delle die Schweiz. Georg Rottenstein war kurz zuvor nach Frankreich ausgereist, dort verhaftet worden und schliesslich nach England geflohen. Ebenso hatten Georg Fein und Georg Peters im Sommer 1836 die Schweiz verlassen. Weitere Aktivisten, wie Eduard Scriba, Christian Scharpf oder Karl Soldan waren untergetaucht oder durch rechtzeitige Flucht ins Ausland der polizeilichen Ausweisung zuvorgekommen.[1196] Lessings einstige Gefährten Geuther, Schlutter und Cramer hatten die Schweiz schon zuvor verlassen.

Am 1. September beschloss der *Polizey-Rath* die Ausweisung Lünings und Albans. Nach Rücksprache mit den beiden Flüchtlingen wurde diesen ein Aufschub von acht Tagen zur Regelung ihrer persönlichen Angelegenheiten gewährt unter Verpflichtung zur Hinterlegung einer «Realcaution» von 400 Franken.[1197] Mit Schreiben vom 8. September intervenierte der akademische Senat und gelangte an den *Polizey-Rath* mit dem Ersuchen, den beiden Studenten die Fortsetzung ihres Studiums in Zürich zu gestatten. Der Senat verwies auf § 6 Nr. 6 der Hochschulstatuten, wonach die polizeiliche Wegweisung von Studierenden die vorgängige Einholung eines Berichts durch den Rektor der Hochschule erfordere. Namentlich Rektor Oken und die Professoren Schönlein und Arnold bestätigten, dass «Fleiss und Betragen» der beiden «unbedingtes Lob» verdienten, worauf der *Polizey-Rath* am 17. September 1836 den weiteren Verbleib Albans und Lünings in Zürich unter Voraussetzung inskünftig ruhigen Verhaltens sowie der Hinterlegung der genannten Kaution einstweilen gestattete. Von der Pflicht zur Einholung eines Berichts durch den Rektor, so belehrte der *Polizey-Rath* den Senat, könne in kriminalrechtlich begründeten Wegweisungsfällen abgesehen werden.[1198] Die Aufenthaltsbewilligungen wurden auch im März und September 1837 sowie im folgenden Jahr ohne weiteres um jeweils sechs Monate verlängert.[1199] Nach dem Abschluss des Studiums stand eine Wegweisung nicht mehr zur Diskussion. So verblieben mit Ausnahme von Cratz die am engsten in das Verfahren involvierten Personen in der Schweiz, wo Alban, Ehrhardt und Lüning dauerhaft sesshaft wurden, Karriere machten und zu Wohlstand und Ansehen gelangten, während zahlreiche mögliche Auskunftspersonen, mitunter ohne zum Verbrechen je befragt worden zu sein, ausreisen mussten.

6.5 Der Abschluss der Untersuchung

6.5.1 Schlussbericht

Am 20. November 1836 überweist v.Meiss die Akten an die Staatsanwaltschaft.[1200] Er hält in seinem Schlussbericht fest, das Resultat der Untersuchung sei «leider nicht befriedigend» ausgefallen.[1201] Doch sehe er sich nun genötigt, die Akten mit dem Gesuch um Stellung eines Antrages an das *Criminalgericht* der Staatsanwaltschaft zu übergeben, zumal sich die Eheleute Eyb im Anklagezustand befänden, und daher eine gerichtliche Beurteilung unumgänglich sei.[1202]

Diese Begründung zeigt, dass der Verhörrichter den durch das damals neue Strafrechtspflegegesetz postulierten prozessualen Anspruch auf formale Gerechtigkeit ernst nimmt. v.Meiss sieht den Grund für den Misserfolg der Untersuchung in der mangelhaften Unterstützung, die er von den inner- und ausserkantonalen Polizeibehörden erhalten habe. Einzig der *Polizey-Rath* habe ihm «in höchst verdankenswerther Weise» zur Seite gestanden. Erst seit dem Frühjahr 1836 hätten die übrigen Polizeibehörden ihre Bereitschaft zu ernsthafter Mitwirkung gezeigt, wie dies bereits zu Beginn der Untersuchung erforderlich gewesen wäre. Ferner habe das unverdiente, weit verbreitete Zutrauen der Bevölkerung zu den deutschen Flüchtlingen die Untersuchung gehemmt. v.Meiss verzichtet auf einen ausführlichen Schlussbericht und verweist auf seine Zwischenberichte und die Akten, aus denen, wie er deutlich zu machen sucht, überzeugend hervorgehen sollte, «dass von meiner Seite von Anfang an alles dasjenige gethan worden ist, was zur Entdeckung dieses Verbrechens unter den obwaltenden Verhältnissen möglich war.» Er weist auf die unzureichende Zusammenarbeit mit dem Berner Regierungsstatthalter Roschi hin, durch dessen Verhalten weitere Spionagebriefe Lessings für die Zürcher Untersuchung verloren gingen.

Aus dem Bericht geht sodann hervor, dass v.Meiss den Beweis, wonach Lessing Spion war, für erbracht hält. Er weist auf die zahlreichen Fehlinformationen in dessen Spitzelmitteilungen hin. Die Zusammenarbeit mit dem preussischen

Polizeiministerium sei wenig ergiebig gewesen und die auf die eingegangenen anonymen Schreiben gegen Cratz, Alban und Lüning hin geführte Untersuchung «etwas schief ausgefallen». Auch bei der Verhaftung Eybs seien Fehler unterlaufen, sodass wichtige Papiere nicht beschlagnahmt werden konnten. Polizeihauptmann Fehr habe sich von «der gewiss sehr listigen und frechen Ehefrau Eyb» an der Nase herumführen lassen. Eyb habe – unausgesprochen inhäriert dem Satz ein leises Bedauern über die 1831 erfolgte Abschaffung des peinlichen Verhörs – nicht dazu «gezwungen werden können», Auskunft über seine genauen Verhältnisse zu geben. Überdies sei es nicht möglich gewesen, wichtige Auskunftspersonen wie Rottenstein, Rauschenplatt und Lizius in Zürich unmittelbar einzuvernehmen. Ob diese Aussage zutrifft ist fraglich, zumal sich die drei Flüchtlinge im Sommer 1836 in Liestal aufhielten und eine Auslieferung grundsätzlich möglich gewesen wäre.

v.Meiss nimmt vorweg, dass das von ihm gesammelte Material für eine Verurteilung Eybs wegen Teilnahme am Tötungsdelikt wohl nicht ausreiche. Das *Criminalgericht* werde in seinem Urteil vermutlich zu einer Entlassung von der Instanz oder zu einem Freispruch gelangen. Im letzteren Fall seien wenigstens die Kosten der Untersuchung den Freigesprochenen aufzuerlegen, zumal Eyb sich durch seine Rolle im *Jungen Deutschland* selbst verdächtig gemacht habe, und eine Ausscheidung jener Kosten, die durch die Erhellung der politischen Verbindungen entstanden, von den eigentlichen Aufwendungen für die Prozedur nicht möglich sei. Das Belastungsmaterial sollte jedoch ohne weiteres für eine Verurteilung wegen Verfälschung öffentlicher Papiere ausreichen. Falls die Untersuchung nicht gehörig erscheine, so möge sich die Staatsanwaltschaft die erwähnten Umstände und Schwierigkeiten vor Augen halten. Angesichts der bereits lang andauernden Untersuchungshaft bittet v.Meiss um beförderliche Behandlung der Angelegenheit durch die Staatsanwaltschaft.[1203]

6.5.2 Beweisergänzungen

Am 16. Januar 1837 gelangt Staatsanwaltsubstitut J.J. Rüttimann an das *Criminalgericht* mit den Anträgen, es seien die Akten für vollständig zu erklären, für Eyb ein amtlicher Verteidiger zu bestellen und das Datum der Verhandlung festzulegen. Daneben stellt er Beweisergänzungsanträge bezüglich Feststellung des Todeszeitpunktes Lessings. Ferner beantragt er die Einvernahme sämtlicher Angestellter im *Café littéraire* und auf der *Saffran* bezüglich der Frage nach dem Aufenthalt Eybs am Abend des 3. November 1835. Sodann sei das Sihlbett in der Nähe des Tatorts nach einem Dolch zu untersuchen, zumal in dem anonymen Denunziationsbrief die Rede davon gewesen war, die Tatwaffe sei nach der Deliktsverübung in die Sihl geworfen worden.[1204] Am 18. Januar heisst das *Cri-*

minalgericht die Anträge bezüglich Einholung eines Nachtrages zum Obduktionsgutachten durch den Bezirksarzt zur präzisen Feststellung der Todeszeit und betreffend die Befragung der Angestellten in den Cafés gut. Der Antrag auf Absuchung des Sihlbettes wird angesichts der seit der Tat verstrichenen Zeit als nicht erfolgversprechend abgelehnt. Der Verhörrichter wird mit der Beweisergänzung beauftragt.[1205] Die Notwendigkeit einer Beweisergänzung in derart elementaren Fragen wirft kein gutes Licht auf die Untersuchung, weist jedoch auf das Vorhandensein besseren Wissens hin. In Anbetracht der Staatsanwaltschaft und *Criminalgericht* offenstehenden Einwirkungsmöglichkeiten erstaunt es, dass auf eine rechtzeitige Intervention während der Untersuchung zugunsten nachträglicher Beweisergänzungen verzichtet wurde.

Im Ergänzungsbericht vom 23. Januar kommt Bezirksarzt Hess zum Schluss, dass bei Lessing der Tod unter Berücksichtigung der verbliebenen Restwärme in der Kleidung und der Aussentemperatur in den späten Abendstunden des 3. November 1835 eingetreten sein müsse.[1206] Die Ergänzungseinvernahmen des Servicepersonals ergeben mangels genauer Erinnerung keine weiterführenden Hinweise auf Eybs Aufenthalt an besagtem Abend.[1207]

Am 4. Februar 1837 beschliesst das *Criminalgericht* nach einer ersten Aktendurchsicht weitere Beweisergänzungen. So sei abzuklären, ob die Szent-Györgyi tatsächlich Kinder habe, da solches aus dem Pass Eybs hervorgehe. Ferner habe das Verhöramt die aktuellen Vermögensverhältnisse Eybs genau abzuklären und dem Gericht mitzuteilen.[1208] Am 7. Februar verfügt das *Criminalgericht* zusätzliche Beweisergänzungen. So soll durch einen «Witterungsbeobachter» ein genauer Bericht über die Witterungsverhältnisse am Abend des 3. November 1835 eingeholt werden. Ferner wird der Verhörrichter angewiesen, Frau Usteri-Staub, welche bei jener Gesellschaft des Major Winkler ebenfalls anwesend, jedoch bisher nie befragt worden war, einzuvernehmen.[1209]

Ida Szent-Györgyi weiss nichts von einem Kind und gibt an, niemals ein Kind geboren zu haben.[1210] Ebenso hält Eyb selbst den Eintrag für einen Irrtum.[1211] Erneute Abklärungen in Bern ergeben, dass Eyb dort als Zacharias Aldinger, 22jährig, im September 1834 in der Passkontrolle vermerkt ist. Es ist weder von einer Frau noch von einem Kind eine Notiz vorhanden.[1212]

Der Statthalter des Bezirks Gottlieben in Herrenhof vernimmt am 24. Februar 1837 die mittlerweile in Ermatingen wohnhafte und neu verheiratete Verena Rahn, ehemals Usteri, geb. Staub. Sie kann sich nicht einmal mehr daran erinnern, ob Eyb an besagtem Abend überhaupt bei Winklers war.[1213] Aus der Sichtung der aktuellen finanziellen Verhältnisse Eybs resultiert, dass noch Wechsel vorhanden sind und insbesondere ein Darlehen von 1'000 Franken an die Druckerei der inzwischen eingestellten Zeitschrift der «Jungen Schweiz» offen ist.[1214] Daraufhin erfolgt die Vollständigerklärung der Akten durch das *Criminalgericht*.[1215]

6.5.3 Verteidigung durch Aktenpublikation

Am 17. Februar 1837 beantragt Eyb beim *Criminalgericht* selbst die Stellung eines Verteidigers. Im Gesuch gibt er seinem Befremden über die Anklage Ausdruck, da er nicht verstehe, dass ohne Vorliegen von stichhaltigen Verdachtsmomenten er wegen Teilnahme an der Tötung Lessings angeklagt werden könne.[1216] Der Antrag wird in Anwendung von § 60 des Strafrechtspflegegesetzes genehmigt. Der Angeklagte hatte, sofern die Verhängung einer Todes-, Ketten- oder Zuchthausstrafe drohte, Anspruch auf einen Verteidiger.[1217] Eyb drohte gemäss § 56 Abs. 1 lit.b des Zürcher StGB von 1835 wegen Gehilfenschaft zum Mord schlimmstenfalls eine zwanzigjährige Kettenstrafe. In allen anderen Fällen erfolgte der Beizug eines Verteidigers nur auf eigene Veranlassung des Angeklagten. Bei der Auswahl des Verteidigers war gemäss § 61 des Strafrechtspflegegesetzes «auf die Fähigkeit der Anwälde Rücksicht» zu nehmen. Dass der Angeklagte erst nach Abschluss des Untersuchungsverfahrens einen Verteidiger erhielt, entspricht dem damaligen Verständnis dieser Prozessphase in Anwendung der Inquisitionsmaxime. Da der die Untersuchung führende Richter der Gerechtigkeit und Wahrheit verpflichtet ist, übernimmt er zugleich die Rolle der «materiellen Vertheidigung».[1218] Mit dem Eintritt in die Hauptverhandlung, in der auch der Staatsanwalt seine offizielle Rolle wahrnimmt, folgt der Prozess dem Anklageprinzip und schafft dadurch Raum für eigenständige Verteidigung.[1219] Allerdings ist die Waffengleichheit bei dieser Regelung, selbst wenn das durch den Verhörrichter bewerkstelligte Untersuchungsverfahren ausgeklammert wird, keineswegs gewährleistet, zumal der Staatsanwalt bereits auf den Gang der Untersuchung massgeblich Einfluss nehmen, der Verteidiger dagegen erst nach Aktenschluss tätig werden kann und sein Beitrag sich im Wesentlichen in der Verteidigung an Schranken erschöpft, allenfalls Raum für Fragen an das Gericht anlässlich der Hauptverhandlung übrig lässt.[1220]

Zum Verteidiger Eybs wird der «Cantons-Procurator» Dr. Josef Schauberg ernannt. Dessen Gesuch um Zustellung der Akten wird vom *Criminalgericht* abgelehnt mit der Begründung, dass eine Zirkulation aufgrund des bedeutenden Umfanges der Prozedur mit grossen Schwierigkeiten verbunden sei. Schauberg wird aufgefordert, die Akten auf der Kanzlei des *Criminalgerichts* einzusehen.[1221] Bereits im März laufen bei der Druckerei von Fritz Schulthess die Vorbereitungen für die Publikation der aktenmässigen Darstellung des Prozesses. Am 18. März informiert v.Meiss das *Criminalgericht* über das Vorhaben des Verteidigers. Der Verhörrichter kann sich nicht vorstellen, dass die Akten bereits vor dem Urteilsspruch veröffentlicht werden dürfen. Das *Criminalgericht* fordert Schauberg am folgenden Tag auf, über sein Publikationsprojekt umgehend zu informieren.[1222] Am 20. März erklärt Schauberg, er sei davon ausgegangen, einer teilweisen Publikation der Prozedur stehe nichts im Weg, nachdem die Akten für vollständig erklärt wurden. Er sei aber bereit, mit der Veröffentlichung bis zur Urteilsfällung zuzuwarten.[1223] Am 4. April legt Schauberg dem *Criminalgericht* eine Liste jener Aktenstücke vor, deren Publikation er beabsichtigt. Dieselben enthielten, so seine Erklärung, ausschliesslich Informationen, die auch anderweitig aus Zeitungen oder aus Roschis im vorigen Jahr publizierten Bericht über die Flüchtlinge in der Schweiz entnommen werden könnten.[1224] Das *Criminalgericht* nimmt vom Schreiben Schaubergs im Protokoll Vormerk, ohne sich dazu inhaltlich zu äussern.[1225]

6.5.4 Aufklärung in letzter Minute?

Unmittelbar vor Prozessbeginn scheint doch noch eine Spur zur Täterschaft zu führen. Am Morgen des 5. April 1837 übergibt der Präsident des *Criminalgerichts*, v.Orelli, seine Taschenuhr dem Gerichtsweibel Heinrich Brunner mit dem Auftrag, diese beim Uhrmacher reparieren zu lassen. Dort erzählt der Weibel vom anstehenden Prozess, worauf Uhrmacher Joseph Baron erzählt, Lessing sei kurz vor dessen Tod bei ihm vorbeigekommen und habe eine altertümliche Taschenuhr schätzen lassen. Er habe sie verkaufen wollen, doch da er, Baron, nur den Goldwert zu bezahlen bereit gewesen sei, habe das Geschäft nicht abgeschlossen werden können. Nach Lessings Tod sei Bürstenbinder Nabholz mit derselben Uhr vorbeigekommen und habe sie schätzen lassen.[1226]

Verhörrichter v.Meiss nimmt sich der Sache umgehend an. Uhrmacher Joseph Baron aus Le Locle bestätigt die Aussagen des Gerichtsweibels. Nabholz habe ihm die Uhr nach dem Tod Lessings noch vor Neujahr 1836 zwecks Schätzung gezeigt und wenig später durch seinen Gesellen zur Reparatur überbringen lassen. Er sei davon überzeugt, dass es dieselbe Uhr gewesen sei, welche ihm kurz zuvor Lessing vorgewiesen habe, da er noch nie zwei derart ähnliche Uhren gesehen habe. Der Uhrmacher verfügt noch immer über die Uhr, die er dem Gesellen abgekauft hatte. Er hat sie dem Verhöramt einzureichen. Befragt, weshalb er dem Verhöramt von der Uhr nicht früher berichtet habe, erwidert Baron, er habe niemanden verdächtigen wollen und sich nicht vorstellen können, dass Nabholz vom Mord an Lessing Kenntnis habe.[1227] Anschliessend wird Bürstenbinder Nabholz verhört. v.Meiss will wissen, wie der Handwerker in den Besitz der Uhr gekommen sei. Dieser gibt an, seine Schwester, Frau Regierungsrätin Zehnder habe die Uhr jemandem abgekauft, der dringend Geld benötigte. Daraufhin habe sie ihm die Uhr übergeben.[1228] Sogleich begibt sich v.Meiss zu Frau

Zehnder, welche «nach langem Hin und Her» erklärt, es habe ihr Dr. Dieffenbach vor längerer Zeit diese Uhr verkauft, als dieser in Geldnot gewesen sei.[1229] Frau Zehnder verweist den Verhörrichter an Hermann Trapp, der zu jenem Zeitpunkt im selben Haus wohnt.[1230] Befragt zur Herkunft der Uhr meint dieser, Dieffenbach habe ihm damals erzählt, er habe die Uhr von Dr. Franz Theodor Kämmer in Rifferswil erhalten.[1231] v.Meiss schickt den Weibel des Verhöramtes umgehend nach Rifferswil, um Kämmer herbeizuschaffen. Er selbst will noch Frau Locher-v.Muralt aufsuchen, um ihr die Uhr zur Identifikation vorzulegen.[1232] Da diese urlaubshalber in Triest weilt, befragt er den Ehemann. Dieser erklärt, die ihm vom Verhörrichter vorgelegte Uhr sei jener, die seine Frau Lessing geliehen habe, sehr ähnlich, doch das Zifferblatt unterscheide sich von jener. Zudem habe die Uhr seiner Frau über keinen Datumzeiger verfügt.[1233]

Der Weibel trifft mit Franz Kämmer in den frühen Morgenstunden in Zürich ein. Um 06 Uhr folgt die Einvernahme. Kämmer gibt an, er habe die Uhr dem unterdessen aus der Schweiz ausgewiesenen Friseur Göbel zur Verpfändung übergeben, als dieser dringend Geld benötigte. Die Übergabe habe anlässlich von Lessings Begräbnis stattgefunden. Göbel habe die Uhr verpfändet, worauf er Lüning und Alban aufgefordert habe, die Uhr auszulösen. Schliesslich habe Dieffenbach die Uhr ausgelöst und ohne sein Einverständnis verkauft. Er habe die Uhr nie an Lessing ausgeliehen. Auf dem Zifferblatt sei der Name «Ignaz Kämmer» eingraviert. Auf Vorweisen gibt Kämmer an, die Uhr sei der seinigen sehr ähnlich, doch seien das Zifferblatt und der Stundenzeiger unterschiedlich. Doch das Werk sei mit Bestimmtheit dasjenige der Uhr, die er früher besessen habe.[1234] Der Uhrmacher kann sich an keine Gravur erinnern. Kämmer ist sich dagegen ganz sicher, dass seine Uhr eine entsprechende Nameninschrift trug.[1235]

Nachdem dieser scheinbar unauflösbare Widerspruch aufgetreten war, beendete der Verhörrichter seine diesbezüglichen Abklärungen, zumal weitere Zeugen wie Dieffenbach und Göbel die Schweiz bereits verlassen hatten. Göbel, den v.Meiss anfänglich noch suchen lassen wollte, war nach England ausgereist.[1236] Anhand der bestehenden Einvernahmen schien die Hoffnung auf ein aufschlussreiches Verhör ohnehin gering, weshalb das *Criminalgericht* keine weiteren Nachforschungen anordnete. Dass Lessing kurz vor seinem Tod – gemäss NZZ vom 19. April 1837 soll es der 2. oder 3. November 1835 gewesen sein[1237] – sogar versuchte, die ihm von seiner Wirtsfamilie offenbar anvertraute Uhr zu versilbern und dadurch wohl zu veruntreuen, ist ein neuer Hinweis auf die angespannte finanzielle Situation, in der er sich anfangs November befunden haben muss, wie auch auf seinen zweifelhaften Charakter.

7 Beurteilung und Kritik

7.1 Beurteilung der verhörrichterlichen Untersuchungsleistung

7.1.1 Strategische und taktische Mängel

Zufolge des mehrstufigen Untersuchungsverfahrens und der geteilten Strafuntersuchungskompetenz konnte der Verhörrichter erst am 6. November 1835 mit seiner Arbeit beginnen. Der Zürcher Statthalter hatte die Voruntersuchung zwar zügig, aber äusserst oberflächlich und unsorgfältig geführt. Für einen wirksamen ersten Angriff war es – seit der Tat waren über 48 Stunden verflossen – viel zu spät, als v.Meiss den Fall übernahm.[1238]

Insgesamt wurden während des Verfahrens weit über hundert Aussagen protokolliert. Vor lauter Fülle an grossenteils belanglosen Informationen fällt die Herausfilterung wichtiger Hinweise und das Aufdecken bedeutsamer Zusammenhänge auch dem heutigen Leser der Akten schwer. Die zahlreichen Auskunftspersonen liessen eine grosse Menge durch eigene Interessen und Strategien bedingt inkongruenter Relevanzsysteme in den Erkenntnisprozess einfliessen, was die Festlegung und Abgrenzung gesicherter Tatsachen von geäusserten Vermutungen erschwerte. Immer wieder tauchten Gerüchte bezüglich der Täterschaft auf, deren Wahrheitsgehalt jedoch meist schon nach den ersten Abklärungen, bisweilen auch vorschnell, entkräftet wurde.[1239]

Der Verhörrichter dehnte, so insbesondere 1836, die Untersuchung immer weiter aus, sodass er eine schwer überschaubare Masse von Informationen zusammentrug, welche meist unscharf erhoben, wenig aufschlussreich waren und nicht gehörig vertieft wurden. Sein Vorgehen entsprach in mancherlei Hinsicht dem zeitgenössischen deutschen Vorbild bei politischen Strafverfahren, das sich oft durch Unbestimmtheit des Prozessgegenstandes auszeichnete.[1240] Freilich verfügte v.Meiss ursprünglich über ein an und für sich klares Prozess- und Beweisthema, das er indessen ins Unbestimmte ausdehnte, vielleicht getragen von der nicht unberechtigten Hoffnung, durch breitangelegte Recherchen weitere Rechtsverstösse und deren Urheber aufzudecken und dadurch die ausufernde

Strafuntersuchung nachträglich zu legitimieren. Es fehlte das notwendige Konzept. Zahlreiche Untersuchungshandlungen erfolgten spontan, ohne sich auf einen durchdachten Untersuchungsplan zu stützen.[1241] Freilich lag der Fehler nicht allein beim Verhörrichter. Das eigenmächtige Vorgehen des *Polizey-Raths* schaffte stets neuen Handlungsbedarf und setzte den Verhörrichter unter Zugzwang. Koordination und Kommunikation zwischen Kantonal-Verhöramt und *Polizey-Rath* funktionierten trotz einem gewissen Austausch nur mangelhaft. v.Rochow bezichtigt die «Polizeibehörde» in einem Schreiben vom 16. April 1836 nach Berlin geradezu der Kooperation mit den Tätern, indem diese dem Verhörrichter «Hindernisse in den Weg gelegt» habe. Er teilt ferner mit, sogar Obergerichtspräsident Keller, der stets den Flüchtlingen zu helfen versuche, habe sich über das Vorgehen der «Polizei-Abtheilung des Züricher Regierungsraths» empört und darüber geklagt, dass diese den Gerichtsbehörden «Schimpf» zugefügt hätten.[1242]

Obgleich auf breiter Ebene und mit grossem Aufwand ermittelt wurde, unterblieb die genaue Abklärung verschiedener Hinweise. Dem Verhörrichter fehlte das kriminalistische Denken. So ergibt sich aus den Akten beispielsweise kein Hinweis auf die Identität der Ausländer, die gemäss Auskunft des Waffenschmieds Waser am Tag der Tat einen Dolch gekauft hatten. Anscheinend fand diesbezüglich keine Abklärung statt. Auch wurde Lessings Geldquelle über den von ihm frequentierten Geldwechsler nicht näher untersucht.

Sinnvollerweise hätte v.Meiss seine Befragung nach Erforschung von Motiv und objektivem Tatbestand genauer trennen sollen. Während die durch Zurückhaltung geprägte, geringe Aussagebereitschaft der deutschen Flüchtlinge über mögliche Motive angesichts der politischen Verhältnisse und unter Berücksichtigung wahrscheinlicher Selbstgefährdung durch Racheakte verständlich erscheint und als zusätzliche Erschwerung der Untersuchung zu bewerten ist, erstaunt es, dass niemand aus der Enge Lessing gesehen haben wollte, nachdem sich dieser mit sehr hoher Wahrscheinlichkeit am Abend vor der Tat dort während längerer Zeit aufgehalten hatte. Sodann bleibt es unverständlich, weshalb niemand aus Selnau und Wollishofen befragt wurde, obschon Lessing sich am fraglichen Abend auch dort aufgehalten haben konnte. Für das schwache Ergebnis der Befragung der Engener Einwohner dürfte wiederum die bescheidene Leistung des die polizeilichen Ermittlungen in Enge durchführenden Gemeindeammanns und der ihn unterstützenden Landjäger ursächlich sein. So erfolgt die Auswahl der durch den Gemeindeammann befragten Auskunftspersonen bisweilen nach zufälligen Kriterien, und die Befragungsprotokolle liefern dem Verhörrichter kaum Ansätze für eingehende, fundierte Einvernahmen.

7.1.2 Mängel in der Vernehmungstechnik

Die Fragetechnik des Verhörrichters erscheint nach heutiger Sicht wenig effizient. Aus den Protokollen lässt sich zwar nicht entnehmen, wie die Befragungen im Detail organisiert waren und wie genau sie durchgeführt wurden. Die Protokollierung ging offensichtlich mit einer erheblichen sprachlichen Filtrierung einher. So soll die Szent-Györgyi gemäss v.Glümer nur «schlechtes Deutsch» gesprochen haben. Ihre Aussagen unterscheiden sich in ihrer schriftlichen Überlieferung der bei der Akte liegenden Protokolle formell indessen nicht von den ebenso amtsdeutschen Formulierungen in den Verhörprotokollen anderer Inquisiten und Zeugen.

v.Meiss scheint die Einvernahmedialoge weitgehend auf einer durch seine Fragestellung determinierten, zwangskommunikativen Ebene geführt zu haben, welche er nur dann kurzfristig verliess, wenn ihm ein selbstbewusster Inquisit Gegenfragen stellte. Nur selten wird eine offene Kommunikationsbeziehung hergestellt.[1243] Symmetrischen oder pseudo-symmetrischen Kommunikationsformen, deren Einstreuung in den üblichen Einvernahmestil durchaus zu beachtlichem Erkenntnisgewinn durch Veränderung des Aussageverhaltens des Verhörten führen kann, kommt ein bloss marginaler Stellenwert zu.[1244] Unstimmigkeiten in den Antworten der Einvernommenen werden oft einfach hingenommen, was bisweilen aus dem mangelhaft reflektierten Versuch des Verhörrichters resultieren dürfte, den Ablauf des Verhörs in eine seinen Erwartungen entsprechende, bestimmte, einseitige Richtung zu führen.[1245]

Diverse Fragen sind so gestellt, dass sie nur mit ja oder nein beantwortet werden können.[1246] Zwar werden Zeugen dadurch gezwungen, sich klar für oder gegen eine Aussage oder Version zu entscheiden, doch resultiert daraus bisweilen die Zementierung bereits protokollierter Lügen durch festnagelndes Befragen, wenn sich deren Unwahrheitsgehalt nicht plausibel herausarbeiten lässt.[1247] Wie die vorliegende Untersuchung zeigt, wird v.Meiss von den deutschen Flüchtlingen öfters massiv angelogen und intellektuell an die Wand gespielt. Die geringe Glaubwürdigkeit mancher Aussagen lässt sich – durch den Protokollierungsprozess gefiltert – bereits aus der meist detailarmen, wenig originellen, vornehmlich in negierender Hinsicht konstanten und kaum verflochtenen Art der Schilderungen durch die Aussagepersonen erahnen.[1248] Allerdings ist die fehlende Bereitschaft zur Angabe der vollständigen Wahrheit im vorliegenden Fall kein nachhaltiges Belastungsindiz, da die Verschwiegenheit der befragten Flüchtlinge der Geheimhaltung ihrer politischen Aktivitäten dient, somit keineswegs durch das Bestreben zur Verheimlichung des Tötungsdelikts motiviert zu sein braucht. Die Protokolle geben überdies den individuellen Ausdrucksstil der Einvernommenen nur sehr begrenzt wieder. Sie sind weitgehend in einer wenig nuancierten, relativ farblosen Amtssprache verfasst.[1249] Vermutlich kam es beim Protokollieren auch zu Auslassungen und Modifikationen, welche den Rückschluss auf den genauen Wortlaut der tatsächlichen Aussage verhindern.[1250] Jedenfalls wäre es ohne weiteres möglich gewesen, durch die Methode detaillierter, getrennter Befragung der einzelnen Auskunftspersonen nach Einzelheiten deren Lügen und Widersprüche klarer zu kennzeichnen.[1251] Allerdings stellt sich auch hier die Frage, inwiefern ein offensichtliches Entlarven, angesichts der politisch angespannten Verhältnisse, die Bereitschaft zu ehrlichen Aussagen tatsächlich gefördert hätte.

Fragen, die auf eine eindeutig bejahende oder verneinende Antwort abzielen, lassen keinen Spielraum für differenzierte und nachgeschobene Aussagen, was auch durch die Abschlussfrage, ob der Inquisit seinen Ausführungen noch etwas hinzuzufügen habe, nicht kompensiert werden kann. Die Fragen öffnen zuviel Raum für subjektive Wertungsimplikationen. So kann beispielsweise die vom Verhörrichter verschiedentlich formulierte Frage, ob jemandem «etwas Besonderes aufgefallen» sei, in dieser allgemeinen Form stets verneint werden, ohne dass der Aussagende dadurch nachweisbar zu lügen braucht. Auch die bisweilen gestellte Schlussfrage: «Wie glauben Sie, wie könnte man auf die Entdeckung des Thäters der Ermordung Lessing's kommen?» scheint angesichts des verbissenen Schweigens der Einvernommenen reichlich naiv und untauglich zur erfolgreichen Wirklichkeitserforschung.[1252]

Die moderne Vernehmungsforschung untersucht das Phänomen selektiver Wahrnehmung und Protokollierung sowie modifizierender Interpretation und Selektion von Aussagen durch Kriminalbeamte. Besonders häufig erfolgen solche Selektions- und Modifikationsprozesse bei der Bestimmung der Motivation und Legitimation eines fraglichen Verhaltens.[1253] Auch v.Meiss verfällt öfters in diese Form der Interpretation von Gehalt und Bedeutung der Aussagen. So geht er mehreren durchaus bedeutsamen Äusserungen der Einvernommenen nicht nach, verzichtet auch auf eingehende Befragungen und Abklärungen. Dagegen versucht er jene Antworten, welche seinen Verdacht bezüglich der politischen Urheberschaft des Delikts stützen, zu vertiefen, was oft in eine blosse Wiederholung des Aussageinhalts mündet und entsprechend redundantes, stereotypes Aussageverhalten hervorruft und begünstigt.

Die Einvernahmetechnik des Verhörrichters zielt öfters darauf ab, den Einvernommenen durch Präsentation von Satzimplikationen und Ersuchen um deren Bestätigung in Widersprüche zu verwickeln, was grundsätzlich dem damaligen Stand der Lehre vom Kriminalverhör entspricht.[1254] Auch suggestiv gefärbte Fragen kommen oft vor: «Glauben Sie nicht, dass ... ?»; «Sie wollen doch nicht behaupten, ...» etc.[1255] v.Meiss stellt aber auch häufig allgemein und unpräzis formulierte, seine persönliche vorgefasste Meinung implizierende Fragen, die leicht durch Gemeinplätze beantwortet werden können. Er versucht, seine mangelhaften Vorkenntnisse durch allerdings unwirksame psychologische Kniffe zu kompensieren. Eigenartigerweise widerspiegelt sich diese Art des Fragens, wie vermutet werden könnte, kaum in der Form falscher Paraphrasierungen bei der Protokollierung der Antworten.[1256] Es gelingt dem Verhörrichter ebensowenig, das Wissenspotential der befragten Personen auszuschöpfen. Allzuoft werden wichtige Fragen gar nicht gestellt.[1257]

Sodann wiederholt er sich oft, ohne in seiner Formulierung an Tiefenschärfe zu gewinnen. Offensichtliche Widersprüche werden verschiedentlich unbeantwortet hingenommen. Öfters gibt sich der Verhörrichter mit völlig ungenauen, allgemeinen, offenen und widersprüchlichen Antworten der Inquisiten zufrieden.[1258] Lückenhafte Angaben werden öfters nicht durch Zwischen- und Nachfragen ergänzt. Genau dies verlangt indessen die zeitgenössische Lehre über die Gestaltung von untersuchungsrichterlichen Verhören.[1259] Was nicht gefragt wird, wird auch nicht beantwortet und bleibt ungeklärt.[1260] Dies mag zumindest teilweise auf eine unzureichende Vorbereitung der einzelnen Einvernahmen zurückzuführen sein.[1261] Die Anhaltung des Angeschuldigten zu klaren und eindeutigen Antworten entspricht auch dem zeitgenössischen Anspruch des richterlichen Verhörs.[1262]

v.Meiss' Verhörstil korrespondiert also nicht in jeder Hinsicht mit dem von der zeitgenössischen Prozessrechtslehre definierten Anspruch, obgleich manche Fragen dem etwa bei Pfister publizierten Fragemusterkatalog für Verhöre entsprechen,[1263] doch scheint der Verhörrichter die prozessrechtlichen Vorschriften weitgehend zu wahren, was damals nicht selbstverständlich war, zumal im Kanton Zürich erst 1831 das moderne Verhör und das Verbot der Peinlichkeit eingeführt worden waren und auch die zeitgenössische Strafprozesswissenschaft sich bezüglich der Behandlung lügender und verstockter Inquisiten wenig zimperlich äusserte.

Die Protokolle, die den tatsächlichen Kommunikationsprozess zwischen dem Verhörrichter und den Tatverdächtigen allerdings nur andeutungsweise widerspiegeln, lassen im Allgemeinen auf einen verhältnismässig respektvollen Einvernahmestil und Umgang mit den Verfahrensbeteiligten schliessen.[1264]

7.1.3 Fazit

Der Verhörrichter führte eine sehr umfangreiche Untersuchung und verfügte weder über nach damaligem Wissensstand verwertbare nahe Indizien noch über weiterführende Zeugenaussagen. So schöpfte er seine Fragen stets aus abstrakten Gedankenkombinationen, welche abweisendes und verstocktes Aussageverhalten nicht zu erschüttern vermochten. Angesichts der schwierigen Ausgangslage und der komplexen Motivkonstellation, insbesondere auch unter Berücksichtigung der staats- und sicherheitspolitischen Komponente, muss die zu führende Untersuchung als überaus anspruchsvoll beurteilt werden. Obgleich der Verhörrichter vom *Polizey-Rath* in einigen Belangen Unterstützung erhielt, erforderte die Untersuchung besondere Fähigkeiten und Arbeitskapazitäten, für die das Zürcher Verhöramt in keiner Weise gerüstet war. Dennoch schreckte v.Meiss vor keinem Aufwand zurück und dehnte seine Untersuchung unter rechtshilfeweiser Integration in- und ausländischer Behörden international aus.

Der Verhörrichter sah sich diversen akademisch gebildeten Auskunftspersonen gegenüber, die als politisch Verfolgte bereits einschlägige Erfahrungen mit polizeilichen und richterlichen Verhören gesammelt hatten, deren Aussageverhalten erheblich schwieriger einzuschätzen und zu beeinflussen war als dasjenige der Zeugen und Angeschuldigten im damaligen Strafverfahrensalltag. Bemerkenswert ist auch das hohe Selbstbewusstsein, mit welchem manche Flüchtlinge dem Verhörrichter begegneten. Der noch junge, wenig erfahrene Hans v.Meiss war mit dem schwierigen Strafverfahren zweifellos überfordert.

Während die polizeiliche Ermittlungsleistung im Fall Lessing als Beispiel einer besonders schwachen Leistung zu beurteilen ist, darf die durch das Verhöramt geführte Strafuntersuchung nicht gleichermassen negativ bewertet werden, wie dies in der Literatur über den Fall Lessing, etwa durch v.Treitschke, geschah.[1265] Umgekehrt ist die Beurteilung durch den Hess-Biographen Pupikofer, welcher das Verfahren als «sorgfältigste Untersuchung» bezeichnet, schönfärberisch und unzutreffend.[1266] Die Leistung des Verhörrichters wird auch unter Berücksichtigung der ausserordentlich komplexen Fallkonstellation dem zeitgenössischen Wissensstand nicht immer gerecht.[1267] Andererseits lässt sich aus den Akten ersehen, dass die tiefgreifende Prozessreform von 1831 in mancher Hinsicht tatsächlich umgesetzt worden war und im Verfahren zur Anwendung gelangte.

7.2 Weitere Gründe für das Scheitern der Untersuchung

7.2.1 Die Macht des Schweigens

Einer erfolgreichen Aufklärung des Delikts stand in erster Linie die konsequente Verschwiegenheit der deutschen Flüchtlinge entgegen. Tatsächlich ist es – ein politisch motiviertes Delikt vorausgesetzt – wenig wahrscheinlich, dass führende Mitglieder des *Klubbs* wie Eyb, Cratz, Alban und Ehrhardt angesichts ihrer intakten und weitgespannten Kommunikationsverhältnisse tatsächlich keinerlei Ahnung von der mutmasslichen Täterschaft hatten. Jedenfalls hätten sie in der Lage sein müssen, ernstliche Verdachtsmomente anzugeben. Wie gering ihre

Aussagebereitschaft tatsächlich war, wird verschiedentlich aus den Einvernahmen ersichtlich, aus denen sich kaum ein lebensnahes Bild ihrer angeblich intensiven Beziehungen zu Lessing anfertigen bzw. dessen Vergangenheit rekonstruieren lässt. Es ist davon auszugehen, dass einem aussagebereiten Zeugen aus den Kreisen des *Jungen Deutschlands* Gefahr für Leib und Leben drohte. Die Mitglieder dürften tatsächlich zu strengstem Stillschweigen verpflichtet worden, mithin einem Schweigegebot ähnlich der omertà, dem noch heute geltenden Gesetz des Schweigens der Mafia, unterlegen sein.[1268] Auch die drohende Ausweisung aus dem Kanton Zürich resp. aus der Schweiz war nicht geeignet, die Flüchtlinge aussagefreudig zu stimmen, zumal sie sich dadurch selbst der Beteiligung an illegalen politischen Umtrieben bezichtigt und damit ihres Asyls beraubt hätten, mithin eigene vitale Interessen gefährdet worden wären.

Der Fall macht deutlich, wie schwer die Aufklärung eines Delikts fällt, wenn mangelhafte kriminalistische Ermittlungsarbeiten Hand in Hand mit einer oberflächlichen Untersuchung einhergehen und aussagebereite Zeugen fehlen. Die ohnehin bescheidenen Möglichkeiten der damaligen Kriminaltechnik wurden nicht ausgeschöpft bzw. durch die fehlende primäre Tatortdokumentation sabotiert. Der Verhörrichter versuchte eine Rekonstruktion durch die Einvernahme sämtlicher Personen, welche die Leiche am Tatort gesehen hatten, mit dem Erfolg, dass widersprüchliche Aussagen in wesentlichen Punkten verwirrten. Er arbeitete ohne konsequente und systematische Kriminaltaktik. Es gelang ihm auch nicht, innerhalb des eingrenzbaren Kreises möglicher Täter oder Mitwisser brauchbare Hinweise auf die Täterschaft zu gewinnen. Trotz Einvernahme zahlreicher Auskunftspersonen konnten keine weiterführenden Informationen erbracht werden. Die beachtliche Aussagedisziplin der Verhörten und die nicht zuletzt mangels tauglicher Sachindizien und genauer Planung teilweise untauglichen Einvernahmen durch den Verhörrichter vereitelten jeden Aufklärungserfolg.[1269] Diese Mängel sind nicht auf den fehlenden Einsatz der involvierten Polizei- und Strafuntersuchungsorgane zurückzuführen, wohl aber auf fehlendes Wissen und unzureichende Ausbildung. Nachdenklich stimmt in dieser Hinsicht, dass die Aufklärung eines Raubmordes in Bassersdorf zehn Jahre später wiederum an denselben Unzulänglichkeiten fast gescheitert wäre. Nur blosser Zufall führte die dilettierenden Behörden damals auf die Spur des Täters.[1270] Die Lernfähigkeit der zuständigen Organe und deren Aufsichtsbehörden erwies sich als begrenzt.

Auch die mangelhafte Kooperation insbesondere zwischen den Berner und Zürcher Behörden behinderte, wie oben dargestellt, die Nutzung von Aufklärungssynergien. Obschon ein begrenzter Wissensaustausch zwischen v.Meiss und Roschi erfolgte, wurde die Rolle einiger Hauptprotagonisten der Flüchtlingsszene wie von Rauschenplatt, Rottenstein und Lizius, im Zürcher Verfahren marginalisiert. Obgleich die gegenseitige Rechtshilfe durchaus funktionierte, was sich am Beispiel der Befragung Lizius' oder der Auslieferung Cratz' nachvollziehen lässt, fehlte es am notwendigen Wissensaustausch. Insofern stellt sich die Frage, weshalb damals keine interkantonale Konferenz zur Strafverfolgungskoordination einberufen wurde, um einen solchen Austausch zu fördern.[1271]

7.2.2 Politische Einflussnahme auf das Verfahren

Ausschlaggebend für das völlige Versagen der Strafuntersuchung dürfte nicht zuletzt das im Grunde genommen geringe Aufklärungsinteresse gewisser einflussreicher Zürcher gewesen sein. Die radikal dominierte Zürcher Justiz unter Friedrich Ludwig Keller und David Ulrich, aber auch die liberale Regierung, die mit den Flüchtlingen und deren Gedankengut grundsätzlich sympathisierte, erkannten in Lessing einen verworfenen Spion, der die liberal-radikale Politik Zürichs verraten, durch seine tendenziöse Darstellung der Dinge die Sicherheit der Eidgenossenschaft gefährdet und daher seine wohlverdiente Strafe informell erhalten hatte.[1272] Die Lessing-Briefe hatten insbesondere Keller in ein fragwürdiges Licht gerückt und ihm namentlich Sympathie bzw. Zugehörigkeit zur *Jungen Schweiz* unterstellt. In einem damals freilich unbekannten Schreiben Lessings nach Berlin erscheint Keller als führendes Mitglied der *Carbonaria*.[1273] In einem Konfidentenbericht Eybs vom März 1835 nach Mainz wird gar mitgeteilt, Keller habe Rauschenplatt gebeten, «vorläufig sich zu drücken», offenbar um die im Februar 1835 angespannte Flüchtlingssituation im Kanton Zürich zu entlasten.[1274]

Die Lessing-Berichte enthalten manche für die Repräsentanten aus Regierung und Justiz kompromittierende Enthüllungen: Im Dezemer 1834 berichtet Lessing nach Berlin, Keller sei «einer der leidenschaftlichsten Anbeter» der Gattin von Regierungsrat Zehnder. Auch Lessing selbst will mit dieser Frau eine nahe Beziehung gepflegt und sie ins Theater ausgeführt haben.[1275] Er will sogar während der Abwesenheit Zehnders bei dessen Gemahlin genächtigt haben und während diese schlief, die Akten des Regierungsrats durchsucht, jedoch keine wichtigen Unterlagen gefunden haben.[1276] Nachdem Friedrich Ludwig Keller und Staatsanwalt David Ulrich als Vertreter der radikal-liberalen Partei von konservativer Seite her ohnehin «sittliche Blössen» und «Zügellosigkeit» nachgesagt wurden,[1277] dürfte diesen jede Weiterung und zeitliche Ausdehnung der Affäre unangenehm gewesen sein. Einem Schreiben Lessings vom März 1835 lässt sich auch entnehmen, Keller, der «bekanntlich ebenso reich als geizig» sei, habe von Zürcher Radikalen Geldgeschenke zur Weiterleitung an das *Junge Deutschland* erhalten, diese Spenden jedoch für sich selbst behalten. Es scheint, dass Lessing dies damals auch herumerzählte, angeblich, um die radikalen Kräfte untereinander «zu entzweien» was eine Feindschaft zwischen Keller und Lessing begründet haben musste.[1278] Demselben Schreiben nach Berlin ist auch die folgende abfällige Einschätzung Kellers zu entnehmen: «Keller ist ein verschlagener, kluger Mann, und wäre gefährlich, wenn er persönlichen Muth hätte; so aber bringt ihn die kleinste Gefahr in schreckliche Angst, dann verliert er den Kopf, ausserdem ist sein Privatcharakter schlecht, er ist geizig, hält sich, obgleich er Frau und Kinder hat, mehrere Frauenzimmer, und ist deshalb verhasst.»[1279] Im Mai schreibt Lessing, Keller, bei dem er gegenwärtig ein juristisches Kolleg besuche, sei zu ihm «sehr freundschaftlich» und wolle ihm das Zürcher Bürgerrecht verschaffen.[1280] Anfangs Juni will er gar zum «confidentiellen» Berater Kellers in aussenpolitischen Fragen avanciert sein.[1281] Im September, nachdem er sich mit dem Duell gegen Ehrhardt Schwierigkeiten eingehandelt hatte, beschreibt er Keller erneut als den «filzigsten und habsüchtigsten Menschen», der ihm je begegnet sei. Keller habe gar seine Schwestern um ihr Erbe betrogen. Er empfiehlt, Keller durch einen «geschickten Agenten» zu bestechen und ihn dadurch für die Sache der deutschen Monarchien zu gewinnen, denn für Geld sei dieser zu allem bereit.[1282] Was von den Vorwürfen mit Bezug auf Lessing wahr ist, bleibt unklar, doch dürfte Keller erahnt haben, dass Lessing mehr als die damals bekannten Briefe nach Berlin geschrieben hatte. Auch wusste er, dass er in diesen Briefen erwähnt wurde. Ein rasches Ende der Untersuchung war angezeigt, denn weitere «Enthüllungen» der erwähnten Art hätten seiner Stellung und seinem Ansehen nur schaden können.

Mit Schreiben vom 30. September 1835 teilt Lessing den preussischen Behörden mit, der dem *Jungen Deutschland* nahestehende Staatsanwalt Ulrich und Oberrichter Heinrich Gessner hätten ihm versichert, er brauche sich wegen allfälliger strafrechtlicher Folgen des Duells keine Sorgen zu machen.[1283] Tatsächlich scheinen die beiden angesichts der vorläufigen Passivität der Behörden gegenüber diesem Delikt die Beteiligten gezielt begünstigt zu haben. Gessner und Ulrich hatten alles Interesse daran, dass dies nicht bekannt wurde. Je tiefer die Nachforschungen drangen, desto eher waren skandalträchtige Enthüllungen zu befürchten.

Gemäss Lessing pflegte der im Zusammenhang mit Eyb erwähnte Staatsschreiber Meier engste Beziehungen zum *Jungen Deutschland*. Angeblich soll dieser Ende 1834 die Verbindung über Interna der Zürcher Regierungsgeschäfte unterrichtet und möglicherweise Einblick in geheime Korrespondenzen gewährt haben.[1284] Verschiedene Zürcher Regierungsräte sollen, laut Lessing, das Treiben der deutschen Flüchtlinge nicht nur geduldet, sondern gefördert und finanziell unterstützt haben.[1285] Angesichts solcher, der internationalen Glaubwürdigkeit und dem Ansehen des Kantons Zürich in hohem Ausmass abträglicher Mitteilungen, erscheint der Wegfall von deren Urheber aus der Sicht der betroffenen Vertreter des zürcherischen Politestablishments keineswegs unerwünscht; entsprechend gering ist das Aufklärungsinteresse.

Bürgermeister Hess war den Flüchtlingen günstig gesinnt und hatte stets durch möglichst diskretes Vorgehen versucht, Fremdenhetze und bedrohliche ausländische Druckanstrengungen tunlichst zu verhindern.[1286] Lessing beschreibt ihn gegenüber den preussischen Behörden – ob Hess davon wusste, ist allerdings ungewiss – als charakterlich ähnlich bedenklich wie Keller und überdies noch als doppelzüngig.[1287] Regierungsrat Hegetschweiler hatte sich anfangs 1835 noch persönlich für Lessing eingesetzt. Dass er einen preussischen Spion unterstützt hatte, war ihm zweifellos peinlich.[1288] Angeblich soll er Lessing und Ehrhardt im März 1835 zugesichert haben, die Polizei würde gegen politische Zusammenkünfte der Deutschen nicht einschreiten, sofern diese in diskretem Rahmen stattfinden würden.[1289] Dass das Delikt auf dem Boden dieser Toleranz geschah, dürfte den Regierungsrat unter diesen Umständen sehr negativ berührt haben. Auch soll eine Korrespondenz zwischen Hegetschweiler und Lebert existiert haben. Überdies verkehrte Hegetschweilers Sohn, der an der Universität Medizin studierte, angeblich regelmässig mit den politischen Agitatoren in Zürich.[1290] Da er gemeinsam mit Bürgermeister Hess den *Polizey-Rath* leitete, bestanden auch Möglichkeiten, auf das Verfahren Einfluss zu nehmen. Schauberg bemängelt, dass die im November 1835 bei Cratz, Stephani und Ehrhardt beschlagnahmten Korrespondenzen nicht zur Prozedur hinzugefügt wurden. Diese Briefe und Notizen wurden während der Untersuchung durch Verhörrichter v.Meiss aus den Akten entfernt und an den *Polizey-Rath* des Kantons Zürich zur Archivierung übergeben, da ihr Inhalt von keinem Gewicht sei.[1291] Schauberg sieht darin einen Verstoss gegen prozessrechtliche Vorschriften. Er vermutet, die Briefe enthielten Passagen, deren Bekanntwerden «einzelnen Männern der Schweiz überhaupt und des Cantons Zürich insbesondere» unangenehm sein könnte.[1292] Allerdings hatte sich der Verhörrichter die Korrespondenzen im April 1836 wieder zurückgeben lassen, bevor er sie im November 1836 endgültig zur Archivierung dem *Polizey-Rath* übergab.[1293] Die Papiere erweisen sich jedoch, wie eine erneute Durchsicht ergab, als weniger ergiebig für die Strafuntersuchung als Schauberg vermutete.[1294] Schauberg führt die Abspaltung der Korrespondenzen von der Akte zu Recht darauf zurück, dass der *Polizey-Rath* zu vermeiden suchte, das sich aus einzelnen Briefen ersichtliche nahe Verhältnis einiger radikaler Politiker zu den Flüchtlingen publik zu machen.

Ebenso negativ dürfte die Affäre Regierungsrat Zehnder berührt haben, der den deutschen Flüchtlingen überaus wohlwollend gesinnt war. Zwar wusste dieser vermutlich nicht, dass ihn Lessing in Berlin, Mainz und Wien als schwachen Politiker, der nur dank der Schlauheit und Raffinesse seiner Frau zu seiner

Position gekommmen sei, verunglimpft hatte. So beschreibt Lessing das Verhältnis des Ehepaars Zehnder als dasjenige einer Tanzmeisterin zu ihrem Bären.[1295] Doch ist nicht auszuschliessen, dass er vom intimen Verhältnis seiner Gemahlin mit Lessing wusste, falls ein solches tatsächlich existierte. Die leidige Angelegenheit sollte so rasch wie möglich beigelegt werden.

Für die Justiz bot der Fall Anlass wenigstens zur formalen Behauptung des noch jungen, liberalen Rechtsstaates durch die verfassungsmässige Verwirklichung von Verfahrensgerechtigkeit. Die Geschädigten, namentlich Lessings Familienangehörige, spielten im gesamten Verfahren absolut keine Rolle. Lessings «Freunde» verhielten sich passiv, soweit sie nicht selbst in das Verfahren verstrickt waren. Kein einziger deutscher Flüchtling bemühte sich trotz entsprechender Prätention, den Behörden bei der Ermittlung ernsthaft zu helfen. Selbst Josef Schauberg, der als Verteidiger des Angeklagten durch die Darlegung einer plausiblen Alternative zur Täterschaftshypothese des Staatsanwalts ein wirksames Verteidigungsmittel hätte präsentieren können, suchte nicht ernsthaft nach den Tätern, die er als Flüchtling mit entsprechenden Verbindungen vielleicht hätte ermitteln können. Der Zeitzeuge und Flüchtling Gustav Kombst geht gar soweit, die Tat als möglichen Streich der «Züricher Seebuben» zu interpretieren, wodurch er offenbart, wie gering sein eigenes Interesse an der Aufklärung der Tat und wie wenig ihm an der Bestrafung der Täter gelegen ist.[1296]

Der Gesandte v.Rochow schreibt am 21. April 1837 an den preussischen König über den Freispruch Aldingers bezüglich der Beteiligung am Mord Lessings. Er stellt in Aussicht, nun selbst Einsicht in die Akten zu nehmen, um «zu erfahren, was man sich in Zürich zu publizieren scheut.»[1297] Durch Vermittlung von Bürgermeister Hess und Obergerichtspräsident Keller erhält der Gesandte nach anfänglich wenig mitteilsamer Haltung des *Criminalgerichts* Mitte Mai umfassenden Einblick in die Akten. Einzig die beschlagnahmten Korrespondenzen werden v.Rochow vorenthalten, was dieser erneut als Beweis dafür hält, dass die Zürcher Behörden etwas zu verbergen hätten.[1298] Er meldet daraufhin wohl mit Anspielung auf Keller und Ulrich nach Berlin, «politische Verbindungen einflussreicher Männer mit politischen Sekten» hätten wesentlich zum erfolglosen Verlauf der Untersuchung geführt. Die Zürcher Behörden fürchteten die Kompromittierung ihrer liberalen Flüchtlingspolitik, sodass absichtlich erfolgversprechende Spuren nicht verfolgt, insbesondere die genaue Analyse der beschlagnahmten Korrespondenzen unterlassen worden seien.[1299] Im Mai 1837 meldete der Gesandte seinem König, nachdem er beim *Criminalgericht* Einblick in die Akten der Strafuntersuchung genommen hatte, er habe einen «peinlichen Eindruck in Hinblick auf die Machthaber der Schweiz» erhalten. Statt das Verhalten der Hauptverdächtigen zur Tatzeit genau zu untersuchen, habe man ohne System allerhand belanglose Informationen gesammelt und sei wichtigen Hinweisen nicht nachgegangen. Sein Eindruck, wonach die Zürcher Behörden den Fall gar nicht aufklären wollten, habe sich bestätigt. Man wolle die Augen vor der Erkenntnis verschliessen, dass man gemeinen Verbrechern Asyl gewährt habe.[1300]

v.Treitschke bezeichnet den Prozess im Fall Lessing gestützt auf diese einseitige und negative Beurteilung, ohne die Zürcher Akten gesehen zu haben, als «musterhaft schlecht geführte Untersuchung».[1301]

Die Zürcher Behörden scheuten davor zurück, weitere Skandale, deren Enthüllung durch die Strafuntersuchung stets drohte, aufzudecken und dadurch der Kritik des Auslands an der schweizerischen Flüchtlingspolitik neue Argumente zu verschaffen.[1302] Die Affäre im Zusammenhang mit den illegalen Umtrieben der Flüchtlinge hatte schon allzu viel internationales Aufsehen zur Folge. Die Glaubwürdigkeit der liberalen Zürcher Regierung war dadurch arg in Mitleidenschaft gezogen worden. In diesem Sinne berichtete v.Engelshofen Metternich bereits im Juni 1836, die Anschuldigungen gegen Eyb betreffend die Ermordung Lessings seien insofern unbedenklich, als die Zürcher Regierung über kein ehrliches Aufklärungsinteresse verfüge und vielmehr versuche, den Fall möglichst geheim zu behandeln, da sonst vor aller Welt die Unfähigkeit der Schweiz zur Kontrolle der Flüchtlinge bekannt werde. Da man Leute wie Mazzini offenbar zu schützen gedenke, würden sich die Zürcher Behörden eine Aufklärung dieses Falles und das Bekanntwerden der politischen Aktivitäten der Flüchtlinge nicht leisten wollen.[1303] Es galt also, eine dem liberalen, frührechtsstaatlichen Anspruch gerecht werdende Bereinigung des Vorfalls zu erzielen. Diese erfolgte durch die konsequente Durchführung eines letztlich aussichtslosen Verfahrens. Mit der Umsetzung des «Fremdenconclusums» im Spätsommer 1836 waren zahlreiche politisch militante Flüchtlinge ohnehin aus der Eidgenossenschaft ausgeschafft worden. Damit war die Angelegenheit ihrer politischen Brisanz entledigt und weitgehend auch aus dem Brennpunkt behördlicher und diplomatischer Interessen gerückt. Auch der deutsche Jurist und Professor an der Zürcher Hochschule, Carl v.Löw, kommt in seinem anonym erschienenen Bericht über Zürich im Jahre 1837 weder auf den Prozess noch überhaupt auf die Flüchtlingsproblematik zu sprechen, obgleich er ein Kapitel der Entwicklung der Zürcher Politik in den 1830er Jahren widmet.[1304]

7.3 Überlegungen zur möglichen Tatbegehung durch Mitglieder des Jungen Deutschlands

Verhörrichter v.Meiss führte die Tat von Anfang an auf politische Motive zurück. Da die Ermittlungen zu Beginn nur schleppend verliefen, fehlten die wichtigen Informationen, um die Flüchtlinge inhaltlich ergiebig und zielstrebig zu vernehmen. Da diese jedes Wissen um die Tat und deren Hintergründe abstritten, musste die Untersuchung zwangsläufig stecken bleiben. v.Meiss erhoffte sich daher von Ferdinand Sailer, dem einzigen Deutschen, der eine konkrete Ahnung vom Tatgeschehen zu haben schien, Auskünfte zu erhalten, welche zur Aufklärung des Verbrechens hätten führen können, weshalb er ihn in Anklagezustand versetzen wollte. Diese Hoffnung zerschlug sich mit dem abschlägigen Entscheid des *Criminalgerichts*. Nachdem diese Fährte nicht weiter verfolgt werden konnte, verlor die Untersuchung deutlich an «Schwung».[1305] Im April 1836 fühlte sich v.Meiss in seinem Verdacht durch die Aussagen Philipp Bruchs aus Disentis erneut bestätigt. Doch versagten auch diese Bemühungen. Aus dieser Situation wird verständlich, weshalb der Verhörrichter nach der Aufdeckung der Versammlung im «Lavatergütli» seine Ermittlungen so stark auf die Ausleuchtung der politischen Aktivitäten des *Jungen Deutschlands* konzentrierte. Der Schlüssel zur Urheberschaft des Verbrechens – so seine unumstössliche Überzeugung – lag in den schwer erkennbaren Verstrickungen der politischen Verbindungen. Sollte sich auch dieser Weg als Fehlschlag erweisen, verblieb wenigstens der die Untersuchung legitimierende Aufklärungserfolg bezüglich der illegalen politischen Umtriebe deutscher Flüchtlinge und Handwerker.

Als v.Meiss durch den Berner Regierungsstatthalter Roschi die diesem durch die preussische Gesandtschaft zugespielten Spitzelbriefe Lessings zur Kenntnis nahm, erhärtete sich sein Verdacht, doch scheint er zu diesem Zeitpunkt bereits geahnt zu haben, dass für eine erfolgreiche Feststellung der Täterschaft trotz der nun scheinbar klaren Motivlage viel wertvolle Zeit verflossen war, zumal er von den Deutschen selbst keine freiwilligen Angaben erwarten konnte. Für die Zürcher Behörden war im Juni 1836 klar, dass Lessing als preussischer Lockspitzel gedient hatte und von verratenen Asylanten aus Rache getötet worden war.[1306]

v.Rochow geht, ohne nähere Hinweise, die seine Annahme stützen, zu nennen, davon aus, die Tat selbst sei im Auftrag des *Jungen Deutschlands* durch gedungene Handwerker aus einem anderen Kanton verübt worden.[1307] Er ist davon überzeugt, dass durch eingehendere Befragungen von Ehrhardt, Cratz und Stephani Hinweise auf die Täterschaft hätten gewonnen werden können.[1308] Gegenüber seinem Freund, Hofrat Ernst Kelchner, äusserte er im August 1836, er hege keinerlei Zweifel über die Identität der Täter.[1309] Am 15. September 1836 folgte die Mitteilung, die mutmasslichen Mörder Lessings, Alban, Cratz und Lüning seien inzwischen aus der Haft entlassen worden.[1310] v.Rochow hält Cratz und Rauschenplatt für den militanten Kern des politischen Verbrechertums in Zürich.[1311]

Auch in der Beurteilung Heinrich v.Treitschkes geht aus Lessings Spitzeltätigkeit ein klares Motiv für eine Deutung des Verbrechens als Racheakt des *Jungen Deutschlands* hervor.[1312] Aus Lessings Briefen lässt sich ohne weiteres ein Rache- oder Eliminationsmotiv herleiten. Angesichts der schweren persönlichen Bedrohung, in welche politische Flüchtlinge durch den Verrat bei einer allfälligen Rückkehr nach Deutschland gerieten, ist eine derart gravierende Rachehandlung psychologisch nachzuvollziehen. Dass angesichts der angespannten Lage und der zahlreichen Schwierigkeiten, in denen die mitunter fanatisierten Flüchtlinge sich befanden, abgrundtiefer Hass gegen den Spitzel resultierte, scheint durchaus plausibel. Auch der Gerichtsbarkeitsparagraph in den im November 1835 noch geltenden Statuten des *Jungen Deutschlands* liefert ein Motiv für einen gegen den Verräter gerichteten Racheakt. Einem Schreiben Feins vom Februar 1836 ist ferner zu entnehmen, die meisten Sektionen des *Jungen Deutschlands* in der Schweiz sträubten sich dagegen, «den unglücklichen, unpraktischen Artikel wegen der Todesstrafe» aus den Statuten zu streichen.[1313] Es ist daher zu vermuten, dass eine nicht zu unterschätzende Akzeptanz der Mitglieder gegenüber dieser Bestimmung bestand.[1314] Die Handwerker, auch soviel lässt sich rekonstruieren, verfuhren zumindest verbal nicht eben zimperlich mit dem politischen Gegner.[1315]

Ein Rückschluss auf die Täterschaft fällt schwer, da Lessing über zahlreiche, politisch aktive Flüchtlinge Informationen nach Preussen weitergeleitet hat, somit diverse Personen über ein derartiges Motiv verfügt hätten. So teilt Ferdinand Sailer seinem badischen Auftraggeber mit, Lessing habe unter den Deutschen viele Feinde gehabt.[1316] Groschvetter unterstellt Lessing im Mai 1835, dessen wahre Absichten, sich den spanischen Republikanern anzuschliessen, zielten darauf ab, sich so an seinen Feinden zu rächen.[1317] Allerdings wird nicht ersichtlich, welche Feinde er damit meinte.

Lessing wähnte sich bereits im Mai 1834 in Gefahr, nachdem zufolge einer Indiskretion in einer Hamburger Zeitung eine Meldung erschienen war, welche inhaltlich auf einem seiner Berichte nach Berlin beruhte, doch wurde damals ein anderer Flüchtling des Verrats verdächtigt.[1318] Wie sich aus manchen Hinweisen in seinen Konfidentenberichten ableiten lässt, schwand Lessings Akzeptanz unter den deutschen Flüchtlingen im Sommer 1835. Das Duell mit Ehrhardt dürfte, wie bereits angedeutet, die Abneigung mancher Deutschen erheblich gesteigert haben. Lessing wurde im September während zwei Wochen erneut strafhalber aus «allen politischen Verhandlungen» des *Jungen Deutschlands* ausgeschlossen.[1319] Der in Flüchtlingskreisen allgemein missbilligte Vorfall erregte überdies das Interesse des Berner *Central-Commitées*. Der damals dem *Jungen Deutschland* nahe stehende Ludwig Snell – will man Lessing glauben, war er im Herbst 1835 der faktische Führer des *Central-Commitées*[1320] – wurde gemäss Lessing persönlich über das Geschehen informiert. Offenbar missfiel diesem das Ereignis – Snell dürfte die Gefahr für die Asylpolitik erkannt haben, die von derartigen Vorfällen ausgehen konnte –, sodass sich Lessing veranlasst sah, in Bern ihm noch wohlgesonnene Bekannte zu entsprechender Fürsprache bei Snell zu motivieren.[1321] Im Oktober, so schreibt Lessing, sei Snell nach Küsnacht gereist und habe ihn gemassregelt.[1322] Ein solcher Vorfall dürfe nie wieder vorkommen. Es sei nun Lessings Pflicht, durch intensiven Einsatz für die Sache der Deutschen den «üblen Eindruck», der auf ihn gefallen sei, wieder «vergessen zu machen».[1323] Die Sympathien für den preussischen Spion im Kreis der Asylanten schmolzen dahin. Er wurde in wichtige Verbindungsangelegenheiten nicht mehr eingeweiht.[1324] v.Engelshofen hält Ende Oktober 1835 in einer Aktennotiz fest, Lessing lebe sehr zurückgezogen, da ihn die Deutschen seit dem Duell hassten. Er besitze überhaupt kein Vertrauen mehr und lese den ganzen Tag alleine Zeitung im Museum. Auch Alban lebe nun «auf einem ziemlich fremden Fuss mit ihm». Lessings Kontakte beschränkten sich in den letzten Wochen seines Lebens gemäss dieser Notiz weitgehend auf die Familie Locher und deren Umfeld.[1325]

Aus der zumindest von Sailer erwähnten Gegebenheit, dass es sich beim Tatort um den «gewöhnlichen Duellplatz der Deutschen» in Zürich handle, kann angesichts der Tatzeit und der Tatumstände nicht auf eine Tötung im Rahmen einer Satisfaktionshandlung geschlossen werden. Wohl aber würde die Wahl der Lokalität auf eine motivische Gemengelage von Vergeltung und Ehrenrestitution innerhalb der deutschen Bewegung hinweisen.[1326] Allerdings ist ungewiss, ob die Deutschen in Zürich tatsächlich ihre Duelle in der Regel im Sihlhölzli austrugen, zumal das Duell zwischen Lessing und Ehrhardt im September 1835 auf dem Zürichberg stattgefunden hat.[1327]

Dass auch jungdeutsche engagierte Flüchtlinge einem Spitzel den Tod wünschten, haben schon einige oben erwähnten Einvernahmen aufgezeigt. Die existentiell ungewisse Situation dürfte bei manchen Asylanten Aggressionspotentiale aufgebaut haben. Dies berichtet mit Schreiben vom 14. Juni 1836 ein Informant nach Berlin. Dieser bestätigt, die Flüchtlinge seien dazu bereit, Spione in den eigenen Reihen auszuschalten, jedenfalls zu «misshandeln».[1328] Hält man sich vor Augen, dass Lessing bereits im November 1834 nach Berlin schrieb, die Strategie seines politischen Engagements innerhalb der Flüchtlingsbewegung folge dem Motto «divide et impera»,[1329] kann kein Zweifel darüber bestehen, dass eine solche Gesinnung, gelangte sie den Flüchtlingen zur Kenntnis – Eyb etwa hätte diesen einen entsprechenden Hinweis ohne weiteres zutragen können –, zur Begründung eines Hassmotivs ausreichen konnte.

Zwar vermochte die Untersuchung Ehrhardt, Alban, Cratz, Lüning und Stephani nicht ernsthaft zu belasten, doch ist nach der Entkräftung der Alibis deren mögliche Täterschaft keineswegs auszuschliessen. Jedenfalls lassen sich auch bei heutiger Beurteilung der Situation plausible Motive für die Tatbegehung durch die Genannten erkennen. Angebliche Freundschaften sind wenig geeignet, jeden Tatverdacht von der Hand zu weisen, zumal die Lage auch unter den Flüchtlingen äusserst angespannt war und selten mit offenen Karten gespielt wurde.[1330] Auch ist die bestimmte Vermutung mehrerer Flüchtlinge, wonach Lessing Opfer eines Raubmordes wurde, keineswegs geeignet, die Annahme eines solchen zu bestätigen. Der berühmte deutsche Kriminalpsychologe v.Hentig hält es geradezu für charakteristisch, dass nicht geständige Mörder einen unbekannten, vermutlich fremden «Räuber» als Urheber der Tat angeben.[1331] So mutet auch die Bekräftigung Mandrots, wonach Lessing keinesfalls vom *Jungen Deutschland* ermordet wurde, da «die Verbindungen Achtung vor den Gesetzen der Moral» verlangten, und daher auch Mazzini mit dem Anschlag nichts zu tun habe, nur bedingt glaubwürdig an.[1332]

Die Rolle des Schusters Peter Jacob Dorn, mit dem Lessing seit seiner Berner Zeit in Korrespondenz stand, bleibt während des ganzen Verfahrens im Dunkeln, obschon Dorn kurz vor der Tat gemäss dem Schustergesellen Herrscher Lessing warnen liess. Dorn war 1834 ein wichtiger Exponent des *Jungen Deutschlands* in Bern und an der Organisation der «Steinhölzliversammlung» massgeblich beteiligt gewesen. Überdies betätigte sich Dorn selbst als Konfident. Er leitete höchstwahrscheinlich gar einen persönlichen Brief Lessings an die *Central-Behörde* nach Frankfurt a.M. weiter.[1333] Seine Loyalität ist in jeder Beziehung ungewiss.

Ebenso erfolgte auch im Fall des Bernhard Lizius keine zureichende Abklärung von dessen Verhältnis zum Opfer. Man beschränkte sich auf die Abklärung des Alibis und die rechtshilfeweise durchgeführte Einvernahme. Dasselbe gilt für Rottenstein, der angesichts seines engen Verhältnisses zu den Eheleuten Eyb wie auch zu Lessing näher in die Untersuchung hätte einbezogen werden müssen. Lessings Landsmann, der Preusse Gustav Kombst, hätte ebenfalls über ein Motiv für die Beseitigung des Verräters verfügt, nachdem dieser die Berliner Kontaktstelle über die Publikationsabsichten betreffend geheime preussische Dokumente unterrichtet und dadurch Öl ins Feuer der dortigen Strafuntersuchung wegen Hochverrats gegossen hatte.[1334] Lessing hatte im Dezember 1834 überdies Kombst auch als militanten Gegner der Zürcher Regierung bezichtigt, der auf einen Sturz derselben hinsinne, was dessen Status als Asylant hätte schwerwiegend gefährden können.[1335] Auch ist keineswegs gewiss, ob der Fechtmeister

Ludwig, als von Lessing ebenfalls ausgehorchter deutscher Flüchtling, sich am Morgen nach dem Verbrechen tatsächlich ins Sihlhölzli zur Jagd begeben wollte.[1336] Ob hier ein möglicher Mörder an den Ort der Tat zurückgekehrt war, wurde jedenfalls nie überprüft.[1337]

Lessing selbst berichtet im Januar 1835, Siebenpfeiffer sei, nachdem bekanntgeworden war, dass dieser mit der Berner Regierung gemeinsame Sache machte, der Tod angedroht worden, wobei aus Lessings Mitteilung nicht klar hervorgeht, ob die Drohung durch das *Junge Deutschland* oder die *Carbonaria* ausgesprochen worden war.[1338] Einem anfangs März 1835 aus Zürich nach Berlin gesandten Konfidentenschreiben lässt sich entnehmen, dass kurz zuvor nicht namentlich erwähnte Täter im Auftrag des *Jungen Deutschlands* versucht haben sollen, einen angeblichen Spion namens Schwarzenbach zu erdolchen. Das Attentat sei jedoch misslungen und nur als gewöhnliche Rauferei zur Kenntnis der Behörden gelangt. Als Drahtzieher der Aktion wird Franz Kämmer genannt. Dieser habe im Vertrauen mitgeteilt, für 40 Franken finde man in Zürich ohne weiteres Italiener oder auch Schweizer, die bereit seien, einen Meuchelmord zu verüben.[1339] Dass dabei ausgerechnet der Name Kämmers genannt wird, welcher bekanntlich im Zusammenhang mit dem rätselhaften Verbleib bzw. Wiederauftauchen von Lessings Uhr eine eigenartige Rolle spielte, lässt aufhorchen.

Auch Karl Mathy soll erlebt haben, dass das *Junge Deutschland* seinen Schwager wegen Veruntreuung in geheimer Sitzung zum Tod verurteilt hatte.[1340] Wenn die Mitglieder des *Jungen Deutschlands* den Gerichtsbarkeitsparagraphen als nie praktizierten Statutenschmuck verharmlosten, so kann ihnen jedenfalls nicht ohne Vorbehalte geglaubt werden. Für einen unmittelbaren kausalen Zusammenhang zwischen Lessings Tod und seiner Spionagetätigkeit spricht sodann, dass ein Deutscher namens Joel Jacobi, angeblich ein für Preussen in der Schweiz tätiger Spion, nach dem Tod Lessings die Schweiz unverzüglich verlassen haben soll.[1341]

Die Anklage gegen Eyb wäre wohl überzeugender und politisch noch brisanter ausgefallen, wäre es dem Verhörrichter gelungen, Eyb als Spitzel Metternichs zu überführen. Aus «Alberts» Konfidentenberichten und weiteren Dokumenten der Mainzer Polizeizentrale, die hier erstmals unter den für den Fall Lessing relevanten Gesichtspunkten untersucht wurden, geht hervor, dass Eyb, der bereits im November 1834 vom Mainzer Polizeibüro als Informant für die Lessing-Affäre in Bern eingesetzt worden war, tatsächlich über ein durch seine zweifelhafte politische Rolle bedingtes Eliminationsmotiv verfügte: Am 20. August 1835 unterrichtet Lessing seine Auftraggeber in Berlin davon, Eyb arbeite an einem Buch mit dem Titel «Skizzen von Ungarn». Eyb wolle mit dem Werk zur Trennung Ungarns von Österreich aufrufen.[1342] Am 30. September 1835 schreibt er, das Berner *Central-Committee* sei aus Strassburg unterrichtet worden, der Baron sei der Spionage verdächtig und solle überwacht werden. Lessing, dessen Glaubwürdigkeit und Ansehen nach dem Duell mit Ehrhardt bekanntlich gering waren, anerbot sich, Eyb zu überwachen und stellte in Aussicht, weiteres Misstrauen zu säen und dadurch dessen «Exklusion zu bewirken.»[1343] Diese Absicht missfiel nun den österreichischen Auftraggebern. Mit Schreiben vom 24. Oktober wird das Mainzer Polizeibüro angewiesen, Eyb vor Lessing und dessen Kompromittierungsabsicht zu warnen.[1344] Bereits anfangs Oktober hatte der Verdacht gegen Eyb vorübergehend zu dessen Absetzung als Leiter der Handwerkerversammlung in der *Waage* geführt.[1345] Eybs Stellung war gefährdet.

Ende Oktober reist v.Engelshofen nach Zürich, wo er Eyb zur Rede stellt und dessen Papiere überprüft. Eyb bestreitet den Vorwurf entschieden, ein Pamphlet über die Loslösung Ungarns von Österreich verfasst zu haben.[1346] Der Mainzer Polizeikommissär kann nichts Verdächtiges finden und berichtet nach Mainz, Lessings Anschuldigungen betreffend die geplante revolutionäre Schrift über Ungarn seien «aus der Luft gegriffen.» Im Übrigen hätten sich auch zahlreiche andere Angaben Lessings als falsch erwiesen.[1347] So gewinnt Ende Oktober Eyb die Gewissheit über Lessings Funktion als Spion, der ihn, wie auch andere Flüchtlinge durch falsche Mitteilungen in Berlin, Mainz und Wien belastete. Am 6. November 1835 teilt der Chef der politischen Geheimpolizei in Mainz, Karl Noë, in einem an Metternich persönlich verfassten Schreiben mit, er habe Eyb vor der «durch die Nachspürungen Lessings drohenden Compromittirung verständigt und zur nöthigen Vorsicht aufgefordert».[1348] Am 21. November unterrichtet Noë Metternich, «durch Lessings letzten Bericht», worin dieser seine Auftraggeber davon in Kenntnis gesetzt habe, sei Eyb «aus den Handwerker Versammlungen in der Waage ausgeschlossen» worden, wodurch sich die Gefahr einer Kompromittierung zusätzlich verschärft habe. Er versichert, «dem h. Befehle gemäss», die Sache sorgfältig zu erforschen.[1349] Wie Metternichs Befehl formuliert war, geht aus dem Schreiben nicht hervor. Dem Brief Noës liegt ein Konfidentenbericht Eybs vom 10. November 1835 bei, worin dieser Einzelheiten über die Auffindung von Lessings Leiche sowie über die angelaufene Strafuntersuchung referiert. Er rätselt darin über die Urheberschaft des Delikts, zieht vorerst ein politisches Motiv in Zweifel: «(...); ein grosser Theil des Publikums glaubt, es wäre ein politischer Mord, da L. bei vielen seiner Landsleute für einen Spion galt; allein dies ist nicht anzunehmen, denn in diesem Falle müsste ich davon etwas wissen; auch wurde von Seite der Flüchtlinge früher schon geäussert, dass es nichts zu sagen hätte, wäre er auch Spion, da man ihm ohnehin kein Vertrauen schenkt und er nichts zu verrathen wüsste.»[1350] Einige Zeilen weiter unten meint Eyb jedoch verunsichert: «Mir scheinen alle diese Vermuthungen (betreffend Vorliegen eines Racheaktes, Anm.) grundlos, allein wenn ich alle Notizen vergleiche, so steht mir der Verstand stille. Sollte es dennoch ein politischer Mord seyn und mir ein Geheimnis daraus gemacht worden seyn? Mir schaudert, wenn ich an die Möglichkeit denke, denn die Folgerung, die ich daraus ziehen müsste, wäre für mich nicht erfreulich.»[1351] Offenbar hatte das Verhältnis zwischen Lessing und Eyb im Herbst 1835 eine Trübung erfahren, indem Lessing diesen als Spion nach Preussen verriet, was dort zwar bereits bekannt gewesen sein dürfte. Auch ist anzunehmen, dass er Eyb, der noch im Oktober des Vertrauens der Deutschen in Zürich sicher war,[1352] dort ebenfalls vorübergehend in Misskredit versetzte, was zum Ausschluss von der Handwerkerrunde in der *Waage* geführt haben dürfte. Dass Eyb gegenüber seinen Auftraggebern in Mainz und Wien sich im genannten Bericht bezüglich der Täterschaft vorerst unwissend gibt, zuletzt auch noch Lizius verdächtigt, spricht an sich noch nicht gegen seine Urheberschaft, zumal ein Geständnis wie auch die Ignorierung des Vorfalls in seinem Bericht ungünstig aufgenommen werden könnten. Tatsächlich scheint Eyb widersprüchliche Angaben über die Hintergründe der Tat gemacht zu haben, sodass sich Metternich aus Wien bei v.Engelshofen darüber beschwert, Eyb habe versucht, seine Auftraggeber «auf falsche Fährte zu leiten», was nicht zu entschuldigen sei.[1353] Dennoch lässt sich auch aus diesen Berichten kein ausreichendes Belastungsmaterial zusammenstellen.

Nicht nur die Untersuchungsbehörden, sondern auch andere deutsche Exilanten scheinen an eine Rachetötung geglaubt zu haben: 1846 schreibt der Flüchtling Wilhelm Marr in seinem Werk über das *Junge Deutschland* in der Schweiz wohl mit Anspielung auf den Mord an Lessing: «Namentlich war es jener Schuft, Conseil, welcher dem Herzog von Montebello die wichtigsten Dienste leistete und dafür einen wohlverdienten Dolchstoss nicht empfing.»[1354] Georg Fein teilte Jakob Venedey, der sich für Lessings Tod interessierte, in einem Brief vom Dezember 1865 mit, dieser solle ihn doch einmal in Diessenhofen besuchen, damit er ihm «mehr als blosse Vermutungen» über die Hintergründe von Lessings Tod erzählen könne, die sich «nicht für's Papier» eigneten.[1355]

7.4 Vernachlässigte Ermittlungsrichtungen

7.4.1 *Die Carbonaria*

Schauberg zieht u.a. die Möglichkeit eines politisch motivierten Meuchelmordes, insbesondere der zufolge Verrats einer politischen Verbindung verübten Rachetötung, in Erwägung.[1356] Er unterscheidet als Formen des politischen Mordes die

Abrechnung innerhalb einer politischen Organisation gegen Verräter, die durch eine Regierung oder Partei veranlasste Tötung mit dem Zweck eine andere Partei in Verlegenheit zu bringen sowie die Tötung durch einen aus politisch motiviertem Hass handelnden Täter. Auch er hält die Möglichkeit einer Abrechnung für sehr wahrscheinlich, kritisiert indessen die einseitige Konzentration der Untersuchung gegen das *Junge Deutschland* nach der Festnahme Eybs. Den Beweggrund zu diesem Vorgehen führt er auf eine vorgefasste, antideutsche Gesinnung des Verhörrichters zurück. Zumindest die *Carbonaria* hätte, zumal Lessing auch sie in seinen Briefen erwähnte und verriet, in die Untersuchung näher einbezogen werden müssen.[1357] Schauberg zieht die Möglichkeit in Erwägung, dass im Rahmen einer Auseinandersetzung der revolutionären Bünde die *Carbonaria* durch diesen Mord versucht haben könnte, die Missgunst der eidgenössischen und kantonalen Behörden gegen das *Junge Deutschland*, evtl. auch das *Junge Europa* zu bewirken, um die Auflösung und Ausweisung dieser Organisationen aus der Schweiz zu erzielen.[1358] Vielleicht verfügte Schauberg über geheime Informationen, zumal viele *Carbonari* auch den Freimaurerlogen angehörten.[1359] Schauberg war bekanntlich auch Freimaurer. Tatsächlich hält Lessing in einem seiner Briefe fest, die politische Jugend der Schweiz habe sich auf die Seite der *Carbonaria* geschlagen, was freilich in so allgemeiner Form nicht stimmen kann.[1360]

Schauberg bemängelt, die Verbindungen der mit der *Carbonaria* eng verflochtenen Pariser H.V.U. nach Zürich seien nicht aufgedeckt worden.[1361] Die anfänglich in Deutschland der Burschenschaft nahestehende *Carbonaria*,[1362] zu Beginn der 1820er Jahre u.a. durch den Basler Professor Karl Follen[1363] und den Genfer Journalisten James Fazy[1364] auch in der Schweiz gegründet, hatte hier wie auch in Frankreich nach 1830 an politischer Bedeutung eingebüsst. Als enger Weggefährte Follenius' sind für die Zeit bis 1824 Wilhelm Snell[1365] und Gioachino Prati zu nennen, welche die Vereinigung deutscher Restaurationsflüchtlinge mit revolutionären Kreisen unter dem Dach der *Carbonaria* unterstützt haben sollen.[1366] Follen war allerdings bereits 1824 in die USA emigriert und Wilhelm Snell machte seit den Anfängen der Regeneration auch öffentlich keinen Hehl aus seiner liberalen Gesinnung. Angeblich pflegte er 1834 engsten Kontakt mit der Berner Radikalenszene.[1367] Ob eine Befragung Snells zu seinen Verbindungen zur *Carbonaria* zu näheren Aufschlüssen geführt hätte, bleibt allerdings, selbst wenn er über Kenntnisse verfügt haben sollte, angesichts der in dieser Sache mit Sicherheit fehlenden Aussagebereitschaft durchaus zweifelhaft. Von James Fazy, der trotz seines sich von Genf primär nach Frankreich hin erstreckenden politischen Aktionsgebietes über die Vorkommnisse in den geheimen politischen Gesellschaften auf eidgenössischem Gebiet informiert gewesen sein dürfte, wäre wohl auch kein Aufschluss zu erzielen gewesen.[1368] Der in die Untersuchung involvierte Bernhard Lizius, der angeblich auch Mitglied der *Carbonaria* gewesen sein soll – im Januar 1835 weist Lessing darauf hin, Lizius sei über alle Aktivitäten der Deutschen in der Schweiz bestens informiert, da er überall seine «Correspondenten» habe[1369] – hätte hingegen mit Sicherheit nähere Informationen geben können, kaum aber wollen.[1370] Auch der erwähnte, von Lessing im Zusammenhang mit einer Verschwörung gegen Louis Philippe an Preussen verratene Urban Muschani soll innerhalb der deutschen *Carbonaria* eine wichtige Funktion wahrgenommen haben, spielte indessen in der Untersuchung keine Rolle.[1371] Als Emissäre der Generalvenda in Paris verfügten Cratz und Ehrhardt über enge Beziehungen zur *Carbonaria* und zu Muschani.[1372]

Wie einflussreich die *Carbonaria* in der Schweiz im Jahr 1835 tatsächlich noch war, ist zufolge ihrer wenig transparenten Organisation als Geheimbund und angesichts der mageren Quellenlage ungewiss. Selbst die preussische Spionage gelangt im März 1835 über die Verhältnisse der *Carbonaria* in der Schweiz zu keinen näheren Informationen, da der Grundsatz strikter Geheimhaltung offenbar funktionierte.[1373] Da die *Carbonari* sich der von Korrespondenzen ausgehenden Entdeckungsgefahr bewusst waren und entsprechende Vorkehrungen trafen, insbesondere kompromittierende Schriften nach Kenntnisnahme vernichteten, und die schriftliche Festhaltung von Gegebenheiten der Verbindung regelmässig unterblieb, fehlt es weitgehend an verwertbaren Überlieferungen.[1374] Einem Konfidentenbericht vom März 1835 ist zu entnehmen, dass zwischen dem *Jungen Europa*, dem *Jungen Deutschland* und Vertretern der *Carbonaria* enge Beziehungen bestanden, welche zu jener Zeit allerdings durch Rivalitäten getrübt wurden.[1375] Dieses Schreiben lässt auf eine durchaus beachtliche Verbreitung der *Carbonaria* in der Schweiz schliessen. Ein Bericht Lessings hält fest, dass ein italienischer Mittelsmann der *Carbonaria* im April 1835 mit Keller, Hess, David Ulrich und Regierungsrat Hegetschweiler in Zürich zusammengetroffen sei. Über den Zweck der Zusammenkunft und den Inhalt der dabei geführten Gespräche schweigt sich die Mitteilung aus.[1376]

Eyb beklagte sich gegenüber seinem Verteidiger über die seines Erachtens einseitigen Ermittlungen gegen das *Junge Deutschland*. Auch die Statuten der *Carbonaria*, so moniert er in einem Schreiben an Schauberg, enthielten einen Tötungsparagraphen gegen Verräter.[1377] Geht man davon aus, Eyb habe tatsächlich über bemerkenswerte Kenntnisse bezüglich der Tathintergründe verfügt, so könnte dies ein wichtiger Hinweis auf die wahre Täterschaft sein, den Eyb nie explizit gegenüber dem Verhörrichter offenbaren konnte, da er sonst um sein Leben hätte fürchten müssen. Weshalb er den Konsequenzen weiterführender Angaben an den Verhörrichter mehr Respekt zubilligte als den Folgen einer allfälligen Verurteilung wegen Gehilfenschaft zum Mord, dürfte dadurch zu erklären sein, dass Eyb angesichts der schwachen Indizienlage und zufolge der guten Beziehungen zwischen führenden Zürcher Politikern und dem *Jungen Deutschland* nie wirklich an eine Verurteilung glaubte.

Tatsächlich berichtet Lessing im Mai 1834 nach Berlin, er habe sich in Strassburg bei der Carbonaria aufnehmen lassen und dürfe nun nichts darüber, insbesondere nicht die «Erkennungswörter» verraten, ansonsten er mit einer «Execution» durch Vergiftung rechnen müsse.[1378] Falls diese Angaben richtig und nicht bloss Ausfluss von Wichtigtuerei sind, ist die Möglichkeit einer Beteiligung der *Carbonaria* am Attentat auf Lessing nicht von der Hand zu weisen.

7.4.2 Mazzini und das Junge Europa

Tatsächlich sah auch das *Junge Europa* Giuseppe Mazzinis eine verschlüsselte Strafbestimmung für Verrat vor.[1379] Die Statuten des *Jungen Deutschlands* beinhalteten überdies in § 44 eine Norm, welche die Leitung des *Jungen Europas* zu Gegenmassnahmen berechtigte, wenn innerhalb des *Jungen Deutschlands* gegen die Interessen des *Jungen Europas* verstossen wurde.[1380] Lessing verriet nicht nur die Namen der Mitglieder des *Jungen Deutschlands* und deren Aktivitäten an Preussen, sondern lieferte auch kompromittierende Informationen über die *Junge Schweiz*, über die Gebrüder Snell und über Ignaz Vital Troxler, aber auch über Obergerichtspräsident Keller. Dadurch wurden verschiedene radikale Kräfte, auch das *Junge Europa* in ihren unterschiedlichen Interessen getroffen. Es ist nicht auszuschliessen, dass Mazzini in irgendeiner Form bei der Beseitigung Lessings mitwirkte.

Ebenso ist die Rolle des fanatischen, anfänglich mit Mazzini kooperierenden, später mit demselben in wechselhaftem Verhältnis stehenden Hermann Rauschenplatt in der Affäre um Lessing nie beleuchtet worden.[1381] Rauschenplatt pflegte enge Beziehungen zur spanischen *Carbonaria*, die sich in den 1820er Jahren im Kampf gegen die bourbonische Restauration gebildet hatte.[1382] Er selbst hielt sich zur Tatzeit in Barcelona auf.[1383] Mit Schreiben vom 21. Mai 1836 teilte Ludwig Snell dem Zürcher Bürgermeister Hess mit, er habe Kenntnis von einem in Revolutionärskreisen geplanten «Ausfall ins Badische», um die Revolution anzufachen. Es seien die Flüchtlinge Hermann v. Rauschenplatt und Mazzini als Drahtzieher aus der Schweiz auszuweisen. Keinesfalls, so Snell, der Lessing vermutlich persönlich gekannt hatte, dürfe seine vertrauliche Mitteilung bekannt werden, da er sonst damit rechnen müsse, «das Los Lessings zu teilen.»[1384]

Der idealistische italienische Agitator hatte als fanatischer Vertreter eines transeuropäischen, nationalliberalen Republikanismus und als massgeblicher

Urheber der radikalen Ausländervereine in den Kantonen Bern, Solothurn, in der Westschweiz und im Tessin durchaus vitale Interessen, Spione und Verräter, welche seine Bestrebungen untergruben und schon verschiedentlich zunichte gemacht hatten, zu beseitigen. Das Zürcher Verhöramt hätte diese Spur durch intensive Zusammenarbeit mit den Berner Behörden verfolgen müssen, doch ist dies unterblieben.

Die äusserst grausame Tatbegehung durch wildwütiges Niedermetzeln eines Verräters weckt bei aller Zurückhaltung gegenüber voreiligen Schlüssen gewisse Assoziationen zur mediterranen Rachetradition (vendetta) mit ihrem Hang zu spiegelnden «Strafen».[1385] Da Lessing eine Vielzahl von Mitgliedern politischer Vereinigungen verraten hatte, sollte er, so eine mögliche Hypothese, auch durch zahlreiche Stiche sterben.[1386] Mazzini hatte im fraglichen Zeitraum offenbar mit korsischen *Carbonari* des Dikasteriums von Ajaccio über eine Verbrüderung mit dem *Jungen Europa* verhandelt, nachdem er sich anlässlich der Gründung des *Jungen Europas* mit der *Carbonaria* einstweilen überworfen hatte.[1387] Mazzini kannte jedenfalls die *Carbonaria* aus eigener Erfahrung und Teilnahme.[1388] Angeblich soll das Verhältnis zwischen Teilen der *Carbonaria* und dem *Jungen Italien* vom Zerwürfnis nicht betroffen gewesen sein. Gemäss Lessing sollen Ende 1834 «zahlreiche Verbindungen» zwischen den Organisationen bestanden haben.[1389] Die Frage, ob einzelne die Blutrache pflegende Mitglieder der korsischen *Carbonaria* zu einer solchen Tat hätten motiviert werden können, bleibt Gegenstand von Spekulationen. Der preussische Gesandte v.Rochow hält es für durchaus möglich, dass zwei Italiener mit Wissen von Cratz und Alban die Tat begangen haben.[1390] Interessanterweise gehen auch die Zeitzeugen August Becker und Hermann Venedey davon aus, dass die Täterschaft in den Reihen des *Jungen Europas* zu suchen sei.[1391]

Mazzini wurde damals auch nachgesagt, er habe als Präsident eines geheimen Gerichts in «Rhodez» ein Todesurteil gegen einen Verräter zu verantworten.[1392] Das Urteil soll allerdings gefälscht gewesen sein.[1393] Der radikale Idealist wandte sich in der Folge stets entschieden gegen den Vorwurf, Leute zur Ermordung von politischen Gegnern angestiftet zu haben.[1394] So führte er 1842 in Paris erfolgreich einen Verleumdungsprozess gegen einen Polizeioffizier, der ihm solche Anstiftungen vorgeworfen hatte. Allerdings akzeptierte Mazzini die Tötung der Gegner im Rahmen von kriegerischen und revolutionären Ereignissen.[1395]

Falls Mazzini die Beseitigung Lessings angeordnet haben sollte, so hätte er wohl eine erhebliche Gefährdung des von ihm getragenen *Jungen Europa*, wie auch der ihm jedenfalls bis im Sommer 1835 nahe stehenden Berner Sektionen des *Jungen Deutschlands* in Kauf genommen, da angesichts der Schwere des Delikts und des naheliegenden politischen Zusammenhangs die Möglichkeit gesamteidgenössischer Sanktionen gegen Flüchtlinge abschätzbar, wenn auch nicht zwingend war. Naheliegender indessen als durch die in Flüchtlingssachen meist träge agierende Tagsatzung verabschiedete Massnahmen waren besondere Vorkehrungen der Zürcher Behörden gegen die politisch umtriebigen Asylanten in Zürich. Solche Konsequenzen dagegen brauchten Mazzini wenig zu stören, kamen ihm vielleicht sogar entgegen, nachdem er im Spätsommer 1835 aus dem *Jungen Deutschland* ausgetreten war, weil dieses sich seiner Ansicht nach zu stark nationalistisch orientierte.[1396] Immerhin hatten sich die Zürcher *Klubbs* verschiedentlich gegen die Ideen des westschweizerisch dominierten jungdeutschen *Central-Committées* und gegen das *Junge Europa* gewandt. Insbesondere Cratz galt als ideologischer Feind Mazzinis.[1397] Auch Ehrhardt und Alban, welche der französischen H.V.U. nahestanden, dürften in Mazzini keinen Freund gekannt haben. Lessings gewaltsamer Tod würde, soviel war jedenfalls absehbar, primär diesen Gegnern Mazzinis schaden.[1398]

Mazzini wandte sich in seinen Texten grundsätzlich gegen Gewalt und Terrorismus, insbesondere gegen die Todesstrafe.[1399] In seinen Briefen gibt er sich bezüglich der Spionage in der Schweiz abgeklärt. So bezeichnet er Eyb, nachdem er von dessen vermutlichen Tätigkeit als Spion erfahren hat, als «homme séduit», ohne in diesem Zusammenhang abwertend auf dessen jüdische Herkunft zu verweisen.[1400] Er negiert jeden Zusammenhang zwischen Lessings Tod und geheimen politischen Verbindungen.[1401] Aus Mazzinis reichhaltiger Korrespondenz geht kein Hinweis auf eine allfällige Beteiligung am Delikt hervor, doch finden sich in seinem Werk verschiedene Stellen, die deutlich machen, dass er unter gewissen Umständen, namentlich gegen Verräter, auch hasserfüllte, gewaltsame Handlungen rechtfertigte.[1402] Ebenso steht die scharfe Ablehnung terroristischer Gewalt in einem gewissen Widerspruch zur hohen Bereitschaft Mazzinis zu bewaffneten Umstürzen und wenn nötig blutigen Revolutionen.[1403] Mazzini wurde seit 1830 politisch auch ausserhalb der italienischen Staaten mit verschiedenen Mitteln verfolgt. Die Piemonteser Regierung hatte 1833 durch agents provocateurs ihn dazu zu bewegen versucht, die vorsorglich gut bewachte Festung von Fenestrelle anzugreifen, um seiner habhaft zu werden.[1404] Mazzini war sich der von Lockspitzeln und Verrätern ausgehenden Gefahr für die radikale Sache und für die eigene Sicherheit durchaus bewusst. Er hatte mehrere Rückschläge zufolge von Denunziationen zu erleiden.

Nach dem gescheiterten Savoyer Zug machten sich innerhalb des *Jungen Italiens* Auflösungserscheinungen breit. Das eben gegründete *Junge Europa* und die durch dieses verkörperte Idee einer universellen Völkerfreundschaft verblassten angesichts der faktischen Schwäche vor der Macht des monarchischen Establishments. Es wäre motivational nachvollziehbar, falls Mazzini, dem überdies ein überaus heftiges Temperament nachgesagt wird,[1405] Lessing als ihm von Bern her bekannten Lockspitzel eliminiert hätte sehen wollen und entsprechende Schritte einleitete. Mazzini war via Eyb und andere Bekannte über die Zürcher Verhältnisse informiert.[1406]

Allein, das Verhörrichteramt hat den von Sailer im Rausch geäusserten Verdacht, wonach Lessing von italienischen Schergen Mazzinis beseitigt worden sei, nicht überprüft. Zwar ist der ablehnende Entscheid des *Criminalgerichts* bezüglich der Versetzung Sailers in den Anklagezustand juristisch gut begründet, doch kann, angesichts der politischen Brisanz eines Einbezugs Mazzinis und Rauschenplatts als Drahtzieher des Savoyer Zuges in die Zürcher Strafuntersuchung, nicht ausgeschlossen werden, dass die Zürcher Behörden von einer derartigen Ausdehnung der Untersuchung zurückschreckten. Während Rauschenplatt durch die «etwas schwerfällige Polizey» von Zürich im Juni 1836 kurzfristig gesucht wurde,[1407] scheint Mazzini die Zürcher überhaupt nicht interessiert zu haben. Der Savoyer Zug hatte die Eidgenossenschaft in erhebliche aussenpolitische Schwierigkeiten verwickelt. Eine mögliche Verstrickung dieser Exponenten, die trotz Ausweisung nach wie vor in der Schweiz verkehrten, hätte höchst unerwünschten politischen Zündstoff geliefert, zumal die fehlende Durchsetzungskraft der Fremdenpolizei in hellem Licht erschien und dadurch die Unzuverlässigkeit der Schweiz bei der Regelung ihres Ausländerwesens international offenkundig geworden wäre. Insofern scheint es durchaus plausibel, dass von Seiten der stark politisierten Zürcher Justiz wie auch auf Betreiben des mit dem Strafverfahren sowie mit der nationalen und internationalen Konstellation eng vertrauten Zürcher Bürgermeisters Hess die Ausdehnung des Strafverfahrens in eine die Sicherheit der Eidgenossenschaft bedrohende Richtung bewusst verhindert wurde.

Auch für Bürgermeister Hess waren die Affären um Schüler, Lessing und Eyb ein «Mazzinischer Spuk»,[1408] den man loswerden wollte, ohne indessen sich allzu nahe damit befassen zu müssen.

7.4.3 Preussen

Wie bereits dargetan, bot das Verbrechen der Propaganda der restaurativen Regimes reiche Nahrung, liess sich doch daraus argumentieren, dass die Flüchtlinge keinesfalls harmlose und zu Unrecht verfolgte Opfer waren, sondern vielmehr erhebliches Konfliktpotential mit sich brachten und vor schwerer Kriminalität nicht zurückschreckten. Darüber hinaus lieferte das Tötungsdelikt gewissermassen den Beweis für das Versagen der schweizerischen Flüchtlings- und Sicherheitspolitik. Der Gesandte v. Rochow begrüsste es geradezu, wenn die

Flüchtlinge besonders «tolle Streiche» verübten, da sich ihr provokatives Verhalten gegen die Sicherheit ihres Asylantenstatus, letztlich gegen die Asylpolitik der Eidgenossenschaft auswirken musste.[1409] Bereits am 14. November 1835 schrieb der Preussische Geheime Staatsminister Ancillon nach Rücksprache mit de Bombelles an den Gesandten v.Maltzan in Wien, die Tatsache, dass unter den Flüchtlingen gar eine Mordtat verübt worden sei, liefere Argumente, um die Zürcher Regierung zu mehr «Strenge und Beharrlichkeit» bei der Behandlung der Flüchtlinge zu bewegen.[1410]

Das Verbrechen kam den restaurativen Mächten keineswegs ungelegen, bot es doch willkommenen Anlass für neuerliche Druckversuche, zumal die *Ministerial-Commission* bereits im Vorjahr Sanktionen gegen die Schweiz, insbesondere ein Handelsembargo, ernsthaft in Erwägung gezogen hatte, um diese zur Abkehr von der liberalen Flüchtlingspolitik zu bewegen.[1411] Da die Tötung Lessings sich nachteilig auf die Preussen verhasste schweizerische Flüchtlingspolitik auswirken musste und angesichts des Akteneinsicht versprechenden Untertanenstatus des Opfers lässt sich auch ein Interesse insbesondere Preussens, aber auch Frankreichs und Österreichs am gewaltsamen Tod Lessings ableiten.

Die Durchsicht sämtlicher im Geheimen Staatsarchiv aufbewahrten Korrespondenzen zwischen der preussischen Gesandtschaft in der Schweiz und der *Ministerial-Commission* bzw. dem Aussenministerium von 1835 bis 1837 wie auch die Analyse der in der über Lessings Ermordung geführten Akte abgelegten Korrespondenzen bringen keine konkreten Ergebnisse bezüglich Tathintergrund hervor, obgleich der Fall Lessing verschiedentlich Gegenstand von Briefwechseln bildet.[1412] Es lässt sich nicht nachweisen, ob der Gesandte oder die Machthaber in Berlin bzw. die *Central-Behörde* in Frankfurt über Spezialwissen bezüglich der Tathintergründe verfügten.[1413] Ein wesentlicher Teil der Diplomatenkorrespondenz zwischen Berlin und der preussischen Gesandtschaft in Bern bezieht sich auf die Weiterleitung von Informationen, die v.Rochow offiziell und inoffiziell zusammenträgt. Verschiedentlich orientiert v.Rochow seine Regierung ausführlich über den Stand der Untersuchung sowie der Gerüchte und seiner persönlichen Nachforschungen. Allerdings gilt das Interesse 1836 mehr der Bekanntgabe von politisch illegal aktiven deutschen Flüchtlingen als der tatsächlichen Urheberschaft des Verbrechens, die v.Rochow ohnehin im unmittelbaren Umfeld Lessings ortet.

Aus den genannten Gründen ist daher auch zu prüfen, ob Lessing allenfalls durch Agenten der preussischen Polizei ermordet wurde.[1414] Carl Cratz erklärt dem Verhörrichter in der Einvernahme vom 1. September 1836, er hege den Verdacht, dass der «Bundestag, welcher uns verfolgt oder diejenigen, welche den Lessing als Spion bezahlten» die Tat veranlasst hätten.[1415] Gustav Kombst, der in seinen Memoiren die Idealisierung der deutschen Flüchtlingsgemeinschaft anstrebt und in Lessings Briefen auch erwähnt wird,[1416] schliesst eine Rachehandlung durch die deutschen Flüchtlinge in Zürich aus. Vielmehr sei die Tat durch eine «despotische Regierung» veranlasst worden, um die Schweiz zur Ausschaffung der Flüchtlinge zu veranlassen. Er versucht diese auch von Cratz vertretene Hypothese mittels eines Parallelfalles vom Winter 1835/36 zu stützen, als in Krakau ein russischer Spion von der russischen Regierung ermordet worden sei, um den Verdacht auf die dort im Exil lebenden deutschen Flüchtlinge zu lenken.[1417] Mazzini bringt die Tat andeutungsweise mit der «police occulte» gewisser Regierungen in Zusammenhang.[1418] Auch Mandrot behauptet, Lessing sei einer gezielten Aktion der «geheimen Polizei, diese ehrlose Polizei, deren sich einige Regierungen bedienen, ohne es bekennen zu dürfen», zum Opfer gefallen.[1419]

Bestimmt konnte Preussen auf die wirren, jedenfalls unzulänglichen und oft falschen Informationen Lessings verzichten. Lessing war überdies gesinnungsmässig nach wie vor radikal eingestellt, sodass seine Zuverlässigkeit als Informant ungewiss war. Vielleicht war der Mann wirklich unerwünscht geworden. Mit seiner Beseitigung hätte Preussen einen lästigen Agenten für immer zum Schweigen gebracht und zugleich einen gewichtigen Grund für eine härtere eidgenössische Flüchtlingspolitik geschaffen, indem die Tat politisch engagierten Asylanten angelastet werden konnte. Diese These wird durch den dringenden Wunsch des preussischen Justizministeriums nach dem Obduktionsbericht gestützt. Dieser hätte eine geeignete Grundlage für eine stichhaltige falsche Anschuldigung gegen Flüchtlinge in der Form einer anonymen Indiskretion oder Denunziation abgegeben. Möglicherweise ist die dem Verhörrichteramt anonym zugestellte Denunziation das wenig geglückte Ergebnis einer solchen falschen Anschuldigung durch Preussen.

Tatsächlich kann nicht ausgeschlossen werden, dass Lessing von preussischen Agenten oder zumindest auf Veranlassung Preussens eliminiert wurde. Sein Verhalten in der Schweiz war auffällig, mitunter ungeschickt. Lange schon haftete ihm der Verdacht der Spionage an. Seine Briefe enthalten diverse Fehler und Übertreibungen.[1420] Oft will er sich selbst wichtig machen und dem Leser vor Augen führen, wie unentbehrlich und kostbar seine Spitzeltätigkeit sei.[1421] Seit August 1834 warnte Lessing immer wieder vor einer unmittelbar bevorstehenden grossen Invasion deutscher Flüchtlinge und schweizerischer Liberaler nach Deutschland. Dabei stützte er sich stets auf angeblich äusserst zuverlässige Quellen.[1422] Mochten diese Schilderungen abenteuerlicher Szenarien anfänglich den Preussen die Unentbehrlichkeit und Fähigkeit ihres Informanten in der Schweiz tatsächlich bestätigen, so verlor Lessing, nachdem sich seine bedrohlichen Prognosen immer wieder als falsch erwiesen hatten, entschieden an Glaubwürdigkeit und wurde zum Ärgernis. Im Frühjahr 1835 informierte das Berliner Aussenministerium Metternich über Lessings fragliche Zuverlässigkeit. Ende Oktober

1835 stellt v.Engelshofen nach einem Augenschein in Zürich fest, die von Lessing angekündigte bevorstehende Invasion nach Baden sei «unter der gegenwärtigen Constellation gar nicht denkbar.» Ein unzuverlässiger Spion taugt nicht für seine Zwecke. Man kann ihn jedoch auch nicht ohne weiteres entlassen, denn er weiss zuviel über seine Auftraggeber.

Für die preussische *Ministerial-Commission* war Lessing zufolge seines gespaltenen Verhältnisses zur radikalen Bewegung ein wohl ebenso unzuverlässiger Mitarbeiter wie er zum Gefährten des militanten Republikanismus nicht taugte. Seine Provokationshandlungen beruhten zumindest in Bern bisweilen kaum auf blosser Berechnung, vielmehr waren sie Ausdruck einer tatsächlich vorhandenen leidenschaftlichen Begeisterung für die republikanische Idee. Ferner war leicht abzuschätzen, dass diese Tat sich auf die aus preussischer Sicht völlig stossende Möglichkeit weitgehend ungestörter politischer Agitation durch Flüchtlinge in der Schweiz, insbesondere in Zürich, verhängnisvoll auswirken musste. Als beachtlicher «Erfolg» einer solchen Strategie wäre das «Fremdenconclusum» von 1836 zu bewerten. Für eine preussische Inszenierung mag unter diesen Umständen auch sprechen, dass Preussen sofort eine extrem hohe Belohnung für die Ergreifung der Täterschaft aussprach, wodurch man eine tatsächlich kaum bestehende Empörung über das Delikt öffentlich kundtat.

Entgegen dem von aussen wahrnehmbaren Verhalten der preussischen Behörden wurde die Ermordung Lessings in Berlin mit Wachsamkeit und Interesse zur Kenntnis genommen und die nachfolgende Untersuchung genau verfolgt. Bereits am 6. November 1835 berichtete der Gesandte v.Rochow aus Zürich an das Aussenministerium nach Berlin über den Fall. Noch am 5. November war er mit Zürichs Bürgermeister Johann Jakob Hess zusammengekommen, welcher ihn über die Geschehnisse und die Massnahmen der Behörden informiert hatte. Wie aus v.Rochows Schreiben hervorgeht, wusste dieser zum Tatzeitpunkt über Lessing kaum Einzelheiten. Er ersuchte folglich das Innenministerium in Berlin um Mitteilung über Lessings Vergangenheit, damit er gegenüber den Schweizer Behörden Auskünfte erteilen könne.[1423] Mit Brief vom 12. November 1835 schreibt v.Rochow nach Preussen, die Affäre um den Lessingmord beschäftige die Zürcher Bevölkerung sehr. Er gibt zu bedenken, sämtliche deutschen Flüchtlinge hätten an der Beerdigung teilgenommen.[1424] Die nachfolgenden Briefe sind wenig substantiell.[1425] Am 7. Januar 1836 informiert v.Rochow das auswärtige Ministerium über den Verlauf der Untersuchung. Er zweifelt am Erfolg derselben, weist bereits auf Fehler und Unstimmigkeiten hin. Er glaubt nicht, dass der Fall je aufgeklärt werden kann, nachdem zwischen dem «Junker v.Meiss» und wichtigen Regierungsvertretern, insbesondere dem «Polizeiministerium» (Bürgermeister Hess) fundamentale Unterschiede bei der Beurteilung der Angelegen-

heit bestünden. v.Meiss sei davon überzeugt, dass die Tat auf politischen Motiven gründe, habe bisher aber keine tauglichen diesbezüglichen Indizien feststellen können. Dagegen glaubten die Polizeibehörden an einen Raubmord. v.Rochow geht davon aus, dass sich die Mörder zu jener Zeit nach wie vor in Zürich aufhielten.[1426]
Am 31. Januar 1836 berichtete das preussische Justizministerium die Affäre an die Frankfurter *Central-Behörde* und bat erneut um mögliche Hinweise auf die Täterschaft, zumal von der Zürcher Untersuchung keine näheren Aufschlüsse zu erwarten seien.[1427] Am 14. Februar 1836 beauftragte der preussische Geheime Staatsminister Ancillon den Gesandten v.Rochow damit, die Zürcher Behörden zu erfolgreicheren Aufklärungsbestrebungen anzuhalten und diese darin zu unterstützen. Die Überführung der Mörder und deren Bestrafung sei auch ein wichtiges preussisches Anliegen.[1428] Dass v.Rochow aus Berlin nichts über Lessing erfahren hatte, erhellt sich u.a. durch sein Schreiben vom 13. Juli 1836, worin er die *Ministerial-Commission* in Berlin über Lessings Auseinandersetzung mit Regierungsstatthalter Roschi vom Herbst 1834 in Bern unterrichtete, obschon diese längst von jener Affäre wusste.[1429] Auch die übrigen, bereits erwähnten Korrespondenzen erlauben keine konkreten Schlüsse auf Preussen als Drahtzieher des Lessingmordes. Nachzutragen bleibt, dass Belege für eine solche Aktion wohl kaum archiviert worden wären. Angesichts der Aktenlage bleibt die These eines durch Preussen veranlassten Eliminationsmordes an einem unzuverlässigen und lästigen Agenten Spekulation, obschon sich ein durchaus plausibles Motivationsgefüge konstruieren lässt.[1430]

Temme, der allerdings erst mehrere Jahre nach der Tat mit dem Zürcher Flüchtlingskreis vertraut wurde, die Gebräuche der preussischen Polizei, Justiz und Politik persönlich kannte und wahrscheinlich mehr über die Tat wusste, als er darüber niederschrieb, macht keine Andeutung in die Richtung einer gezielten und unmittelbaren Aktion Preussens.[1431]

7.4.4 Die Brüder Gessner

Auch unter der lokalen Bevölkerung dürfte es Anfeindungen gegen Lessing gegeben haben. Ein Flüchtling, der als Lockspitzel tätig war und dem von den eidgenössischen Ständen wenig geliebten Preussen auch vertrauliche Informationen aus dem Lokalgeschehen mitteilte, machte sich notwendigerweise unbeliebt. Doch gibt es keine schlüssigen Hinweise für eine lokale Tatveranlassung aus solchen Gründen. Nicht ausgeschlossen werden kann ferner auch auf Seiten eines möglichen einheimischen Täters ein motivisches Zusammenwirken von Rachewunsch gegen einen Verräter mit durch Eifersucht genährtem Hass.

Sodann ist an dieser Stelle eine Spur aufzugreifen, welche vom Kantonal-Verhöramt vollständig vernachlässigt wurde, vielleicht auch nicht weiter verfolgt werden wollte oder durfte. Zur Rekapitulation: Noch während des Vorverfahrens erfuhr Statthalter Zwingli von Waffenschmied Waser, dass bei diesem am 3. November 1835 zwei französisch sprechende, fremde Herren, dem Aussehen nach Italiener, einen Dolch gekauft hätten.[1432] Waser gab später, am 21. November desselben Jahres, vor Statthalter Zwingli zu Protokoll, die ausländischen Herrschaften, die bei ihm am Tage von Lessings Verschwinden einen Dolch gekauft hätten, befänden sich noch immer in der Stadt und seien bei Eduard Gessner in Logis. Dieser Hinweis wird, soweit aus den Akten hervorgeht, nicht näher verfolgt und überprüft. Dies erstaunt, zumal fremde Männer, die sich kurz vor der Tat mit einer Waffe ausrüsten, die grundsätzlich dem Tatwerkzeug entsprechen könnte, angesichts der in jenen Novembertagen beachtlichen negativen Konnotation des Fremden und Ausländischen im Zusammenhang mit dem Verbrechen nolens volens verdächtig sind. Offenbar wohnten diese Männer mindestens bis am 21. November 1835 bei Eduard Gessner.

Die Beleuchtung der Person Gessners zeigt, dass es sich bei diesem Spross aus dem bekannten Zürcher Geschlecht keineswegs um einen gewöhnlichen Gastwirt handelt. Vielmehr zeichnet sich eine weitere politische Dimension ab:[1433] Eduard Gessner (1799–1862), Enkel des berühmten Zürcher Dichters Salomon Gessner, übernahm 1820 die väterliche Buchhandlung und Buchdruckerei und stellte das geerbte Haus zum «Schwanen» an der Münstergasse,[1434] anfangs gemeinsam mit seinem Bruder Christoph Heinrich (1798–1872), verschiedenen aus Deutschland im Zuge der «Demagogenverfolgungen» in die Schweiz emigrierten radikalen Aktivisten als Zufluchtsort zur Verfügung. Die Brüder Gessner sollen sich gegenüber den deutschen Flüchtlingen als überaus grosszügige Gastgeber erwiesen haben.[1435] Im April 1820 kam der Flüchtling und Drahtzieher der deutschen *Carbonaria*, Karl Follen, aus Strassburg nach Zürich und machte die Bekanntschaft der Brüder Gessner. Es entspann sich eine enge Beziehung zwischen denselben und Follen. Im August 1820 verkehrten im Gessnerschen Hause auch Wilhelm Snell und Gioachino Prati von der italienisch-tirolischen *Carbonaria* wie auch der erwähnte rührige Johannes Wit von Dörring. Eduard Gessners Buchhandlung wurde zur Briefadresse für den politisch gefährlichen Korrespondenzverkehr Wilhelm Snells mit Gesinnungsgenossen aus Deutschland.[1436] Auch nachdem die Flüchtlinge in anderen Städten, etwa in Chur oder Basel, Zuflucht gefunden hatten, blieb der rege Kontakt zu Gessners erhalten. Im Mai 1821 trat Heinrich Gessner, der sich für die revolutionäre Idee begeistert hatte, dem «Jünglingsbund» bei.[1437] Im selben Jahr stellte Eduard in seiner Druckerei das «Schweizerische Volksblatt» her, eine radikale Zeitung, welche deutlich beeinflusst vom antirestaurativen Geist der radikalen Bewegung in Deutschland einen progressiv-kritischen Stil verfolgte, durch politische Ironie aneckte und bereits im November 1821 vom Zürcher Staatsrat verboten wurde. 1822 strebte Eduard Gessner, unterstützt durch Wilhelm Snell, Karl und August Follen sowie Ignaz Vital Troxler, erneut die Publikation einer radikalen Zeitung an. Im selben Jahr bemühte sich der mittlerweile für die Idee der einer deutschen Einheit verpflichteten Burschenschaft begeisterte Heinrich Gessner um den Anschluss des Zofingervereins an die deutsche Burschenschaft. Im Herbst 1822 trat er als Student der Rechtswissenschaft in Jena der dortigen Burschenschaft bei, wo er sich als überaus engagiertes Mitglied erwies.[1438] 1823 setzte er das Studium in Göttingen und Heidelberg fort. Dort nahm er erneut an den Umtrieben der Burschenschaft teil. Im März 1824 wurde die Heidelberger Burschenschaft an die Mainzer *Central-Untersuchungs-Commission* verraten. Ihre angeblichen Drahtzieher, darunter auch Gessner, wurden verhaftet und auf Ersuchen Preussens nach Berlin ausgeliefert. Gessner verbrachte vorerst in Berlin, anschliessend in Heidelberg, über ein Jahr in strenger Einzelhaft. Derweil publizierte Bruder Eduard, ebenfalls bestrebt, die nationalradikale Bewegung in Deutschland zu unterstützen, in Zürich die Verteidigungsschrift für den «Demagogen» Friedrich Ludwig (Turnvater) Jahn mit einem gegen die deutsche Verfassung gerichteten, von der preussischen Regierung offiziell beanstandeten Vorwort. Er wurde im November 1823 wegen Umgehung der Zürcher Zensurbehörden durch Druck der Broschüren bei Cosmus Freuler in Glarus vom Zürcher Amtsgericht zu einer Busse verurteilt. Im Mai 1825 kam es in Mannheim zum Prozess gegen Heinrich Gessner, der von seinem akademischen Lehrer, dem berühmten Staatsrechtsprofessor Karl Zachariä, verteidigt wurde. Gessner wurde wegen Teilnahme an Hochverrat zu einer 4 ½ jährigen Festungsstrafe in Kisslau verurteilt. Nach einigen Bemühungen des Zürcher Rates und der Familie Gessner erfolgte im November 1826 Heinrichs Begnadigung durch den Grossherzog Ludwig von Baden. Verfahren und Strafvollzug hatten Heinrich Gessner an Vermögen und Gesundheit schweren Schaden zugefügt. Er promovierte 1828 in Basel zum Dr.iur, wurde 1829 Kantonsprokurator und setzte sich nach 1830 gemeinsam mit seinem Bruder, Ludwig Snell, Friedrich Ludwig Keller und David Ulrich dennoch ungebrochen für die freisinnigen Anliegen der Regeneration ein. 1831 erfolgte Heinrich Gessners Wahl in das *Criminalgericht*; im folgenden Jahr wurde er Oberrichter. 1834 entfaltete sich sein politischer Einfluss im Kanton Zürich zur Blüte, als er auch in den Grossen Rat gewählt wurde.[1439]

Eduard Gessners Buchdruckerei überwand die mit dem Druck radikaler Zeitungen und Broschüren anfangs der 1820er Jahre erlittene Rufschädigung dagegen nie. So musste er Buchhandlung und Druckerei 1833 an den inzwischen zu Geld gekommenen Adolf August Follen verkaufen, sodass er im Zürcher Bürgerverzeichnis von 1836 trotz seines noch geringen Alters als «alt-Buchhändler» aufgeführt wird. Er wohnte im November 1835, als er die unbekannten Männer beherbergte, mit seiner Frau und drei Kindern an der damaligen Steingasse (heute Spiegelgasse 16).[1440]

Aus diesen Zeilen wird deutlich, dass die Brüder Gessner unter den Einheimischen als bedeutsame Protagonisten burschenschaftlichen und radikalen Gedankenguts in Zürich zu beurteilen sind. Sie unterhielten Beziehungen zu geheimen politischen Gesellschaften, insbesondere waren ihnen die Informationskanäle der deutschen *Carbonaria* aus den 1820er Jahren bekannt.[1441] Sie pflegten auch später enge Kontakte zu deutschen Flüchtlingen. Heinrich Gessner soll Mitglied der *Jungen Schweiz* gewesen sein.[1442] So zog Hermann Trapp am 3. November 1836 zu Eduard Gessner an die Steingasse.[1443] Bereits seit 1824 war dieser auch mit Georg Fein bekannt.[1444] Heinrich Gessner hatte zufolge Verrats, die Untersuchungshaft eingerechnet, fast drei Jahre im Kerker geschmachtet und dabei Vermögen und Gesundheit eingebüsst. Es ist anzunehmen, dass er Verrätern gegenüber tiefe Abneigung empfand. Lessing hatte nicht nur alle seine Kameraden verraten, sondern auch hochempfindliche Geheimnisse, so insbesondere den Ort der Waffendepots des *Jungen Deutschlands* nach Berlin mitgeteilt, mithin ein Verhalten an den Tag gelegt, das unter Kriegsverhältnissen – und als solche empfanden Dissidenten jene Zeit – durchaus die Todesstrafe nach sich ziehen musste.[1445] Lessing hatte in einem Bericht vom 5. Juli 1835 über Heinrich Gessner berichtet, dieser habe das Komitee vor einem Spion gewarnt. Gessner sei jedoch «ein unbedeutender Mann»,[1446] was der Wahrheit freilich nicht entsprach. Zweifellos verfügte Heinrich Gessner 1835 über grossen Einfluss im Kanton Zürich. Die Vermutung, wonach es sich bei Eduard Gessners Gästen um politisch motivierten Besuch handelte, ist angesichts der Tradition des Hauses jedenfalls nicht abwegig.

Wenn es eine politische Organisation war, die Lessings Tod veranlasste und dessen Aufklärung zu verhindern trachtete, so erwiese sich die Unterbringung der ausführenden Organe in einer angesehenen und einflussreichen einheimischen Familie als durchaus raffinierter Weg der Verdunkelung. Schauberg, der die Untersuchungshandlungen des Kantonal-Verhöramts in seiner Darstellung ansonsten mit durchaus kritischem Scharfsinn würdigt, schenkt der unerklärlicherweise nicht verfolgten Spur der bei Gessner weilenden Fremden eigenartigerweise auch keine Beachtung. Ob Schauberg den diesbezüglichen Hinweis unterliess, weil er durch in den Akten nicht verbrieftes Wissen hinfällig war oder ob er die Familie Gessner, insbesondere den einflussreichen Heinrich, mit dem er die Gemeinsamkeit teilte, in Deutschland wegen Hochverrats strafrechtlich verfolgt worden zu sein, nicht kompromittieren wollte, muss dahingestellt bleiben. Zumindest kann die Möglichkeit, dass die Mörder Lessings im Schutz der Gessnerschen Fittiche wirkten, nicht von der Hand gewiesen werden.

Die geheimnisvolle Andeutung Temmes, der vermutlich mehr über die Tathintergründe wusste, als er in seinem Buch niederschrieb, wonach das Geheimnis des Lessingschen Mordes gelüftet würde, wenn zwei Augen sich für immer schlössen, unterstützt die Vermutung. Temmes Äusserung impliziert die quasi letztwillige Bekanntgabe der Tathintergründe und der Täter durch den versterbenden Mitwisser oder aber geht davon aus, dass jene Leute, welche des Rätsels Lösung kannten, diese aus Rücksicht auf eine bestimmte Person erst nach deren Tod veröffentlichen würden. Heinrich Gessner starb kurz nachdem Temmes Werk 1872 erschienen war. Allein, eine Lüftung des Rätsels erfolgte nicht. Auch die andere Andeutung Temmes, wonach die Akten «einmal einen Fingerzeig» auf die Täter enthielten, der allerdings «nicht beachtet» worden sei, könnte sich auf die bei Gessner weilenden Fremden beziehen, zumal diesem Hinweis tatsächlich nicht nachgegangen worden war.[1447]

Diese Überlegungen sind teilweise spekulativ und führen zu keinem wissenschaftlich aussagekräftigen Ergebnis, doch zeigen sie auf, in welche weiteren Richtungen die damalige Strafuntersuchung hätte führen müssen.

Weinplatz um 1835, Liegenschaft zum «Roten Turm» Mitte rechts. Darin befand sich in den 1830er Jahren das café littéraire, eine Gastwirtschaft mit Lesekabinett, wo auch Ludwig Lessing und andere Deutsche regelmässig verkehrten. Hier traf er kurz vor seinem Tod Carl Cratz und Baron von Eyb.

I

Blick auf Peterskirche, Hotel Schwert und Rathaus um 1835. Das Hotel Schwert galt damals als Zürichs erste Adresse und verfügte angeblich über das beste Speiselokal. Lessing versuchte Baron von Eybs Ehefrau Ida Szent-Györgyi dorthin zum Mittagessen einzuladen.

Münsterhof um 1830. Hier wohnte das Ehepaar Eyb zur Tatzeit im Hause von Major Jacob Winkler.

Münsterbrücke mit Blick auf den Zürichsee um 1835.

Das «Grüne Häusli» (im Vordergrund) bei der Werdmühle um 1890. Diese Gaststätte war bis 1836 ein wichtiger Treffpunkt deutscher Handwerker und Flüchtlinge in Zürich. Es wurden dort auch Zimmer an Studenten vermietet. Hier wurde «gekneipt», politisiert, Billard und Karten gespielt. Ludwig Lessing blieb dem Lokal und seinem dort weilenden Kollegenkreis am Abend vor seinem Tod fern.

Fraumünster und Kaufhaus um 1830. Wichtige Kulisse des damaligen Alltags, vor der sich Ludwig Lessing auch am letzten Tag seines Lebens bewegte.

Zürichs erstes Stadttheater um 1835. Ludwig Lessing teilte dort gemeinsam mit Baron von Eyb eine Loge. Auch soll er die Gattin von Regierungsrat Ulrich Zehnder dorthin ausgeführt haben.

Zuchthaus Oetenbach Ende 19. Jh. Die Anlage des ehemaligen Klosters Oetenbach diente während des 19. Jh. als kantonale Haftanstalt, welche sowohl der Untersuchungshaft wie auch dem Strafvollzug diente. Baron von Eyb verbrachte dort fast ein Jahr in Untersuchungshaft.

Klösterli auf dem Zürichberg um 1830. Hier trafen sich die Mitglieder des *Jungen Deutschlands* zu geheimen Zusammenkünften. In der Nähe fand zwischen Ludwig Lessing und Friedrich Gustav Ehrhardt ein Pistolenduell statt.

Umgebung Steinentisch, Enge, um 1835. Die sich hier befindende Gaststätte «Zum steinernen Tisch» genoss in Zürich einen schlechten Ruf. Angeblich wurde dort Prostitution betrieben. Die Strafverfolgungsbehörden vermuteten, dass sich Ludwig Lessing kurz vor seinem Tod dort aufgehalten haben könnte.

Seeliegenschaft in der Enge um 1850. Die Gemeinde Enge mit ihren idyllischen «Gütli» war damals vor allem im Sommer ein beliebtes Ausflugsziel der Stadtzürcher.

XII

5

6

1 Friedrich Ludwig v. Keller. Als einflussreicher, liberaler Politiker, Professor und Oberrichter protegierte er bis 1836 die deutschen Flüchtlinge in Zürich. Ludwig Lessing verleumdete ihn bei der Regierung Preussens.
2 Ulrich Zehnder. Der Zürcher Arzt und später auch mit Georg Büchner befreundete liberale Regierungsrat hatte den deutschen Asylanten Ernst Dieffenbach als Assistent in seiner Praxis angestellt. Ludwig Lessing soll mit Zehnders Gattin ein intimes Verhältnis gepflegt haben.
3 Johann Jakob Hess. Als Zürcher Bürgermeister und Polizeiratspräsident spielte er bei der zur Aufklärung von Ludwig Lessings Tötung eingeleiteten Strafuntersuchung eine wichtige Rolle.
4 Johannes Hegetschweiler. Der Zürcher Arzt und liberale Regierungsrat war den deutschen Flüchtlingen in gutmütiger Weise sehr wohlgesinnt. Er wurde im Gefolge des «Züriputsches» 1839 meuchlings ermordet.
5 Georg Fein. Aus Deutschland wegen politischer Verfolgung geflohen, gründete er 1834 in Zürich den republikanisch gesinnten deutschen Handwerkerverein.
6 Giuseppe Mazzini. Der nachmalige Nationalheld Italiens lebte zur Zeit von Lessings Ermordung in Grenchen. Er wurde gerüchteweise mit dem Delikt in Verbindung gebracht.

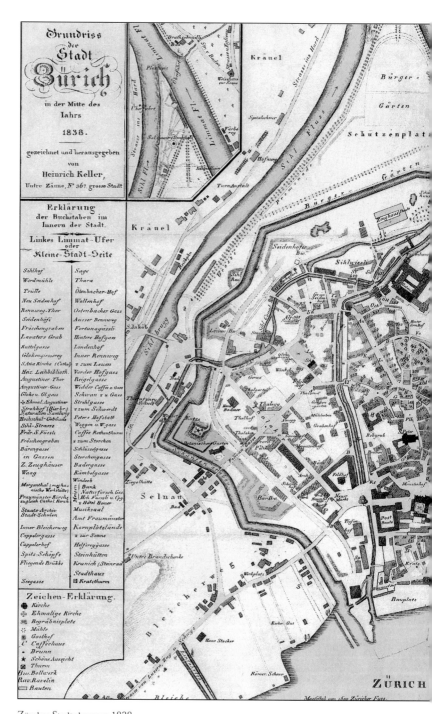

Zürcher Stadtplan von 1838

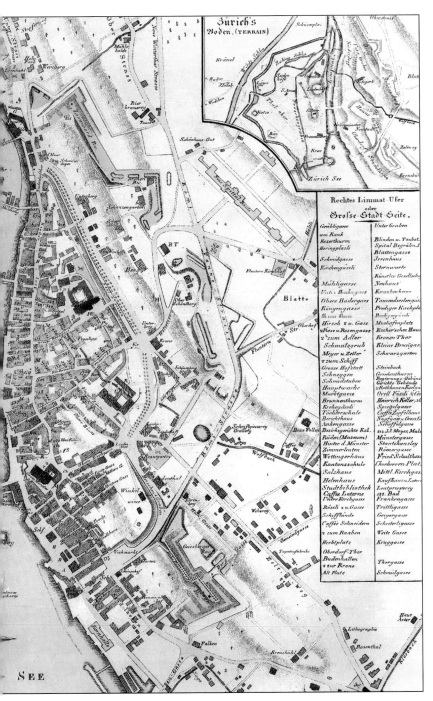

Sämtliche Bilder stammen aus den Beständen der Zentralbibliothek Zürich und werden mit freundlicher Genehmigung abgedruckt.

Lorenz Oken. Der berühmte Naturwissenschafter und erste Rektor der Zürcher Universität setzte sich beim Zürcher Polizeirat für Ludwig Lessing ein und verhinderte, dass dieser anfangs 1835 aus dem Kanton Zürich ausgewiesen wurde.

8 Das Urteil des Criminalgerichts

8.1 Das Hauptverfahren

Am 6. April wurden die Angeklagten morgens um 6 Uhr vom Zuchthaus in das *Criminalgerichts-Gebäude* geführt, das sich seit 1831 im ehemaligen Zunfthaus und der Trinkstube der «Gerwer zum rothen Löwen» an der Ecke Hirschengasse/Limmatquai befand.[1448] Um 7 Uhr war der Verhandlungssaal bereits voll besetzt.[1449] Auf der Richterbank sassen unter dem Vorsitz des Präsidenten Hans Konrad v.Orelli[1450] gesamthaft fünf Richter.[1451] Gemäss dem damaligen Strafrechtspflegegesetz war die Hauptverhandlung zwar als mündliches kontradiktorisches Verfahren ausgestaltet, doch war der Prozessstoff mit dem Beschluss des *Criminalgerichts* über die Vollständigkeit der Akten vorgegeben und eine Weiterung nicht mehr möglich (§§ 56f. Strafrechtspflegegesetz). Das Gericht erhob während der Verhandlung daher keine Beweise. So wurden auch keine Zeugen mehr einvernommen.[1452] Das Verfahren vor Gericht beschränkte sich nach der damaligen Strafprozessordnung (§ 63ff. Strafrechtspflegegesetz) auf das Verlesen der Anklageschrift (Anklagelibell) und das Plädoyer des Verteidigers, evtl. zusätzlich auf den Vortrag von Replik und Duplik sowie das Schlusswort der Angeklagten.[1453]

Das zur Beurteilung stehende Verhalten der Eheleute Eyb war, soweit strafrechtlich relevant, materiellrechtlich in Anwendung des Territorialitätsprinzips nach dem Zürcher Strafgesetzbuch von 1835 zu beurteilen (§ 2 Abs. 1 lit. a StGB).[1454] Nachdem der Substitut des Staatsanwalts, J.J. Rüttimann, bisher den Fall staatsanwaltschaftlich betreut hatte, vertrat Staatsanwalt David Ulrich die Anklage gegen Aldinger (Eyb) und dessen angebliche Ehefrau, Ida Szent-Györgyi, persönlich vor Gericht. Die Anklage gegen Aldinger lautete auf Verdacht der Teilnahme an Mord, auf Landesverräterei zweiten Grades sowie auf Schuldigsprechung wegen Fälschung öffentlicher Urkunden, Ungehorsams gegen amtliche Verfügungen und Anmassung der Rechte eines fremden Familienstandes. Gegen Ida Szent-Györgyi wurde wegen Verdachts auf Fälschung öffentlicher Urkunden und Anmassung der Rechte eines fremden Familienstandes Anklage erhoben. Der Staatsanwalt trug an, Aldinger sei hinsichtlich der Gehilfenschaft zum Mord und Landesverräterei von der Instanz zu entlassen, bezüglich der übrigen Delikte mit einem Jahr Gefängnis zu bestrafen und anschliessend in Anwendung des von der Tagsatzung beschlossenen «Fremdenconclusums» vom August 1836 aus der Schweiz wegzuweisen. Sodann seien ihm die Prozesskosten aufzuerlegen. Ida Szent-Györgyi sei von der Instanz zu entlassen.[1455]

Die Staatsanwaltschaft präsentiert die Ergebnisse der Strafuntersuchung in der 50seitigen Handnotiz für die mündlich gehaltene Anklage sehr sachlich, wobei nicht klar wird, ob Rüttimann oder Ulrich die Schrift verfasste.[1456] Die akribischen, gut strukturierten Ausführungen zeugen durch detaillierte Integration der wesentlichen Erkenntnisse der Untersuchung von kompetenter Beherrschung des Stoffes. In seinen Erwägungen verwirft der Staatsanwalt die Raubmordhypothese mit der Begründung, es sei sehr unwahrscheinlich, dass Räuber, in der vorgefallenen Weise, einen zufällig vorbeigehenden Menschen niedermetzelten. Zudem sei Lessings Leichnam nicht so ausgebeutet worden, wie dies bei einem Raub üblich wäre. Lessing sei vielmehr gezielt in die Enge hinausgelockt worden. Die Tat zeuge in ihrer Grausamkeit von tiefem Hass der Täter. Lessing habe als Spion die tödliche Verachtung der von ihm Verratenen auf sich gezogen. Da die Statuten des *Jungen Deutschlands* die Todesstrafe für Verräter vorsähen, sei es sehr wahrscheinlich, dass aus diesen Kreisen das Verbrechen herrühre. Aldinger komme durch seine enge Verwicklung in das *Junge Deutschland* – der Vorwurf der Gehilfenschaft gerät mit jenem der Anstiftung in Vermischung – daher durchaus als «intellektueller Urheber» in Frage. Insbesondere sei Aldinger nicht nur politisch, sondern auch privat mit Lessing in gespanntem Verhältnis («vielfach in Kollision verschiedener Art») gestanden.[1457] Der Staatsanwalt hält sodann für bemerkenswert, dass Aldinger von Beginn der Untersuchung an den Verdacht vom *Jungen Deutschland* wegzulenken versucht und bereits in seiner ersten Einvernahme ungefragt ein Alibi angegeben habe. Dieses sei für die Zeit des Mordes – Ulrich setzt die Tat in den Zeitraum zwischen 19 und 21 Uhr – lückenhaft.

Sodann sei Aldinger auch wegen Landesverräterei nach §§ 94f. StGB zu berurteilen, da er durch seine politischen Machenschaften andere Regierungen veranlasst habe, «für unseren Staat nachtheilige» Massnahmen zu treffen.[1458] Der «Landesverrätherey des zweyten Grades» machte sich gemäss § 95 StGB schuldig, wer «eine fremde Regierung zwar nicht zum Kriege, wohl aber sonst zu einer für unsern Staat nachtheiligen Einmischung in die Angelegenheiten des letztern treuloser Weise veranlasst.» Aldinger habe im *Jungen Deutschland* eine führende Rolle wahrgenommen. Diese geheime politische Verbindung habe mit Unterstützung des Angeklagten einen Einfall nach Baden geplant. Wäre dieser Plan umgesetzt worden, hätte dies «ohne Zweifel eine uns gewiss sehr nachtheilige Einmischung aller Nachbarstaaten in unsere Angelegenheiten zur Folge gehabt (...).»[1459] Der Staatsanwalt geht davon aus, dass Aldinger die Verbindung für seine Zwecke instrumentalisierte, mit seinen Provokationen vorsätzlich («absichtlich») die Schweiz gefährden wollte und dafür aus dem Ausland Geld erhalten habe. Anders liessen sich die günstigen finanziellen Verhältnisse Aldingers nicht erklären, zumal dessen Erklärung «fabelhaft» klinge, wonach er von irgendwelchen ungarischen und böhmischen «Patriotenvereinen» unterhalten worden sei.[1460] Ulrich räumt jedoch ein, ein unzweifelhafter Tatbeweis habe nicht erbracht werden können, weshalb er beantragt, Aldinger sei in diesem Anklagepunkt von der Instanz zu entlassen und der Landesverräterei zweiten Grades verdächtig zu sprechen.[1461]

Auch die Passblanketts habe der falsche Baron nur erhalten, weil er im Auftrag eines ausländischen Staates in Zürich spionierte. Die übrigen Ausführungen des Staatsanwalts gelten den Fälschungsdelikten.[1462]

Ein wichtiges Anliegen der Anklage war – Ulrich stand bekanntlich der Sache der Flüchtlinge politisch sehr nahe –, wie v.Rochow in seinem Bericht nach Berlin missbilligend festhält, die Offenlegung der Spionagetätigkeit durch Lessing und Eyb.[1463]

Schauberg brachte in seinem Verteidigungsplädoyer vor, die Motivlage für das Tötungsdelikt sei unklar.[1464] Lessing habe sich in die Enge begeben, um eine Frau in einem «verdächtigen Haus» zu treffen, weshalb er kurz vor seinem Tod dringend Geld benötigt habe. Der Getötete habe eine starke «Neigung zum weiblichen Geschlecht» empfunden. Im erwähnten Haus dürfte es zu einem Streit gekommen sein, worauf der Täter Lessing gefolgt sei. Beim späteren Auffindeort sei dieser, wie aus den geringen Spuren zu schliessen sei, von einem Einzeltäter nach einem längeren Kampf kurz nach Mitternacht ermordet und ausgeraubt worden. Schauberg schliesst einen politischen Mord aus, da ein solcher von einem geübten Täter vorsichtiger durchgeführt, die Leiche versteckt worden wäre. Auch sei es unwahrscheinlich, dass ein «preussischer Polizeidiener» Opfer eines Attentats werde. Letztere richteten sich gewöhnlich gegen höhergestellte Funktionäre und Politiker. Dass Lessing von Jungdeutschen nach der Enge hinaus gelockt wurde, sei, zumal diese dort über kein Lokal verfügten und Lessing ein überaus misstrauischer Mensch gewesen sein soll, schwer denkbar. Das *Junge Deutschland*, wie es in Zürich existiere, habe mit der Tat nichts zu tun, zumal es sich dabei um eine gewaltfreie Organisation von «Handwerkern» handle, welche vom *Jungen Deutschland* Mazzinis von 1834 klar abzugrenzen sei.[1465] Im Übrigen weist er auf die wenig stichhaltigen Indizien hin, die Aldinger bezüglich der Tötung Lessings kaum schwerwiegend zu belasten vermögen.

Morde zu verüben liege ohnehin nicht im «deutschen Charakter».[1466] Überdies hätten die Mitglieder des *Jungen Deutschlands* gar nicht gewusst, dass Lessing Spion war. Es fällt Schauberg offensichtlich schwer, einerseits Lessings Spitzeltätigkeit hervorzuheben, um Preussen moralisch zu disqualifizieren, und andererseits jedes Rachemotiv des *Jungen Deutschlands* als Reaktion auf Lessings Verhalten von der Hand zu weisen.

Aldinger sei, so Schauberg in seinem Plädoyer, kein österreichischer Spion, zumal er sich tat- und finanzkräftig an der Verbreitung freisinniger Anschauungen auch unter Tiroler Handwerkern als österreichische Untertanen beteiligt und daher seine monarchiekritische Gesinnung deutlich offenbart habe, was entschiedenermassen im Widerspruch zu einer Agententätigkeit im Auftrag Österreichs stehe. Aldinger verfüge im Übrigen über ein lückenloses Alibi. Schauberg zieht die Existenz des angeblichen Racheparagraphen in den Statuten des *Jungen Deutschlands* in Zweifel. Jedenfalls sei dieser noch nie zur Anwendung gekommen, und aus Aldingers Mitgliedschaft bei der Vereinigung könnten keinerlei beweiskräftige Schlüsse gezogen werden, um diesen der Gehilfenschaft zum Mord zu überführen.[1467] Schauberg unterstreicht die zahlreichen Unklarheiten im ganzen Verfahren und ruft in Erinnerung, dass Eifersuchtsmotive vorhanden seien.[1468] Der belastenden Aussage der Barbara Schweizer, wonach Ida Szent-Györgyi ihr erzählt habe, Aldinger kenne die Hintergründe des Mordes, begegnet Schauberg mit dem Hinweis auf Schweizers Ruf als «schlechte Person», die für Geld alles auszusagen bereit sei, und deren Ehemann sich gegenwärtig im Gefängnis befinde. Bezüglich der übrigen Vorwürfe stellt Schauberg den Vorsatz bzw. die Rechtswidrigkeit in Frage. Er qualifiziert den Vorwurf der Gehilfenschaft als Begünstigung, welcher sich «ein blosser Privatmann» durch «Verschweigen eines Mordes» alleine nicht strafbar mache.[1469] Betreffend die Benützung eines in Deutschland ausgestellten, möglicherweise gefälschten Passes beruft sich Schauberg auf die «diesseitige Praxis». Es sei «notorisch», dass zahlreiche Personen mit falschen Papieren sich in Zürich aufhielten, jedoch nicht in Untersuchung gezogen würden.[1470] Der Pass sei überdies nicht gefälscht, da dieses Papier in vorliegender Form von den zuständigen nassauischen Behörden ausgestellt worden sei. Selbst wenn das Dokument falsch wäre, so liege, da kein Vermögensschaden eingetreten sei, kein Betrug vor und auch der Tatbestand der Fälschung öffentlicher Urkunden sei nicht erfüllt, da vom Pass nie «rechtswidriger Gebrauch» gemacht worden sei. Sodann ruft Schauberg in Erinnerung, dass der möglicherweise gefälschte Familienschein nie einer Behörde vorgewiesen worden sei. Aldinger habe bei der Annahme des Namens v. Eyb die «rechtswidrige Absicht, zum Nachtheil Anderer» zu handeln, völlig gefehlt. Zudem sei der Familienschein sein Eigentum gewesen, mit welchem er habe tun und lassen können, was ihm beliebte.[1471] Abschliessend betont Schauberg, die Mitgliedschaft

Aldingers beim *Jungen Deutschland* erfülle an und für sich keinen Straftatbestand. Etwas unsicher ob dieser angesichts des regierungsrätlichen Verbots nur bedingt richtigen Aussage greift er auf eine extensive Auslegung des Legalitätsprinzips zurück und geht soweit zu behaupten, Aldinger könnte für diese Mitgliedschaft strafrechtlich überhaupt nur dann zur Verantwortung gezogen werden, wenn auch alle anderen Mitglieder verfolgt würden. Überdies habe die «hiesige Regierung» – Schauberg zieht einen starken Trumpf gegen die radikale politische Führung in Zürich – die Zusammenkünfte des *Jungen Deutschlands* während langer Zeit stets wissentlich geduldet.

Betreffend Ida Szent-Györgyi kritisiert Schauberg die Strafverfolgungsbehörden, welche die Frau ohne ausreichenden Tatverdacht «widerrechtlich» verhaftet[1472] und während elf Monaten in Untersuchungshaft einbehalten hätten. Sie habe keinen Straftatbestand erfüllt und sei freizusprechen.[1473]

Der Verteidiger plädiert daher auf Freispruch für beide Angeklagten. Falls das Gericht einen Straftatbestand für erfüllt erachten sollte, sei die erstandene Untersuchungshaft in jedem Fall anzurechnen.[1474] Betreffend die Kostenfolge fordert Schauberg, dass Aldinger nur jene Kosten auferlegt werden dürften, die dieser selbst verursacht habe, der Rest indessen vom Staat zu tragen sei.

In seinem Schlusswort beteuert Aldinger seine Unschuld an der Tötung Lessings. Auch habe er mit Spionage nichts zu tun. Innerhalb des *Jungen Deutschlands* habe er stets auf Mässigung gedrungen. Er gibt zu, bezüglich des Passes «ein Vergehen begangen» zu haben. Ida Szent-Györgyi äussert in ihrer Schlussbemerkung die Hoffnung auf die «Gerechtigkeits-Liebe» des Gerichts. Sie betont abschliessend, die Anschuldigung der Barbara Schweizer sei «durchaus falsch.»[1475]

8.2 Der Urteilsspruch

Das Gericht sprach Zacharias Aldinger von der Teilnahme am Mord frei, erklärte ihn indessen wegen Fälschung öffentlicher Urkunden, Anmassung eines fremden Familienstandes und Ungehorsam gegen amtliche Verfügungen schuldig sowie wegen des Versuchs der Fälschung öffentlicher Urkunden verdächtig und bezüglich dieses Punktes als von der Instanz entlassen. Die Ausfällung einer Verdächtigsprechung und blossen absolutio ab instantia als Zwischenurteil im Hauptanklagepunkt hätte jederzeit die Fortsetzung des Verfahrens bei Auftauchen neuer Indizien oder Beweise zur Folge gehabt, ohne ein Revisionsverfahren einzuleiten, was nun für die Anklage wegen Fälschung öffentlicher Urkunden zutraf. Das Zürcher Strafverfahren kannte die Entlassung von der Instanz als prozessuale Folge auf die Verdächtigsprechung. Dagegen wurden keine Verdachtsstrafen ausgesprochen. Der von der Instanz entlassenen Person konnten jedoch die Kosten übertragen werden.[1476]

Das Gericht verhängte gegen Aldinger eine einjährige Gefängnisstrafe, wovon sechs Monate der elfmonatigen Untersuchungshaft angerechnet wurden.[1477] Sodann wurde ihm eine Busse von 300 Franken auferlegt und gestützt auf den Tagsatzungsbeschluss vom 11. August 1836 (Fremdenconclusum) die Landesverweisung ausgesprochen.[1478] Ida Szent-Györgyi wurde wegen der Anmassung eines fremden Familienstandes verdächtig erklärt und von der Instanz entlassen. Die Kosten der Untersuchungshaft wurden dem verurteilten Aldinger vollumfänglich, sämtliche übrigen Prozesskosten von gesamthaft 684 Franken unter subsidiärer, solidarischer Haftung der Szent-Györgyi zu einem Drittel auferlegt. Neben den eigentlichen Strafuntersuchungskosten des Verhörrichteramtes (421 Franken, 3 Batzen, 8 Rappen) und den Gerichtskosten (173 Franken) bildeten die Obduktionskosten (24 Franken) den drittgrössten Posten.[1479]

Gemäss § 78 des Strafrechtspflegegesetzes war dem Beurteilten von den Rechtsmitteln in jedem Fall Kenntnis zu geben. Die Mitteilung musste protokolliert werden. Im Urteilsprotokoll findet sich aber kein entsprechender Vermerk. Von der Möglichkeit der Appellation ans Obergericht haben die Verurteilten keinen Gebrauch gemacht.[1480]

Vom schweren Vorwurf eines Tötungsdelikts blieb somit letztlich die Passfälschung als Hauptdelikt. Hält man sich den enormen Aufwand der Strafuntersuchung sowie die Tatsache vor Augen, dass damals eine grosse Zahl von Flüchtlingen mit falschen Papieren ausgerüstet war und dies den Behörden zweifellos bekannt sein musste, erscheint das Ergebnis in seiner Banalität geradezu vernichtend.

8.3 Die Urteilsbegründung

Das ausführliche Urteil des *Criminalgerichts* wurde im Anschluss an die Verhandlung gedruckt und publiziert. Die 54seitige Schrift zeugt von einer eingehenden Aktenbefassung und sorgfältigen Einarbeitung der erhobenen Kenntnisse durch das Gericht. Die ausführliche Sachverhaltsdarstellung ist das Ergebnis einer aufwändigen Ordnung und Strukturierung, teilweise aber auch inhaltlichen Verkürzung des unübersichtlichen Aktenmaterials. Die Ausführungen zur Sache konzentrieren sich zu einem wesentlichen Teil auf die Präsentation des den Verurteilten belastenden Materials. Die für die Urteilsfindung leitenden Überlegungen des *Criminalgerichts* lassen sich aus den Erwägungen ersehen. Sie werden nachfolgend vollumfänglich abgedruckt:

«In Erwägung:
1. dass vorerst hinsichtlich der Todesart des Lessing sich aus den verschiedenen Befundberichten des gerichtlichen Arztes mit Gewissheit ergibt:
a) dass Lessing durch fremde Hand getötet worden und dass diese Tödtung sowohl nach der Beschaffenheit der Wunden, als auch wegen der grossen Zahl derselben, nicht als Folge von Fahrlässigkeit oder als eine in der Hitze des Affectes verübte Rechtsverletzung anzusehen sei, sondern vielmehr als ein aus überlegtem Entschlusse hervorgegangenes und planmässig ausgeführtes Verbrechen, somit als Mord qualificirt werden müsse (§ 145 d. Strf.G.B.[1481]).
b) dass wenigstens zwei der dem Lessing beigebrachten Wunden absolut tödlich waren.
2. dass, wenn auch über die Zeit, zu welcher das Verbrechen begangen, sowie über den Umstand, ob dasselbe von Einer Person, oder von Mehreren verübt worden – keine Gewissheit vorliegt, doch in ersterer Beziehung, nach den Ergebnissen des bezirksärztlichen Befundes, mit hoher Wahrscheinlichkeit anzunehmen ist, dass der Mord am Spätabend des 3. November 1835 auf derjenigen Stelle, auf welcher der Leichnam gefunden wurde, stattgehabt habe,
3. dass zwar ebensowenig hinsichtlich der Triebfeder zu dem Verbrechen alle Zweifel gehoben werden konnten; dass übrigens in dem Umstande, dass die goldene Taschenuhr, welche Lessing am Tage seiner Ermordung bei sich getragen haben soll, nicht auf dem Leichnam gefunden wurde, kein bedeutendes Indizium für die Verübung des Mordes zum Zwecke der Bemächtigung des Eigenthums des Lessing liegt, indem
a) die Wegnahme der Uhr möglicher Weise aus dem Grunde geschehen sein konnte, um von der richtigen Spur abzuleiten,
b) die Uhr sehr leicht, sei es um an Ort und Stelle selbst oder anderwärts in den Sihlstrom geworfen worden sein konnte, ohne dass daran Entdeckung möglich war.
c) es nicht wohl denkbar ist, dass, wenn es sich bloss um eine Beraubung des Lessing gehandelt hätte, mit einer solchen Grausamkeit und Mordlust gegen ihn verfahren worden wäre,
d) der Mord an einer Stelle stattgefunden hat, wo namentlich im Winter und des Nachts zur grössten Seltenheit irgend Jemand durchpassirt, so dass wohl nie ein Räuber auf den Einfall gekommen wäre, dort auf Beute zu lauern.
e) nach dem Zeugnisse der Herren Caspari und Cratz so wie nach allen bekannten Umständen des Falles anzunehmen ist, dass Lessing in folge einer vorhergegangenen Abrede in die fragliche einsame Gegend sich begeben habe auch dass er dort von dem oder den Mördern erwartet worden sei, während dem es ganz unwahrscheinlich ist, dass ein gemeiner Räuber die Mittel, den Verstorbenen dort hinauszulocken, besessen, überhaupt, bloss in der Hoffnung eines geringen Gewinnes, einen so durchdachten Plan zu einem so schweren Verbrechen ausgearbeitet und ausgeführt haben würde.
4. dass nun aber weit mehr Wahrscheinlichkeit dafür vorhanden ist, es sei das Verbrechen ein aus politischen Beweggründen hervorgegangenes, indem
a) Lessing seit seinem Auftreten in der Schweiz mit den exaltirtesten politischen Flüchtlingen in Verbindung gestanden war und deren revolutionäres Treiben unterstützt hatte;
b) derselbe in früherer und späterer Zeit von verschiedenen Mitgliedern der politischen Verbindung des *Jungen Deutschlands*, als Spion bezeichnet ward, ohne dass hiefür bestimmte Gründe angegeben wurden.
c) Lessing in dieser Beziehung durch den Inhalt seiner in's Ausland geführten Correspondenz, insoweit sie wenigstens hierorts bekannt geworden, so wie durch die ihm zur Reise in die Schweiz zu Gebote gestandenen Mittel allerdings in einem höchst zweideutigen Lichte dargestellt wird,

5. dass diese Rolle eines Spions, sobald Lessing nach den Subject. Begriffen der Vereins-Mitglieder deshalb schuldig gehalten wurde, allerdings als die mögliche Veranlassung zu seiner Ermordung in die Augen leuchtet, indem jene Rolle auf der einen Seite einen solchen Grad von Hass und Bitterkeit gegen den Betreffenden, anderseits ein Interesse, sich durch seinen Tod vor ihm sicher zustellen, sehr leicht erzeugt haben kann, zudem der Umstand, dass nach einer Bestimmung der Statuten des *Jungen Deutschlands* der Verrath mit dem Tode bedroht wird, und dass jene Correspondenz Lessings unter Anderem auch die benannte Verbindung betreffe, darauf hinweist, dass der fragliche Mord Statutengemäss beschlossen und ausgeführt worden sei.

6. dass nun zwar dafür, dass Aldinger bei dem fraglichen Morde physisch mitgewirkt oder irgend wie, sei es als Anstifter oder Gehülfe oder Begünstiger Theil daran genommen habe, folgende Indizien sprechen:

a) dass Aldinger eines der eifrigsten und thätigsten Mitglieder der Verbindung des *Jungen Deutschlands* war und er daher, sobald ihm Lessing als Spion verdächtig erschien, ein bedeutendes persönliches Interesse hatte, einen solchen Gegner zu beseitigen.

b) dass mit Bezug auf sein behauptetes Alibi am Spätabende des 3. November 1835 nicht nur zwischen den beiden Inquisiten unter sich, sondern auch zwischen diesen und dritten Personen, mit welchen Aldinger notorisch einen Theil jenes Abends zugebracht hat, Widersprüche obwalteten.

c) dass, laut dem Zeugnisse der Frau Schweitzer-Willi, die Szent-Györgyi selbst von der Mitwissenschaft des Aldingern an dem Morde als von einer ihr bekannten Sache gesprochen hätte,

d) dass Lessing, nach den Äusserungen der Szent-Györgyi zu schliessen, auch in die Familien-Verhältnisse des Aldinger, auf eine diesen beleidigenden Weise sich eingemischt hat, was in Verbindung mit dem heftigen Character des Aldinger auch der wenigstens von Einer Person bezeugten Äusserung desselben über den Charakter Lessings als möglich denken lässt, dass zugleich noch Befriedigung von Privatrache mitgewirkt haben kann;

7. Dass indessen diese Verdachtsgründe doch nicht hinreichen, um den Aldinger der Theilnahme an dem fraglichen Verbrechen schuldig oder auch nur verdächtig zu erklären, indem

a) Inquisit zwar allerdings Mitglied einer revolutionären Verbindung war, indessen, da verschiedene Verbindungen der Art existirten, nicht gewiss ist, ob die Verübung des Verbrechens gerade von derjenigen ausgegangen, welcher er angehörte,

b) ebenso nicht hinreichend nachgewiesen ist, dass diejenigen Statuten, durch welche der Verrath mit dem Tode bedroht wird, derjenigen Verbindung des *Jungen Deutschlands*, deren Mitglied Inquisit war, zum Grunde gelegen seien, oder nicht vielmehr einer früheren gleichen Namens.

c) das Alibi des Aldinger am 3. November zu derjenigen Zeit, zu welcher der Mord muthmasslich verübt worden, immerhin zur hohen Wahrscheinlichkeit hergestellt erscheint, zumal keine der diessfälligen Angaben des Aldinger als unwahr nachgewiesen werden konnte und die vorhandenen Widersprüche wahrscheinlich nur dem Umstande zuzusprechen sind, dass erst nach Verfluss von so langer Zeit deshalb inquirirt worden,

d) das Benehmen des Inquisiten an jenem Abend und selbst auch späterhin, nach den Zeugnissen verschiedener Personen, immer ganz unbefangen war.

e) auf die Aussage der Frau Schweitzer-Willi kein bedeutendes Gewicht gelegt werden kann, zumal dieselbe widersprochen und mit gar nichts unterstützt ist.

8. dass, was sodann das Vorgeben des Inquisiten betrifft, ein Mitglied der Familie von Eyb und daher zu Führung dieses Familiennamens berechtigt zu sein, – derselbe sich als lügenhaft zeigt, weil

a) Inquisit seine Behauptung mit nichts zu unterstützen vermag,

b) nach den Begriffen der betreffenden Würtembergischen Behörden Inquisit der genannten Familie von Eyb gar nicht angehören kann,
c) einer seiner Heimaths- und Jugendgenossen in ihm wirklich den Hebräer Zacharias Aldinger von Dörzbach genau erkannt hat,
d) seine jüdische Abstammung durch die vorgenommene ärztliche Untersuchung nachgewiesen ist,
9. dass somit Inquisit sich nach § 253 des Strf.G.B.[1482] der Anmassung der Rechte eines fremden Familienstandes schuldig gemacht hat, zumal dabei offenbar die rechtswidrige Absicht waltete, durch Täuschung der Behörden über seinen Familienstand, seine Duldung in der Schweiz ohne gehörige Ausweisschriften desto eher zu erreichen und sein politisches Treiben zu verhüllen.
10. Dass indessen als Milderungsgrund der Umstand zu berücksichtigen ist, dass durch diese Handlung niemandem ein erheblicher Schaden zugefügt, oder auch nur gedroht worden ist,
11. dass Inquisit ferner der Fälschung öffentlicher Urkunden als überwiesen erscheint, weil er in dem von ihm gebrauchten Reisepasse eigenhändig den Namen Carl von Eyb beisetzte, während dem er sich wohl bewusst war, Zacharias Aldinger zu heissen (§ 120 Strfgesetzb.[1483]), dass indessen dieser Fall zu den leichten gehört, in welchen Ausnahmsweise auf Gefängnisstrafe erkannt werden kann (§ 121 eod.[1484]).
12. dass zudem Inquisit des entfernten Versuchs der Fälschung öffentlicher Urkunden umso verdächtiger erscheint, als er selbst zugeben muss, dass er, je nach Umständen, von den dazu dienlichen Hulfsmitteln, welche er sich zu verschaffen gewusst, Gebrauch gemacht haben würde.
13. dass endlich die politische Thätigkeit des Aldinger sich zwar nicht unter den Begriff eines bestimmten, in unserm Strafgesetzbuche vorgesehenen Verbrechens subsumiren lässt, jedenfalls aber dadurch, dass er, entgegen dem unter'm 24. Februar 1835 von der hiesigen Cant. Regierung publizirten Verbote, an revolutionären Umtrieben fortwährend Theil nahm, sich des Ungehorsams gegen amtliche Verfügungen in sehr bedeutendem und gefährlichem Umfange schuldig machte (§ 106 d. Strfgestzb.[1485]).
14. dass von denjenigen Verbrechen, deren Inquisit überwiesen ist, Fälschung öffentlicher Urkunden als Hauptverbrechen erscheint, somit die dafür angedrohte Strafe in Anwendung zu bringen ist, die übrigen Vergehen aber als Strafschärfungsgrund zu berücksichtigen sind (§ 74[1486]).
15. dass die Zumessung der Strafe als weiterer Schärfungsgrund die Erschwerung der Untersuchung durch Lügen (§ 71.e.[1487]) in Betracht fällt.
16. dass die Szent-Györgyi zwar nicht überwiesen, aber doch verdächtig ist, an dem Erwägung 9. bezeichneten Verbrechen Theil genommen zu haben, indem
a) es an sich sehr unwahrscheinlich ist, dass sie den wahren Namen und die Familien-Verhältnisse des Aldinger nicht gekannt habe,
b) sie selbst eingestanden, freilich nachher wieder zweifelhaft gelassen hat, den Namen Aldinger im Copulationsscheine ausgelöscht zu haben.
17. dass übrigens kein genügender Grund vorhanden ist, die Inquisitin irgend eines weiteren Verbrechens schuldig, oder verdächtig zu erklären, wiewohl sie durch ihr Benehmen, namentlich durch die Art und Weise, wie sie bei der Hausdurchsuchung die Behörden hinterging, es nothwendig gemacht hat, auch sie in die Untersuchung zu versetzen.»[1488]

Der Beweis eines Deliktes ist gemäss damaligem zürcherischen Strafprozessrecht erbracht, wenn das «a) Daseyn des Verbrechens, der Thatbestand, b) die Urheberschaft des Angeschuldigten, c) dessen böser Vorsatz oder Fahrlässigkeit zur Überzeugung des Richters dargetan sind» (§ 89 Strafrechtspflegegesetz). Für eine Verurteilung hat der Richter die vollständige Überzeugung von der Schuld des Angeklagten zu gewinnen. Der blosse Verdacht und eine ungewisse Wahrscheinlichkeit reichen für einen Schuldspruch nicht aus (§ 90 Strafrechtspflegegesetz). Henke unterscheidet im Kapitel über «Begriff und Eintheilung des Beweises und der Beweisführung» zwischen Inculpations- und Exculpationsbeweisen, also zwischen Beweisgründen der Schuld und der Unschuld. Der Richter hat diese einander gegenüber zu stellen und abzuwägen. Dabei gilt die Regel, wonach auch das Vorliegen «indirecter Exculpationsbeweise», also Beweise, die nicht unmittelbar die Unschuld des Angeklagten beweisen und die rechtlichen Folgen des Schuldbeweises aufheben, wohl aber den Schuldbeweis in Frage stellen, zum Freispruch führen müssen. Selbst der unvollständig erbrachte «Vertheidigungsbeweis» verhindert somit den Schuldspruch, «wenn er wenigstens Wahrscheinlichkeit gewährt, oder einen Zweifelszustand des Richters erzeugt».[1489] Diese Beweisregeln oder legalen Beweistheorien bezweckten, richterliche Willkür beim Schuldspruch zu verhindern, nachdem ein solcher kein Geständnis mehr voraussetzte.[1490]

Ein Indiz, als mögliche Grundlage zu einem Beweis, ist nach damaliger Lehre eine mit der Begehung einer Straftat «in einem solchen Zusammenhange stehende Thatsache oder Thathandlung, dass wenn letztere in rechtliche Gewissheit gesetzt worden ist, von ihrer Existenz auf die Existenz derjenigen Thatsache, welche den Hauptgegenstand des Beweises bildet, mit Gewissheit oder mit Wahrscheinlichkeit geschlossen werden kann.»[1491] Damit alleine auf Indizien gestützt eine Verurteilung erfolgen konnte, bedurfte das Gericht sog. «naher Anzeigen», also Indizien, welche den erwähnten Schluss ohne weiteres erlaubten. Hinsichtlich der Beweiskraft wird in der damaligen Indizienlehre u.a. unterschieden in «indicia proxima» (nahe Indizien) und «indicia remota» (entfernte Indizien). Abgrenzungskriterium ist, ob eine Bewandtnis nach der allgemeinen Erfahrung einen Zusammenhang als mehr oder weniger naheliegend erscheinen lässt.[1492] Nahe Indizien bezüglich der Verbindung zum Tötungsdelikt fehlten im Falle Aldingers, es verblieben nur «indicia remota» bzw. ein schwaches «indicium proximum» hinsichtlich der hohen Wahrscheinlichkeit einer Rachetötung durch das *Junge Deutschland* und der leitenden Stellung Aldingers innerhalb dieser Vereinigung.

Zwar erkannte das *Criminalgericht* in der Tatsache, dass Aldinger eifriges Mitglied des *Jungen Deutschlands* war, sowie im etwas widersprüchlichen Alibi und in der Tatsache, dass Lessing sich in die Familienverhältnisse Eybs eingemischt hatte, belastende Indizien, doch reichten diese weder für einen Schuldspruch noch für die Verdächtigsprechung. Bei sämtlichen «Inculpationsindizien» handelte es sich in casu um «indicia indiciorum» (mittelbare Indizien), deren

Beweiswert alleine schwach ausfiel. Überdies lagen «collidirende» Indizien vor, sodass sich Anschuldigungs- und Entschuldigungsindizien gegenseitig aufhoben.[1493]

Der Vorwurf des Landesverrats wurde gar nicht behandelt. Das Strafmass wegen Fälschung öffentlicher Urkunden mit Bezug auf den Kopulationsschein entsprach der Vorschrift von § 121 Abs. 2 StGB, wonach in leichten Fällen der Urkundenfälschung auf Gefängnis zu erkennen war.

Mit dem Vollzug des Urteils wurde entsprechend der Vorschrift des § 74 des Strafrechtspflegegesetzes, wonach alle Urteile des *Criminalgerichts* durch die Staatsanwaltschaft zu vollziehen seien, Statthalter Zwingli wie auch Staatsanwaltsubstitut Rüttimann beauftragt.[1494]

Sowohl Zacharias Aldinger wie auch Ida Szent-Györgyi werden kurz nach dem Urteilsspruch aus dem Gefängnis entlassen.[1495] Die Frau bezieht noch am Tag des Urteils wieder ihre Wohnung in der Enge.[1496] Auch Aldinger scheint unmittelbar nach dem Urteil erstaunliche Freiheiten genossen zu haben. Bei den Akten findet sich eine Restaurantrechnung vom 7. April 1837. Offenbar durfte Aldinger nach dem Urteilsspruch auswärts essen gehen. Die Nota des Gasthofes zum Schiff ist auf «Baron Eib» ausgestellt. Es werden ein Mittagessen und sechs Flaschen «bouteillen-Wein» verrechnet.[1497] Die sich durch die Ausgestaltung dieser Rechnung aufdrängende Assoziation, wonach sich Aldinger, in einigen Teilen der Anklage immerhin schuldig gesprochen, nach dem Prozess im Gasthof zum Schiff auf Staatskosten betrunken haben soll, überrascht aus heutiger Sicht. Aldinger wurde am 12. April offiziell aus dem Gefängnis Oetenbach entlassen, nicht aber in Freiheit gesetzt, sondern offenbar bedingt durch Raumnot im Gefängnis Oetenbach auf Anordnung der Staatsanwaltschaft in das ehemalige «Ehegerichtshaus» versetzt. Dieses nicht für den Strafvollzug gerüstete Gebäude erlaubte dem falschen Baron zahlreiche Freiheiten, was zu Diskussionen im *Polizey-Rath* führte.[1498] Im Mai 1837 liess der Regierungsrat Aldinger im ehemaligen «Ehegerichtshause» ordentlich inhaftieren und – vermutlich nach einigen unerlaubten Freigängen – regelmässig überwachen.[1499] Die durch Aldinger geschuldeten Prozesskosten wurden durch einen bei diesem beschlagnahmten Wechsel beglichen, worauf Staatsanwalt Ulrich aus Paris einen anonymen Brief erhielt, worin «Repressalien» gegen die Schweiz angedroht wurden, sofern das Geld nicht sofort an Aldinger zurückbezahlt werde. Das Schreiben hatte freilich keine Konsequenzen, ausser dass es «zu den Eib'schen Akten gelegt und das Porto aus den Eib'schen Geldern genommen wurde.»[1500]

Ida Szent-Györgyi beantragte nach der Haftentlassung einen Pass nach Frankreich, der ihr aber verweigert wurde. Der *Polizey-Rath* offerierte ihr stattdessen die Ausstellung eines Reisepasses nach Ungarn, welchen sie jedoch ablehnte, da sie in Ungarn politische Verfolgung zu befürchten habe. Daraufhin verfügte der Rat am 21. April 1837 ihre Ausweisung aus dem Kanton Zürich innert 14 Tagen.[1501] Aldinger wurde nach Verbüssung der halbjährigen Freiheitsstrafe umgehend aus der Eidgenossenschaft ausgewiesen. Am 9. Oktober 1837 übergab ihn die Zürcher Polizei den baselstädtischen Behörden zur Ausschaffung nach Frankreich.[1502] 1838 soll Aldinger mit nassauischem Pass auf den Namen Carl Gross nach Ungarn gereist sein. Sein weiterer Lebenslauf ist unbekannt.[1503]

8.4 Das Urteil im Spiegel der Medien

Am 17. April 1837, also erst zehn Tage nach dem Prozess, findet das Ereignis in der Berichterstattung der NZZ Beachtung. Im Vordergrund des Interesses steht der scheinbar unzweifelhafte Verdacht, wonach Lessing und Aldinger Spione im Auftrag fremder Mächte waren. Die beiden werden als zweifelhafte, verworfene Charaktere beschrieben. «Lessings sittliche Aufführung» sei keineswegs besser gewesen als jene Aldingers, zumal der Preusse schon in Bern «auf sehr tadelnswerte Weise» Aufmerksamkeit erregt habe. Aldinger gehöre «ganz in die Klasse der gemeinen und verwegenen Abenteurer.» Mit Befremden nimmt der Berichterstatter zur Kenntnis, dass sich das *Criminalgericht* für diesen Aspekt nur am Rande interessierte und die Spionage i.S. der Anklage als «Landesverräterei» strafrechtlich nicht beurteilte. Im Übrigen werden die Erwägungen des *Criminalgerichts* gekürzt wiedergegeben.[1504]

Die NZZ vom 19. April 1837 nimmt das Urteil zum Anlass, auf der Frontseite über die wahre Täterschaft zu rätseln. Der Annahme einer politischen Motivkonstellation wird erneut die Raubmordhypothese zur Seite gestellt und noch einmal durchdacht, dabei festgehalten, dass auch ein politischer Mord ein Raubmord sein könne. Der Berichterstatter ergeht sich in dem zeitgenössischen Verbrechensverständnis klischeehaft verbundenen Spekulationen und gibt zu bedenken, dass bisweilen Vagabunden in der Umgebung des Tatorts nächtigten, weshalb auch ein gewöhnlicher Raubmord nicht auszuschliessen sei. Dass Lessing zu später Stunde den im Winterhalbjahr selten begangenen Weg gewählt habe, brauche keineswegs zu überraschen, da sich der Preusse angesichts seines «liederlichen Wandels» wohl ohne weiteres auch an solch entlegene Orte habe hinlocken lassen. Gestützt auf Schaubergs Ausführungen erfolgen wenig aufschlussreiche, allgemeine Betrachtungen der einzelnen Tatumstände. Keine der genannten Varianten wird letztlich ausgeschlossen.[1505]

In der Ausgabe vom 21. April 1837 behandelt das nämliche Blatt den Prozess gegen Aldinger und dessen Frau wiederum in einem ausführlichen Artikel an prominenter Stelle. Der Verfasser skizziert die schwerfällige Organisation der

Zürcher Strafrechtspflege und kritisiert die knapp bemessene für die zur Durchführung der Generalinquisition zur Verfügung stehende Frist wie auch das Vorgehen der Untersuchungsbehörden und weist darauf hin, dass angesichts der schwachen Beweislage gegen Aldinger auch alle anderen Personen aus dem Umfeld des *Jungen Deutschlands* genauer hätten überprüft werden müssen, zumal auch andere Vertreter der Vereinigung sich ebenso verdächtig wie Aldinger verhalten hätten. Insbesondere wird bemängelt, dass Aldingers Alibi erst acht Monate nach der Tat überprüft wurde. Während der Freispruch im Hauptpunkt der Anklage Zustimmung und Lob findet, stösst das Verfahren auf harsche Kritik.[1506]

In der Folge findet zwischen der NZZ und dem «Schweizerischen Constitutionellen» eine Pressekontroverse statt. Letzteres Blatt wirft der als «Provokation» verstandenen Berichterstattung der NZZ vor, spekulativ und unhaltbar zu sein. Die NZZ verunglimpfe die politischen Flüchtlinge und habe die Akten ungenau studiert. Es wird angedeutet, eine nähere Untersuchung der Korrespondenzen zwischen der «Haute vente» in Paris und ihren Emissären in Zürich (Ehrhardt, Cratz) könnte näheren Aufschluss über die Hintergründe der Tat liefern.[1507] Die NZZ weist die Vorwürfe zurück und bezichtigt den «Schweizerischen Constitutionellen» ihrerseits der spekulativen Berichterstattung.[1508]

Der «Schweizerische Beobachter» beschränkt sich auf eine sachliche Berichterstattung und verweist auf die aktenmässige Darstellung Schaubergs, die von April bis Mai 1837 gestaffelt in die Zürcher Buchläden gelangte.[1509] Der «Schweizerische Republikaner» vom 11. April 1837 enthält nur einen kurzen Bericht, in dem insbesondere beanstandet wird, Aldinger hätte nach dem Willen des Staatsanwalts auch wegen Landesverrats verurteilt werden müssen. Aldinger habe im Auftrag einer fremden Macht gehandelt und dadurch den Frieden in der Schweiz gefährdet.[1510] Am 18. April werden die Erkenntnisse der Untersuchung ausführlich analysiert. Der Berichterstatter gelangt aus der Gesamtschau der Umstände zum Ergebnis, dass die Tat mit Sicherheit politisch motiviert war und Aldinger in irgendeiner Form am Verbrechen beteiligt gewesen sein müsse. Als einer der «eifrigsten» Repräsentanten des *Jungen Deutschlands* habe er ein ernsthaftes Interesse an der Beseitigung eines Spions gehabt. Im Übrigen decke sein Alibi nicht den gesamten fraglichen Zeitraum ab. Ferner habe Aldinger über ein Rachemotiv verfügt, da Lessing mit seiner Frau Szent-Györgyi unerwünschte persönliche Kontakte gepflegt habe. Allerdings wird die Vermutung durch Wiedergabe der vom Gericht berücksichtigten entlastenden Gründe relativiert.[1511]

Am 5. Mai 1837 greift der «Schweizerische Republikaner» die Ergebnisse des zweiten Beihefts von Schaubergs Darstellung auf und berichtet über den Fall des Kaspar Hauser, soweit die Akten überhaupt Verbindungen zum Mord an Lessing aufweisen. Der Artikel endet mit einer scharfen Kritik an Schauberg, da dieser in seiner Publikation die eidgenössische Flüchtlingspolitik als einer Republik nicht würdig bemängelte. Als wohlwollend aufgenommener ehemaliger Flüchtling, dem in der Schweiz «schenkungsweise» ein Bürgerrecht und eine sichere Existenz zuteil wurde, habe er sich solch kritischer Töne gefälligst zu enthalten.[1512] Am 16. Mai 1837 befasst sich das Blatt nur noch mit Schauberg. Friedrich L. Keller bemerkt in einem Leserbrief, die von Schauberg gegen ihn geführte Attacke betreffend die Stellung des Privatrechts innerhalb der Rechtswissenschaft sei einzig ein Racheakt dafür, dass er die Berufung Schaubergs zum Professor an der Zürcher Hochschule verhindert habe. Ein anonymer Beitrag auf derselben Seite stellt fest, Schauberg befasse sich offenbar gerne mit Spionen: «Wenn aus Baiern noch viel solche tollgewordenen Sklaven zu uns kämen, wie Herr Schauberg, so müsste man bald begreifen, dass man sie in ihrer Heimath an die Kette legt.»[1513] Schauberg selbst wird auch von Ferdinand Sailer angegriffen, der sich durch die Publikation der Spekulationen über die Ermordung Kaspar Hausers persönlich verletzt fühlt. Ein entsprechender Briefwechsel mit Schauberg erscheint im «Schweizerischen Constitutionellen» vom 26. Mai 1837.[1514]

1841 kommt Vogel in seinen Memorabilia Tigurina unter dem Stichwort «Enge» auf den Fall zu sprechen und beurteilt den Prozess vielsagend dahingehend, dass «(...) vielen Leuten der Ausgang der Sache und der Urtheilsspruch des *Criminalgerichts* vom 6. April 1837 etwas seltsam» vorgekommen sei.[1515]

Zwischen der Frankfurter *Central-Behörde* und der preussischen *Ministerial-Commission* wurde die Verbreitung der Schaubergschen Schriften als Bedrohung für das internationale Ansehen der deutschen Staaten eingeschätzt, da Schauberg Lessing glaubwürdig als preussischen Lockspitzel entlarvte. Im April 1837 informierte v. Rochow die *Ministerial-Commission* über die Publikation der Schrift, die er als inhaltlich sehr einseitige Darstellung der Geschehnisse bewertete. Zwar sei es «sehr unziemlich», dass sogar öffentliche Stellen in Zürich offiziell von Spionage redeten, doch die Nachfrage nach Schaubergs Schriften sei nicht sehr gross. Überdies lasse die Darstellung breiten Raum für die berechtigte Annahme, hinter der Tat stehe das *Junge Europa* oder das *Junge Deutschland*.[1516]

Schaubergs Darstellung wurde von den damit befassten deutschen Behörden als «gehässige Insinuationen» abgetan. Man kam in Frankfurt überein, dass die Broschüren dieses Verfassers, der nach wie vor wegen Hochverrats in Deutschland gesucht wurde und als gefährlicher politischer Regimegegner galt, in den deutschen Staaten die revolutionäre Bewegung stärken könnten, und dass deren Verbreitung daher zu verbieten sei. Die Frankfurter *Central-Behörde* untersagte in der Folge die Verbreitung der Broschüren wie auch die Weitergabe von Zeitungsartikeln über die Lessing-Affäre.[1517] Für die preussische *Ministerial-Commission* wurde die öffentliche Wahrung des Ansehens und der Glaubwürdigkeit der preussischen Monarchie zum wesentlichen Politikum in der Lessing-Affäre. Fast die Hälfte der im Geheimen Staatsarchiv verwahrten Akte des Innenministeriums über Ludwig Lessing besteht aus Korrespondenzen über die Schaubergsche Darstellung des Falles. Der «Cantons-Procurator», Dozent, Publizist und Politiker hatte sich mit seiner aktenmässigen Darstellung in Zürich wie auch in Deutschland viel Ärger eingehandelt.

Die Frankfurter *Central-Behörde* versuchte im Sinne einer Antwort auf Schauberg über eine sächsische Verbindung den Mitherausgeber der «Annalen der deutschen und ausländischen Criminal-Rechtspflege», Wilhelm Ludwig Demme, zu einer Behandlung des Lessing-Falles im Sinne einer Gegendarstellung zu bewegen. Insbesondere die Verwicklung Preussens in die Spionageaffäre sollte dadurch widerlegt werden.[1518]

8.5 Nachspiel: Ein verkannter oder eingebildeter Mörder?

Im Sommer 1838 bescherte ein bayrischer Flüchtling namens Georg Sieber aus München, der in Luzern als Förster arbeitete und anfangs der 1830er Jahre zufolge Desertion aus Bayern geflohen war, dem mittlerweile abgelegten, ungelösten Kriminalfall ein Nachspiel. Bereits im Februar 1838 war Sieber vom Verhörrichter in Solothurn nach seinen Beziehungen zu anderen Flüchtlingen befragt worden. Dabei stellte sich heraus, dass es sich bei Georg Sieber um den vom Berliner Schriftsteller Johannes Müller als «Siebert» bezeichneten Mann handelte, der in der Lessingschen Strafuntersuchung Auskunft hätte geben sollen, damals jedoch unauffindbar blieb. Verhörrichter v.Meiss liess daraufhin Sieber in der Sache rechtshilfeweise einvernehmen.[1519] Sieber wollte in diesen Einvernahmen gar nichts aussagen können und stritt jede Beziehung zu Deutschen in Zürich ab.[1520] Ihm konnte aber nachgewiesen werden, dass er in der Schweiz unter verschiedenen Namen gelebt hatte.

Mit einem wirren Schreiben gelangt Sieber am 28. Juli desselben Jahres an den Präsidenten des solothurnischen Appellationsgerichts und zeigt sich selbst an, der Mörder Lessings zu sein. Sieber unterzeichnet den Bekennerbrief mit dem Namen Emil Arthur Ernst Graf von Tattenbach. Am 1. August 1838 wird Sieber vom Solothurner Verhörrichter einvernommen. Er erklärt, er habe sich im Oktober oder November 1835 zu Fuss von Luzern nach Zürich begeben, um dort Arbeit zu suchen. Unterwegs habe er in einer Pinte einen Schoppen (0,4 l) Wein getrunken ohne zu essen. Gegen Abend sei er in Zürich angekommen und durch die Stadt gegangen. Mangels Geld sei er nirgends eingekehrt. Zwischen 21 und 22 Uhr habe er sich der Sihl in Richtung Enge folgend wieder aus Zürich entfernt. Am linken Ufer der Sihl, etwa eine Viertelstunde vom Zusammenfluss mit der Limmat entfernt, «gegenüber der Gessnerwiese», sei ihm ein mittelgrosser Mann aus Richtung Enge entgegengekommen, der nicht habe ausweichen wollen. Die Person sei mit einem dunklen Mantel bekleidet gewesen. Genaueres kann Sieber zum Äussern des Opfers nicht angeben, da es dunkel gewesen sei. Daraufhin habe er dieser Person eine «Maulschelle» erteilt, da er sich darüber geärgert habe, dass der Mann nicht ausgewichen sei. Die Person habe ihm umgehend die «Maulschelle» zurückgegeben. Da sei er zornig geworden und habe den Anderen «über den Haufen» gestochen. Er habe dem Mann zahlreiche Stiche versetzt, da er sehr wütend gewesen sei. Nach einigen Stichen sei dieser gefallen. Danach habe er weiter auf ihn eingestochen, um sicher zu gehen, dass der Mann sterbe. Die Stiche seien sowohl in die Brust wie auch in den Rücken erfolgt. Er habe einen Dolch verwendet, dessen Klinge 4 bis 6 Zoll lang und ¾ Zoll breit und mit einem Griff aus Ebenholz versehen war. Nach der Tat habe er sich aus Angst sofort und ohne Pause wieder nach Luzern begeben, wo er zwischen 6 und 7 Uhr des folgenden Tages angekommen sein will.

Später im selben Verhör gibt Sieber an, er habe den blutigen Dolch von der Zürcher Kaufhausbrücke in die Limmat geworfen. Als Beweggrund für das Geständnis erklärt der sich selbst Anzeigende, er habe so lange zugewartet, um seine Ehre zu retten. Nun sehe er jedoch ein, dass nur ein Geständnis des Mordes die Grundlage für einen künftig anständigen Lebenswandel zu schaffen vermöge. Auf Vorhalt, es sei unwahrscheinlich, dass er auf eine blosse Ohrfeige hin den Beleidiger gleich erstochen habe, gibt Sieber an, schon der preussische Dialekt des Mannes habe in ihm, da er die preussische Nation hasse, eine tiefe Abneigung geweckt.[1521]

Verhörrichter v.Meiss meldet dem *Criminalgericht* seine Skepsis gegenüber den Aussagen Siebers. Lessings Leiche sei auf der rechten Seite der Sihl gefunden worden. Ferner sei es völlig unglaubwürdig, dass Sieber nach dem Mord in die Stadt Zürich zurückgekehrt sei, um die Tatwaffe in die Limmat zu werfen und anschliessend wieder denselben Weg nach Luzern zurück zu gehen. Er beantragt dem *Criminalgericht* am 22. August, weitere Einvernahmen durch das Solothurner Verhöramt durchführen zu lassen.[1522] Dieses beauftragt v.Meiss seinerseits mit der Veranlassung dieser rechtshilfeweisen Einvernahmen.[1523] In der Folge instruiert v.Meiss den Solothurner Verhörrichter über die Details des Leichenfundes und die Informationen über Lessings letzte Stunden, um dem Solothurner Kollegen die Grundlagen für eine gezielte Befragung an die Hand zu geben.[1524]

Auch im zweiten Verhör vom 30. August 1838 vermag Georg Sieber keine genaueren Angaben zum Tathergang zu machen. Fragen, deren Beantwortung Detailwissen voraussetzt, über das nur der Täter verfügen kann, beantwortet er mit Gemeinplätzen oder gibt Erinnerungslücken vor. Wiederum will er das

Opfer von vorne und von hinten mit Stichen attackiert und diesem auch welche in die Seiten verabfolgt haben. Sieber ärgert sich über die vielen Fragen, die man ihm stellt. Er sei schliesslich geständig. Am Schluss der Einvernahme gesteht er noch einen Mord, den er 1837 am Zugersee begangen haben will.[1525]

v.Meiss glaubte niemals an die Täterschaft Siebers. Es fiel ihm wohl allzu schwer, eine so banale Erklärung für ein Delikt zu finden, für dessen Aufklärung er vergeblich soviel Zeit und Arbeit aufgewendet hatte. Dennoch liess er im September 1838 durch das Luzerner Verhöramt Abklärungen über den Aufenthalt Siebers im Kanton Luzern in den Wochen um die Tatzeit vornehmen.[1526] Das Luzerner Verhöramt traf diverse Abklärungen bei Siebers ehemaligen Logisgebern und bei Bekannten. Dennoch konnte nicht mit Sicherheit ausgemittelt werden, wo sich Sieber anfangs November 1835 aufgehalten hatte, doch wurde es als sehr unwahrscheinlich erachtet, dass Sieber zu dieser Zeit in Zürich war.[1527]

In seinem Schlussbericht vom 21. September an das Zürcher *Criminalgericht* stellte v.Meiss den Antrag, die Ermittlungen gegen Sieber von Zürcher Seite her einzustellen und den Solothurner Behörden für ihre Kooperation zu danken.[1528] Am 3. Oktober 1838 hiess das *Criminalgericht* die Anträge gut und beschloss, die Prozedur Ludwig Lessing im Gerichtsarchiv vollständig aufzubewahren, damit das Verfahren bei neuen Erkenntnissen wieder aufgenommen werden könne.[1529] Zu einer Wiederaufnahme des Verfahrens sollte es nie kommen.

Tatsächlich scheint Siebers Geständnis, soweit aus den Akten ersichtlich, wenig glaubwürdig. Für einen Täter fehlten ihm die Kenntnisse wesentlicher Einzelheiten. Sieber könnte in psychischer Hinsicht, im Sinne eines Hangs zu Pseudologie, angeschlagen gewesen sein, zumal er sich beim solothurnischen Appellationsgerichtspräsidenten wahrheitswidrig als «Graf von Tattenbach» vorstellte, was das Bedürfnis, die eigene Biographie mit einem bzw. zwei Morden zu «schmücken», erklären würde. Einer möglichen psychischen Störung Siebers geht der Verhörrichter jedoch nicht nach. Die Unstimmigkeiten in Siebers Aussagen machen die Tatbegehung durch denselben wenig plausibel. Doch kann gestützt auf die behördlichen Erhebungen nicht gänzlich ausgeschlossen werden, dass Sieber Lessings Mörder war. In Luzern kann man Siebers Aufenthalt in Zürich am 3./4. November 1835 jedenfalls nicht ausschliessen. Auch die Angaben der Zuger Polizei, wonach 1837 am Zugersee kein Tötungsdelikt stattgefunden habe, beweisen nicht, dass nicht doch jemand dort getötet wurde, dessen Leiche nie entdeckt wurde. Eine Vermisstmeldung scheint aber nicht vorgelegen zu haben.

9 Epilog

Die Affäre um Lessings rätselhaften Tod zog nebst juristischen und politischen Folgen auch eine unerfreuliche Entwicklung des Verhältnisses zwischen der Universität, deren Studenten und der Bevölkerung nach sich. Studierende wie auch Dozierende gerieten zunehmend in den Ruf von Unruhestiftertum und politischem Radikalismus. Auch die Zürcher Behörden brachten der Studentenschaft und der radikalen Bewegung vermehrt Misstrauen entgegen. 1839 erfolgte mit dem Machtwechsel im Gefolge des bezeichnenderweise ebenfalls durch den Hochschulbetrieb motivierten «Straussenhandels» und des «Züriputschs» eine massive Erstarkung der konservativen und reaktionären Kräfte, von der auch Universität und Studentenschaft betroffen waren. So stand gar die Aufhebung der Hochschule zur Diskussion.[1530]

Am 25. Mai 1842 erstach ein Zürcher Polizeibeamter mit seinem Säbel den Studenten Albert Kirchmeier aus Stäfa im Verlauf eines nächtlichen Zusammenstosses zwischen feiernden Studenten und der Polizei.[1531] Damit war der Höhepunkt der studenten- und universitätsfeindlichen Einstellung gewisser Behörden und beträchtlicher Teile der Bevölkerung erreicht. Zwar bewirkte der Vorfall ein grundsätzliches Überdenken der polizeilichen Interventionspraxis gegen Unfughandlungen. Das tragische Ereignis belastete das Verhältnis zwischen Studentenschaft und Behörden jedoch während langer Zeit.[1532] Erst nach 1850 normalisierten sich die Beziehungen zwischen der Universität, vertreten durch Dozenten und Studenten, den Behörden und der Bevölkerung allmählich.

Die ersten Jahre der Zürcher Hochschule und ihrer Studentenschaft zählen auch unter kriminalhistorischen Gesichtspunkten zu den bewegtesten und interessantesten Zeiten dieser Institution.

Anhang

1 Biographien

Alban, Julius Thankmar

Julius Thankmar Alban wurde am 22. November 1809 in Gotha (Thüringen) als Sohn des herzoglichen Schlossvogts zu Gräfentonna geboren. Er studierte in Gotha Theologie, später Medizin in Jena, wo er wegen Teilnahme an einem Duell von der Universität relegiert wurde. Am 3. April 1833 äusserte er anlässlich des Frankfurter Wachensturms angeblich die Bereitschaft, den Kommandanten des Frankfurter Linien-Militärs zu töten. Nach Scheitern des Aufstandes erfolgte Albans Verhaftung wegen Teilnahme am Wachensturm und Mitgliedschaft in der Jenaer Burschenschaft. Am 2. Mai 1834 wurde er gewaltsam befreit, nachdem er mit mehreren Ausbrechern gemeinsam die Stäbe der Fenstergitter durchgefeilt hatte. Beim Ausbruch kam sein Freund Julius Rubner ums Leben. Alban floh über Frankreich als Frau verkleidet in die Schweiz. Er studierte ab Wintersemester 1834 in Zürich Medizin (Matrikelnr. 281). 1835 bis 1836 war er Mitglied des Jungen Deutschlands. 1836 besuchte Alban ein Kolleg bei Georg Büchner. 1839 verliess er die Universität. Er heiratete eine Tochter Wilhelm Snells und praktizierte ab 1844 als Arzt in Nidau und Steffisburg. Es folgte die Einbürgerung in Känerkinden/BL. Alban starb am 17. November 1858 in Steffisburg.[1533]

Bach, Christoph

Christoph Bach, geboren 1810 in Schweinfurt, immatrikulierte sich unter der Matrikelnr. 9 im Sommersemester 1833 an der Medizinischen Fakultät der Zürcher Hochschule, nachdem er wegen Mitgliedschaft in der Heidelberger Burschenschaft und im Pressverein in Deutschland polizeilich verfolgt worden war. An Ostern 1835 promovierte er in Zürich zum Dr.med. mit der Dissertation «Annotationes anatomicae de nervis hypoglosso et laryngeis». 1836 bürgerte er sich in Pfungen/ZH ein, erwarb 1837 das Arztpatent und arbeitete am alten Zürcher Spital. 1859 erfolgte die Einbürgerung in Zürich. Bach starb 1892 (gemäss Dvorak bereits 1873).[1534]

Barth, Adolf

Heinrich Friedrich Jakob Adolf Barth, vulgo Blaubart, geboren 17. Oktober 1811 in Wiesbaden. Ab 1832 Studium der Rechte in Jena und Heidelberg. 1833 in Heidelberg wegen Mitgliedschaft im «Politischen Klub» der Heidelberger Burschenschaft verhaftet. Fortsetzung des Studiums in Bern, 1835 Promotion zum Dr.iur., 1836 in Luzern verhaftet und ausgewiesen. 1838 Einbürgerung in Oltingen/BL, ab 1839 Advokat in Liestal.[1535]

Bluntschli, Johann Caspar

Johann Caspar Bluntschli (1808–1881) unterrichtete 1833 bis 1848 an der Zürcher Universität Rechtsgeschichte und Römisches Recht. 1839 bis 1845 gehörte er der Zürcher Regierung an, wo er zum freisinnig-konservativen Flügel zählte. 1848 erhielt er einen Ruf an die Universität München.[1536] Bluntschli beobachtete die Aktivitäten der Flüchtlinge kritisch und verfasste 1843 das erste Gutachten über kommunistische Aktivitäten in der Schweiz.[1537] Seine antikommunistische Haltung machte Bluntschli zum Feindbild der linksradikalen Kräfte nach

1843. So schreibt Marr in seinen Erinnerungen an das Junge Deutschland, das nach 1840 zunehmend mit dem Kommunismus liebäugelte: «Die Deutschen sind im Allgemeinen nicht beliebt am Leman, aber nicht so verhasst wie in Zürich, weil sie so frei sind, Menschen sein zu wollen. Dort herrschet ja noch Sanct Simplicius Bluntschli.»[1538]

Breidenstein, August und Friedrich

August Breidenstein (1809–1835), ehemaliger hessen-homburgischer Militärarzt, hatte am polnischen Aufstand teilgenommen und lebte seit Mai 1833 in der Schweiz, nachdem er wegen Propaganda für eine revolutionäre Erhebung innerhalb des Homburger Militärs in Deutschland verfolgt worden war. Er nahm im April 1834 am Savoyer Zug teil. Sein Bruder Friedrich war 1833 Rechtskandidat und Mitglied der verbotenen Giessener Burschenschaft. Er folgte seinem Bruder in die Schweiz und nahm auch am Savoyer Zug teil. Die Gebrüder Breidenstein werden 1834 noch der deutschen Assoziation der Generalvenda zugerechnet.[1539]

Casparis, Otto Paul

Otto Paul Casparis, geboren 1812, Sohn des Landvogts Jacob Casparis von Thusis, studierte 1832–33 Medizin in München, anschliessend in Freiburg i.B., um ab Wintersemester 1835 sein Studium in Zürich fortzusetzen. Im September 1836 verliess er die Universität als Dr.med und praktizierte anschliessend in Reichenau und Chur. Er verstarb 1867 ledig in Thusis.[1540]

Cratz, Carl

Carl Philipp Cratz, geboren am 31. Mai 1809 in Oestrich/Rheingau (Nassau), studierte Medizin in Giessen. Er wurde wegen Verwicklung in die Vorbereitung des Frankfurter Wachensturms im April 1833 in Strafuntersuchung gezogen und trat zu dieser Zeit mit Georg Büchner in ein freundschaftliches Verhältnis. 1834 floh er über Strassburg nach Zürich. Im Wintersemester 1834 immatrikulierte er sich unter der Matrikelnr. 259 an der Zürcher Hochschule, setzte das Medizinstudium fort und besuchte Vorlesungen u.a. auch bei Lorenz Oken. 1834 beteiligte er sich bei der Gründung des Zürcher Handwerkervereins und nahm eine leitende Funktion innerhalb der Handwerkervereine am Zürichsee wahr. 1835 gab er mit F.G. Ehrhardt die radikale Zeitschrift «Das Nordlicht» heraus. Nach längerer Zeit aktiver Förderung trat er 1836 dem Jungen Deutschland bei. Im Frühjahr 1836 geriet Cratz zufolge der Verwicklung in den Fall Lessing in ernsthafte Schwierigkeiten mit den Zürcher und mit den Berner Strafverfolgungsbehörden. Im August 1836 wurde er – das Medizinstudium hatte er eben abgeschlossen – nach England ausgewiesen. Cratz begab sich wenig später nach Montpellier, wo er zum Dr.med. promovierte. Später kehrte er nach Deutschland zurück und praktizierte als Arzt in Kassel, Heidelberg und ab 1842 im Elsass, wo er sich ideologisch im Geiste des Frühkommunismus politisch betätigte. 1845 kehrte er nach Oestrich zurück, wo er fortan als Gutsbesitzer zurückgezogen lebte und am 25. April 1889 im Wahnsinn starb.[1541]

Dieffenbach, Ernst

Ernst Johann Karl Dieffenbach, geboren am 27. Januar 1811 in Giessen, Sohn eines Theologieprofessors. Ab 1828 Studium der Medizin in Giessen. Wegen Teilnahme an revolutionären Umtrieben in Giessen, später auch wegen Hochverrats verfolgt. Im Sommer 1833 Flucht nach Zürich. Er gründete 1834 mit Georg Fein den Zürcher Handwerkerverein und praktizierte seit Herbst 1834 als Assistenzarzt in der Praxis des liberalen Regierungsrats und Arztes Dr.med. Hans Ulrich Zehnder. 1836 Promotion zum Dr.med. in Zürich. Zufolge seiner Involvierung in die Lessing-Affäre wurde Dieffenbach 1836 nach Bern ausgewiesen, von wo er mit Harro Harring nach England auswanderte und 1838 in London als Fabrikarzt praktizierte. 1838 bis 1841 nahm er an einer Expedition nach Neuseeland teil, welche er später wissenschaftlich beschrieb. 1844 Rückkehr nach Giessen. Seit 1848 war Dieffenbach Redaktor der «Freien hessischen Zeitung». Es folgte eine kurze akademische Laufbahn: 1849 wurde Dieffenbach Privatdozent, 1850 a.o. Professor für Geologie und Geognosie in Giessen, wo er 1855 starb.[1542]

Druey, Henry

Der Jurist Henry Druey (1799–1855) war nach 1830 wegweisender liberal-radikaler Politiker in der Waadt und 1835 eng mit dem Jungen Deutschland und der Jungen Schweiz verbunden. Mitarbeit an den waadtländischen Verfassungen von 1831 und 1845. 1848–1855 war er Mitglied des schweizerischen Bundesrates.[1543]

von Ehrenberg, Ferdinand

Ferdinand v.Ehrenberg (1806–1841) kam 1830 aus Deutschland nach Zürich. Er war Architekt und wirkte nach 1833 als Professor der Mathematik und Baukunde an der Zürcher Hochschule.[1544]

Ehrhardt, Friedrich Gustav

Geboren 20. Dezember 1812 in Eilenburg (Sachsen). 1833 nahm Ehrhardt das Studium der Theologie in Halle auf. Im selben Jahr wechselte er zur Rechtswissenschaft in Leipzig und Greifswald, nachdem er einen Kommilitonen anlässlich eines Duells getötet hatte. In Greifswald und Halle hatte er Kontakte zu verbotenen Burschenschaften unterhalten, weshalb Ehrhardt im Zuge der Demagogenverfolgung verhaftet wurde. Kurz darauf gelang ihm die Flucht nach Paris. Dort wurde er Mitglied des «Bundes der Geächteten». 1834 begab er sich nach Zürich, wo er das Studium der Rechte fortsetzte (Matrikelnr. 286). Im selben Jahr folgte in contumaciam die Verurteilung wegen burschenschaftlicher Umtriebe in Halle zu 15 Jahren Festungshaft. 1835 wurde Ehrhardt Auditor am Zürcher Bezirksgericht.[1545] Er pflegte weiterhin intensive Kontakte zu politischen Verbindungen und war neben Carl Cratz federführender Mitherausgeber der in Zürich erscheinenden agitatorischen Zeitschrift «Das Nordlicht». 1836 verfasste er eine Arbeit mit dem Titel «Inhalt, Entstehung und Untergang des Schuldbriefes nach zürcherischem Rechte», die ihm aber nicht den Doktortitel einbrachte. Er verliess die Universität und wurde Substitut in der Anwaltskanzlei des späteren Bundesrates Jonas Furrer in Winterthur. Im März 1837 wurde ihm ein Rektoratszeugnis ausgestellt. 1838 absolvierte er das Examen als Kantonsprokurator. Im selben Jahr erfolgte die Einbürgerung in Schwamendingen/ZH. Gegen Ende der 1830er Jahre gab Ehrhardt seine radikal-revolutionären Umtriebe auf. 1848 übernahm er die Kanzlei Furrers, nachdem dieser in den Bundesrat gewählt worden war. Daneben amtierte er als eidgenössischer Auditor, Kantonsfürsprecher und Oberst der Militärjustiz. Durch enge Bekanntschaft mit dem «Eisenbahnkönig» Alfred Escher wurde Ehrhardt später Rechtskonsulent der Nordostbahn und erhielt 1879 das Bürgerrecht von Zürich. Ehrhardt starb am 24. Januar 1896 in Zürich.[1546]

Fazy, James

James Fazy (1794–1878) unterhielt während seiner Ausbildung zum Kaufmann in Frankreich und ab 1827 in Paris Kontakte mit der französischen radikalen Bewegung. 1833 kehrte er nach Genf zurück, wo er die Zeitung «L'Europe centrale» leitete. 1842 nahm er als radikaler Politiker Einsitz im Genfer Verfassungsrat. 1847 bis 1874 war er Mitglied des Kleinen Rats des Kantons Genf.[1547]

Fein, Georg

Dr.iur. Georg Fein (1803–1869), vulgo Maurer, war Redaktor der radikalen «Deutschen Tribüne» und trat 1832 am Hambacher Fest als Redner auf, worauf er polizeilich verfolgt wurde und aus Bayern nach Strassburg floh. 1833 zog er nach Zürich, wo er von Ende 1833 bis Mai 1834 als Redaktor der NZZ, anschliessend beim «Schweizerischen Republikaner» arbeitete und den Handwerkerverein gründete. 1834 nahm Fein am Savoyer Zug teil. Nach seiner Ausweisung aus dem Kanton Zürich lebte er 1835 in Liestal/BL, wo er weiterhin intensive Beziehungen zum Jungen Deutschland pflegte bzw. eine eigene Lokalsektion gründete. Im Herbst 1836 erfolgte die Ausweisung aus der Schweiz wegen illegaler politischer Aktivitäten. Nach einem bewegten Wanderleben durch verschiedene europäische Länder kehrte er 1849 wieder nach Liestal zurück.[1548]

Follen, Karl

Karl Follen (auch Follenius genannt, 1796–1840) und sein Bruder Adolph August wurden in Deutschland nach dem Wartburgfest von 1817 zu den anfänglichen Drahtziehern des «Bundes der Unbedingten» wie auch der Burschenschaften gezählt.[1549] 1819 wurde Karl Follen verdächtigt, den Studenten Sand zur Ermordung Kotzebues angestiftet zu haben.[1550] Er floh daraufhin in die Schweiz, wo er weiterhin im radikalen Spektrum politisierte. 1824 emigrierte Follen in die USA.

Frey, Ludwig

Ludwig Frey kam als politischer Flüchtling 1833 in die Schweiz. Er fand im folgenden Jahr an der Berner Hochschule vorübergehend eine Anstellung als Privatdozent der Juristischen Fakultät und präsentierte 1835 einen stark politisierten, programmatisch auf den Ideen Rousseaus und Montesquieus gründenden «Entwurf zu einem republikanischen Strafgesetzbuch». Obschon er bei den Studenten beliebt war, wurde er zufolge seiner politischen Umtriebe anfangs 1836 aus der Schweiz ausgewiesen.[1551] Gemäss Lessing soll Frey 1834 in Bern eine zentrale Rolle innerhalb der radikalen Flüchtlingsbewegung gespielt haben.[1552]

Geuther, Willibald

Willibald Winfried Geuther floh im Sommer 1835 in die Schweiz, nachdem er wegen «Theilnahme an staatsverbrecherischen Verbindungen» in Deutschland polizeilich verfolgt worden war. Er immatrikulierte sich im Sommersemester 1835 unter der Matrikelnr. 321 als Student der Philosophie an der Zürcher Hochschule und verliess diese an Ostern 1836, um in Jena weiterzustudieren.[1553]

Harring, Harro

Der schleswig-holsteinische Schriftsteller Harro Paul Harring (1798–1870) wurde bereits in den 1820er Jahren Opfer der Demagogenverfolgungen. 1832 nahm er am «Hambacher-Fest» teil, worauf er erneut polizeilich verfolgt wurde und nach Frankreich und später in die Schweiz floh. Er unterhielt in Bern und Solothurn mit dem Jungen Deutschland, insbesondere mit Mazzini und dessen Freunden engen Kontakt. Mit diesem beteiligte er sich anfangs 1834 am Savoyer Zug, was seine Ausweisung aus der Schweiz zur Folge hatte. Allerdings verliess er die Eidgenossenschaft erst 1836 nach der Verhaftung in Grenchen. Später lebte er ohne festen Wohnsitz in England, USA, Brasilien und Jersey, wo er sich zufolge einer Gemütserkrankung 1870 das Leben nahm. Er verfasste zahlreiche Dramen, Erzählungen, Gedichte und politische Propagandaschriften.[1554] In der Charakterisierung v.Glümers erscheint Harring als Fanatiker «mit unruhigen, etwas stechenden Augen und scharfen Zügen.»[1555]

Hess, Johann Jakob

Johann Jakob Hess kumulierte zahlreiche Führungsämter. Seit 1825 war er Mitglied des Grossen Rates des Kantons Zürich, 1832 wurde er Regierungsrat und mit Conrad Melchior Hirzel alternierender Bürgermeister der Stadt Zürich. Er spielte eine wesentliche Rolle bei der Besetzung der Lehrstühle an der neu gegründeten Hochschule durch liberal gesinnte Flüchtlinge aus Deutschland (Oken, Schönlein, Sell u.a.).[1556]

Hodes, Martin

Martin Hodes hatte in den 1820er Jahren eine wichtige Führungsfunktion innerhalb der deutschen Burschenschaft (Männer- und Jugendbund) wahrgenommen, weshalb er in Deutschland politisch verfolgt, im März 1826 zu sechs Jahren Festungshaft verurteilt wurde und später in die Schweiz floh, wo er an der Zürcher Hochschule als Prosektor in Anstellung trat.[1557] Hodes war eine Vertrauensperson Dieffenbachs. Jedenfalls wies dieser, mittlerweile bereits in Ausreise begriffen, in einem Brief vom 26. August 1836 den Vater an, das für ihn bestimmte Geld an den Prosektor zur Weiterleitung zuzustellen.[1558]

Kämmer, Franz Thaddäus (oder Theodor)

Franz Thaddäus Kämmer (1815–1893) aus Wertheim/Baden immatrikulierte sich im Wintersemester 1833 unter Nr.199 an der Medizinischen Fakultät der Hochschule Zürich, nachdem der aktive Burschenschaftler von Heidelberg zufolge polizeilicher Verfolgung hatte fliehen müssen. 1840 promovierte er mit der Dissertation «De gangraena pulmonum» und praktizierte daraufhin als Arzt in Knonau. 1846 erfolgte die Einbürgerung. Kämmer amtete ferner als Bezirksrichter und Kantonsrat.[1559]

von Keller, Friedrich Ludwig

Friedrich Ludwig v.Keller (1799–1860) hatte bereits seit 1826 am Politischen Institut Rechtswissenschaft unterrichtet. 1828 erschien in Zürich seine fortschrittweisende Arbeit «Die neuen Theorien in der Zürcherischen Rechtspflege». Ab 1833 unterrichtete er an der Universität Zürcher Partikular- und Zivilprozessrecht. Keller wurde in den 1830er Jahren zum wohl mächtigsten Mann in Zürich mit weitreichendem Einfluss auf die kantonale und eidgenössische Politik und auf die zürcherische Justiz. Durch die parallele Ausübung der Ämter als dominanter Oberrichter, polemisierender Grossrat und bedeutender Tagsatzungsgesandter sowie durch seine Neigung, überall seinen Einfluss geltend zu machen und auszudehnen, wurde er im Gefolge des «Züriputsches» 1839 gestürzt. 1844 übernahm er eine Professur für römisches Recht in Halle, 1847 erfolgte die Berufung nach Berlin. Im folgenden Jahr wurde er preussischer Abgeordneter.[1560]

Kohler, Friedrich

Friedrich Sigmund Kohler (1795–1871) wurde 1823 Prokurator in Bern. 1831 bis 1840 war er Mitglied der Berner Kantonsregierung wie auch Grossrat. Anschliessend präsidierte er das Obergericht. 1848–1850 vertrat er den Kanton Bern im Nationalrat.[1561]

Kombst, Gustav

Gustav Kombst (1806–1846) aus Fürstenwalde/Preussen nahm nach seiner Flucht in die Schweiz 1834 eine wichtige Stellung innerhalb der deutschen Flüchtlingsszene in Zürich ein.[1562] So wird er etwa als Anlaufstelle für finanzielle Anliegen unter den Flüchtlingen erwähnt.[1563] Allerdings gilt Kombst bei den Polizeibehörden in Berlin und Frankfurt als angepasster Opportunist, der in der Schweiz Karriere machen wolle und sich politisch zurückhalte.[1564] Seine politischen Schriften gegen die deutschen Monarchien wurden, da Kombst Deutschland nicht als Flüchtling, sondern aus persönlichen Gründen verlassen haben soll, auf missgünstige Motive zurückgeführt.[1565] Dem widerspricht, dass Kombst bei der Frankfurter Central-Behörde als Hochverräter in den Akten geführt wurde, da er Abschriften von geheimen Schriften des Deutschen Bundes erstellt und später veröffentlicht hatte. Kombst hatte als preussischer Gesandtschaftssekretär in Frankfurt politische Geheimakten entwendet und in Frankreich publiziert.[1566] Schieder bezeichnet Kombst im selben Atemzug mit Eyb als zweifelhafte Figur und «Defraudanten», welcher die als Beamter verübten Unterschlagungen «politisch überdeckte».[1567] Dagegen stellt v.Glümer Kombst als enthusiastischen, mutigen und entschlossenen Zeitungsredakteur dar.[1568] 1837 wurde Kombst Professor in Edinburgh.

de Lamenais, Félicité

Félicité Robert de Lamenais (1782–1854) hatte im April 1834 seine Schrift «Paroles d'un croyant», ein religiöses Bekenntnis zu einem demokratischen Gottesstaat, publiziert. In Berlin wurde das Buch als «Werk der Anarchie» bezeichnet.[1569] Lamenais' Denken bewegte sich zwischen Christentum und Sozialismus und übte ideologischen Einfluss auf die jungdeutsche Bewegung aus. Seine Werke stiessen im restaurativen Ausland wie auch bei der katholischen Kirche auf Ablehnung, fielen der Zensur zum Opfer und führten zur politischen Verfolgung des Klerikers und Philosophen.[1570]

Lebert, Hermann

Hermann Levi (Lewy), geboren 1813, immatrikulierte sich unter dem Namen Hermann Lebert mit der Nr. 138 im Sommersemester 1833 an der Zürcher Universität als Student der Medizin. Im März 1834 promovierte er mit der Dissertation «De gentianis in Helvetia sponte nascentibus». Wegen Teilnahme am Savoyer Zug wurde er im Sommer 1834 des Landes verwiesen und ging nach Paris. 1853 wurde Lebert als Ordinarius für Pathologie, Therapie und medizinische Klinik an die Universität Zürich berufen. 1859–1874 lehrte er in Breslau. Er starb 1878 in Bex/VD.[1571]

Lizius, Bernhard

August Ludwig Bernhard Lizius (auch Licius), vulgo Reiss, geboren 1812, Jurastudent aus Würzburg, wurde 1833 wegen Teilnahme am Frankfurter Attentat verhaftet, entwich im Oktober desselben Jahres aus dem Gefängnis und floh vorerst nach Strassburg, später in die Schweiz, von wo aus er am Savoyer Zug teilnahm. Lizius war Mitglied der Carbonaria und des Jungen Deutschlands. Nach seiner Ausweisung aus dem Kanton Bern im Oktober 1835 lebte er in den Kantonen Basel Landschaft und Aargau.[1572] Seit Juli 1836 soll Lizius im Auftrage Metternichs als wichtiger Konfident unter dem Pseudonym «Dr. Schäfer» auch vertrauliche Mitteilungen an die Mainzer Central-Untersuchungs-Commission bzw. an das dieser angeschlossene Polizeibüro geliefert haben. Er diente angeblich bis 1848 in Paris und London dem Geheimdienst Österreichs und des Deutschen Bundes.[1573]

Ludwig, Johann Gottfried

Johann Gottfried Ludwig, geboren 1806, wurde – er studierte in Jena und Heidelberg Philosophie – wegen Mitgliedschaft in der Jenaer Burschenschaft polizeilich verfolgt, worauf er im April 1833 nach Zürich floh. Er unterwies an der dortigen Hochschule Studenten im Fechten. Der Fechtsport war unter den Studenten der deutschen Universitäten verbreitet und diente der Vorbereitung von Duellen und studentischen Mensuren. Der Zürcher Polizey-Rath erteilte Ludwig am 24. August 1835 die Aufenthaltsbewilligung.[1574]

Lüning, Friedrich August

Friedrich August Lüning (1813–1896) aus Bielefeld/Westfalen gab das Studium der Rechtswissenschaft auf, als er wegen Mitgliedschaft in der Greifswalder Burschenschaft aus Deutschland fliehen musste und studierte seit Wintersemester 1834 an der Zürcher Hochschule Medizin. 1836 hörte er bei Georg Büchner Vorlesungen. Er promovierte im Februar 1838 mit der Dissertation «De melanosi pulmonum» zum Dr.med. Bereits 1835 wurde er in Rüschlikon eingebürgert, wo er später als Bezirks- und Kantonalstabsarzt wirkte und 1846 heiratete. Der Ehe entstammten die später als Dozenten an der Universität Zürich tätigen Söhne Dr.med August Lüning-Elsässer (1853–1925) und Prof. Dr. Friedrich Otto Lüning-Heuss (1858–1920).[1575]

Mathy, Karl

Der Cameralpraktikant und Zeitungsredaktor Karl Mathy aus Karlsruhe floh im Frühjahr 1835 in die Schweiz, da er in Deutschland wegen Teilnahme an revolutionären Umtrieben (Teilnahme am Hambacher Fest, Publikation von radikalen Druckerzeugnissen) polizeilich gesucht wurde. 1835 betätigte er sich bei der Jungen Schweiz und unterhielt mit Mazzini sowie Eyb Kontakte. Er kehrte 1840 nach Baden zurück und wurde 1848 Paulskirchenabgeordneter und badischer Ministerpräsident.[1576]

Mazzini, Giuseppe

Giuseppe Mazzini (1805–1872) arbeitete in Genua als Rechtsanwalt und Mitarbeiter politischer Zeitschriften. In den 1820er Jahren trat er dem illegalen Geheimbund der Carbonaria bei. 1830 wurde er verraten, was eine mehrmonatige Haft im Kerker von Savona nach sich zog. 1831 gründete er in Marseille das Junge Italien und die Zeitschrift «La Giovine Italia». Seit Juli 1833 lebte er unter dem Übernamen «Strozzi» vorerst in Genf, später in Biel und Grenchen, wo er 1834 mit radikalen Gesinnungsgenossen die Gründung des Jungen Deutschlands und des Jungen Europas vorantrieb. Seit 1837 lebte er zumeist in England. Mazzini gilt neben Giuseppe Garibaldi (1807–1882) und Camillo Benso Cavour (1810–1861) als einer der radikalsten Führer des Risorgimento und als geistiger Mitbegründer des italienischen Staates.[1577]

Müller, Karl Johannes

Friedrich Karl Johannes Müller, vulgo Romulus oder Silber, wurde zufolge seiner regimekritischen Schriften nach dem Hambacher Fest in mehreren deutschen Staaten polizeilich verfolgt. 1832 floh er nach Strassburg, später nach Dijon. Im folgenden Jahr begab er sich nach Zürich, wo er in der Handwerkerbewegung, später in einem Klubb des Jungen Deutschlands mittat. In den 1840er Jahren geriet er in grosse finanzielle Schwierigkeiten. Er fand in Hottingen vorübergehend Anstellung als Lehrer und gab im Zürcher Kommunistenverein «Hoffnung» Gesangsunterricht. Später litt er an einer psychischen Erkrankung und wählte den Freitod.[1578] In v.Glümers Erinnerung erscheint Müller als «die wunderlichste Erscheinung» unter den Flüchtlingen. Müller soll durch sein vernachlässigtes Äusseres wie auch durch seine eigenwillige Naturphilosophie aufgefallen sein.[1579]

von Orelli, Hans Konrad

Hans Konrad v.Orelli (1801–1873), Sohn des Konstanzer Amtmannes David v.Orelli. Seit 1832 Kriminalrichter, 1837 Präsident des Criminalgerichts, 1846–1866 Mitglied des Grossen Rats, 1846–1848 Oberrichter.[1580]

von Rauschenplatt, Hermann

Dr. Johann Ernst Hermann v.Rauschenplatt (1807–1864), vulgo Kater, promovierte 1829 in Göttingen zum Dr.iur.; 1830 habilitierte er sich an der dortigen Juristischen Fakultät. Er floh im Mai 1833 in die Schweiz, nachdem er als Leiter des Göttinger Aufstandes 1831 und einer der Drahtzieher und Hauptbeteiligter des Frankfurter Wachensturms im April 1833 politisch und strafrechtlich in ganz Deutschland verfolgt worden war. Kaum im Kanton Basel Landschaft angekommen, organisierte er im Dorf Diepflingen einen Putsch und stürzte den Gemeinderat. Am 20. Mai 1833 erklärte Rauschenplatt vor den Europäischen Monarchien die Unabhängigkeit der «Republik Dipflingen». Wenige Tage später wurde Rauschenplatt von den Dorfbewohnern abgesetzt, worauf die Basler Polizei im Dorf einfiel und Rauschenplatt die Flucht ergriff. Kurz darauf erhielt er an der Berner Akademie eine Dozentenstelle für Kriminalrecht. Er blieb auch in der Schweiz ein fanatischer Vorkämpfer des republikanischen Umsturzes und vertrat die Ansicht, dass mit gezielten Attentaten und Überfällen auf staatliche Institutionen die Revolution herbeigeführt werden könne. Rauschenplatt hielt sich an verschiedenen Orten der Schweiz, u.a. auch in Zürich, auf. Er wurde nach dem Savoyer Zug, an dem er aktiv teilgenommen hatte, 1834 aus der Schweiz ausgewiesen und begab sich daraufhin nach Spanien, wo er mit der Carbonaria in Berührung stand und sich am Karlistenkrieg beteiligte. 1835 und 1836 kehrte er für kurze Zeit mit einem englischen Pass in die Schweiz zurück und hielt sich für einige Zeit in Zürich auf. Er wurde anfangs 1836 nach anfänglichen Vorbehalten Mitglied des Jungen Deutschlands. Nachdem das Treffen im «Lavatergüetli» im Mai 1836 aufgeflogen war, ergriff er die Flucht und hielt sich ausserhalb des unmittelbaren Zugriffsbereichs der Zürcher und Berner Behörden in Strassburg auf. Rauschenplatt wird als draufgängerische, fanatische Persönlichkeit geschildert. Sein Hauptstreben galt der Auslösung revolutionärer Aktionen. Dass aus den misslungenen revolutionären Gewalttakten die reaktionären Kräfte gestärkt hervorgingen, vermochte ihn nicht zu beeindrucken. Groteskerweise wechselte er 1848, nachdem ihm die Amnestie dieses Jahres die Rückkehr nach Deutschland ermöglicht hatte, nach zahlreichen Enttäuschungen und Misserfolgen die Seite, kämpfte gegen die republikanischen Freischaren in Baden und trat in den Polizeidienst des badischen Reichsverwesers. Er starb 1864 in geistiger Umnachtung.[1581]

Roschi, Jakob Emmanuel

Jakob Emmanuel Roschi (1778–1848) besuchte in Bern die Kunstschule bevor er die Ausbildung zum Notar absolvierte. In bewegter Zeit wurde er Kompaniekommandant bernischer und später helvetischer Truppen und bereits 1798 Substitut des bernischen Regierungsstatthalters. 1803 bis 1826 amtierte er als Kriminalaktuar bei der Berner Zentralpolizeidirektion. Während dieser Zeit soll er sich autodidaktisch zu einem Experten der Kriminalwissenschaft ausgebildet haben. Die Reorganisation der Berner Polizei nach der Napoleonischen Besetzung war massgeblich auf Roschis Initiative zurückzuführen. 1826 führte er den «grossen Gaunerprozess», der eine ausgedehnte, aber nur teilweise erfolgreiche Strafuntersuchung auf interkantonaler Ebene nach sich zog. Gesundheitlich geschwächt suchte Roschi daraufhin nach einer seiner körperlichen Verfassung zuträglicheren Stellung, die er in derjenigen eines Verwalters der Strafanstalt Thorberg fand. 1832 wurde Roschi, dem die Politik und die fortwährende Demokratisierung im Kanton Bern zuwider waren und der sich vielmehr mit den Freimaurern identifizierte, gegen seinen Willen zum Berner Regierungsstatthalter gewählt. Gleich zu Beginn seiner Amtszeit nahm ihn die Aufklärung der sog. «Erlacherhofverschwörung» intensiv in Anspruch, welche sich für Roschi als sehr undankbar erwies, da bekannte Persönlichkeiten aus der Berner Politik involviert waren, welche ihm künftig das Leben erschweren sollten. 1836 folgte die aufreibende Untersuchung politischer Umtriebe der Flüchtlinge im Kanton Bern. 1840 konnte Roschi das ihm verhasste Amt abgeben und Verwalter der Insel werden. 1846 wurde er als Spitalverwalter wegen Reibereien mit der Direktion jedoch abgewählt, worauf er physisch wie auch psychisch gebrochen schwer erkrankte, um zwei Jahre später einsam und völlig verarmt zu sterben.[1582]

Rottenstein, Georg

Georg Rottenstein, vulgo Hering oder Häring, geboren 1802, stammte aus Frankfurt a.M., wo er sich bis 1833 als Handelsmann betätigte. Ihm wurde die Verbreitung radikaler Schriften und die Teilnahme am revolutionären Männerbund vorgeworfen, worauf er im April 1834 die Flucht nach Strassburg ergriff und wenig später in die Schweiz reiste. Nach kurzem Aufenthalt und politischer Tätigkeit in Bern, begab er sich im Sommer 1834 nach Zürich, wo er wenig durchsichtigen Tätigkeiten nachging, sich jedenfalls im Jungen Deutschland engagierte und ab 1835 in den Kanzleien der Bezirksgerichte in Regensberg und Uster vorübergehend Anstellung fand. Im September 1836 erfolgte im Rahmen des «Fremdenconclusums» seine Ausweisung aus der Eidgenossenschaft. Rottenstein emigrierte später nach Amerika.[1583]

Rüttimann, Johann Jakob

Johann Jakob Rüttimann (1813–1876) amtierte 1834–1838 in Zürich als Substitut des Staatsanwalts. 1837 wurde er Sekretär des Grossen Rates, 1844–1872 war er Mitglied desselben. 1844 wurde er ohne Promotion Privatdozent für Strafrecht und Strafprozessrecht an der Zürcher Hochschule. 1844–1857 versah er überdies das Amt eines Regierungsrates. 1848–54 vertrat er den Kanton Zürich im Ständerat des neu gegründeten Bundesstaates. Rüttimann gilt als Schöpfer der Bundesstrafprozessordnung von 1849, der «eidgenössischen Civilprozessordnung» von 1850 wie auch des Militärstrafgesetzes von 1851. 1854–1872 war er ordentlicher Professor an der Zürcher Hochschule. 1857–1876 besetzte er den Lehrstuhl für Staats- und Verwaltungsrecht am neu gegründeten Eidgenössischen Polytechnikum. Im Vordergrund seines wissenschaftlichen Werks steht die Beschäftigung mit dem angloamerikanischen Staats- und Prozessrecht.[1584]

Rust, Clemens

Clemens Rust (1807–1844), vulgo Schröder oder Schrader, aus Hildesheim war als Student der Rechtswissenschaft in Göttingen zufolge polizeilicher Verfolgung wegen politischer Umtriebe bereits 1831 nach Paris geflohen. Später reiste er nach Zürich, wo er sich 1834 mit Fein dem Aufbau der Handwerkerbewegung annahm und am Savoyer Zug partizipierte. Im Herbst 1836 zog er nach Paris, wo er im radikalen «Bund der Gerechten» mittat und als Schriftsetzer arbeitete. 1844 nahm er sich, scheinbar wahnsinnig geworden, das Leben.[1585]

Sailer, Ferdinand

Ferdinand Sailer, geboren 1810 in Waldsee/Württemberg, vulgo Schwabe, gelangte im Juni 1834 als Flüchtling nach Strassburg und emigrierte kurz darauf nach Bern, wo er an den Versammlungen des Jungen Deutschlands teilnahm. Im Herbst kehrte er nach Strassburg zurück und wurde festgenommen und nach Baden ausgeliefert. Er floh wenig später in die Schweiz, wo er in Zürich und Winterthur als Apothekergehilfe arbeitete.[1586]

Schauberg, Josef

Joseph Schauberg wurde 1808 als Sohn des königlichen Rentmeisters Peter Anton Schauberg in Annweiler/Bayern geboren und studierte ab Wintersemester 1827/28 Rechtswissenschaft in Heidelberg, Jena und München u.a. bei C.J.A. Mittermaier. 1831 promovierte er in München mit der vielbeachteten Dissertation «Über die Begründung des Strafrechts». Versuche sich in

Würzburg und München zu habilitieren scheiterten, da Schauberg als Mitglied einer verbotenen deutschen Burschenschaft (Marcomannia) in revolutionärem Ruf stand. Aus denselben Gründen misslang eine Beamtenlaufbahn. Es folgte eine Anklage wegen Hochverrats. Aufgrund polizeilicher Verfolgung floh Schauberg 1833 nach Zürich, wo er als Gerichtsschreiber am Bezirksgericht Zürich und als Dozent für Strafrecht, anfangs auch für Naturrecht sowie als erster Universitätssekretär an der neu gegründeten Hochschule Anstellung fand. Schauberg äusserte sich u.a. öffentlich zur Bildungspolitik.[1587] Schaubergs Berufung zum Professor für Strafrecht wurde vom Zürcher Obergerichtspräsidenten und Rechtsprofessor Friedrich L. Keller vereitelt, da dieser den Bayern, wie er öffentlich kundtat, einer Professur für «nicht würdig» einschätzte. 1841 gründete Schauberg die «Beiträge für Kunde und Fortbildung der zürcherischen Rechtspflege», deren Redaktion er bis 1860 betreute. 1844 initiierte er die «Zeitschrift für noch ungedruckte schweizerische Rechtsquellen» und setzte damit den Grundstein zur Rechtsquellenerschliessung in der Schweiz. Nach 1860 widmete er sich vor allem dem Studium des klassischen und orientalischen Altertums und der Freimaurerei. Er spielte eine wichtige Rolle innerhalb der Zürcher Loge «Modestia cum libertate» sowie in der Genfer Loge «Amis fidèles». Schauberg verfiel Mitte der 1860er Jahre in geistige Umnachtung und starb 1866 im Alter von 58 Jahren.[1588]

Schlutter, Friedrich Ernst

Friedrich Ernst Schlutter immatrikulierte sich im Sommersemester 1835 unter der Matrikelnr. 322 als Student der Philosophie an der Zürcher Hochschule und verliess diese an Ostern 1836, um in Jena weiterzustudieren.[1589]

Schnell, Carl

Dr.iur. Carl (auch Karl) Schnell (1786–1841) war bekannt für seine scharfzüngigen Zeitungsartikel und für seine mitreissenden Brandreden. Seit 1830 war er Mitarbeiter des Berner «Volksfreundes». Im selben Jahr gründete er in Burgdorf mit seinem Bruder Hans, der auch im «Volksfreund» publizierte, eine liberale Landpartei («Schnellenpartei»). 1831 wurde er in den Grossen Rat des Kantons Bern gewählt. 1833–1838 war er Regierungsrat und wandte sich in dieser Funktion 1836 gegen die Aufnahme politischer Flüchtlinge, nachdem er ursprünglich für eine liberale Flüchtlingspolitik eingetreten war. Gemäss Lessing soll er politisch einen «unumschränkten Einfluss» auf seinen Bruder Hans ausgeübt haben.[1590] 1838 führte die Abspaltung eines radikalen Flügels von der Partei zum Sturz der Brüder Schnell.[1591] Carl Schnell und sein Bruder Hans waren verbissene Gegner der Gebrüder Snell.[1592]

Schnell, Hans

Johannes (Hans) Schnell (1793–1865) war ab 1827 Professor der Botanik und Zoologie an der Berner Akademie. 1834 amtierte er als bernischer Tagsatzungsabgeordneter. Er gilt als Vertreter einer liberalen, gegen die Berner Aristokratie gerichteten Politik.[1593] Allerdings wandte er sich auch gegen die politischen Umtriebe der deutschen Flüchtlinge. Anlässlich der Verhaftung Ludwig Snells im Juli 1836 schrieb er im Volksfreund über die «deutschen Professoren» an der Berner Universität: «Statt eine verständliche Philosophie zu lehren und ein vernünftiges Staatsrecht vorzutragen, thun sie sich mit Studenten und Handwerksburschen in Klubs und Kneipen zusammen, saufen und fressen miteinander bis sie glänzen wie Öl und nicht mehr wissen, was sie schwatzen, und fangen dann an, über Verfassung und Regierung zu schelten und zu schimpfen, dass kein ehrbarer Mensch es aushält, und das heissen sie eine Volksregierung.»[1594]

Schüler, Ernst

Ernst Schüler (1807–1881), vulgo Robert, kam 1833 als politischer Flüchtling in die Schweiz, nachdem er, nach einem Studium der Philosophie und Theologie in Giessen, in Bayern und Hessen wegen Teilnahme am Frankfurter Attentat und revolutionären Umtrieben in Giessen polizeilich verfolgt worden war. In Biel fand er eine Anstellung als Lehrer für Geschichte und Naturlehre am städtischen Gymnasium. Im selben Jahr gründete er den «Leseklub» in Biel, den ersten deutschen Arbeiterverein in der Schweiz. Im Sommer 1834 wurde er Mitglied des Jungen Deutschlands, dessen geschäftsführenden Ausschuss er 1835 faktisch und seit Februar 1836 auch formell leitete. Unter seiner Führung erlangte das Junge Deutschland in Bern, Liestal und Solothurn sowie in den französischsprachigen Städten der Westschweiz einstweilen beachtliche Verbreitung. Im März 1836 erhielt er in Biel das Bürgerrecht des Kantons Bern. Dazumal arbeitete Schüler als Redaktor in Biel in der Druckerei der die zweisprachige Zeitung «Die Junge Schweiz. Ein Blatt für Nationalität – La jeune Suisse. Journal de nationalité» herausgebenden Bieler Volksbibliothek. Er redigierte die Zeitung gemeinsam mit den radikalen Aktivisten Karl Mathy und Johann August Weingart. Schüler war 1836 Zielfigur der Strafuntersuchung gegen das Junge Deutschland im Kanton Bern. Er verteidigte sich jedoch erfolgreich gegen den Vorwurf des Hochverrats und wurde im Dezember 1836 weitgehend freigesprochen. Da er bereits das Bieler Bürgerrecht erworben hatte, konnte die Berner Regierung ihn auch nicht des Kantons verweisen. Schüler wurde am 2. März 1837 jedoch wegen im Zusammenhang mit seiner Verteidigung angeblich erhobener Beleidigung der Regierung zu einer Busse von 50 Franken verurteilt.[1595] Schüler blieb im Kanton Bern sesshaft und politisierte in Biel weiterhin auf Gemeindeebene.[1596]

Sell, Georg Wilhelm August

Georg Wilhelm August Sell wurde 1804 in Darmstadt geboren. 1830 promovierte er zum Dr.iur. Kurz darauf habilitierte er sich in Heidelberg für Rechtswissenschaft. 1834 wurde Sell an die Zürcher Universität berufen, wo er bis 1841 diverse juristische Fächer dozierte und mit zahlreichen deutschen Flüchtlingen in engem Kontakt stand. Im Wintersemester 1835/36 las er Geschichte und Institutionen des römischen Rechts und leitete das Pandektenpraktikum. 1841 wurde Sell nach Giessen berufen, wo er 1848 starb.[1597]

Siebenpfeiffer, Jakob

Jakob Siebenpfeiffer (1789–1845) war im Herbst 1833 in die Schweiz geflohen, wurde 1834 in Bern Hochschulprofessor und im folgenden Jahr dort eingebürgert.[1598] Er soll im Kanton Bern für liberale Politiker als Ghostwriter tätig gewesen sein[1599] und stand im Ruf, geheime Nachrichten aus der Berner Flüchtlingsszene an die Regierung des Kantons Bern zu verkaufen. Siebenpfeiffer starb 1845 in einer Berner Irrenanstalt.[1600]

Snell, Ludwig

Ludwig Snell (1785–1854), seit 1827 politischer Flüchtling in der Schweiz, entfaltete als Urheber des für die Zürcher Regeneration massgeblichen Küsnachter- und Uster-Memorials 1830 nachhaltig liberalen Einfluss auf die Zürcher Politik. 1831–1834 leitete er die Redaktion des «Schweizerischen Republikaners». 1833 wurde er in Zürich Professor der Philosophie. 1834–1836 lehrte er an der Berner Hochschule Staatswissenschaften. Seine akademische Laufbahn fand 1836 ein jähes Ende, nachdem er als Führer der «Nationalpartei» verdächtigt wurde, mit der Jungen Schweiz in enger Beziehung zu stehen. Die Briefe Lessings bildeten dabei wichtiges Belastungsmaterial. Im Oktober desselben Jahres wurde Snell aus dem Kanton Bern ausgewiesen. 1839 trat er im Rahmen der Bewegungen um den «Züriputsch», später anlässlich der Auseinandersetzungen um die Klosteraufhebung im Aargau erneut politisch in Erscheinung.[1601]

Snell, Wilhelm

Wilhelm Snell (1789–1851) lebte seit 1820 als politischer Flüchtling in der Schweiz, von wo aus er intensive Beziehungen zu liberal gesinnten Kreisen in Deutschland pflegte. 1821 wurde er in Basel Professor der Rechte, 1833 folgte er einem Ruf nach Zürich, wo er eine Professur für Römisches Recht und für «Criminal- und Criminalprocessrecht» versah. Seit 1834 lehrte er an der neu gegründeten Hochschule in Bern. Sein intensives liberales Engagement führte 1845 zu seiner Abberufung und Ausweisung, nachdem er in Verdacht geraten war, zu den Urhebern des damaligen Freischarenzugs zu gehören. 1846 wurde die Ausweisung aufgehoben.[1602]

Soldan, Karl

Friedrich Wilhelm Karl Soldan (1804–1864), vulgo Nadlos, aus Hessen flüchtete nach seiner Relegation von der Giessener Universität im Gefolge des Frankfurter Attentats im Frühjahr 1833 in die Schweiz, wo er mit Mazzini zusammenwirkte.[1603]

Stephani, Ludwig Friedrich

Carl Ludwig Friedrich Stephani wurde 1805 in Wertheim am Main geboren. Nach dem Studium der Rechte und der Promotion zum Dr.iur. in Göttingen war er 1834 in Konstanz als Advokat tätig. 1835 floh er nach Zürich. Obschon angeblich Student an der dortigen Hochschule wird Stephani im Matrikelverzeichnis der Zürcher Universität nicht aufgeführt. Gemäss Freytag war er 1835 mit Karl Mathy in Bern befreundet.[1604] 1848 entfaltete Stephani in Konstanz erneut radikale politische Aktivitäten und beteiligte sich an Aufständen in Baden. Er starb auf der Überfahrt nach Amerika, wohin er 1849 zu flüchten trachtete.[1605]

Strohmeyer, Franz

Der Journalist und «Cameralpraktikant» Franz Strohmeyer (1805–1847) aus Tauberbischofsheim war einst Teilnehmer des Hambacher Festes und figuriert im Verzeichnis der Frankfurter Central-Behörde wegen revolutionärer Umtriebe und Pressevergehen. Er lebte 1834 als Redaktor in Zürich. In der Frankfurter Registratur wird als Fluchtzeitpunkt der September 1832 angegeben. Als mutmasslicher Aufenthalt im Jahr 1835 wird Stäfa am Zürichsee genannt, wo Strohmeyer Redaktor des «Schweizerischen Volksblattes» gewesen sein soll.[1606] Seit 1844 bespitzelte Strohmeyer unter den Decknamen «Lindner» und «Dr. West» im Auftrag des Mainzer Informationsbüros als Informant in Paris und London jungdeutsche und kommunistische Vereine. Möglicherweise ging Strohmeyer bereits in der Schweiz dieser Tätigkeit nach.[1607]

von Tavel, Franz Carl

Franz Carl v.Tavel (1801–1865) war bernischer Regierungsrat, Schultheiss und seit 1832 Tagsatzungsgesandter.[1608] 1835 amtete er als Präsident der eidgenössischen Tagsatzung.

Temme, Jodokus Hubertus

Jodokus D. H. Temme wurde 1798 als Sohn eines juristischen Beamten in Lette (Rheda), heute Oelde-Lette, geboren. 1814 erlangte er einen Gymnasialabschluss, anschliessend folgte das Studium der Rechte in Münster und Göttingen. 1817 Assessorexamen am Oberlandesgericht. Anschliessend Assessor am Stadtgericht in Limburg a.d. Lenne. 1822–1824 erneut

Studium der Rechte in Heidelberg, Bonn und Marburg. Bis 1839 «Beamten-Wanderleben» durch fast alle preussischen Provinzen. 1839 bis 1844 zweiter Direktor am Criminalgericht in Berlin. 1844 «Verbannungsbeförderung» zufolge liberaler Gesinnung zum Direktor des Land- und Stadtgerichts Tilsit. 1848 Staatsanwalt in Berlin, Annahme eines Mandates für die Berliner Nationalversammlung mit intensivem politisch-parlamentarischen Engagement. 1850 wegen liberaler, regierungskritischer Äusserungen aus dem Staatsdienst entlassen. Zufolge ständiger polizeilicher Überwachung floh Temme 1851 nach Zürich, wo er ein unbezahltes Ordinariat für Strafrecht an der Universität Zürich annahm und zu seinem Lebensunterhalt eine enorme Zahl von verschiedentlich auch mehrbändigen Novellen und Romanen publizierte. Aus juristischer Sicht sind aus dem reichhaltigen literarischen Schaffen besonders seine Lehrbücher des schweizerischen und preussischen Strafrechts 1855 und 1853 zu nennen. Temme starb am 14. November 1881 in Zürich.[1609]

Trapp, Hermann

Albrecht Hermann Moritz Othmar Trapp (1814–1837), vulgo Kugelstein, studierte in Halle Medizin, wo er im Juli 1835 zufolge politischer Umtriebe exmatrikuliert wurde. Ab Wintersemester 1835 (Matrikelnr. 348) setzte er sein Studium in Zürich fort, wo er sich politisch betätigte und im Frühjahr 1836 dem Jungen Deutschland beigetreten sein soll. Im Juli 1836 schloss er das Studium mit der Promotion ab und wurde im selben Monat aus der Schweiz nach Frankreich ausgeschafft. Eine von Schönlein arrangierte, naturwissenschaftlich motivierte Forschungsreise an die Küste Westafrikas konnte 1837 nicht mehr stattfinden, da Trapp am 3. Mai wie kurz zuvor Georg Büchner an den Folgen einer Typhuserkrankung starb.[1610]

Troxler, Vital

Ignaz Paul Vital Troxler (1780–1866), Dr.med., 1834 bis 1853 Philosophieprofessor an der Berner Hochschule, radikaler Denker und Autor eines Verfassungsentwurfs im Jahr 1833.[1611]

Tscharner, Carl Friedrich

Carl Friedrich Tscharner (1772–1844) war seit 1803 Grossrat, später Appellationsrichter und Kleinrat. 1819 bis 1830 vertrat er den Kanton Bern bei der eidgenössischen Tagsatzung. Seit 1831 amtete er als bernischer Regierungsrat, dem er 1831 bis 1833 als Schultheiss vorstand. 1836 präsidierte er die eidgenössische Tagsatzung.[1612]

Ulrich, David

David Ulrich (1797–1844) war 1821–1824 Dozent für Zivilrecht am Politischen Institut in Zürich. 1824–1831 amtete er als öffentlicher Ankläger, 1831–1839 war er Staatsanwalt und Grossrat. Ulrich ist der Schöpfer des Entwurfs zum Zürcher Strafrechtspflegegesetz von 1831. Er gilt neben F.L. Keller als führender Exponent der Stadtzürcher radikal-liberalen Reformpartei. Nach dem Umsturz von 1839 verlor er seine Ämter.[1613]

Ulrich, Johann Kaspar

Johann Kaspar Ulrich (1796–1883) wurde 1821 Dozent am Politischen Institut, 1831–1837 diente er als Oberrichter. Er war auch Redaktor des zürcherischen Strafgesetzbuches von 1835. Später tat sich Ulrich als wichtiger Förderer der zürcherischen Eisenbahnpolitik hervor.[1614]

Vincens, Carl

Dr.med. Carl Vincens (auch Vinzenz), vulgo Vorwärts, war seit Frühjahr 1835 Mitglied des Jungen Deutschlands in Zürich. Er hatte anfangs 1834 am Savoyer Zug teilgenommen und war kurz nach seiner Ausweisung aus der Schweiz wieder nach Zürich zurückgekehrt. Im Verlauf der Untersuchung gegen das Junge Deutschland wurde er im Juni 1836 verhaftet und im September aus der Schweiz ausgewiesen.[1615]

2   In der Strafuntersuchung verwendete Briefe Lessings

Beilage 1: Schreiben vom 13. Juni 1834 an Herrn Handlungscommis Carl Kurth bei Arons Wolf in Berlin[1616]

Lieber Freund!

Sie werden mein letztes Schreiben vom 4. d. M. erhalten haben. Ich theilte Ihnen in demselben die Nachricht mit, dass sich die hiesige Regierung endlich entschlossen habe, energische Massregeln gegen die deutschen Flüchtlinge zu ergreifen, und dass sie selbst solche, welche an der Expedition gegen Savoyen nicht unmittelbaren Antheil genommen haben, aus dem Kanton entfernen wolle. Indess haben sich die Sachen einigermassen geändert. Die Regierung hat diesen Beschluss revocirt und sich vorläufig darauf beschränkt, Fünfen von uns, die ihre Theilnahme an der Expedition selbst eingestanden haben, die Weisung durch die Polizei zu ertheilen, binnen zweimal 24 Stunden die Stadt zu verlassen. Diese sind: Die beiden Breitenstein, Rauschenplatt, Vincens (aus Rheinbaiern) und Hager (ein ganz bornirtes, unbedeutendes Subjekt). Dieser Beschluss wurde denselben vergangenen Dienstag durch Landjäger publicirt und zugleich ihren Wirthsleuten bei namhafter Strafe verboten, dieselben länger als bis zu dem bestimmten Termine zu beherbergen. Sie erhalten Reisegeld. Der französische Gesandte hat ihnen die Pässe durch Frankreich mit vorgeschriebenem Wege nach England oder Amerika visirt und ihnen zugleich auf ihr Ansuchen ihren Aufenthalt auf 3 Tage, nach Ablauf der ihnen von der hiesigen Polizei bestimmten Frist, verlängert. Diese Leute haben aber keineswegs Lust, den ihnen vorgeschriebenen Reiseweg zu passiren, sondern die Absicht, sich in Frankreich und, wo möglich, im Elsasse oder in Paris selbst niederzulassen. Rauschenplatt geht direkt von hier nach Strassburg. An einige Andere von uns hat die Regierung ganz unsinnige Anforderungen gemacht. So soll Barth (früher Advokat in Rheinbaiern) ein Visum vom baierischen Gesandten (!!) beibringen, und ihm darauf der Aufenthalt so lang ihn dieser Gesandte zu bestimmen beliebt, gestattet werden; Andere sollten Legitimationen von ihren Behörden (!!) beibringen, das sie wirklich politische Flüchtlinge sind. Durch diese eben so feige als plumpe Intrigue bezweckt die Regierung nichts, als die Leute, welchen sie gesetzlich nichts anhaben kann, zu entfernen. Zu dem Beschlusse gegen die angeführten Fünfe wurde sie durch die am nächsten Montag, den 16. d. stattfindende Zusammenkunft des Grossen Raths veranlasst, damit sie, vor die Exekution seines früheren Beschlusses in Bezug auf die Savoyarden übertragen ist, sich gegen denselben rechtfertigen kann. Unbegreiflich ist es, warum diese Weisung nicht auch an die andern, als Theilnehmer an der Savoyer Expedition bekannten Deutschen ergangen ist. Es sind noch Peters, Lembert,[1617] Schleth, Tschappert, Bohemann, Hofbauer, Conradi (Karpf genannt), Lizius (Reis genannt), Kempf (bei der Verschwörung in Homburg als Unteroffizier beteiligt und dort in Gefangenschaft gewesen), deren Namen als Theilnehmer ganz bekannt sind. Von diesen ist sogar dem Peters, Tschappert, Bohemann, Conradi, Lizius, auf ihr Ansuchen, der Aufenthalt auf unbestimmte Zeit bewilligt worden, und dem Tschappert, Lembert und Conradi sind vortheilhafte Anstellungen beim Forstwesen gegeben, den Übrigen solche versprochen. Lembert hat indessen nicht Lust hier zu bleiben, und der französische Gesandte hat ihm seinen Pass von der Basellandschaft ohne Weiteres zum Eintritte nach Frankreich visirt. Derselbe beabsichtigt, sich in einigen Wochen nach

Strassburg zu begeben. Auch verlassen am nächsten Sonntage Hofbauer und Schleth freiwillig die Schweiz; ersterer geht nach Frankreich, wohin? Weiss er selbst noch nicht, vorläufig nach Strassburg; letzterer nach Hause und von da nach Dänemark zu den Ihnen in meinem letzten Briefe ausführlich aus einander gesetzten wichtigen Zwecken. Was nun die Unternehmung gegen Deutschland anbetrifft, so erleidet dieselbe durch diese Störungen einen bedeutenden Stoss; nichts desto weniger wird aber eifrig von der hiesigen Verbindung zu ihrer Ausführung fortgearbeitet. Es gehen eben desshalb so viele Leute von uns nach Strassburg, um die Leute daselbst, welche einen grossen Einfluss auf unsere provisorische Regierung in Paris ausüben, für diesen Plan zu gewinnen, indem die schriftlichen Unterhandlungen und die mündlichen des Strohmeier, unsers Emissärs, bis jetzt noch nichts gefruchtet haben. Die Sachen stehen also auf dem alten Fleck, und ich glaube, sie werden es eine Zeit lang bleiben. Man ist in Paris sowohl als Strassburg durch Schaden klüger geworden, und will nichts eher unternehmen, als bis man durch eine französische Republik einen sichern Rückhalt hat. Es hat sich daher unsere Regierung in Paris die grösste Mühe gegeben, und fährt in ihren Bestrebungen fort, die französischen Republikaner zum allgemeinen Aufstande baldigst zu bereden; von ihr ist der Vorschlag zur Association mit den Karlisten gemacht, und obgleich derselbe bei den Franzosen heftigen Widerstand fand, durchgesetzt worden. So werden sich denn unsere kriegslustigen Leute wohl noch etwas gedulden müssen.

Der Pole Stolzmann, von dem ich Ihnen in meinem letzten Schreiben meldete, dass er bereits abgereist sei, ist plötzlich wieder gekommen, und hat, nach einer dreistündigen Unterredung mit August Breitenstein, seinen Weg nach Unterseen fortgesetzt. Der Inhalt dieses Gesprächs ist unbekannt, wahrscheinlich aber betraf es die Anwerbung von den sich hier und da in der Schweizer mit der grössten Vorsicht noch verborgen haltenden Polen zu der beabsichtigten Unternehmung gegen Deutschland. Denn einen andern Zweck kann die Reise des Stolzmann nicht gehabt haben. Auch ist heute Urich, als Emissär des Komitees in Zürich, hier angekommen, und hat uns die Versicherung gebracht, dass sämmtliche dort befindliche Deutsche ihre Theilnahme zu jenem Unternehmen offerirten, und ganz mit den von unserer Verbindung ergriffenen Massregeln übereinstimmten. Eine grosse Anzahl deutscher, sich hier aufhaltender Handwerksburschen steht zu unserer Verfügung; sie wurden in einer Rede von Tschappert, dem die Verarbeitung derselben übertragen ist, auf ein solches Unternehmen vorbereitet, obgleich ihnen durchaus nichts Näheres darüber mitgetheilt ist. Nach Briefen aus Rheinbaiern kann man dort auf eine Armee von 40'000 Mann rechnen, welche sogleich auf die Beine gebracht werden könnten. Alt und Jung, heisst es unter Anderm in einem Briefe, würde die Waffen ergreifen, und man erwarte sehnlichst den Augenblick der Befreiung und Rache.

August Breitenstein hat vom Erzherzog Karl von Braunschweig einen langen Brief aus Paris erhalten, worin derselbe unter Anderem schreibt: Er wolle weder Geld noch seine eigene Existenz schonen, um den erhabenen Zweck baldigst zu erreichen, nach welchem er, im Vereine mit so vielen Braven, strebe (er meint: deutsche Republik). Weiter heisst es: Die Fürsten Deutschlands, die Henker, die Betrüger müssen ermordet werden; mit eigener Hand könnte ich den doppelten Verräther, meinen Bruder, tödten etc. Er begleitete dieses Schreiben mit einem kostbaren Ringe, welchen der August bereits zu Geld gemacht hat. Dieser Erzherzog Karl ist von der Charbonnerie schon zwei Mal um bedeutende Geldsummen betrogen worden, und von Romarino, welcher seine bekannte Expedition befehligen sollte, allein um 60'000 franz. Francs. Er will desshalb von der Charbonnerie nichts mehr wissen, und wendet sich mit Vertrauen an das junge Deutschland; mit den Breitensteins war er, als diese noch in Paris waren, sehr befreundet, und hat zu ihnen unbegränztes Zutrauen. Trotz dem aber will man nichts von ihm wissen, weil er durch sein Renommé, als vom Volk vertriebener Fürst, den moralischen Einfluss unserer Revolution schwächen würde, und man will daher weiter nichts von ihm, als Geld, was er in grosser Masse besitzen soll.

Vom Barth, aus Rheinbaiern, ist mir eine sehr wichtige Mittheilung gemacht worden: Dem in Gefangenschaft sitzenden Dr. Wirth ist es gelungen, mehrere Aufsätze, als: Die politische Reform Deutschlands, und seine Rede vor den Assisen zu Landau, aus dem Gefängnisse im Manuscripte zu bringen, so dass dieselben durch Veranstaltung seiner Freunde im Drucke erschienen, ohne dass die baierische Behörde sich erklären konnte, wie bei der fürchterlich strengen Aufsicht dies möglich sei. Er machte es auf folgende Weise: Seine Frau und Freunde schickten ihm in steinernen Krügen Bier; wenn er das ausgetrunken hatte, so rollte er die Manuscripte, auf nummerirtes Postpapier eng geschrieben, dicht zusammen, und warf sie in die Krüge hinein. Da diese nun sehr tief sind, so bemerkte der Gefangenwärter, obgleich er jedes Mal hineinsah, nichts auf dem Boden derselben, denn der ist ganz dunkel, und Wirth legte in jeden Krug nur einen Bogen; seine Freunde, sobald sie die Krüge zurück erhalten hatten, zerschlugen dieselben, und kamen so in Besitz dieser Schriften. Diese Entdeckung ist hauptsächlich jetzt wichtig, indem Wirth schon zur Zeit, als er noch mit Barth zusammen sass, an einem grossen Werke arbeitete, wodurch er seiner politischen Laufbahn die Krone aufsetzen wollte, und das in seiner Wirkung alle bis jetzt geschriebenen dieser Art übertreffen sollte; es soll den Titel führen: «Nationalgeschichte der Deutschen» und 8 Bände stark werden. Erschiene dieses Werk im Drucke, so würde es mehr Schaden anrichten, als alle gehaltenen Reden und Flugschriften, und es ist daher von der grössten Wichtigkeit, eiligst Mittel dagegen anzuwenden. Ferner habe ich durch einen Bedienten des französischen Geschäftsträgers v. Rumigny, sowie von Siebenpfeiffer, bei welchem ich vergangenen Sonntag nebst einigen Andern von uns, und den bekannten hiesigen Grossräthen und Regierungsräthen v. Tavel und Karl Schnell, zu Tische war, die bestimmte Versicherung erhalten, dass der von Rumigny in eigener Person der bekannten Conferenz auf der Kreuzstrasse wirklich mit beigewohnt und ganz befriedigt dieselbe verlassen habe. – Sauerwein[1618] hat mir gesagt, man habe in Frankfurt in enger Verbindung mit einer starken republikanischen Verbindung in Wien (!) gestanden, welche freilich ein Theil und in Abhängigkeit von der Charbonnerie war. Etwas Näheres konnte ich nicht von ihm erfahren; doch ist derselbe ein ganz zuverlässiger Mensch, dessen Worten man Glauben schenken muss. – Über die Nachgiebigkeit und Schwäche des Frankfurter-Senates ist man hier aufgebracht; es sollen Blätter gedruckt werden, worin dem Volke die ganze Schmach des Verfahrens durch den Senat dargestellt und diess zur Wuth gegen denselben entflammt werden soll. Diess will man nach Frankfurt spediren und dort vertheilen lassen. – In unserer gestrigen Versammlung ist beschlossen worden, unsere Regierung in Paris zu ersuchen: dass dieselbe an das Komitee der spanischen Republikaner in Madrid eine Adresse entwerfe, worin denselben Dank für die Beförderung der allgemeinen republikanischen Interessen ausgedrückt und ein freundschaftliches Verhältnis mit uns bewirkt, so wie ihr Eifer zur Verfolgung ihrer Zwecke und unser thätiges Zusammenwirken besprochen werden soll. – Die von mit schon im letzten Briefe erwähnte Schrift des De La Mennais ist wegen ihres in ein religiöses Gewand eingekleideten Styles von ungeheurem Einfluss, besonders auf die niedern Klassen des Volks. Rauschenplatts Übersetzung, sammt einer kleinen Vorrede von ihm, erscheint dieser Tage. Es sind von Strassburg eine Menge Exemplare nach Deutschland und nach Berlin an Buchhändler geschickt worden, wie ein Brief von Freieisen an Sauerwein sagt. – Sie werden sich gewundert haben, dass Sie seit längerer Zeit keine Aufsätze gegen die preussische Regierung in den Schweizerzeitungen gelesen haben. Diess wurde hauptsächlich durch mich bewirkt, und von Groschvetter, der ganz von mir abhängig ist, in einer Versammlung der Vorschlag gemacht, nichts gegen die preussische Regierung in den öffentlichen Blättern erscheinen zu lassen, indem ersichtlich die humane Verhandlung der zu Berlin politisch Gefangenen, zweitens aber auch die Sprache des Ministers Ancillon bei der Wiener-Conferenz, von dem man wissen will, dass er durchaus nicht die absolut aristokratischen Ansichten einiger anderer Regierungen getheilt habe, Berücksichtigung verdiene, indem dergleichen Aufsätze die Regierung nur erbittern, und diese Wirkung sich hauptsächlich auf eine härtere Behandlung der in Berlin Verhafteten äussern würde. Dieser Vorschlag fand im Allgemeinen Beifall; indessen wurde weiter kein Beschluss darüber gefasst, und diess Jedem überlassen. Der Lizius hat aber eine unbeschreibliche Malice auf die preussische Regierung, und wenn Aufsätze in den Schweizerblättern gegen dieselbe erscheinen, so sind sie von ihm, besonders liefert er viel in den Volksfreund. Dieses Blatt, von durchaus radikaler Tendenz, befindet sich ganz in der Hand der Deutschen. Es erscheint in Burgdorf, und wird redigirt durch Herold, Sauerwein und Lizius. – In seiner heutigen Nummer befindet sich ein Aufsätzchen ungefähr des Inhalts: «In Berlin sässen 150 politisch Gefangene; die Behandlung wäre so folternd, dass einer bereits gestorben, ein anderer wahnsinnig geworden sei. Man wolle von den Leuten Geständnisse erpressen, wodurch dieselben ihre Gleichdenkenden verrathen sollten. Dazu fänden sie sich aber nicht bereit.»

Dieser Aufsatz ist vom Lizius. Ich denke diesen Menschen durch alle mir zu Gebote stehenden Mittel indessen bald unschädlich zu machen, so muss ich Sie ersuchen, diese Nachrichten unberücksichtigt zu lassen; denn dagegen helfen Massregeln nichts; es sind der Correspondenten so viele, dass einer immer die Stelle des andern ersetzen kann, und diese Massregeln würden gewiss bald zur Entdeckung meiner Stellung führen. – Ich muss jetzt schliessen. Sollten Sie mir Aufträge zu geben haben, so bitte ich darum, und ich werde Alles, was thunlich ist, ausrichten.

Beilage 2: Schreiben aufgesetzt in Zürich, den 20. April 1835[1619]

Lieber Freund!

Mein Schreiben, vom 10. dieses Monats, werden Sie erhalten haben. Besondere Neuigkeiten weiss ich Ihnen in diesem nicht zu melden, und beschränke mich daher, Sie nur von dem in Kenntnis zu setzen, was nach der neuen Einrichtung des Komitee, welches gegenwärtig aus Alban, Lüning und Cratz besteht, zu meiner Wissenschaft gelangt ist. – Der Abtritt des Peel'schen Ministeriums und die Beauftragung Melbourne's zur Bildung eines neuen, hat den lebhaftesten Eindruck auf unsere Leute gemacht; man spricht sogar stark davon, dass O'Connel, welcher ein bedeutendes Mitglied der Charbonerie sein soll, einen Platz in diesem erhalten, oder wenigstens die oberste Stelle in Irland bekleiden müsse. Man hält hier dieses Ereignis für äusserst wichtig; dem Königthum ist ein bedeutender Schlag versetzt, und es lässt sich voraussehen, dass, wenn nicht andere Ereignisse jener Flamme einen Damm entgegensetzen, sich dieselbe nicht bloss über England, sondern mehr oder weniger auf alle Staaten Europa's ausdehnen wird. Die Revolution hat durch diesen Sieg eine mächtige öffentliche Stütze erhalten; die Rückwirkung desselben dürfte sich in Kurzem in Frankreich, wo ihr Ludwig Philipp durch seinen April-Prozess die beste Gelegenheit darbietet, und darnach in Deutschland, Polen, Italien etc. offenbaren. Man erwartet von dem neuen englischen Ministerium, dass es sich namentlich der Sache Polens mit Energie annehmen und desshalb bestimmte Forderungen an das russische Kabinet stellen werde; auch glaubt man, dass der Orient zuerst der Schauplatz werden würde, auf welchem die Vertreter der beiden feindlichen Prinzipien zuerst ihre Streitkräfte messen dürften. Mit diesen Ansichten stimmen auch im Allgemeinen die Briefe überein, welche in den letzten Tagen hier eingetroffen sind. Obgleich wir dieselben nach der neuen Einrichtung nicht zu Gesicht bekommen, so beschwichtigt Alban die Neugier seiner Vertrauten dennoch dadurch, dass er denselben mündlich das Hauptsächliche ihres Inhaltes mittheilt. Nur hat man jetzt nicht zu erwarten, dass über Hals und Kopf irgend Etwas von unsern Leuten unternommen wird; im Gegentheil will die Charbonerie behutsam und sicher zu Werke gehen, durch keinerlei Demonstrationen verrathen, dass sie wirklich etwas im Schilde führe, durch eine ganz ruhige Haltung, welche unbekümmert selbst scheinbar günstige

Augenblicke vorübergehen lässt, die Wachsamkeit des Feindes einschläfern, bis sie plötzlich zur bestimmten Zeit den grossen Schlag führen wird, der von einem Lande durch das andere gefühlt werden soll. Dass dieser Zeitpunkt aber nicht mehr ferne ist, davon zeugt ihre Thätigkeit, mit der sie unter der Hand in der letzten Zeit, seitdem sie die Majorität in der Pariser Central-Regierung bildet, agirt. Ich habe Ihnen schon in meinem vorigen Schreiben einige Umstände angeführt, aus denen sich jener Plan erklären lässt; die Anzeichen häufen sich indess täglich mehr. Bevor der Kater (Rauschenplatt, Anm.) Bern verliess, hatte er noch eine Zusammenkunft mit Rotten und Dufour: der Erstere ist derselbe, welcher die Schweizergarde Ferdinands commandirte und zum Mina überging; er ist einer der vertrautesten Freunde desselben und in alle seine Pläne eingeweiht; auch wäre er schon längst wieder zu ihm nach Spanien, wenn man nicht seine Anwesenheit in der Schweiz zu Paris nöthiger gefunden hätte. Von dem, was bei dieser Zusammenkunft verhandelt wurde, ist bis jetzt noch nichts Gewisses kund geworden. Zuerst glaubte man: Rotten wolle mit dem Kater zusammen nach Spanien gehen; aber in Bern soll man den Rotten nicht gerne missen, weil man ihm dort eine Hauptrolle bei der Invasion nach Deutschland zugedacht habe; desshalb ist auch der Kater allein fort; sein Weg geht über Lyon, Paris etc. Rotten hat ihm wichtige Briefe an Mina mitgegeben. So viel scheint gewiss, dass Spanien das Signal geben wird. Daher lässt sich der Robespierrische Terrorismus erklären, mit welchem Mina die Sache des Don Carlos schleunigst zu beendigen sucht. Nach einem Schreiben von Savoie aus Paris, welches schon längere Zeit angekommen, aber noch nicht zu unserer Kenntniss gelangt war, muss sich Mina eilen, wenn nicht die Regierung, welche schon Lunte riechen soll, einen Strich durch die Rechnung macht; auch sollen die Verbindungen bereits so ausgedehnt sein, dass sich der Charakter des Geheimnisses nicht mehr lange beibehalten lässt, und hie und da schon eine Mine losplatzt. Valdez soll ganz im Einverständnisse mit Mina handeln und Torreno sich nicht mehr des unumschränkten Vertrauens seiner Partei erfreuen; die Minaische habe jetzt bedeutend die Oberhand; jedoch glaubt man, es werde diese gegenseitige Eifersucht kein Hinderniss für sie sein, um nicht im Einverständnisse in Bezug auf den gemeinschaftlichen Zweck zu handeln.

Keller ist noch nicht von Bern zurück, wird aber diese Tage erwartet. Seine Mühen, eine Aussöhnung der Parteien zu bewirken, soll eben so nutzlos gewesen sein, als die seiner Vorgänger. Die nationale Partei tritt jetzt offen hervor und fordert zu einer Versammlung in Langenthal auf. Diese Versammlung wird aber wahrscheinlich in Schinznach Statt finden. Die Mitglieder, deren Namen Sie unter jener Aufforderung gelesen haben, und zwar auch Mitglieder der jungen Schweiz, aber nur einige, als Snell und Troxler, sind im Central-Komitee. Man hütete sich absichtlich, Namen unter jenen Aufruf zu setzen, welche fremd klingen, und nahm hauptsächlich solche, die einen guten schweizerischen Klang im Lande haben. Wir wollen abwarten, welche Resultate die junge Schweiz aushecken wird. Wenn man nach der Stimmung urtheilen darf, welche jener Ausruf hervorgebracht hat, so kann man für seinen glücklichen Erfolg grosse Besorgnisse hegen; denn das Volk ist still, man spricht nicht einmal davon. Es beurkundet auch bei dieser Gelegenheit denselben Geist, den ich Ihnen schon in früheren Briefen durch seine Mattheit und Niedergeschlagenheit bezeichnet habe. Dass jene Versammlung von unserm Central-Comite ursprünglich veranstaltet sei, brauche ich Ihnen nicht erst zu sagen, und zwar will dieses eine Versammlung des ganzen jungen Deutschlands zugleich loslassen. Das ist freilich ganz schlau von Reiss (Reuss?), dass er die Wachsamkeit (?) der Schweizer Polizeien auf diese Weise zu umgehen, und hinter der Versammlung der jungen Schweiz die des jungen Deutschlands zu verstecken sucht. Darum ist auch in jener Adresse der Zeitpunkt noch nicht angegeben, an welchem die Zusammenkunft Statt finden soll. Man erwartet Instructionen aus Paris, und dürfte die Versammlung gerade dann veranstalten, wenn Mina und die französische Charbonerie losschlagen wollen, um sogleich die Leute beisammen zu haben, um dieselben bewaffnet (was leicht angeht, da Schinznach und Arenenberg nahe genug an einander liegen) über die deutsche Grenze zu führen. Daher konnten die Unterzeichner der Adresse, von denen aber nur Wilhelm Snell und Troxler von jenem Plane unterrichtet sein sollen, mit gutem Gewissen versichern, in die innern Angelegenheiten der Kantone wolle man sich nicht einmischen; ausserdem hoffte man durch diese Zusicherung den Argwohn der Berner und anderer Regierungen beschwichtigen und so ungehindert den grossen Plan ausführen zu können. Zugleich aber, um sich vor aller Blamage und sonstigen Verlegenheiten zu bewahren, setzte man keinen Zeitpunkt fest, und wollte erst abwarten, welchen Erfolg die Dinge in Spanien und Frankreich haben würden, und wenn selbst das Resultat dort, nach Eröffnung jener Versammlung, nicht günstig ausfallen sollte, so wird man sein Renommé dadurch zu retten wissen, dass man sagt: wir haben in unserer Adresse nur zu einer Versammlung Schweizerischer Patrioten aufgefordert; dass so viele Deutsche da waren, dafür können wir nicht, aber es ist natürlich. – Der Gedanke zu diesem Plane ist aus dem Kopfe des Reiss entsprungen und von der Regierung in Paris mit Wohlgefallen aufgenommen worden; so vorsichtig und nach allen Seiten gedeckt, verfährt auch nur die Charbonerie. Eine Versammlung kleinerer Art findet gegenwärtig in Winterthur Statt. Dort befindet sich jetzt: Cratz (schon seit 8 Tagen), Geisel[1620] (Peitsch), Dieffenbach, Schlottau (Steinmetz), Herold, Kombst, Fein und, wie es scheint, noch Andere, deren Namen ich noch nicht kenne. Der Zweck ihrer Zusammenkunft soll bloss der sein: mit einigen Abgeordneten (welche über Strassburg gekommen sein sollen) der verschiedenen Komitees in Süd-Deutschland Rücksprache zu nehmen und Gelder zu empfangen. Cratz wird ihnen zwei Adressen, die eine für die Opposition in der badischen Kammer, gerichtet an Rotteck, die andere für die in der Hessisch-Churfürstlichen, gerichtet an Jordan (welcher, obgleich nicht Mitglied derselben, dennoch ganz die Opposition im Geheimen leitet), übergeben. Die Erstere soll darin aufgemuntert werden: solche Motionen anzubringen, dass die Regierung sie auflösen müsse; der Zweiten wird der Dank des jungen Deutschlands für ihr patriotisches Benehmen ausgesprochen und für die treue Erfüllung der früher von uns an sie gerichteten Wünsche. Wie ich Ihnen schon früher einmal schrieb, ist es die Taktik unserer Regierung: durch absichtliche Hartnäckigkeit der Opposition immer die Kammern auflösen zu lassen. Man hält den moralischen Eindruck, welchen ein solches Verfahren der Regierung auf das Volk macht, für sehr bedeutend und von weit grösserem Einflusse, als wenn die Opposition ihre Anträge durchsetzen würde. Zugleich will man aber diesen Abgeordneten ein anschauliches Bild von den Handwerkersectionen geben, welche längs der deutschen Grenze bestehen, und Cratz soll sie desshalb überall dort einführen; die Übrigen aber sollen ihnen die Listen von der Anzahl der zu den verschiedenen Komitees gehörigen Sectionen vorlegen; das Alles, damit sie Fiduz kriegen, und eine grosse Beschreibung bei unsern Komitees in Süd-Deutschland von unsern Streitkräften, dadurch den Oppositionen in den betreffenden Kammern zum kühnern Auftreten, und, wenn das Signal von hier aus gegeben wird, zum öffentlichen Handeln Muth machen. Wer aber die Abgeordneten sind, darüber schweigt bis jetzt die Geschichte; Einige behaupten, Uhland wäre einer; aber Alban versicherte mir, er wäre nicht dabei.

Morgen oder übermorgen erwartet man den Dieffenbach und Geisel zurück. Das Geld und die Papiere, welche sie erhalten haben, werden dann Erhardt und Vincenz sogleich nach Bern überbringen. Auch scheint mir wegen der grossen Menge nach Winterthur Zusammengekommener noch ein anderer Plan dahinter zu stecken, der vielleicht später enthüllt werden kann. Schlottau blieb bei mir die Nacht über, als er von Liestal (oder vielmehr von Gelterkinden, wo er sich seit seiner Ausweisung aus Liestal verborgen hielt) hier durchging; er hatte eine Menge Briefe von Herbst, Vulpius,[1621] Kleinmann, Schapper (der von Liestal ausgewiesen, wieder dorthin zurückgekehrt ist) und Zoller (Peters) bei sich, aber alle ohne Adresse, nur mit der Aufschrift des Absenders, welche er den beiden Emissären übergeben sollte. Auch ist Trapp, der erst kürzlich ins hiesige Komitee aufgenommen worden ist, mit Aufträgen, deren Inhalt mir unbekannt ist, vor einigen Tagen nach Strassburg abgegangen. Reiss soll von der Regierung aus Paris einen Wischer bekommen haben, dass er so unfähige Leute, welche sich von der Polizei abfassen liessen, als beglaubigte Emissäre des jungen Deutschlands nach Deutschland schicke, und auf eine so leichtsinnige Weise viele Verbündete ins Pech bringe. Es sei diess nun schon der zweite Fall. Nämlich ein gewisser Richter, ein homo obscurus, ist im Badischen von einem Polizeikommissär, der sich für einen Liberalen ausgab, erwischt worden. Uns war von dieser Emission hier nichts bekannt, und auch Reiss läugnet in einem Schreiben an Alban, sowohl hiervon, als von der früheren Emission des Thoma (der über 40 Menschen compromittirt haben soll) das Geringste gewusst zu haben. Er dringt in seinem Briefe darauf, dass Alban, weil ihm solche Geschichten Unannehmlichkeiten von Paris aus bereiteten, die Versicherung gebe, dass diese Emission nicht von hier ausgegangen sei; und ebenso wird er die übrigen Komitees zu einer ähnlichen Erklärung auffordern. Sollte sich bei diesem Verfahren nicht herausstellen, von welchem jene Emission ausgegangen sei (man hat indessen Verdacht auf das Bieler oder Liestaler Komitee), so wird eine öffentliche Erklärung, von mehreren Deutschen unterzeichnet, des Inhalts, dass dieser Richter auf seine eigene Hand sich das Vergnügen gemacht habe, und dass hier in der Schweiz kein junges Deutschland oder andere tolle geheime Verbindungen beständen etc., losgelassen werden. Matty, der durch diesen Menschen stark compromittirt sein soll, befindet sich zu Bern. Wenn es wirklich der Fall ist, dass jener Mensch nicht vom Central-Komitee emittirt wurde (was freilich bei dem Obscurantismus desselben höchst wahrscheinlich ist) und nicht jenes Schreiben des Reiss eine blosse List ist, um ihn, weil er abgefasst wurde, und ihm selbst die Regierung einen Rüffel hat zukommen lassen, zu desavouiren, so kann dieser arme Teufel unmöglich viel wissen. Strohmeyer hat vom Central-Komitee in Bern ein sehr gutes Zeugniss erhalten, indem er in einem Schreiben an dasselbe dargethan hat, wie viele Leute er in kurzer Zeit für die Verbindung anzuwerben wusste. Dadurch muss er bei dem Komitee in Strassburg wieder in Kredit kommen. Die Erhart'sche Postgeschichte steht in der siebenten Nummer des Geächteteten hinten, der weiter unten angeführte Professor ist: Claproth. Da jetzt der Schrecken wegen der badischen Leiterwagen die Regierungen nach und nach zu verlassen scheint, so ist auch die polizeiliche Aufsicht nicht mehr so strenge, und es haben desshalb bei Bühlers (welche Kneipe dieser Tage an den Gastwirth Fäsi übergeht) schon drei Versammlungen ganzer Sectionen, naturlich in einem besondern Zimmer, Statt gefunden.

Die Drittels-Geschichten waren sehr beschwerlich und incommodirten, und gingen bei der Menge der Leute sehr langsam. Ich konnte aber desswegen, weil nur eine so kleine Zahl auf Privatzimmern und nicht auf Kneipen zusammen kommen durfte, mit meinen Aristokraten keine Collisionen bewirken, werde aber jetzt dieselben wieder sammeln und, hinter den Coulissen verborgen, öffentliche Auftritte zu veranstalten suchen. Der Gastwirth Duby in Bern, einer der radikalsten Schufte, ist mit einem Male gestorben; man sagt, der Herr von Belleval, schon seit lange von einer heftigen Leidenschaft für seine Frau entbrannt, habe ihn vergiften lassen, um ungestörten Zutritt zu haben. Max Hoffmann soll nach Frankreich abgereist sein. Die Nachricht von der Hinrichtung des Kouseritz scheint sich nicht zu bestätigen, was mir sehr lieb ist, obgleich man es hier ganz bestimmt wissen zu wollen vorgab. Vor einigen Tagen waren hier einige Tübinger Studenten; zwei nannten sich Müller und Schwarz; sie hatten Würtembergische Pässe. Bei ihrer Abreise nach Hause beluden sie Mülhäuser und Goebel mit einer Menge Proclamationen, Broschüren etc. zur Vertheilung. Der mit mir aus Bern weggewiesene Hartmann ist gestern aus Genf hier angekommen. Wie ich nachträglich vernehme, soll auch Granier, der fortgewiesene Redacteur des Proscrit, in Winterthur sein, und diese Versammlung hauptsächlich desshalb an jenem Orte Statt finden, weil gegen Ostern eine Menge Fremder wegen der Eierlese, eines hiesigen Volksspiels, dort zusammen kommt und die Anwesenheit unserer Leute desshalb nicht auffallend ist.

Beilage 3: Schreiben aufgesetzt in Zürich, den 18. Juli 1835[1622]

Mein Schreiben vom 5. d. M. werden Sie erhalten haben. Vor meiner Abreise, welche morgen den 19. Statt finden wird, nur noch einige Neuigkeiten geringerer Art, da nichts Erhebliches hier vorgefallen ist. – In der geheimen Sitzung der Tagsatzung sollen sich mehrere Stände äusserst heftig für Massregeln gegen den preussischen Zollverband, andere gemässigter, eine sehr kleine Anzahl aber für den Anschluss ausgesprochen haben. Jedenfalls wäre es nicht unmöglich, nach dem Urtheile Mancher, welche die hiesigen Verhältnisse kennen, die Schweiz, wenn von Seite des Vereins klug zu Werke gegangen wird, mit hineinzuziehen. Es ist bekannt, dass das Volk hier im Allgemeinen für nichts Sinn hat, als für seine materiellen Interessen. Werden diese gekränkt, so ist es leicht, es zu einem energischen Widerstande zu bringen; zeigt man ihnen hingegen die Möglichkeit, einen solchen Conflict, dessen Resultat, es mag ausfallen wie es wolle, keineswegs seinen Interessen förderlich ist, durch den Beitritt zu vermeiden, und durch diesen dieselben Vortheile, wie bisher, zu geniessen, so wird die Masse des Volks gern bereit sein, ohne Rücksicht auf das Geschrei der Radikalen von aristokratischem Einflusse u.s.w., seine Freiheitsphantome, von denen es nichts hat und aus denen es sich im Grunde nichts macht, einem einträglicheren Absatze seiner Erzeugnisse zu opfern. Letzteres befürchten eben die neuen Regierungen. Sie glauben, mit dem Anschlusse würde durch den Einfluss Preussens die alte Aristokratie in der Schweiz eine Stütze erlangen, und sie nach und nach in den Hintergrund drängen. Darum posaunen sie Alle gegen einen Anschluss, und thun so, als ob diess so viel hiesse, als dem Feinde das Land in die Hände liefern. Hierin werden sie natürlich vom Nationalvereine und der jungen Schweiz unterstützt. Da sie nun einmal das Prävenire gespielt haben und schon eher, bevor noch Baden seinen Anschluss ausgesprochen hatte, den für einen Landesverräther zu brandmarken suchten, der nur einen Gedanken der Art äussern würde, so mussten selbst diejenigen Kantonalregierungen, zu denen ich namentlich Stadt-Basel und Schaffhausen zähle (in Tessin ist der Einfluss Österreichs zu überwiegend, und es wird wegen seiner Lage nicht unmittelbar von den Nachtheilen berührt), um als gute Patrioten zu gelten, ihren Wunsch, sich anzuschliessen (denn dass sie es wünschen, ist sicher), vorläufig in sich verschliessen. Sollte es nun gelingen, nur einen einzigen Kanton für eine offene feste Erklärung des Anschlusses wegen sonst zu grosser Gefährdung seiner Kantonal-Interessen zu gewinnen, so würde die Stimme desselben beim ganzen Volke Anklang finden, und es dürfte den neuen Regierungen schwer werden, ihren bisherigen Weg fortzusetzen. Dergleichen fürchten sie und die ganze demagogische Partei. – Ausser andern Vortheilen für den Verein würde ihm durch den Anschluss der Schweiz der bedeutende Theil werden, dass es ihm binnen Kurzem gelingen dürfte, der revolutionären Partei ein Terrain, in dessen Eroberung sie täglich Fortschritte machte, zu entreissen, und sich von einer gefährlichen Nachbarschaft für jetzt und für die Folge zu befreien. Rücksichtlich der Stellung gegen Frankreich etc. ist der Gewinn zu sehr in die Augen springend, als dass ich Sie mit der Erzählung meiner und anderer Ideen zu langweilen brauche. Die neue Wahl eines Regierungsrathes für Bern ist auf ein Mitglied der jungen Schweiz und des Nationalvereines, Namens Langel, gefallen; auch Kohler will in den Nationalverein hinein, und hat den Wilhelm Snell um Aufnahme ersucht und sich zu doppelten Beiträgen anerboten. Dieser wusste sich ihn aber dadurch vom Halse zu schaffen, dass er sagte, die Aufnahme hinge nicht von ihm allein ab; er würde aber so bald als möglich darüber Rücksprache nehmen. Die Ihnen in meinem frühern Schreiben gemeldete beabsichtigte Centralisation der Berner Schutzvereine hat nun wirklich am 12. d. M. zu Fraubrunnen Statt gefunden. Die Schnell'sche Partei, welche sich vergebens bemühte, dieselbe zu verhindern, hat auch hier eine glänzende Niederlage erlitten, und das darauf ernannte Central-Komitee sich mit einer starken Majorität für den Anschluss an den Nationalverein erklärt, unter dem sie auch ohne diese Erklärung gestanden hätte; denn die Majorität im Central-Komitee besteht aus Nationalen und Mitgliedern der jungen Schweiz. Sie werden staunen, wenn Sie hören, dass fast das ganze Land oder vielmehr die Jugend desselben im Vereine mit uns für die Zwecke der Charbonerie gewonnen ist. Und dieser Zeitpunkt, wenn alle Schritte dieser Partei von so schnellen und günstigen Erfolgen sind, wie die bisherigen, dürfte nicht mehr fern sein; dann aber werden die Nachbarstaaten bereuen, dass sie das Ding so lange als unbedeutend unbeachtet gelassen haben. Ich wiederhole, dass der Absolutismus seine einzige Gewähr für die Zukunft in der Wiederherstellung des früheren Regierungsprinzips hat, wenn auch nicht von denselben Personen, wie vor der Revolution, ausgeführt. Die Wege, auf welchen dieses Ziel zu erreichen ist, sind verschieden; einer davon ist der oben angedeutete. Das ist meine feste Überzeugung. – Am gleichen Tage, an welchem die Berner Schutzvereine öffentlich centralisirt wurden, fand ein Spektakel in Luzern Statt. Sie werden sich erinnern, dass ich Ihnen in einem früheren Schreiben meldete, dass man von hier aus bemüht war, dem Aufsehen, welches der dortige Handwerkerverein bei seinen Versammlungen machte, auf Anregung des Central-Komitee ein Ende zu machen. Mit den Anordnungen, welche nun Giesker, der eigens von hier dazu abgeschickt war, und wonach diese Versammlungen ganz im Geheimen, ohne alles Aufsehen, gehalten werden sollten, getroffen hatte, war ein Theil der Handwerker unzufrieden und setzte das frühere Unwesen fort. Auf eingegangene Meldung wurde Hertenstein, einer unserer besten Freunde, Mitglied der jungen Schweiz, vom hiesigen Komitee ersucht, bei der ersten Gelegenheit einige ihm namhaft bezeichnete Individuen, welche man für die Rädelsführer hielt, fortzuschicken. Eine solche Gelegenheit fand sich bald am vergangenen Sonntage, an welchem sich ungefähr 30 versammelt hatten, und sich ganz brutal geberdeten, an einem öffentlichen Orte. Der in übelm Geruch stehende Buchhändler Kiesler war einer der Hauptschreier. Mit Andern aus der Verbindung, welche sie aufforderten, sich der Anordnung gemäss zu betragen, ruhig zu sein und aus einander zu gehen, zankten sie sich, und es wäre zur Holzerei gekommen, hätte nicht Hertenstein mit einigen Landjägern diesem Skandale ein Ende gemacht. Tags darauf schickte er die ihm von hier aus Bezeichneten fort. Das war die ganze Geschichte, von der die Zeitungen, in denen es hier von Lügen und Entstellungen wimmelt, voll sind. Wir waren am gleichen Tage in Küssnacht beim Sträuli, wo eine ungewöhnliche Handwerkermasse, aber ganz ruhig und fromm, versammelt war. Wegen des Unbequemen, die Versammlungen, d.h. die solennen, in den Ihnen bezeichneten Privatwohnungen abzuhalten, finden diese jetzt regelmässig alle Montag Abends um 7 Uhr in der Waage, einem Gasthause in der Stadt, in einem besondern Saale Statt. Hier werden Reden gehalten, Lieder gesungen, kurz, wie früher in den ersten Zeiten. Nur muss das Nachhausegehen einzeln und mit der grössten Stille vor 10 Uhr erfolgen. Wohlweislich hatte sich Erhardt aber vorher die Erlaubnis Keller's hierzu versichert, der, so lange Alles ruhig und ohne Aufsehen zugeht, uns vor allen Unannehmlichkeiten zu schützen versprochen hat. In der Versammlung am vergangenen Montage wurde, ausser den patriotischen Ergüssen, von einem Handwerker die Bitte gestellt, man möchte doch die Summe von 60 Frk., wozu einer aus der Verbindung in Winterthur, der einen Spion, d.h. einen der Winterthurer Polizei verwundet habe, ausser Arrest noch verurtheilt sei, bezahlen. Das Komitee genehmigte das Gesuch und schickte die 60 Frk. hin.

Ein Schreiben des Ludwig Snell beauftragt den Alban, dafür zu sorgen, dass Keiner von uns mit dem Herold umgehe, und dass dieser von aller Theilnahme an unsern Angelegenheiten durchaus ausgeschlossen werden sollte. Motivirt war dieser Auftrag durch das schlechte Benehmen des Herold bei seiner Verhaftung. Am nächsten Montage muss diess in der Versammlung publizirt werden. Alban hätte es äusserst ungern gethan, weil er dem Herold zu persönlichem Danke, wegen seiner Befreiung aus dem Gefängnisse, besonders verpflichtet ist, und man wohl weiss, dass Ludwig Snell auf Betrieb der Frau Fresenius und ihrer hübschen Tochter Natalie, die gegenwärtig zu Bern sind, und denen er sehr hofiert, jenes Schreiben erlassen hat. Alban wird dadurch der Unannehmlichkeit überhoben, da wir morgen Zürich verlassen. Cratz oder Erhardt, wahrscheinlich der Erstere, wird seine Stelle als Präsident ersetzen, und Bach oder Dieffenbach noch mit zum Präsidium gezogen werden. Alles diess wird heute Abends noch näher bestimmt werden. Nachträglich habe ich erfahren, dass Schmid (Mops), welcher vor Kurzem nach Montpellier gegangen ist, mit Mina und andern spanischen Republikanern daselbst Rücksprache nehmen wird. Er soll von da nach Madrid. Mit Weiland, von dem es heisst, er wäre schon auf dem Wege, ist es nicht so; er wollte die Bedingungen, welche man ihm in Bern proponirte, nicht eingehen und beleidigte den Frei durch seinen hochtrabenden Ton so empfindlich, dass dieser es durchzusetzen wusste, dass er nicht nur nicht nach Spanien geschickt, sondern ihm auch die monatliche Unterstützung, welche er hier bezog, die übrigens unbedeutend war, entzogen werden sollte. Darauf genirte er sich, hierher zurück zu kommen, und ging nach Liestal, wo er zurückgezogen der Advokatur obliegt. Durch seine zahlreichen Verbindungen mit der Pariser Charbonerie kann er dem Berner-Central-Komitee sehr schaden. Der Italiener Piazza, der einzige, der wegen seines Prozesses und seiner Kaution noch dableiben musste, ist zu einer Geldstrafe von einigen 100 Frk., zu einer Entschädigungssumme von 180 Frk. an den Beleidigten und zu 4 monatlichem Gefängnisse verurteilt worden. Allgemein ist man über dieses Erkenntnis entrüstet, und man sieht nur zu deutlich hieraus, dass die Regierung mehr Angst vor den Kutschern, als vor den revolutionären Verbindungen hat. Der Kutscher hat übrigens gegen dieses Erkenntnis theilweise appellirt und prätendirt 500 Frk. Entschädigung. — Statt des Heimatscheins für den Ludwig hat die Gothaer Polizei ein Auslieferungsgesuch desselben wegen Theilnahme an burschenschaftlichen Verbindungen an die hiesige geschickt. Ludwig wusste sich einen Kautionsschein zu verschaffen, und kann nun ungestört hier bleiben. Giesker ist von Bern mit einer langen Nase wieder zurück gekommen; er muss hier bleiben; Kombst indessen ist auf dem Wege nach Paris. Am Sonntage vor acht Tagen erhielten wir die ersten Exemplare der Ihnen von mir seit einem halben Jahre angekündigten Schrift. Ich würde ihnen ein Exemplar geschickt haben, wenn diess nicht zu dick wäre, und wenn nicht der Schwarze, welcher wenigstens, wie ich sicher weiss, am Donnerstage vor acht Tagen eins kaufte, mich dieser Mühe bereits überhoben hätte. Mit dem Drucke dieser Schrift hat es folgende Bewandniss. Dass Kombst dieselbe hier nicht drucken liess, dafür wusste ich, wie ich Ihnen zu seiner Zeit gemeldet, zu sorgen. Das Central-Komitee liess sich nun schon vor langer Zeit dieselbe angeblich zur Durchsicht kommen, schickte sie aber nach Paris, um sie durch Heideloff und Campe drucken zu lassen. Diese wollten indessen darauf nicht eingehen, und das Manuscript kam nach Bern zurück. Von da nahm es nun Fein, welcher damals gerade in Verbindungsangelegenheiten nach Strassburg musste, mit, und liess dort bei Schuler, auf Kosten des Komitee, 750 Exemplare drucken. Von diesen wurden von Strassburg aus 230 nach Deutschland gesendet; von der Schweiz aus geht keines hinein. Als wir hier die ersten Exemplare empfingen, war Kombst schon fort. So viel ich erfahren habe, bemühte er sich, in seiner frühern Stellung den Minister von Bernstorff[1623] in sein Interesse zu ziehen; indess scheint ihm dieses Projekt an der Festigkeit dieses Mannes, der sich in mehreren Punkten seinen Ansichten sehr genähert hatte, gescheitert zu sein. Zwischen Beiden hat ein Briefwechsel Statt gefunden, und unter den Papieren des Herrn v.B. möchten sich wohl noch manche interessante hierauf bezügliche Gegenstände befinden. Einer der ersten Aufsätze über die Politik Preussens ist ebenfalls von diesem Manne. Übrigens sind darin bei Weitem nicht alle im Besitze des Kombst befindlichen Aktenstücke, deren er einen ganzen Stoss gesammelt, abgedrckt, wohl aber die interessanteren, und namentlich desshalb nicht, weil mehrere Personen, welche jetzt noch leben, dadurch kompromittiert werden würden. Auch bei dem Herrn v.B. hat man diese Rücksicht beobachtet und bis zu seinem Ableben gewartet. Ein grösseres vollständiges Werk, welches zu geeigneter Zeit erscheinen wird, wird noch manches als Staatsgeheimnis sicher Geglaubtes aufdecken. Das sind die Früchte politischer Toleranz; denn Kombst war als Student ein bekanntes Mitglied der Jenaer Burschenschaft. — Das Nordlicht ist aus Glarus noch nicht angelangt; man ist hier über die Nachlässigkeit des Druckes sehr böse, und Schlottau, welcher wieder hier war, ist mit dem

Auftrage dahin gegangen, das Manuscript abzuholen, und dasselbe nach Wädenschweil zu geben, wo sich jetzt ein sehr bereitwilliger Drucker gefunden hat. Pfuhl hat Erlaubnis erhalten, nach Paris zu gehen, aber ohne Aufträge. Der kleine Barbier geht nach Wädenschweil. Kuller, aus Solingen, hatte häufige Zusammenkünfte mit Alban. Schüler, aus Biel, war mehrere Tage hier. Er war im Thurgau und auf Arenenberg wegen der Waffen gewesen; ein grosser Theil ist noch da; ein anderer bedeutender soll sich wieder in Rheinfelden befinden. Man betreibt jetzt diese Waffensammlung sehr geheim und legt scheinbar nicht mehr viel Werth darauf, obgleich für den Ankauf neuer grosse Summen weggegeben werden. Stephani ist aus Bern angekommen; er wird hier bleiben, und ist auf die sonderbare Idee gekommen, die Brauerei zu erlernen. Auch Glück wird aus Bern erwartet. Unter der Hand werden in der Schweiz starke Werbungen sowohl für Don Karlos, als für Christine gemacht; von unserer Seite wird aber überall mit der grössten Strenge darauf gesehen, dass sich keiner unserer Leute für die Letztere werben lässt. An Briefen aus Paris fehlt es; einige sind von untergeordnetem, meist persönlichem Interesse. Über das Verfahren gegen den Bruder von Lüning, den man, nachdem man ihn ¼ Jahr in Untersuchung gehalten und ihm nichts zur Last legen konnte, indem er nur Renonce und ein ganz unschuldiger Mensch war, desshalb hauptsächlich nicht studiren lassen will, weil er ein Bruder des hiesigen ist, wundert man sich. Indess ist Vorsicht immer gut. Die drei Sachsen, Schlütter, Cramer und Geuther, von denen die beiden Ersten als Maler, der Letztere als Privatlehrer ihren Pässen zufolge reisten, gingen von Plauen nach Böhmen hinein über Linz. Ihre Pässe sollten sie in Jnsbruck visiren lassen, befürchteten aber, die dortige Behörde möchte schon Steckbriefe erhalten haben, umgingen diese Stadt, und kamen ohne die geringsten Unannehmlichkeiten über Graubünden hieher. Auf ihrer ganzen Reise sind sie von Sachsen aus nur durch Östreichisches Gebiet gegangen mit absichtlicher Vermeidung des Baierischen. – Vergebens habe ich bis jetzt der sehnsüchtig erwarteten Ankunft eines Wechsels entgegen gesehen. Ich musste mir nun Geld aus der Kasse vorstrecken lassen, welches ich versichert habe, in den ersten Tagen des Augusts zurück zu geben. Auf keinen Fall kann ich den Alban allein fortlassen; er hat sich einen ganz neuen langen Dolch machen lassen, und wenn ich auch selbst glaube, dass seiner Reise keine besonderen Absichten zu Grunde liegen, so würde man mich doch zur Verantwortung ziehen, wenn irgend eine Ermordung bedeutender Art vorfiele. Läuft alles glücklich ab, dann ist es desto besser. So viel ist sicher, dass wir vor dem 3. August hier sind. Ich ersuche Sie daher noch einmal dringend, mich nicht in Geldverlegenheit zu lassen, denn das ist für mich das Unangenehmste, und es so einrichten zu wollen, dass ich bei meiner Zurückkunft meinen Wechsel vorfinde. Unter der Ihnen bekannten Adresse erhalte ich ihn sicher. Ich wüsste sonst nicht, was ich anfangen sollte, so ohne alle Mittel bin ich gegenwärtig. Unter einem Pastor von Muralt aus Petersburg, einem Freunde des Finanzministers, Fürsten Canerin, mit dem ich dieser Tage zu Tische war, habe ich einen sehr interessanten und klugen Mann kennen gelernt. Er hospitirt hier bei allen Professoren und erkundigte sich sehr sorgfältig nach Allem. Auf seine Frage, ob hier auch Verbindungen existirten, durfte ich natürlich nichts anders als Nein! Antworten. Mit dem General Retzenkampf hat er die Rheinreise gemacht. Ich sprach mit ihm viel über politische Gegenstände, worüber er sich aber sehr gewandt und schlau auszudrücken wusste. Er macht jetzt eine Reise durch die Schweiz, kommt aber in einigen Wochen hierher zurück, wo ich öfter Gelegenheit haben werde, mit ihm zusammen zu kommen.

Beilage 4: Schreiben aufgesetzt in Zürich, den 3. August 1835[1624]

Bei meiner Zurückkunft, am 2. Aug. Abends, fand ich Ihr werthes Schreiben nebst der Anlage vor; es kam zu rechter Zeit; meinen herzlichen Dank dafür! Meinem letzten Brief, vom 18. v.M., werden Sie erhalten haben; ich schrieb Ihnen darin, dass die Wahl eines interimistischen Präsidenten des hiesigen Komitee wahrscheinlich auf Erhardt oder Cratz fallen würde;

aber dem war nicht so; bei der Versammlung erklärte Cratz, er könne das Präsidium nicht annehmen, weil er wahrscheinlich einige Tage in Bern verweilen müsste, und Erhardt bot nicht genug Garantie und zwar desshalb, weil ihm das Kantonsbürgerrecht von der hiesigen Regierung noch nicht ertheilt war; indem er dazu noch die Einwilligung seines Vaters erwartete, obgleich er schon das Gemeindsbürgerrecht erhalten hatte. So strenge und misstrauisch geht man in der Wahl der Auswerwählten zu Werke. Einem Andern wollte Alban nicht gern das Präsidium überlassen, weil diesen zum Theil die nöthige Geschäftskenntnis abging oder sie nicht zu seiner Partei gehörten. So blieb denn nichts Anderes übrig, als dass Lüning sich entschliessen musste, seine Reise mit uns aufzugeben und die Geschäfte des Präsidiums zu übernehmen. Ich war zweifelhaft, ob ich nicht einen Vorwand suchen solle, der mir die Reise mit Alban unmöglich mache, oder ob ich meiner frühern Absicht treu bleiben sollte, und zwar aus dem Grunde, weil ich aus dem Nichteintreffen eines Briefes von meinem Vater schliessen konnte, dass meine Entfernung von hier nicht seinen Beifall hätte, und dass er meine Anwesenheit wünschte; indess rechtfertigte der Erfolg nur zu gut die Gründe, welche mich zur Begleitung des Alban bewogen hatten. Wir gingen über Glarus, wo wir den Schlottau trafen, der mit der Organisirung eines Handwerkervereins dort eifrig beschäftigt war; er fand Unterstützung an einem Regierungsmitgliede daselbst, dessen Name mir jetzt nicht beifällt. Von dort gingen wir nach Graubünden über den Panixerpass und gelangten durch die Via mala nach Andeer. Hier, sagte Alban, wollen wir einmal vorläufig Halt machen. Unsere bisherige Reise trug nämlich den Charakter einer gewöhnlichen Schweizerreise, nur dass Alban, der mit sehr vielem Gelde versehen war, noch ärger depensirte als ein Lord, und mir, wenn ich zuweilen darauf hindeutete, wir verkneipten die ganze Kasse, entgegnete, er würde der Kasse nicht mehr zur Last fallen und zu guter Letzt wolle er noch sein Leben geniessen u.s.w. In Andeer trafen wir vier reisende Maler, wie man deren häufig in der Schweiz antrifft, die sich uns alsbald aber freundschaftlich nahten, und in deren zwei ich den Oberst Lelewel und den Sieber[1625] erkannte. Die übrigen beiden waren Polen, welche ich früher noch nicht gesehen hatte. Sie kamen eben von der Strasse zurück, welche über den Splügen ins Oestreichische führt, und hatten unter dem Scheine, als malten sie Landschaften, bereits Pläne von Pässen, welche von Bünden ins Tyrol hineinführen, bis zur Splügenstrasse aufgenommen. Der Gastwirth in Andeer, Namens Frank, der Mitglied der jungen Schweiz ist und dort ein ziemliches Ansehen hat, war ihnen zu Allem behülflich; hier war ihr Hauptquartier. Zwei Tage brachten wir dort in dulci jubilo zu gingen dann über den Bernhardin und Bellinzona nach Magadino. Von hier fuhren wir am andern Morgen früh um 6 Uhr auf dem Dampfschiffe, es war am 25., ab. Alban hatte schon Abends vorher mit dem Kapitän des Schiffes Rücksprache genommen. Auf meine Vorstellungen: wir wären ja in Feindesland, entgegnete er, ich solle ihn nur sorgen lassen, er habe gute Pässe für uns beide, und unsere Reise ginge bis zu den Borromäischen Inseln, dort würde er Jemanden treffen, mit dem er weiter ginge; ich aber müsste dann gleich, nachdem ich ein Schreiben von ihm an Ludwig Snell und eins an Lüning erhalten hätte, mit dem Dampfschiffe, welches nach 3 Stunden wieder vorbeikäme, zurück; er würde mir Geld geben, dass ich bequem und schnell Bern erreichen, den Brief an Ludwig Snell eiligst abgeben und mich mit dem Andern sogleich nach Zürich begeben könne. Wir stiegen auf Isola bella aus, während das Dampfschiff seinen Lauf weiter fortsetzte. Wir gingen in das Gasthaus, fanden dort aber den Erwarteten nicht, was den Alban zu beunruhigen schien. Wir setzten uns zu Tische ganz allein in einem obern Zimmer. Alle meine Versuche und Fragen über seine eigentliche Absicht und dieses geheimnisvolle Treiben entkräftete er dadurch, dass er mir stets wiederholte, obgleich er zu mir das grösste Vertrauen habe, welches schon daraus hervorginge, dass er mir zwei sehr wichtige Schreiben mitgeben würde, so verbiete ihm sein Ehrenwort, über das, was geschehen würde, das Geringste zu sprechen. Bald würde die That reden. Das war mir genug; schon aus früheren verschiedenen Äusserungen von ihm, so wie aus dem Umstande, dass er sich neben seinem gewöhnlichen, noch einen langen, besonders schönen Dolch vor unserer Abreise hatte verfertigen lassen; ferner aus seiner geheimnisvollen Weiterreise, welche, wie ich sicher schliessen konnte, am andern Tage mit dem Dampfschiff auf Sesto calende gehen sollte, ging hervor, dass er mit einem Morde bedeutender Art umging. Während wir es uns wohl schmecken liessen, klopfte es leise an der Thüre. Alban sprang auf und sagte mir, ich solle augenblicklich in den Garten gehen und so lange da bleiben, bis er mich abhole. Herein trat ein Mann mit einem weissen italienischen Staubhemde, und einem schwarzen Bande darum, eng anliegenden kurzen Beinkleidern, schwarz seidenen Strümpfen, Schuhen mit Schnallen, einem Dreieck auf dem Haupte, ziemlich schlank, von mittlerer Grösse, ungefähr zwischen 45 und 50 Jahren; er behielt den Hut auf dem Kopfe, sein Haar war schwarz, mit grauen untermischt, sein Äusseres war das Gewöhnliche eines katholischen Weltgeistlichen. Ohne ein Wort zu sprechen, bevor ich hinaus war, sah er den Alban mit fragenden Blicken an. Dieser warf nur dem Zögernden einen strengen Blick zu, und es blieb mir nichts anders übrig, als mit schwerem Herzen hinaus zu gehen. Ich that, als ob ich die Treppe herunter ginge, und trat recht hart auf, hörte aber doch, wie die Thüre verschlossen wurde, zog mir meine Schuhe aus und schlich mich auf den Strümpfen wieder hinauf. Hier legte ich mich auf den Boden und horchte an der Thür, aber vergebens. Sie sprachen so leise, dass ich nichts als ein unverständliches Zischen vernahm. Darauf machte ich mich bald wieder die Treppe hinunter, weil ich die Entdeckung fürchtete, und ging in den Garten. Hier schrieb ich mit Bleistift ein Billet an die Polizeibehörde in Sesto calende, worin ich ihr den Alban genau signalisirte, indem ich nicht wusste, unter welchem Namen er reisen wollte, und forderte dieselbe auf, alle Wachsamkeit anzustrengen, dieses Menschen habhaft zu werden, der ohne Zweifel mit dem Morde einer bedeutenden Person, vielleicht des Kaisers selbst, umginge. Ich führte Papier, Blei, Oblate und meinen bekannten Siegelring immer bei mir, den Brief hatte ich mit ☉ unterzeichnet. Eben überlegte ich, wie ich diesen am schnellsten und sichersten abschicken könne, und war dabei auf die oberste Terrasse gestiegen, um zu beobachten, wohin der Fremde nach Beendigung des Kollegiums sich wenden würde, als ich Alban sehr eilig auf mich zu kommen sah, der mir schon von Weitem zurief: Der Teufel holt Alles, wir fahren mit einander noch heut wieder zurück. Er war sehr finster und missgestimmt; die Unterredung hatte gegen ¾ Stunden gedauert; der Fremde war spurlos verschwunden; wir gingen in das frühere Zimmer zurück. Alban schrieb unsere Namen mit Blei an die Wand, und fluchte, als er gerade über uns den Namen des Untersuchungsrichters Müller aus Frankfurt fand. Er schimpfte schrecklich über ihn, und sagte: Der Kerl könne sich gratuliren, dass er bei seiner Spionenreise mit dem Leben davon gekommen wäre. Müller war vor einigen Monaten in Bern, und, wie es hiess, nicht bloss zu seinem Vergnügen. Zwischen 3 und 4 Uhr kam das Dampfschiff zurück und führte uns wieder nach Magadino. Von hier hing es nun über den Gotthard schnell nach Zürich zurück, und wir wären noch früher hier gewesen, hätte nicht den Alban ein Unwohlsein, welches 3 Tage anhielt, in Meiringen zurück gehalten. Er war auf dem ganzen Rückweg äusserst verdriesslich und übel gelaunt. Da ich durch Fragen etc. nichts aus ihm herausbringen konnte, so versuchte ich es durch Spott, und glaubte, dass wenn ich ihn wegen seiner verunglückten fürstenmörderischen Absichten verhöhnte, er bei seinem Unmuthe in der Hitze vielleicht etwas antworten würde, woraus ich Manches entnehmen könnte. Aber er behielt sich immer in seiner Gewalt, was denen nicht auffallen wird, welche, wie z.B. Müller in Frankfurt, seine Untersuchung geführt haben, und ihn daher kennen. Auch fielen mir später, als ich die Kunde von dem Attentat auf Louis Philipp vernahm, manche Äusserungen von ihm in Bezug auf die Julitage und ihre Folgen bei, welche ich früher unbeachtet gelassen hatte. So sagte er mir unter Anderem, als ich mich über die Hitze beim Ersteigen der Berge beklagte: Es wäre dies eine gute Vorübung; denn es könne leicht sein, dass wenn die Julitage in Paris gut abliefen, ganz andere Märsche gemacht werden müssten. Wann ich dann näher darauf einging, so wich er aus. Wenn man Lust hat, zu combiniren, und hält meine Beobachtungen mit dem einige Tage später in Paris Vorgefallenen zusammen, so kann man auf allerhand Vermuthungen geführt werden, die ich aber, weil es eben blosse Vermuthungen sind, nicht weiter ausführen mag. Etwas Gewisses lässt sich aus diesem mystischen Dunkel, wenigstens für jetzt, nicht herausfinden. Dass mir diess mit der Zeit gelingen werde, hoffe ich. Das Attentat auf Louis Philipp hat wegen seines Misslingens hier einen sehr übeln Eindruck gemacht. Durch telegraphische Depesche hatte man sehr frühe Nachricht davon. Lüning berief sogleich eine ausserordentliche Versammlung zusammen und sandte den Cratz nach Bern ab, um Instruktionen eiligst einzuholen. Unterdessen kam aber die Nachricht von der nicht gestörten Ruhe in Paris; die ausserordentlich freudige Aufregung verwandelte sich in Betrübnis, und Alles kehrte in das frühere Geleise zurück. Alban übernahm sogleich wieder das Präsidium; unsere Abwesenheit fiel um so weniger auf, als gerade Ferien waren; auch waren wir ausserdem mit Züricher Pässen für die Schweiz versehen. Am 3. August, also heute Abends, soll sowohl wegen des Geburtstages des Königs von Preussen, als auch wegen unserer Zusammenkunft im grünen Häuslein, ein grosses Bankett losgelassen werden, wozu sich aber nur sämmtliche Komitee-Mitglieder (keine Handwerker) einfinden werden. Das übliche Schiessen nach dem Bilde des Königs soll, weil es Aufsehen erregen könnte, unterbleiben. So viel ist gewiss, dass keiner der Hiesigen von Alban's Absicht unterrichtet war; mir hat er das strengste Schweigen auferlegt. So viel ich in der Eile über die allgemeinen politischen Angelegenheiten erfahren konnte, hat man in Paris das Misstrauen, welches man von vorn herein in die Aufrichtigkeit der Torenoschen Versprechungen setzte, gerechtfertigt gefunden. Man glaubt sich indessen in Spanien stark genug, um ohne ihn das auszuführen, woran man schon lange arbeitet. Man rechnet dabei stark auf die fremden Regimenter, namentlich auf den Oberst Evans. – Der Kater wird bestimmt nicht nach Spanien gehen, und täglich in Bern von Paris zurück erwartet; das hat etwas zu bedeuten; auch den Schrader erwartet man in Bern. Hier ist ein gewisser Becker, der früher Sprecher in Giessen war, angekommen. Der Nationalverein oder die junge Schweiz macht reissende Fortschritte; ein Schutzverein nach dem andern erklärt sich, trotz der heftigen Opposition der Schnelle, für den Anschluss, und immer sind die an der Spitze stehenden Personen dieselben, welche Ihnen schon früher von mir bezeichnet worden sind. Der Verkehr Dieffenbach's mit den bekannten badischen Deputirten soll in der letzten Zeit bedeutend gewesen sein. (...). Wie es heisst, sind die Vorbereitungen zur Entweichung eines Theils der Pariser Aprilgefangenen in der Wohnung des Lebert, welcher in der rue copeau No. 4 wohnt, getroffen worden; unsere Deutschen, namentlich auch der Kater und Kohlof, sollen dabei thätig gewesen sein. Alban fand hier einen Brief seines Vaters vor, worin ihm dieser meldet: Der Untersuchungsrichter Bischof, aus Eisenach, habe an ihn geschrieben, er (als Alban) könne bald wieder nach Deutschland zurückkehren, man würde ihm weiter nichts in den Weg legen etc. Alban sieht das für nichts anders als für eine sehr unkluge Falle an, die man ihm stellen will, und ärgert sich, dass man ihn für so dumm hält, dass er auf handgreifliche Weise in die Falle gehen würde. – Die Schrift von Kombst macht Aufsehen. Wir haben hier einen unangenehmen Stand; das Zweckmässigste wäre wohl: entweder dieselbe ganz zu ignoriren, oder ihren Inhalt für rein erlogen zu erklären. Denn wenn man sich bei solchen Dingen in weitläufige Räsonnements einlässt, so sagt man gewöhnlich ausserdem, dass man das, wogegen man kämpft, wenigstens theilweise als wahr erkennen muss, noch weit mehr, was man besser gethan hätte, zu verschweigen. Von Paris sollen einige unserer Leute nach Kalisch geschickt werden, um die Truppenmasse daselbst in Augenschein zu nehmen. Von Ermordungen ist freilich nicht die Rede; aber von Alban's Absicht war vorher auch nicht im Entferntesten die Rede; daher sind strenge polizeiliche Massregeln immer gut. Der Mops (Schmidt) wird von Montpellier hier zurück erwartet. Rotten wird sein, oder ist schon auf dem Weg nach Spanien; er soll aber vorher noch nach Paris kommen; auch war er mehrere Tage in Bern, und hatte mit Ludwig Snell Konferenzen. Aufsehen hat es erregt, warum der russische Gesandtschaftssekretär v. Violier plötzlich Befehl erhielt, Bern zu verlassen. (...).

3 Statutenauszüge

Beilage 5: Auszug aus den Statuten des Jungen Europa[1626]

1. Allgemeine Instruktionen für die Initiateurs

§ 1 Das Junge Europa ist die Verbindung derer, welche, an eine Zukunft der Freiheit, der Gleichheit und der Verbrüderung aller Menschen glaubend, ihr Denken und Handeln der Verwirklichung dieser Zukunft widmen wollen.

2. Glaubensartikel

§ 2 Ein einziger Gott. Ein einziger Herrscher: sein Gesetz. Ein einziger Ausleger dieses Gesetzes: die Menschheit.

§ 3 Die Menschheit so zu ordnen, dass sie so schnell als möglich durch ein ununterbrochenes Fortschreiten zur Auffindung und Anwendung des Gesetzes, das sie beherrschen soll, gelangen könne: das ist die Aufgabe des Jungen Europa.

§ 4 In Übereinstimmung mit dem Gesetze seines Wesens zu leben ist Wohlsein. Die Kenntnis und die Anwendung des Gesetzes der Menschheit kann also allein das Wohlsein der Menschheit begründen. Das Wohlsein Aller wird daher erzielt sein, wenn das Junge Europa seine Aufgabe erfüllt haben wird.

§ 5 Jede Aufgabe ist verpflichtend. Jeder Mensch soll sich ganz der Erfüllung dieser Aufgabe widmen. Diese Überzeugung ist es, woraus er die Kenntnis seiner Pflichten schöpfen wird.

§ 6 Nur durch die freie harmonische Entwicklung aller in ihr liegenden Kräfte kann die Menschheit zur Erkenntnis ihres Gesetzes gelangen. Nur durch die harmonische Übung aller in ihr liegenden Kräfte kann die Menschheit zur Anwendung dieses Gesetzes gelangen. Das einzige Mittel zur Erfüllung dieser beiden Bedingungen ist die Verbindung.

§ 7 Nur unter Freien und Gleichen gibt es eine wahre Verbindung.

§ 8 Die Freiheit ist das jedem Menschen zustehende Recht, ungehindert seine Kräfte zur Erfüllung seiner besonderen Aufgabe auszuüben und ungehindert die Mittel zu wählen, welche ihn dahin führen können.

§ 10 Die freie Ausübung der Kräfte eines Jeden darf nie die Verletzung der Rechte eines Andern mit sich führen. Die besondere Aufgabe eines jeden Menschen soll in fortwährender Übereinstimmung sein mit der allgemeinen Aufgabe. Die menschliche Freiheit hat keine andere Grenzen.

§ 11 Die Gleichheit besteht darin, dass für Alle dasselbe als Recht und als Pflicht anerkannt werde, dass keiner der Wirksamkeit des Gesetzes, welches Recht und Pflicht bestimmt, entgehen könne, und darin, dass Jeder einen im Verhältnis zu seiner Arbeit stehenden Antheil an dem Genusse des gemeinschaftlichen Vermögens habe, welches das Resultat aller, in Thätigkeit gesetzten, gesellschaftlichen Kräfte ist.

§ 12 Die menschliche Brüderschaft besteht in gegenseitiger Liebe – in derjenigen Neigung, durch welche der Mensch bestimmt wird, gegen Andere so zu handeln, wie er wünscht, dass man gegen ihn handle!

§ 13 Jedes Vorrecht ist ein Eingriff in die Gleichheit. Jede Willkür ist ein Eingriff in die Freiheit. Jede Handlung des Eigennutzes ist ein Eingriff in die Brüderschaft.

§ 14 Überall, wo Privileg, Willkür und Eigennutz den gesellschaftlichen Zustand verderben, ist es Pflicht für Jeden, der seine Bestimmung fühlt, gegen dieselbe anzukämpfen durch alle Mittel, die er in Händen hat.

§ 15 Das, was wahr ist von jedem Einzelnen im Verhältnis zu Anderen, welche einen Theil der Gesellschaft bilden, der er angehört, gilt auch von einem jeden Volke in seinem Verhältnis zur Menschheit.

§ 16 Nach dem Gesetze Gottes und der Menschheit sind alle Völker frei, alle Völker gleich, alle Völker Brüder.

§ 17 Jedes Volk hat eine besondere Bestimmung, welche zur Erreichung der allgemein menschlichen Bestimmung beiträgt. Diese Bestimmung bildet sein Volksthum (Nationalität). Das Volksthum ist heilig.

§ 18 Jede ungerechte Herrschaft, jede Gewaltthätigkeit, jede Handlung des Eigennutzes gegen ein Volk ausgeübt, ist eine Verletzung der Freiheit, der Gleichheit und der Brüderschaft der Völker. Alle Völker müssen sich zu deren Entfernung Beistand leisten.

§ 19 Die Menschheit wird nur dann erst in Wahrheit gegründet sein, wenn alle Völker, welche sich bilden, ihre natürliche Souverainetät erlangt und einen republikanischen Bund geschlossen haben werden, um unter der Macht einer Erklärung ihrer Prinzipien und einer gemeinschaftlichen Bundesverfassung demselben Ziele zuzuschreiten: nämlich der Entdeckung und Anwendung des allgemeinen Sittengesetzes. (...)

8. Allgemeine Bestimmungen

§ 50 Niemand ist als Mitglied des Jungen Europa zu betrachten, bevor er folgenden Schwur geleistet hat:
«Im Namen Gottes und der Menschheit; Im Namen aller Märtyrer, die ihr Blut für die heilige Freiheit, für die heilige Gleichheit und für die Befreiung des Menschengeschlechtes vergossen haben; Im Namen aller unterdrückten Völker oder Einzelner, in welchem Winkel der Erde sie immer wohnen mögen; Ich N.N., glaubend, dass nach dem Gesetze Gottes und der Menschheit alle Menschen gleich sind – alle Menschen frei sind – alle Menschen Brüder sind – gleich in Rechten und Pflichten; Frei in Ausübung ihrer Kräfte, zum Wohle Aller, Brüder, um im gemeinsamen Vereine der Erringung desselben Heils und der Erfüllung der menschlichen Bestimmung entgegen zu schreiten; Glaubend, dass Tugend im Handeln besteht, dass überall, wo Ungleichheit, Unterdrückung oder Verletzung der menschlichen Brü-

derschaft Statt findet, es Recht und Pflicht für Jeden ist, sich ihr entgegen zu stellen, an ihrer Vernichtung zu arbeiten und den Unterdrückten gegen ihre Unterdrücker Beistand zu leisten.

Überzeugt, dass Einigung stark macht, und dass der von den Unterdrückern geschlossene Bund nur durch die Vereinigung der Unterdrückten aller Länder überwunden werden kann; Vertrauend auf die Zukunft und auf die Männer, welche diese Zukunft predigen, trete ich bei dem Jungen Europa, der Verbindung der Unterdrückten aller Länder gegen die Unterdrücker aller Länder, um mit ihr der Erringung der Freiheit, der Gleichheit und der menschlichen Verbrüderung entgegen zu schreiten.

Ich weihe mein Denken, meine Kräfte und mein Handeln dem Kampf, den es unternommen hat gegen alle Menschen, Kasten oder Völker, die das Gesetz Gottes und der Menschheit verletzen, indem sie durch Gewalt, List und Vorrecht an der Gleichheit, an der Freiheit und an der Brüderschaft der Menschen und der Völker sich vergreifen.

Ich schliesse mich an allen seinen Arbeiten, über und für Alle, unter der Leitung derer, welche die Verbindung repräsentiren. Ich erkenne für meine Brüder – alle Glieder des Jungen Europa, und übernehme gegen sie die Pflichten der Brüderschaft, wo und wann immer deren Erfüllung sie von mir verlangen werden.

Ich verspreche, Niemandem irgend etwas zu entdecken, was mir von der Verbindung unter dem Siegel des Geheimnisses wird anvertraut werden.

So schwöre ich, und bin bereit, mein Wort im Nothfalle mit meinem Blute zu besiegeln. Und wenn ich je meinen Eid brechen werde, so soll man mich mit Schimpf und Schande aus den Reihen des Jungen Europa ausstossen – soll mein Name dem eines Verräthers gleich sein – und soll das Unglück, das ich dadurch bewirke, auf mein Haupt zurückfallen.

So sei es jetzt und immerdar!»

Beilage 6: Statuten des Jungen Deutschland[1627]

Allgemeiner Teil

§ 1   Das junge Deutschland constituirt sich, um die Ideen der Freiheit, der Gleichheit und der Humanität in den zukünftigen republikanischen Staaten Europa's zu verwirklichen.

§ 2   Das junge Deutschland verbrüdert sich mit den für gleiche Zwecke bereits bestehenden Verbindungen anderer Nationen und tritt zugleich mit denselben zu gemeinschaftlichem Wirken zusammen. Das Verhältnis dieser Verbindungen zu einander bestimmt die Verbrüderungsakte.

§ 3   Der Grundsatz der Gleichheit dient der Organisation des jungen Deutschlands zur Grundlage.

§ 4   Kein Mitglied dieser Verbindung darf Mitglied einer anderen Verbindung sein oder Aufträge von einer solchen annehmen, ohne vorherige Genehmigung des Ausschusses. Jeder Eintretende hat daher vor der Aufnahme auf sein Ehrenwort zu erklären, entweder dass er keiner, oder welcher anderen Verbindung er angehöre.
Ausgenommen von der ersten Bestimmung dieses § ist die Verbindung der Freimaurer. Jedoch verpflichtet sich der eintretende Freimaurer durch ein spezielles Gelübde, sowohl über die Existenz und den Zweck, als über die Natur der Verbindung gegen andere Freimaurer das strengste Stillschweigen zu beobachten.

§ 5   Jedes Mitglied verpflichtet sich feierlich, die Geheimnisse der Verbindung fest und treu zu bewahren.

§ 6   Jedes Mitglied nimmt einen Kriegsnamen für die Verbindung an.

Besonderer Teil

Der Ausschuss

§ 7   Das junge Deutschland überträgt die oberste Leitung seiner Geschäfte einem erwählten, verantwortlichen Ausschuss. Die Zahl der Mitglieder des Ausschusses ist unbestimmt; jedoch müssen es wenigstens fünf sein, wovon drei den geschäftsführenden Ausschuss bilden können.

§ 8   Die nächste Aufgabe des Ausschusses ist: theils den Forderungen des § 2 zu genügen, theils eine Vereinigung aller deutschen Patrioten zu erstreben.

§ 9   Die zur gesetzlich nothwendigen Zahl des Ausschusses gehörigen Mitglieder bestehen aus einem Präsidenten, einem Sekretär, einem Kassier und zwei Beisitzern. Die allenfalls hinzukommenden Mitglieder vermehren die Zahl der Beisitzer. Von der Gesammtheit des Ausschusses hängt die Austheilung der Funktionen ab, und die Dauer derselben ist ein halbes Jahr. Die Namen der Mitglieder des Ausschusses sind jedem Mitglied des jungen Deutschlands bekannt.

§ 10   Die Berathung über allgemeine Interessen des jungen Europa hat der Ausschuss des jungen Deutschlands mit dem des jungen Italien, des jungen Polen, des jungen Frankreichs und den Ausschüssen der sich noch anschliessenden nationalen Verbindungen zu theilen. Über die besonderen Interessen des jungen Deutschlands beräth sich allein der Ausschuss des jungen Deutschlands.

§ 11   Der Ausschuss haftet für die pünktliche Erfüllung seiner Pflichten. Jedes Vergehen oder jede Übertretung gegen die Verbindung, deren Natur, Zweck und Einrichtung, wird auf das Strengste, und zwar, je nach seinem Grade, entweder mit blosser Entfernung aus dem Ausschusse, oder mit Ausschliessung aus der Verbindung bestraft. Kein einzelnes Mitglied des Ausschusses hat das Recht, ohne Mitwissen oder Genehmigung der übrigen Mitglieder irgend ein die Verbindung betreffendes Geschäft vorzunehmen, unter Strafe und Verantwortlichkeit.

§ 12   Der Ausschuss hat das Recht, seinen Sitz an jedem ihm beliebigen Orte zu nehmen. Jedoch ist demselben die Verpflichtung auferlegt, seinen Sitz an einem Orte zu wählen, wo ein Klubb constituirt ist. Zeiten der Gefahr oder der Nothwendigkeit suspendiren diese Bestimmung. Jedoch hat der Ausschuss alsbald diese Massregel zu rechtfertigen.

§ 13   Der Ausschuss wird von der Gesammtheit vor Ablauf eines jeden halben Jahres neu gewählt. Mitglieder des abtretenden Ausschusses sind wieder erwählbar. Der geschäftsführende Ausschuss hat diese Wahl unter der Kontrole des Klubbs an seinem Aufenthaltsorte zu leiten. Er macht gegen das Ende seiner Amtszeit den Klubbs Vorschläge für die Wahl seines Nachfolgers, und zwar so, dass die Zahl der Vorgeschlagenen zu der Zahl der zu Wählenden in dem Verhältnisse von acht zu fünf steht. Jedoch sind die Klubbs an diese Vorschläge nicht gebunden. Der abtretende Ausschuss führt die Geschäfte so lange fort, bis nach erfolgter Abstimmung der Klubbs der neue Ausschuss durch absolute Stimmenmehrheit als constituirt erscheint. Findet sich bei der erforderlichen Anzahl der zu Wählenden nicht Stimmenmehrheit aller Klubbs, so wird für die noch fehlenden Ausschussmitglieder unter den bereits bezeichneten Kandidaten eine neue Wahl veranstaltet.

Das Resultat dieser Abstimmung hat der abtretende Ausschuss unverzüglich den Klubbs anzuzeigen, darauf das gesammte in seinen Händen befindliche Verbindungseigenthum dem neuen Ausschusse abzuliefern und demselben über seine Amtsführung Rechenschaft abzulegen.

Bei der Ausschusswahl hat jeder Klubb eine Stimme. Derjenige Klubb, welcher binnen vier Wochen nach der vom Ausschusse erlassenen Aufforderung zur Abstimmung das Resultat seiner Abstimmung dem Ausschusse nicht einsendet, begibt sich hierdurch seines Stimmrechts. – Bei einer in der Wahl der neuen Ausschussmitglieder sich ergebenden Stimmengleichheit entscheidet das Loos.

§ 14 Sollte der Ausschuss im Laufe seiner Amtsdauer zersprengt werden, so ernennt er, oder im Verhinderungsfalle der nächste Klubb, einen interimistischen Ausschuss und dieser hat dann unverzüglich durch Vorschläge in der in § 13 angegebenen Weise die Wahl des neuen Ausschusses einzuleiten und zu betreiben. Wird der Ausschuss (nach § 39) abgesetzt oder tritt er freiwillig ab, so bestimmt der Klubb am Wohnorte desselben an dem nächstgelegenen Orte seinen interimistischen Nachfolger unter derselben Verbindlichkeit, wie im vorigen Falle. Dasselbe geschieht, wenn der Ausschuss bei nicht mehr vorhandenen drei Mitgliedern als aufgelöst zu betrachten ist. Sind aber noch wenigstens drei Mitglieder vorhanden, so ergänzt sich der Ausschuss selbst interimistisch aus den Gliedern der Verbindung, hat diess jedoch alsbald den Klubbs anzuzeigen und die definitive Wahl (wie § 13) zu veranstalten. Jedoch bleiben bis zu erfolgter Vereinigung über diese Wahl die vom Ausschusse Ernannten in Thätigkeit. Auch hier entscheidet bei Stimmengleichheit das Loos.

§ 15 Die Abstimmung in dem Ausschusse geschieht nach Stimmenmehrheit. Bei Stimmengleichheit entscheidet die Stimme des Präsidenten.

§ 16 Bei einer projectirten Waffenunternehmung ladet, sofern dies möglich ist, der Ausschuss die Abgeordneten sämmtlicher Klubbs zur Berathung und Entscheidung ein. Für diesen Fall wählt schon im Voraus jeder Klubb einen Abgeordneten, der mit unbedingter Vollmacht versehen ist, und im vorkommenden Falle mit seinem Klubb nicht erst Rücksprache zu nehmen braucht. Die Versammlung dieser Abgeordneten, im Verein mit den Mitgliedern des Ausschusses, entscheidet nach vorheriger Berathung über das projectirte Unternehmen in der Art, dass jeder Anwesende, sei er Klubbsabgeordneter oder Mitglied des Ausschusses, eine Stimme hat, und die Abstimmung der Klubbsabgeordneten nicht an die Bestätigung der Klubbs gebunden ist. Zur Beschliessung einer Waffenunternehmung sind drei Viertel Stimmen sämmtlicher Anwesenden erforderlich; die nicht erscheinenden Klubbsabgeordneten und Ausschussmitglieder werden als der Mehrheit beistimmend Angesehen. Doch müssen wenigstens sämmtliche Mitglieder des geschäftsführenden Ausschusses und die Abgeordneten von wenigstens drei Viertel sämmtlicher Klubbs zugegen sein. Mehr als fünf Mitglieder des Ausschusses können dagegen nicht mitstimmen.

§ 17 Sollte es dem Ausschusse unmöglich sein, bei einer zu veranstaltenden Waffenunternehmung die Vertreter der Klubbs zuzuziehen, so kann er auch ohne diese eine Waffenunternehmung beschliessen, wenn nach mündlicher Berathung wenigstens drei Viertel aller Ausschussmitglieder dafür stimmen. Jedoch ist alsdann ein Jeder der Zustimmenden für den Ausgang der Unternehmung verantwortlich, und kann desshalb selbst zum Tode verurtheilt werden.

§ 18 Die Mitglieder des Ausschusses sind Mitglieder des Klubbs, der sich am Aufenthaltsorte desselben befindet. Sie haben die Verpflichtung, in den Sitzungen desselben, wie jedes andere Mitglied, zu erscheinen, müssen jedoch abtreten, wenn die Verhandlung den Ausschuss selbst betrifft. Sie haben das Recht der Diskussion, jedoch kein Stimmrecht.

§ 19 Dem Ausschusse steht eine Gerichtsbarkeit in den näher zu bestimmenden Fällen zu (§ 36).

§ 20 Der Präsident des Ausschusses, so wie die Präsidenten der Klubbs, haben den Vorsitz in ihren respectiven Versammlungen und die Leitung der Verhandlungen. Sie haben ferner das Recht der Berufung der Versammlungen, was jedoch auch von jedem einzelnen Mitgliede durch das Organ des Präsidenten geschehen kann. Dem Präsidenten liegt die Leitung der Geschäfte ob. Alle die Verbindung angehenden Papiere und Gelder sollen direkt an die Präsidenten gelangen, welche die Verpflichtung haben, dieselben an den Sekretär oder Kassier abzugeben. – Letztere haben über die Papiere und Gelder, so wie über die ergangenen Erlasse genaue Repertorien zu führen. Die Erlasse müssen die Unterzeichnung des Präsidenten und Sekretärs tragen. Die Sekretäre haben über die jedesmaligen Sitzungen ein summarisches Protokoll zu führen, welches die Präsidenten mit ihnen unterzeichnen müssen.
Den einzelnen Klubbs bleibt es jedoch frei gestellt, in so ferne es die Umstände erheischen, die Führung der Protokolle zu suspendiren.

§ 21 Der Kassier hat die Verwaltung der eingehenden Gelder unter sich, die er gegen Schein aus den Händen des Präsidenten empfängt. Ohne Befehl der respectiven Gesammtheit hat er an Niemanden Gelder verabfolgen zu lassen.

§ 22 Der Ausschuss und die Klubbs haben die Pflicht, die Einsicht in ihre respectiven Kassen alle acht Tage zu nehmen und monatlich über den Stand derselben sich gegenseitig genauen Bericht abzustatten oder im Verhinderungsfalle die Unterlassung zu rechtfertigen.

§ 23 Die Präsidenten der Klubbs haben für die Bewaffnung ihrer Klubbs Sorge zu tragen. Der Ausschuss hat über die genaue Befolgung dieser Verordnung zu wachen.

§ 24 Die Emissäre und Kommissäre sind untergeordnete geschäftsführende Beamte des Ausschusses oder eines Klubbs. Sie haben genau nach den ihnen ertheilten Instructionen zu handeln; jedoch kann ihnen ihre respective Gesammtheit keine Geschäfte anvertrauen, zu denen sie selbst nicht befugt sind.

§ 25 Die Emissäre des Ausschusses haben zwar das Recht, Personen in die Verbindungen, aber nicht in einen schon bestehenden Klubb aufzunehmen. Die Kommissäre desselben erhalten für alle Fälle Instructionen.

Die Klubbs

§ 26 Zur Bildung und zum Fortbestehen eines Klubbs, ist wenigstens eine Zahl von fünf Mitgliedern erforderlich.

§ 27 In der Regel bilden die an einem Orte sich aufhaltenden Mitglieder des jungen Deutschlands nur einen Klubb. Jedoch haben sie nach Umständen die Befugnis, sich in zwei oder mehrere Klubbs zu trennen.

Tritt dieser Fall ein, so werden die verschiedenen Klubbs an dem Aufenthaltsorte des Ausschusses oder dem nächst gelegenen Orte, in Beziehung auf die Wahl eines provisorischen Ausschusses und auf die in den Statuten ausgesprochene Kontrole und Kompetenz, nur als einziger betrachtet.

§ 28 Die Klubbsmitglieder erwählen zur Leitung der Geschäfte einen Präsidenten und einen Sekretär, der zugleich die Kasse verwaltet.

§ 29 Die einzelnen Klubbs stehen mit dem Ausschusse vermittelst eines eigens dazu vom Ausschusse ernannten Kommissärs in fortlaufender offener Verbindung.

§ 30 Die Kommissäre setzen sich mit dem Ausschusse durch den Präsidenten des Letztern in Verbindung.

§ 31 Den einzelnen Klubbs steht es frei, wo sie es für nöthig erachten, mit Umgehung des Kommissärs, sich mit dem Ausschusse in Verbindung zu setzen.

§ 32 Jedes Mitglied des jungen Deutschlands hat die Pflicht, den in den Statuten ausgesprochenen Grundsätzen nachzukommen.

§ 33 Jedes Mitglied hat die Pflicht der Selbstbewaffnung. Hiervon sind diejenigen ausgenommen, welche sich nicht auf deutschem Boden befinden.

§ 34 Alle Mitglieder des jungen Deutschlands haben den rechtmässigen Anforderungen des Ausschusses zu jedwedem Unternehmen zum Behufe der Begründung des jungen Deutschlands Folge zu leisten.

§ 35 Die Klubbsmitglieder haben die rechtmässigen Anordnungen ihrer Präsidenten zu befolgen.

§ 36 Die Geschäftsführung und Korrespondenz der Klubbs wird von dem Sekretäre unter Leitung des Präsidenten besorgt. Die Gesammtheit des Klubbs führt eine beständige und spezielle Kontrole über die Geschäftsführung.

§ 37 Diese Kontrole des Klubbs besteht darin, dass alle Erlasse der Gesammtheit zur Berathung und Entscheidung vorgelegt werden müssen. Ebenso sollen die Erlasse des Ausschusses zur Kenntnis der einzelnen Klubbsmitglieder gebracht werden.

§ 38 Für alle Erlasse, welche wegen Dringlichkeit der Umstände ohne Berathung der Gesammtheit abgefasst worden sind, ist der Präsident verantwortlich, der übrigens verpflichtet ist, die Erlasse so bald als möglich dem Klubb vorzulegen.

§ 39 Für die Erfüllung des § 33 ist der Präsident verantwortlich und hat sich im Falle des Abgangs der nöthigen Mittel an den Kommissär zu wenden.

§ 40 Die Amtsdauer des Präsidenten und Sekretärs ist ein Vierteljahr. Jedoch steht dem betreffenden Klubb das Recht zu, seine Vorsteher bei gegründeter Ursache durch Stimmenmehrheit ihres Amtes zu entsetzen. Den Entsetzten steht die Berufung an den Ausschuss zu; jedoch sind dieselben bis zu erfolgter Entscheidung in ihren Funktionen suspendirt.

§ 41 Jeder Klubb hat das Recht, durch einen Bevollmächtigten die Einsicht in die Generalkasse zu verlangen. Der Präsident des am Aufenthaltsorte des Ausschusses befindlichen Klubbs hat die Pflicht, dieses alle vier Wochen zu thun.

§ 42 Die Abstimmung in den Klubbs geschieht durch Stimmenmehrheit. Bei Stimmengleichheit entscheidet die Stimme des Präsidenten.

Klagen

§ 43 Erhält der Ausschuss Kunde von einer strafbaren Handlung eines seiner Mitglieder, so ernennt er einen Kläger aus seiner Mitte und fordert den Klubb seines Aufenthaltsortes oder auch des nächsten Ortes auf, aus sich selbst eine richterliche Behörde von fünf Personen zu ernennen, wodurch dann die in Anklagezustand versetzte Person augenblicklich in ihrem Amte suspendirt ist. Im Fall diese Anklage vom Ausschuss gegen ein Klubbsmitglied erhoben würde, so müsste bei erfolgter Appellation an den Ausschuss der von letzterm ernannte Kläger austreten und seine Stelle im Ausschuss provisorisch ersetzt werden.

§ 44 Wird gegen den Ausschuss eine Klage erhoben, welche sich auf Dinge bezieht, die das Interesse des jungen Europa betreffen (z.B. eine Verletzung der allgemeinen Prinzipien), so muss der Ausschuss des jungen Europa selbst oder durch seine Abgeordneten darüber entscheiden.

§ 45 Klagen gegen eines oder mehrere Mitglieder des Ausschusses werden bei dem Ausschusse vorgebracht, welcher dann nach § 43 zu handeln hat.

§ 46 Klagen gegen den ganzen Ausschuss wegen Verletzung nationaler Interessen werden bei einer wenigstens aus sieben Abgeordneten sämmtlicher Klubbs bestehenden Kommission erhoben, welche geeigneten Falls selbst zur Absetzung des Ausschusses befugt ist.

§ 47 Jeder, der einmal wegen Unwürdigkeit oder Pflichtverletzung aus dem Ausschusse ausgestossen worden ist, kann niemals mehr in denselben aufgenommen werden.

§ 48 Jedem Klubb, aber auch nur einem Klubb, steht das Recht einer Anklage gegen den Ausschuss zu.

§ 49 Klagen gegen einen ganzen Klubb werden vor den Ausschuss gebracht. Dem betheiligten Klubb steht die Berufung an drei Klubbs zu, die er sich selbst zu wählen hat. Diese Appellation hat suspensive Kraft, doch muss sie innerhalb einer Frist von acht Tagen angestellt werden. Die drei gewählten Klubbs entscheiden nach Stimmenmehrheit, indem jeder Klubb eine Gesammtstimme hat. Diese Klagen werden entweder von einem Mitgliede des Ausschusses, welches jedoch alsdann in dem rechtlichen Kollegium weder Sitz noch Stimme hat (§ 43), oder von jedem andern Mitgliede der Verbindung angestellt.

§ 50 Klagen gegen Klubbsmitglieder werden vor dem respectiven Klubb vorgebracht, mit Vorbehalt der Berufung an den Ausschuss.

§ 51 Alle Klagen, welche gegen die Kommissäre, Emissäre oder andere vom Ausschuss beauftragte Personen angestellt werden, müssen bei dem Ausschusse angebracht werden. Dieser entscheidet in letzter Instanz.

Strafen

§ 52 Jeder Verrath eines Verbindungsmitgliedes wird als todeswürdig angesehen. Die Erkennung hierüber steht dem respectiven Klubb zu, mit Vorbehalt der Berufung an den Ausschuss, und in letzter Instanz an eine von allen Klubbs zu ernennende Kommission von wenigstens sieben Mitgliedern. Bis zur Entscheidung ist das angeklagte Mitglied suspendirt. Zur Exekution des Urtheils ist jedes Mitglied verpflichtet, welches vom Ausschuss damit beauftragt wird.

Finanzen

§ 53 Die Finanzen der Verbindung bestehen:
aus den freiwilligen Beiträgen, welche von den einzelnen Klubbs für ihre Stiftungskarte entrichtet werden. Diese Gelder fallen in die Generalkasse des Ausschusses. Die Eintreibung dieser Summen liegt dem Sekretär jedes einzelnen Klubbs ob, der sie in die Hände des respectiven Präsidenten zur Abschickung an den Ausschuss niederlegt.
§ 54 Aus den persönlichen freiwilligen Aufnahmegeldern. Hiervon fällt die eine Hälfte in die Generalkasse, die andere in die Klubbskasse.
§ 55 Aus den freiwilligen monatlichen Beiträgen, wovon ebenfalls die eine Hälfte in die Generalkasse, die andere in die Klubbskasse fällt.

Aufnahme

§ 56 Die Aufnahme neuer Mitglieder geschieht:
Durch den Emissär, auf seine Verantwortlichkeit und seinen etwaigen Instruktionen gemäss.
Durch den Kommissär, insofern ihm hierzu Vollmacht gegeben sein sollte.
Durch die Präsidenten der Klubbs nach vorhergegangener Berathung und Abstimmung des respectiven Klubbs.

§ 57 Vor der Aufnahme werden dem Aufzunehmenden die in den Generalinstruktionen für die Initiateurs des jungen Europa (§ 2–9) enthaltenen Glaubensartikel vorgelesen; sodann hat derselbe die in eben diesen Instruktionen (§ 59) stehende Eidesformel wörtlich auszusprechen, wodurch er Mitglied des jungen Europa wird.

Die Aufnahme in das junge Deutschland geschieht durch folgende Formel, welche der Eintretende, die Hand des Aufnehmenden fassend, wörtlich und vernehmlich ausspricht:
«Ich gelobe bei meiner Ehre und meinem Gewissen, treu zu sein der Verbindung des jungen Deutschlands, und mein ganzes Streben zu weihen der heiligen Sache der Freiheit, der Gleichheit und der Humanität.»

§ 58 Diese Statuten können, wie sie beschlossen worden, ebenso nur durch die Gesammtheit abgeändert und ergänzt werden.

Beilage 7: Auszug der Statuten der Jungen Schweiz[1628]

Im Namen Gottes und der Humanität;
Im Namen des Vaterlandes
(Nur in der französischen Fassung zusätzlich: Au nom du peuple, seul maitre!)
Wir, Männer aus allen Kantonen, hier als Brüder versammelt, geleitet vom nämlichen Glauben, von übereinstimmender Überzeugung und einem gemeinsamen Zwecke, dem Wohle Aller, den Rechten Aller, der Ehre, Unabhängigkeit und dem Fortschritte des gemeinsamen

Vaterlandes, um für die besten Mittel zu sorgen, diesen Zweck zu erreichen und unsern Glauben zu verbreiten.

Durchdrungen von einem lebhaften und heiligen Schmerze bei dem Anblick der Gefahren, wovon wir das Vaterland bedroht glauben, der bereits geschehenen Eingriffe in unsere Freiheit und Nationalwürde und der Unzulänglichkeit der Gegenmittel.

Allein zu gleicher Zeit fest entschlossen, unsere Pflichten als Menschen und Bürger zu erfüllen, indem wir alles thun was in unsern Kräften steht, um jene Gefahren zu beseitigen, die nationale Fahne vor jeder Antastung zu bewahren und unsere Rechte auf Freiheit, Gleichheit, Unabhängigkeit und ruhige, geregelte Entwicklung des volksthümlichen republikanischen Grundsatzes, der unser Leben, das Unterpfand unseres Glückes und unser Ruhm ist, rein zu erhalten.

Überzeugt, dass das einzige wirksame Mittel gegen die Übel der Vergangenheit, und die einzige wirkliche Bürgschaft gegen die Gefahren der Zukunft in der Schweizerischen Nationalität bestehen, in deren Einrichtung, Verkündung und Anerkennung nach den weiter unten ausgesprochenen Grundsätzen.

Überzeugt, dass das einzige zweckmässige Mittel, um dieses Ziel zu erreichen, in einer eidgenössischen Reform zu finden ist, welche die in unsern Kantonaleinrichtungen vorgegangenen Änderungen seit vier Jahren erheischen; in einem nationalen Vertrag, dem Ausdrucke des schweizerischen nationalen Gedankens, welcher die Existenz und die Einrichtungen der Kantone achtend, sie mit dem Ganzen in Einklang bringe, der nationalen Existenz unterordne, die Quellen der Zwietracht und der Anarchie im Innern für immer verstopfe und durch Kraft und Einheit des Willens, der Schweiz Achtung, Unverletzlichkeit und den Rang sichere, welche ihr nach Aussen gebührt.

Überzeugt, dass der einzige gesetzliche Weg, auf welchem die eidgenössische Reform bewirkt werden kann, der Weg eines vom Schweizervolke im Verhältnisse der Bevölkerung ernannten Verfassungsrathes ist, welcher den nationalen Vertrag entwerfen, und den Bürgern zur Genehmigung vorlegen würde.

Überzeugt endlich, dass das beste Mittel, um schnell und friedlich zu diesem Resultat zu gelangen, darin besteht, die nationale Meinung durch die Vereinigung aller Derjenigen, welche diese Ansicht theilen, zu erproben.

In Anbetracht auch, dass jede Reform unwirksam ist, jeder Vertrag ein todtes und fruchtloses Werk, wenn die Erziehung, die Sitten, die Eintracht und das brüderliche Zusammenwirken der Bürger nicht jeden Augenblick das Werk des Gesetzgebers unterstützen und beleben.

Überzeugt, dass es nicht nur im Rechte, sondern auch in der Pflicht aller Bürger liegt, sich zu verbrüdern und zu verbinden zu diesem Zwecke.

Stark durch diese Überzeugung und die Reinheit unserer Absichten;
Erklären wir ausdrücklich und feierlich unsere Zustimmung zu den ausgesprochenen Grundsätzen; konstituieren und bilden wir uns als Kern einer Jungen Schweiz, einer nationalen, freien, unabhängigen und fortschreitenden Verbindung, und lassen an alle Diejenigen unter unsern Landsleuten, welche unserem Glauben beistimmen, den Aufruf ergehen, auch der Akte des Vereins, welche eine Folgerung aus demselben ist, beizutreten, und sich mit uns um die nämliche Fahne zu sammeln in der Organisation, deren Grundlagen folgende sind:

Art. 1
Die Junge Schweiz bildet einen Bestandtheil der Verbindung des Jungen Europa.

Art. 2
Die Junge Schweiz ist die Verbindung derjenigen Eidgenossen, welche die oben ausgesprochenen allgemeinen Grundsätze anerkennen und glauben, dass die Schweizer aller Kantone, ohne Unterschied des Kultus, wozu sie sich bekennen, ihrer Sprache und ihrer besondern Institutionen, ein einziges Volk, eine und dieselbe Nation, die Schweizernation bilden, – welche ihre Gedanken und ihre Handlungen der Entwicklung der schweizerischen Nationalität widmen, in allen ihren Gesichtspunkten, in allen innern und äussern Verhältnissen, in Gemässheit des volksthümlichen, republikanischen Grundsatzes, der ihr Element ist.

Art. 3
Die fortschreitende Entwicklung der Folgerungen des nationalen Prinzips für alle Klassen und in allen seinen Anwendungen, die Zurückweisung jeder, dieses Prinzip beeinträchtigenden Handlung durch alle ihr zu Gebote stehenden Mittel, – dies ist die doppelte Sendung der Verbindung.

Als Beeinträchtigungen des nationalen Prinzips werden erklärt: die unmittelbaren Angriffe mit bewaffneter Hand gegen die Schweiz; jede Einschreitung, von welcher Art sie auch sein mag, der Mächte in ihre innern Angelegenheiten; jede Vorschrift, oder jedes Verbot bezüglich auf die Reform ihrer Staatseinrichtungen; alle Forderungen, welche zum Zweck haben sollten, ihr die Pflicht aufzulegen, über die Sicherheit ihrer Nachbarn zu wachen; die Lehre von den indirekten Ruhestörungen; die Beleidigungen der Diplomatie, die unterwürfigen Schritte, die Schwäche und die Concessionen der Schweizerregierungen; jede Verletzung der durch das Gesetz verbürgten Rechte der Freiheit und Gleichheit, jede gegen einen oder mehrere Bürger gerichtete Handlung der Willkür.

Art. 4
Überzeugt, dass der Ausgangspunkt für jeden nationalen Fortschritt in der eidgenössischen Reform und in dem nationalen Vertrag, welcher sie ausspricht, liege, setzt die Verbindung allen ihren Mitgliedern als erstes Ziel der Arbeiten, die Berufung eines im Verhältnis der Bevölkerung gewählten Verfassungsrathes, welcher den Vertrag zu entwerfen und den Bürgern zur Genehmigung vorzulegen hat. – Sie wird sich bemühen, das Volk über diese Lebensfrage aufzuklären und ihre Überzeugung in dieser Hinsicht durch die Presse und das Wort schnell zu verbreiten.

Art. 5
Die eidgenössische Reform, welche die Verbindung herbeizuführen und zu befördern strebt, wird die Kantone und ihre Institutionen achten, indem sie dieselben übrigens der nationalen Existenz unterordnet und einer Centralorganisation, welche stark genug ist, um den allgemeinen Interessen der Schweiz das Übergewicht zu verschaffen. Die neue eidgenössische Verfassung muss den Wahlspruch ins Leben führen: Einer für Alle, Alle für Einen. Sie muss die Schweizerbürger unter sich verbinden; auf demokratischen Grundlagen, der verhältnismässigen Vertretung, der Trennung der Gewalten, der Emanzipation von jeder fremden Herrschaft, auf der Befreiung des Bodens von allen Feudallasten beruhen; die Freiheit, die Gleichheit, die Humanität sicher stellen; die religiöse Freiheit, die Freiheit des Wortes und des Unterrichtes, die Freiheit der Presse, die Freiheit der Vereinigung, die persönliche Freiheit, die Freiheit des Handels und der Gewerbe, sie muss die freie Niederlassung jedem Eidgenossen, das Asylrecht allen Geächteten verbürgen; die Einheit von Maass und Gewicht und des Münzsystems herstellen; einen oberen eidgenössischen Gerichtshof einsetzen u.s.w.

Art. 6
Mitglieder der Verbindung werden alle Schweizer, welche den ausgesprochenen Grundsätzen beistimmen, dieselben offen bekennen und für die Befestigung und Aufrechterhaltung der schweizerischen Nationalität Alles zu opfern versprechen, – nachdem sie von einer Ortsversammlung als Mitglieder aufgenommen und in die Liste eingetragen worden sind.

Art. 7
Die nationale Verbindung umfasst in einem und dem nämlichen Gesammtverbande alle Mitglieder, aus denen sie besteht. Sie theilt sich in Kantonalsektionen, diese theilen sich in Ortssektionen. Jedes Mitglied gehört zu der Sektion des Kantons und Ortes, wo es seinen Wohnsitz hat.

Art. 8
Jede Ortssektion besteht:
Aus der Versammlung der Mitglieder der Sektion.
Aus einem Ortsausschuss, bestehend aus einem Präsidenten, einem Kassier und einem Sekretär, welche von der Ortsversammlung ernannt werden.

Art. 9
Jede Kantonalsektion besteht:
Aus der Versammlung der Mitglieder der Ortssektionen.
Aus einem Kantonalausschuss, bestehend aus einem Präsidenten, einem Kassier und einem Sekretär, welche von der allgemeinen Versammlung der Ortssektionen ernannt werden. Die Mitglieder des Ausschusses können alle aus dem nämlichen Ort genommen werden, allein sie können nicht Mitglieder eines andern Ausschusses der Verbindung sein.

Art. 10
Der Nationalverein, die Gesammtheit der Sektionen, besteht:
Aus der Generalversammlung der Mitglieder des Vereins.
Aus einem Centralcomité, bestehend aus einem Präsidenten, einem Kassier und einem Sekretär, welche von den Abgeordneten der Kantonalsektionen in dem Verhältnis von Einem auf zwanzig ernannt werden; eine Abtheilung über zehn, zählt für ein Ganzes. Die Mitglieder des Comité können Alle an dem nämlichen Orte gewählt werden, allein sie dürfen zu keinem andern Comité des Vereins gehören.

Art. 11
Die verschiedenen Comités werden auf ein Jahr gewählt. – Die Wahlen werden zu bestimmten, regelmässigen Zeiten vorgenommen.

Art. 12
Die Versammlungen bilden die höchste Gewalt des Vereins.

Art. 13
Die Comités versammeln sich jede Woche wenigstens ein Mal und so oft die Geschäfte es erfordern. In der Regel haben die Ortsversammlungen jeden Monat Statt.
Die Kantonalversammlungen und die Generalversammlungen des ganzen Vereins finden Statt, wenn sie zusammenberufen werden; die Ersteren durch die Kantonalcomités, die Letzteren durch das Centralcomité.

Art. 14
Die Versammlungen und Comités vereinigen sich an dem Orte, welcher für die Mitglieder, die sich dahin begeben sollen, am günstigsten gelegen ist, und dieser Ort wird von dem Comité, welches die Versammlung einberuft, bestimmt. Die Einberufung muss Statt finden: für die Ortsversammlungen vier Tage vorher; für die Kantonalversammlungen acht Tage vorher; für die Generalversammlung und das Centralcomité, wenigstens vierzehn Tage vorher. Die Versammlungen und die Comités verhandeln ihre Geschäfte, ohne Rücksicht auf die Zahl der anwesenden Mitglieder. Die absolute Mehrheit der anwesenden Mitglieder entscheidet.

Art. 15
Die verschiedenen Versammlungen des Vereins und seiner Sektionen müssen, nach Erledigung der laufenden Geschäfte, den grossen Interessen des Vaterlandes gewidmet sein, so wie den Arbeiten, welche Alles was zur schweizerischen Nationalität gehört, in Gemässheit der ausgesprochenen Grundsätze und des Zweckes, befestigen und fördern.

Art. 16
Die Comités sollen in häufigem Verkehr mit einander stehen. Das Centralcomité wird dafür sorgen, Bewegung und Leben in den Kantonalsektionen zu unterhalten, diese eben so in den Ortssektionen, und umgekehrt.

Art. 17
Im Interesse der Nationalsache, wird sich die Verwaltung mit den Vereinen, die einen ähnlichen Zweck haben, in Verbindung setzen.

Art. 18
Das Eintrittsgeld beträgt 20 Batzen; der jährliche Beitrag 10 Batzen. Die Beiträge werden von den Ortscomités regelmässig erhoben: die Hälfte wird in die Centralkasse des Vereins, ein Viertheil in die Kasse der Ortssektion abgeliefert. Der Verein und die Sektionen könnten sich ausserordentliche Beiträge auflegen; allein diese Beiträge dürfen für jedes Mitglied in einem Jahre zehn Batzen nicht übersteigen. Das Übrige ist freiwillig.

Die von den betreffenden Kassierern verwalteten Einnahmen werden dazu verwendet, die Verwaltungskosten des Vereins und seiner Sektionen zu bestreiten, so wie die Herausgabe und Verbreitung von Schriften zu erleichtern, welche geeignet sind, den Zweck des Vereins zu befördern.

Art. 19
Die Comités verwenden die Summen, welche ihnen zugestellt werden, in Gemässheit der von den Versammlungen gegebenen Weisungen. Wenn keine Weisung vorhanden ist, so verfügen sie über diese Summen in Gemässheit des Zwecks des Vereins, nach ihrem Gutfinden. Die Kassiere legen der Versammlung, welche sie ernannt hat, jährlich Rechnung ab mit den Belegen der Einnahmen und Ausgaben.

Art. 20
Die Comités geben jedes Jahr ihren Wählern Rechenschaft über ihre Verwaltung und über die ihnen anvertraute Sendung.

Art. 21
Die gegenwärtigen Statuten können durch weitere Bestimmungen, welche vom Centralcomité ausgehen, erklärt und entwickelt werden. Bis dahin müssen sie im Geiste des Ganzen ausgelegt und erklärt werden. – Die Sektionen haben ihre besondern Statuten, welche mit diesem

Grundgesetz übereinstimmen müssen. Die Statuten der Kantonalsektionen müssen von dem Centralcomité, jene der Ortssektionen von den Kantonalsektionen genehmigt werden.

Art. 22
Jede Änderung an den gegenwärtigen Statuten erfordert die Zustimmung des Centralcomité und die Genehmigung der Mehrheit der stimmenden Mitglieder des Vereins in ihren Versammlungen.

Art. 23
Das Centralcomité für das erste Jahr ist durch die heute in Villeneuve vereinigte Versammlung ernannt worden. Dieses Comité wird für die Vollziehung gegenwärtiger Statuten sorgen, und alle zu diesem Zweck nothwendigen Maassregeln ergreifen.

Anmerkungen

1 Einleitung

* Unter der Bezeichnung «Deutschland» sind im Folgenden die damaligen deutschen Staaten bzw. die Staaten des Deutschen Bundes zu verstehen.
1 In Frankreich publizierte F. Gayot de Pitaval bereits 1734–1743 mit seinen «Causes célèbres et intéressantes» die erste mehr oder weniger aktenmässige Darstellung von Strafgerichtsfällen. Zuvor wurde in Frankreich schon im 17. Jh. eine Sammlung von Berichten über Verbrechen veröffentlicht («L'Amphithéatre sanglant»). 1650 erschien in Deutschland, beeinflusst durch die während des 30jährigen Krieges (1618–1648) massiv angestiegene Gewaltkriminalität, eine Sammlung von Berichten über Gewaltverbrechen. Vgl. Harsdörffer Gh.Ph., Der grosse Schauplatz jämmerlicher Mords-Geschichten (1650). Erwähnt bei Hiess P./Lunzer Ch., Jahrhundertmorde (1994), 7. Ende des 18. Jh. wurden in Frankreich und Deutschland vereinzelt Kriminalfallgeschichten publiziert. Zu denselben und deren Nachweis in den Strafrechtsbibliographien G.W. Böhmers und F. Kapplers von 1816 bzw. 1838 vgl. Rückert J., Zur Rolle der Fallgeschichte zwischen 1790 und 1880 (1991), 287f. Im deutschen Sprachraum weckten nicht zuletzt die stark kriminalfallgeschichtlich inspirierten Frühwerke Friedrich Schillers, zu nennen sind die «Räuber» und insbesondere «Der Verbrecher aus verlorener Ehre» von 1787, in breiten Schichten des gebildeten Bürgertums das Interesse am literarischen Typus der strafrechtlichen Fallgeschichte. Schiller besorgte ferner die Publikation einer Auswahl der Werke Pitavals in deutscher Sprache und verschaffte dadurch dem Werk in Deutschland Beachtung. Mit Bezug auf die Rezeption der Pitavaltradition im deutschen Sprachraum vgl. die Einleitung von Rudolf Marx zur 1980 unter dem Titel «Unerhörte Kriminalfälle» erschienenen ausgewählten Sammlung aus dem Werk Pitavals; ferner Böckel F., Kriminalgeschichten (1914–18).
2 Mit Bezug auf die durch Feuerbach mitgetragene «Fallpsychologie als Beitrag zur allgemeinen Menschen- und Seelenkenntnis» um 1828/29 vgl. Rückert J., Zur Rolle der Fallgeschichte zwischen 1790 und 1880 (1991), 301f.
3 Vgl. dazu Rückert J., Zur Rolle der Fallgeschichte zwischen 1790 und 1880 (1991), 304f. und Linder J., Deutsche Pitavalgeschichten in der Mitte des 19. Jahrhunderts (1981), 313ff. Von 1828 bis 1855 werden auch in den «Annalen der deutschen und ausländischen Criminal-Rechts-Pflege» Straffälle mitunter mit beachtlichem wissenschaftlichen Anspruch aktenmässig publiziert und kritisiert
4 Vgl. Linder J., Deutsche Pitavalgeschichten in der Mitte des 19. Jahrhunderts (1991), 313. Der wissenschaftliche Anspruch leidet besonders unter der Prioritätensetzung auf die narrative Ausgestaltung der Berichte, welche öfters die «abstossende Dämonisierung des Verbrechens» ins Auge fassen, was eine rationale Auseinandersetzung mit den Ereignissen geradezu vereitelt. Vgl. ebd., 327.

5   So etwa die Kriminalfallsammlung im Periodikum «Gerichtshalle. Sammlung merkwürdiger Rechtsfälle aus neuester Zeit», 1847f. Vgl. dazu Rückert J., Zur Rolle der Fallgeschichte zwischen 1790 und 1880 (1991), 305f.
6   Vgl. beispielsweise Meyer J. L., Die schwärmerischen Greuelszenen in Wildenspuch (1823); Escher H., Geschichtliche Darstellung und Prüfung der über die denunzierte Ermordung Herrn Schultheiss Kellers sel. von Luzern verführten Kriminalprozedur (1826); Bossard G. J., Leiden und Tod des Johann Bättig von Hergiswil in den Kriminalgefängnissen der Stadt Luzern (1844); Ammann W., Die Kriminalprozedur gegen J. Müller von Stechenrain, Kanton Luzern, Mörder des sel. Herrn Grossrat Leu von Ebersol (1846); Hirzel H., Hans Jakob Kündig. Sein Leben, Verbrechen und Ende (1859). Wissenschaftlich beachtlich und methodisch als Quellenedition realisiert, daher hier trotz späteren Datums besondere Beachtung verdienend, präsentiert sich die aktenmässige Darstellung des Jetzerprozesses bei Steck R., Die Akten des Jetzerprozesses (1904). Aus methodischer Sicht äussert sich bereits der seit 1851 in Zürich unterrichtende Strafrechtler und Rechtshistoriker Eduard Osenbrüggen zum Typus der Kriminalfalldarstellung, die er trotz kritischer Vorbehalte als praktische Bereicherung der juristischen Ausbildung versteht. Vgl. ders., Präsumtionen (1853), 128. Vgl. auch Rückert J., Zur Rolle der Fallgeschichte zwischen 1790 und 1880 (1991), 294, 298.
7   Verschiedene grosse (psychologische) Kriminalromane der Weltliteratur stammen aus dem 19. Jh., so etwa Dostojewskis «Verbrechen und Strafe» sowie «Le Rouge et le Noir» von Stendhal. Zum Bezug zur Kunstliteratur vgl. Schmidhäuser E., Verbrechen und Strafe (1995); ferner Schönert Jörg (Hg.), Literatur und Kriminalität (1983).
8   Diese Tendenz ist deutlich nachweisbar in J. D. H. Temmes zahlreichen Kriminalromanen oder in zahlreichen «Pitavalgeschichten» aus der ersten Hälfte des 19. Jh. Vgl. dazu ausführlich Rückert J., Zur Rolle der Fallgeschichte zwischen 1790 und 1880 (1991), 288f. Für die Schweiz ist P. Brettschneiders Publikation «Die schwersten Verbrechen unter den zivilisirten Völkern, ihre Enthüllungen, Prozesse & Blutsühne» von 1870 zu erwähnen, bei welcher der Informationsgehalt deutlich hinter den Sensationsvermittlungsanspruch zurücktritt und bereits publizierte Verbrechensfälle auf reisserische Art referiert werden.
9   Den rechtspolitischen Aspekt etwas einseitig auf den psychologischen Gesichtspunkt der Fallgeschichten reduziert Rückert J., Zur Rolle der Fallgeschichte zwischen 1790 und 1880 (1991), 299f.
10 Die Falldarstellungen werden als Zeitdokumente und Materialien wahrgenommen und verwendet, gleichsam als historisches Zeugnis verstanden. Sie sollen insbesondere die «Inquirentenkunst» der ermittelnden und erkennenden Richter durch Vermittlung von Erfahrung fördern. Vgl. dazu Rückert J., Zur Rolle der Fallgeschichte zwischen 1790 und 1880 (1991), 292f., 294. Der Belehrungsanspruch damaliger Kriminalfallsammlungen tritt besonders deutlich hervor in L. Pfisters «Merkwürdige Criminalfälle mit besonderer Rücksicht auf die Untersuchungsführung» (1814–1820). Im fünfbändigen Werk werden verschiedene historische Kriminalfälle aktenmässig dargestellt und aus straf- und strafprozessrechtswissenschaftlicher Sicht kritisch beleuchtet, freilich ohne die geschichtswissenschaftlichen Aspekte ausreichend zu würdigen. Im fünften Band folgt auf über 170 Seiten eine Auswertung «praktischer Lehren» mit besonderer Berücksichtigung des deutschen Strafprozesses. Vgl. Pfister L., Merkwürdige Criminalfälle, Bd.5 (1820), 501ff. – W. L. Demmes Werk «Das Buch der Verbrechen», das

in den 1850er Jahren in vier Bänden erschien, zielt darauf ab, die Bevölkerung über die Strafrechtspflege aufzuklären und die nach 1848 vorgesehenen Verfahrensreformen populär zu machen. Vgl. Linder J., Deutsche Pitavalgeschichten in der Mitte des 19. Jahrhunderts (1991), 335. – Die nur Justizirrtümer umfassende Fallsammlung des Journalisten Karl Löffler aus den 1860er Jahren will der Justiz als von polemischen Angriffen keineswegs unversehrter Fingerzeig dienen, zugleich aber vor allem das Interesse einer breiten Leserschaft wecken. Vgl. ders., Die Opfer mangelhafter Justiz, 3 Bde. (1868–1870). Dass Kriminalfallsammlungen nach wie vor wertvolles «Unterrichtsmaterial» für die Organe der Polizei und Strafrechtspflege bilden, vertritt 1951 zu Recht der ehemalige Zürcher Polizeikommandant Jakob Müller. Vgl. ders., Ich bin auch da (1951), in initio; ferner Middendorf W., Erkenntnisse für Kriminalisten und Kriminologen aus Falldarstellungen (1982), 76f.

11 Charakteristischerweise erlebte die 1904 in der Tradition des «Neuen Pitaval» gegründete Reihe «Pitaval der Gegenwart» nach 1914 keine Fortsetzung mehr. Vgl. Frank/Roscher/Schmidt (Hg.), Pitaval der Gegenwart. Almanach interessanter Straffälle, 8 Bde. (1904–1914). Vereinzelt erscheinen indessen auch später Kriminalfallsammlungen in der Tradition des 19. Jh., welche jedoch meist historische Gerichtsprozesse behandeln und sich als Beiträge zur Geschichtsforschung verstehen. Vgl. etwa die allerdings nicht wissenschaftlichen Kollektionen von Friedländer H., Interessante Kriminalprozesse (1922); Braunschweig M., Berühmte Kriminalprozesse aus vier Jahrhunderten (1943); Eger R., Berühmte Kriminalfälle aus vier Jahrhunderten (1949) oder Jacta M., Berühmte Strafprozesse (1963/66). In Frankreich stossen Beschreibungen historischer Kriminalfälle auch in der ersten Hälfte des 20. Jh. auf beachtliches Interesse. Vgl. etwa die bekannte Sammlung historischer Strafprozesse bei Henri-Robert, Les Grands Procès de l'Histoire, 10 séries (1922–1935).

12 Unter diese Publikationen zu zählen sind die Darstellungen über bemerkenswerte Kriminalfälle und ihre Prozesse, die mitunter als Monographien, meist als Aufsätze in einschlägigen Fachzeitschriften, publiziert werden. Auf besonderes Interesse stiessen nicht nur im deutschen Sprachraum in der Vergangenheit die Strafuntersuchungen gegen Serienmörder (Kürten, Denke, Haarmann, Bartsch u.a.), welche nach qualitativen, vorwiegend nach kriminalpsychologischen Kriterien aufgearbeitet wurden. Vertreter der Sozial- und Psychowissenschaften unterbreiten in Kriminalfalldarstellungen manchmal ihre Kritik am straf- und strafprozessrechtlichen Status quo. Diese widerspiegelt sich bisweilen in der spektakuläre Kriminalfälle rege verfolgenden Tagespresse. Vgl. Classen I., Darstellung von Kriminalität (1988), 13ff. Als modernes Beispiel vgl. die Darstellung von Schorsch E., Kurzer Prozess? Ein Sexualstraftäter vor Gericht (1995).

13 Die einzige in der Schweiz erschienene historische Kriminalfallstudie, die einigermassen den Kriterien einer wissenschaftlichen Bearbeitung entspricht, ist die für ihre Zeit fortschrittliche Arbeit von Halder N., Leben und Sterben des berüchtigten Gauners Bernhart Matter (1947). Auch sie folgt jedoch weitgehend dem Aufbau der Struktur der überkommenen «Pitavalgeschichte». Keinen wissenschaftlichen Anspruch kann dagegen die Sammlung schweizerischer Kriminalfälle von Walter Kunz (Kleiner Schweizer Pitaval) von 1965 erheben, zumal sie hauptsächlich gekürzte Nacherzählungen bereits publizierter historischer Kriminalfälle ohne Quellenangaben enthält.

14 Die zur Anwendung gelangenden Normen des damals geltenden Straf- und Strafprozessrechts wie auch die allenfalls konsultierte Literatur werden im vorliegenden Fall von den Untersuchungsbehörden selten angegeben. Mit Ausnahme der Urteilsbegründung wird in den Akten nie auf das zur Anwendung kommende Recht verwiesen, weshalb die Normabstützung und wissenschaftlich-dogmatische Verankerung der prozessualen Vorgänge anhand des zeitgenössischen Gesetzesmaterials und der damals verbreiteten Fachliteratur rekonstruiert und beurteilt werden muss.

15 Zur grundlegenden Bedeutung der kriminalgeschichtlichen Einzelfalldarstellung für die Erforschung historischer Polizeiverhältnisse vgl. Ebnöther K., Polizeigeschichte in der Schweiz (1995), 41.

16 Politisch motivierte Tötungsdelikte gelten zumeist einem politischen Machthaber. Sie sind Ausdruck des Protestes gegen oder der Verachtung für denselben. Vgl. etwa die Sammlung von Middendorff W., Der politische Mord (1968). Die hier zu behandelnde Tatkonstellation und das wahrscheinliche Motivgefüge unterscheiden sich grundlegend von dieser Ausgangslage.

17 Der Mitbegründer der modernen Kriminalistik, Hans Gross, macht Sinn und Notwendigkeit der Aufarbeitung eines historischen Kriminalfalls vom überlieferten, wissenschaftlich verwertbaren Material abhängig. Vgl. seine Besprechung der kriminalpsychologischen Studie des Nervenarztes L. Scholz mit dem Titel «Die Gesche Gottfried», in: Archiv für Kriminal-Anthropologie, 62 (1915), 102.

18 Vgl. dazu Eibach J., Recht – Kultur – Diskurs (2001), 103, 106f.

19 Zum Verhältnis von Strafrechtsgeschichte, kulturgeschichtlich ausgerichteter Kriminalitätsgeschichte und Diskursanalyse vgl. Eibach J., Recht – Kultur – Diskurs (2001), 103ff. Die historische Kriminologie und die Kriminalitätsgeschichte beschränken sich in der Schweiz auf einige wenige Darstellungen. Vgl. etwa die Arbeiten von Hermann Romer und Martin Leuenberger; ferner auch die Erforschung der frühneuzeitlichen Polizeitätigkeit unter der Leitung von Peter Blickle in Bern. Für die französischsprachige Schweiz sind die Untersuchungen zu erwähnen von Henry Ph., Crime, justice et société dans la principauté de Neuchâtel au XVIIIe siècle (1984) und Porret M., Le crime et ses circonstances (1995). Auch in Deutschland gelang es der historischen Kriminologie im Vergleich zu den USA, aber auch zu England und Frankreich erst nach 1970, sich wissenschaftlich zu etablieren. Mitunter liegen frühe Ansätze dazu in Arbeiten aus den Gebieten der Kultur- und Sittengeschichte oder der rechtlichen Volkskunde. Noch 1985 stellt Killias fest, dass die Arbeiten zur Geschichte der Kriminalität über «anekdotenhafte Darstellungen» oft kaum hinausgelangten. Vgl. Killias M., Zur Rolle der Geschichte in Rechtssoziologie und Kriminologie (1985), 148. Die 1951 in Stuttgart erschienene Studie «Geschichte des Verbrechens» von Gustav Radbruch und Heinrich Gwinner bewegt sich noch weitgehend in der älteren kriminalhistorischen Tradition und bewirkte keinen innovativen Durchbruch. Obschon das Werk eine historische Kriminologie postulierte, wurde an diesen Anspruch nicht angeknüpft. Im deutschen Sprachraum fristete die historische Kriminologie bzw. Kriminalitätsgeschichte trotz einiger beachtlicher Arbeiten etwa von Karl Siegfried Bader, Hans v. Hentig oder Wolf Middendorf bis gegen 1970 ein Schattendasein. Dagegen entwickelte sich in Frankreich und England bereits in den 1960er Jahren eine fruchtbare, sozialwissenschaftlich orientierte, recht produktive historische Kriminologie. Seit 1978 existiert die «International Association for the History of Crime and Criminal

Justice». 1997 wurde die Zeitschrift «Crime, Histoire & Société» begründet, welche seither in englischer und französischer Sprache erscheint. Nach 1970 sind auch in Deutschland einige kriminologiehistorische Pionierarbeiten erschienen, so etwa die Studie von Carsten K., Räuber und Gauner in Deutschland. Das organisierte Bandenwesen im 18. und 19. Jahrhundert (1976) oder die Arbeiten von Blasius D., Bürgerliche Gesellschaft und Kriminalität. Zur Sozialgeschichte Preussens im Vormärz (1976) und ders., Kriminalität und Alltag. Zur Konfliktgeschichte des Alltagslebens im 19. Jahrhundert (1978); ferner Danker U., Räuberbanden im Alten Reich um 1700 (1988). In den 1990er Jahren verhalfen zahlreiche Publikationen dazu, die moderne historische Kriminalitätsforschung wissenschaftlich im Boden der gesamten Kriminalwissenschaften sozial- und geschichtswissenschaftlich zu verankern. Vgl. Blauert/Schwerhoff, Einführung (2000), 11; Eibach J, Recht – Kultur – Diskurs (2001), 102ff.; sowie die Literaturauswahl bei Schwerhoff G., Kriminalitätsgeschichte im deutschen Sprachraum (2000), 53ff. Im 1993 begonnenen, von Dietmar Willoweit mitgeführten DFG-Forschungsschwerpunktprogramm zur «Entstehung des öffentlichen Strafrechts» findet auch die historische Kriminologie Eingang in die rechtshistorische Forschung. Vgl. dazu Willoweit D. (Hg.), Die Entstehung des öffentlichen Strafrechts (1999) sowie Schlosser/Willoweit (Hg.), Neue Wege strafrechtsgeschichtlicher Forschung (1999). Entsprechend der Zielsetzung befasst sich dieses Projekt mit der Aufarbeitung der mittelalterlichen und frühneuzeitlichen Strafrechtsgeschichte. – Verschiedene Diskussionsforen haben historisch-kriminologische Anliegen zum Gegenstand, so etwa der Arbeitskreis für Polizeigeschichte um Alf Lüdtke und Herbert Reinke, der interdisziplinäre Forschungskreis von Fritz Sack und Martin Dinges oder der Stuttgarter Arbeitskreis für Kriminalitätsgeschichte in der Vormoderne. Zum neueren Forschungsstand und zur jüngeren Entwicklung vgl. Schwerhoff G., Kriminalitätsgeschichte im deutschen Sprachraum (2000), 21f.; ders., Aktenkundig und gerichtsnotorisch (1999), 15ff. und Eibach J., Recht – Kultur – Diskurs (2001), 102ff.; aufschlussreich aber nicht mehr ganz aktuell: Romer H., Historische Kriminologie (1992), 227ff. Ein wertvolles Publikationsgefäss für Kriminalfallanalysen bietet neuerdings die Untergruppe «Fallstudien» der von K. Lüderssen, K. Schreiner, R. Sprandel und D. Willoweit herausgegebenen Reihe «Konflikt, Verbrechen und Sanktion in der Gesellschaft Alteuropas».

20 Eibach J., Recht – Kultur – Diskurs (2001), 108. Zu den Vorzügen der Mikrohistorie vgl. ebd., 112f. Vgl. auch Funk D., Historische Rechtstatsachenforschung in Theorie und Praxis (1985), 47f. – Innerhalb der rechtshistorischen Lehrbuchliteratur bildet Kroeschells Deutsche Rechtsgeschichte ein gelungenes Beispiel für die Verbindung der auf die Aufzeigung der Entwicklungsstränge konzentrierten Hauptdarstellung mit anschaulichen Einzelfallpräsentationen. Mit Bezug auf die Strafrechtsgeschichte der Neuzeit vgl. Kroeschell K., Deutsche Rechtsgeschichte Bd.3 (1989), 93ff. Die historische Rechtstatsachenforschung, im Sinne wissenschaftlicher Darstellung und Kommentierung quellenüberlieferter Kasuistika, verfügt innerhalb der Rechtsgeschichte durchaus über Tradition, wobei einschränkend zu beachten ist, dass insbesondere ältere Arbeiten regelmässig ohne sozialwissenschaftliche Methodenverankerung auskommen. Vgl. Killias M., Zur Rolle der Geschichte in Rechtssoziologie und Kriminologie (1985), 149.

21	Schwerhoff kritisiert zu Recht die seit längerem bekannten, problematischen Prämissen der traditionellen, einseitig auf die Erforschung der normativen Ebene ausgerichteten Strafrechtsgeschichte. Allerdings braucht die Hinwendung zum Phänomenologischen nicht ausschliesslich mit einer «Akzentverlagerung weg von der Bestrafung hin zur Delinquenz» einherzugehen. Vgl. die Ausführungen bei Schwerhoff G., Kriminalitätsgeschichte im deutschen Sprachraum (2000), 23.
22	In der vorliegenden Untersuchung erfolgt die Verwendung des Begriffs der Kriminalfallanalyse nur nach den erwähnten Kriterien und hat nichts gemein mit den Fallanalysen der modernen Kriminalistik mit Bezug auf die Erstellung von Täterprofilen. Vgl. zu letzterer Forschungsdisziplin Bundeskriminalamt (Hg.), Methoden der Fallanalyse (1998). Eine Studie des Autors über historische und moderne qualitative Kriminalfallanalytik, welche sich mit den bei solchen Untersuchungen anfallenden Schwierigkeiten auf Methodenebene befasst, befindet sich in Vorbereitung. Moderne Analysen von Kriminalfällen und -prozessen nach wissenschaftlichen Kriterien sind bisher sehr rar. Vgl. etwa die Fallsammlung bei Schultz U., Grosse Prozesse (1996). Beachtung verdient die thematisch sektoriell ausgerichtete, grosse kriminalhistorische Untersuchung von Karlheinz Deschner, Kriminalgeschichte des Christentums (1986ff.). Besonders zu erwähnen sind an dieser Stelle sodann Ansätze qualitativer Kriminalitätsforschung mit besonderen Fragestellungen, beispielsweise die als literaturwissenschaftlich-psychologisch, der Gender-Forschung gleichermassen wie der Kriminalitätsgeschichte zuzuordnende Studie von Ch. Bolte und K. Dimmler, Schwarze Witwen und eiserne Jungfrauen (1997) oder Henschel P./Klein U., Hexenjagd (1998); ferner als Beitrag zur Geschichte des durch Frauen begangenen Giftmordes vgl. Kaiser P./Moc N./Zierholz H.-P., Das Gastmahl der Mörderin (1997); im weiteren Sinne verstanden kann auch der belletristische Bericht über den letzten Hexenprozess in der Schweiz von Hasler E., Anna Göldi, Die letzte Hexe (1982) als einzelfallbezogene, kriminalhistorische Darstellung zur Frauenkriminalität verstanden werden; als eher journalistischer, methodisch teilweise fragwürdiger Beitrag zur Gender-Forschung durch Kriminalfallanalysen ist für die Schweiz zu erwähnen Hauser W., Im Zweifel gegen die Frau (1997). Im gemeinsamen Segment von Kriminalitäts- und Literaturgeschichte interessieren etwa die vorwiegend auf vollständige Aktenedition des von Goethe mitverfolgten Prozesses gegen die letztlich zum Tod verurteilte Kindsmörderin Susanna Margaretha Brandt ausgerichteten Arbeiten von Habermas R., Das Frankfurter Gretchen (1999) und Birkner S., Goethes Gretchen (1999). Auch Kriminalfalldarstellungen als Beiträge zur Regionalgeschichte sind an dieser Stelle aufzuführen. So etwa für den Kanton Schaffhausen die allerdings nicht wissenschaftliche Sammlung von Kriminalfällen zwischen 1892 und 1988 von Ilg S., Moneten, Morde, Mannesehr' (1997) wie auch für Zürich: Baumann W., Von Fall zu Fall (2000); ferner Drechsel W.U./Gerstenberger H./Marzahn Ch. (Hg.), Criminalia. Bremer Strafjustiz 1810–1850 (1988); Boehncke H./Sarkowicz H. (Hg.), Die Metropole des Verbrechens. Räuber und Gauner in Berlin und Brandenburg (1997) oder als älteres Beispiel Wosnik R., Beiträge zur Hamburgischen Kriminalgeschichte (1927). Besonders originell und durchaus innovativ, wenn auch eher populärwissenschaftlich konzipiert, ist der Literaturtyp des kriminalhistorischen Reise- oder Stadtführers. Vgl. etwa Leonhardt/Schurich, Berlin mörderisch (1999). Als besondere Spezies der Kriminalfalldarstellung ist das Genre der Lebenserinnerungen alter Kriminalisten zu erwähnen. Vgl.

beispielsweise Müller J., Ich bin auch da (1951). Ihrer Originalität wegen verdient hier Erwähnung die als Hörspiel konzipierte, quellengetreu verfasste Studie von Crauer P., Das Leben und Sterben des unwürdigen Dieners Gottes und mörderischen Vagabunden Paul Irniger (1981).
23 Vgl. dazu Frommel M., Strafjustiz oder Polizei (1987), 174. Zur theoretischen Entwicklung der Rechtsgeschichte nach 1945 noch immer grundlegend: Senn M., Rechtshistorisches Selbstverständnis im Wandel (1982).
24 Eibach ist beizupflichten, wenn er sorgfältig differenzierend zum Schluss kommt, dass das Bemühen um Synthese methodisch weniger bedenklich sei als «ein puristisches Beharren auf einem einzigen Weg zur Erforschung der historischen Kriminalität.» Vgl. Eibach J., Recht – Kultur – Diskurs (2001), 110.
25 Vgl. Schwerhoff G., Aktenkundig und gerichtsnotorisch (1999), 22f.
26 Zum aktuellen Forschungsstand vgl. Eibach J., Recht – Kultur – Diskurs (2001), 102ff. Joachim Linder wundert sich 1991 mit gutem Grund darüber, dass die populäre Kriminalfallsammlung «Der neue Pitaval» «weder für die Rechtsgeschichte noch für die Literaturgeschichte zum Gegenstand eigenständiger Untersuchungen geworden ist». Die wissenschaftliche Aufarbeitung von Strafprozessen aus jüngster Vergangenheit verspricht ebenfalls beachtliches Erkenntnispotential für die Erforschung des geltenden Rechts und der Geltung des Rechts. Allerdings birgt die Auseinandersetzung mit gegenwärtigen Verfahren und agierenden Protagonisten der Justiz, Verurteilten, Opfern und anderweitig Beteiligten verschiedene Schwierigkeiten. Zu denken ist insbesondere an die Wahrung der Persönlichkeitsrechte und des Datenschutzes. Aktuelle und jüngst vergangene Strafverfahren bilden mitunter Gegenstand eher journalistisch, teilweise politisch orientierter Darstellungen, deren Ziel nicht oder nur subsidiär einer umfassenden kriminalwissenschaftlichen Durchleuchtung, Erklärung und Beurteilung von Strafverfahren gilt, sondern vor allem die Aufdeckung von Verfahrensfehlern, Missständen in der Justiz oder die Aufzeigung besonderer Formen strafrechtsrelevanter Bedrohung zum Zweck haben. Vgl. etwa die Arbeiten von Rehberg J., Die Tote vom Küsnachter Berg (Projekt); Carrère E., L'Adversaire (2000); Bösch P., Meier 19. Eine unbewältigte Polizei- und Justizaffäre (1997); Zihlmann P., Der Fall Plumey (1995) und ders., Justiz im Irrtum, Rechtsbruch und Rechtsspruch in der Schweiz (2000); Flubacher R., Flugjahre für Gaukler (1992); Bänziger K., Dani, Michi, Renato und Max (1988); Diggelmann W., Hexenprozess (1969) sowie Born H., Mord in Kehrsatz (1989). Born kritisiert in seiner Untersuchung das Strafverfahren gegen Bruno Zwahlen 1985–1988 und lieferte damit die Grundlage für die spätere Wiederaufnahme des Verfahrens. Eine ähnlich motivierte Kriminalfallstudie war auch das publizierte Revisionsgesuch des Zürcher Rechtsanwalts Baechi im Fall des Johann Näf, der im November 1934 wegen Mordes vom Zürcher Schwurgericht zu lebenslänglichem Zuchthaus verurteilt worden war. Vgl. dazu Baechi W., Der Mordfall Näf (1936). Aus gleichem Beweggrund entstand sodann die Schrift von Roth F., Ein Justizirrtum? Der Giftmordprozess Riedel-Guala (1929). – Der blossen Wiedergabe bzw. Neuveröffentlichung historischer Kriminal- und Gerichtsfallberichterstattung im Stile von True-Crime-Publikationen «aus erster Hand» kann dagegen keine wissenschaftliche Bedeutung zukommen. So beispielsweise Hiess P./Lunzer Ch., Jahrhundertmorde (1994). Solche Sammlungen mögen als Veranschaulichung der Kriminalitäts- und Strafrechtsgeschichte dienen, sofern sie nur schwer greifbare, wissenschaftlich verwertbare Be-

	schreibungen zugänglich machen. Ansonsten tragen sie vornehmlich dazu bei, Kriminalfalldarstellungen auf ihren journalistischen, sensationsorientierten Marktwert zu reduzieren.
27	Die Kriminalakte über die Untersuchung der Tötung Ludwig Lessings beinhaltet fast 800 Aktenstücke (über 2'000 Seiten handschriftlicher Protokolle, Berichte, Verfügungen und Notizen). Hinzu kommt eine beträchtliche Sammlung konfiszierter Briefe aus Korrespondenzen zwischen Mitgliedern des Jungen Deutschlands aus den Jahren 1834–1836. Vgl. StAZ, Y 53, 2 und 3 sowie P 187.1 (2).
28	Für die fachliche Beratung und Unterstützung bei den Recherchen in den jeweiligen Archiven gilt mein Dank besonders den Archivaren Dr. E. Petritsch (Wien), W.Simon und H.Tempel (Berlin) sowie Th. Ulbrich (Potsdam).
29	Vgl. GStA, HA I. Geh. Verb. Spec.
30	Vgl. GStA, HA III. MdA I, Nr.8642 und HA I.Rep.77, Tit.21, Lit.L, Nr.38, Geh. Verb. Spec. Es sind allerdings seit April/Mai 1945 bezüglich der allgemeinen Quellenlage innerhalb der verschiedenen Ministerialakten erhebliche Kriegsverluste zu beklagen.
31	Zu den Quellenbeständen bezüglich deutscher politischer Verbindungen im Vormärz und der Vernichtung der Frankfurter Akten vgl. Kowalski W., Vorgeschichte und Entstehung (1962), 5ff. (mit Bewertungen aus sozialistischer Sicht) sowie Reinöhl F., Die österreichischen Informationsbüros (1929), 281.
32	Dies lässt sich anhand von Lessings Brief vom 18. Juli 1835 nachweisen, der sowohl als Abschrift des Originals wie auch in der nach Wien weitergeleiteten Fassung vorliegt. Ein längerer Abschnitt über die in der Schweiz verbreitete Kritik am Preussischen Zollverband fehlt in der für Wien bestimmten Abschrift. Vgl. Beilage 3 sowie HHStA, StK, Deutsche Akten 286, 119.
33	Der Dank des Verfassers für die Ermöglichung des Zugangs zu diesen Beständen gilt dem Harro-Harring-Forscher Dr. Ulrich Schulte-Wülwer, Husby, sowie der Leiterein der Handschriftenabteilung der Schleswig-Holsteinischen Landesbibliothek, Dr. Kornelia Küchmeister, Kiel.
34	Zu erwähnen ist insbesondere das Staatsarchiv Bern. Aus dem Bayerischen Geheimen Staatsarchiv in München wurden andernorts publizierte Bestände einbezogen.
35	Besonderer Dank gebührt Dres. Jan-Christoph Hauschild, Düsseldorf, Thomas Michael Mayer, Würzburg, und Peter Mesenhöller, Köln sowie dem DDR-Historiker Prof. Dr. Werner Kowalski, Halle a.S.
36	Vgl. Biographien (Anhang 1).
37	Der Darstellung der Mängel im zeitgenössischen Strafprozessrecht und in der Organisation der Strafrechtspflege kommt ein wichtiger Stellenwert zu, was Schauberg auch zur Absicht erhebt. Vgl. Schauberg J., Beilagenheft I, IV. Besprochen in NZZ vom 17. April 1837, Nr.46, 181–183.
38	Die deutliche Tendenz in Schaubergs Darstellung, das Junge Deutschland vom Verdacht der Urheberschaft des Mordes an Lessing zu reinigen, diente preussischen Prozessbeobachtern als Ansatz zu berechtigter Kritik. Vgl. das Schreiben des preussischen Gesandten v.Rochow vom 13. August 1837, GStA, HA III. MdA I, Nr.8642 (A.3399 vom 24. August 1837).
39	Zum sprachanalytischen Quellendiskurs im kriminalitätsgeschichtlichen Methodenkontext vgl. Eibach J., Recht – Kultur – Diskurs (2001), 114f.

40 Die Untersuchung der Originalakten erweist sich bei grossen Prozeduren regelmässig als äusserst aufwändig, ist im Rahmen von wissenschaftlichen Prozessanalysen jedoch unumgänglich.
41 Vgl. v.Rochows Schreiben vom 16. Juli 1837, GStA, HA III. MdA I, Nr.8642 (A.3094 vom 25. Juli 1837).
42 Die in den 1828–1855 erscheinenden «Annalen der deutschen und ausländischen Criminal-Rechts-Pflege» abgedruckten Kriminalfalldarstellungen und Gerichtsprozessberichte werden meist unter Berücksichtigung der zeitgenössischen wissenschaftlichen Literatur aus Straf- und Strafprozessrecht sowie der Medizin referiert. Dabei dient der Fall verschiedentlich der anschaulichen Erörterung dogmatischer und prozessrechtlicher Fragen. Die Herausgeber Julius Eduard Hitzig (1780–1849) und Wilhelm Ludwig Demme (1801–1878) waren publizistisch tätige Juristen. Zu deren Biographie vgl. Linder J., Deutsche Pitavalgeschichten in der Mitte des 19. Jahrhunderts (1991), 347.
43 Der Grundsatz notwendiger Aktenmässigkeit des Kriminalverfahrens im Sinne einer allgemeinen Protokollierungspflicht sämtlicher Untersuchungshandlungen ist zu Beginn des 19. Jh. zumindest in der wissenschaftlichen Literatur unumstritten. Vgl. etwa Martin Ch., Lehrbuch (1836), § 14 und Pfister L., Merkwürdige Criminalfälle, Bd.5 (1820), 612. Allerdings darf aus der allgemeinen Geltung der Maxime nicht geschlossen werden, dass in praxi die erstellten Kriminalakten das gesamte Untersuchungsverfahren lückenlos dokumentieren. So enthält die im vorliegenden Fall untersuchte Prozedur nur sehr wenige Aktennotizen. Mitunter muss anhand von anderen Aktenstücken auf die Vornahme bestimmter Untersuchungshandlungen rückgeschlossen werden.
44 Vgl. dazu Eibach J., Recht – Kultur – Diskurs (2001), 117ff.
45 Zur Protokollierung im Ermittlungsverfahren mit Bezug auf die Erzielung von Ergebnisgewinnung und Ergebnissicherung vgl. Schmitz H.W., Tatgeschehen, Zeugen und Polizei (1978), 339ff. Vgl. auch die kommunikationstheoretischen Aspekte der Einvernahme, empirisch untersucht und dargestellt bei Banscherus J., Polizeiliche Vernehmung: Formen, Verhalten, Protokollierung (1977). Dieser Autor kommt zum Ergebnis, dass die von ihm untersuchten, aktuellen polizeilichen Einvernahmen «eine erhebliche Zahl von Protokollierungsfehlern» aufweisen. Vgl. ebd., 259. Zur Problematik der Protokollierung von Zeugenaussagen vgl. Nack A., Wiedergabe und Protokollierung von Zeugenaussagen (1995), 78ff. In jüngster Zeit hat Scheffer mittels einer Schreibprozessanalyse von Anhörungsprotokollen im Asylverfahren ein erhebliches Veränderungspotential von mündlich mitgeteilten Informationsinhalten bei den durch die Verschriftlichung wirksamen Transformationsvorgängen beschrieben. Vgl. Scheffer Th., Übergänge von Wort und Schrift (1998), 230ff.
46 Beschuldigteneinvernahmen sind naturgemäss anfällig für Gesetzesverstösse durch die befragende Person. Vgl. Walder H., Die Vernehmung des Beschuldigten (1965), 19. Aus den Akten gehen keine Beschwerden gegen die Protokollierung hervor, auch wurden sämtliche Protokolle von den Verhörten unterschrieben.
47 Bezüglich dieser Gepflogenheit vgl. Pfister L., Merkwürdige Criminalfälle (1820), 641.
48 Innovativ und weiterführend zur Archivierungsproblematik vgl. Derrida J., Dem Archiv verschrieben (1997) oder ders., Mémoires (1988), III. Akten. Die Bedeutung

eines gegebenen Wortes, 122ff. Ferner sei auch die Studie von Foucault M., Archäologie des Wissens (1973), 113ff. erwähnt.
49 Vgl. Biographien (Anhang 1).
50 Vgl. Temme J., Studentenmord (1872), 224.
51 Temmes Roman eignet sich indessen wenig als Wegweiser durch die von ihm konsultierten Quellen, da diese im Text nicht belegt werden. Die Überprüfung seiner Darstellung weist aber auch Temme als genauen, weitgehend wahrheitsgetreuen Berichterstatter aus.

2 Grundlagen

52 Die Karlsbader Beschlüsse umfassten insbesondere ein die Zensur begründendes Pressgesetz, ein die politische Disziplinierung der Hochschulangehörigen bezweckendes Universitätsgesetz sowie das die effiziente Durchsetzung dieser Vorschriften ermöglichende Untersuchungsgesetz und eine entsprechende Exekutionsordnung. Sodann erfolgte ein Verbot der Burschenschaften, da diese im Gegensatz zu den landsmannschaftlichen Studentencorps grundlegende Staatsreformen, namentlich die Errichtung der deutschen Einheit auf republikanischer Basis, anstrebten. Die Karlsbader Beschlüsse galten als Bundesgesetze unter dem Vorbehalt landesrechtlicher Verkündung. In Preussen wurden die Beschlüsse dahingehend umgesetzt, dass eine über die Bestimmungen des Pressgesetzes hinausreichende rigorose Pressezensur eingeführt wurde. Vgl. dazu Blasius D., Geschichte der politischen Kriminalität in Deutschland (1983), 30f. und Heer G., Geschichte der Deutschen Burschenschaft, Bd.2 (1927), 1ff. sowie Adler H., Staatsschutz im Vormärz (1977), 11ff. Insbesondere zu den Bestimmungen über die Pressezensur in den Karlsbader Beschlüssen vgl. Geiger L., Das Junge Deutschland (1900), 4ff. und Stern A., Geschichte Europas im 19. Jahrhundert, Bd.1 (1894), 574ff.
53 Im zeitgenössischen Kontext vgl. dazu Hug R., Die Central-Untersuchungs-Commission zu Mainz und die demagogischen Umtriebe (1831). Vgl. auch Schweizer P., Geschichte der Schweizerischen Neutralität (1895), 659ff.
54 Vgl. Biographien (Anhang 1).
55 Vgl. Biographien (Anhang 1).
56 Vgl. Urner K., Die Deutschen in der Schweiz (1976), 99f.; zu den Brüdern Follen in der Schweiz vgl. Brand E., Die Auswirkungen der deutschen Demagogenverfolgungen in der Schweiz (1948), 148ff.
57 Zum sog. «Demagogenklub in Chur», wo deutsche Flüchtlinge bis zu ihrer Wegweisung an der Bündner Kantonsschule unterrichteten, insbesondere mit Bezug auf Wilhelm Snell, die Gebrüder Follen und Karl Völker vgl. Brand E., Die Auswirkungen der deutschen Demagogenverfolgungen in der Schweiz (1948), 143ff. und Oechsli W., Geschichte der Schweiz im 19. Jahrhundert, Bd.2 (1913), 631f.
58 Zum Fremdenconclusum vom 14. Juli 1823 vgl. Brand E., ebd., 179ff.; ferner Bonjour E., Geschichte der Schweizerischen Neutralität, Bd.1 (1970), 240f., 245f. – Die durch die Präsenz politischer Flüchtlinge angespannte Situation in der Schweiz anfangs der 1820er Jahre beschreibt in fantasiereicher, stark belletristisch verfärbter Weise der Autor und mutmassliche österreichische Spitzel Johannes Wit, genannt von Döhring, in einem Bericht über seine Schweizerreise, wobei auch die Figur des Spions nicht fehlt (!). Vgl. Wit J., Fragmente aus meinem Leben Bd.3 (1828), insbesondere 244ff. Zu Wits Rolle als Agent im Umfeld der Carbonaribewegung der 1820er Jahre

vgl. Spitzer A., Old Hatreds and Young Hopes (1971), 202f.; ferner Oechsli W., Geschichte der Schweiz im 19. Jahrhundert, Bd.2 (1913), 636.
59 Vgl. dazu u.a. Silbernagl D., Die geheimen politischen Verbindungen (1893), 776f. und Hauschild J.-Ch., Georg Büchner (1997), 314f.
60 Vgl. Adler H., Staatsschutz im Vormärz (1977), 10f.; ferner Silbernagl D., Die geheimen politischen Verbindungen (1893), 778ff.
61 Vgl. dazu Blasius D., Geschichte der politischen Kriminalität in Deutschland (1983), 26ff. und Brand E., Die Auswirkungen der deutschen Demagogenverfolgungen in der Schweiz (1948), 139ff.
62 Anlässlich des «Hambacher Fests» 1832 bekannten sich trotz Verbots zahlreiche burschenschaftlich organisierte Studenten und Handwerker zum republikanischen Umsturz notfalls mittels terroristischer Mittel. Die 20'000 bis 30'000 Teilnehmer aus allen Schichten forderten neben einer integralen Regierungsreform vor allem die nationale Einheit Deutschlands. Vgl. Adler H., Staatsschutz im Vormärz (1977), 19; ferner Klötzer W., Die Ausstrahlung des Hambacher Festes auf den mittelrheinischen Liberalismus (1963), 135–151 mit Literaturhinweisen und Baumann K., Das Hambacher Fest (1957) sowie Bühler J., Das Hambacher Fest (1932) und Herzberg W., Das Hambacher Fest (1908); ferner Blasius D., Geschichte der politischen Kriminalität in Deutschland (1983), 31 sowie Süss E., Die Pfälzer im «Schwarzen Buch» (1956).
63 Zur Entstehungsgeschichte dieser massgeblich durch Metternich initiierten, von den Regierungen Österreichs, Preussens, Bayerns und Württembergs mitgetragenen Überwachungsbehörden vgl. Reinöhl F., Die österreichischen Informationsbüros (1929), 262ff.
64 Vgl. Siemann W., Der Vorrang der Staatspolizei vor der Justiz (1987), 201. Zur Frankfurter Bundes-Central-Behörde vgl. Löw A., Die Frankfurter Bundeszentralbehörde von 1833–1842 (1931).
65 Vgl. Reinöhl F., Die österreichischen Informationsbüros (1929), 261. Die Koordination erfolgte unter der Leitung des von Metternich geförderten Wiener Polizeibeamten und Oberkommissärs Karl Gustav Noë (1798–1885). Vgl. Glossy K., Literarische Geheimberichte aus dem Vormärz (1912), CXXIII sowie Reinöhl F., ebd., 263. und mit Quellenhinweis Lenherr L., Ultimatum an die Schweiz (1991), 113f. sowie Lent D., Findbuch (1991), 342. Noë wurde unterstützt durch den Polizeiunterkommissär Joseph Clannern Ritter von Engelshofen, der seit 1841 das Mainzer Büro leitete, zuvor für Weiterleitung und Austausch der in Mainz eintreffenden Konfidentenberichte zuständig war. Vgl. Adler H., Staatsschutz im Vormärz (1977), 39. Über Noë und v.Engelshofen gelangten die Konfidentenberichte regelmässig auf Metternichs Schreibtisch. Vgl. Becker A., Geschichte des religiösen und atheistischen Frühsozialismus (1847/1932), XIV (Einleitung von Ernst Barnikol).
66 Die Sammelergebnisse dieser Registratur-Behörden finden sich teilweise publiziert bei Ilse L., Geschichte der politischen Untersuchungen (1860).
67 Vgl. Siemann W., Der Vorrang der Staatspolizei vor der Justiz (1987), 201.
68 Vgl. Siemann W., Der Vorrang der Staatspolizei vor der Justiz (1987), 202f.
69 Mit Hinweis auf die Kabinettsordre Friedrich Wilhelms III. vom 25. Oktober 1821 an den Kammergerichtsrat Wilhelm v.Gerlach. Vgl. Siemann W., Der Vorrang der Staatspolizei vor der Justiz (1987), 208.
70 Vgl. Siemann W., Der Vorrang der Staatspolizei vor der Justiz (1987), 202 und ders., «Deutschlands Ruhe, Sicherheit und Ordnung» (1985), 98f.
71 Vgl. Siemann W., Der Vorrang der Staatspolizei vor der Justiz (1987), 199f. Zur Geschichte der politischen Polizei in Deutschland 1806 bis 1866 vgl. ders., «Deutsch-

lands Ruhe, Sicherheit und Ordnung» (1985); ferner Heer G., Geschichte der Deutschen Burschenschaft, Bd.2 (1927), 291ff. und über die politische Polizei in Preussen während der Demagogenverfolgungen vgl. Obenaus W., Die Entwicklung der Preussischen Sicherheitspolizei (1940), 106.

72 Die offene Negation der Monarchie stellte auf europäischer Ebene auch das anlässlich des Wiener Kongresses eingerichtete europäische Gleichgewicht politischer Kräfte in Frage. In Deutschland, wo das für demokratische Innovationen einstehende Bürgertum im Vergleich zu Frankreich deutlich weniger Selbstvertrauen besass, weckte die Julirevolution das mit den Karlsbader Beschlüssen lahmgelegte demokratische Erneuerungsbedürfnis. Die Aufstände in Göttingen, Braunschweig, Leipzig, Kassel, Dresden und Hamburg sind unmittelbare Folgen der bürgerlichen Erhebung in Frankreich. Vgl. dazu Ruckhäberle H.-J., Flugschriftenliteratur im historischen Umkreis Georg Büchners (1975), 35ff. mit weiteren Hinweisen.

73 In Preussen wurden im Nachgang zum Frankfurter Attentat 39 Burschenschafter zum Tode verurteilt, nachträglich allerdings begnadigt. Vgl. Glossy K., Literarische Geheimberichte aus dem Vormärz (1912), XIII. Vgl. insbesondere auch Blasius D., Geschichte der politischen Kriminalität in Deutschland (1983), 30ff.

74 Vgl. Adler H., Staatsschutz im Vormärz (1977), 21 und Schraepler E., Geheimbündelei und soziale Bewegung (1962), 61.

75 Freilich erwuchs den deutschen Regierungen durch den Anschlag keine konkrete Gefahr, zumal die radikale Erhebung zufolge Verrats bereits in ihren Anfängen von einer grossen Überzahl Militärpersonen niedergeschlagen wurde. Vgl. Demme W.L., Die Nacht des 3. Aprils 1833 in Frankfurt am Main, in: Annalen Bd.1 (1841), 464f. Zum Ablauf des Attentats (Wachensturm) am 3. April 1833 vgl. ebd., 462ff. sowie Hauschild J.-Ch., Georg Büchner (1997), 267ff.

76 Vgl. etwa die Acta des Königlichen Polizei-Präsidii zu Berlin betreffend den stud.phil. David Normann zu Berlin, Hauptlandesarchiv Potsdam, Nr.41 Reg. 11947, wo auch Lessing wegen seiner burschenschaftlichen Aktivitäten im Jahre 1833 erwähnt wird.

77 Vgl. Ilse L., Geschichte der politischen Untersuchungen (1860), 266f.

78 So noch im Frühjahr 1835 in Hessen. Vgl. Mayer Th.M., Über den Alltag und die Parteiungen des Exils (1993), 66.

79 1832 zählten Zürich, Bern, Luzern, Solothurn, Aargau, Thurgau und St. Gallen zu den regenerierten Kantonen. Vgl. Biaudet J.-Ch., Der modernen Schweiz entgegen (1977), 922. Zur Geschichte der Schweiz während der Regeneration vgl. neuerdings Tanner A., «Alles für das Volk». Die liberale Bewegung 1830/31 (1997) und Kutter M., Der modernen Schweiz entgegen Bd.4: Von der Revolution der 1830er Jahre bis zur ersten Bundesverfassung (1998).

80 Zum Phänomen der bürgerlichen Herkunft der meisten Exponenten des Vormärz vgl. Schieder W., Anfänge der deutschen Arbeiterbewegung (1963), 89ff.

81 In Zürich betrug der Ausländeranteil unter den Studierenden 1835–1839 20%. Unter den Medizinern lag der Anteil mit 55% am höchsten, während nur 11% der an der staatswissenschaftlichen Fakultät Immatrikulierten Ausländer waren. Vgl. v.Wyss G., Die Hochschule Zürich in den Jahren 1833–1883 (1883), 33f. Im Wintersemester 1835/36 waren von 21 Jusstudenten nur 2 Ausländer (1 Preusse, 1 Bayer). Vgl. Jahresbericht der Universität Zürich 1835/36, in: Stadler-Labhart V., Jahresberichte (1989).

82 Auch die Gebrüder Snell dozierten 1833 bis 1834 an der Zürcher Hochschule. Vgl. Urner K., Die Deutschen in der Schweiz (1976), 101. Zu Oken vgl. Strohl J., Lorenz Oken und Georg Büchner (1936) und Kuhn-Schnyder/Waser, Lorenz Oken (1779–

1851). Erster Rektor der Universität Zürich (1980). Mit dem Philologen Johann Kaspar von Orelli (1787–1849) dozierte auch ein Schweizer, der sich den politischen Anliegen der Radikalen sehr verbunden fühlte. Vgl. Gagliardi/Nabholz/Stohl, Die Universität Zürich 1833–1933 (1938), 194.

83   Vgl. dazu Stadler P., Georg Büchner und die Universität Zürich (1987), 1–14 sowie Hauschild J.-Ch., Georg Büchner (1985), 359ff.
84   Vgl. Biographien (Anhang 1).
85   Vgl. Biographien (Anhang 1).
86   Sie werden u.a. von Lessing als Mitglieder des Berner jungdeutschen Komitees aufgeführt. Vgl. HHStA, StK, Deutsche Akten 282, 631.
87   In den 1830er und 40er Jahren befanden sich gegen 10'000 deutsche Handwerker in der Schweiz, davon angeblich 1'300 allein in der Stadt Zürich. Vgl. dazu die voneinander teilweise abweichenden Angaben bei Ruckhäberle H.-J., Flugschriftenliteratur im historischen Umkreis Georg Büchners (1975), 106; Kowalski W., Vorgeschichte und Entstehung (1962), 110 mit Hinweis auf preussische Quellen und Schieder W., Anfänge der deutschen Arbeiterbewegung (1963), 93ff. mit Angaben zu den üblichen Wanderrouten, deren beliebteste über Konstanz, Winterthur nach Zürich, Baden, Langenthal, Burgdorf, Bern und schliesslich nach Lausanne und Genf oder aber ab Baden über Aarau, Solothurn und Biel nach Neuchâtel führte. Lenherr schätzt den Bestand der sich 1836 in der Stadt Zürich aufhaltenden politischen Flüchtlinge und Handwerker auf ca. 500. Vgl. Lenherr L., Ultimatum an die Schweiz (1991), 147.
88   Vgl. dazu Schmidt H., Die deutschen Flüchtlinge in der Schweiz (1899), 71f. und Schraepler E., Geheimbündelei und soziale Bewegung (1962), 72.
89   Vgl. Temme J., Studentenmord (1872), 52f.
90   Vgl. dazu Thamer H.-U., Emanzipation und Tradition (1983), 55ff.
91   Vgl. Biographien (Anhang 1).
92   Vgl. Biographien (Anhang 1).
93   Vgl. Biographien (Anhang 1).
94   Vgl. Gerlach A., Deutsche Literatur im Schweizer Exil (1975), 66f.
95   Im Frühjahr 1834 wurde auch in Genf ein ähnlicher Verein gegründet. Vgl. Schieder W., Anfänge der deutschen Arbeiterbewegung (1963), 29.
96   Die Carbonaria entstand ursprünglich um 1810 als Oppositionsbewegung gegen König Murat von Neapel in Süditalien. Die Bewegung wurde nach dem Niedergang Napoléons nach Frankreich exportiert, wo sie in den 1820er Jahren stark anwuchs und sich gegen die monarchische Herrschaft Louis XVIII. richtete. Auch in Spanien, Deutschland, in der Schweiz und in den italienischen Staaten wirkte die aktive, radikale, weltbürgerlich orientierte Bewegung, die sich als zellenartig organisierter politischer Geheimbund mit wenig transparenten Strukturen betätigte und der Idee eines demokratisch organisierten Völkerbunds nachstrebte. Vgl. dazu Lambert P., La charbonnerie française, 1821–1823 (1995); Spitzer A., Old Hatreds and Young Hopes (1971), insbesondere 212f. und 273ff. und Schieder W., Anfänge der deutschen Arbeiterbewegung (1963), 23f. sowie Lennhoff E., Politische Geheimbünde, Bd.1 (1931), 117ff. In Deutschland nannten sich die ursprünglich aus den nach den Napoleonischen Kriegen gegründeten Turner- und Burschenschaften hervorgegangenen geheimen Vereinigungen Bergknappen, Bund der Unbedingten oder der Schwarzen (Brüder). Die Verbindungen der deutschen Carbonaria sind wenig durchsichtig und deren Strukturen nur sehr beschränkt rekonstruierbar. Vgl. die zeitgenössische Darstellung von Rocholz, Die Ergebnisse der Untersuchung in Bezug auf den Bund der Unbedingten oder der Schwarzen (1831); vgl. auch die belletristischen Werke von

Vulpius Ch., Lionardo Monte Bello oder der Carbonari-Bund (1821) und Hildebrand Th., Die Carbonari (1827). Zum der Freimaurerloge nahestehenden, bereits 1792 öffentlich bekannt gewordenen Orden der Schwarzen Brüder vgl. Wirth Ch., Der Jurist Johann Andreas Georg Friedrich Rebmann zwischen Revolution und Restauration (1996) mit Hinweis auf Deuerlein E., Studentengeschichtliches aus dem Archiv der Freimaurer-Loge (1934), 139–167.

97 = Haute vente universelle (H.V.U., Zentrum des unterirdischen Europas in Paris). Die organisatorisch aus dem Carbonarismus hervorgegangene H.V.U. betrachtete sich als die Erbin der Ideen französischen Revolution. Vgl. Cattani A., Die Schweiz im politischen Denken Mazzinis (1951), 16. Die französischen geheimen politischen Verbindungen werden in der zeitgenössischen Literatur bisweilen unter dem Begriff des französischen Carbonarismus zusammengefasst, wobei die H.V.U. das Zentrum bzw. die Schutzorganisation bilden soll. Vgl. Gelzer H., Die geheimen deutschen Verbindungen (1847), 16f., 24 und Freytag G., Karl Mathy (1888), 95. Gemäss Schieder entspricht die Haute Vente einem höheren Führungsgremium innerhalb der Carbonaria. Es soll indessen nie gelungen sein, die einzelnen Gruppen der Carbonaria unter einheitlicher Leitung zusammenzuführen. Vgl. Schieder W., Anfänge der deutschen Arbeiterbewegung (1963), 25, gestützt auf Lennhoff E., Politische Geheimbünde, Bd.1 (1931), 117.

98 Insbesondere über die Carbonaria und die H.V.U. in der Schweiz aus zeitgenössischer Sicht, inhaltlich aber wenig ergiebig und nur bedingt zuverlässig vgl. Roschi J., Bericht an den Regierungsrath der Republik Bern (1836), 54–65.

99 Vgl. Biographien (Anhang 1).

100 Vgl. Reiter H., Politisches Asyl im 19. Jahrhundert (1992), 106 und Grisi F., Giuseppe Mazzini (1995), 35f. Durch Zusammenschluss des Jungen Deutschlands, mit dem bereits existierenden Jungen Italien und dem Jungen Polen erfolgte die Gründung des Jungen Europas auf Initiative Mazzinis im April 1834. Das «Junge Europa der Völker» verstand sich als zukunftsträchtiger Gegensatz zum «alten Europa der Könige». Zum Jungen Europa («Giovine Europa») vgl. Keller H.G., Das Junge Europa (1938) und Della Peruta F., Mazzini e la Giovine Europa (1963) sowie Schraepler E., Geheimbündelei und soziale Bewegung (1962), 63ff.; ferner Feddersen P., Geschichte der Schweizerischen Regeneration (1867), 229 sowie Grisi F., Giuseppe Mazzini (1995), 32ff.; ferner Prechner W., Der Savoyer Zug 1834 (1924), 466f. Über den Zulauf deutscher Burschenschafter zu diesen Organisationen vgl. Heer G., Geschichte der Deutschen Burschenschaft, Bd.3 (1929), 8f.

101 Vgl. Biographien (Anhang 1).

102 Carl Theodor Barth (1805–1837) wurde in Deutschland wegen Teilnahme am Hambacher Fest verfolgt und floh anfangs 1834 in die Schweiz, wo er am Savoyer Zug teilnahm. Georg Peters, vulgo Zoller, aus Berlin war Mitglied der Greifswalder Burschenschaft. Vgl. Urner K., Die Deutschen in der Schweiz (1976), 110. Zu Barth, der gemäss Frankfurter Registratur auch wegen «Verläumdung und Beleidigung von Beamten» gesucht wurde, vgl. ebd., II; zu Peters vgl. Ilse L., ebd., XXII. Zu Strohmeyer vgl. Biographien (Anhang 1).

103 Vgl. Gerlach A., Deutsche Literatur im Schweizer Exil (1975), 70; Schieder W., Anfänge der deutschen Arbeiterbewegung (1963), 35f. und Mesenhöller P., Ernst Dieffenbach Flüchtlingskorrespondenz 2. Teil (2000), 724, Anm.357. Ergänzend Brugger O., Geschichte der deutschen Handwerkervereine (1932), 18.

104 Vgl. Bettone G., Mazzini e La Svizzera (1995), 35.

105 Ferner sind sog. Klubbs nachgewiesen für Luzern, Winterthur, Wädenswil, Basel, La-Chaux-de-Fonds, Morges, Vevey und Neuchâtel. Vgl. Schieder W., Anfänge der deutschen Arbeiterbewegung (1963), 41. Hinweise auf die Existenz weiterer personell schwächer bestückter Klubbs in Glarus, Lugano, Luzern, Solothurn, Teufen, Therwil/BL und Willisau führt Roschi auf. Vgl. ders., Bericht (1836), 80ff.

106 Innerhalb der Bewegung des Jungen Deutschlands entwickelte sich auch eine eigene Literaturgattung, welche von der hier geschilderten, politisch agitierenden Bewegung zu unterscheiden ist. Zur jungdeutschen Literatur aus literaturwissenschaftlicher Sicht vgl. Estermann A. (Hg.), Politische Avantgarde 1830–1840, 2 Bde. (1972) und Koopmann H., Das Junge Deutschland (1971) sowie Hömberg W., Zeitgeist und Ideenschmuggel (1975).

107 Die Aufteilung des Gesamtvereins in kleine, selbständige Sektionen rührte daher, dass in Frankreich, wo sich die ersten deutschen Exilverbände formiert hatten, das Vereinsgesetz Vereine mit über 20 Mitglieder für meldepflichtig erklärte und der behördlichen Genehmigung unterstellte. Vgl. Schieder W., Anfänge der deutschen Arbeiterbewegung (1963), 15.

108 Vgl. § 1 der Statuten des Jungen Deutschlands (abgedruckt im Anhang 3, Beilage 6) sowie die Darstellung bei Gerlach A., Deutsche Literatur im Schweizer Exil (1975), 67.

109 Silbernagl ist beizupflichten, wenn er den Hang zur Nationalisierung der Demokratiebestrebungen als charakteristischen Unterschied zwischen der jungdeutschen Bewegung und der Carbonaria hervorhebt. Vgl. Silbernagl D., Die geheimen politischen Verbindungen (1893), 798.

110 Trotz der Zensur liess sich diese Form des «Ideenschmuggels» nicht unterbinden. Es ist für die Protestliteratur des Vormärz, ob Flugschrift oder Kunstprosa, charakteristisch, dass sie neuartiges Selbstvertrauen als schlagkräftige geistige Waffe entfaltet. Vgl. Adler H., Staatsschutz im Vormärz (1977), 27.

111 Vgl. HHStA, StK, Deutsche Akten 285, 64.

112 Vgl. §§ 16f. und 23 der Statuten des Jungen Deutschlands (Anhang 3, Beilage 6). Gemäss § 33 der Statuten sind insbesondere die Mitglieder auf deutschem Boden zur Bewaffnung verpflichtet.

113 Das «Pressconclusum» von 1823 hatte eine strenge Pressezensur für die Auslandsberichterstattung in schweizerischen Zeitungen zur Folge. Dennoch vermochte sich die Pressefreiheit als Institution in ihrem zeitgebundenen Verständnis während der 1820er Jahre zu entfalten, wobei zwischen den einzelnen Kantonen erhebliche Unterschiede bestanden. Der Kanton Appenzell beispielsweise wurde mangels einer aktiven Zensurbehörde zu einem El Dorado für kritischen Journalismus, wovon die frühen Ausgaben der 1828 gegründeten «Appenzeller Zeitung» zeugen. Vgl. dazu Oechsli W., Geschichte der Schweiz im 19. Jahrhundert, Bd.2 (1913), 675f. und 727 und Baum R., Die Schweiz unter dem Pressekonklusum von 1823 bis 1829 (1947); neuerdings Guggenbühl Ch., Zensur und Pressefreiheit (1996).

114 Zur Flugschriftenliteratur dieser Zeit, ihrer Bedeutung und Verbreitung vgl. Ruckhäberle H.-J., Flugschriftenliteratur im historischen Umkreis Georg Büchners (1975) unter Berücksichtigung zahlreicher Quellen und einer breiten Literaturauswahl. Zur literarischen Propaganda des Jungen Deutschlands im Jahre 1834 vgl. Gerlach A., Deutsche Literatur im Schweizer Exil (1975), 78ff.

115 Kurz vor Lessings Tod meldet ein anonymer Zürcher Informant mit Schreiben vom 25. Oktober 1835 nach Berlin, August Baumann, Spengler aus Bremen und Mitglied des Jungen Deutschlands in Zürich, werde in den nächsten Tagen mittels einer dop-

pelbödigen Kiste Propagandamaterial über die deutsche Grenze schaffen. Baumann sei das «gefährlichste» Individuum unter den Deutschen in Zürich. Vgl. GStA, HA I. Rep.77, Tit.509, Nr.31, Bd.2, act.118. Auf den Propagandatransfer durch aus Zürich, Genf und Bern heimkehrende Handwerksgesellen weist Lessing im September 1834 in einem Konfidentenschreiben nach Berlin hin. Vgl. HHStA, StK, Deutsche Akten 283, 73.

116 Für Preussen vgl. etwa die u.a. das «Nordlicht» nennende Sammlung im Geheimen Staatsarchiv in Berlin, GStA, HA I.Rep.77, Tit.2, Nr.20 (Censur-Sachen).

117 Vgl. den in einem Brief Lessings erhobenen Vorwurf gegen die Carbonaria, die sich des Betruges schuldig gemacht habe. Bei Temme J., Studentenmord (1872), 96f. Die Statuten des Jungen Deutschlands sehen in § 41 die monatliche Revision der Generalkasse durch den Präsidenten (!) vor.

118 Vgl. HHStA, StK, Deutsche Akten 283, 291.

119 Vgl. Gerlach A., Deutsche Literatur im Schweizer Exil (1975), 70 und Urner K., Die Deutschen in der Schweiz (1976), 111f. sowie Kowalski W., Vorgeschichte und Entstehung (1962), 101f.; zur Entwicklung der Mitgliederzahlen ab 1834 vgl. Schieder W., Anfänge der deutschen Arbeiterbewegung (1963), 120ff. – Gemäss einer Mitteilung Georg Feins vom Februar 1836 soll Ende Januar 1836 das 244. Mitglied aufgenommen worden sein. Inzwischen seien jedoch bereits 15 «ausgestossen», ausgetreten, gestorben oder nach Nordamerika ausgewandert. Vgl. Schl.-Holst. Landesbibliothek, StK, Deutsche Akten F.205, Nr.1182, 2f.

120 Vgl. Lenherr L., Ultimatum an die Schweiz (1991), 145.

121 Den höchsten Anteil an Ausländern wiesen 1836 Basel Stadt (27,3%) und Genf (25,2%) auf. Der Kanton Zürich hatte 2,8% und der Kanton Bern 1,2% Ausländer (ohne Durchreisende und wandernde Gesellen). In den Kantonen der Zentralschweiz lag die Ausländerquote deutlich unter 1%. Allerdings ist von einer beachtlichen Dunkelziffer auszugehen. Vgl. Lenherr L., Ultimatum an die Schweiz (1991), 136, 143.

122 Vgl. Schraepler E., Geheimbündelei und soziale Bewegung (1962), 68f.

123 Vgl. Reiter H., Politisches Asyl im 19. Jahrhundert (1992), 107. Ludwig Börne, ein literarischer Vertreter des Jungen Deutschlands und Gefährte Heinrich Heines, beurteilte im Jahr 1837 die politische Bekämpfung des Jungen Deutschlands durch die Deutschen Regierungen folgendermassen: «Die Verfolgung des jungen Deutschlands war ein wahrer bethlemitischer Kindermord. Die unschuldigen Kindlein! Voltaire war nicht unter ihnen. Die dummen Herodes! Wenn dem deutschen Volke ein Voltaire kommen soll, wird er kommen; noch nie wurde ein grosser Mann in der Wiege erwürgt.» Vgl. Estermann A. (Hg.), Politische Avantgarde 1830–1840, Bd.2 (1972), 347. Im Urteil Gustav Freytags soll das Junge Deutschland in der Schweiz «eine klägliche und kraftlose Erscheinung» gewesen sein. Vgl. Steiger J., Studiosus Ludwig Lessing, NZZ vom 5. November 1935, Nr.1926. Einem Schreiben Feins an die Zürcher Klubbs ist dessen Klage über die «laue» Mitgliedschaft vieler Mitglieder des Jungen Deutschlands zu entnehmen. Vgl. Schl.-Holst. Landesbibliothek, StK, Deutsche Akten F.205, Nr.1182, 3.

124 Viele Jungdeutschen trugen ihre Gesinnung durch entsprechende Kleider- (u.a. schwarz-rot-goldene Bänder) und Bartmode (Republikanerbart = unter dem Kinn zusammengewachsener Backenbart) zum Ausdruck. Vgl. u.a. HHStA, StK, Deutsche Akten 285, 63.

125 Vgl. Mesenhöller P., Ernst Dieffenbach Flüchtlingskorrespondenz 2. Teil (2000), 725.

126 Vgl. Biographien (Anhang 1).

127 Vgl. dazu die Korrespondenz zwischen Dieffenbach, Fein und Schüler, bei Mesenhöller P., Ernst Dieffenbach Flüchtlingskorrespondenz 2. Teil (2000), 720ff.; ferner Kowalski W., Vorgeschichte und Entstehung (1962), 94.
128 Der Wunsch nach Autonomie der Zürcher Organisation dürfte massgeblich durch die Abneigung einiger Exponenten derselben gegen das durch Mazzini geprägte Modell des Jungen Deutschlands, wie es in Bern existierte, getragen worden sein. Insbesondere Carl Cratz und Hermann v.Rauschenplatt begegneten dem Berner Verein unter Mazzini und Schüler kritisch. Vgl. Schieder W., Anfänge der deutschen Arbeiterbewegung (1963), 38f.
129 Vgl. Schieder W., Anfänge der deutschen Arbeiterbewegung (1963), 37 mit weiteren Hinweisen. Da das Grossherzogtum Baden anfangs 1835 in Zürich offiziell seine Besorgnis über einen angeblich bevorstehenden Überfall zum Ausdruck gebracht hatte, wurde eine erste eingehende Untersuchung eingeleitet, welche allerdings wenig Einblick in die Organisation und Pläne der politisch engagierten Flüchtlinge erbrachte. Vgl. den Hinweis betreffend die Untersuchung bei Cattani A., Licht und Schatten (1954), 71f., gestützt auf die einschlägigen Flüchtlingsakten, StAZ, P 187-191. Will man Lessings Erklärung trauen, so verhinderte Obergerichtspräsident Keller durch gezielte Intervention eine weiterführende Aufklärung der Hintergründe der Handwerkerunruhen. Vgl. HHStA, StK, Deutsche Akten 285, 59. Seit dem 24. Februar 1835, nachdem bekannt geworden war, dass sich in Winterthur ein «Handwerkerverein zur Befreiung Deutschlands» gebildet hatte und tatsächlich Waffendepots in der Absicht, sich für einen bewaffneten Überfall Süddeutschlands zu rüsten, angelegt worden waren, war es Fremden durch Regierungsratsbeschluss verboten, politische Vereine zu gründen oder solchen beizutreten. Zuwiderhandlung zog die Ausweisung aus dem Kanton Zürich nach sich. Die Drahtzieher der Aktion wurden umgehend aus dem Kanton ausgewiesen. Die Statthalter hatten die Überwachung der Ausländer in ihren Bezirken fortan sicherzustellen. Oberstes Vollzugsorgan war der Polizey-Rath. Vgl. den entsprechenden Regierungsratsbeschluss, abgedruckt bei Schauberg J., Darstellung I, 117f.
130 Vgl. Biographien (Anhang 1).
131 Vgl. Biographien (Anhang 1).
132 Vgl. Biographien (Anhang 1).
133 Vgl. Biographien (Anhang 1).
134 Vgl. Biographien (Anhang 1).
135 Vgl. Biographien (Anhang 1).
136 Vgl. Biographien (Anhang 1).
137 Vgl. Gerlach A., Deutsche Literatur im Schweizer Exil (1975), 71 gestützt auf Geh.St.Mü., MAII, 1645 ad 41. Gemäss Bettone übernahm Cratz bereits im Herbst 1834 mit der Position Feins auch die Leitung des Handwerkervereins. Vgl. Bettone G., Mazzini e La Svizzera (1995), 34. Gemäss Lessing soll auch Alban enge Verbindungen zu sozialrevolutionären Kreisen in Paris unterhalten und anfangs 1835 von dort her auch einen Wechsel erhalten haben. Vgl. HHStA, StK, Deutsche Akten 285, 66. Schraepler geht von der Existenz einer durch Ehrhardt und Cratz in Zürich gegründeten «sozialpolitischen Vereinigung deutscher Arbeiter» aus. Vgl. Schraepler E., Geheimbündelei und soziale Bewegung (1962), 76.
138 Vgl. Schieder W., Anfänge der deutschen Arbeiterbewegung (1963), 39. Betreffend die Beziehungen nach Paris vgl. u.a. Lessings Mitteilung vom 6. Februar 1835, HHStA, StK, Deutsche Akten 285, 199.
139 Vgl. Brugger O., Geschichte der deutschen Handwerkervereine (1932), 24.

140 Vgl. Reiter H., Politisches Asyl im 19. Jahrhundert (1992), 107. Dieses Misstrauen der Handwerker gegenüber emigrierten Intellektuellen wird auch für die Situation der Flüchtlinge in Paris beschrieben. Vgl. Grandjonc/Werner, Wolfgang Strähls Briefe (1978), 8. Aus einem Schreiben der vereinigten «Klubbs des Jungen Deutschlands» zu Zürich an den geschäftsführenden Ausschuss vom Frühjahr 1836 wird deutlich, dass gegenüber dem Beitritt zum Jungen Deutschlands durch zahlreiche Flüchtlinge Vorbehalte angebracht werden, die durch Zweifel am Nutzen und der Tauglichkeit der Verbindung genährt werden. Vgl. den bei Schauberg abgedruckten Auszug im Beilagenheft I, Beilage 10, 72.

141 So die Aussage des nach Berlin zurückgekehrten Anton Hisse in dessen Einvernahme vom 5. Februar 1836 in Berlin. Vgl. GStA, HA I. Rep.77, Tit.509, Nr.31, Bd.2, act.45.

142 Diese Auslagerung der Aktivitäten führte zu einer Ausdehnung des örtlichen Tätigkeitsbereichs auf die Ortschaften an beiden Ufern des Zürichsees. Vgl. Kowalski W., Vorgeschichte und Entstehung (1962), 92.

143 Vgl. Schieder W., Anfänge der deutschen Arbeiterbewegung (1963), 35.

144 Vgl. dazu Brugger O., Geschichte der deutschen Handwerkervereine (1932), 18f.; die Unterwanderung der Handwerkervereine durch das Junge Deutschland differenzierend darstellend vgl. Schraepler E., Geheimbündelei und soziale Bewegung (1962), 73. Bereits im Juli 1834 stellt Lessing fest, dass dieselben Handwerker, die im Frühling noch «gewöhnliche Zotenlieder» gesungen hätten, nun über «die schönsten patriotischen, revolutionären Lieder» in ihrem Repertoire verfügten. Vgl. HHStA, StK, Deutsche Akten 283, 292. Einem Konfidentenschreiben vom Mai 1836 ist zu entnehmen, dass sich «gegenwärtig» in Zürich über 300 «tyroler Arbeiter» aufhalten, welche «empfänglich für republikanische Grundsätze» und entsprechend zu bearbeiten seien. Vgl. Schl.-Holst. Landesbibliothek, StK, Deutsche Akten F.206, Nr.1228, 3.

145 Vgl. Lenherr L., Ultimatum an die Schweiz (1991), 186f.

146 Vgl. Urner K., Die Deutschen in der Schweiz (1976), 112 und Kowalski W., Vorgeschichte und Entstehung (1962), 90.

147 Vgl. Kombst G., Erinnerungen (1848), 194.

148 Vgl. Kowalski W., Vorgeschichte und Entstehung (1962), 94f. Der Bieler und der Lausanner Klubb unter der Leitung Schülers bzw. Eduard Scribas blieben vorerst weitgehend von polizeilichen Eingriffen unbehelligt. Vgl. Schieder W., Anfänge der deutschen Arbeiterbewegung (1963), 37.

149 Soweit Fragen von grosser Tragweite zu behandeln waren, fand offenbar eine engere Kooperation statt. Einem Schreiben Lessings vom August 1835 ist zu entnehmen, dass Carl Cratz nach dem gescheiterten Attentat auf Louis Philipp von den Zürcher Klubbs Ende Juli nach Bern entsandt worden sein soll, «um Instruktionen eiligst einzuholen». Vgl. Beilage 4.

150 Vgl. Gerlach A., Deutsche Literatur im Schweizer Exil (1975), 87ff.; vgl. ferner Ruckhäberle H.-J., Flugschriftenliteratur im historischen Umkreis Georg Büchners (1975), 107 mit Hinweis insbesondere auf Kowalski W., Vorgeschichte und Entstehung (1962), 82ff. und ders., Vom kleinbürgerlichen Demokratismus zum Kommunismus, Bd.1 (1967), 99ff.

151 Insbesondere Carl Cratz soll Mazzinis Ziel abgelehnt haben. Vgl. Bettone G., Mazzini e La Svizzera (1995), 34. Mazzini war nicht nur potenter Ideologe, sondern kümmerte sich auch um die Finanzierung der von ihm organisierten politischen Umtriebe. So liess er dem Jungen Deutschland im Juni 1834 offenbar eine Zuwendung in Höhe von 1'200 Gulden zukommen. Vgl. Geh.St.Mü., MA II, 1640, ad 96, zitiert nach Gerlach

A., Deutsche Literatur im Schweizer Exil (1975), 127. Die Distanz zwischen den Zürcher und den Berner Klubbs dürfte auch darin begründet sein, dass Mazzini sich 1834 mit der H.V.U., der verschiedene Zürcher Exponenten nahe standen, und ihrem Führer Buonarotti aus ideologischen Gründen überworfen hatte. Vgl. Cattani A., Die Schweiz im politischen Denken Mazzinis (1951), 16.
152 Diese «Lesekränzchen» sind nicht zu verwechseln mit den in Zürich im 19. Jh. verbreiteten, vorwiegend der persönlichen Fortbildung und dem liberalen Bildungsaustausch der Bürger dienenden Lesegesellschaften. Zu den Zürcher Lesegesellschaften im 19. Jh. vgl. Bachmann M., Lektüre, Politik und Bildung (1993), 171ff.
153 Vgl. dazu etwa das 1. Kreisschreiben des neu gewählten geschäftsführenden Ausschusses: «An sämmtliche Klubbs und Gemeinden des Jungen Deutschlands» vom 20. Februar 1836. StAZ, Y 53, 2, act.288 I, Nr.6.
154 Vgl. GStA, HA I. Rep.77, Tit.509, Nr.31, Bd.2, act.116; ferner Alberts Konfidentenbericht vom 15. Mai 1835, HHStA, StK, Deutsche Akten 286, 297 sowie Schl.-Holst. Landesbibliothek, StK, Deutsche Akten F.205, Nr.1200 (Konfidentenbericht vom 23. März 1836 aus Zürich nach Mainz).
155 Vgl. GStA, HA I. Rep.77, Tit.509, Nr.31, Bd.2, act.121. Die Zahl der Mitglieder in verschiedenen Schweizer Städten hat Kowalski zusammengetragen. Vgl. Kowalski W., Vorgeschichte und Entstehung (1962), 101ff.
156 Die Waage «bei Buhlers» wurde ihrer zentralen Lage wegen besonders geschätzt, doch zechten die Mitglieder der Klubbs dort nur in «kleiner unschuldiger Zahl». Vgl. dazu den Konfidentenbericht vom März 1835 aus Zürich: Schl.-Holst. Landesbibliothek, StK, Deutsche Akten F.203, Nr.916, 9. Gemäss Lessing fanden diese Treffen in einem «besonderen Zimmer» statt. Im Sommer 1835 wurden jeweils Montags um 19 Uhr regelmässig Zusammenkünfte in der Waage abgehalten. Vgl. dessen Schreiben vom 20. April 1835, im Anhang 2, Beilage 2 sowie das Schreiben vom 18. Juli 1835, im Anhang 2, Beilage 3 und HHStA, StK, Deutsche Akten 284, 117. Zur Geschichte des Zunfthauses zur Waage vgl. Escher K., Die Kunstdenkmäler des Kantons Zürich IV/1 (1939), 456ff.
157 Vgl. Temme J., Studentenmord (1872), 178f. Das 1804 in dem im 13. Jh. erstmals urkundlich erwähnten roten Turm eingerichtete Lesekabinett und Kaffeehaus wurde nach 1830 als «Café littéraire» bezeichnet. Vgl. Vögelin S., Das alte Zürich Bd.1 (1878), 482 und Escher/Hoffmann/Kläui, Die Kunstdenkmäler des Kantons Zürich V/2 (1949), 236. Vgl. auch das Wohnhäuserverzeichnis in: Erni J.H., Memorabilia Tigurina (1820), 359. Der Weinplatz trägt seinen Namen seit 1630. Der zwischen der Storchengasse und der Rathausbrücke liegende Platz diente von 1630 bis 1674 als Markt für einheimische Weine. Vgl. Guyer/Saladin/Lendenmann, Die Strassennamen der Stadt Zürich (1999), 266.
158 Vgl. Schl.-Holst. Landesbibliothek, StK, Deutsche Akten F.206, Nr.1228, 2 (Konfidentenbericht vom Mai 1836).
159 Für Preussen: GStA, HA I. Rep.77, Tit.509, Nr.31, Adh. Bd.1 (Ministerium des Inneren, Polizeiliche Massnahmen gegen die sich in der Schweiz aufhaltenden und von dort ausgewiesenen politischen Flüchtlinge 1836–1838). Allerdings war sich v.Rochow darüber im Klaren, dass angesichts der Verfeindung der Parteien die erhaltlichen Angaben über Flüchtlinge oft ungenau oder falsch waren, weshalb er am 26. Oktober 1835 nach Berlin schrieb, dass auch seine Nachrichten nicht immer zutreffend seien. Vgl. ebd, act.437.
160 Vgl. Biographien (Anhang 1).
161 Vgl. Biographien (Anhang 1).

162 Vgl. Biographien (Anhang 1).
163 Bei der Gründungsversammlung fanden sich etwa 25 meist aus der französischen und italienischen Schweiz stammende Personen ein. Das Präsidium setzte sich zusammen aus dem Lausanner Advokaten Jules Vuille, dem Walliser Notar César Gross, dem Lausanner Kaufmann Louis Michoud und dem Tessiner Obersten Franchino Rusca. Vgl. Bettone G., Mazzini e La Svizzera (1995), 49, 52. Die Fäden zogen Mazzini, Schüler und Johann August Weingart. Vgl. dazu Roschi J., Bericht (1836), 37ff.; ferner HBLS, Bd.4, 423 (P. Gillardon).
164 Zur Gründung des Nationalvereins im Entstehungskontext der Jungen Schweiz vgl. Bettone G., Mazzini e La Svizzera (1995), 47ff. Das Freitags-Blatt begrüsst die Gründung des Nationalvereins, macht aber kritisch darauf aufmerksam, dass die Eidgenossen sich stets in Zeiten äusserer Bedrohung und Not ihres Bundes erinnerten, «aber wenn die Noth vorüber ist und das Volk seine Hülfe geleistet hat, ziehen sich die meisten in ihr Kantonalgehäus zurück, wie die Urner, wenn die Wasserfluten nicht mehr rauschen und sie die eidgenössischen Thaler im Sack haben, in ihre Thäler.» Freitags-Blatt Nr.20 vom 15. Mai 1835, 78.
165 Die Junge Schweiz bekannte sich in ihren Statuten gleichermassen wie der Nationalverein zu einem einen modernen Schweizerischen Bundesstaat anstrebenden Programm. Vgl. die Statuten der Jungen Schweiz, abgedruckt im Anhang 3, Beilage 7. In Art. 10 der Statuten wird die Hauptversammlung des Landesverbandes der Jungen Schweiz als «Nationalverein» bezeichnet. Die organisatorischen Bestimmungen der Statuten blieben toter Buchstabe, da sich der Verein auch nicht ansatzweise über die gesamte Schweiz zu verbreiten vermochte.
166 Vgl. Cattani A., Die Schweiz im politischen Denken Mazzinis (1951), 51. Offenbar bestanden von Anfang an Meinungsverschiedenheiten zwischen Mazzini und dem Präsidium der Jungen Schweiz. Vgl. Roschi J., Bericht (1836), 12.
167 Vgl. Bettone G., Mazzini e La Svizzera (1995), 41 und Schweizer P., Geschichte der Schweizerischen Neutralität (1895), 741f. Ebenso begriff er den damals extremen eidgenössischen Föderalismus als grossen, die Schweiz in ihrer Bedeutung massiv schwächenden Fehler, der umgehend überwunden werden sollte. Vgl. ebd., 43ff. Bonjours negative Bewertung Mazzinis als «Wolf im Schafspelz» und Vertreter einer «interventionistischen Doktrin», der bar jeder Geschichtskenntnisse am Fundament der Schweizerischen Neutralität sägte, verkennt den einer supranationalen Völkerfreundschaft verpflichteten Idealismus, der Mazzinis Haltung prägte und ihm Neutralität als moralisch verantwortungslose, politische Indifferenz erscheinen liess. Vgl. die Bemerkungen bei Bonjour E., Geschichte der schweizerischen Neutralität, Bd.1 (1970), 254f.
168 Das Junge Deutschland war in der französischsprachigen Schweiz namentlich in Genf und Lausanne vertreten. Federführendes Mitglied des Komitées war der aus der Giessener Burschenschaft stammende Student Eduard Scriba, vulgo Pirat (1808–1837), der in Lausanne, später im Kanton Basel Landschaft als Lehrer arbeitete und die dortige jungdeutsche Sektion leitete. Vgl. Urner K., Die Deutschen in der Schweiz (1976), 111 und Bettone G., Mazzini e La Svizzera (1995), 35. Auch Scriba hatte am Frankfurter Wachensturm teilgenommen und war von der Universität Giessen wegen revolutionärer Umtriebe relegiert worden. Im April 1833 war er in die Schweiz geflohen. Vgl. Ilse L., Geschichte der politischen Untersuchungen, Tabellarisches Verzeichnis der Flüchtlinge, 1. Abtheilung (1860), XXVIII.
169 Vgl. Gerlach A., Deutsche Literatur im Schweizer Exil (1975), 73f. und Kowalski W., Vorgeschichte und Entstehung (1962), 110f. Zur literarischen Propaganda des Jungen

Deutschlands 1835/36 vgl. ebd., 93f. Zur Zeitschrift «Das Junge Deutschland» vgl. ebd., 99ff.

170 Vgl. Schmidt H., Die deutschen Flüchtlinge in der Schweiz (1899), 121.
171 Vgl. dazu Mayer Th.M., Über den Alltag und die Parteiungen des Exils (1993), 53f., 77. Die vom Wunsch nach der Errichtung eines autonomen italienischen Staates durchdrungenen Anliegen des Jungen Italiens trugen freilich durchaus nationalistisches Gepräge. Mazzini verfolgte im Gegensatz zum Carbonarismus nicht die Vision einer gesamteuropäischen Republik, sondern vielmehr jene eines europäischen Bundes unabhängiger, demokratisch-republikanischer Nationalstaaten. Vgl. Glossy K., Literarische Geheimberichte aus dem Vormärz (1912), XLXI und Vgl. Schieder W., Anfänge der deutschen Arbeiterbewegung (1963), 30f.
172 Vgl. Schl.-Holst. Landesbibliothek, StA, StK, Deutsche Akten F.206, Nr.1218, 1 (Konfidentenbericht nach Mainz vom April 1836). Seine diesbezüglichen Bestrebungen folgten, wie aufzuzeigen sein wird, keineswegs selbstlosen Beweggründen.
173 Aus zeitgenössischer, keineswegs neutraler Sicht vgl. dazu Bluntschli J.C., Die Kommunisten in der Schweiz nach den bei Weitling vorgefundenen Papieren (1843) und ebenso wenig objektiv der Bericht des Antisemiten und Kommunisten Marr W., Das junge Deutschland in der Schweiz. Ein Beitrag zur Geschichte der geheimen Verbindungen unserer Tage (1846). Zur Entwicklung des Jungen Deutschlands in Europa nach 1836 vgl. Brugger O., Geschichte der deutschen Handwerkervereine (1932), 32ff. und Schraepler E., Geheimbündelei und soziale Bewegung (1962), 86.
174 Vgl. Lenherr L., Ultimatum an die Schweiz (1991), 112; Schweizer P., Geschichte der Schweizerischen Neutralität (1895), 682f. Die Spione rechtfertigten die Notwendigkeit ihrer Tätigkeit, indem sie die durch die Flüchtlinge in der Schweiz geschaffene Bedrohungslage für die Auftraggeberstaaten in ihren Berichten überhöhten. Dadurch litt die Zuverlässigkeit dieser Informanten erheblich. Vgl. Glossy K., Literarische Geheimberichte aus dem Vormärz (1912), CXXXI und Kombst G., Erinnerungen (1840), 113.
175 Vgl. dazu ausführlich Oechsli W., Geschichte der Schweiz im 19. Jahrhundert, Bd.2 (1913), 634ff. Bereits 1816–1817 hatte Jean-Marc Du Pan in Genf im Auftrag Metternichs, allerdings nicht im Flüchtlingsmilieu, Spionagedienste geleistet. Vgl. dazu Bertoliatti F., Lo spionaggio austriaco (1946), 194ff.
176 Vgl. Oechsli W., Geschichte der Schweiz im 19. Jahrhundert, Bd.2 (1913), 652ff.
177 Vgl. Lenherr L., Ultimatum an die Schweiz (1991), 112 und Brugger O., Geschichte der deutschen Handwerkervereine (1932), 29 sowie Schraepler E., Geheimbündelei und soziale Bewegung (1962), 82. Allerdings waren sich die Informationsempfänger darüber im Klaren, dass, je nach Agent und dessen jeweiligem Zugang zu Nachrichten, die Qualität der Berichte unterschiedlich, oft eben schlecht ausfiel. Vgl. Lenherr L., ebd., 116 gestützt auf BA, Wien, Polizeihofstelle 50/7, 19. November 1834.
178 Vgl. Oechsli W., Geschichte der Schweiz im 19. Jahrhundert, Bd.2 (1913), 663.
179 Vgl. Schraepler E., Geheimbündelei und soziale Bewegung (1962), 82.
180 Der Wissensvorsprung der preussischen Behörden wird etwa daraus ersichtlich, dass der Gesandte v.Rochow in seinem Schreiben vom 12. November 1835 aus Stuttgart an den Geheimen Staatsminister Ancillon in Berlin über die ersten Einvernahmen des Verhörrichters berichtet und dabei die Befragten, Ehrhardt, Alban und Cratz, in ihrer Führungsfunktion innerhalb der deutschen Flüchtlingsorganisationen zuordnet, während der Verhörrichter zum selben Zeitpunkt nur dunkel die Existenz solcher Verbindungen vermutet. Vgl. GStA, HA III. MdA I, Nr.8642 (v.Rochows Mitteilung vom 12. November 1835).

181 Vgl. GStA, HA I. Rep.77, Tit.509, Nr.31, Adh. Bd.1 (Ministerium des Inneren, Polizeiliche Massnahmen gegen die sich in der Schweiz aufhaltenden und von dort ausgewiesenen politischen Flüchtlinge 1836–1838) und Kelchner/Mendelssohn-Bartholdy, Briefe des Königlich Preussischen Generals und Gesandten Theodor Heinrich Rochus von Rochow an einen Staatsbeamten (1873), 101 (Eintrag vom 20. März 1837).

182 Für Österreich vgl. Pfister A., Aus den Berichten der preussischen Gesandten 1833–1839 (1909), 450 (Bericht vom 26. März 1834). 1836 versuchte Karl Noë – nationale Schranken überwindend – die Arbeit der Mainzer Zentralpolizei mit derjenigen des französischen Informationsbüros in Paris zu koordinieren, um die Resultate der Spionageberichte auszutauschen. Vgl. Reinöhl F., Die österreichischen Informationsbüros (1929), 266f. Bereits für 1834 wird für Strassburg eine geradezu augenfällige Präsenz polizeilicher Spionage gemeldet. Vgl. HHStA, StK, Deutsche Akten 282, 630.

183 Vgl. Freytag G., Karl Mathy (1888), 121; ähnlich auch Kombst G., Erinnerungen (1848), 109.

184 Vgl. Reinöhl F., Die österreichischen Informationsbüros (1929), 270.

185 Vgl. Mayer Th.M., Über den Alltag und die Parteiungen des Exils (1993), 86.

186 Vgl. das Konfidentenschreiben vom 29. März 1835, HHStA, StK, Deutsche Akten 286, 65.

187 Vgl. Lenherr L., Ultimatum an die Schweiz (1991), 113 mit Hinweis auf Akten des HHStA, BA, Wien, Weisungen, 39/305, 12. November 1833. Auch der deutsche Volksverein in Paris wurde nach 1833 mit der Gefahr durch interne Spitzel konfrontiert. So soll der Orientalist Heinrich Julius Klapproth Preussen über die politischen Aktivitäten der Flüchtlinge in der französischen Metropole informiert haben. Vgl. Kowalski W., Vorgeschichte und Entstehung (1962), 47 sowie Grandjonc/Werner, Wolfgang Strähls Briefe (1978), 7.

188 Zu Garnier vgl. Schieder W., Anfänge der deutschen Arbeiterbewegung (1963), 15ff. und Lent D., Findbuch (1991), 311.

189 Weitere Agenten dieser Zeit werden aufgeführt bei Hauschild J.-Ch., Georg Büchner (1997), 232.

190 Im Sinne der Formulierung Adlers kann in diesen Fällen von einem intellektuellen Politabenteurertum gesprochen werden, welches das Lavieren zwischen Revolution und Reaktion nach der jeweiligen Reizstärke bestimmte. Vgl. Adler H., Staatsschutz im Vormärz (1977), 42 sowie Mesenhöller P., Ernst Dieffenbach Flüchtlingskorrespondenz 2. Teil (2000), 699, Anm.256.

191 Die Mittelknappheit der damaligen Flüchtlingsstudenten und die dadurch bedingte Schwierigkeit, das Studium abschliessen zu können, lässt sich beispielhaft nachvollziehen bei Dieffenbach, der ständig seinen Vater um finanzielle Unterstützung bitten musste. Nachdenklich hält er in einem Brief vom 24. April 1835 fest, die Promotion zum Dr.med. schlage ohne Druckkosten für die Dissertation mit 300 Schweizerfranken zu Buche, die Kosten für das Staatsexamen betrügen 50 Franken. Vgl. Mesenhöller P., Ernst Dieffenbach Flüchtlingskorrespondenz 2. Teil (2000), 655. Die Philosophische Fakultät der Zürcher Hochschule auferlegte gemäss der Promotionsordnung von 1836 160 Franken an Gebühren für die Promotion zum Dr.phil., was etwa dem Monatsgehalt eines ordentlichen Professors entsprach. Vgl. Hauschild J.-Ch., Georg Büchner (1985), 374.

192 Mit dem Agenten Santarini, vulgo Plinio, hatte sogar ein Spion Metternichs Mazzini auf den Savoyer Zug begleitet. Vgl. Lenherr L., Ultimatum an die Schweiz (1991), 115.

193	Vgl. Bonjour E., Geschichte der schweizerischen Neutralität, Bd.1 (1970), 241 und Schweizer P., Geschichte der Schweizerischen Neutralität (1895), 676f. sowie Oechsli W., Geschichte der Schweiz im 19. Jahrhundert, Bd.2 (1913), 637f. Oechsli nennt als weiteren einheimischen Informanten für die Zeit um 1820 u.a. Graf Johann v.Salis-Soglio. Vgl. ebd., 641; ferner Brand E., Die Auswirkungen der deutschen Demagogenverfolgungen in der Schweiz (1948), 144. Intellektuelle galten in Frankreich bereits um 1760 als beliebte Anwärter für Spionagetätigkeiten, da sie oft über informative Beziehungen und über die Fähigkeit verfügten, Einblick in verborgene Verhältnisse und Aktivitäten zu gewinnen und darüber zu referieren. Vgl. dazu Gersmann G., Schattenmänner (1997), 103ff.
194	Weiterführend Lenherr L., Ultimatum an die Schweiz (1991), 117f. mit Bezug auf den Zürcher Politiker und eidgenössischen Obersten Hans Kaspar Ott (1780–1856). Zu Ott im weiteren Kontext vgl. Schmid B., Einleitung (1991), 9ff.
195	Vgl. Knightley Ph., The Second Oldest Profession (1986), 10. Friedrich II. von Preussen hatte bereits während des Schlesischen Krieges nach 1740 einen militärischen Geheimdienst einrichten lassen, der fortan auf internationaler Ebene für Preussen Informationen beschaffte und die Arbeit der Gesandtschaften unterstützte. Vgl. dazu Piekalkiewicz J., Weltgeschichte der Spionage (1988), 176f. – In Frankreich lieferte ein polizeilich organisiertes Spitzelwesen, das zahlreiche Intellektuelle als bezahlte Informanten umfasste, nach 1760 grosse Mengen von Spionage- und Konfidentenberichte an die in zunehmendem Masse verunsicherte und geschwächte königliche Regierung. Vgl. Gersmann G., Schattenmänner (1997), 103ff.
196	Vgl. Schweizer P., Geschichte der Schweizerischen Neutralität (1895), 694.
197	Vgl. Langhard I., Die politische Polizei (1909), 4; ferner auch Lenherr L., Ultimatum an die Schweiz (1991), 82ff. und Baum R., Die Schweiz unter dem Pressekonklusum von 1823 bis 1829 (1947), 49ff.
198	Vgl. Feddersen P., Geschichte der Schweizerischen Regeneration von 1830–1848 (1867), 149; ferner Bonjour E., Geschichte der Schweizerischen Neutralität Bd.1 (1970), 258f.
199	Vgl. Biaudet J.-Ch., Der modernen Schweiz entgegen (1977), 933.
200	Mit Bezug auf das Junge Deutschland vgl. Ilse L., Geschichte der politischen Untersuchungen (1860), 379.
201	v.Rochow war zuvor Oberstleutnant, später General des preussischen Heers. Er galt in Berlin als mittelmässiger Diplomat. Vgl. Pfister A., Aus den Berichten der preussischen Gesandten 1833–1839 (1909), 463f. Die NZZ lobte Ende 1835 v.Rochow entweder besonders blauäugig, oder mit Hinblick auf das aggressive aussenpolitische Klima, vielleicht auch voll schmeichelnder Berechnung, als einen der Eidgenossenschaft besonders wohl gesinnten Diplomaten. Vgl. NZZ vom 9. November 1835, 429.
202	Zum Kerngehalt der staatlichen Neutralität zählte damals (wie heute) die Nichtbeteiligung des neutralen Staates an Kriegen Dritter. Insbesondere darf ein neutraler Staat kriegführende Dritte nicht unterstützen und keiner kriegführenden Macht gestatten, die eigene Neutralität zu verletzen. Vgl. Bluntschli J.C., Staatswörterbuch Bd.2 (1871), 723.
203	Im Mai 1834 wurde der Pulverhandel mit der Schweiz unter Beobachtung des Deutschen Bundes gestellt. Vgl. 21. Sitzungsprotokoll der deutschen Bundes-Versammlung vom 28. Mai 1834, § 273.
204	Vgl. dazu Bonjour E., Geschichte der schweizerischen Neutralität, Bd.1 (1975), 253f.

205 Für Mazzini dargestellt bei Cattani A., Die Schweiz im politischen Denken Mazzinis (1951), 89ff.
206 So auch die Bewertung bei Glossy K., Literarische Geheimberichte aus dem Vormärz (1912), XLVII und die entsprechenden Schilderungen bei Schweizer P., Geschichte der Schweizerischen Neutralität (1895), 718ff. und Biaudet J.-Ch., Der modernen Schweiz entgegen (1977), 927f.
207 Eine eingehende Schilderung des Savoyer Zugs und der Gründe seines Scheiterns bietet Prechner W., Der Savoyer Zug 1834 (1924), 459ff. sowie in dessen unter demselben Titel erschienenen Dissertation von 1919. Vgl. sodann die neuere Schilderung bei Lenherr L., Ultimatum an die Schweiz (1991) sowie bei Bettone G., Mazzini e La Svizzera (1995), 18ff. und bei Schweizer P., Geschichte der Schweizerischen Neutralität (1895), 706ff. Zu den Konsequenzen des Scheiterns vgl. Mauerhofer M., Mazzini et les réfugiés (1932), 55–69. Zu den Gründen des Scheiterns vgl. Mack Smith D., Mazzini (1994), 10; ferner Langhard J., Die politische Polizei (1909), 5.
208 Vgl. dazu detailliert Lenherr L., Ultimatum an die Schweiz (1991), 214ff. und Pfister A., Aus den Berichten der preussischen Gesandten 1833–1839 (1909), 450; Glossy K., Literarische Geheimberichte aus dem Vormärz (1912), LII und Bonjour E., Geschichte der schweizerischen Neutralität, Bd.1 (1970), 262. Auch der Deutsche Bund, Russland, Bayern, Baden und Württemberg monierten die Verletzung der Neutralität und verlangten die Ausweisung sämtlicher Flüchtlinge, welche Ruhe und Ordnung in den Nachbarstaaten gefährdeten. Vgl. Mesenhöller P., Ernst Dieffenbach Flüchtlingskorrespondenz 2. Teil (2000), 715 mit weiteren Hinweisen.
209 Vgl. dazu Lenherr L., Ultimatum an die Schweiz (1991), 287ff.
210 Zur Asyltradition der Schweiz vgl. u.a. Lenherr L., Ultimatum an die Schweiz (1991), 63ff.; ferner die insbesondere stilistisch etwas veralteten Ausführungen bei Schweizer P., Geschichte der Schweizerischen Neutralität (1895), 625ff.
211 Vgl. Lenherr L., Ultimatum an die Schweiz (1991), 65ff.
212 Vgl. Reiter H., Politisches Asyl im 19. Jahrhundert (1992), 32f., 104ff.; Lenherr L., Ultimatum an die Schweiz (1991), 63ff.; ferner Cattani A., Die Schweiz im politischen Denken Mazzinis (1951), 89ff. und Schmidt H., Die deutschen Flüchtlinge in der Schweiz, 19ff.
213 Vgl. Abschiede 1834 (1874), § 61, 920–923. Es erfolgte eine umgehende Benachrichtigung der Frankfurter Central-Behörde über die Ausweisung. Vgl. das Antwortschreiben des Schweizerischen Vororts vom 17. Mai 1834, die in der Schweiz sich aufhaltenden politischen Flüchtlinge betreffend, in: 21. Sitzungsprotokoll der deutschen Bundes-Versammlung vom 28. Mai 1834, § 266. – Die Vorlage zur Ausweisung der am Zug beteiligten Flüchtlinge wurde allerdings von Bern und Basel Landschaft vor der Tagsatzung bekämpft, um den Eindruck zu verhindern, die Eidgenossenschaft handle nur auf Drohung des Auslandes hin gegen die in der schweizerischen politischen Tradition tief verankerte Asylrechtsmaxime. Vgl. Schmidt H., Die deutschen Flüchtlinge in der Schweiz (1899), 39f.; ferner Marr W., Das junge Deutschland in der Schweiz (1846), 23ff. Einige Flüchtlinge, u.a. Ernst Dieffenbach, gelangten im Juli 1834 mit einer Petition an die eidgenössische Tagsatzung und baten darum, von der Wegweisung von Flüchtlingen im Interesse der Hochhaltung der schweizerischen Asyltradition abzusehen. Vgl. Mesenhöller P., Ernst Dieffenbach Flüchtlingskorrespondenz 2. Teil (2000), 715ff.
214 Vgl. Gagliardi/Nabholz/Strohl, Die Universität Zürich 1833–1933 (1938), 233 und Stadler-Labhart V., Der erste Jahresbericht der Universität Zürich (1991), 43; ferner

	Reiter H., Politisches Asyl im 19. Jahrhundert (1992), 105 und Schmidt H., Die deutschen Flüchtlinge in der Schweiz, 36f.
215	Die pathetische Stimmung der Versammlung widerspiegelt folgender Wortlaut eines bekannten Freiheitsliedes: «Gerechtigkeit, lass deine Fahnen wehen hoch über Schutt und Blut. Des Volkes Auge soll dieses Zeichen sehen, gepflanzt von Rächermut. Wer brüderlich im Land der Brüder lebt, der teilt ein gleiches Heil. Der Kopf, der frech sich aus dem Volk erhebt, den trifft des Volkes Beil!» Zitiert nach Schraepler E., Geheimbündelei und soziale Bewegung (1962), 68f.
216	In der NZZ erscheint im August 1834 ein Rückblick auf die Versammlung, in welchem auf den harmlosen und friedlichen Charakter der vorwiegend von Handwerkern besuchten Veranstaltung hingewiesen wird. Die Kundgebung habe sich auf das Absingen patriotischer Lieder und das Aufstellen der schwarz-rot-goldenen Fahne beschränkt und bilde daher keinen Anlass für diplomatische Interventionen. Vgl. NZZ Nr.62 vom 2. August 1834, 246f. Eine kritischere zeitgenössische Beschreibung der «Steinhölzliversammlung» als anfänglich ruhiges Zusammentreffen deutscher Handwerker, das im Verlauf des Versammlung in der durch Einzelne vollzogenen Zerreissung und Zerstampfung der Fähnchen von Württemberg, Bayern und Baden kulminierte, enthält «Der Schweizerische Constitutionelle» vom 1. August 1834, Nr.61, 246. Es wird hingewiesen, dass die Berichterstattung im «Schweizerischen Beobachter» und in der «Allgemeinen Schweizerzeitung» völlig verschieden ausgefallen sei. Zur «Steinhölzliversammlung» Biaudet J.-Ch., Der modernen Schweiz entgegen (1977), 929; Reiter H., Politisches Asyl im 19. Jahrhundert (1992), 108; ferner Schmidt H., Die deutschen Flüchtlinge in der Schweiz, 73f.; sodann Dierauer J., Geschichte der Schweizerischen Eidgenossenschaft, Bd.5/2 (1922), 614 und Kowalski W., Vorgeschichte und Entstehung (1962), 87ff. sowie Brugger O., Geschichte der deutschen Handwerkervereine (1932), 20f.
217	Vgl. dazu den die ausländische Berichterstattung als unsachliche Polemik kritisierenden Artikel im Freitags-Blatt Nr.8 vom 20. Hornung 1835, 29. Nach Schieder wurde das Fest vom Ausland in seiner Bedeutung «masslos überschätzt».Vgl. Schieder W., Anfänge der deutschen Arbeiterbewegung (1963), 87.
218	Louis Marquis de Bombelles (1780–1843), Gesandter Österreichs in der Schweiz von 1830–1843. Vgl. HBLS, Bd.2, 299 und Lenherr L., Ultimatum an die Schweiz (1991), 93ff.
219	Das Zürcher Freitags-Blatt kommentierte den österreichischen Notenwechsel allerdings erst im Februar 1835 durch ein Gedicht mit dem Titel «Birri birri bombon bellbell»: «(...). Das Volk bricht uf, wies Wetter schnäll, und jagt das Gesindel der Fürstä und Chnechte zum Teufel, erobert sich seine Rächte, und chümmert sich wenig um's Notengeschmier sowie um das übrige Lumpäpapier.» Vgl. Freitags-Blatt Nr.7 vom 13. Hornung 1835, 25.
220	Vgl. Schmidt H., Die deutschen Flüchtlinge in der Schweiz (1899), 78f., 101ff. und Dierauer J., Geschichte der Schweizerischen Eidgenossenschaft Bd.5/2 (1922), 616. – Ludwig Snell kritisierte den Druck des Auslands auf die Schweiz aus völkerrechtlicher Sicht. Vgl. ders., Das verletzte Völkerrecht (1834). Auch andere Flüchtlinge tadelten de Bombelles Einschreiten. Dieffenbach klagte seinem Vater, de Bombelles benehme sich in der Schweiz wie eine «österreichischer Landvogt». Vgl. Mesenhöller P., Ernst Dieffenbach Flüchtlingskorrespondenz 2. Teil (2000), 663. Die Asylanten spürten die Gefahr, die für sie von diesen Druckversuchen des Auslands auf die Schweiz ausging.
221	Vgl. Pfister A., Aus den Berichten der preussischen Gesandten 1833–1839 (1909), 438.

222 Vgl. u.a. das Schreiben Ancillons vom 6. November 1834, GStA, HA I. Rep.77, Tit.500, Nr.10, Bd.1, act.137ff. (Vereine und Handwerksgesellen). Metternich informierte Berlin wenig später darüber, dass die Schweizer Kantone, insbesondere Zürich, bereits auf den Druck des Auslandes reagiert und durch eine restriktivere Flüchtlingspolitik eingelenkt hätten. Die Durchführung von Sanktionen durch den deutschen Bund würde in der Schweiz, die «moralisch sehr empfindlich» sei, eine starke Abwehrhaltung herbeiführen. Vgl. ebd., act.149ff. Zu den europäischen Aspekten und Metternichs gegen die Eidgenossenschaft gerichteten Plänen vgl. Pfister A., Aus den Berichten der preussischen Gesandten 1833–1839 (1909), 443ff. und Bonjour E., Geschichte der schweizerischen Neutralität, Bd.1 (1975), 264f.
223 Vgl. Schieder W., Anfänge der deutschen Arbeiterbewegung (1963), 36.
224 Vgl. Langhard J., Die politische Polizei (1909), 6, 17. – Im Falle des deutschen Flüchtlings und Mediziners Julius Gelpke erfolgte 1834 die Relegation von der Universität und Ausweisung aus der Schweiz wegen Teilnahme am Savoyer Zug. Doch bereits im folgenden Jahr übernahm er in Allschwil eine Arztpraxis und liess sich dort unbehelligt nieder. Vgl. HBLS, Bd.3, 426 (D.S.).
225 Vgl. Lenherr L., Ultimatum an die Schweiz (1991), 70.
226 Vgl. HHStA, StK, Deutsche Akten 286, 194f.
227 Zitiert nach Mayer Th.M., Über den Alltag und die Parteiungen des Exils (1993), 83.
228 Lessing schreibt im Juni 1835 von tätlichen Auseinandersetzungen zwischen «Kutschern» und Italienern in Zürich. Vgl. HHStA, StK, Deutsche Akten 286, 526.
229 Der Polizey-Rath trat anlässlich der Verfassung von 1831 an die Stelle der früheren Polizey-Commission. Seine breiten und tiefgreifenden Kompetenzen lagen in der Aufsicht der gesamten Sicherheitspolizei, der Fremdenpolizei, der Strafanstalten wie auch des Landjägerkorps, der Jagd, Fischerei und des Marktwesens. Vgl. Müller J., Geschichte der Kantonspolizei Zürich (1934), 31.
230 Die deutschsprachigen Schweizer verhielten sich gegenüber den Deutschen, nach deren Empfindung, oft reserviert oder brachten gar ihre Abneigung offen zum Ausdruck. Alte Vorbehalte vermischten sich mit durch die Flüchtlingsproblematik erzeugten Spannungen. Zum Verhältnis der Schweizer zu den Deutschen im vorliegenden Handlungsumfeld vgl. Lüthi M., Die Schweiz im Urteil deutscher Flüchtlinge um 1848 (1936), 70ff.
231 Vgl. Gagliardi/Nabholz/Strohl, Die Universität Zürich 1833–1933 (1938), 245.
232 Das fragwürdige, letztlich nur Verdächtigungen aussprechende und zu keinen Verurteilungen führende Verfahren wurde, gestützt auf die Informationen in Lessings Briefen und v.Rochows Denunziationen, auf diverse freisinnige und radikale Flüchtlinge und Schweizer ausgedehnt, was zu nachhaltigen Protesten und Kritik auf Seiten liberaler Intellektueller führte. Vgl. Ludwig Snells Protestschreiben «Über die politischen Zustände in Bern», abgedruckt bei Stiefel H., Dr. Ludwig Snells Leben und Wirken (1858) 260f. sowie die Kritik des selbst betroffenen Gustav Kombst. Vgl. Kombst G., Erinnerungen (1848), 204ff. Zum Verfahren in Bern vgl. Schmidt H., Die deutschen Flüchtlinge in der Schweiz (1899), 137ff. Hart kritisiert auch der norddeutsche Flüchtling Feddersen die dilettantische, angeblich auch rücksichtslose Berner Untersuchung. Vgl. Feddersen P., Geschichte der Schweizerischen Regeneration (1867), 238.
233 Vgl. dazu Feddersen P., Geschichte der Schweizerischen Regeneration (1867), 227ff.
234 Der Fall des französischen Lockspitzels Conseil, insbesondere dessen unter für Frankreich peinlichen Umständen erfolgte Entdeckung, führte im August 1836 zu scharfen Repressionen Frankreichs gegen die Schweiz. Auguste Conseil lieferte im Sommer 1836 im Solde der französischen Regierung Informationen über das Treiben politi-

scher Flüchtlinge in der Westschweiz und in Bern nach Paris. Die Pariser Polizei hatte ihn damit beauftragt, sich in Bern unter die Flüchtlinge zu gesellen und ausfindig zu machen, ob in diesen Kreisen ein Anschlag auf König Louis Philippe geplant würde, nachdem bereits zwei Attentate auf die französische Regierung verübt worden waren (Fälle Fieschi und Alibeau). Besonderes Augenmerk sollte er auf Rauschenplatt, Mazzini und die Gebrüder Ruffini richten. Conseil gab sich im Juli 1836 vor den Berner Behörden als politischer Flüchtling aus und bemühte sich um eine Aufenthaltsbewilligung, die ihm aber verweigert wurde. Er verblieb jedoch in Bern, spionierte unter den Flüchtlingen und handelte auch als «agent provocateur». Durch ein Versehen wurde von derselben Regierung, die ihn mit falschen Papieren versorgt hatte, kurze Zeit später Conseils Auslieferung wegen Verdachts der Teilnahme an Fieschis Attentat gegen König Louis Philippe verlangt, was dessen Verhaftung zur Folge hatte. Ähnlich wie im Fall Lessings befassten sich mit der Untersuchung Conseils verschiedene Behörden (Berner Stadtpolizei, Central-Polizei-Direktion des Kantons Bern und Regierungsstatthalteramt von Nidau) parallel. Conseil gestand, für Frankreich spioniert zu haben. Vgl. dazu Feddersen P., Geschichte der Schweizerischen Regeneration (1867), 240ff., Schmidt H., Die deutschen Flüchtlinge in der Schweiz (1899), 132f.; Gagliardi E., Geschichte der Schweiz, Bd.3 (1938), 1338 und Langhard J., Die politische Polizei (1909), 13f.; ferner Bettone G., Mazzini e La Svizzera (1995), 75f. und HBLS, Bd.2, 614 (Conseilhandel, H. Tribolet).

235 Vgl. die Schilderung bei Schmidt H., Die deutschen Flüchtlinge in der Schweiz (1899), 131f.
236 Vgl. Biographien (Anhang 1).
237 Vgl. dazu Biaudet J.-Ch., Der modernen Schweiz entgegen (1977), 931f. In Kellers Rechenschaftsberichten wird der französische Gesandte Graf von Montebello als eingeweihter Kontaktmann und höchst unehrenhafter Gehilfe Conseils explizit der Passfälschung bezichtigt unter wörtlicher Zitierung des nach Kellers Ansicht hier anzuwendenden Art. 155 des französischen Code Pénal. Ferner beauftragte Keller erfolgreich die Abfassung einer Protestnote an Frankreich, worin eine ausgeprägte Geringschätzung Frankreichs und seiner Diplomatie zum Ausdruck kommt. Vgl. die Darstellung Kellers, Die entlarvten Diplomaten (1836), 39f. und seinen Bericht der am 30. August vor der Tagsatzung in der Angelegenheit des Aug. Conseil niedergesetzten Kommission (1836), 12ff. Zum Vorgehen durch die Tagsatzung vgl. Abschiede 1836 (1874), § 61, 934ff. sowie die Bewertung bei Schweizer P., Geschichte der Schweizerischen Neutralität (1895), 754ff., insbesondere 757.
238 Kellers Bericht findet sich abgedruckt im Abschied von 1836, Beilage lit.X, 1 – 10 (Abschiede 1836 (1874), § 61, 930f.). Vgl. den Hinweis bei Langhard J., Die politische Polizei (1909), 10.
239 Vgl. Schraepler E., Geheimbündelei und soziale Bewegung (1962), 73.
240 Vgl. Abschiede 1836 (1874), § 61, 931f.; ferner Langhard J., Die politische Polizei (1909), 8. Zum Wortlaut des «Conclusums» vgl. ebd., 8f.; ferner zur zeitgenössischen chronikalischen Darstellung des Tagsatzungsbeschlusses vgl. Escher H., Politische Annalen der eidgenössischen Vororte Zürich und Bern während der Jahre 1834, 1835 und 1836, Bd.2 (1839), 213ff. Die Einführung und Vollstreckung des Flüchtlingsconclusums wird in Berlin genau dokumentiert. Vgl. GStA, HA III.A.A.I, Rep.I, Nr.6893, 1836.
241 Vgl. Abschiede 1836 (1874), § 61, 931f.; ferner Langhard J., Die politische Polizei (1909), 8.

242 Georg Büchner prophezeite die Lösung des Konflikts folgendermassen: «Die Schweiz wird einen kleinen Knicks machen, und Frankreich wird sagen, es sein ein grosser gewesen.» Mayer Th.M., Über den Alltag und die Parteiungen des Exils (1993), 95. Tatsächlich wurde die Angelegenheit im November 1836 nach einer teilweisen Entschuldigung der Schweiz beigelegt. Vgl. HBLS, Bd.2, 614 (Conseilhandel).

243 Vgl. Reiter H., Politisches Asyl im 19. Jahrhundert (1992), 110. Die Namen der Ausgewiesenen wurden 1836 publiziert. Zahlreiche Weggewiesene waren jedoch den Behörden zuvorgekommen und bereits ausgereist oder untergetaucht. Vgl. das anonym erschienene «Verzeichniss der aus der Schweiz fortgeschafften politischen Flüchtlinge». Dieses Verzeichnis ist nicht amtlich und zum Teil ungenau und unzuverlässig. Dies wird schon bei Freytag G., Karl Mathy (1888), 143f. bemängelt.

244 Vgl. StAZ, PP 31.6, 4 (Sitzung vom 1. Dezember 1836).

245 Viele Deutsche wurden nach Grossbritannien ausgewiesen. Frankreich stellte bis im Sommer 1836 ohne weiteres Laufpässe (Transitpässe) aus. In England fiel es den Ausgewiesenen indessen überaus schwer, sich eine Existenz aufzubauen, da dort 1836/37 eine Wirtschaftskrise herrschte. Viele Flüchtlinge reisten weiter, manche kehrten wieder auf den Kontinent zurück, die Mehrzahl wanderte nach Amerika aus. Vgl. Schulte-Wülwer U., Harro Harring als Freund und Mitstreiter Mazzinis (1992/93), 34. Zum nicht eben reibungsarmen, länger dauernden Vollzug des «Conclusums» vgl. Abschiede 1836 (1874), § 61, 941–944.

246 Die Stadt Bern verlieh damals recht grosszügig ihr Bürgerrecht an beruflich und gesellschaftlich arrivierte politische Flüchtlinge. Vgl. mit Bezug auf Siebenpfeiffer die Mitteilung im Freitags-Blatt Nr.6 vom 6. Hornung 1835, 22. Das Stadtzürcher Bürgerrecht wurde zur selben Zeit dagegen nur unter grosser Zurückhaltung verliehen. Die Asylanten bemühten sich daher um die Bürgerrechte der Zürcher Nachbargemeinden. Mentalitätsmässig blieb die Stadt Zürich bezüglich Einbürgerungen auch nach Schleifung der Schanzen weiterhin eng der frühneuzeitlichen, zwinglianischen Mentalität verhaftet. So lehnte die Bürgerschaft 1836 das durch Bürgermeister Hess vertretene Einbürgerungsgesuch des berühmten Medizinprofessors Lucas Schönlein, akademisches Aushängeschild der neu gegründeten Hochschule, ab, da Schönlein katholisch war und die Aufnahme eines Katholiken ins Zürcher Bürgerrecht den Zürchern schlichtweg unmöglich erschien. Vgl. Pupikofer J.A., Johann Jakob Hess (1859), 135.

247 § 1 dieses Gesetzes lautet: «Jeder Landesfremde (nicht Schweizer), der wegen eines ausserhalb der Eidgenossenschaft begangenen rein politischen Verbrechens, oder um sonst einer politischen Verfolgung vom Auslande her zu entgehen, flüchtig ist, kann auch, ohne die durch das Gesetz vom 20. Herbstmonath 1833 geforderten Ausweisschriften zu besitzen, eine Bewilligung des Aufenthalts, und wenn dieser wenigstens ein Jahr gedauert hat, auch der Niederlassung erhalten.» Zum Asylverfahren betreffend das erfolgreiche Gesuch Georg Büchners vgl. Hauschild J.-Ch., Georg Büchner (1997), 726f.

248 Vgl. Lenherr L., Ultimatum an die Schweiz (1991), 145 gestützt auf StAZ, P 188, F.1, Flüchtlinge, Verzeichnisse und Berichte 1833–1877.

249 So die den angeblichen Dilettantismus der Zürcher und Berner Untersuchungsbehörden geisselnden Schilderungen des Zeitzeugen Gustav Kombst, der selbst unter den Konsequenzen dieser Politik und dem Misstrauen der Behörden zu leiden hatte. Vgl. Kombst G., Erinnerungen (1848), 204ff.

250 Vgl. Temme J., Studentenmord (1872), 189.

251 Vgl. Schraepler E., Geheimbündelei und soziale Bewegung (1962), 83. Bemerkenswerterweise hielt Georg Büchner die Ausweisung jener «Narren in der Schweiz», welche die «Sicherheit des Staates, der sie aufgenommen, und das Verhältnis desselben zu den Nachbarstaaten compromittiren», für völlig berechtigt. Zitiert nach Hauschild J.-Ch., Georg Büchner (1997), 733, welcher Büchners Haltung aus dessen persönlicher Bedrohungslage erklärt, diese dennoch für «äusserst fragwürdig» hält. Vgl. ebd., 734.
252 Vgl. Langhard J., Die politische Polizei (1909), 11. Die Einschätzung Cattanis, wonach die Überwachung fremder Flüchtlinge durch die Kantone «meist large gehandhabt» wurde, ist vollumfänglich zu teilen. Vgl. Cattani A., Entstehen und Entwicklung der politischen Polizei in der Schweiz (1990), 16.
253 Vgl. Abschiede 1836 (1874), § 61, 943.
254 Gesetz über die Strafrechtspflege für den Kanton Zürich vom 10. Brachmonat 1831.
255 Zum Prinzip der Gewaltenteilung in der Zürcher Staatsverfassung von 1831 mit Bezug auf die Strafrechtspflege vgl. Bühlmann W., Die Entwicklung der Zürcherischen Strafrechtspflege (1974), 10f. Zur Verständniserleichterung der nachfolgend dargestellten Strafuntersuchung erfolgt im Sinne einer Vorbemerkung die grobe Umreissung des damaligen Verfahrensablaufs. Einzelheiten werden am jeweiligen Ort der Anwendung dargestellt.
256 Zur in Art. 68 der Staatsverfassung und in §§ 97ff. Strafrechtspflegegesetz von 1831 geregelten Zusammensetzung und Wahl dieses Gerichts vgl. Bühlmann W., Die Entwicklung der Zürcherischen Strafrechtspflege (1974), 18f. Zur Organisation des Criminalgerichts vgl. Wettstein W., Die Regeneration des Kantons Zürich (1907), 63f.
257 Zu den Delikts- und Strafkompetenzen des Criminalgerichts vgl. Bühlmann W., Die Entwicklung der Zürcherischen Strafrechtspflege (1974), 22f. Während die Wahl des Staatsanwalts durch den Regierungsrat erfolgte und der Bestätigung durch den Grossen Rat bedurfte, wurde der Verhörrichter vom Grossen Rat auf Vorschlag des Criminalgerichts gewählt. Vgl. §§ 107 und 118 des Strafrechtspflegegesetzes. Vgl. dazu näher Bühlmann W., Die Entwicklung der Zürcherischen Strafrechtspflege (1974), 19f. und im Übrigen die Darstellung und Kritik des strafprozessualen Aspekts des Prozesses gegen Aldinger in: NZZ Nr.48 vom 21. April 1837, 190; vgl. auch Hauser R., Die Zürcherische Rechtspflege im Wandel 1831-1981, Blätter für Zürcherische Rechtsprechung Bd.80 (1981), 261-274.
258 Vgl. Art. 74 dieser Verfassung. Vgl. auch Strafrechtspflegegesetz, Tit.I, Art.1.
259 Insofern war der Zürcher Strafprozess gemäss dem Strafrechtspflegegesetz von 1831 fortschrittlicher als in den 1960er Jahren (!), als die Protokollführung meist anonym erfolgte. Vgl. die Kritik bei Walder H., Die Vernehmung des Beschuldigten (1965), 177.
260 Dies kritisiert unterschwellig auch der Berichterstatter in: NZZ Nr.48 vom 21. April 1837, 190.
261 Tatsächlich stand dem Polizey-Rath keine Befugnis zur Wahrnehmung gerichtspolizeilicher Aufgaben zu. Vgl. NZZ Nr.46 vom 15. April 1836, 181. Wenn sich in einem Verfahren jedoch sicherheits- oder fremdenpolizeiliche Anliegen mit gerichtspolizeilichen Aufgaben vermischten, war eine Überschreitung der Kompetenzen kaum zu vermeiden. Der Zürcher Regierung lag daran, das Prinzip der Gewaltenteilung gegen aussen glaubwürdig zu vertreten. So wird im April 1836 die Anfrage des preussischen Gesandten an den Regierungsrat über den Stand der Untersuchung im Mordfall Lessing durch die Abschrift eines Berichts des Obergerichts, unterzeichnet vom damals neuen Präsidenten G. v.Meiss (1791-1851), ohne Kommentar beantwortet.

262 Vgl. dazu Cattani A., Licht und Schatten (1954), 33ff., 45 und Müller J., Geschichte der Kantonspolizei Zürich (1934), 14ff. Zu den Zürcher Polizeiorganen und deren Struktur am Ende des Ancien Régime vgl. Züsli-Niscosi F., Beiträge zur Geschichte der Polizei-Organisation der Republik Zürich in der zweiten Hälfte des 18. Jahrhunderts (1967), 3ff. Zu den kantonalzürcherischen Landjägern vgl. Gut F., Übeltat und ihre Wahrheit (1995), 351ff. Die Zürcher Polizeigeschichte liegt bibliographisch weitgehend erschlossen vor bei Ebnöther K., Polizeigeschichte in der Schweiz (1995), 26f.

263 Vgl. Schütz A., Die Kriminalpolizei im Kanton Zürich (1956), 14; ferner Meyer v.Knonau G., Der Canton Zürich, Bd.2 (1846), 287f. (Polizeiwesen) und Müller J., Geschichte der Kantonspolizei Zürich (1934), 33ff.

264 Vgl. Cattani A., Licht und Schatten (1954), 50ff., 74 und Schütz A., Die Kriminalpolizei im Kanton Zürich (1956), 12. Bezüglich des Fremden- und Bettlerwesens, worüber schon zu Zeiten des Ancien Régime zahlreiche Tagsatzungsbeschlüsse gefällt worden waren, bestand seit 1803 ein Tagsatzungsbeschluss, der die Zusammenarbeit der kantonalen Polizeiorgane auf diesem Gebiet regelte. Vgl. Müller J., Geschichte der Kantonspolizei Zürich (1934), 22f.

265 Vgl. Schütz A., Die Kriminalpolizei im Kanton Zürich (1956), 15. Auch die Aufgaben der Zürcher Stadtpolizei, die 1834 bis 1839 gesamthaft neun Mann umfasste, beschränkten sich vorwiegend auf die seit dem Ancien Régime der Polizei zugeteilten traditionellen Wach- und Kontrollaufgaben. Vgl. ebd., 22f. – In Berlin wurde dagegen bereits im Jahr 1830 eine eigene Kriminalabteilung im Polizeipräsidium geschaffen. Vgl. Teufel M., Vom Werden der deutschen Kriminalpolizei (1996), 79 und weiterführend Obenaus W., Die Entwicklung der Preussischen Sicherheitspolizei (1940), 68ff.

266 «Gleich bey der Überweisung einer Procedur an das Verhöramt wird das Criminalgericht eines seiner Mitglieder wie auch einen Ersatzmann bezeichnen, der als Urkundsperson allen Verhören beyzuwohnen und darüber zu wachen hat, dass die Formen nicht verletzt werden, übrigens sich in die Leitung der Verhöre nicht mischen soll.» Vgl. § 122 des Strafrechtspflegegesetzes von 1831. Anklage- und Inquisitionsgrundsatz werden im zeitgenössischen Kontext dargestellt etwa bei v.Grolmann K., Grundsätze der Criminalrechts-Wissenschaft (1825), § 426.

267 Zur Gerichtsorganisation im Kanton Zürich während der Regeneration vgl. Gut F., Die Übeltat und ihre Wahrheit (1995), 44ff. und Bühlmann W., Die Entwicklung der Zürcherischen Strafrechtspflege (1974), 11ff. Zeitgenössische Angaben zum damaligen Zürcher Gerichtswesen finden sich bei Vogel F., Memorabilia Tigurina (1841), 171ff.

268 Vgl. Biographien (Anhang 1).

269 Gesetz vom 27. Brachmonath 1831. Die persönliche Freiheit, welche dem Bürger insbesondere Schutz gegen den Staat verleihen sollte, wurde durch Art. 9 der Zürcher Verfassung von 1831 garantiert.

270 Nach damaliger Anschauung ist Untersuchungshaft anzuordnen, wenn Kollusions- oder Fluchtgefahr besteht, sowie wenn jemand eines besonders schwerwiegenden Delikts verdächtigt wird. Als Alternative zur Untersuchungshaft bei ausschliesslichem Vorliegen von Fluchtgefahr, kann i.d.R. durch Hinterlegung einer Kautionszahlung und Ablegung eines Eides Haftentlassung erfolgen. Vgl. Abegg J., Lehrbuch des gemeinen Criminal-Prozesses (1833), §§ 79f.

271 Vgl. Bühlmann W., Die Entwicklung der Zürcherischen Strafrechtspflege (1974), 26 und Gut F., Die Übeltat und ihre Wahrheit (1995), 150.

272 Formloser Polizeiverhaft war weiterhin zulässig bei der Festnahme von «unbeurkundeten und beruflos herumziehenden Personen, die nicht dem hiesigen Canton angehören (...).»

273 «Die Verhandlungen in Strafsachen vor Gericht sind öffentlich, diejenigen Fälle ausgenommen, in denen dadurch Sitte und Anstand gefährdet würden. Das Gericht aus sich oder auf Antrag des Staatsanwalds kann, jedoch nur aus der angegebenen Rücksicht, die Öffentlichkeit für den einzelnen Fall ausschliessen.» § 81 des Strafrechtspflegegesetzes. Die Urteilsberatung erfolgt geheim: «Nach dieser öffentlichen Verhandlung fällt das Criminalgericht in Abstand der Parteyen und des Publicums das Urteil aus, welches sofort bey offenen Thüren dem Angeschuldigten eröffnet wird.» § 67 des Strafrechtspflegegesetzes.

274 Art. 12, 14 und 42 der Zürcher Verfassung von 1831. Vgl. Bühlmann W., Die Entwicklung der Zürcherischen Strafrechtspflege (1974), 36 und Gut F., Die Übeltat und ihre Wahrheit (1995), 151.

275 Vgl. dazu auch Bauhofer A., Wer vor Gericht gestellt wird (1956), 23.

276 Johann Kaspar Ulrich hatte in seinem strafrechtlichen Unterricht 1824 noch ausdrücklich Sinn und Berechtigung solcher Massnahmen, insbesondere von Lügen- und Ungehorsamsstrafen, gutgeheissen. Vgl. Guggenheim Th., Die Anfänge des strafrechtlichen Unterrichts in Zürich (1965), 89. Das durch J.J. Rüttimann entworfene Strafrechtspflegegesetz von 1852 sah keine Ungehorsamsstrafen für Angeschuldigte mehr vor, dagegen kannten andere Kantone noch bis Ende des 19. Jh. scharfe Lügenstrafen (z.B. Schaffhausen). Bis gegen 1950 enthielten einige kantonale Prozessordnungen Sanktionen gegen die Aussage verweigernde Angeschuldigte. Vgl. dazu Walder H., Die Vernehmung des Beschuldigten (1965), 48f., 167. Bis heute können gegen renitente Zeugen Ungehorsamsstrafen gemäss Art. 292 des Schweizerischen Strafgesetzbuches von 1937 sowie Beugehaftstrafen in Anwendung kantonalen Prozessrechts verhängt werden.

277 Das Zürcher Strafgesetzbuch von 1835 entwarf Johann Kaspar Ulrich. Es handelt sich dabei um eine relativ moderne Kodifikation von beträchtlicher begrifflicher Schärfe. Der Strafe liegt vorwiegend der Besserungs- und Abschreckungsgedanke im Geiste Feuerbachs zugrunde. Allerdings misst das Gesetz die Strafbarkeit einzelner Verhaltensweisen nach wie vor vielmehr am Taterfolg als an der Schuld des Täters. Trotz einem vergleichsweise eher milden Tenor in der Strafzumessung werden teilweise drakonische Sanktionen angedroht. Auf Mord, schweren Raub und Brandstiftung steht die Todesstrafe (§§ 145, 189, 203 und 229). Ferner sieht das Gesetz die Ankettung als Verschärfung der Zuchthausstrafe vor. Mittermaier hält das Gesetz «im Ganzen» für mild, wobei er mehrere unverhältnismässige Strafandrohungen kritisiert. Vgl. ders., Über die neuesten Fortschritte der Strafgesetzgebung (1835), 551f. Die Todesstrafe war während der Behandlung des Entwurfs durch den Grossen Rat umstritten. Regierungsrat Zehnder hatte sich vehement gegen die Aufnahme derselben in das Zürcher Strafgesetzbuch gewehrt. Vgl. die Berichterstattung im Freitags-Blatt Nr.40 vom 2. Weinmonat 1835, 158f. und Nr.41 vom 9. Weinmonat 1835, 161f. Zum Zürcher Strafgesetzbuch von 1835 vgl. Pfenninger H., Das Strafrecht der Schweiz (1890), 242ff. und Odermatt T., Der strafrechtliche Unterricht an der Universität Zürich (1975), 47 sowie Gschwend L., Zur Geschichte der Lehre von der Zurechnungsfähigkeit (1996), 385f.

343

3 Sachverhalt

278 Lessing wurde im Frühjahr 1833 unter der Nr.140 als von der Universität Berlin herkommender Student der Medizin ins Matrikelverzeichnis der Zürcher Hochschule eingetragen. Vgl. Helfenstein U., Matrikelverzeichnis. Zur Gründung der Universität Zürich und deren Umstände und Einzelheiten vgl. Gagliardi/Nabholz/Strohl, Die Universität Zürich 1833–1933 (1938), 177ff.

279 Vgl. StAZ, Y 53, 2, act.51 (Obductions-Bericht).

280 Vgl. Jahresbericht der Universität 1835/36, in: Jahresberichte, transkribiert von Stadler-Labhart V. (1989).

281 Vgl. Biographien (Anhang 1).

282 Vgl. Biographien (Anhang 1).

283 Vgl. Temme J., Studentenmord (1872), 36; Schauberg J., Darstellung I, 2. Alban erklärt später, diese Kranzgeschenke entsprächen deutschem Landesbrauch. Vgl. die Einvernahme vom 9. November 1835, StAZ, Y 53, 2, act.41.

284 Die Brunngasse wird erstmals 1242 urkundlich erwähnt. Sie ist nach dem früher am nördlichen Ende stehenden «Zübelibrunnen» benannt und verbindet den Hirschenplatz mit dem Zähringerplatz. Vgl. Guyer/Saladin/Lendenmann, Die Strassennamen der Stadt Zürich (1999), 54.

285 Vgl. Biographien (Anhang 1).

286 Die von der ersten Hochschule beanspruchten Räume befanden sich grösstenteils im Hinter- und im benachbarten, ehemaligen Almosenamt. Es standen gesamthaft sieben Auditorien, eine Aula und mehrere Klinik- und Bibliotheksräume sowie anderweitig genutzte Zimmer (Sammlungen, Präparatorium) zur Verfügung. Vgl. Vogel F., Memorabilia Tigurina (1841), 258f. sowie Zurlinden S., Hundert Jahre Bilder aus der Geschichte der Stadt Zürich (1914), 93.

287 Vgl. Biographien (Anhang 1).

288 Vgl. StAZ Y 53, 2, act.12 und 15 (Aussage Frau Locher-Muralt) und Schauberg J., Darstellung I, 6f. – Schauberg erwähnt, dass sich Lessing und Trapp gegen 15.30 Uhr bei Schlutter eingefunden hätten, um gleich darauf den Medizinstudenten Lüning aus Bielefeld zu besuchen. Allerdings weist er darauf hin, dass die Aussagen widersprüchlich seien. In seiner Einvernahme wollte Trapp nach dem Finden einer Wohnung von Lessing verlassen worden sein. Lüning gab an, er habe Lessing am Nachmittag überhaupt nicht gesehen. Vgl. Schauberg J., Darstellung I, 2. Anlässlich seiner Einschreibung nennt Trapp Dieffenbachs Logis an der Mühlehalden in Hirslanden als Wohnadresse. Vgl. Hauschild J.-Ch., Georg Büchner (1985), 390 und Mesenhöller P., Ernst Dieffenbach Flüchtlingskorrespondenz 2. Teil (2000), 662, Anm.167.

289 Vgl. die Aussagen des Kellners Johannes Gross vom 7. November 1835, StAZ, Y 53, 2, act.20.

290 Vgl. die Aussage Eybs, StAZ, Y 53, 2, act.37. Bestätigt vom Kellner des Café littéraire, Vgl. StAZ, Y 53, 2, act.20.

291 Vgl. Biographien (Anhang 1).

292 Gemäss Ludwig fand das Treffen erst um 16 Uhr statt. Vgl. StAZ, Y 53, 2, act.157.

293 Vgl. StAZ, Y 53, 2, act.31. Vgl. auch Temme J., Studentenmord (1872), 41.

294 Vgl. StAZ, Y 53, 2, act.157.

295 Vgl. StAZ, Y 53, 2, act.31. Vgl. auch Schauberg J., Darstellung I, 3.

296 Seit dem 14. Jh. stand bis 1902 zwischen den Armen der Sihl, die damals bei der Werdmühlestrasse in die Limmat einmündeten, eine Mühle. Die Werdmühlestrasse verbindet heute die Bahnhofstrasse 80 mit dem Beatenplatz. Vgl. Guyer/Saladin/ Lendenmann, Die Strassennamen der Stadt Zürich (1999), 267.
297 Vgl. StAZ, Y 53, 2, act.31 (Aussage von Cratz).
298 Das «Museum» diente damals als Universitätsbibliothek. Die Zeitungs- und Zeitschriftensammlung wird vom zeitgenössischen Benützer und Rechtsprofessor Carl Ludwig v.Löw besonders gelobt. Vgl. v.Löw C.L., Zürich im Jahre 1837 (1837), 66f. 1839 verfügte das Museum bereits über 31 medizinische und 22 juristische Zeitschriften und Periodika, sodann über 659 Bände. Vgl. Vogel F., Memorabilia Tigurina (1841), 201 und Hauschild J.-Ch., Georg Büchner (1997), 729. Seit 1823 verfügten die Zürcher Juristen über eine eigene, recht ordentlich ausgestattete und gut unterhaltene juristische Büchersammlung. Vgl. v.Orelli A., Rechtsschulen und Rechtsliteratur in der Schweiz (1879), 68. Noch heute dient der Lesesaal der Museumsgesellschaft am Limmatquai 62 Studierenden und anderweitig Interessierten als Ort der Lektüre.
299 Aussage von Frau Hürlimann, Museumswirtschafterin, Vgl. StAZ, Y 53, 2, act.23.
300 Vgl. StAZ, Y 53, 2, act.15 (Ausssage der Frau Locher-v.Muralt). Vgl. auch die Aussage von Herr Locher-v.Muralt, StAZ, Y 53, 2, act.3 und Schauberg J., Darstellung I, 5f. sowie die Einvernahme derselben vom 17. November 1835, StAZ, Y 53, 2, act.123.
301 Vgl. Biographien (Anhang 1).
302 Vgl. Temme J., Studentenmord (1872), 40f. und StAZ, Y 53, 2, act.136.
303 Vgl. Biographien (Anhang 1).
304 Vgl. StAZ, Y 53, 2, act.30 und 584. Gemäss Angabe von Johann Baptist Sartorius (1837–1841 a.o. Prof. für Staatsrecht) soll sich Lessing regelmässig zwischen 18 und 19 Uhr im Lesezimmer des Museums aufgehalten haben. Vgl. Schauberg J., Darstellung I, 8.
305 Aussage von Anna Baur gegenüber Statthalter Zwingli, StAZ, Y 53, 2, act.10. Sie wiederholte ihre Angaben vor dem Verhörrichter am 12. November 1835. Vgl. StAZ, Y 53, 2, act.66.
306 Aussage der 16jährigen Elisabetha Rass, welche Lessing durch die Familie Locher kannte, vor dem Statthalter in der Einvernahme vom 8. November 1835. Vgl. StAZ, Y 53, 2, act.33 und Schauberg J., Darstellung I, 8 und Temme J., Studentenmord (1872), 44f., bestätigt vor dem Verhörrichter am 12. November. Vgl. StAZ, Y 53, 2, act.68.
307 Vgl. Aussage von Herrn Locher-Muralt, StAZ, Y 53, 2, act.3 und Schauberg J., Darstellung I, 6 und 9.
308 Betreffend die Beleuchtung vgl. Vogel F., Memorabilia Tigurina (1841), 50.
309 1837 wurde als Sihlhölzli nur die eine Viertelstunde von der Stadt sihlaufwärts gelegene Insel in der Sihl bezeichnet, wo angeblich «riesenhafte Tannen» standen. Vgl. v.Löw C.L., Zürich im Jahre 1837 (1837), 22.
310 Vgl. Temme J., Studentenmord (1872), 3.
311 Zürich umfasste 1835 nur die Altstadt (heutiger Kreis 1) und zählte ca. 15'000 Einwohner. Rechts der Limmat war die sog. «Grosse Stadt», links die kleine. Ab 1834 wurden die Schanzen geschleift und die einzelnen Pforten der alten Stadtmauer abgetragen, nachdem letztere bereits 1811 bis 1829 beseitigt worden war. Das Stadtbild entsprach in den 1830er Jahren noch in vielerlei Hinsicht dem Zustand während des

späten Ancien Régimes. Erst nach 1836 folgten grosse bauliche Neuerungen. Vgl. dazu Hottinger/v.Escher, Das alte und das neue Zürich (1859) zur Aufteilung der Stadt mit Strassen- und Häuserverzeichnis vgl. Erni J.H., Memorabilia Tigurina (1820), 358ff. An damals bereits vorhandenen Zeichen wirtschaftlicher Modernisierung und Urbanisierung sind etwa zu nennen: Gründung der mechanischen Baumwollspinnerei durch H.C. Escher und S. Wyss (1805); Gründung der Ofen- und Tonwarenfabrik Bodmer in Riesbach (1819); Gründung der Baugeschäfte Locher und Brunner, der Seifenfabrik Steinfels (alle 1830); Gründung des Modewarengeschäfts Jelmoli-Ciolina (1833); Beginn der Dampfschifffahrt Zürich-Rapperswil (1835). Vgl. die Zeittafel im Sammelband des Staatsarchivs (Hg.), Hundert Jahre Gross-Zürich, Zürich 1993, 239ff.; ferner Craig G., Geld und Geist (1988), 100ff. (Aufbruch ins industrielle Zeitalter).

312 Die am rechten Ufer entlang führende, die Bederstrasse 123 mit der Brunaustrasse 87 verbindende Lessingstrasse erhielt unmittelbar vor der Eingemeindung der Enge in die Stadt Zürich 1892 ihren Namen ursprünglich von Ludwig Lessing und nicht, wie man anzunehmen geneigt ist, vom Dichter Gotthold Ephraim Lessing. Eine entsprechende Umwidmung fand erst 1955 statt. Der dem Tatort nahegelegene Teil des Sihlhölzlis wurde während langer Zeit als «Lessingwäldchen» bezeichnet. Vgl. Steiger J., Studiosus Ludwig Lessing, in: NZZ vom 5. November 1935, Nr.1926 und Guyer/Saladin/Lendemann, Die Strassennamen der Stadt Zürich (1999), 161.

313 Im Protokoll des Polizey-Raths wird diese Fundstelle folgendermassen beschrieben: «(...) in dem Fusswege des sogenannten Spitalerhölzchens an der Sihl zwischen der Wollishofer Allmend und dem Fuhr über die Sihl im Kratz, Gemeinde Enge bey Zürich». Vgl. StAZ PP 31.5, 127 (Notiz vom 5. November 1835). Die Lokal- und Flurnamen im Gebiet der Enge finden sich geographisch und historisch zugeordnet bei Escher C., Chronik der ehemaligen Gemeinde Enge (1918).

314 Vgl. StAZ, Y 53, 2, act.4 und Schauberg J., Darstellung I, 11; so auch Temme J., Studentenmord (1872), 3f.

315 So die Aussage der Witwe Köchli. Vgl. StAZ, Y 53, 2, act.149.

316 So u.a. die Aussage des Landjägers Conrad Lienhart vom 13. November. Vgl. StAZ, Y 53, 2, act.79.

317 Vgl. StAZ, Y 53, 2, act.149 und Schauberg J., Darstellung I, 11f.

318 Vgl. Temme J., Studentenmord (1872), 6f.

319 Über die Grösse dieser Blutlache wird unterschiedlich berichtet. Vgl. Schauberg J., Darstellung I, 15. Landjäger Heinrich Huber von Enge will nur wenig Blut unter dem Leichnam gesehen haben. Vgl. StAZ, Y 53, 2, act.75.

320 Vgl. Schauberg J., Darstellung I, 13.

321 Vgl. den Bericht des Gemeindeamannamtes Enge an das Wohllöbliche Statthalteramt des Bezirkes Zürich, StAZ, Y 53, 2, act.49; abgedruckt bei Schauberg J., Beilagenheft I, Beilage 1, 1–5.

322 Die Gegenstände konnten später dem Eigentum Lessings zugeordnet werden. Vgl. StAZ, Y 53, 2, act.78 (Ergänzungsbericht des Gemeindeammanns) sowie Schauberg J., Darstellung I, 12f. und Temme J., Studentenmord (1872), 10.

323 Vgl. Schauberg J., Darstellung I, 12.

324 Gemäss der Aussage des Landjägerfeldweibels Conrad Lienhart. Vgl. StAZ, Y 53, 2, act.79.

325 So die Aussage Gemeindeammann Brändlis in der Einvernahme vom 13. November 1835. Vgl. StAZ, Y 53, 2, act.78.
326 Vgl. StAZ, Y 53, 2, act.87 (Aussage des Schuhmachers Beerli), Schauberg J., Darstellung I, 14. Dieser Hinweis lässt sich mit den im Oberkörper in die gleiche Richtung zielenden Stichwunden in Einklang bringen. Vgl. den Obductions-Bericht, StAZ, Y 53, 2, act.51, Schauberg J., Beilagenheft I, Beilage 2, 14 und 19. Landjäger Huber will keine Fussabdrücke gesehen haben. StAZ, Y 53, 2, act.75.
327 Die moderne Kriminalistik verlangt, um einer Verfälschung des Spurenbildes vorzubeugen, den Zugang zum Leichenfundort auf einen klar definierten, markierten «Korridor» zu beschränken. Vgl. Meier J., Die Tatbestandsaufnahme bei Tötungsdelikten (1982), 631.
328 Vgl. Temme J., Studentenmord (1872), 7. Entsprechend der damals allgemein anerkannten Offizialmaxime im Strafprozessrecht nahm die Untersuchung mit dem Auffinden der Leiche ihren Lauf. Zum Verständnis der Offizialmaxime in der zeitgenössischen Strafprozessrechtsliteratur als «Pflicht, welche aus der Criminal-Gerichtsbarkeit folgt» vgl. Martin Ch., Lehrbuch (1836) § 33.
329 So dessen Einvernahme vom 13. November 1835 vor dem Verhörrichter. Vgl. StAZ, Y 53, 2, act.76; bestätigt durch Landjäger Lienhart. Vgl. StAZ, Y 53, 2, act.79.
330 Den Statthaltern oblag in allen Straffällen die Vornahme erster Abklärungen, so die «Einziehung der erforderlichen Erkundigungen an Ort und Stelle», aber auch die Verhaftung von Verdächtigen und die Vornahme von Verhören und Hausdurchsuchungen sowie das Einholen ärztlicher Berichte. Vgl. § 18 des Strafrechtspflegegesetzes. Der Gemeindeammann wäre gemäss § 16 dieses Gesetzes nur für die Voruntersuchung in Zunftgerichtssachen zuständig gewesen. Vgl. Bühlmann W., Die Entwicklung der Zürcherischen Strafrechtspflege (1974), 25. Für die Voruntersuchung der übrigen Delikte konnte ihm eine subalterne Hilfsfunktion durch den Statthalter zugeteilt werden.
331 Wie dieses Absuchen vor sich ging, wird aus dem unpräzisen Bericht des Gemeindeammanns nicht ersichtlich. Vgl. StAZ, Y 53, 3, act.49.
332 Vgl. Mitteilung des Gemeindeammanamtes Enge, StAZ, Y 53, 2, act.49 und Schauberg J., Beilagenheft I, Beilage 1, 4; ferner Ludwigs Einvernahme vom 24. November 1835, StAZ, Y 53 2, act.157.
333 Vgl. StAZ, Y 53, 2, act.157.
334 Vgl. Schauberg J., Darstellung I, 24f.
335 Bericht des Verhöramtes an das Criminalgericht vom 13. März 1836 und Schauberg J., Darstellung I, 23.
336 So Pfister L., Merkwürdige Criminalfälle, Bd.5 (1820), 610.
337 Vgl. StAZ, Y 53, 2, act.2.
338 Die Verhöre durch den Statthalter wurden in indirekter Rede protokolliert. Die damalige Prozessrechtslehre forderte dagegen die Abkehr vom «relativen Styl» hin zur Protokollierung in direkter Rede unter Aufnahme möglichst vieler eigener Wörter und Wendungen der Einvernommenen. Vgl. Martin Ch., Lehrbuch (1836), § 61, 132 und Abegg J., Lehrbuch des gemeinen Criminal-Prozesses (1833), § 115.
339 Vgl. StAZ, Y 53, 2, act.4.
340 Henke betont die «Nothwendigkeit» eines sorgfältigen Augenscheins-Protokolles, das durch «bildliche Darstellungen» zu ergänzen sei. Vgl. Henke E., Handbuch Bd.4

(1838), 434f. Pfister fordert die genaue Beschreibung des Tatorts und die Erstellung einer detaillierten Skizze. Vgl. Pfister L., Merkwürdige Criminalfälle, Bd.5 (1820), 599f. Auch Mittermaier hebt die Bedeutsamkeit eines eingehenden, durch Protokoll und Detailzeichnung dokumentierten Augenscheins hervor. Bei Leichenfunden sei insbesondere auf die Bekleidung und Verwundung der Leiche, ferner auf deren Lage und lokales Umfeld, auf das Vorhandensein von möglichen Tatwerkzeugen und anderen Gegenständen, auf Blut- und Fussspuren zu achten. Vgl. Mittermaier C.J.A., Die Lehre vom Beweise im deutschen Strafprozesse (1834), §§ 21ff., insbesondere 23. Anlässlich der Ermittlungen im Fall des Sektendramas in Wildensbuch/ZH anno 1823 wurde von den zuständigen Untersuchungsorganen bereits eine Tatortzeichnung angefertigt, was im vorliegenden Fall unterblieb. Vgl. die Abbildung der Tatortzeichnung bei Schubiger/Rinderknecht, Das Kriminalmuseum (1980), 48. Nach 1860 wurde die Tatortdokumentation durch bessere Ausbildung der Beamten allmählich professionalisiert. Der österreichische Kriminalist Hans Gross verhalf der wissenschaftlichen Tatorterforschung gegen Ende des 19. Jh. zum Durchbruch. So widmete er in seinem «Handbuch für Untersuchungsrichter» in der 4. Auflage über 100 Seiten der sorgfältigen Erforschung und Dokumentation des Tatorts. Vgl. Gross H., Handbuch für Untersuchungsrichter Bd.1 (1904), 1–138. Zu den Anforderungen an die Tatortdokumentation aus moderner Sicht vgl. statt vieler Seemann S., Tatortarbeit, in: Kube/Störzer/Timm (Hg.), Kriminalistik. Handbuch für Praxis und Wissenschaft Bd.1 (1992), 639–668.

341 Bei der Rekonstruktion von Geschehnissen, Handlungsabläufen oder Beobachtungen durch Befragungen ergeben sich aus der fehlenden Kompatibilität und bedingt durch Inkongruenzen der Relevanzsysteme verschiedener Zeugen und der befragenden Person oft Widersprüche, welche aufzulösen oder mindestens zu erklären sind. Vgl. dazu Schmitz H.W., Tatgeschehen, Zeugen und Polizei (1978), 40ff. und 152ff.

342 Vgl. Schauberg J., Darstellung I, 12ff. Ein Schoppen entsprach einem Viertel Schenkmass und beinhaltete ca 0,4 Liter. Vgl. Tafeln zur Vergleichung (1837), 86 und Dubler A.-M., Masse und Gewichte (1975), 47.

343 Vgl. StAZ, Y 53, 2, act.9.

344 Der Müller Tanner, der die Mühle an der Sihl betrieb, wurde am 7. November einvernommen. Er war am 3. November auswärts gewesen und konnte daher keine Angaben über Passanten machen. Vgl. StAZ, Y 53, 2, act.21.

345 Vgl. StAZ, Y 53, 2, act.10.

346 Die 50jährige in der Enge wohnhafte Zeugin und Frau eines Taglöhners war des Schreibens unkundig und unterzeichnete die Einvernahme mit drei Kreuzen. Vgl. StAZ, Y 53, 2, act.11.

347 Einvernahme vom 5. November 1835, vgl. StAZ, Y 53, 2, act.12.

348 Vgl. StAZ, Y 53, 2, act.14.

349 Vgl. StAZ, Y 53, 2, act.1. Gemäss § 1 lit. f des Gesetzes über die Strafrechtspflege von 1831 ist das Criminalgericht für die Beurteilung von Tötungsdelikten zuständig. Die Zuständigkeit bezieht sich auch auf die Beurteilung des entsprechenden Versuchs. Ebenso sind die Gehilfen und «Begünstiger» eines Tötungsdeliktes durch das Criminalgericht zu beurteilen. Vgl. § 10f. des Strafrechtspflegegesetzes.

350 Seit 1831 befand sich das Verhöramt im ehemaligen Gasthaus des aufgehobenen Klosters Oetenbach, das damals als kantonale Strafanstalt diente. Vgl. Vogel F., Me-

morabilia Tigurina (1841), 392; zur Strafanstalt vgl. Curti C., Die Strafanstalt des Kantons Zürich im 19. Jahrhundert (1988).
351 Der Jurist und Kantonal-Verhörrichter Hans v.Meiss, geboren 1803, entstammte der Ehe des Zürcher Statthalters, Gerichts- und Ratsherrn Hans Konrad v.Meiss zu Teufen mit Dorothea Meiss von Wülflingen. Er blieb unverheiratet und war der letzte Spross der Teufener Linie der Familie v.Meiss. Vgl. v.Meiss W., Aus der Geschichte der Familie Meiss von Zürich (1929), 85f. Als er den Fall Lessing übernahm, wohnte er an der grossen Hofstatt. Vgl. Bürgerverzeichnis (1836), 128.
352 Gemäss § 47 und 50 des Strafrechtspflegesetzes hat der Statthalter die Akten dem Criminalgericht zuzustellen, welches gestützt auf diese die Einleitung einer Strafuntersuchung verfügt und die Akten an den ihm unterstellten Verhörrichter weiterleitet. Da das Vorliegen eines Tötungsdeliktes von Anfang an unzweifelhaft erschien und die Zeit drängte, wurde der Weg in casu wohl abgekürzt.
353 Vgl. StAZ, PP 31.5, 127f. Die Berner Central-Polizey-Direktion ersuchte in der Folge sämtliche Oberämter um Informationen im untersuchten Fall. Am 13. November 1835 erfolgte eine erste Mitteilung nach Zürich, wonach die Nachfrage bisher erfolglos verlaufen sei. Vgl. StAZ, Y 53, 2, act.106.
354 Vgl. StAZ, PP 31.5, 128. Tatsächlich informierte auch der preussische Gesandte v.Rochow am 18. November 1835 aus Stuttgart die preussische Ministerial-Commission davon, dass Lessing in Zürich im Ruf stehe, ein Spion des österreichischen Gesandten de Bombelles zu sein, zumal er öfters eine «Madame Huber» besucht habe, die in einem Seitengebäude des Hauses de Bombelles im Seefeld wohnhaft sei. Vgl. GStA, HA III. MdA I, Nr.8642.
355 Zum bevorzugten Schlagzeilenthema der deutschsprachigen Tagespresse wurden spektakuläre Kriminalfälle erst mit dem Aufkommen der Sensationsberichterstattung anfangs des 20. Jh. Vgl. dazu Classen I., Darstellung von Kriminalität (1988), 13.
356 Vgl. NZZ vom 6. November 1835, 428.
357 Vgl. Schweizerischer Republikaner Nr.89 vom 6. November 1835, 416.
358 So berichtet das Freitags-Blatt Nr.46 vom 13. Wintermonat 1835, 183: «7. Nov. So eben ist das Leichenbegängnis des ermordeten Studenten Lessing beendigt; ungemein zahlreich hatten demselben nicht bloss Studierende und Landsleute, sondern auch besonders die Bürger und Einwohner Zürichs, jeden Alters und Standes, beigewohnt. Handelsleute, Militärs, Handwerker, Gelehrte hatten sich dabei eingefunden. Seltener, schweigender Ernst herrschte auf allen Gesichtern, und in demselben drückte sich aus der Unmuth über die freche Verletzung unserer Gesetze, über die Gefährdung unserer, mit so grossen Opfern gestifteten Hochschule, der Schmerz, dass das gastliche Zürich und seine schöne Natur durch ein feiges Banditenstück geschändet und besudelt wurde, der Abscheu über eine sittliche Versunkenheit, deren giftiger Ansteckung unsere Jugend ausgesetzt ist, wodurch die Enkel der Tapfern von Sempach, St. Jakob und Murten zu nächtlichen Mördern verdorben werden könnten, das Entsetzen über eine neue Sekte von Assassinen, welche bei viehischen Gelagen sich zum Morde der bürgerlichen, ja der menschlichen Gesellschaft verschwuren. Denn was hält die Menschen zusammen als das gegenseitige Zutrauen? Wenn aber der Eine im Andern einen lauernden Meuchelmörder erblicken müsste, so wäre es besser, wieder zurück in die Wälder zu kehren, und unter den reissenden Thieren Sicherheit zu suchen. Es freuten sich die Guten der Hoffnung, dass die Nemesis bald ihr Schwert, welches ihr nach

dem Apostel von der göttlichen Gerechtigkeit zum Schrecken der Bösen anvertraut ist, würde entbehren können, und siehe, der Bund der Bösen will nun den tückischen Dolch in den Rücken der Guten stossen. Wenn es wahr ist, dass schamlose Menschen diese banditischen Drakonen mit den Sophistereien des Verbrechens zu beschönigen sich erdreisten, so wisset ihr Bürger, Einwohner und Studirende Zürichs, was ihr von ihnen zu denken habet; stosst sie aus, aus eurer Mitte, und vertraut dem kräftigen Schweizerarm ohne die verborgenen Dolche zu fürchten, welche solche Missionäre der Verworfenheit bei sich führen mögen.»

359 Carl Gottfried Wilhelm Cramer (auch Kramer geschrieben) immatrikulierte sich im Sommersemester 1835 an der Universität Zürich (Matrikelnr. 323). Er verliess Zürich kurz nach der Einvernahme am 1. Dezember 1835, um in Jena weiterzustudieren. Vgl. Helfenstein U., Matrikelverzeichnis. Im Matrikelverzeichnis folgen Ernst Dieffenbach, Willibald Geuther, Friedrich Ernst Schlutter und Carl Gottfried Wilhelm Cramer unmittelbar aufeinander. Vgl. ebd. Offenbar trugen sie sich im Frühjahr 1835 gemeinsam in die Universitätsmatrikel ein. Die Mitteilung des Statthalters, der die Neuimmatrikulationen von Flüchtlingen an den Polizey-Rath zu melden hatte, erfolgte erst am 5. Oktober 1835. Vgl. StAZ, PP 31.5, 136.

360 Vgl. den Konfidentenbericht Alberts vom 10. November 1835, Schl.-Holst. Landesbibliothek, StK, Deutsche Akten F.205, 1115, 2.

361 Vgl. NZZ vom 9. November 1835, 429.

362 In der nächsten Ausgabe korrigiert die Zeitung einige Aussagen. Der Auffindeort befinde sich mehrere hundert Meter von der Fähre entfernt. Auch sei unklar, ob die Verletzungen nicht doch mit demselben Dolch zugefügt worden seien. Die Untersuchung tappe vorläufig im Dunkeln. Vgl. Freitags-Blatt Nr.47 vom 20. Wintermonat 1835, 186.

363 «Den Schweizern ist daran gelegen, vor Europa zu zeigen, dass jene moralische Verwilderung, welche die subjektive Willkür zur Gottheit erhebt, oder Recht und Unrecht zu einem blossen Werkzeug für Parteizwecke herabwürdigt, nicht in ihre Sitten eingedrungen und dass ein Republikaner vor Allem ein rechtlicher Mann ist, in dessen Nähe auch ein Feind schlafend oder wehrlos sicher ist. Wir haben die frohe Überzeugung, dass solche Banditenstreiche unter uns Theilnehmer oder Begünstiger nur in den verworfensten Klassen finden können.» Freitags-Blatt Nr.46 vom 13. Wintermonat 1835, 183.

364 Vgl. Der Schweizerische Constitutionelle vom 10. November 1835, Nr.90, 337f.

365 Vgl. Schweizerischer Beobachter vom 10. November, Nr.135, 567.

366 Vgl. Schweizerischer Beobachter vom 12. November, Nr.136, 570.

367 Die hohe Bereitschaft, Kriminalität als ausländertypisches Problem verstärkt und überrepräsentativ wahrzunehmen, lässt sich vielerorts und zu manchen Zeiten feststellen. Im historischen Kontext beleuchtet bei Johnson E., Urbanisation and crime: Germany 1871–1914 (1995), 107. Zur Tendenz, unaufgeklärte Mordtaten einem stereotypen Hassbild, etwa dem Typus des aus der Fremde stammenden Räubers, anzulasten vgl. v.Hentig H., Der Mord (1956), 244f. Auch in einem der berühmtesten amerikanischen Kriminalfälle, dem Doppelmord in Fall River/Mass. (Lizzie Borden) fiel der erste Tatverdacht ohne konkrete Anhaltspunkte auf einen Ausländer. Vgl. Kent D., Doppelmord in Fall River (1993), 29.

368 Tatsächlich ist die Anschaffung eines Fallbeiles Thema der Sitzung des Polizey-Raths vom 6. November 1835. Vgl. StAZ, PP 31.5, 133. Polizeikommissär Zuppinger erteilte im Dezember 1835 dem Mechaniker Pankratius Danner den Auftrag, ein Fallbeil zu bauen. Erst anlässlich der Hinrichtung der beiden Raubmörder Jakob Lattmann aus Bauma und Heinrich Sennhauser von Schönenberg am 15. Juni 1845 kam die neue Zürcher Guillotine erstmals zum Einsatz. Dazu wie Zürich zu einer Guillotine kam vgl. Baumann W., Von Fall zu Fall (2000), 95ff. 1828 wurden der Küfer Maag, 1831 Friedrich Bürki noch mit dem Schwert gerichtet. Vgl. Vogel F., Memorabilia Tigurina (1841), 249. Hält man sich vor Augen, dass am 7. Juli 1841 in Frauenburg/Ostpreussen der Mörder Rudolf Kühnapfel mit dem Rad von unten nach oben hingerichtet wurde, erscheint die Hinrichtung durch das Fallbeil zu jener Zeit fortschrittlich. Zum Fall Kühnapfel vgl. Linder J., Deutsche Pitavalgeschichten (1991), 318ff. und Temme J., Alte Criminal-Bibliothek, Bd.1 (1869), 35ff.

369 Der Blankenburger Advokat Carl Weddo v.Glümer wurde in Sachsen-Coburg wegen Teilnahme an aufrührerischen Zusammenkünften und Verbreitung aufwieglerischer Schriften verfolgt. Im Februar 1833 war er nach Strassburg, kurz darauf in die Schweiz geflohen, wo er sich in Wollishofen niederliess und angeblich Flüchtlinge bei sich aufnahm, die sich in Zurich nicht sehen lassen durften. Vgl. Ilse L., Geschichte der politischen Untersuchungen, Tabellarisches Verzeichnis der Flüchtlinge, 1. Abtheilung (1860), X und Lent D., Findbuch (1991), 313; HHStA, StK, Deutsche Akten 287, 959. Zum biographischen Hintergrund vgl. die Erinnerungen der Tochter v.Glümer C., Aus einem Flüchtlingsleben (1904).

370 v.Glümer C., Aus einem Flüchtlingsleben (1904), 156f. Da Lessings Leichnam erst am Morgen des 4. November 1835 aufgefunden worden war, kann die Datierung des Texts nicht stimmen.

371 Gemäss Stern erregte die Tat «weit über die Grenzen der Schweiz ungeheures Aufsehen». Vgl. Stern A., Geschichte Europas im 19. Jahrhundert, Bd.1 (1894), 250.

372 Das Verbrechen soll in Frankfurt stark beachtet worden sein. Vgl. Frankfurter Ober-Postamts-Zeitung, Nr.326 vom 25. November 1835 (Beilage), abgedruckt bei Kruse J., Das Verbot (1985), 39f.

373 Betroffen waren die Werke zahlreicher zeitgenössischer Literaten, zu erwähnen sind unter vielen anderen insbesondere Heinrich Heine, Heinrich Laube, Carl Gutzkow, Theodor Mundt und Georg Büchner. Vgl. dazu Kruse J., Das Verbot (1985), 37ff. und Hauschild J.-Ch., Die Betroffenen (1985), 62ff.; ferner Geiger L., Das Junge Deutschland (1900), insbesondere 135ff.

4 Die Strafuntersuchung – 1. Teil

374 Vgl. Mittermaier C.J.A., Die Lehre vom Beweise im deutschen Strafprozesse (1834), §§ 21ff., insbesondere 23 und Abegg J., Lehrbuch des gemeinen Criminal-Prozesses (1833), § 98. v.Grolman betont ebenfalls die Bedeutung des persönlichen Augenscheins durch den Richter, da nur der unmittelbaren richterlichen Wahrnehmung, evtl. auch dem Augenschein durch mehrere Sachverständige, die volle Beweiskraft zukomme. Vgl. v.Grolman K., Grundsätze der Criminalrechts-Wissenschaft (1825), § 463ff. und Feuerbach P.J.A., Lehrbuch (1801), § 598ff. sowie Henke E., Handbuch Bd.4 (1838), § 69 und Martin Ch., Lehrbuch (1836), §§ 87ff. sowie Abegg J., Lehrbuch des gemeinen Criminal-Prozesses (1833), §§ 96ff. – Die Tatortbesichtigung durch Strafuntersuchungs- und Gerichtsbehörden, Polizeiorgane und Sachverständige

erfolgt auch heute als wesentliches, beweisrelevantes, prozessrechtliches Erkenntnismittel und bildet in kriminaltechnischer Hinsicht mit der Beweissicherung zusammen eine eigene Wissenschaft. Vgl. dazu beispielsweise Schmitz H.W., Tatortbesichtigung und Tathergang (1977).

375 Vgl. Schauberg J., Darstellung I, 19.

376 Ferner kritisiert er die damals verbreitete Ansicht, Strafrechtler bedürften weniger Fachwissen als die Mitglieder von Zivilgerichten. Konkret wirft er Obergerichtspräsident und Regierungsrat Friedrich Ludwig Keller vor, «diesem Wahnglauben in hohem Grade» verhaftet zu sein, «was mit durch die neuere philosophische Begründung und Behandlung der Strafrechtswissenschaft veranlasst sein mag, indem alle Philosophie und alle Philosophen dem Hrn. Dr. Keller durchaus missfallen.» Die Abneigung der Zivilrechtler gegenüber der Strafrechtswissenschaft führe zu deren Vernachlässigung in Wissenschaft und Praxis. Vgl. Schauberg J., Darstellung I, 20. Schauberg glaubt als Strafrechtler, dass der Strafrechtsjurist sogar mehr wissen müsse als der Zivilist, da sich der Strafrechtler in Psychologie, Anthropologie und gerichtlicher Arzneikunde auskennen und über grosse Erfahrung in der Führung von Strafuntersuchungen verfügen müsse, während der Zivilist sich stets an die ausführliche Zivilprozessgesetzgebung halten könne. Während sich der Strafrechtler mit dem Lebendigen zu befassen habe, indem er die Handlungen von Menschen durchschauen müsse, befasse sich der Zivilist mit totem Buchstaben. Der Zivilrechtler betreibe nur ein «Buchstabenstudium». Überdies gehe es im Privatrecht stets um Sachen und Vermögen, während sich das Strafrecht mit dem Menschen und dessen Leben befasse, was den Beruf des Strafrechtlers «weit über den des Civilisten stellt.» Vgl. ebd., 22.

377 Die Aufklärungschancen bei einem Tötungsdelikt vermindern sich erfahrungsgemäss massiv, wenn nicht innerhalb kurzer Zeit nach der Tat direkt auf Verdächtige zugegriffen werden kann. Der Zeitenlauf selbst begünstigt Kollusionsprozesse. Vgl. Grob P., Fahndungsmassnahmen auf Grund von Tatbestandsfeststellungen bei Tötungsdelikten (1966), 15.

378 Die Polizeiorgane befanden sich eindeutig nicht auf dem Stand der zeitgenössischen Wissenschaft. So war ihnen wohl auch der Inhalt des eigens für Polizisten und deren Bedürfnisse verfassten «Handbuchs für Polizey-Beamte» aus der Feder des deutschen Polizeirats Merker von 1818 unbekannt.

379 Vgl. Biographien (Anhang 1).

380 Vgl. Schauberg J., Darstellung I, 29f.

381 Die Blutmenge wurde allerdings nie genau festgestellt. Dementsprechend fand auch der Blutspurenverlauf (Rinnspuren), dem die moderne Kriminalistik grosse Aufmerksamkeit schenkt, keine Beachtung. Vgl. dazu Meier J., Die Tatbestandsaufnahme bei Tötungsdelikten (1982), 635. – Betreffend die Stiefel ist festzuhalten, dass das Gehen auf einem Weg wie auch in der feuchten oder gar gefrorenen Wiese keine besonders augenfällige Verschmutzung nach sich zu ziehen braucht.

382 Vgl. StAZ, Y 53, 2, act.51 (Obductions-Bericht), Schauberg J., Beilagenheft I, Beilage 12, 20.

383 Vgl. Schauberg J., Darstellung I, 25.

384 Vgl. StAZ, Y 53, 3, act.618.

385 Brändli hatte den Stock u.a. Statthalter Zwingli, Zunftrichter Briner und Landjägerfeldweibel Lienhart vorgewiesen. Vgl. Schauberg J., Darstellung I, 26.

386 Vgl. Schauberg J., Darstellung I, 27. Schauberg kritisiert auch hier die fehlende Sorgfalt der Voruntersuchung. Er verweist auf die zeitgenössische Literatur zum Strafprozessrecht und erwähnt Tittmann C.A., Handbuch der Strafrechtswissenschaft (1824),

Abegg J., Lehrbuch des gemeinen Criminalprozesses (1835) und Martin Ch., Lehrbuch des deutschen gemeinen Criminalprocesses (1836).

387 Die am 16. Januar 1837 von Staatsanwaltsubsitut Rüttimann nachträglich als Beweisergänzung beantragte Untersuchung des Sihlbettes in der Nähe des Tatorts wurde vom Criminalgericht abgelehnt, da nach so langer Zeit die Suche nach diesen Gegenständen «im Bette eines wilden Waldstromes» keinerlei Erfolg verspreche. Vgl. StAZ, Y 53, 3, act.705.

388 Vgl. v.Grolman K., Grundsätze der Criminalrechts-Wissenschaft (1825), § 477. Grolman stützt sich auf die alten Werke von J.S.F. v.Böhmer, Dissertatio de legitima cadaveris occisi sectione (1747) und F.A. Hommel, Dissertatio de lethalitate vulnerum et inspectione cadaveris post occisum hominem (1749). Nach Feuerbach ist die Obduktion von mindestens einem Arzt oder Wundarzt vorzunehmen in Gegenwart eines Richters, eines «Actuars» und zweier Schöppen. Vgl. v.Feuerbach, Lehrbuch (1801), § 628.

389 Von Felix Platter ist bereits aus dem Jahre 1599 für Basel eine Obduktion aktenkundig. Letztere beschränkte sich damals auf die innere Inspektion der äusserlich erkennbaren Wunden. Zu Methodik und Wissensstand der gerichtlichen Medizin bei der Untersuchung von Delikten gegen Leib und Leben im 18. Jh. an der Basler Universität vgl. Guggenbühl D., Gerichtliche Medizin in Basel von den Anfängen bis zur Helvetik (1963), 78ff.

390 Vgl. dazu Fischer-Homberger E., Medizin vor Gericht (1983), 314ff.

391 Vgl. die Ergebnisse einer Analyse aller in der von F.L. Keller herausgegebenen «Monatschronik der Zürcherischen Rechtspflege» publizierten Kriminalprozesse aus jenen Jahren. Dargestellt bei Gschwend L., Geschichte der Lehre von der Zurechnungsfähigkeit (1996), 427. Für die deutsche Lehre und Praxis um 1820 siehe auch die Empfehlung Pfisters bezüglich Sektionsindikation bei offenkundigen aussergewöhnlichen Todesfällen (Unfall, Delikt, Suizid). Vgl. Pfister L., Merkwürdige Criminalfälle, Bd.5 (1820), 595f.

392 Vgl. Martin Ch., Lehrbuch (1836), § 89 unter Aufführung zahlreicher Literatur, darunter die damaligen Standardwerke der Gerichtsmediziner Ludwig Julius Caspar Mende (1779–1832), Ausführliches Handbuch der gerichtlichen Medicin (1819); Johann Daniel Metzger (1730–1804), Kurzgefasstes System der gerichtlichen Arzneywissenschaft (1793) und Roose Th., Taschenbuch für gerichtliche Ärzte (1800) sowie Autenrieth J., Anleitung für gerichtliche Ärzte (1806). Ergänzend ist für diese Zeit auch auf die Werke Adolph Henkes (1775–1843) zu verweisen. Ein kurzer gelehrtengeschichtlich orientierter Abriss über die Geschichte der älteren Rechtsmedizin findet sich bei Mallach H.J., Geschichte der Gerichtlichen Medizin (1996), 9–32. Zu den vorgeschriebenen Erfordernissen einer gerichtlichen Obduktion vgl. auch Abegg J., Lehrbuch des gemeinen Criminal-Prozesses (1833), § 100.

393 Der umfangreiche Bericht wurde von Prof. Dr. Thomas Sigrist, Chefarzt des Instituts für Rechtsmedizin am Kantonsspital St. Gallen, in verdankenswerter Weise auf die relevanten Aspekte gekürzt und sinngemäss zusammengefasst wiedergegeben. Der Originalbericht liegt bei den Akten. StAZ, Y 53, 2, act.51. Für die Umrechnung der im Original verwendeten Masse ist von folgenden Umrechnungsfaktoren auszugehen: 1 Zoll (") entspricht etwa 2,5 cm; 1 Linie (''') 0,21 cm; 1 Unze entspricht 30,6 g; 1 Vierbatzenstück entspricht einem kleinen Geldstück. In Zürich wurden 1837 neue Masse eingeführt. Zur Umrechnung wurden die alten Masse verwendet. Vgl. dazu Tafeln zur Vergleichung (1837), 28f. und Dubler A.-M., Masse und Gewichte (1975), 21.

394 Vgl. Schauberg J., Darstellung I, 25. Das unbewachte Ablegen einer vermutlich durch deliktische Einwirkung ums Leben gebrachten Leiche ist auch nach den Regeln der damaligen Prozesslehre als grobe Unsorgfalt der Strafverfolgungsbehörden zu bewerten. Eine solche Leiche ist gemäss Pfister sorgfältig zu transportieren und ständig zu bewachen. Über sämtliche Vorkehrungen vom Auffinden bis zur Obduktion der Leiche ist überdies Protokoll zu führen. Vgl. Pfister L., Merkwürdige Criminalfälle, Bd.5 (1820), 592f.

395 Zu Hauptmann Jakob Fehr (1772–1845) vgl. Müller J., Geschichte der Kantonspolizei Zürich (1934), 44ff.

396 Vgl. Biographien (Anhang 1).

397 Vgl. Obductions-Bericht, StAZ, Y 53, 2, act.51. Pfister bezeichnet die Wohnung der von einem Hinschied betroffenen Angehörigen oder Bekannten als einen für eine Obduktion des Leichnams ungeeigneten Ort. Vgl. Pfister L., Merkwürdige Criminalfälle, Bd.5 (1820), 592. Bereits im März 1836 ist die Familie Locher von der Brunngasse an die Schifflända umgezogen. Vgl. Bürgerverzeichnis (1836), 122. Möglicherweise steht der Umzug mit dem Todesfall und der für die Bewohner unangenehmen Obduktion in Zusammenhang. Im Februar 1835 erscheint im Freitags-Blatt ein Artikel, wo der Mangel eines separaten «Todtenhauses» beklagt wird. Insbesondere die Vornahme einer Sektion im Wohnhaus des Verstorbenen sei unzumutbar: «Wird vollends eine Sekzion (Leichenöffnung) beschlossen und ausgeführt (und wie oft wird diese angerathen von unsern Ärzten, die über Mangel an Spital-Kadavern klagen!), dann muss Geschirr und Tisch, Linge und anderes Geräthe herbeigeschafft werden. Das alles aber wollen nachher die Lebenden aus natürlicher Abneigung nicht mehr brauchen. Doch das ist der Übel letztes nicht. Das Zimmer, darin der geöffnete Leichnam lag, ja oft das ganze Haus wird mit pestartigen Dünsten erfüllt, die nicht selten wochenlang, zumal in heisser Jahreszeit, auf die zärtern Geruchsnerven wirken. Was aus solcher Luftverpestung Verderbliches für das lebende Geschlecht entstehen könne, brauchen wir wohl dem Zürcher-Publikum nicht des Weiteren zu erwähnen. Darum baut ein Todtenhaus, ihr Bürger von Zürich!» Freitags-Blatt Nr.7 vom 13. Hornung 1835, 25.

398 In der durch Prof. Dr. Thomas Sigrist strukturierten, schwerpunktmässig gekürzten Fassung dargestellt.

399 Zitiert gemäss dem «Obductions-Bericht» vom 7. November 1835; StAZ, Y 53, 2, act.51.

400 Vgl. StAZ, Y 53, 2, act.51, abgedruckt bei Schauberg J., Beilagenheft I, Beilage 2, 17–22.

401 Vgl. StAZ, Y 53, 3, act.707, abgedruckt bei Schauberg J., Beilagenheft I, Beilage 23, 129–132.

402 Diese Äusserung befremdete anscheinend Hess, da er bislang angenommen hatte, «der Tod sei vor beiläufig 12–14 Stunden oder doch wenigstens vor Mitternacht erfolgt.» Vgl. Schauberg J., Beilagenheft I, Beilage 23, 131.

403 Aus dem Nachbericht zusammengestellt von Prof. Dr. Thomas Sigrist.

404 Die Beurteilung durch Prof. Dr. Thomas Sigrist wird im nachfolgenden Haupttext wörtlich zitiert. Die Anmerkungen stammen vom Autor.

405 Der Obduktionsbericht entspricht im Aufbau weitgehend den damals in den «Annalen der deutschen und ausländischen Criminal-Rechts-Pflege» publizierten, i.d.R. sehr genau und sorgfältig erarbeiteten, mitunter durch Professoren und Medizinkollegien verfassten rechtsmedizinischen Gutachten oder Obergutachten. Vgl. den im Jahr 1835 erschienenen, nach sehr ähnlichen rechtsmedizinischen Methoden dargestellten Fall des «M.P. wegen angeschuldigten Mordes zuerst zur Todesstrafe verurteilt, sodann

völlig freigesprochen – Ein Fall zur Erläuterung der Lehre von der Wichtigkeit einer gründlichen Feststellung des objectiven Thatbestandes.» Darin wird ein Obduktionsbericht betreffend die Leiche einer erdrosselten Frau abgedruckt, der durch das «Superarbitrium» des rheinischen Medicinalkollegiums ergänzt wird. Vgl. Annalen der deutschen und ausländischen Criminal-Rechts-Pflege, NF Bd.5 (1835), 3ff.
406 Vgl. Verletzungsschema.
407 Vgl. Verletzungsschema.
408 Vgl. Verletzungsschema.
409 Die Regel, wonach die Körpertemperatur (rektal gemessen) nach Eintritt des Todes während der ersten 10 Stunden ein Grad, anschliessend noch ein halbes Grad pro Stunde zurückgeht, hilft hier kaum weiter, zumal die Körperoberflächentemperatur nur mit den Händen erfühlt wurde, deren Wärmeempfindung ganz erheblich von der eigenen Wärme abhängt. Wenn der Bezirksarzt und der Gemeindeammann zufolge der frostigen Witterungsverhältnisse kalte Hände hatten, empfanden sie wohl auch noch eine geringe Körperoberflächentemperatur als relativ warm. Falls sie vor der Erfühlung Handschuhe getragen hatten, dürfte die Wahrnehmung dagegen anders ausgefallen sein. Vgl. dazu Hartmann H., Tatzeit und Todeszeit (1983), 247ff.
410 Mitteilung von Prof. Dr. Thomas Sigrist vom 13. Dezember 1999.
411 Diese Zeitverschiebung des Tatgeschehens in die frühen Morgenstunden ist auch aus älterer kriminalstatistischer Sicht bemerkenswert. So fielen im Untersuchungsgut v.Hentigs die meisten Morde auf die Abendstunden, die wenigsten auf die frühen Morgenstunden. Vgl. v.Hentig H., Der Mord (1956), 84.
412 Vgl. Schauberg J., Darstellung I, 35.
413 Vgl. StAZ, Y 53, 2, act.51 und Schauberg J., Beilagenheft I, Beilage 2, 8.
414 Gemäss dem Bericht der meteorologischen Section der Physicalischen Gesellschaft Zürich vom 14. Februar 1837 bewegten sich die Temperaturen am 3. und 4. November 1835 um den Gefrierpunkt, zwischen –0,3 und +1,8° R (Die Réaumur-Temperaturmessskala fixiert den Nullpunkt analog der Celsius-Messmethode an der Schmelzpunkttemperatur reinen Wassers). Ferner sei der Himmel teilweise bis vollständig mit Wolken bedeckt gewesen und es soll ein ziemlich starker Nordostwind geweht haben. Vgl. StAZ, Y 53, 3, act.731. Nach den Angaben des Bezirksarztes zeigte das Thermometer am späteren Morgen des 4. November 1835 mehrere Grad R unter Null an. Vgl. Schauberg J., Darstellung I, 34. Am 5. November fiel reichlich Schnee und ab dem 10. November blieb der Boden während einer Woche den ganzen Tag über gefroren. Vgl. Vogel F., Memorabilia Tigurina (1841), 362. Die Periode von 1812–1860 gilt in der Klimageschichte als «Kaltperiode» mit langen, kalten und schneereichen Wintern. So ist davon auszugehen, dass auch der November 1835 tendenziell tiefere Temperaturen aufwies als heute üblich. Vgl. Pfister Ch., Klimageschichte in der Schweiz 1525–1860, Bd.1 (1984), 131ff.
415 Vgl. Schauberg J., Darstellung I, 35f. Gemäss dem Obduktionsbericht waren die Stiefelränder etwa einen Zoll hoch mit trockenem Strassenkot beschmutzt. Vgl. StAZ, Y 53, 2, act.51 und Schauberg J., Beilagenheft I, Beilage 2, 8.
416 Die Erfahrung zeigt, dass Alibis selten zeitlich exakt definiert werden können. Ist die Tatzeit ungewiss, so verlieren die ohnehin meist wenig präzisen Alibiangaben ihre Erheblichkeit. Vgl. dazu v.Hentig H., Der Mord (1956), 230f.
417 So Schauberg in seinem vor Gericht gehaltenen Plädoyer. Vgl. GStA, HA III. MdA I, Nr.8642 (Anlage zum Bericht vom 1. Mai 1837, Abschrift des gerichtlichen Plädoyerprotokolls).
418 So die Einvernahme der Anna Bosshard. Vgl. StAZ, Y 53, 2, act.140.

419 Vgl. StAZ, Y 53, 2, act.87.
420 Zudem war die Harnblase leer. Vgl. StAZ, Y 53, 2, act.51 («Obductions-Bericht»). Diese Gegebenheit wird auch festgestellt bei Schauberg J., Darstellung I, 41 und Temme J., Studentenmord (1872), 47.
421 Am 5. November 1835 war allerdings Vollmond. Angesichts der Bewölkung dürfte es in der ersten Nachthälfte dennoch mehrheitlich finster gewesen sein.
422 Vgl. den Bericht vom 26. August 1835, HHStA, StK, Deutsche Akten 287, 402.
423 Die Beleuchtungsverhältnisse am Tatort scheinen weder die Polizei noch den Verhörrichter interessiert zu haben. Jedenfalls enthalten die Akten keinerlei Angaben über mögliche Lichtquellen. Am 5. November 1835 war Vollmond. Folglich musste der Mond in der Nacht vom 3. auf den 4. November, sofern die Bewölkung aufbrach, sehr hell geschienen haben. Der Mond ging am 3. November über Zürich um 17.37 Uhr im Osten auf und um 05.55 Uhr des folgenden Tages im Westen unter. Seinen Zenit (83°) erreichte er um 23.45 Uhr des 3. November 1835. Die Berechnung des historischen Mondstandes hat in verdankenswerter Weise dipl.phys. Dominique Fluri, Institut für Astronomie der Universität Zürich, vorgenommen.
424 Die Leiche eines Mordopfers verfügt nach weit verbreitetem Aberglauben über einen «bösen Blick», welcher insbesondere die Täter trifft. Durch Verschliessen der Augen, Bedecken oder Abwenden des erlöschenden Antlitzes versucht der Mörder diesem Blick und dessen Fluch auszuweichen. Indem der Täter die Leiche umwendet, soll nach solchem Aberglauben verhindert werden, dass der Sterbende die Fluchtrichtung seines Mörders wahrnehmen und diesen als Wiedergänger heimsuchen kann. Aus demselben Grund bedeckten der oder die Täter die Leiche mit dem Mantel. Anders lässt sich kaum erklären, dass die Leiche beim Auffinden weitgehend vom über die Schultern geworfenen Mantel zugedeckt war. Zur Bedeutung der Augen einer Leiche und deren Bedeckung im deutschen Aberglauben vgl. Handwörterbuch des deutschen Aberglaubens, Bd.1 (1927), 969f. und Bd.5 (1932/33), 1031ff. Dass ein Mörder nach der Tat das Gesicht der Leiche verdeckt und die Kleider herrichtet, ist ein nicht selten zu beobachtendes kriminalpsychologisches Phänomen. Er kann dem Opfer nicht mehr in die Augen schauen. Vgl. v.Hentig H., Der Mord (1956), 131, 228f. und Grob P., Fahndungsmassnahmen auf Grund von Tatbestandsfeststellungen bei Tötungsdelikten (1966), 77. – Der moderne Rechtsmediziner hält die Handlungsfähigkeit des sterbenden Lessing angesichts der schweren Herzverletzung für derart stark vermindert, dass er ein selbständiges Umdrehen auf den Bauch nahezu ausschliesst. Schauberg dagegen geht davon aus, dass Lessing auf der rechten Seite liegend erstochen wurde und sich im Todeskampf auf den Bauch umwandte. Vgl. Schauberg J., Darstellung I, 30.
425 Vgl. v.Hentig H., Der Mord (1956), 90.
426 Er bezieht die zeitgenössische Literatur zum Totschlag ein. So verweist er auf Feuerbach P.J.A., Lehrbuch (1801), § 215–218; Martin Ch., Lehrbuch (1836), § 114 und Abegg J., Lehrbuch der Strafrechtswissenschaft (1836), § 235 und 237. Vgl. Schauberg J., Darstellung I, 48f.
427 Vgl. Schauberg J., Darstellung I, 47–50.
428 Vgl. Schauberg J., Darstellung I, 42ff.
429 Als weitere mögliche Bedingungsgefüge und Erscheinungsformen des durch die Zufügung einer Mehrheit von Stichwunden bewerkstelligten Mordes nennt v.Hentig den Familienmord, den unter erheblichem Zeitdruck gegen starken Widerstand des Opfers durchgeführten Raubmord, den Sexualmord sowie die Tat eines Geisteskranken. Bei über 40 Stichen hält v.Hentig das Vorliegen einer psychopathologisch motivierten Tat

	für wahrscheinlich. Vgl. v.Hentig H., Der Mord (1956), 122 und 129f. Für die Annahme einer solchen Tat fehlen indessen weitere Anhaltspunkte.
430	Die zeitgenössische Lehre fordert indessen eine klare Unterscheidung zwischen Zeugen- und «Criminalverhör». Vgl. Martin Ch., Lehrbuch (1836), § 61.
431	Vgl. dazu im zeitgenössischen wissenschaftlichen Kontext Abegg J., Lehrbuch des gemeinen Criminal-Prozesses (1833), §§ 113f. Zur Entwicklung der Unterscheidung zwischen General- und Spezialinquisition nach Erlass der Constitutio Criminalis Carolina 1532 vgl. Schmidt E., Einführung in die Geschichte der deutschen Strafrechtspflege (1965/83), § 167, 187.
432	Vgl. Pfister L., Merkwürdige Criminalfälle, Bd.5 (1820), 568f.
433	So etwa Pfister L., Merkwürdige Criminalfälle, Bd.5 (1820), 637.
434	So jedenfalls berichtet Lessing am 30. September 1835 nach Berlin, HHStA, StK, Deutsche Akten 287, 613.
435	Vgl. StAZ, Y 53, 2, act.15.
436	Hans Conrad Locher-v.Muralt, geboren 1794, war Federnhändler und wohnte mit seiner Frau, die er 1820 geheiratet hatte, an der Brunngasse. Gemeinsam mit dem Ehepaar lebten 1835 zwei Söhne unter sechzehn Jahren sowie die beiden Studenten Casparis und Lessing. Vgl. Bürgerverzeichnis (1834), 120 und (1836), 122.
437	Vgl. StAZ, Y 53, 2, act.16 und Schauberg J., Darstellung I, 6.
438	Vgl. StAZ, Y 53, 2, act.16.
439	Vgl. StAZ, Y 53, 2, act.17.
440	Eingeholt und durch die Post erstellt am 6. November 1835. Vgl. StAZ, Y 53, 2, act.18f. 1837 verkehrten täglich von und nach Zürich etwa 20 Kutschen. Vgl. Schulthess W., Zürcherisches Kleinstadtleben (1937), 16.
441	Erst 1836, gleichsam als Nachwirkung der Lessingschen Strafuntersuchung, wurden die Gastwirte in Zürich behördlich dazu verpflichtet, Fremdenbücher zu führen, sodass eine systematische polizeiliche Hotelkontrolle möglich wurde, welche über die althergebrachte, sporadisch-aleatorisch durchgeführte Fremdenkontrolle in Gasthäusern hinaus wirksam wurde. Vgl. Lenherr L., Ultimatum an die Schweiz (1991), 140 mit Hinweis auf StAZ, P 192, Fremdenpolizei-Controlle 1836–1922. Damals existierten in Zürich nur vereinzelte Hotels. v.Löw klagt 1837, dass Zürich nicht einen einzigen auch «nur behaglichen Gasthof» anbieten könne. Vgl. v.Löw C.L., Zürich im Jahre 1837 (1837), 34. Diese Aussage relativiert die Darstellung des Zürcher Gasthofangebots im selben Jahr bei Schulthess W., Zürcherisches Kleinstadtleben (1937), 3ff. 1837 erschien im Tagblatt der Stadt Zürich regelmässig ein Verzeichnis der in den Gasthöfen (Schwerdt, Storchen, Adler, Rothaus, Hirschen, Raben, Löwen, Rössli, Schwanen, Schiff) logierenden Fremden. Vgl. den Abdruck Nr.1 des Tagblattes vom 1. Januar 1837 bei Schulthess W., ebd., in initio.
442	Vgl. StAZ, Y 53, 2, act.179. Anlässlich des «Conclusums» von 1823 hatten einige Kantone, darunter Bern, die Pflicht zur Führung von Hotelgästelisten eingeführt, die regelmässig durch die Polizeiorgane überprüft wurden. Vgl. Oechsli W., Geschichte der Schweiz im 19. Jahrhundert, Bd.2 (1913), 681.
443	v.Meiss lässt nur im Kanton Aargau Hotelgästelisten erstellen. Offenbar geht er davon aus, dass ein auswärtiger Täter aus dem Westen gekommen sein müsse. Aus dieser Annahme bestätigt sich erneut, dass der Verhörrichter von einem politischen Delikt ausging, dessen Urheberschaft in Flüchtlingskreisen zu suchen war, denn die Flüchtlingszentren befanden sich neben Zürich vornehmlich im Kanton Bern und in den solothurnischen und basellandschaftlichen Städten.

444 Der Pedell hatte 1835 u.a. für den geregelten und ruhigen Universitätsbetrieb zu sorgen. Daneben oblagen ihm die Pflege und Instandsetzung der Kleider von Professoren und Studenten. Vgl. dazu Guyer E., Vom Pedell, Senatsaktuar und Universitätssekretär (1984), 125ff., inbesondere 130.
445 Vgl. StAZ, Y 53, 2, act.20ff.
446 Vgl. StAZ, Y 53, 2, act.153.
447 Gemäss einem im HHStA, Wien, aufbewahrten Konfidentenbericht soll bereits am 3. September 1835 «zwischen Pilatus- und Zürichsee» der österreichische Agent Santarini ermordet aufgefunden worden sein. Vgl. BA, Wien, Polizeihofstelle 50, 3. September 1835, aufgeführt bei Lenherr L., Ultimatum an die Schweiz (1991), 115. Auf diesen Fall wird weder in der Untersuchung noch in den Medien Bezug genommen.
448 Angesichts der relativ hohen Dunkelziffer war es unmöglich, die Flüchtlinge breitflächig zu erfassen. v.Meiss musste sich an die ihm bekannt gewordenen Namen halten. Zur Flüchtlingsdunkelziffer um 1835 vgl. Lenherr L., Ultimatum an die Schweiz (1991), 143.
449 Die Neigung «zu Verbrechen derselben Art» zählt Feuerbach zu den Indizien, «welche eine bestimmte Bedingung oder Ursache des Verbrechens in sich enthalten, wo man also von einer Thatsache als Ursache oder Bedingung eines Verbrechens auf das Verbrechen oder den Thäter schliesst.» Vgl. dazu die Überlegungen zur Indizienlehre bei v.Feuerbach P.J.A., Lehrbuch (1801), § 578f.
450 Dr.med. Heinrich Locher-Zwingli, geboren 1800, war a.o. Professor an der Medizinischen Fakultät der Zürcher Hochschule. Vgl. Bürgerverzeichnis (1834), 120.
451 Vgl. StAZ, Y 53, 2, act.28.
452 Vgl. StAZ, Y 53, 2, act.29.
453 Nach damaliger Strafprozessrechtslehre dürfen Hausdurchsuchungen ohne gerichtlichen Befehl nur dann stattfinden, wenn sie als begleitende Handlungen im Sinne einer «Amtsfolge», etwa im Zusammenhang mit einer Verhaftung erfolgen. Vgl. Henke E., Handbuch, Bd.4 (1838), 611. Bei den Akten befindet sich kein Hausdurchsuchungsbefehl.
454 Vgl. StAZ, Y 53, 2, act.30.
455 Vgl. StAZ, Y 53, 2, act.31.
456 § 86 des Zürcher Strafrechtspflegegesetzes sah unter besonderen Einschränkungen die Möglichkeit von Ungehorsam- und Lügenstrafen vor, sofern deren Beantragung vom Criminalgericht gebilligt wurde.
457 Vgl. die Einvernahmen vom 9. November 1835 von Dr. Leonhard v.Muralt, Adolf Melz und Johann Sartorius, StAZ, Y 53, 2, act.34ff.
458 Das Zürcher Theater war am 10. November 1834 eröffnet worden. Gemäss v.Löw konnte «es zwar nicht für ausgezeichnet gelten», doch spielten dort auch namhafte Künstler, wie Ferdinand Esslair (1772–1840) aus München und Karl Seydelmann (1793–1843) aus Berlin. Insbesondere im Bereich von Oper und Lustspiel soll das Theater in seinen ersten Jahren einige beachtliche Aufführungen zustande gebracht haben. Vgl. v.Löw C.L., Zürich im Jahre 1837 (1837), 64 (Anhang); ferner Schulthess W., Zürcherisches Kleinstadtleben (1937), 57ff. und Müller E., Eine Glanzzeit des Zürcher Stadttheaters (1911).
459 Vgl. StAZ, Y 53, 2, act.37.
460 Gemäss Akten aus dem Bayerischen Geheimen Staatsarchiv soll Alban seit 1834 dem leitenden Komitee der Zürcher Klubbs, 1835–1836 dem Jungen Deutschland angehört haben. Vgl. Geh.St.Mü., Ministerialakten II, 1645, ad 41, 1646, ad 16, 1648, ad

	51 und ad 95, aufgeführt bei Gerlach A., Deutsche Literatur im Schweizer Exil (1975), 39 und 58.
461	Im Nachlass Lessings befand sich der Antwortbrief Leberts vom 10. Mai 1835, worin es u.a. heisst: «(...) – Dass Du die Zürcher Race zu veredeln Dir vorgenommen, macht mich herzlich lachen; ich lade mich hiemit zum Hochzeitsgast, oder, wenn Du allzu hitzig bist und nicht mehr warten kannst bis zum Januar 1836, zum Pathen ein.» Vgl. StAZ, Y 53, 2, act.8, bei Schauberg J., Darstellung I, 95. – Im Sinne einer Kuriosität sei hier wiedergegeben, wie wenig schmeichelhaft der deutsche Rechtsprofessor Carl Ludwig v.Löw, Vertreter der ersten Dozentengeneration an der Zürcher Hochschule, sich über die Zürcher Frauen und die «Zürcher Race» ausliess: «Mit dem Äussern beginnend müssen wir gleich mit Bedauern aussprechen, dass sich die Zürcher, insbesondere das schöne Geschlecht, seltene Ausnahmen abgerechnet, nicht durch Schönheit auszeichnen. Ein kenntnisreicher Anatom hat mir versichert, dass ihm noch fast kein Zürcher Schädel von reiner Bildung vorgekommen. Vor allem sei ein Vorragen des Unterkopfs, welches eben jede edlere Form unmöglich mache, sehr gewöhnlich. Nur die Augen der Frauen werden von Kennern des Schönen gepriesen; sie zeichnen sich durch Lebhaftigkeit aus und erinnern an Italiens Nähe. Als Ursache der vorherrschenden Hässlichkeit wird öfter das Klima, der grosse Wasserreichtum der Umgebungen, die dichten Herbstnebel angeführt. Allein ungesund ist das Klima von Zürich doch nicht, Krankheiten sind im Verhältnis nicht häufig. Eher möchten wir daher die Ursache bei den niederen Volksklassen in der sitzenden Lebensweise finden, die durch die blühende Industrie vorherrschend geworden; für die höheren Stände aber in den häufigen Heiraten zwischen nahen Verwandten.» Vgl. v.Löw C.L., Zürich im Jahre 1837 (1837), 29f.
462	Vgl. StAZ, Y 53, 2, act.41.
463	Die Frage, ob Lessings Ende dem Einvernommenen leid tue oder ob er dessen Schicksal bedaure, wird rasch zum Standard der Einvernahmetechnik des Verhörrichters. Sie beruht auf der trivialpsychologisch genährten Hoffnung, die Täter würden sich durch Verneinen offenbaren.
464	Vgl. StAZ, Y 53, 2, act.42.
465	Vgl. StAZ, Y 53, 2, act.43.
466	In der Einvernahme vom 12. November 1835 bestätigt der Rektor der Hochschule, Professor Lorenz Oken, dass Schlutter von 20–22 Uhr sich bei ihm zum Zwecke einer wissenschaftlichen Unterhaltung aufgehalten habe. Vgl. StAZ, Y 53, 2, act.8.
467	Vgl. StAZ, Y 53, 2, act.44.
468	Vgl. StAZ, Y 53, 2, act.45.
469	Vgl. Biographien (Anhang 1).
470	Vgl. StAZ, Y 53, 2, act.46.
471	Vgl. Anhang 2, Beilage 2. Trapp dürfte bereits im Frühjahr 1835 vom Zürcher Komitee in das Junge Deutschland aufgenommen worden sein und anschliessend als Emissär desselben vorübergehend in Strassburg gewirkt haben. Vgl. Hauschild J.-Ch., Georg Büchner (1997), 582.
472	Vgl. Mesenhöller P., Ernst Dieffenbach Flüchtlingskorrespondenz 2. Teil (2000), 665, Anm.175.
473	Vgl. Biographien (Anhang 1).
474	Vgl. StAZ, Y 53, 2, act.47.
475	Vgl. StAZ, Y 53, 2, act.59.
476	Vgl. StAZ, Y 53, 2, act.48.
477	Vgl. Biographien (Anhang 1).

478 Vgl. StAZ, Y 53, 2, act.52.
479 Sell war für viele Flüchtlinge eine Vertrauensperson. So nennt Dieffenbach Sells Name bei der Suche nach einem Bürgen für einen Kredit. Vgl. Dieffenbachs Brief vom 11. März 1835 an seinen Vater, bei Mesenhöller P., Ernst Dieffenbach Flüchtlingskorrespondenz 2. Teil (2000), 650. Zwischen Dieffenbach und Sell bestand ein freundschaftliches Vertrauensverhältnis. Vgl. ebd., 650, 663ff.
480 Vgl. StAZ, Y 53, 2, act.54.
481 Die zeitgenössische Strafprozesslehre fordert die detaillierte Alibierhebung und -abklärung nach Ort und Zeit des angegebenen Aufenthalts. Vgl. Pfister L., Merkwürdige Criminalfälle, Bd.5 (1820), 501.
482 Vgl. StAZ, Y 53, 2, act.55.
483 Erstmals 1240 erwähnte schmale Gasse, die heute zwischen dem «Züghusplatz» und der Liegenschaft Storchengasse 5 verläuft. Vgl. Guyer/Saladin/Lendenmann, Die Strassennamen der Stadt Zürich (1999), 132.
484 Vgl. StAZ, Y 53, 2, act.57. Wie Staub wissen kann, dass die Haustüre tatsächlich die ganze Nacht über verschlossen war, wird aus dem Protokoll nicht ersichtlich.
485 Sie unterzeichnet mangels Schriftkenntnis mit drei Kreuzen. Vgl. StAZ, Y 53, 2, act.56.
486 In der Schweiz wurden im 19. Jh. Duelle relativ selten gerichtsnotorisch und sind daher, mit Blick auf Zürich jedenfalls bis 1860 kaum dokumentiert, obschon Zweikämpfe unter den deutschstämmigen Zürcher Studenten gelegentlich vorkamen. Vgl. den Hinweis bei Cattani A., Licht und Schatten (1954), 131, gestützt auf StAZ, U 98 a.
487 Damals wurde als «Seefeld» nur die Gegend um den Hafen Riesbach bezeichnet. Vgl. v.Löw C.L., Zürich im Jahre 1837 (1837), 87 (Anhang).
488 Die Duellanten entfernen sich dabei je 15 Schritte voneinander, drehen sich um und schiessen entsprechend der Vereinbarung. Wenn man bedenkt, dass gegen Ende des 19. Jh. mit gegenüber den 1830er Jahren zielgenaueren Faustfeuerwaffen auf drei bis acht Schritte Distanz geschossen wurde, scheinen 15 Schritte ein relativ weiter Abstand zu sein. Vgl. Bringmann T., Reichstag und Zweikampf (1997), 199, Anm.830. Möglicherweise gibt Ehrhardt die absolute Distanz mit 15 Schritten an.
489 Üblich war damals der ein- bis dreimalige Schusswechsel. Bei besonders schwerwiegenden Ehrverletzungen wurde bis zur Kampfunfähigkeit eines Duellanten geschossen. Vgl. dazu Bringmann T., Duell (1995), 111–115.
490 Vgl. Biographien (Anhang 1).
491 Auf dieselbe Frage antwortet Carl Cratz: «Ja, es wird mich aber doch niemand abhalten, Satisfaction auf solche Art zu verlangen.» Vgl. StAZ, Y 53, 2, act.63.
492 Vgl. StAZ, Y 53, 2, act.60.
493 Vgl. Bringmann T., Reichstag und Zweikampf (1997), 12 und 15 gestützt auf zeitgenössische Nachschlagewerke und Strafrechtskommentare.
494 Feuerbach nimmt den Fall des im Verbotsirrtum begangenen Duells von der ordentlichen Strafbarkeit gänzlich aus. Ebenso weist er auf verschiedene Partikulargesetze hin, welche die unter Offizieren abgehaltenen Duelle von den üblichen strafrechtlichen Konsequenzen befreien. Vgl. v.Feuerbach P.J.A., Lehrbuch (1801), §§ 226f.
495 Vgl. dazu die Ausführungen bei Levi E., Zur Lehre vom Zweikampfverbrechen (1889), 46ff. Das Duell als privates Ehrengericht warf zahlreiche strafrechtsdogmatische Fragen auf. So barg die Strafbarkeit der Kartellträger und Sekundanten unter den Aspekten von Gehilfenschaft und Anstiftung dogmatische Schwierigkeiten. Vgl. dazu ebd., 74ff. Zum Duell aus juristischer und rechtshistorischer Sicht vgl. auch Prokows-

ky D., Geschichte der Duellbekämpfung (1965) und Slawig J., Der Kampf gegen das Duellwesen (1986).

496 Vgl. Bringmann T., Reichstag und Zweikampf (1997), 11 und Frevert U., Ehrenmänner (1995), 165. Immerhin sah das Allgemeine Landrecht für die Preussischen Staaten in § 672 (II., 20) für Duellanten auch ohne tödlichen Ausgang des Zweikampfs drakonische Strafen vor: Verlust von Adel und Ehrenstellen, zehnjährige bis lebenslängliche Festungshaft. Im Falle des Todes eines Beteiligten ist der Überlebende je nachdem, ob das Duell auf Tötung oder Verletzung eingegangen wurde, wegen Mordes oder Totschlages zu beurteilen. Vgl. dazu Jarcke C., Handbuch (1827), 226ff. Diese überaus strengen Bestimmungen kamen aber nur selten zur Anwendung. Vgl. Dorguth, Realistische Betrachtung des Duells, in: Annalen Bd.1 (1843), 212ff. Noch 1905 erhielt ein Reserveoffizier wegen Duellverweigerung den Abschied aus der preussischen Armee (Mülheimer-Feldhaus-Fall), wurde also gleichermassen für gesetzestreues Verhalten «bestraft». Vgl. dazu Bringmann T., Reichstag und Zweikampf (1997), 306ff. – Die deutschen Universitäten schreckten lange Zeit vor beherztem Vorgehen gegen das Duellwesen unter den Studenten zurück, teils aus eigener Begeisterung der leitenden Organe dieser Institutionen für den rituellen Zweikampf, teilweise aber auch aus Angst vor einer «Verrufserklärung» durch die Studentenschaften. Wurde eine Universität durch die studentischen Verbindungen zufolge eines Verstosses gegen die akademischen Sitten «in Verruf» erklärt, so war es jedem Studenten bei seiner Ehre untersagt bis zum Widerruf an dieser Universität zu studieren. Solches geschah u.a. 1792 in Jena und in den 1820er Jahren in Bonn, wodurch die betroffenen Universitäten praktisch alle Studenten verloren. Vgl. Frevert U., Ehrenmänner (1995), 177f.

497 §§ 164–174 des Strafgesetzbuches für die Preussischen Staaten. Vgl. dazu Temme J., Lehrbuch (1853), 821ff. und Bringmann T., Reichstag und Zweikampf (1997), 20.

498 §§ 201–210 des Deutschen Strafgesetzbuches von 1871. Vgl. dazu Bringmann T., Reichstag und Zweikampf (1997), 22.

499 In Ermangelung eines zahlenmässig bedeutsamen und nach eigenen Ehrengesetzen lebenden Adels- und Offiziersstandes in der Schweiz fehlte im Gegensatz zu Deutschland und Frankreich der Boden für die Satisfaktionstradition. Das Duellwesen fand in den 1830er Jahren durch den Zuzug von ausländischen Studenten gewisse, wenn auch nur geringe Verbreitung in den Hochschulstädten Zürich und Bern, obschon die Universitäten Duelle untersagten und die Teilnahme an solchen mit Relegation ahndeten. In Zürich versuchte die Studentenschaft durch Schaffung eines studentischen Ehrengerichts diese Entwicklung zu bekämpfen. Vgl. Erb H., Geschichte der Studentenschaft an der Universität Zürich (1937), 27. Etwas eigenartig mutet angesichts des Duellverbotes die Anstellung eines Fechtmeisters durch die Universität an. Offenbar sollte die Einrichtung eines Fechtbodens und der geregelte Fechtunterricht an der Universität die Studenten von Duellen abhalten. Vgl. das Schreiben an den Erziehungsrat vom 23. Dezember 1833, StAZ, U 98a, 2.

500 Noch das Schweizerische Strafgesetzbuch von 1942 sah in Art. 130–132 bis 1990 für den Zweikampf besondere Strafbestimmungen vor.

501 Vgl. v.Löw C.L., Zürich im Jahre 1837 (1837), 67.

502 Vgl. StAZ, U 98 a, 1 (2b) (Spezielles; Einzelfälle 1834–1884).

503 Jedenfalls ist kein weiterer Fall in den Universitätsakten dokumentiert. Vgl. StAZ, U 98 a, 1 (2b) (Spezielles; Einzelfälle 1834–1884).

504 Vgl. StAZ, U 98 a, 1 (2b), act.1–3.

505 Vgl. StAZ, U 98a, 1(2a), 35. Falls für den Zweikampf Waffen gewählt werden, welche den Tod oder eine «schwere Verwundung nothwendig herbeiführen mussten», so sind

für alle Beteiligten die ordentlichen Bestimmungen über Tötung oder Körperverletzung anzuwenden. Dem Richter verbleiben Privilegierungsmöglichkeiten mit Bezug auf die Strafzumessung. Die Verjährung erfolgt nach sechs Jahren. Vgl. §§ 2 und 7 des Gesetzes betreffend das Duell vom 25. April 1866.
506 Vgl. StAZ, Y 53, 2, act.61.
507 Vgl. Biographien (Anhang 1).
508 Vgl. StAZ, Y 53, 2, act.63.
509 Durch Georg Feins Bestrebungen organisierten sich in Strassburg ab 1833 kleine politisch engagierte Gruppen von Exildeutschen, die engen Kontakt zu den entsprechenden Gruppierungen in der Schweiz unterhielten. Im Januar 1836 sollen sich in Strassburg «einige 20 Mitglieder» des mit dem Jungen Deutschland assoziierten politischen «Kränzchens» aufgehalten haben. Vgl. Mayer Th.M., Über den Alltag und die Parteiungen des Exils (1993), 73. Zum Hintergrund vgl. Wiltberger O., Die deutschen politischen Flüchtlinge in Strassburg 1830–1849 (1910) sowie Hauschild J.-Ch., Georg Büchner (1997), 174ff. und 226ff. sowie 593ff.
510 Vgl. StAZ, Y 53, 2, act.72. Die Teilnahme an einem Duell als Arzt galt, sofern keine Anstiftung oder Schürung des Konflikts vorausgegangen war, gemeinhin als straflos. Vgl. Bringmann T., Reichstag und Zweikampf (1997), 17. In seinem nächsten zeitlich auf das Verbrechen folgenden Brief vom 4. Dezember 1835 an seinen Vater verschweigt Dieffenbach die Affäre vollständig. Erst am 5. Juli 1836, nachdem er seine Strafe wegen des Duells verbüsst und auch aus der Untersuchungshaft entlassen worden war, machte er seinen Eltern vom Geschehenen Mitteilung, wobei er sich als Opfer der Umstände und der flüchtlingsfeindlichen Einstellung der Zürcher Behörden darstellt. Vgl. Mesenhöller P., Ernst Dieffenbach Flüchtlingskorrespondenz 2. Teil (2000), 667f. und 677f.
511 Vgl. StAZ, Y 53, 2, act.65.
512 Gesetz vom 24. Weinmonath 1834 betreffend einige Abänderungen in dem organischen Gesetze über die Strafrechtspflege vom 10. Brachmonath 1831, in Kraft getreten am 1. Januar 1835.
513 Vgl. StAZ, Y 11, 5.
514 Vgl. Entscheid vom 6. Juli, StAZ, YY 25.10, 840f.
515 Vgl. StAZ, YY 25.10, 917, 921.
516 Vgl. StAZ, YY 25.10, 922.
517 Vgl. GStA, HA I. Rep.77, Tit.21, Lit.L, Nr.38, act.25 und GStA, HA III. MdA I, Nr.8642.
518 Dr. Karl Wilhelm Theodor Schuster, geboren 1808, trat ab Juni 1832 in Paris als führendes Mitglied des «Deutschen Volksvereins» und des «Bundes der Geächteten» politisch in Erscheinung. Vgl. Gerlach A., Deutsche Literatur im Schweizer Exil (1975), 35 und Schieder W., Anfänge der deutschen Arbeiterbewegung (1963), 17, Anm.18 ferner Grandjonc/Werner, Wolfgang Strähls Briefe (1978), 10, Anm.30. Zur Entwicklung des «Deutschen Volksvereins» und des «Bundes der Geächteten» hin zum «Bund der Gerechten» vgl. Ruckhäberle J., Frühproletarische Literatur (1977), 16ff. mit Quellenmaterial sowie Kowalski W., Vorgeschichte und Entstehung (1962), 123ff. Stern hat Dokumente vorgelegt, welche jedenfalls ansatzweise die Vermutung begründen, wenn auch keinesfalls beweisen, wonach sogar Theodor Schuster als Mitbegründer des radikalen «Bundes der Geächteten» Pariser Demagogen verraten haben soll. Vgl. Stern A., Theodor Schuster als angeblicher politischer Geheimagent (1912), 228ff.

519 «Der Geächtete» gilt als die erste deutsche Arbeiterzeitung. Ehrhardt verteilte in Zürich jeweils rund 30 Exemplare, die ihm aus Paris zugesandt wurden. Vgl. Schmidt H., Die deutschen Flüchtlinge in der Schweiz, 108. Vgl. Temme J., Studentenmord (1872), 162–164. Die von Jakob Venedey und Theodor Schuster redigierte Zeitschrift propagierte Aufklärung und Revolution der Gesellschaft sowie ökonomische Gerechtigkeit und rezipierte sozialreformatorisches Gedankengut, wie es von Lamenais und Sismondi vertreten wurde. Vgl. dazu die kommentierte Quellenedition bei Kowalski W., Vom kleinbürgerlichen Demokratismus zum Kommunismus Bd.1 (1967), XIXff., 5ff.; ferner Gerlach A., Deutsche Literatur im Schweizer Exil (1975), 86f. und Urner K., Die Deutschen in der Schweiz (1976), 109 sowie Schieder W., Anfänge der deutschen Arbeiterbewegung (1963), 20f. und 191ff.
520 Vgl. die Polizeinotizen über die deutschen Assoziationen in Paris vom Juli 1834, abgedruckt bei Schauberg J., Beilagenheft I, Beilage 30, 151.
521 Vgl. Schmidt H., Die deutschen Flüchtlinge in der Schweiz, 111. Zum «Bund der Geächteten» aus sozialistischer Sicht vgl. Kowalski W., Vorgeschichte und Entstehung des Bundes der Gerechten (1962), 57ff. Die Frankfurter Central-Behörde zählt 1835 gegen 400 deutsche Mitglieder der in Paris ansässigen Bünde der Gerechten, Geächteten und Deutschen. Vgl. Ilse L., Geschichte der politischen Untersuchung, III. Register (1860), III–XL.
522 Vgl. Urner K., Die Deutschen in der Schweiz (1976), 112f. Die 1835 gesamthaft in drei Nummern erschienene Zeitschrift propagiert neben der allgemeinen Garantie gleicher Rechte für alle Menschen die gerechte Verteilung von Mitteln und Gütern, wobei sie einen äusserst groben, polemisierenden Ton anschlägt. Die soziale Gleichheit der Menschen soll nötigenfalls mit Gewalt erzwungen werden. Vgl. dazu Gerlach A., Deutsche Literatur im Schweizer Exil (1975), 88ff. und Stern A., Aus deutschen Flüchtlingskreisen (1913), 445f. Das in Wädenswil – Orell & Füssli hatte die Herstellung abgelehnt – gedruckte «Nordlicht» fand in Zürich, Stäfa, Lausanne, Genf, Bern, Zofingen, Basel und Winterthur meist unter deutschen Flüchtlingen seine Leserschaft. Vgl. Kowalski W., Vom kleinbürgerlichen Demokratismus zum Kommunismus, Bd.1 (1967), XXXIX und HHStA, StK, Deutsche Akten 285, 63. Gedruckt wurde die Schrift gemäss Lessing auch in Glarus. Vgl. Anhang 2 3. Zur Streuung der Zeitschrift anhand von Korrespondenzen rekonstruiert vgl. Stern A., Aus deutschen Flüchtlingskreisen (1913),450ff.
523 Vgl. die Einvernahme des «Candidaten Schreiber» vom 14. Juli 1834, GStA, HA I. Rep.77, Tit.509, Nr.31, Bd.1, act.72.
524 Ehrhardts Bereitschaft, Lessing zu fordern, kann freilich nicht als Ausdruck einer schlichtweg skrupellosen, ehrsüchtigen Gesinnung gedeutet werden. Dadurch, dass Lessing Ehrhardt beleidigt und sogar an den Kopf geschlagen (im damaligen Studentenjargon «maulschelliert») hatte, konnte Ehrhardt gemäss dem studentischen «Comment» diese Beleidigungen nicht auf sich sitzen lassen. Er befand sich in «Desavantage» und musste handeln. Die Satisfaktionsforderung war der vorgesehene Weg zur schichtadäquaten Konfliktlösung. Zum Mechanismus der Forderung innerhalb des studentischen Ehrenkodex' vgl. Frevert U., Ehrenmänner (1995), 168.
525 v.Rochow gelangt daher zum Schluss, dass Ehrhardt von den Untersuchungshandlungen im voraus Kenntnis hatte. Vgl. GStA, HA III. MdA I, Nr.8642 (A. 213).
526 Dass eine der Taten in den Augen des preussischen Justizministeriums und anderer Kreise am Lessingmord hauptverdächtigen Personen trotz nachgewiesenen Unrechts und nicht vollständig ausgeräumten Verdachts eine derartige Stellung erlangt, stösst auch beim preussischen Gesandten auf Verwunderung. Vgl. die Mitteilung v.Rochows an Ancil-

lon vom 4. Dezember 1836. GStA, HA I. Rep.77, Tit.509, Nr.31, Adh. Bd.1, act.167.
527 Gemäss Lessing soll Ehrhardt bereits im Sommer 1835 das Gemeindebürgerrecht erhalten haben. Doch fehlte ihm noch die Bürgerrechtsgewährung durch den Kanton Zürich. Vgl. Beilage 4.
528 Die Rekonstruktion von Ehrhardts Gesundheitszustand zwei Monate nach dem Vorfall ist schwierig. Gemäss Urteil des Criminalgerichts soll Lessings Kugel Ehrhardts rechten Oberarmknochen zerschmettert haben. Am 16. November 1835 gab Prof. Locher-Zwingli eine günstige Prognose ab, wonach die Verletzung voraussichtlich ohne bleibende Nachteile verheilen werde. Vgl. StAZ, YY 25.10, 920.
529 Vgl. den Briefauszug publiziert bei Schauberg J., Beilagenheft I, Beilage 19, 119.
530 Vgl. HHStA, StK, Deutsche Akten 287, 661.
531 Falls Ehrhardt tatsächlich hinter der Tat stecken sollte, ist die Gegebenheit umso delikater und reizvoller, dass er zwanzig Jahre später gemeinsam mit dem das Lessingsche Tötungsdelikt zur Anklage bringenden Staatsanwaltsubstituten Johann Jakob Rüttimann ein Gutachten über die rechtlichen Folgen der Eheeinsegnungen in den Kantonen Luzern und Schaffhausen verfasste. Vgl. Rüttimann/Ehrhardt/Sulzberger, Rechtsgutachten (1857).
532 Vgl. Aktennotiz vom 28. Oktober 1835, HHStA, StK, Deutsche Akten 287, 8.
533 In der Zürcher Post, Nr.22 vom 26. Januar 1896, wird mit Berufung auf Temme im Nachruf auf Ehrhardt an ein «Gerücht» erinnert, wonach Ehrhardt tatsächlich der Mörder Lessings gewesen sein soll. Vgl. Stern A., Aus deutschen Flüchtlingskreisen (1913), 449, Anm.1.
534 Vgl. dazu Stern A., Aus deutschen Flüchtlingskreisen (1913), 450ff.
535 Die Ermordung Lessings wurde mitunter gar als «Nachspiel» des Attentats an Kotzebue bewertet. Vgl. Gelzer H., Die Geheimen deutschen Verbindungen (1847), 11. Sand bekannte sich als politischer Überzeugungstäter. Er wurde zum Tod verurteilt und am 20. Mai 1820 enthauptet. Seine in breiten Schichten der Bevölkerung positiv bewertete Tat motivierte die deutschen Behörden zu rigoroser Verfolgung politischer Oppositioneller. Vgl. dazu Brand E., Die Auswirkungen der deutschen Demagogenverfolgungen in der Schweiz (1948), 141 und Blasius D., Geschichte der politischen Kriminalität in Deutschland (1983), 28f. Über die Ermordung Kotzebues vgl. Jarcke C., Carl Ludwig Sand und sein an Kotzebue verübter Mord (1830), 62–154. Hinsichtlich dem Bezug zum Bund der Schwarzen vgl. Rocholz, Die Ergebnisse der Untersuchung in Bezug auf den Bund der Unbedingten oder der Schwarzen (1831), 14ff. und Hug R., Die Central-Untersuchungs-Commission zu Mainz und die demagogischen Umtriebe (1831), 42ff.
536 § 52 der Statuten des Jungen Deutschlands sah die Todesstrafe für Verrat durch Verbindungsmitglieder vor. Vgl. Anhang 3, Beilage 6.
537 Vgl. StAZ, Y 53, 2, act.63.
538 Vgl. Biographien (Anhang 1).
539 Vgl. StAZ, Y 53, 2, act.64.
540 Vgl. StAZ, Y 53, 2, act.92. Schäppis Aussagen werden weitgehend bestätigt durch dessen Tochter Dorothea. Vgl. StAZ, Y 53, 2, act.93.
541 Vgl. StAZ, Y 53, 2, act.94.
542 Vgl. StAZ, Y 53, 2, act.65.
543 Vgl. StAZ, Y 53, 2, act.125.
544 Vgl. StAZ, Y 53, 2, act.136.

545 Georg Göbel, vulgo Knapp, aus Kassel, der Lessing jeweils die Haare schnitt, belügt in der Einvernahme vom 27. November den Verhörrichter, indem er erzählt, in Zürich existiere gegenwärtig gar kein Handwerkerverein. Weder er noch Lessing hätten je mit solchen Verbindungen zu schaffen gehabt. Lessing könne unmöglich Spion gewesen sein, sonst hätten die Deutschen nicht mit ihm verkehrt. Vgl. StAZ, Y 53, 2, act.158.
546 Die Lokalität erhielt ihren Namen ursprünglich vom 1127 gestifteten Chorherrenstift St.Martin auf dem Zürichberg, dessen Kreuzgang 1835 noch existierte. An derselben Stelle führt heute die von der Zürichbergstrasse 235 bis 247 dem Klosterweg folgende Strasse «Im Klösterli» vorbei. Vgl. Guyer/Saladin/Lendenmann, Die Strassennamen der Stadt Zürich (1999), 128.
547 Vgl. Biographien (Anhang 1).
548 Vgl. StAZ, Y 53, 2, act.137.
549 Der aus Kiel stammende Ernst Ludwig Schröder studierte von der Universität Halle herkommend ab WS 1833 in Zürich Medizin und promovierte im August 1835 zum Dr.med. et chir. mit der Dissertation «De gastritide chronica». Vgl. Helfenstein U., Matrikelverzeichnis.
550 Vgl. StAZ, Y 53, 2, act.157.
551 Lessing bestätigt im September 1834 Ludwigs Mitgliedschaft im Jungen Deutschland. Vgl. HHStA, StK, Deutsche Akten 283, 578.
552 Vgl. Biographien (Anhang 1).
553 Vgl. die Einvernahme vom 24. November 1835, StAZ, Y 53, 2, act.155.
554 Vgl. Biographien (Anhang 1).
555 Vgl. Roschi J., Bericht (1836), 29. Mit Bezug auf die sich bei der Untersuchung gegen Schüler stellenden besonderen Schwierigkeiten vgl. Lufft in seiner Mitteilung vom 24. November 1836 an den Berner Regierungsrat, StABe, A II 3161, act.10.
556 Vgl. Biographien (Anhang 1).
557 Barth befand sich einige Wochen vor der Tat in Zürich. Anfangs November war er jedoch bereits wieder in Bern. So die rechtshilfeweise Einvernahme in Bern durch die Stadtpolizei vom 18. November. Vgl. StAZ, Y 53, 2, act.130.
558 Es folgen Fragen wie, «Sie dürfen also abermals gewissenhaft bezeugen, dass sie keine weitere Auskunft in dieser Sache geben können?» Vgl. StAZ, Y 53, 2, act.109.
559 Vgl. StAZ, Y 53, 2, act.110.
560 Vgl. Biographien (Anhang 1).
561 Vgl. HHStA, StK, Deutsche Akten 263, 578.
562 Tatsächlich sind Kranzgeschenke zum Geburts- oder Namenstag seit dem 17. Jh. in Deutschland und in der Schweiz mit regional unterschiedlicher Verbreitung üblich. Allerdings werden solche Kränze i.d. Regel aus Blumen, Lorbeer oder ähnlichen immergrünen Pflanzen geflochten. Einem Kranz aus Stroh kommt in manchen deutschen Gegenden die Bedeutung eines «Trostpreises» zu, insbesondere für schwache Leistungen beim Viehtrieb und beim Dreschen. Im übrigen symbolisiert der Kranz in der deutschen Tradition auch den Tod. Allerdings verträgt sich die Symbolik des Todes grundsätzlich nicht mit dem Stroh als Fertigungsmaterial. Vgl. dazu Handwörterbuch des deutschen Aberglaubens, Bd. 5 (1933), 387f. und 422f.
563 Vgl. StAZ, Y 53, 2, act.111.
564 «(…); ich bin ganz abgebrannt und lebe auf Pump.» Vgl. Schreiben vom 7. Dezember 1834, HHStA, StK, Deutsche Akten 284, 221.
565 Vgl. StAZ, Y 53, 2, act.112.
566 Vgl. StAZ, Y 53, 2, act.114.

567 Die seit 1790 so bezeichnete, seit 1308 als «Schaflingasse» erwähnte Schoffelgasse verbindet den Rüdenplatz mit der Münstergasse 15. Vgl. Guyer/Saladin/Lendenmann, Die Strassennamen der Stadt Zürich (1999), 223.

568 Lessings ausgeprägtes Selbstwertgefühl als Student kommt durch diese Reaktion ganz deutlich zum Ausdruck. Wäre Escher Akademiker gewesen, hätte er ihn selbstverständlich zum Duell auf Tod oder Leben gefordert. Obschon Escher für Zürcher Verhältnisse als adelig galt und dem Offiziersstand angehörte, hätte sich Lessing nie mit einem Handwerker auf einen Ehrenhandel eingelassen. Das Androhen von Prügel entsprach der geringen Achtung der Person. Zur Lösung von Beleidigungskonflikten zwischen Vertretern verschiedener Stände bei fehlender Satisfaktionsfähigkeit der einen Partei vgl. Frevert U., Ehrenmänner (1995), 171.

569 Vgl. StAZ, Y 53, 2, act.123.

570 Vgl. Schl.-Holst. Landesbibliothek, StK, Deutsche Akten F.203, Nr.916, 5.

571 Jacob Hans Caspar Escher vom Luchs, geboren 1806, ehemaliger Infanterieleutnant, Flachmaler und Kupferstecher. Vgl. Bürgerverzeichnis (1836), 36.

572 Es handelt sich dabei um den 1805 geborenen 3. Staatsschreiber und Zürcher Grossrat Johann Conrad Meyer von Knonau, Sohn des Regierungsrats Johann Ludwig Meyer von Knonau. Vgl. Bürgerverzeichnis (1836), 130.

573 Vgl. Einvernahme vom 7. Januar 1836. Vgl. StAZ, Y 53, 2, act.233.

574 Vgl. StAZ, Y 53, 2, act.74. Vgl. Temme J., Studentenmord (1872), 161. Vgl. etwa das Inserat im «Schweizerischen Constitutionellen» Nr.91 vom 13. November 1835, 364. Das Inserat erscheint in verschiedenen Zeitungen, so auch im «Schweizerischen Republikaner» Nr.92, vom 17. November 1835, 432 und im «Erzähler» vom 24. November 1835, 400. Mitte Februar 1836 erscheint ein entsprechendes Inserat auch im Londoner «Morning Chronicle». (Zeitungsausschnitt bei den Akten). Vgl. StAZ, Y 53, 3, act.702. Das Inserat wird insgesamt in 22 Zeitungen abgedruckt. Vgl. GStA, HA III. MdA I, Nr.8642 (Bericht des Zürcher Obergerichts an den Regierungsrath vom 7. April 1836). – Die öffentliche Fahndung durch Steckbriefe und Versprechung von Belohnungen ist in der zeitgenössischen Strafprozessrechtslehre umstritten. Henke hält sie für bedenklich, «indem dadurch leicht absichtliche Täuschungen des Gerichts durch gewinnsüchtige Menschen veranlasst werden können.» Henke E., Handbuch (1838), Bd.4, 607. Martin dagegen sieht in der öffentlichen Aufforderung zur Mitwirkung an der Fahndung ein wirksames ermittlungstechnisches Instrument, sofern damit keine Vorverurteilung des Gesuchten einhergeht. Seine Ausführungen beziehen sich auch auf die öffentliche Vorladung. Vgl. Martin Ch., Lehrbuch (1836), § 104.

575 Vgl. PP 31.5, 138f. (Sitzung vom 13. November 1835).

576 Vgl. StAZ, Y 53, 2, act.119ff. und PP 31.5, 142f. (Sitzung vom 18. November 1835).

577 Offiziell erfolgte die Namensgebung der Spiegelgasse erst 1880. Sie verbindet die Münstergasse 26 mit dem Neumarkt 2. Vgl. Guyer/Saladin/Lendenmann, Die Strassennamen der Stadt Zürich (1999), 234.

578 Vgl. StAZ, Y 53, 2, act.124.

579 Vgl. die Aussage Ferdinand Groschvetters anlässlich dessen Einvernahme am 1. Dezember 1835, StAZ, Y 53, 2, act.169; ferner Schauberg J., Darstellung I, 129.

580 Lizius wird in zahlreichen Mitteilungen Lessings sowohl als gefährlicher und militanter Aktivist des Jungen Deutschlands wie auch als wichtige Bezugsperson der Carbonaria erwähnt. Vgl. die seit Sommer 1834 eingegangenen Konfidentenschreiben: HHStA, StK, Deutsche Akten 283, 498; ferner 520.

581 Vgl. u.a. HHStA, StK, Deutsche Akten 283, 71.

582 Vgl. das Schreiben vom 13. Juni 1834 an Carl Curth, StAZ, Y 53, 3, act.476a, abgedruckt im Anhang, Beilage 1.
583 Vgl. Biographien (Anhang 1).
584 Vgl. StAZ, Y 53, 2, act.160. Mit Schreiben vom 28. November 1835 teilt die Berner Polizeidirektion mit, das Rechtshilfegesuch sei an die Justiz- und Polizeidirektion des Kantons Basel Landschaft weitergeleitet worden, da Lizius sich nun in jenem Kanton aufhalte. Vgl. StAZ, Y 53, 2, act.161. Die umgehende Weiterleitung falsch zugestellter Requisitionen an die zuständigen Behörden erachtet Pfister fortschrittlicherweise als allgemeinen (verwaltungsrechtlichen) Grundsatz der Strafverfolgungs- und Polizeibehörden. Vgl. Pfister L., Merkwürdige Criminalfälle, Bd.5 (1820), 615f.
585 Vgl. StAZ, Y 53, 2, act.177.
586 Vgl. StAZ, Y 53, 2, act.188.
587 Vgl. StAZ, Y 53, 2, act.191.
588 Einvernahme durch die Berner Stadtpolizei vom 3. Dezember 1835. Vgl. StAZ, Y 53, 2, act.192.
589 Die zeitgenössische deutsche Strafprozessrechtslehre sah für solche Fälle den Grundsatz der unmittelbaren Einvernahme durch den mit dem Fall befassten Richter vor, falls nicht schwerwiegende Gründe, insbesondere hohe Kosten in einem unbedeutenden Verfahren, dagegen sprachen. v.Grolman betont, dass ein mit dem Fall nicht vertrauter Richter einzig gestützt auf das Requisitionsschreiben nicht dieselben Möglichkeiten zu einer umfassenden und tiefen Befragung habe. Vgl. v.Grolman K., Grundsätze der Criminalrechts-Wissenschaft (1825), § 482, ebenso Pfister L., Merkwürdige Criminalfälle, Bd.5 (1820), 617.
590 Mitteilung vom 30. Oktober 1835 des Gesandten v.Rochow an das Ministerium für auswärtige Angelegenheiten in Berlin, GStA, HA I. Rep.77, Tit.509, Nr.31, Bd.1, act.293.
591 Vgl. StAZ, Y 53, 2, act.195b.
592 Vgl. HHStA, StK, Deutsche Akten 284, 621f.
593 Bericht Alberts an Noë vom 10. November 1835; Schl.-Holst. Landesbibliothek, StK, Deutsche Akten F.205, 1115 (Beilage), 3.
594 Johann Peter Friedrich Ancillon (1766–1837), Leiter des Preussischen Ministeriums des Auswärtigen, Mitglied des preussischen «Obercensurcollegiums». Vgl. dazu Geiger L., Das Junge Deutschland (1900), 6f.
595 Vgl. GStA, HA III. MdA I, Nr.8642 (A.2693 vom 29. Juni 1836).
596 Vgl. StAZ, Y 53, 2, act.140ff.
597 Enge erstreckte sich um 1835 nur auf relativ wenige Gebäude entlang der heutigen Gabler-, Beder- und Brandschenkestrasse sowie auf zerstreute Einzelbauten und war geprägt von einem dörflich-landwirtschaftlichen Charakter (Streusiedelung ohne Dorfkern). 1836 zählte Enge 1'482 Einwohner. Vgl. Vogel F., Memorabilia Tigurina (1841), 122. Noch 1880 zählten Enge und Leimbach gemeinsam nur gut 4'479 Bewohner. Vgl. auch die Beschreibung und das historische Inventar von Enge bei Haas B., Die 1893 eingemeindeten Vororte: Siedlungsstruktur um 1800, bauliche Entwicklung im 19. und 20. Jahrhundert (1993), 60ff.
598 Das «allgemeine Gerücht» gilt im zeitgenössischen Strafprozessrecht zwar als wenig aussagekräftiges Indiz, doch behandelt beispielsweise Henke dasselbe als «Zeugniss» und «Beweismittel», dem der Richter dadurch nachzugehen habe, indem er die das Gerücht verbreitenden Personen umgehend zu vernehmen sowie Beweise zur Stützung oder Entkräftung des Gerüchts zu sammeln habe. Er betont die Notwendigkeit, Gerüchte, deren Ursprung oft in persönlichen Feindschaften liege, genau zu überprüfen.

Vgl. Henke E., Handbuch, Bd.4 (1838), 452; ähnlich auch Martin Ch., Lehrbuch (1836), § 76 und Pfister L., Merkwürdige Criminalfälle, Bd.5 (1820), 573.
599 Die ein Gerücht angebenden Deponenten sind nach damaligem Stand der Prozessrechtslehre als mittelbare Auskunftspersonen nach ihrer Informationsquelle zu befragen, welchem Gebot der Verhörrichter im vorliegenden Fall nicht immer nachkommt. Vgl. dazu Vgl. Pfister L., Merkwürdige Criminalfälle, Bd.5 (1820), 502.
600 Vgl. StAZ, Y 53, 2, act.90.
601 Er teilt sämtliche zu stellenden Fragen mit. Vgl. StAZ, Y 53, 2, act.108. Am 15. November wird Schwartz vom Verhöramt in Aarwangen einvernommen, doch ergibt sich nichts Neues. Vgl. StAZ, Y 53, 2, act.116.
602 Vgl. StAZ, Y 53, 2, act.149.
603 Der Giesshübel liegt nahe beim Tatort. Die heutige Giesshübelstrasse dient der Verbindung der Manessestrasse/Utobrücke mit der Uetlibergstrasse 174. Vgl. Guyer/Saladin/Lendenmann, Die Strassennamen der Stadt Zürich (1999), 96.
604 Der Höckler war damals ein beliebter «Vergnügungsort» am Fusse des Uetlibergs. Um ihn von der Enge oder von Zürich her zu erreichen, musste mit der Fähre die Sihl überquert werden. Der Weg führte «bald über von Wald umschlossene Wiesen, bald durch Tannengehölz». Vgl. v.Löw C.L., Zürich im Jahre 1837 (1837), 23.
605 Vgl. StAZ, Y 53, 2, act.162.
606 Vgl. StAZ, Y 53, 2, act.172.
607 Vgl. StAZ, Y 53, 2, act.173.
608 Vgl. StAZ, Y 53, 2, act.174.
609 Vgl. StAZ, Y 53, 2, act.175.
610 Vgl. StAZ, Y 53, 2, act.176. Bei den Akten findet sich eine Rechnung für Verhaftskosten (28.11. bis 2.12. 1835) über 2 Franken, 2 Batzen und 4 Rappen. Vgl. StAZ, Y 53, 2, act.176a.
611 Vgl. Schauberg J., Darstellung I, 24 und Temme J., Studentenmord (1872), 35.
612 Schauberg umschreibt diesen Umstand, «dass Lessing dem gemeinnützigen Theile des weiblichen Geschlechtes ziemlich zugethan gewesen sein soll». Vgl. Schauberg J., Darstellung I, 39.
613 Vgl. Schauberg J., Darstellung I, 39 sowie Temme J., Studentenmord (1872), 48.
614 Vgl. StAZ, Y 53, 2, act.75. Die Liegenschaft zum «Steinernen Tisch» befindet sich heute an der Brandschenkestrasse 146. Die zwischen der Bederstrasse 51 und der Brandschenkestrasse 157 verlaufende Steinentischstrasse erhielt ihren Namen 1877. Vgl. Guyer/Saladin/Lendenmann, Die Strassennamen der Stadt Zürich (1999), 241.
615 Vgl. StAZ, Y 53, 2, act.78.
616 Vgl. StAZ, Y 53, 2, act.144.
617 Vgl. StAZ, Y 53, 2, act.96. Frau Isler bestätigt die Aussagen ihres Ehemannes vollumfänglich. Am fraglichen Dienstag will sie nur zwei Gäste und zwar am Mittag bedient haben. Vgl. StAZ, Y 53, 2, act.97. Ebenso auch die Aussage des im selben Gebäude wohnhaften Hauseigentümers, Johannes Landolt. Vgl. StAZ, Y 53, 2, act.100.
618 Vgl. StAZ, Y 53, 2, act.98.
619 Vgl. StAZ, Y 53, 2, act.148 und 150.
620 Er schreibt: «Da in der Gemeinde Enge und deren Umgebung sich einige Häuser mit Freudenmädchen befinden oder doch befinden sollen, hatten (...).» Schauberg J., Darstellung I, 39. Die Formulierung lässt darauf schliessen, dass es in der Enge tatsächlich Freudenmädchen gab. Schauberg, der gemäss Nekrolog nach einer Phase längerer geistiger Störungen an «Gehirnerweichung» gestorben sein soll – gemeint sein wird eine

	syphilitisch bedingte progressive Paralyse – dürfte das Phänomen der Prostitution auch aus eigener Erfahrung nicht völlig unbekannt gewesen sein.
621	Vgl. Schauberg J., Darstellung I, 51f.
622	Vgl. Sutter E., «Ein Act des Leichtsinns und der Sünde» (1995), 244f.
623	Durch den Matrimonial-Kodex vom 6. Dezember 1804 hatte die Stadt Zürich in der polizeistaatlichen Tradition vergangener Jahrhunderte die Prostitution verboten, nachdem während der Helvetik vorübergehend relativ lockere Sitten geherrscht hatten. Allerdings kam in den 1830er Jahren in der Stadt trotz Verbot wieder sichtbare Prostitution auf. Vgl. dazu Cattani A., Licht und Schatten (1954), 139 und Ulrich A., Bordelle, Strassendirnen und bürgerliche Sittlichkeit (1985), 27f.; ferner Sutter E., «Ein Act des Leichtsinns und der Sünde» (1995), 100ff. Die Zeit bis 1845 lässt sich für Zürich und Umgebung mangels überlieferter Quellen sittengeschichtlich kaum näher erfassen. Allerdings ist einem Schreiben der Stadtpolizei Zürich vom 6. September 1837 an den Polizey-Rath zu entnehmen, dass es in der Stadt eine beträchtliche Zahl von «Gassendirnen» gebe, welche die Polizei nicht länger dulden könne. Da es sich regelmässig um auswärtige Frauen handle, würden diese wieder in ihre Herkunftsorte zurückverbracht. Vgl. StAZ, P 253.1, Schreiben vom 6. September 1837. Auch das Tagblatt der Stadt Zürich stellte im selben Jahr am Hirschengraben nächtlich «lustwandelnde Dulcineen» fest. Vgl. Brecht E., Von der Prostitution im früheren Zürich (1969), 78 mit Hinweis auf Schulthess W., Züricherisches Kleinstadtleben (1937), 13.
624	Vgl. HHStA, StK, Deutsche Akten 285, 65.
625	Ab 1864 erfolgte ein intensiver, wenn auch wenig erfolgreicher Kampf gegen die Prostitution in Zürich. Vgl. Schubiger/Rinderknecht, Kriminalmuseum (1980), 31, Brecht E., Von der Prostitution im früheren Zürich (1969), 79f. Zur Bekämpfung der Prostitution in der zweiten Hälfte des 19. Jh. vgl. Puenzieux/Ruckstuhl, Medizin, Moral und Sexualität (1994), 33ff. und Ulrich A., Bordelle, Strassendirnen und bürgerliche Sittlichkeit in der Belle Epoque (1985).
626	1843 fordert das Statthalteramt Zürich den Gemeinderat Enge auf, ein Augenmerk auf jene Wirtschaften zu werfen, die «liederlichen Weibspersonen» Unterkunft gewährten. Vgl. Brecht E., Von der Prostitution im früheren Zürich (1969), 78.
627	Vgl. die Einvernahme des Cratz vom 8. November 1835, StAZ, Y 53,2, act.31; vgl. auch ders. in der Einvernahme vom 16. November 1835, StAZ, Y 53, 2, act.183. Dass Lessing mit leichten Mädchen zu tun gehabt haben soll, wird allerdings von Alban und Stephani angezweifelt. Vgl. u.a. StAZ, Y 53, 2, act.61.
628	Vgl. StAZ, Y 53, 2, act.135 und Schauberg J., Darstellung I, 39f.
629	Nach Lessings Tod traf von Groschvetter ein doppelter Louisd'or in Zürich ein. Vgl. Schauberg J., Darstellung I, 40. Der Louisd'or war in Zürich seit dem 1. März 1835 ausser Kurs gesetzt. Vgl. die Verordnung des Regierungsrathes betreffend die Ausserscurssetzung der Französischen Louisd'ors vom 7. Hornung 1835.
630	Vgl. Schauberg J., Darstellung I, 112f. und 114.
631	Vgl. StAZ, Y 53, 3, act.758f. (Einvernahmen vom 5. April 1837).
632	Es fanden sich dort «3 Friedrichs'or, 9 harte Brabanterthaler» und Kleingeld im Wert von 3 Brabanterthalern. Vgl. Schauberg J., Darstellung I, 40 und Temme J., Studentenmord (1872), 51. Der Hauswirt Locher-Muralt gibt später an, er habe nach Lessings Tod unter der Kommode von dessen Zimmer gar 25 Friedrichsd'or gefunden. Vgl. StAZ, Y 53, 3, act.500.
633	Vgl. StAZ, Y 53, 2, act.10.
634	So v.Rochows Bericht vom 8. April 1836 über die Gerichtsverhandlung, GStA, HA III. MdA I, Nr.8642 (A.1706 vom 20. April 1837).

635 Vgl. Schauberg J., Darstellung I, 32f. – Die Beziehung zwischen Tatort und Opfer kann bei einem derartigen Beweggrund als «Hinlocken» erstellt werden. Allerdings mit Bezug auf homosexuelle Opfer vgl. v.Hentig H., Der Mord (1956), 91, 185f. Lessings Tötung lässt sich in keinen homosexuell motivierten Kontext einordnen.
636 Er stützt sich dabei u.a. auf Pfister's actenmässige Geschichte der Räuberbanden an den beiden Ufern des Mains, im Spessart und im Odenwalde (1812), wo Räubergeschichten aus lange verflossener Zeit kolportiert werden. Vgl. Schauberg J., Darstellung I, 52. Auch der Schweizerische Republikaner teilt in seiner Ausgabe Nr.31, 141 vom 18. April 1837 mit, es scheine höchst unwahrscheinlich, dass Räuber an einem Weg lauerten, der in winterlichen Nächten praktisch nie begangen werde.
637 Vgl. Schauberg J., Darstellung I, 53.
638 Dieses Argument widerspricht jedoch der auch heute noch gültigen kriminalistischen Erfahrung, wonach viele Leute – damals aufgrund der geringeren Möglichkeiten, die eigene Barschaft sicher und doch jederzeit greifbar zu verwahren, häufiger noch als heute – erheblich mehr Geld auf sich zu tragen pflegen, als sie in unmittelbarer Zukunft auszugeben gedenken.
639 Vgl. Schauberg J., Darstellung I, 52f.
640 Vgl. Schauberg J., Darstellung I, 53f.
641 Vgl. Schauberg J., Darstellung I, 59f. mit Bezug auf Erwägung 3 des Urteils.
642 Vgl. Schauberg J., Darstellung I, 39.
643 Vgl. Temme J., Studentenmord (1872), 52.
644 Im Kanton Zürich würden durchschnittlich 140 Strafverfahren pro Jahr wegen Raufereien und Messerstechereien gezählt. Insbesondere im Herbst komme es zufolge übermässigen Genusses von «Süssmost» (!) oft zu Trunkenheit mit «völliger Verstandesabwesenheit». Vgl. Kombst G., Erinnerungen (1848), 199.
645 Vgl. StAZ, Y 53, 2, act.75.
646 Vgl. StAZ, Y 53, 2, act.102.
647 Diese Treffen der im Jungen Deutschland organisierten deutschen Exilanten bei Eyb in der Enge werden von Lessing erstmals im Juni 1835 mitgeteilt. Vgl. dessen Konfidentenbericht vom 16. Juni 1835, HHStA, StK, Deutsche Akten 286, 522.
648 Vgl. StAZ, Y 53, 2, act.103.
649 Vgl. StAZ, Y 53, 3, act.500.
650 Vgl. StAZ, Y 53, 2, act.163f.
651 Nach damaliger prozessrechtlicher Praxis erfolgt die Vorladung von Zeugen i.d.R. mündlich durch einen Boten oder Weibel. Nur «vornehmere Personen» werden schriftlich vorgeladen. Diese Übung ist in der zeitgenössischen Lehre umstritten, da Willkür der Gerichtsdiener befürchtet wird. Vgl. dazu Henke E., Handbuch Bd.4 (1838), 624 und Abegg J., Lehrbuch des gemeinen Criminal-Prozesses (1833), § 78, 111. Gemäss der Zürcher Gerichtsverfassung gehört das Zustellen von gerichtlichen Vorladungen bis heute zum Pflichtenheft des Gemeindeammanns. Vgl. § 177 Abs. 1 GVG.
652 Vgl. StAZ, Y 53, 2, act.157a sowie 170f.
653 Die Bekanntschaft ging aus den in Lessings Nachlass vorgefundenen Korrespondenzen hervor.
654 Vgl. StAZ, Y 53, 2, act.169.
655 Vgl. StAZ, Y 53, 2, act.184.
656 Vgl. StAZ, Y 53, 2, act.185.
657 Vgl. dazu die Nachforschungen bei Schauberg J., Beilagenheft II, insbesondere die Schlussfolgerungen, 33ff. Die Affäre um den rätselhaften Tod Kaspar Hausers im Jah-

re 1833, des, wie durch den Journalisten und Mitbegründer des «Deutschen Volksvereins» in Paris, Joseph Garnier, verbreitet wurde, illegitimen badischen Thronfolgers, der angeblich völlig isoliert und ohne jede Erziehung aufgewachsen war, beschäftigte in den 1830er Jahren neben den Medien auch die Wissenschaft. Vgl. die Darstellung von Justizrath Schmidt, Eine Meinung über Caspar Hauser, in: Annalen der deutschen und ausländischen Criminal-Rechts-Pflege, Bd.16 (1833), 383–403. Auf grosses Interesse stiess bereits die psychologische Studie von Feuerbach P.J.A., Kaspar Hauser. Beispiel eines Verbrechens am Seelenleben eines Menschen (1832). Vgl. auch die moderne auf Feuerbach beruhende Darstellung bei Daumer G.F., Kaspar Hauser (1995) sowie Mehle F., Der Kriminalfall Kaspar Hauser (1994). In den Annalen der 1830er Jahren finden sich diverse Beiträge zum Fall. Vgl. später auch Peitler/Ley, Kaspar Hauser (1927). Die preussischen Behörden hatten Ferdinand Sailer bereits im November 1834 und Januar 1835 wegen seines und v.Hennenhofers Wissen um die Caspar-Hauser-Affäre befragt. Vgl. insbesondere die Einvernahme vom 4. November 1834, GStA, HA I. Rep.77, Tit.509, Nr.31, Bd.1, act.147ff.

658 Vgl. das Schreiben Hennenhofers vom 25. Oktober 1835, in welchem er sich u.a. nach dem Aufenthaltsort Lessings und anderer Aktivisten erkundigt. Hennenhofer bietet Sailer für entsprechende Auskünfte Geld an. Vgl. StAZ, Y 53, 2, act.182, Nr.26, bei Schauberg J., Beilagenheft II, 27.

659 Tatsächlich hatte Hennenhofer 1834, als er die Verbreitung der Schrift Joseph Garniers über Kaspar Hausers Ende zu unterbinden versuchte, Sailer gegen Geld als Mittelsmann für den badischen Informationsdienst gewinnen können, um an Garnier heranzukommen. Vgl. Schulte-Wülwer U., Harro Harring als Freund und Mitstreiter Mazzinis (1992/93), 10.

660 Vgl. StAZ, Y 53, 2, act.186.

661 Vgl. StAZ, Y 53, 2, act.206. Dieffenbach teilt die Tatsache, dass sich Sailer als Spion im Auftrage des badischen Hofes betätigte, bereits am 4. April 1834 von Strassburg aus nach Paris an Joseph Garnier mit. Vgl. Mesenholler P., Ernst Dieffenbach Flüchtlingskorrespondenz 2. Teil (2000), 704.

662 Vgl. StAZ, Y 53, 2, act.183.

663 Vgl. StAZ, Y 53, 2, act.207.

664 Vgl. StAZ, Y 53, 2, act.209.

665 Vgl. StAZ, Y 53, 2, act.215ff.

666 Vgl. die rechtshilfeweise eingeholte Einvernahme durch das Bezirksgericht Winterthur vom 26. Dezember und der Bericht des Bezirksamtes Ettenheim vom 29. Dezember 1835. StAZ, Y 53, 2, act.226 und 229f.

667 «Sobald im Lauf der Untersuchung gegen irgend eine bestimmte Person ein bedeutender Grad von Verdacht sich ergibt, so wird das Gericht auf den diessfälligen Antrag des Verhöramts oder des Staatsanwalds die Versetzung in den Anklagezustand aussprechen. (...).» § 53 Strafrechtspflegegesetz.

668 Vgl. auch Art. 9 der Staatsverfassung für den eidgenössischen Stand Zürich vom 10. Mai 1831. Die Bestimmung § 28 Strafrechtspflegegesetz wurde im Gefolge des wegen der Tötung Lessings angehobenen Strafverfahrens zum Gegenstand einer strafprozessrechtlichen Kontroverse, zumal eine eingehende Frist von vier Wochen als zu kurz erschien, um genügend Zeit für eine eingehende Untersuchung komplexer Fälle zu ermöglichen. Vgl. NZZ Nr.48 vom 21. April 1837, 190.

669 «Die Untersuchung ist sowohl auf die Schuld, als auf die Unschuld gerichtet.» v.Feuerbach P.J.A., Lehrbuch (1801), § 624.

670 Ein bloss auf Zeugenaussagen als mittelbare Kenntnisquelle gestützter Verdacht kann nach damaliger Lehre einen Angeschuldigten nur dann schwerwiegend belasten, wenn mehrere «tadellose» Zeugen unwidersprüchliche, belastende und eindeutige Aussagen zu Protokoll geben, die auf eigenen Wahrnehmungen beruhen. Vgl. Martin Ch., Lehrbuch (1836), § 83, 210f.
671 Vgl. StAZ, Y 53, 2, act.222. Neben der Rechnung für Verhaftskosten befindet sich bei den Akten auch eine solche für «Extrakost», welche gemäss Abrechnung in Kaffee und diversen «Schoppen» Wein bestand. Vgl. StAZ, Y 53, 2, act.222 nachfolgend. Nach damaliger strafprozessualer Lehre hatte der in Untersuchungshaft befindliche Arrestant Anspruch auf einen der «gewohnten Gemächlichkeit des Lebens» entsprechenden Verpflegungsstandard, sofern er die zur Bereitung desselben notwendigen Kosten selbst erbringen konnte. Vgl. Pfister L., Merkwürdige Criminalfälle, Bd.5 (1820), 509.
672 Vgl. Feuerbach P.J.A., Lehrbuch (1801), § 592.
673 Vgl. die Auszüge aus dessen Schreiben vom November und Dezember 1835, bei Schauberg J., Beilagenheft I, Beilage 19, 119ff.
674 Vgl. GStA, HA I. Rep.77, Tit.509, Nr.31, Bd.1, act.147ff.
675 Mazzini befand sich von Ende April 1835 bis Ende Mai 1836 in Grenchen, wo er im Bachthalenbad wohnte. Vgl. Bettone G., Mazzini e La Svizzera (1995), 168 und Haefliger E., Josef Mazzini in Grenchen (1926), 489ff.

5 Ein politisch motivierter Mord

676 Vgl. StAZ, Y 53, 2, act.8.
677 Vgl. Schauberg J., Darstellung I, 92.
678 Vgl. Gagliardi/Nabholz/Strohl, Die Universität Zürich 1833–1933 (1938), 205.
679 Vgl. Temme J., Studentenmord (1872), 17.
680 Vgl. Temme J., Studentenmord (1872), 18; ferner v.Wyss G., Die Hochschule Zürich in den Jahren 1833–1883 (1883), 26f. Schraepler weist dagegen darauf hin, dass bereits 1833 der Deutsche Bundestag eine Verfügung erlassen hatte, welche es Deutschen verbot, an der neu gegründeten Universität in Zürich zu studieren. Vgl. Schraepler E., Geheimbündelei und soziale Bewegung (1962), 81, Anm.4, gestützt auf Protokolle der Deutschen Bundesversammlung vom Jahre 1833 (1834), 463f. Das Besuchsverbot wurde 1842 wieder aufgehoben. Vgl. Urner K., Die Deutschen in der Schweiz (1976), 112, Anm.67.
681 Vgl. das Schreiben seines Freundes Lebert vom 11. Oktober 1834, teilweise abgedruckt bei Schauberg J., Darstellung I, 93f.
682 v.Brenn war Liberalen gegenüber wenig freundlich gesinnt. Temme sieht in v.Brenn einen seiner entschiedenen politischen Gegner. Vgl. Temme J., Erinnerungen (1883/1996), 132.
683 Vgl. GStA, HA I. Rep.77, Tit.21, Lit.L, Nr.38, act.1.
684 Das Lessing damals überführende Belastungsmaterial befindet sich hauptsächlich in der über Heinrich Jacoby geführten geheimen Polizeiakte. Vgl. Hauptlandesarchiv Brandenburg, Acta des königlichen Polizei-Präsidii zu Berlin, Tit.95, Nr.10874.
685 Vgl. GStA, HA I. Rep.77, Tit.21, Lit.L, Nr.38, act.3f.
686 Vgl. Temme J., Studentenmord (1872), 19 und Schauberg J., Darstellung I, 107.
687 Politische Gefangene verbüssten ihre Strafen i.d.R. in der Berliner Hausvogtei, welche ursprünglich für Gefangene höherer Stände konzipiert war. Vgl. Temme J., Studentenmord (1872), 20. Temme war bekanntlich während 30 Jahren Richter in Preussen. Von 1839–1844 war er Rat, ab 1842 zweiter Direktor am Berliner Kriminalgericht.

688 Vgl. dazu den Bericht über die anstehende Einrichtung von Staatsgefängnissen in Berlin, Hauptlandesarchiv Brandenburg, Acta des königlichen Polizei-Präsidii zu Berlin, Tit.99, 10061.
689 Vgl. StAZ, Y 53, 3, act.504 (Einvernahme vom 23. Juli 1836).
690 Vgl. Schauberg J., Darstellung I, 107.
691 Vgl. dazu Lüdtke A., «Das Schwert der inneren Ordnung» (1987), 90ff.
692 Die bei Normann und Jacoby beschlagnahmte Korrespondenz wird als hauptsächliches Belastungsmaterial polizeilich verwertet. Darunter befinden sich auch mehrere Schreiben Hermann Levis (Lebert). Vgl. Hauptlandesarchiv Brandenburg (Potsdam), Acta des königlichen Polizei-Präsidii zu Berlin, Tit.94 (Überwachung), Nr.11947, Kap. XII–XIV.
693 Der Brauch, am Geburtstag des Königs auf dessen Bildnis zu schiessen, wird später dem Jungen Deutschland in Zürich zugeschrieben. Ferner sollen bei diesem Anlass auch deutsche Flüchtlinge mit Dolchen über ein Gemälde des Königs hergefallen sein. Vgl. Schulte-Wülwer U., Harro Harring als Freund und Mitstreiter Mazzinis (1992/93), 28.
694 Es handelt sich dabei um die Broschüre «Die politische Reform Deutschlands. Noch ein dringendes Wort an die deutschen Volksfreunde», welche 1832 anlässlich des Hambacher Festes vom Juristen und Historiker Johann Georg August Wirth (1798–1848) publiziert worden war. Vgl. Hauptlandesarchiv Brandenburg, Acta des königlichen Polizei-Präsidii zu Berlin, Tit.94, Nr.11947, Kap. X. Zu Wirth vgl. Gerlach A., Deutsche Literatur im Schweizer Exil (1975), 39.
695 Vgl. Hauptlandesarchiv Brandenburg, Acta des königlichen Polizei-Präsidii zu Berlin, Tit.94, Nr.11947, Kap. XI. Im Februar 1835 befindet sich Normann in der Berliner Hausvogtei in Haft. Vgl. GStA, HA I. Rep.77, Tit.509, Nr.31, Bd.1, act.136f.
696 Vgl. GStA, HA I. Rep.77, Tit.509, Nr.31, Bd.2, act.121. Allerdings enthält die Matrikel der Universität Zürich weder den Namen Jacobys noch denjenigen Normanns.
697 Vgl. Biographien (Anhang 1).
698 Vgl. Hauptlandesarchiv Brandenburg, Acta des königlichen Polizei-Präsidii zu Berlin, Tit 95, Nr.10874.
699 Vgl. Hauptlandesarchiv Brandenburg, Acta des königlichen Polizei-Präsidii zu Berlin, Tit.95, Nr.10874. Der «Kränzchenverein» als getarnte burschenschaftlich-politische Gemeinschaft wirkte seit 1830 in Berlin. Vgl. Heer G., Geschichte der Deutschen Burschenschaft, Bd.2 (1927), 261.
700 Es folgen weitere Einzelheiten über das Heidelberger Studentenleben. Vgl. Hauptlandesarchiv Brandenburg, Acta des königlichen Polizei-Präsidii zu Berlin, Tit.95, Nr.10874.
701 Vgl. Hauptlandesarchiv Brandenburg, Acta des königlichen Polizei-Präsidii zu Berlin, Tit.94, Nr.12787.
702 Schreibmaterial durfte nach damaliger strafprozessrechtlicher Anschauung an Inhaftierte nur zur Aufzeichnung eines Geständnisses oder Lebenslaufes abgegeben werden. Vgl. Pfister L., Merkwürdige Criminalfälle, Bd.5 (1820), 512.
703 Vgl. auch Lessings Erklärung an die Berner Behörden vom Herbst 1834. Zusammengestellt bei Schauberg J., Darstellung I, 105f.
704 Ferdinand Groschvetter – politischer Flüchtling aus Jena – war im April 1834 gemeinsam mit Lessing in die Schweiz eingereist. Da Groschvetter bereits seit 1832 bei der Central-Behörde als «entwichen» registriert ist, bleibt anzunehmen, dass er, bevor er in die Schweiz einreiste, sich bereits zwei Jahre in Frankreich, wahrscheinlich in Strass-

burg, aufgehalten hatte. Vgl. Ilse L., Geschichte der politischen Untersuchungen, Tabellarisches Verzeichnis der Flüchtlinge, 1. Abtheilung (1860), XII.
705 1834/35 hielt Lessing während längerer Zeit Groschvetter aus und machte diesem sogar Geschenke, obschon er selbst von seinem Vater kaum mehr Geld für das Studium erhalten hatte, nachdem dieser über die Presse vernommen hatte, dass Lessing, statt dem Studium zu obliegen, sich mit radikaler Politik aufhielt. Vgl. Schauberg J., Darstellung I, 109ff. sowie die Einvernahme Groschvetters vom 1. Dezember 1835 durch das Statthalteramt Burgdorf; StAZ, Y 53, 2, act.169.
706 Vgl. Temme J., Studentenmord (1872), 21f.
707 Die Rede wird bruchstückhaft bei Schauberg wiedergegeben. Lessing schreibt u.a.: «Was wollen die Tyrannen? die Despoten? Sie wollen den Menschen, ihn, das Ebenbild Gottes, der von der Natur mit den schönsten Gaben des Körpers und Geistes ausgestattet ist, der frei geschaffen, keinen andern Herren als Gott über sich kennt, ihn, sage ich, wollen sie zum willenlosen Werkzeug ihrer Tyrannei herabwürdigen; sie wollen ihn zum Thiere machen, das, von Gram und dumpfer Verzweiflung gebückt, traurig, stumm von der Peitsche des Herren geeisselt, sein kärgliches Brod mit seinem Schweiss und seinen Thränen sich erarbeitet. Werfet einen Blick auf unser liebes deutsches Vaterland, und ihr sehet, wie hier die Tyrannei mit allen ihren Schrecken raset; (...). Und schon lesen wir in allen Zeitungen, dass die drei Hauptunterdrücker der Freiheit, die von Östreich und Preussen, den in Menschengestalt gehüllten Teufel an der Spitze – ich meine Nikolaus von Russland –, umgeben von 60'000 Bajonetten, von Neuem zusammen kommen, um alles Aufstreben eines freien Volkes mit Stumpf und Stiel zu vertilgen. Das ist eben der Fluch der Tyrannen, – etc.» Vgl. den Abdruck bei Schauberg J., Darstellung I, 133f.
708 Vgl. den Bericht des Berner Stadtpolizeidirektors v.Watt vom 17. November 1835, StAZ, Y 53, 2, act.129, abgedruckt bei Schauberg J., Darstellung I, 127–129. Vgl. auch Schmidt H., Die deutschen Flüchtlinge in der Schweiz, 81.
709 Vgl. Schmidt H., Die deutschen Flüchtlinge in der Schweiz (1899), 81 sowie StABe, BB IX, 335, Lessing. Eine Sammlung von «Handwerkerlieder» aus dem Jahr 1834 mit Titeln wie «Der Deutschen Mai», «Vaterland im Schwertenglanze» oder «Männer heran» findet sich bei Gerlach A., Deutsche Literatur im Schweizer Exil (1975), 421ff.
710 Vgl. GStA, HA III. MdA I, Nr.8642 (Anlage zum Bericht vom 1. Mai 1837, Abschrift der beim Regierungsstatthalter in Bern befindlichen Briefe Lessings).
711 Angeblich soll Carl Schnell Lizius im Herbst 1834 geradezu angefleht haben, das Komitee möge weitere Provokationen unterlassen, da ein Wanderverbot für deutsche Handwerker und der damit verbundene Wegfall von Arbeitskräften die Wirtschaft ruinieren und die Berner Regierung in grösste Schwierigkeiten bringen würde. Vgl. HHStA, StK, Deutsche Akten 283, 164.
712 Vgl. HHStA, StK, Deutsche Akten 263, 582.
713 So seien die Schlosser in Deutschland zur Befreiung politischer Gefangener verpflichtet worden. Vgl. HHStA, StK, Deutsche Akten 283, 73.
714 «(...). Der Onkel nimmt fortwährend lebhaften Antheil an Dir; er wird Dich auch ferner unterstützen; nur wünscht er, dass Du Dich vor Unannehmlichkeiten in Acht nimmst, die ihm am Ende auch hier Umstände machen könnten. Das was wir hier über Bern hören, ist nicht erfreulich. Du weißt, dass der Onkel ein guter Patriot ist, desswegen ist es ihm nicht lieb, wenn er hört, dass man Preussen und den König dort anfeindet. Am Geburtstage des Königs soll etwas dort passirt sein; ich kann Dir freilich nicht verargen, dass Du uns Nichts davon schreibst, allein er erfährt doch Manches durch die Freunde, die ihn manchmal besuchen, und dann auch nach Dir

fragen und von der Schweiz erzählen. Dein Bruder (Unterschrift weggerissen).» Schauberg vermutet, Lessing habe die Unterschrift weggerissen, weil dieser Bruder wohl einen jüdischen Namen getragen habe. Vgl. Schauberg J., Darstellung I, 101f. Der Brief befindet sich bei den Akten. Vgl. StAZ, Y 3, 2, act.8. Aus einem Brief Lessings vom Januar 1835 nach Berlin geht klar hervor, dass die vermeintlich vom Bruder stammenden Briefe von der preussischen Kontaktstelle herrührten und die Instruktionen des Berliner Polizeiministeriums enthielten. Vgl. HHStA, StK, Deutsche Akten 285, 66.

715 Vgl. das Schreiben des Berner Stadtpolizeidirektors v.Watt vom 17. November 1835, StAZ, Y 53, 2, act.129.

716 Im goldenen Adler fanden 1834 gemäss Lessing Versammlungen deutscher Flüchtlinge statt, bei welchen getrunken, gesungen und über die preussische Monarchie gespottet wurde. Im Juli 1834 soll nach einem solchen Treffen in Bremgarten ein Pistolenschiessen durchgeführt worden sein, bei welchem ein Bildnis des preussischen Königs Zielscheibe war. Vgl. HHStA, StK, Deutsche Akten 283, 499, ferner 580.

717 Lessing hatte gemäss Auskunft v.Watts in Dubys Gaststube verschiedentlich Streit mit Gästen geführt, sodass diese den Adler nicht mehr besuchen wollten. Anlässlich einer Aussprache soll Lessing Duby «misshandelt» und einen Gast mit dem blanken Dolch bedroht haben. Vgl. StAZ, Y 53, 2, act.129 und StABe, BB IX 335, Lessing (19. November 1834). Lessing rächte sich für die Kündigung noch nach dem Tod Dubys an demselben, indem er ihn 1835 in einem seiner Spitzelbriefe an die preussischen Behörden als «einen der radikalsten Schufte» beschimpfte. Vgl. StAZ, Y 53, 3, act.507a, vgl. Anhang 2, Beilage 2.

718 Vgl. HHStA, StK, Deutsche Akten 284, 659.

719 Nach den Unruhen, welche die «Steinhölzliversammlung» in das Leben der Flüchtlinge und Handwerker gebracht hatte, wurden die Treffen auch in Bern in diskretem Rahmen abgehalten. Vgl. Gerlach A., Deutsche Literatur im Schweizer Exil (1975), 69.

720 Bekanntlich fürchtete das Grossherzogtum Baden nach dem Savoyerzug ein analoges Unternehmen von militanten Dissidenten gegen den Schwarzwald. Die Einrichtung von Waffendepots in der Nordschweiz wurde als Vorbereitungshandlung daher besonders missbilligt. Tatsächlich trafen im März 1835 Konfidentenberichte in Mainz ein, wonach eine bewaffnete Expedition von Deutschen unter der militärischen Führung des späteren Schweizer Generals Guillaume Henri Dufour vorbereitet werde. Vgl. Schl.-Holst. Landesbibliothek, StK, Deutsche Akten F.203, Nr.916, 2 (Konfidentenbericht Alberts). Vgl. auch Lessings Mitteilung vom 20. April 1835, im Anhang 2, Beilage 2. Dierauer bewertet diese Informationen als Lügen. Vgl. Dierauer J., Geschichte der Schweizerischen Eidgenossenschaft Bd.5/2 (1922), 617. Schweizer erwähnt in anderem Zusammenhang die Beteiligung eines französischen Generals namens Gustave de Dufour an der Planung des Savoyer Zuges. Vielleicht beriet Dufour auch das Junge Deutschland. Vgl. Schweizer P., Geschichte der Schweizerischen Neutralität (1895), 725f.

721 Vgl. Biographien (Anhang 1).

722 Vgl. HHStA, StK, Deutsche Akten 284, 456ff.

723 Peter Jacob Dorn, alias Distel, aus Sobernheim galt als besonders aktives Mitglied des Jungen Deutschlands. Er war Mitorganisator der Feier im Steinhölzli. Vgl. Gerlach A., Deutsche Literatur im Schweizer Exil (1975), 64 und 124 und Schieder W., Anfänge der deutschen Arbeiterbewegung (1963), 64.

724 Vgl. GStA, HA III. MdA I, Nr.8642 (Anlage zum Bericht vom 1. Mai 1837, Abschrift der beim Regierungsstatthalteramt in Bern liegenden Korrespondenzen Lessings).
725 Vgl. HHStA, StK, Deutsche Akten 283, 165.
726 Vgl. HHStA, StK, Deutsche Akten 285, 59.
727 Vgl. StABe, BB IX 335, Lessing.
728 Vgl. StABe, BB IX 335, Lessing. Gemäss dem «Schweizerischen Republikaner» gründet die Ausweisungsverfügung des Regierungsrats auf «Verstössen gegen Polizeibefehle». Vgl. ders. Nr.90 vom 11. Wintermonat 1834, 485.
729 Vgl. HHStA, StK, Deutsche Akten 284, 619ff.
730 Vgl. «Volksfreund» Nr.91 vom 13. November 1834 sowie die Darstellung bei Haag F., Die Sturm und Drang-Periode der Bernischen Hochschule 1834–1854 (1914), 40ff.
731 Das Zitat ist im Originaltext in der ersten Person Singular abgefasst. Vgl. Schmidt H., Die deutschen Flüchtlinge in der Schweiz (1899), 82. Das Zitat entnahm Schmidt einem Schreiben Lessings an einen Freund, das er unmittelbar nach der Verhaftung verfasste. Darin fordert er u.a. den Vertrauten auf, die Öffentlichkeit durch eine Zeitungsmitteilung über seine Verhaftung zu informieren. Dass der Brief bei den Akten liegt, dürfte darauf zurückzuführen sein, dass das Schreiben von der Gefängnisaufsicht zurückbehalten worden war. Vgl. StABe, BB IX 335, Lessing, act.9.
732 Vgl. StABe, BB IX 335, Lessing, act.3–5 (Verbalprozess anlässlich der Verhaftung vom 14. November 1834).
733 Nach Berlin schreibt er, in Tat und Wahrheit habe er den kantonalen Polizeidirektor Kohler gemeint. Vgl. HHStA, StK, Deutsche Akten 284, 660.
734 StABe, BB IX 335, Lessing, act.11.
735 Vgl. StABe, BB IX 335, Lessing, act.19 (Verfügung Roschis vom 15. November 1834).
736 Vgl. StABe, BB IX 335, Lessing, act.21.
737 Vgl. StABe, BB IX 335, Lessing, act.23f.
738 Vgl. StABe, BB IX 335, Lessing (18. November 1834).
739 Vgl. HHStA, StK, Deutsche Akten 284, 659f.
740 Vgl. Schweizerischer Beobachter Nr.138 vom 18. November 1834, 588. Das Berner Strafprozessgesetz vom 3. Dezember 1831 sah in § 31 die Möglichkeit vor, durch verschärfte Haftbedingungen einen beharrlich schweigenden Angeschuldigten zum Reden zu bringen. Davon scheint oft Gebrauch gemacht worden zu sein. Vgl. v.Grebel H., Die Aufhebung des Geständniszwanges in der Schweiz (1899), 65ff. Feuerbach betont bereits 1801, dass die Untersuchungshaft «keine Eigenschaft eines Strafgefängnisses» haben dürfe, da mit derselben einzig die Flucht verhindert, nicht aber ein Übel zugefügt werden solle. Vgl. v.Feuerbach P.J.A., Lehrbuch (1801), § 560; gleicher Ansicht auch Henke E., Handbuch Bd.4 (1838), 391f. Martin gesteht dem Untersuchungshäftling nur «billige Schonung» zu und konzentriert seine Ausführungen auf die Massnahmen zur Verhinderung der Verfahrensvereitelung durch mangelhafte Isolation des Häftlings. Vgl. Martin Ch., Lehrbuch (1836), § 125. Allerdings kannte die Praxis um 1830 in den meisten Gebieten des deutschen und schweizerischen Rechtsraumes neben der bisweilen noch praktizierten Tortur die Beugehaft mittels verschärfter Bedingungen sowie Ungehorsams- und Lügenstrafen zur Förderung der Geständnisbereitschaft. Vgl. v.Grebel H., Die Aufhebung des Geständniszwanges in der Schweiz (1899), 64ff.; ferner Helbing F., Die Tortur (1910), 230ff. sowie Walder H., Die Vernehmung des Beschuldigten (1965), 44f.

741 Er nennt Roschi dabei «einen braven Mann», gegen welchen er «durchaus keinen Groll» hege, da dieser bei der Anordnung und Durchführung der Verhaftung bestimmt nur auf «höhere Anordnung» hin gehandelt habe. Vgl. StABe, BB IX 335, Lessing, act.29f.
742 Vgl. Brief vom 18. November 1834, GStA, HA III. MdA I, Nr.8642 (Anlage zum Bericht vom 1. Mai 1837, Abschrift der beim Regierungsstatthalteramt in Bern liegenden Korrespondenzen Lessings).
743 Vgl. Schweizerischer Beobachter vom 25. November 1834, Nr.141, 601f.
744 Vgl. StABe, BB IX 335, Lessing. Vgl. auch den Bericht des Berner Stadtpolizeidirektors v.Watt vom 17. November 1835, StAZ, Y 53, 2, act.129. Vgl. auch Schauberg J., Darstellung I, 128f. und 131 sowie Temme J., Studentenmord (1872), 23.
745 Vgl. die Abschrift von Lessings Inserat in den preussischen Akten, GStA, HA I. Rep.77, Tit.500, Nr.10, Bd.1, act.162.
746 Vgl. GStA, HA III. MdA I, Nr.8642.
747 Der 1834 im Auftrage de Bombelles in Bern wirkende Agent Santarini soll vorsichtiger gewesen sein. Allerdings scheint auch er einem Attentat zum Opfer gefallen zu sein. Vgl. Lenherr L., Ultimatum an die Schweiz (1991), 116.
748 Vgl. GStA. HA I. Rep.77, Tit.500, Nr.10, Bd.1, act.174.
749 Dies ist Lessings Dankschreiben vom 24. Oktober 1834 entnehmen. Vgl. HHStA, StK, Deutsche Akten 283, 161.
750 Vgl. den Bericht im «Volksfreund» Nr.93 vom 20. November 1834, aufgeführt bei Schmidt H., Die deutschen Flüchtlinge in der Schweiz, 81.
751 Vgl. HHStA, StK, Deutsche Akten 284, 651f.
752 Vgl. HHStA, StK, Deutsche Akten 285, 319.
753 Vgl. das Schreiben vom 2. Dezember 1834, GStA, HA I. Rep.77, Tit.21, Lit.L, Nr.38, act.18, 19 und 20 (Abschrift des Inserats).
754 Der österreichische Publizist und in Paris aktive Spion Karl Eduard Bauernschmid beklagte sich im März 1834 darüber, dass er an einem Abend mehrere politische Klubs und Lesekabinetts frequentieren müsse, um «das Pikanteste und Neueste» zu erfahren. Vgl. Glossy K., Literarische Geheimberichte aus dem Vormärz (1912), CXXVIIf.
755 Die Staatswissenschaftliche Fakultät war mit Friedrich Ludwig Keller und Johann Caspar Bluntschli prominent besetzt. 1833 hatten sich gesamthaft 25 Studenten der Rechte eingeschrieben. Vgl. Gagliardi/Nabholz/Strohl, Die Universität Zürich 1833–1933 (1938), 219.
756 Vgl. Gagliardi/Nabholz/Strohl, Die Universität Zürich 1833–1933 (1938), 238f.
757 Vgl. Temme J., Studentenmord (1872), 24.
758 Gemäss Groschvetter war Lessing bis April 1835 nicht offizielles Mitglied des Jungen Deutschlands. Vgl. das Schreiben Groschvetters an Lessing vom 25. April 1835, bei Schauberg J., Darstellung I, 120f. – Im Juni oder Juli 1835 besorgte sich Lessing einen Blankotaufschein, den er möglicherweise benötigte, um sich für einen allfälligen Beitritt als Nichtjude ausweisen zu können. Auch gegenüber Frau Locher-v.Muralt stritt er die Zugehörigkeit zur jüdischen Religion stets ab. Vgl. Schauberg J., Darstellung I, 123. Das Darlehen, das Lessing aus der Klubbkasse im Juli 1835 bezieht, weist auf Mitgliedschaft hin. Allerdings zieht sein Vertrauter Groschvetter die Mitgliedschaft in Zweifel. Vgl. dessen Aussage anlässlich der Einvernahme vom 1. Dezember 1835, StAZ, Y 53, 2, act.169. – Zum Verhältnis zwischen der radikalen Vormärzbewegung und jüdischen Gelehrten in Deutschland, vgl. Stolleis M., «Junges Deutschland», Jüdische Emanzipation und liberale Staatsrechtslehre in Deutschland (1994).

759 Lessing meint, Schönleins Berufung an die Berliner Universität würde diesen politisch zu einer «Null» machen. Vgl. HHStA, StK, Deutsche Akten 284, 118 und 285, 56. Im einem Brief vom 5. Juli 1835 schreibt Lessing, Schönlein sei von einer Reise aus Deutschland zurückgekehrt und habe über das dortige «Lumpengesindel» geschimpft. Selbst die Stadt Basel, die er sonst verabscheue, sei ihm nach dem Aufenthalt in den deutschen «Fürsten-Städten lieb gewesen». Vgl. HHStA, StK, Deutsche Akten 286, 12.

760 Vgl. HHStA, StK, Deutsche Akten 284, 109ff., 112.

761 Wieder wird als möglicher Führer des Zuges Dufour genannt. Vgl. HHStA, StK, Deutsche Akten 285, 320ff. und 54. Das dringende Bedürfnis nach finanziellen Mitteln wiederholt Lessing am 15. Januar 1835. Vgl. HHStA, StK, Deutsche Akten 285, 66.

762 Bern sei ein «Nest» voller «Polizeischergen», das man «an allen 4. Ecken anzünden» sollte. Vgl. GStA, HA III. MdA I, Nr.8642 (ad Num. 188).

763 Vgl. HHStA, StK, Deutsche Akten 285, 56.

764 Vgl. Biographien (Anhang 1). In den Akten des Geheimen Staatsarchivs über revolutionäres Treiben und Volksaufstände in der Schweiz befindet sich die Abschrift eines Schreibens C. Schnells, worin dieser seine patriotischen Beweggründe für die Bekanntmachung der Spionagetätigkeit des «Berliner Juden» und weiterer «agents provocateurs» rechtfertigt und die Ausweisung derselben aus der Schweiz fordert. (ohne Datum) Vgl. GStA, HA I. Rep.77, Tit.509, Nr.31, Bd.1, act.215.

765 Vgl. Der Volksfreund Nr.8 vom 25. Januar 1835.

766 Vgl. HHStA, StK, Deutsche Akten 285, 64.

767 «(...). Lessing war sehr in der Klemme, er hatte kein Geld und wusste nicht, was anzufangen. Da maltraitierte die Frau seines Wirths denselben so lange, bis dieser zum Bürgermeister und Polizei-Präsidenten Hess laufen musste und 800 Gulden Caution für ihn stellen; auch gab ihm Oken ein Schreiben an denselben mit, worin er völlige Garantie für das Thun und Lassen des Lessing leisten will. Auch viele Andere verwendeten sich für ihn, (...), so dass ihm trotz Allem der Aufenthalt in Zürich gestattet wurde, unter der Bedingung, sich ruhig zu verhalten (...).» Schl.-Holst. Landesbibliothek, StK, Deutsche Akten F.203, Nr.916, Beilage zum Schreiben des Fürsten Wittgenstein aus Berlin vom 29. März 1835 bzw. HHStA, StK, Deutsche Akten 286, 106f. Die Zuverlässigkeit dieses Konfidentenberichts ist auch hier ungewiss.

768 Vgl. HHStA, StK, Deutsche Akten 285, 60f.

769 Vgl. v.Wyss G., Die Hochschule Zürich (1883), 38.

770 Vgl. StAZ, PP 31.5, 38 (Sitzung vom 16. März 1835).

771 Vgl. HHStA, StK, Deutsche Akten 285, 414f.

772 So die Aktennotiz v.Olfers vom 19. Februar 1835. Vgl. GStA, HA III. MdA I, Nr.8642.

773 Vgl. Lessings Mitteilung vom 25. Juni 1835 nach Berlin, HHStA, StK, Deutsche Akten 286, 575.

774 Vgl. die Schreiben vom 5. Juli und 7. August 1835, HHStA, StK, Deutsche Akten 286, 11f. und 161.

775 Vgl. Lessings Mitteilung vom 26. August 1835, HHStA, StK, Deutsche Akten 286, 402. Diese Behauptung ebenso wie der Bericht Lessings über das Bankett mit Louis Napoléon wird im Oktober desselben Jahres von Eyb dementiert. Vgl. HHStA, StK, Deutsche Akten 287, 12f.

776 Vgl. sein Schreiben vom 20. August 1835, HHStA, StK, Deutsche Akten 287, 349, 351.

777 Vgl. Schreiben vom 26. August 1835, HHStA, StK, Deutsche Akten 287, 403.
778 Vgl. seine Briefe vom 17. und 30. September 1835 nach Berlin, HHStA, StK, Deutsche Akten 287, 554 und 609.
779 Vgl. HHStA, StK, Deutsche Akten 287, 556f.
780 So der Eindruck v.Glümers. Vgl. v.Glümer C., Aus einem Flüchtlingsleben (1904), 156.
781 Vgl. Anhang 2, Beilage 2.
782 v.Glümer C., Aus einem Flüchtlingsleben (1904), 164.
783 So etwa die Darstellungen bei Dierauer J., Geschichte der Schweizerischen Eidgenossenschaft, Bd.5/2 (1922), 626f.; Schweizer P., Geschichte der Schweizerischen Neutralität (1895), 746f.; Gagliardi E., Geschichte der Schweiz Bd.3 (1937), 1338; ferner der Beitrag «Ludwig Lessing» im HBLS Bd.4 (1927) 662 sowie Schulthess W., Zürcherisches Kleinstadtleben (1937), 38 und bereits Pupikofer J.A., Johann Jakob Hess (1859), 137.
784 Allerdings räumt er ein, dass Österreich in der Schweiz politische Spionage betrieben habe. Vgl. v.Treitschke H., Deutsche Geschichte im Neunzehnten Jahrhundert, Bd.4 (1889), 605f.
785 Vgl. v.Treitschke H., Deutsche Geschichte im Neunzehnten Jahrhundert, Bd.5 (1894), 755.
786 Vgl. v.Treitschke H., Deutsche Geschichte im Neunzehnten Jahrhundert, Bd.5 (1894), 756.
787 Vgl. das Schreiben an den Geheimen Staats- und Kabinettsminister v.Werther. GStA, HA I. Rep.77, Tit.509, Nr.31, Adh. Bd.1, act.258.
788 Vgl. Temme J., Studentenmord (1872), 156f.
789 Vgl. Temme J., Studentenmord (1872), 158.
790 Bezüglich Venedeys Warnung vgl. Mayer Th.M., Über den Alltag und die Parteiungen des Exils (1993), 86.
791 Vgl. Temme J., Studentenmord (1872), 62.
792 So werden in einem in der preussischen Staatszeitung vom 11. März 1835 abgedruckten Correspondenz-Artikel neben Lessing über 20 weitere Flüchtlinge erwähnt. Daraufhin beklagte sich Lessings Vater bei seinem Sohn über dessen politische Aktivitäten in der Schweiz und teilte ihm seine Besorgnis mit. Vgl. Schauberg J., Darstellung I, 97f. Vgl. Temme J., Studentenmord (1872), 54f. Auch Lessings Bruder «Maximilian» – in Wirklichkeit stammte das Schreiben vom Berliner Polizeiministerium – schrieb am 12. Dezember 1834, er möge sich doch dem Studium widmen und seinen Ruf nicht mit politischen Aktivitäten ruinieren. Vgl. Schauberg J., Darstellung I, 102.
793 Vgl. Hauptlandesarchiv Brandenburg, Tit.95, Nr.10874, Acta des Königlichen Polizei-Präsidii zu Berlin betreffend den stud.med. Heinrich Jacoby aus Strelitz wegen Wissenschaft und Theilnahme an geheimer Burschenschaftlicher Verbindung. Heinrich Jacobys Name erscheint im Korrespondenzjournal der preussischen Regierung im Jahre 1834 über dreissigmal! Vgl. GStA, Journale HA I. Rep.77, Nr.3914.
794 Vgl. Temme J., Studentenmord (1872), 60f.
795 Vgl. GStA, HA I. Rep.77, Tit.500, Nr.10, Bd.1, act.101 und GStA, HA III. MdA I, Nr.8642. Vgl. auch den Hinweis bei v.Treitschke H., Deutsche Geschichte im Neunzehnten Jahrhundert, Bd.5 (1894), 756.
796 Vgl. GStA, HA I. Rep.77, Tit.500, Nr.10, Bd.1, act.97 und GStA, HA III. MdA I, Nr.8642 (12. Dezember 1834).
797 Vgl. Schauberg J., Darstellung I, 133f.
798 Vgl. Temme J., Studentenmord (1872), 62.

799 Vgl. StAZ, Y 53, 2, act.15 und 123.
800 Vgl. Temme J., Studentenmord (1872), 87.
801 Vgl. den Brief vom 18. Juli 1835, Anhang 2, Beilage 3.
802 Vgl. Schl.-Holst. Landesbibliothek, StK, Deutsche Akten F.203, Nr.916, 5.
803 Vgl. Temme J., Studentenmord (1872), 169f.
804 So die Aussage Lochers in dessen Einvernahme vom 23. Juli 1836. Vgl. StAZ, Y 53, 3, act.500.
805 Vgl. Schauberg J., Darstellung I, 102, StAZ, Y 53, 2, act.8. Dass Lessing bereits im Herbst 1834 vor einem Attentat gewarnt worden war, könnte daraus abgeleitet werden, dass er scheinbar ohne näheren Kontext eine kurze Niederschrift der Erdolchung Cäsars mit eigener Feder festhielt und versiegelt mit der Inschrift «Frei Leben oder Sterben» aufbewahrte. Vgl. Schauberg J., Darstellung I, 104.
806 Im Dezember 1834 brauchte Lessing in einem Brief an Peter Jacob Dorn wörtlich dieselbe Wendung betreffend den Verrat als Todsünde, welcher er die Berner Regierung bezichtigte. Vgl. GStA, HA III. MdA I, Nr.8642 (ad Num. 188).
807 v.Glümer C., Aus einem Flüchtlingsleben (1904), 156.
808 Vgl. v.Treitschke H., Deutsche Geschichte im Neunzehnten Jahrhundert, Bd.5, Anhang (1894), 755.
809 Vgl. GStA, HA I. Rep.77, Tit.21, Lit.L, Nr.38, act.7.
810 Vgl. GStA, HA I. Rep.77, Tit.21, Lit.L, Nr.38, act.10.
811 Vgl. GStA, HA I. Rep.77, Tit.21, Lit.L, Nr.38, act.16.
812 Vgl. GStA, HA I. Rep.77, Tit.21, Lit.L, Nr.38, act.15.
813 Vgl. GStA, HA I. Rep.77, Tit.21, Lit.L, Nr.38, act.11f.
814 Vgl. GStA, HA I. Rep.77, Tit.21, Lit.L, Nr.38, act.14.
815 Vgl. GStA, HA I. Rep.77, Tit.21, Lit.L, Nr.38, act.16.
816 Vgl. Gerlachs Bericht an v.Brenn vom 10. März 1834. Vgl. GStA, HA I. Rep.77, Tit.21, Lit.L, Nr.38, act.13.
817 Vgl. Beilagen 1–4 (Anhang 2).
818 Vgl. HHStA, StK, Deutsche Akten 283, 297ff.; 283, 517, 519, 577. Dabei ist auch die Rede von Waffenlagern u.a. in Burgdorf und Rheinfelden sowie von privater Munitionsherstellung durch die Handwerker. Vgl. ebd., 577, 580 sowie 161.
819 Vgl. HHStA, StK, Deutsche Akten 283, 521.
820 Vgl. HHStA, StK, Deutsche Akten 283, 166.
821 Vgl. HHStA, StK, Deutsche Akten 285, 51ff.
822 Vgl. HHStA, StK, Deutsche Akten 286, 109f.
823 Da Lessing nach der Reise mit Alban nicht ohne Ärger feststellt, während seiner Abwesenheit sei in Zürich einiges vorgefallen, das er sich offenbar nicht erklären kann, könnte die Reise freilich genau dem Zweck, Lessing vom Ort des Geschehens wegzuführen, gedient haben. Vgl. Lessings Bericht vom 7. August 1835, HHStA, StK, Deutsche Akten 286, 161.
824 Vgl. dazu mit Bezug auf preussische Spione und deren Bindungen die Ausführungen bei Knightley Ph., The Second Oldest Profession (1986), 10.
825 So der die Anfrage der Frankfurter Bundes-Central-Behörde vom 19. November 1835 beinhaltende Antrag der preussischen Ministerial-Commission an den Geheimen Staatsminister Ancillon vom 27. November 1835. Vgl. GStA, HA III. MdA I, Nr.8642 (A. 4798 vom 6. Dezember 1835).
826 Vgl. die Schreiben des Kantonal-Verhöramtes auf Geheiss des Obergerichts (Keller) vom September 1836. Vgl. StAZ, Y 53, 3, act.613f. v.Meiss versuchte u.a. durch das Stadtgericht München Informationen über Lessings politische Vergangenheit zu be-

schaffen, nachdem aus Berlin keine Unterstützung zu erwarten war. Vgl. StAZ, Y 53, 2, act.250f.
827 Am 17. März 1837 schreibt Minister Mathis von der Frankfurter Central-Behörde nach Berlin, Untersuchungsrichter Lufft werde in Bern demnächst ein Büro einrichten, um die Informationen über politische Flüchtlinge zu koordinieren. Er werde wohl auch Zugriff auf die Strafakte wegen des Mordes an Lessing erhalten und zu gegebener Zeit über seine Erkenntnisse berichten. Vgl. GStA, HA I. Rep.77, Tit.509, Nr.31, Bd.3, act.174. Die Berner Justiz hatte allerdings 1834 mit der Anstellung des Flüchtlings Franz Karl Gärth aus Frankfurt a.M. als Staatsanwalt, eine «Stütze» des Jungen Deutschlands in den Staatsdienst aufgenommen. Vgl. Gerlach A., Deutsche Literatur im Schweizer Exil (1975), 40; Lent D., Findbuch (1991), 310f.
828 Am 7. Januar 1836 bedankt sich die Frankfurter Central-Behörde des Deutschen Bundes bei der preussischen Ministerial-Commission für Informationen über die Lessingaffäre. Man bittet um weitere aktuelle Mitteilungen, da «Nachrichten über die Angelegenheit in mehrfacher Hinsicht von uns benützt werden können.» Vgl. GStA, HA I. Rep.77, Tit.21, Lit.L, Nr.38, act.28. – Dass der Fall Lessing in seiner strafrechtlichen Dimension jedoch nicht auf das besondere Interesse der Central-Behörde stiess, lässt sich daraus ableiten, dass Ilse in seinem Bericht über die Tätigkeit dieser Behörde im Kapitel über das Junge Deutschland in der Schweiz die Tötung Lessings mit keinem Wort erwähnt. Offenbar wurde dazu nicht viel Material gesammelt, eventuell einschlägige Bestände später vernichtet. Über die Informationen der Central-Behörde zu den Tätigkeiten des Jungen Deutschlands in der Schweiz vgl. Ilse L., Geschichte der politischen Untersuchungen (1860), 371–383.
829 Vgl. dazu Kombst G., Erinnerungen (1848), 196.
830 Vgl. GStA, HA I. Rep.77, Tit.509, Nr.31, Adh. Bd.1, act.284.
831 Das Criminalgericht befindet mit Beschluss vom 1. September 1836, dass die Requisition erfolgen könne, wobei die übliche Copiaturgebühr von zwei Batzen pro Seite für die Abschriften zu verlangen sei. Vgl. StAZ, Y 53, 3, act.600.
832 Vgl. StAZ, Y 53, 3, act.608.
833 Vgl. den Fall eines 1839 in Hanau/Hessen zu einer zehnjährigen Zuchthausstrafe wegen Hochverrats verurteilten Handwerkers, der anlässlich eines Fests in Genf Mitglied des Jungen Deutschlands geworden war, ohne aber politische Aktivitäten zu entfalten. Dargestellt von Obergerichts-Anwalt Emmerich unter dem Titel «Verbrechen des Hochverraths an dem kurhessischen Staate, durch Eintritt in die Verbindung: ‹das Junge Deutschland› in der Schweiz» in: Annalen der deutschen und ausländischen Criminal-Rechtspflege, Bd.1 (1839), 331–392. – Das Grossherzogtum Hessen führte innerhalb des Deutschen Bundes besonders intensive Nachforschungen und Verfolgungen gegen politisch Andersdenkende durch, von denen auch Georg Büchner betroffen war. Über die Resultate der dort durchgeführten Untersuchungen vgl. Ilse L., Geschichte der politischen Untersuchungen (1860), 288ff.; betreffend «Stud. Büchner» vgl. ebd. 345f., 350f.
834 Vgl. GStA, HA III. MdA I, Nr.8642 (A.575, Schreiben an Ancillon vom 12. Februar 1836 sowie die Abschrift der Anweisung an v.Rochow vom 14. Februar 1835). Bereits am 20. Februar war v.Rochow bei der Zürcher Regierung und beim Amtsbürgermeister in der Sache vorstellig geworden. Vgl. GStA, HA III. MdA I, Nr.8642 (A.1130 vom 20. März 1836).
835 Das Obergericht wählte einen eleganten und selbstbewussten Stil: «Wann aber der Herr Gesandte zu Handen seiner Regierung ferner zu erfahren wünscht, welche Vorkehrungen demnächst getroffen seien, um den Urhebern und Vollführern des Verbre-

chens auf die Spur zu kommen, ehe sie Zeit und Mittel gewinnen, entweder die jetzt noch vorhandenen Anzeigen zu verdunkeln, oder sich selbst dem Bereiche der hiesigen Justiz spurlos zu entziehen, so ist die königlich preussische Regierung wohl zu vertraut mit dem Geiste und den Grundsätzen des zur Zeit noch in den meisten deutschen Staaten geltenden Strafverfahrens, mit welchem das unsrige in seinem Wesen übereinstimmt, um nicht zu wissen, dass speciellere Mittheilung des Inhalts der Akten einer Criminal-Procedur, besonders wenn sie noch auf der Stufe steht, wie die Lessing'sche, an dritte Personen nicht zulässig ist, (...).» Bericht des Zürcher Obergerichts an den Regierungsrath vom 7. April 1836, im Original abgelegt in GStA, HA III. MdA I, Nr.8642; abgedruckt auch bei Leuthy J.J., Geschichte des Cantons Zürich (1845), 345.

836 Leuthy J.J., Geschichte des Cantons Zürich (1845), 345. Diese Korrespondenz zwischen dem Zürcher Regierungsrat und der preussischen Gesandtschaft wurde in der Presse als «diplomatisches Intermezzo» kolportiert. Vgl. Schweizerischer Republikaner Nr.31 vom 15. April 1836, 145f.; ferner NZZ Nr.46 vom 15. April 1836, 181f.

837 Vgl. Schreiben vom 16. April 1836. Vgl. GStA, HA III. MdA I, Nr.8642 (A.2693 vom 29. Juni 1836).

838 Vgl. Beilage zum Schreiben des Zürcher Obergerichts an den Regierungsrath vom 7. April 1836, GStA, HA III. MdA I, Nr.8642.

839 Es erscheint plausibel, dass innerhalb des Polizey-Raths weitere Namen gefallen waren. Das wäre ein Hinweis darauf, dass v.Rochow in den Reihen dieses höchsten Polizeigremiums von Stadt und Kanton Zürich Informanten hatte.

840 Vgl. StAZ, Y 53, 2, act.255, Schauberg J., Darstellung I, 79f.; «Ist derselbe (Lessing, Anm.) während seines Aufenthaltes in der Schweiz mit preussischen Polizeibehörden in Correspondenz gestanden, oder hat er Ihres Wissens irgend welche Berichte nach Preussen gesandt, welche ihn mit Grund bei seinen Kameraden und den übrigen deutschen Flüchtlingen als Spion bezeichnen konnten?» Vgl. GStA, HA I. Rep.77, Tit.21, Lit.L, Nr.38, act.39.

841 Vgl. StAZ, Y 53, 2, act.256.

842 Vgl. das genannte Schreiben vom 14. April 1836 bei Schauberg J., Darstellung I, 81f.; Temme J., Studentenmord (1872), 75; ferner GStA, HA I. Rep.77, Tit.21, Lit.L, Nr.38, act.41.

843 Vgl. das vollständig abgedruckte Schreiben bei Schauberg J., Darstellung I, 81–83; Temme J., Studentenmord (1872), 73–78.

844 Vgl. StAZ, Y 53, 3, act.539; Schauberg J., Darstellung I, 83–86 sowie Temme J., Studentenmord (1872), 81ff.

845 Vgl. GStA, HA I. Rep.77, Tit.21, Lit.L, Nr.38, act.46. Der Originalbericht des Kantonal-Verhöramts, aus dem ersichtlich wird, dass v.Meiss wenig weiss, den Fall jedoch vorwiegend unter politischen Gesichtspunkten beurteilt, befindet sich im StAZ unter der Signatur Y 11, Nr.4. Das Schreiben datiert vom 11. März 1836. Der Verhörrichter hatte seinen Bericht durch das Criminalgericht genehmigen lassen und dem Polizey-Rath zuvor zugestellt. Vgl. Genehmigungsbeschluss des Criminalgerichts vom 16. März 1836. Vgl. StAZ, Y 53, 2, act.241d.

846 Vgl. StAZ, Y 53, 3, act.609, abgedruckt bei Schauberg J., Darstellung I, 86f., wie auch bei Temme J., Studentenmord (1872), 84. Vgl. ferner GStA, HA I. Rep.77, Tit.21, Lit.L, Nr.38, act.48.

847 Der Dienstweg führte in diesem Fall über das Criminalgericht an das Obergericht, welches den Bericht an den Regierungsrat weiterleitete, welcher denselben der preussi-

scheh Gesandtschaft zukommen liess. v.Meiss' Schreiben datiert vom 11. März 1836.
Vgl. StAZ, Y 11, Nr.4ff.

Strafuntersuchung im Zeichen des Verfassungsschutzes – 2. Teil

848 Vgl. StAZ, Y 53, 2, act.232, 234ff.
849 Dieses Phänomen wird auch in modernen Kriminalprozessen beobachtet und ist etwa für die Strafuntersuchung gegen den 1985 wegen der Tötung seiner Ehefrau verdächtigen Bruno Zwahlen dokumentiert. Vgl. Born H., Mord in Kehrsatz (1989), 147ff.
850 Vgl. Bündner Zeitung vom 23. März 1836 1f.; NZZ Nr.38 vom 28. März; Schweizerischer Beobachter Nr.38 vom 29. März 1836.
851 Vgl. StAZ, Y 53, 2, act.243ff.
852 Vgl. Temme J., Studentenmord (1872), 172–177.
853 Vgl. den Auszug eines Schreibens der vereinigten Klubbs des Jungen Deutschlands zu Zürich an den geschäftsführenden Ausschuss, bei Schauberg J., Beilagenheft I, Beilage 10, 70f.
854 Vgl. Dieffenbachs Schreiben von Ende Juli 1836 an Bürgermeister Hess, bei Mesenhöller P., Ernst Dieffenbach Flüchtlingskorrespondenz 2. Teil (2000), 730f.
855 Vgl. StAZ, Y 53, 2, act.248.
856 Vgl. GStA, HA I. Rep.77, Tit.509, Nr.31, Adh. Bd.1, act.8f.
857 Vgl. v.Rochows Schreiben vom 28. März 1836. GStA, HA I. Rep.77, Tit.21, Lit.I., Nr.38, act.44.
858 Vgl. GStA, HA III. MdA I, Nr.8642 (A. 1400 vom 9. April 1836).
859 Vgl. StAZ, Y 53, 2, act.248.
860 Vgl. StAZ, Y 53, 2, act.249.
861 So stellte v.Rochow mit Genugtuung fest, dass er durch seine Angaben die Schweizer Behörden dazu gebracht habe, Ermittlungen in eine Richtung zu treiben, die ihnen unbequem gewesen sei. In Roschis Bericht findet er «die Wiederholung aller seiner Angaben über das Treiben der Flüchtlinge seit dem 1. Februar». Vgl. Kelchner/Mendelssohn-Bartholdy, Briefe des Königlich Preussischen Generals und Gesandten Theodor Heinrich Rochus von Rochow an einen Staatsbeamten (1873), 67 (Eintrag vom 13. September) und Schmidt H., Die deutschen Flüchtlinge in der Schweiz (1899), 138.
862 So die Abschrift der Einvernahme, vgl. GStA, HA I. Rep.77, Tit.509, Nr.31, Adh. Bd.2, act.164.
863 Vgl. dessen Abbildung bei Escher C., Chronik der ehemaligen Gemeinde Enge (1918) gegenüber 121. Das «Lavatergütli» lag im Gebiet des heutigen Museums Rietberg (Villa Wesendonck). Damals dienten am linken Seeufer zwischen Zürich und Enge die inmitten von Rebhügeln gelegenen Gastwirtschaften «Lavatergütli», «Bürgli» und «Freudenberg» den Zürchern als beliebte Erholungsorte mit Aussicht auf See und Sihltal. Vgl. v.Löw C.L., Zürich im Jahre 1837 (1837), 22. Vgl. auch den Hinweis bei Zurlinden S., Hundert Jahre Bilder aus der Geschichte der Stadt Zürich in der Zeit von 1814–1914, Bd.1 (1914), 109.
864 Vgl. StAZ, Y 53, 2, act.262ff.
865 Vgl. StAZ, Y 53, 2, act.327 (Einvernahme der Magdalena Landolt vom 3. Juni 1836).
866 Vgl. StAZ, Y 53, 2, act.267.
867 Später gab sie auf Befragen an, den Namen «Lessing» mit Sicherheit nicht vernommen zu haben. Vgl. StAZ, Y 53, 2, act.327 (Einvernahme vom 3. Juni).

868 Zum Ablauf der Versammlung vgl. Schulte-Wülwer U., Harro Harring als Freund und Mitstreiter Mazzinis (1992/93), 28 mit Hinweis auf Roschi J.E., Bericht (1836), 32 sowie auf ein Schreiben v.Engelshofens vom 7. Juni 1836. In einer vom damaligen Polizeigeist geprägten Mitteilung an Metternich über die Geschehnisse berichtet v.Engelshofen: «Als die Anwesenden durch den häufig genossenen Wein erhitzt Deutschland ein Lebehoch, seinen Fürsten ein wüthendes Pereat gebracht hatten und Schwüre um Schwüre wechselten, soll der Lärm nach Versicherung mehrerer in der Umgebung wohnenden Winzer so stark geworden seyn das viele Nachbarn, in der Ungewissheit was es gäbe, die Fenster erleuchteten u. am nächsten Morgen bei dem Ortsvorstand gegen das nächtliche Ärgerniss Beschwerde einlegten.» Vgl. Schl.-Holst. Landesbibliothek, StA, StK, Deutsche Akten F.206, Nr.1257, 5.

869 Der Polizey-Rath übernahm zumindest vorübergehend die Funktion, Informationen zu sammeln und den Austausch zwischen Statthalteramt und Kantonal-Verhöramt zu gewährleisten. Das über die nach der Zusammenkunft im «Lavatergütli» stattgefundene Sitzung verfasste Protokoll des Polizey-Raths äussert sich ausführlich über die angeblichen Zeugenwahrnehmungen. Vgl. StAZ, PP 31.5, 200ff.

870 Vgl. Schl.-Holst. Landesbibliothek, StK, Deutsche Akten F.205, 1200.

871 Vgl. Biographien (Anhang 1).

872 Vgl. Der Schweizerische Constitutionelle Nr.44 und insbesondere das Freitags-Blatt Nr.23 vom 3. Juni 1836, 89f.

873 Ein Informant berichtet im Juni 1836 nach Berlin, dass Eyb und Rauschenplatt die Drahtzieher des Jungen Deutschlands in Zürich gewesen seien. Vgl. GStA, HA I. Rep.77, Tit.509, Nr.31, Bd.2, act.180ff.

874 Nach geglückter Verhaftung bat Hess v.Meiss, «die Sache an die Hand zu nehmen». Vgl. den Bericht des Kantonal-Verhöramts an das Criminalgericht des Kantons Zürich vom 16. Juni 1836. Vgl. StAZ, Y 53, 3, act.418.

875 Vgl. Schulte-Wülwer U., Harro Harring als Freund und Mitstreiter Mazzinis (1992/93), 28.

876 Vgl. StAZ, Y 53, 2, act.268.

877 Mit anonymem Schreiben vom 31. Januar 1836 an Minister v.Rochow erfolgt die Mitteilung, Eyb sei ein führendes Haupt des Jungen Deutschlands und verfüge über beträchtliche Geldmittel. Vgl. GStA, HA I. Rep.77, Tit.509, Nr.31, Bd.2, act.38.

878 Das Zürcher Staatsarchiv besitzt eine grosse Sammlung von Korrespondenzen der Mitglieder des Jungen Deutschlands, die im Zuge dieser Verhaftungswelle beschlagnahmt worden sind. Allerdings enthalten die Schreiben mit Bezug auf die Ermordung Lessings wenig Brisantes, da davon auszugehen ist, dass kompromittierende Schreiben vor den Hausdurchsuchungen jeweils vernichtet worden waren. Die Korrespondenzen erweisen sich dennoch als wertvolle Quelle für die Erforschung der politischen Aktivitäten der Flüchtlinge in Zürich. Vgl. StAZ, P 187–189 und die Auswertung mit Bezug auf die Bedeutung des «Nordlichts» innerhalb der radikalen Bewegungen bei Stern A., Aus deutschen Flüchtlingskreisen (1913), 445ff.

879 Tatsächlich bezeichnet auch Dieffenbach in einem Schreiben vom 27. Juli 1836 an seinen Vater das Gefängnis als «höchst inhumanen Kerker». Vgl. Mesenhöller P., Ernst Dieffenbach Flüchtlingskorrespondenz 2. Teil (2000), 679. 1836 befanden sich in der kantonalen Strafanstalt Oetenbach 341 Männer und 91 Frauen im Strafvollzug, 295 Männer und 37 Frauen in Untersuchungshaft und 158 Männer bzw. 78 Frauen in Polizeiverhaft. Somit lebten gesamthaft 1078 Menschen im Verlaufe dieses Jahres in der Strafanstalt. Vgl. Vogel F., Memorabilia Tigurina (1841), 753. Zumal bei den Untersuchungsgefangenen mehr Gewicht auf Isolation gelegt wurde, wirkte sich die

Überbelegung für diese wahrscheinlich nicht gleichermassen unangenehm aus. Allerdings ist davon auszugehen, dass Eyb über Monate in strenger Isolationshaft gehalten wurde, was eine schwere psychische Belastung darstellte. Zum Gefängnis im Oetenbach, insbesondere zur Anstaltsordnung von 1837, vgl. Curti C., Die Strafanstalt des Kantons Zürich im 19. Jahrhundert (1988), 77ff. Bis im Herbst 1837 bestand in der Limmat noch der alte, einst insbesondere der Untersuchungs- und Sicherungshaft von auf die Vollstreckung ihrer Strafe wartenden Häftlingen dienende Kerkerturm «Wellenberg». Vgl. dazu Baumann W., Von Fall zu Fall (2000), 91ff.

880 Vgl. Mitteilung v.Rochows vom 4. Juni 1836 an den Geheimen Staats- und Cabinettsminister Ancillon, GStA, HA I. Rep.77, Tit.509, Nr.31, Adh. Bd.1, act.2f., vgl. auch den Bericht v.Engelshofens an Metternich vom 7. Juni 1836, wonach sich bei Eyb keine wichtigen, namentlich keine Belege für dessen Spionagetätigkeit fanden. Vgl. Schl.-Holst. Landesbibliothek, StA, StK, Deutsche Akten F.206, Nr.1257, 6. v.Meiss hatte am 26. Mai das Statthalteramt auch mit der Beschlagnahmung sämtlicher Papiere Rottensteins beauftragt. Vgl. StAZ, Y 53, 2, act.275.
881 Vgl. Einvernahme vom 6. Juni 1836. Vgl. StAZ, Y 53, 3, act.359.
882 Vgl. Schl.-Holst. Landesbibliothek, StA, StK, Deutsche Akten F.206, Nr.1257, 6f.
883 Vgl. Einvernahme vom 26. Mai 1836. Vgl. StAZ, Y 53, 2, act.273.
884 Vgl. StAZ, Y 53, 2, act.273.
885 Geboren 1804 in Kaposvár, Ungarn. Vgl. HLS (Albert Portmann-Tinguely).
886 Der perfekt informierte österreichische Polizeiunterkommissär v.Engelshofen – seine genaue Unterrichtung lässt den Verdacht aufkommen, dass gewisse Organe der zürcherischen Strafrechtspflege ihre Schweigepflicht nicht besonders ernst nahmen – erklärte in einem Schreiben vom 7. Juni 1836 an Metternich diesen Widerspruch damit, dass Eyb die Brieftasche mitsamt dem Mitgliederverzeichnis preiszugeben bereit war, da er die angeblich darin liegenden 2'000 Pfund in Wechseln lieber in den Händen der Behörden als im Zugriffsbereich seiner Frau wissen wollte. Dagegen habe die Szent-Györgyi die «politischen Papiere» zu verstecken versucht. Vgl. Schl.-Holst. Landesbibliothek, StA, StK, Deutsche Akten F.206, Nr.1257, 8.
887 Vgl. StAZ, Y 53, 2, act.282.
888 Smith betätigte sich in Zürich als Zeichner und Lithograph, dressierte Pferde und erteilte daneben Privatunterricht «im Zeichnen, Französisch-Schönschreiben, Fechten und in der Reitkunst». Vgl. die Anzeige im «Schweizerischen Republikaner» Nr.90 vom 11. Wintermonat 1834, 486.
889 Vgl. StAZ, Y 53, 2, act.283.
890 Vgl. das Hausdurchsuchungsprotokoll, StAZ, Y 53, 2, act.283b. Bei diesem Studenten dürfte es sich um Martin Altermatt, stud.med. aus Mümliswil/SO gehandelt haben, der gemäss Matrikelverzeichnis im WS 1835/36 unter Nr.399 sich an der medizinischen Fakultät immatrikulierte und Zürich im Herbst 1837 verliess. Vgl. Helfenstein U., Matrikelverzeichnis. Kowalskis Darstellung, wonach Eyb als österreichischer Lockspitzel «der Polizei bei seiner Verhaftung umfangreiche Mitgliederlisten und Papiere des Geheimbundes in die Hände» gespielt habe, trifft so nicht zu. Vgl. Kowalski W., Vorgeschichte und Entstehung (1962), 113.
891 Vgl. StAZ, Y 53, 2, act.278.
892 Der Name Carl Ludwig Wolf erscheint nicht in der Zürcher Universitätsmatrikel.
893 Vgl. StAZ, Y 53, 2, act.277 und 279.
894 Für ordentliche Verpflegung und Unterhalt war nach herrschender Lehre der Untersuchungsrichter verantwortlich, welcher sich durch regelmässige persönliche Kontrol-

len der Untersuchungsgefängnisse von der «Ordentlichkeit» der Haftbedingungen zu überzeugen hatte. Vgl. Pfister L., Merkwürdige Criminalfälle, Bd.5 (1820), 508f.
895 Vgl. StAZ, Y 53, 2, act.296.
896 Diese Zeit grosser Ungewissheit und Angst wird beschrieben bei v.Glümer C., Aus einem Flüchtlingsleben (1904), 160ff.
897 Vgl. StAZ, Y 53, 2, act.285 und Verzeichniss (1836), 18.
898 Vgl. StAZ, Y 53, 2, act.290.
899 v.Meiss ersuchte denselben mit Schreiben vom 2. April 1836 um die gelegentliche Rückgabe der im November bei Cratz und Ehrhardt beschlagnahmten Korrespondenzen, damit er selbst davon auch Kenntnis nehmen könne. Vgl. StAZ, Y 53, 2, act.252.
900 Vgl. StAZ, Y 53, 2, act.297.
901 Der Zürcher Arzt, Botaniker und liberale Staatsmann Dr. Johannes Hegetschweiler wurde 1839 unter bis heute mysteriösen Umständen ermordet. Er gilt als das prominenteste Opfer des «Züriputsches». Vgl. dazu Schmid B., Ein Quellenfund zum Tod von Regierungsrat Hegetschweiler, 125ff. und Mörgeli Ch., Dr.med. Johannes Hegetschweiler (1986), 167ff.
902 Vgl. StAZ, Y 53, 2, act.309.
903 Vgl. StAZ, Y 53, 2, act.310. Gegenüber Bürgermeister Hess beteuert Dieffenbach später, er sei bereits im Sommer 1835 aus dem Jungen Deutschland ausgetreten, nachdem Eyb, ein «geist- und berufloser Mensch», die Fortentwicklung der Partei massgeblich zu beeinflussen begonnen habe. Vgl. dessen Schreiben an Johann Jakob Hess von Ende Juli 1836, bei Mesenhöller P., Ernst Dieffenbach Flüchtlingskorrespondenz 2. Teil (2000), 729.
904 Vgl. StAZ, Y 53, 2, act.311 (Einvernahme vom 1. Juni 1836).
905 Vgl. StAZ, Y 53, 3, act.437 (Einvernahme vom 28. Juni 1836).
906 So die Aussage von Friedrich Daniel aus Preussen. Vgl. StAZ, Y 53, 2, act.330.
907 So wurden diese Angaben auch an den Berner Regierungsstatthalter weitergeleitet und fanden im Berner Verfahren Roschis und Luffts gegen Ernst Schüler Verwendung. Vgl. Lufft A., Hochverrat, in: Annalen Bd.1 (1845), 179ff.
908 Vgl. Biographien (Anhang 1).
909 Vgl. Biographien (Anhang 1).
910 Das Bieler Komitee soll durch den Schlossergesellen Georg Gailfuss vor der Razzia gewarnt worden sein. Vgl. Kowalski W., Vorgeschichte und Entstehung (1962), 113.
911 Rauschenplatt tauchte vorerst im Kanton Thurgau unter und begab sich wenig später mit Rottenstein und Harring nach Liestal. Vgl. Schulte-Wülwer U., Harro Harring als Freund und Mitstreiter Mazzinis (1992/93), 29. Rauschenplatt soll damals vorübergehend in Kreuzlingen untergetaucht sein. Vgl. Schl.-Holst. Landesbibliothek, StA, StK, Deutsche Akten F.206, Nr.1257, 8.
912 Vgl. Haefliger E., Josef Mazzini und sein Aufenthalt in Grenchen (1926), 509; ferner Pupikofer J.A., Johann Jakob Hess (1859), 138 und Schmidt H., Die deutschen Flüchtlinge in der Schweiz (1899), 127. Für wie wenig bedrohlich die Bevölkerung von Grenchen die politischen Aktivitäten Mazzinis einschätzte, zeigt sich darin, dass dieser kurz nach diesem Vorfall, am 12. Juni 1836, in geheimer Abstimmung mit 122 von 144 Stimmen das Bürgerrecht der Gemeinde Grenchen erhielt. Vgl. Schmidt H., ebd., 127; ferner Schweizerischer Beobachter vom 5. Juni 1836 sowie Haefliger E., ebd., 510.
913 Vgl. Bettone G., Mazzini e La Svizzera (1995), 72. Die Versammlung wurde zeitlich und lokal verschoben und fand anfangs Juni in Brügg bei Nidau statt. Gemäss Schieder soll die Versammlung bereits am folgenden Tag tatsächlich stattgefunden haben,

wobei Harring und Mazzini an einer Teilnahme nicht interessiert gewesen sein sollen. Vgl. Schieder W., Anfänge der deutschen Arbeiterbewegung (1963), 43. Unklar erscheint, wie eine derart kurzfristige Umdisponierung des Treffens möglich war und weshalb Mazzini, Harring und Soldan in Grenchen zurückblieben.

914 Vgl. dazu die Auszüge aus den Verhören bei Lufft A., Hochverrat, in: Annalen Bd.1 (1845), 179ff. und Roschis stark persönlich gefärbten, einseitigen «Bericht an den Regierungsrath der Republik Bern, betreffend die politischen Umtriebe ab Seite politischer Flüchtlinge und andrer Fremder, in der Schweiz mit besondrer Rücksicht auf den Canton Bern» (1836). Weniger subjektiv äussert sich der «Bericht zu der Eingabe eines Gutachtens der über die Angelegenheit der fremden Flüchtlinge niedergesetzten Tagsatzungskommission» und das «Gutachten der Minderheit der Tagsatzungskommission über die Angelegenheit der Flüchtlinge», beide 1836 erschienen. Vgl. auch Schülers Gegendarstellung auf Roschis Bericht: «Die Regierung der Republik Bern» (1837).

915 Vgl. Roschi J., Bericht (1836), 103f.

916 Vgl. dazu Bettone G., Mazzini e La Svizzera (1995), 76f. und Bonjour E., Geschichte der Schweizerischen Neutralität (1970), 271 sowie Mauerhofer M., Mazzini et les réfugiés (1932), 80ff.

917 Vgl. Cattani A., Die Schweiz im politischen Denken Mazzinis (1951), 52.

918 Mitteilung Zwinglis an Bürgermeister Hess. Vgl. StAZ, Y 53, 2, act 318.

919 Insgesamt befanden sich anfangs Juni 1836 27 Personen in Untersuchungshaft. Vgl. die Mitteilung des Kantonal-Verhöramtes an den Polizey-Rath vom 11. Juni 1836, StAZ, Y 53, 3, act.389. Die Polizeiakten weisen 29 Flüchtlinge aus. Vgl. StAZ, P 187.1, Flüchtlinge, aufgeführt bei Lenherr L., Ultimatum an die Schweiz (1991), 144. Gemäss Fein und v.Engelshofen sollen in Zürich insgesamt 42 Personen verhaftet worden sein. Mit Quellenfundstellen im Nachlass Feins und dem Bericht v.Engelshofens an Metternich vom 7. Juni 1836 vgl. Schulte-Wülwer U., Harro Harring als Freund und Mitstreiter Mazzinis (1992/93), 29.

920 Zur Jungen Schweiz vgl. unten 6.4.1.1; ferner deren Statuten, abgedruckt im Anhang 3, Beilage 7.

921 Einvernahme vom 16. November 1836. Vgl. StAZ, Y 53, 3, act.488. Es handelt sich dabei um die Redaktoren der politischen Zeitung «Die junge Schweiz. Ein Blatt für Nationalität. La jeune Suisse. Journal de nationalité.» Vgl. Schmidt H., Die deutschen Flüchtlinge in der Schweiz (1899), 114ff.

922 Die 1835 bis 1836 erscheinende «Junge Schweiz» war eine liberale Zeitung mit ziemlich breitem Meinungsspektrum, die allerdings aufgrund der Verbindung ihrer Redaktion zu radikalen Exilantenkreisen beargwöhnt und bekämpft wurde. Vgl. Schmidt H., Die deutschen Flüchtlinge in der Schweiz (1899), 117, 120f. Das anfänglich weitgehend von Mazzini und Mathy, später durch Schüler redaktionell betreute Blatt stiess vorerst auf gute Aufnahme in der damaligen Presselandschaft und auf das momentane Interesse des Publikums, das sich jedoch bald legte. Mit dem abnehmenden Absatz fehlten auch die Mittel. Mit der negativen Stimmung gegen politisch aktive Flüchtlinge stiess die «Junge Schweiz», die im Sinne Mazzinis als Sprachrohr politischer Asylanten fungierte, auf breite Ablehnung, sodass die Zeitung noch im selben Jahr eingestellt werden musste. Ausserdem fehlten Mazzini von Anfang an genügend qualifizierte Mitarbeiter. Vgl. Cattani A., Die Schweiz im politischen Denken Mazzinis (1951), 54f. und Schulte-Wülwer U., Harro Harring als Freund und Mitstreiter Mazzinis (1992/93), 23f.

923 Vgl. Cattani A., Die Schweiz im politischen Denken Mazzinis (1951), 56. Zur «Jungen Schweiz», ihrem Verhältnis zu Mazzini und dem Jungen Europa vgl. Mauerhofer M., Mazzini et les réfugiés (1932), 69ff. und Schulte-Wülwer U., Harro Harring als Freund und Mitstreiter Mazzinis (1992/93), 27.
924 Gemäss Eybs Mitteilung vom Februar 1836 nach Mainz soll Mazzini zu ihm sofort tiefes Vertrauen gefasst haben. Vgl. Schl.-Holst. Landesbibliothek, StA, StK, Deutsche Akten F.205, Nr.1184, 1.
925 Der Kapitalbedarf betrug angeblich 3000 Franken. Vgl. Schl.-Holst. Landesbibliothek, StA, StK, Deutsche Akten F.205, Nr.1184, 3 (Februar 1836). Im März 1836 wurde eine Zahlung an Eyb über 1'700 Gulden mit der Begründung bewilligt, dass für das Darlehen zwar keine guten Sicherheiten bestünden, die Gelegenheit, «in die Haupt-Werkstätte propagandistischer Umtriebe zu dringen» jedoch keinesfall unbenutzt bleiben dürfe. Vgl. Schl.-Holst. Landesbibliothek, StA, StK, Deutsche Akten F.205, Nr.1192, 1.
926 Bezüglich politischen Aktivitäten in Stäfa und Küsnacht vgl. Keller H.G., Das «Junge Europa» (1938), 69 und Ruckhäberle H.-J., Flugschriftenliteratur im historischen Umkreis Georg Büchners (1975), 107, Anm.321.
927 So die Mitteilung der Frankfurter Central-Behörde an die preussische Ministerial-Commission in Berlin vom 24. Oktober 1836. Vgl. GStA, HA I. Rep.77, Tit.509, Nr.31, Bd.3, act.102.
928 Vgl. StAZ, Y 53, 3, act.370.
929 Evtl. ist dieser Gorrizi identisch mit dem später offiziell als Sekretär des ersten Klubbs des Jungen Deutschlands bezeichneten Ludwig Goritzki, vulgo Herkules, der im Sommer 1836 aus Zürich weggewiesen wurde. Vgl. Verzeichniss (1836), 20.
930 Vgl. StAZ, Y 53, 3, act.373.
931 Eine zeitgenössische Definition der Konfrontation findet sich in Feuerbachs Lehrbuch: «Die Confrontation überhaupt ist die gerichtliche Handlung, wodurch zwey, in ihren Aussagen von einander abweichende Personen einander unter die Augen gestellt werden, damit sie über den streitigen Satz sich bereden.» v.Feuerbach P.J.A., Lehrbuch (1801), § 619. Diejenige Person, deren Aussagen glaubwürdiger erscheinen, wird «Confrontant», jene, die durch die Konfrontation zu wahrheitsgemässer Aussage motiviert werden soll, «Confrontat» genannt. Henke rät zu vorheriger Vereidigung der Zeugen. Vgl. Henke E., Handbuch (1838), Bd.4, 697ff. Vgl. auch v.Grolman K., Grundsätze der Criminalrechts-Wissenschaft (1825), § 495 sowie die Ausführungen bei Martin Ch., Lehrbuch (1836), § 116 und bei Abegg J., Lehrbuch des gemeinen Criminal-Prozesses (1833), § 117; ferner Pfister L., Merkwürdige Criminalfälle, Bd.5 (1820), 521–528. Vereidigungen sind im Zürcher Aktenmaterial nicht festzustellen. Zur neueren Auffassung über die Konfrontation in der Beschuldigteneinvernahme vgl. Walder H., Die Vernehmung des Beschuldigten (1965), 141.
932 Vgl. StAZ, Y 53, 3, act.379ff.
933 Vgl. StAZ, Y 53, 3, act.394.
934 Dass Eyb in Zürich trotz erheblichen Misstrauens unter den Flüchtlingen dennoch einen Ruf ungebrochener Integrität genoss, war wohl massgeblich durch Fein und Rottenstein bedingt, welche mit Eyb eng zusammenarbeiteten. Rottenstein soll nach Fein dafür verantwortlich sein, dass die Generalversammlung der jungdeutschen Klubbs Eyb für unbedenklich erklärte. Vgl. Mayer Th.M., Über den Alltag und die Parteiungen des Exils (1993), 79 und 91, Anm.337.
935 So etwa die Einvernahme des Johannes Rath vom 9. Juni 1836. Vgl. StAZ, Y 53, 3, act.375.

936 Er wird zu dieser Art von politischer Ermittlungsarbeit durch den Polizey-Rath verschiedentlich ersucht und ermuntert. So ausdrücklich im Schreiben des Rats vom 22. Juni. Vgl. StAZ, Y 53, 3, act.425.
937 Vgl. die Statuten des Jungen Deutschlands im Anhang 3, Beilage 6.
938 Vgl. StAZ, Y 53, 3, act.360ff.
939 Vgl. GStA, HA I. Rep.77, Tit.509, Nr.31, Bd.2, act.214.
940 Vgl. GStA, HA I. Rep.77, Tit.509, Nr.31, Bd.2, act.217.
941 Gemäss § 51f. des Strafrechtspflegegesetzes wäre es der Staatsanwaltschaft freigestanden, den Untersuchungshandlungen des Verhörrichters beizuwohnen und an das Verhöramt Anträge zu stellen.
942 Vgl. StAZ, Y 53, 2, act.340.
943 Vgl. StAZ, Y 53, 2, act.353. Die moderne Genealogie zweifelt daran, ob Zacharias Aldinger aus Dörzbach tatsächlich einer Aldingerfamilie angehörte. Jedenfalls ist keine Zuordnung möglich, was auf die jüdische Herkunft des Besagten zurückzuführen sein dürfte. Vgl. dazu Aicher M., Die Aldinger (1996), 499f.
944 Vgl. Henke E., Handbuch Bd.4 (1838), 703.
945 Grolman empfiehlt daher statt der persönlichen Konfrontation die Gegenüberstellung des vermutlich Lügenden mit den protokollierten, abweichenden Zeugenaussagen. Vgl. v.Grolman K., Grundsätze der Criminalrechts-Wissenschaft (1825), § 497ff.
946 Der Einfachheit halber wird Aldinger im verbleibenden Teil der vorliegenden Untersuchung weiterhin unter dem Namen Eyb aufgeführt.
947 Vgl. StAZ, Y 53, 3, act.447.
948 Bezüglich den durch das Schreiben des Maire de la Ville de Strasbourg vom 16. Juni 1836 bestätigten Aufenthalt in Strassburg vgl. StAZ, Y 53, 3, act.414.
949 Vgl. StAZ, Y 53, 2, act.350.
950 Hans Conrad Locher-v.Muralt erinnert sich anlässlich einer Einvernahme Mitte Juli 1836 daran, dass ihm Lessing einmal gesagt habe, Eyb sei von «gemeiner Herkunft». Vgl. StAZ, Y 53, 3, act.501.
951 Ein aus Würzburg stammender Bekannter der richtigen Familie v.Eyb erklärte am 7. Juni 1836, dass Aldinger dieser Familie in keiner Weise angehöre. Vgl. StAZ, Y 53, 3, act.358.
952 Vgl. StAZ, Y 53, 2, act.351.
953 Noch 1904 erinnert sich die Zeitzeugin Claire v.Glümer daran, dass Eyb zwar angeblich arm gewesen sein soll, jedoch stets über reichliche Geldmittel verfügen konnte. Vgl. v.Glümer C., Aus einem Flüchtlingsleben (1904), 135.
954 Vgl. die Fortsetzungseinvernahme von act.351, StAZ, Y 53, 3, act.359.
955 So etwa über den Friseur Göbel, bei dem Briefe aus Frankfurt a.M. gefunden worden waren. Das «Peinliche Verhör-Amt» der Stadt Frankfurt beantwortet die Anfrage mit einem ausführlichen, doch wenig hilfreichen Bericht vom 6. Juli 1836. Vgl. StAZ, Y 53, 3, act.481.
956 In einem Schreiben vom 30. Juni 1836 kündigt der Geschäftsträger in Wien, v.Effinger v.Wildegg, an, die Anfrage dürfte lange dauern. Vgl. StAZ, Y 53, 3, act.466, bei Schauberg J., Beilagenheft I, Beilage 33, 175f.
957 Vgl. Schl.-Holst. Landesbibliothek, StA, StK, Deutsche Akten F.206, Nr.1257, 10.
958 Vgl. StAZ, Y 53, 3, act.308 und 391 sowie Urteil, 18f.
959 Vgl. StAZ, Y 53, 3, act.468.
960 So auch noch in der Einvernahme vom 4. November 1836. Vgl. StAZ, Y 53, 3, act.671.

961 Roschi erwähnt den Fall einer Person namens Nast, die im Mai 1834 zufolge finanzieller Schädigung des jungdeutschen Komitees durch dieses der Freiheit beraubt worden und anschliessend gänzlich verschwunden sei. Ferner zitiert er aus einem Brief Breidensteins, worin festgehalten wird, Strohmeyer sei zum Tod verurteilt worden, da er sich gegenüber dem Jungen Deutschland leichtsinnig aufgeführt habe. Das Urteil wurde indessen nicht vollstreckt. Vgl. dazu Roschi J., Bericht (1836), 28.
962 Vgl. StAZ, Y 53, 2, act.291.
963 Vgl. StAZ, Y 53, 2, act.292. Diese Verhaftung scheint andere Flüchtlinge erstaunt zu haben, zumal die Frau politisch nicht verdächtig schien. So die zeitgenössische Beurteilung der Mutter Claire v.Glümers. Vgl. v.Glümer C., Aus einem Flüchtlingsleben (1904), 163.
964 Vgl. StAZ, Y 53, 3, act.404.
965 Vgl. StAZ, Y 53, 3, act.611.
966 Vgl. StAZ, Y 53, 3, act.695.
967 Die Zuordnung der Lügen zu einer der Frauen anhand der Protokolle ist auch im Falle der Konfrontation nicht mehr möglich, da die Feststellung der Wahrheit massgeblich auf Kriterien der unmittelbaren Beobachtung beruht. So hätte vielleicht die Äusserung von Phantasiesignalen auf den Vorhalt der Lüge (zunehmende Zurückhaltung, Verarmung der Antwortsinhalte, Unterwürfigkeit etc.) dem Verhörrichter Hinweise geben können. Vgl. dazu Bender/Wartemann, Vernehmung (1992), Rz.294ff.
968 Vgl. Pfister L., Merkwürdige Criminalfälle, Bd.5 (1820), 659ff.
969 Bestätigt durch die Zusendung des bernischen Regierungsratsbeschlusses vom 12. November 1834 (in Abschrift bei den Akten) und durch den ausführlichen Bericht des Berner Regierungsstatthalters Roschi. Vgl. StAZ, Y 53, 3, act.390f.
970 Vgl. StAZ, Y 53, 3, act.386f.
971 Vgl. StAZ, Y 53, 3, act.419. Der Polizey-Rath teilt am 22. Juni 1836 Verhörrichter v.Meiss mit, Rauschenplatt halte sich in der Nähe von Basel auf. Vgl. StAZ, Y 53, 3, act.425. Gemäss anderen Angaben soll er, wie erwähnt, vorerst im Kanton Thurgau untergetaucht und später in Liestal gesehen worden sein. Vgl. Schulte-Wülwer U., Harro Harring als Freund und Mitstreiter Mazzinis (1992/93), 29. Vgl. Schl.-Holst. Landesbibliothek, StA, StK, Deutsche Akten F.206, Nr.1257, 8.
972 Vgl. StAZ, Y 53, 3, act.389.
973 Vgl. StAZ, Y 53, 3, act.395.
974 Vgl. StAZ, Y 53, 3, act.396.
975 Dieffenbach hatte als Assistent Zehnders sehr hart dafür gearbeitet, in Zürich das Studium der Medizin abschliessen zu können. Nun stand die Ausweisung aus der Schweiz bevor. Wie Dieffenbach die Untersuchung, die ihm neben den ohnehin schon bestehenden materiellen Entbehrungen auch noch existentielle Bedrohung bedeutete, indem sie letztlich zu seiner Ausschaffung führte, erlebte, beschreibt er in einem Brief vom 27. Juli 1836 seinem Vater: «Beurtheile mich nicht nach dem neuen Unheil, das mir zustösst und klage mich nicht des Undanks und Leichtsinns an. Ich bin ganz unschuldig und mit dem langen ungesunden Kerker wahrhaft misshandelt worden. Vorigen Sommer fand hier ein Duell Statt. Ich wurde zum ärztlichen Beistande aufgefordert und konnte nicht ausweichen. Der eine Duellant erhielt einen Schuss in die Schulter. Die Sache wurde bekannt: Niemand machte Aufhebens davon. Da wurde im Anfang Winters der andere Duellant, Lessing, auf die Dir durch Zeitungen bekannt gewordene schauderhafte Art ermordet. Was war natürlicher, als dass man alsbald die Theilnehmer des Duells, mich ausgenommen, gefänglich einzog. Sie wurden aber bald wieder entlassen, da man keine Spur eines Zusammenhanges dieser Begebenheiten

ausfindig machen konnte. Aber der, durch Nichts begründete Glaube, dass dieser Mord ein politischer, von den Flüchtlingen ausgegangen sei, bestand fort und erhielt seine Nahrung durch die verschiedenen Gesandtschaften und durch den Fremdenhass, der allerwärts in der Schweitz herrscht. Bei der Untersuchung kam nichts zum Vorschein das Verbrechen blieb und ist allen ein Räthsel. Man liess sich aber schon lange merken, dass man diese Sache für eine passende Gelegenheit hielt, mit neuen Verfolgungen gegen die in der Schweitz anwesenden Deutschen einzuschreiten. Auf Initiative des österreichischen Kabinetts wurde(n) unter dem Vorwand, dass man conspirire eine Menge unbescholtner Männer und darunter auch die Theilnehmer jenes Duells und leider auch ich, verhaftet. Alle meine Papiere wurden durchwühlt und man fand natürlich nichts. Und als die politischen Untersuchungen schon beendigt waren fing man an den Prozess gegen jenen Zweikampf einzuleiten und hatte damit willkommene Gelegenheit mich weiter festzuhalten. Ich wurde am 16ten Jul.(i) zu acht Tagen Gefängniss und 50 Franken Busse verurtheilt. Das habe ich jetzt abgesessen und bin damit einem harten, höchst inhumanen Kerker entronnen der mich 9 Wochen lang festgehalten. Das ist der einfache Hergang. Nun urtheile selbst.(...).» Vgl. Mesenhöller P., Ernst Dieffenbach Flüchtlingskorrespondenz 2. Teil (2000), 678f.

976 Vgl. StAZ, Y 53, 3, act.400f.
977 Die Einvernahme umfasst 77 Fragen. Vgl. StAZ, Y 53, 3, act.403.
978 Einvernahme vom 15. Juni 1836. Vgl. StAZ, Y 53, 3, act.404.
979 Einvernahme vom 18. August 1836. Vgl. StAZ, Y 53, 3, act.551.
980 Der Gasthof «Schwert» auf der Rathausbrücke war damals das vornehmste Lokal in Zürich. Vgl. v.Löw C.L., Zürich im Jahre 1837 (1837), 88.
981 Vgl. StAZ, Y 53, 3, act.611.
982 Vgl. StAZ, Y 53, 3, act.611.
983 Auch die Zeitzeugin v.Glümer erinnert sich noch 1904 daran, dass das Verhältnis zwischen den Eheleuten Eyb ein getrübtes war. Vgl. v.Glümer C., Aus einem Flüchtlingsleben (1904), 135f.
984 In einem besonders heiteren Liebesbrief antwortet Eyb der Szent-Györgyi, nachdem ihm diese einen angeblichen Seitensprung verziehen hat: «Geliebtes Herzensweibchen! Gerade trug ich den anliegenden Brief fort als ich Deinen mir sehr theuren Brief erhielt, der mich mehr freuete als der erste, denn in Diesem Briefe finde ich meine gute liebe Ida wieder, ich lasse also beide Briefe zusammen gehen. Liebes süsses Herzensidchen, wie gern möchte ich Dich bei mir haben; gewiss es ist mein heissester Wunsch ewig nur bei Dir zu sein, wenn wir auch manchmal ein bischen Streiten Du bis doch mein süses Weibchen, aber jetzt kan es nicht sein, Du bist im Irrthum wenn Du glaubst dass ich noch 3 Monate hier bleibe, ich werde wahrscheinlich schon künftige Woche abreisen einmahl wirst Du mir noch schreiben können. O! meine gute Ida, wenn Du wüstest wie sehr ich mich nach Dir sehne wie ich jede Minute zähle bis ich Dich wiedersehe! aber trösten wir uns es wird bald geschehen ich werde mein treues Weibchen bald an mein Herz drücken und mein Herz hat noch keine Minute für etwas anderes geschlagen als für Dich. Tröste Dich damit dass eine höhere Pflicht jetzt unsere Trennung heischt. Desto seeliger ist das Wiedersehen, es ist jetzt meine einzige Freude wenn ich mir das Wiedersehen vormale, ich fliege in Deine Arme, Du an mein Herz, o Ida! wie glücklich werden wir sein. Denke indessen recht oft an mir meine einzige gute Ida ich umarme Dich und verharre bis zum Grabe, Ewig Dein treuer Karl.» Vgl. StAZ, Y 53, 3, act.660.
985 Vgl. StAZ, Y 53, 3, act.660.

986 Dieses Gerücht berichtet v.Rochow am 5. April 1837 nach Berlin. Vgl. GStA, HA III. MdA I, Nr.8642, (A.1705 vom 20. April 1837).
987 «Der eigentliche Zweck der Specialinquisition ist, vollkommner Beweis der Schuld oder der Unschuld (§ 647). Das Hauptgeschäft derselben ist daher: I) das Verhör des Angeschuldigten, II) die Aufsuchung und Darstellung solcher Beweismittel, welche entweder an sich vollen Beweis der Schuld begründen, oder dazu dienen, durch Vorhaltungen den Verdächtigen zum Geständnisse zu bringen oder auch ihn zu vertheidigen.» v.Feuerbach P.J.A., Lehrbuch (1801), § 653. Verschiedentlich wird der Übergang von der General- zur Spezialinquisition mit der Überweisung des Angeschuldigten an das zuständige Gericht gleichgesetzt, wo über Schuld und Unschuld befunden werden soll. So etwa Martin Ch., Lehrbuch (1836), § 135. Abegg definiert den Übergang von der General- zur Spezialuntersuchung mit der Versetzung des Verdächtigen «in den Stand der Anschuldigung», wo es darum geht Gewissheit über Schuld oder Unschuld zu finden. Vgl. Abegg J., Lehrbuch des gemeinen Criminal-Prozesses (1833), § 155. Feuerbach vertritt dagegen die Anschauung, dass bereits mit der Vorladung, der Ausschreibung oder dadurch, dass der Richter den Angeschuldigten «incarcerirt» die Spezialinquisition eröffnet wird. Vgl. v.Feuerbach P.J.A., Lehrbuch (1801), § 652, 656ff.
988 Vgl. Pfister L., Merkwürdige Criminalfälle mit besonderer Rücksicht auf die Untersuchungsführung, Bd.5 (1820), 651.
989 Vgl. Abegg J., Lehrbuch des gemeinen Criminal-Prozesses (1833), § 126; ferner Schmidt E., Einführung in die Geschichte der deutschen Strafrechtspflege (1965/83), § 197ff.
990 Vgl. Schmidt E., Einführung in die Geschichte der deutschen Strafrechtspflege (1965/83), § 167.
991 Vgl. Abegg J., Lehrbuch des gemeinen Criminal-Prozesses (1833), § 157ff. und Henke E., Handbuch Bd.4 (1838), 838ff.
992 Vgl. v.Feuerbach P.J.A., Lehrbuch (1801), § 652, 656ff.
993 Vgl. StAZ, Y 53, 3, act.418.
994 Vgl. StAZ, Y 53, 3, act.430. Nachdem feststand, dass Eyb für längere Zeit in Haft bleiben würde, meldete sich alt-Gemeinderat Hügeli aus Küsnacht, der Eyb ein Wohnhaus vermietete, das dieser eben hatte beziehen wollen. Er forderte vom Verhöramt 5 Louisd'or ein, indem er geltend machte, er habe die Wohnung auf Wunsch Eybs renovieren lassen, doch sei dies nun vergeblich geschehen. Er wolle die entstandenen Auslagen wenigstens teilweise ersetzt haben. So Hügelis Schreiben mit einem den Akten beiliegenden «Mieth-Contract». Vgl. StAZ, Y 53, 3, act.449f.
995 Vgl. Biographien (Anhang 1).
996 Vgl. StAZ, Y 53, 3, act.432.
997 Ausschlaggebendes «Hauptindiz» dürfte in diesem Fall gewesen sein, dass während der Strafuntersuchung mehrfach nachgewiesen werden konnte, dass sich Eyb in seinen Aussagen nicht immer an die Wahrheit gehalten und mehrmals nachweislich gelogen hatte.
998 Vgl. StAZ, Y 53, 3, act.455.
999 § 87 des Strafrechtspflegegesetzes.
1000 Vgl. Grolman K., Grundsätze der Criminalrechts-Wissenschaft (1825), § 34.
1001 Vgl. v.Feuerbach P.J.A., Lehrbuch (1801), § 53.
1002 Vgl. Henke E., Handbuch, Teil 1 (1823), 268f.
1003 Vgl. Jarcke C., Handbuch (1827), 231ff. – Das Allgemeine Landrecht für die Preussischen Staaten sieht in § 80 (II., 20) die Strafbarkeit desjenigen vor, der von der Aus-

führung eines Delikts gegen den Staat, gegen Leib und Leben, Ehre und Vermögen eines Menschen Wissenschaft erhält und darüber schweigt bzw. keine Anzeige erstattet. Art. 103 des Code Pénal inkriminiert dagegen nur die Begünstigung und Nichtanzeige von Delikten gegen die innere und äussere Sicherheit des Staates. Vgl. dazu Westendorf R., Die Pflicht zur Verhinderung geplanter Straftaten durch Anzeige (1999), 22f.

1004 «Jeder Unterthan ist schuldig, Verbrechen oder Vergehen, welche in seiner Gegenwart vorbereitet oder angefangen werden, oder von welchen er sonst weiss, dass sie geschehen sollen, entweder durch schleunige Anzeige bei der nächsten Obrigkeit, oder durch Warnung der dadurch gefährdeten Person und im Falle der Unthunlichkeit des Vorigen, durch Herbeirufen oder Herbeiholen Anderer, oder durch sonstige in seiner Macht habende Mittel, so weit es ohne Gefahr für ihn selbst oder für einen Dritten geschehen kann, zu verhindern.» Abgedruckt bei Westendorf R., Die Pflicht zur Verhinderung geplanter Straftaten durch Anzeige (1999), 22f.

1005 Jacob Winkler, geboren 1799, Major der Infanterie und Kreisinstruktor, wohnhaft im Münsterhof. Vgl. Ansässenverzeichnis (1836), 139.

1006 Auch die Putzfrau der Eheleute Eyb, Anna Wildi, bestätigt in der Einvernahme vom 13. August 1836, dass sich die beiden oft misshandelt und einen sehr groben Umgangston gepflegt hätten. Frau Eyb habe oft geweint, weil sie die Ehe bereute. Zudem habe sie geklagt, dass ihr Mann das Geld durchbringe und abends lange ausbleibe. Vgl. StAZ, Y 53, 3, act.531. Dasselbe gibt auch die Ehefrau des Majors, Wilhelmine Winkler, zu Protokoll. Vgl. StAZ, Y 53, 3, act.551 (Einvernahme vom 18. August 1836).

1007 Vgl. StAZ, Y 53, 3, act.460. Bestätigt von Frau Winkler. Vgl. StAZ, Y 53, 3, act.551.

1008 Vgl. StAZ, Y 53, 3, act.461.

1009 Vgl. StAZ, Y 53, 3, act.611.

1010 Einvernahme der Louise Trachsler vom 21. September. Vgl. StAZ, Y 53, 3, act.623.

1011 Vgl. StAZ, Y 53, 3, act.630.

1012 Vgl. StAZ, Y 53, 3, act.539.

1013 Die Abschriften der Wechsel liegen bei den Akten. Vgl. StAZ, Y 53, 3, act.472. v.Meiss lässt über das Polizey-Amt in Frankfurt Minoprio überprüfen. Es handelt sich bei Maggi Minoprio gemäss Auskunft des Polizey-Amts um «eines der bedeutendsten Handelshäuser» Frankfurts. Vgl. StAZ, Y 53, 3, act.517f.

1014 Vgl. StAZ, Y 53, 3, act.458.

1015 Vgl. StAZ, Y 53, 3, act.477. Dennoch trifft der Verhörrichter diverse weitere Abklärungen in Württemberg (Künzelsau und Dörzbach) und an den früheren Aufenthaltsorten Eybs, um die Identitätsfrage hieb- und stichfest zu klären. Überdies erhofft er sich Aufschluss durch eingehende Durchleuchtung von Eybs Vorleben.

1016 Vgl. StAZ, Y 53, 3, act.459 (Einvernahme vom selben Tag).

1017 Die Auskratzung wurde derart dilettantisch vorgenommen, dass der Name «Aldinger» bis heute lesbar ist (!). Vgl. StAZ, Y 53, 3, act.716.

1018 Vgl. StAZ, Y 53, 3, act.459.

1019 Die Augustinergasse wird 1445 erstmals urkundlich erwähnt und hat ihren Namen vom um 1270 dort errichteten ehemaligen Augustinerkloster erhalten. Sie verbindet die St. Peterhofstatt 3 mit der Bahnhofstrasse 46 und der Kuttelgasse 18. Vgl. Gujer/Saladin/Lendenmann, Die Strassennamen der Stadt Zürich (1999), 33.

1020 Vgl. StAZ, Y 53, 3, act.523. – Auch Kantonsrat Schoch will gehört haben, dass Eyb die Flüchtlinge grosszügig mit Geldmitteln versorgt haben soll. Vgl. StAZ, Y 53, 3, act.650 (Einvernahme vom 20. Oktober 1836).

1021 Vgl. StAZ, Y 53, 3, act.692 (Einvernahme vom 18. November 1836).

1022 Der Text auf dem grossformatigen, der überkommenen Beurkundungstradition nachempfundenen Schriftstück lautet: Vordruck: «Wir Ludwig Graf von Bombelles, Sr. Kaiserlich-Königlich-Apostolischen Majestät wirklicher Geheimer Rath und Kämmerer, ausserordentlicher Gesandter und bevollmächtigter Minister bei der Schweizerischen Eidgenossenschaft, Inhaber des K.K. Österreichischen Civil-Ehren-Kreuzes und Grosskreuzes mehrerer Orden, Ersuchen hiermit alle Militär- und Civil-Behörden, Vorzeiger dieses (handschriftliche Einfügung: Frau Baronin Ida von Eyb, geborene von Szent-Györgyi, welche sich in Familien-Angelegenheiten nach Ungarn zu begeben wünscht) frei und ungehindert passiren und repassiren zu lassen und derselben erforderlichen Falls jeden Schutz, Hülfe und Förderung zu leisten.» Vgl. StAZ, Y 53, 3, act.718.

1023 Vgl. StAZ, Y 53, 3, act.660, abgedruckt bei Schauberg J., Beilagenheft I, Beilage 34, 177.

1024 Vgl. StAZ, Y 53, 3, act.499.

1025 Vgl. StAZ, Y 53, 3, act.524.

1026 Vgl. StAZ, Y 53, 3, act.302, 396, 414, 419, 499; zusammengefasst im Urteil, 20f.

1027 Zusammengefasst wiedergegeben im Urteil, 22ff.

1028 Vgl. Mayer Th.M., Über den Alltag und die Parteiungen des Exils (1993), 91.

1029 Vgl. das Schreiben des Berner Regierungsstatthalters Roschi an Bürgermeister Hess in Zürich vom 31. Mai 1836, StAZ, P 187, erwähnt auch bei Schmidt H., Die deutschen Flüchtlinge in der Schweiz (1899), 83.

1030 Vgl. den Brief der Frankfurter Central-Behörde an die Ministerial-Commission in Berlin vom 17. April 1837, GStA, HA I. Rep.77, Tit.509, Nr.31, Bd.3, act.248.

1031 Vgl. das Schreiben vom 1. August 1837, Kelchner/Mendelssohn-Bartholdy, Briefe des Königlich Preussischen Generals und Gesandten Theodor Heinrich Rochus von Rochow an einen Staatsbeamten (1873), 119.

1032 Vgl. Schieder W., Anfänge der deutschen Arbeiterbewegung (1963), 40 und Glossy K., Literarische Geheimberichte aus dem Vormärz (1912), L, CXXXII sowie Lent D., Findbuch (1991), 280 sowie Mayer Th.M., Über den Alltag und die Parteiungen des Exils (1993), 79, 90 und Schulte-Wülwer U., Harro Harring als Freund und Mitstreiter Mazzinis (1992/93), 27.

1033 Vgl. seinen Bericht an v.Engelshofen vom Mai 1836, Schl.-Holst. Landesbibliothek, StA, StK, Deutsche Akten F.206, Nr.1245.

1034 Vgl. die Mitteilung v.Engelhofens an Metternich, Schl.-Holst. Landesbibliothek, StK, Deutsche Akten F.206, Nr.1257, 1.

1035 Ebd., 2.

1036 Vgl. Schl.-Holst. Landesbibliothek, StA, St. K. Deutsche Akten F.205, Nr.1200. Beilage zum Bericht Joseph Clanner Ritter von Engelshofens aus Mainz vom 29. III.1836, Nr.187; aufgeführt auch bei Mesenhöller P., Ernst Dieffenbach Flüchtlingskorrespondenz 2. Teil (2000), 700, Anm.265.

1037 Als Urteilsvollstrecker bot sich gemäss diesem Bericht Ernst Liehr, vulgo Zobel, an, der Joseph Garnier gemäss dem in diesem Punkt irrenden Konfidentenbericht vergiftet haben soll. Liehr wurde im Sommer 1836 aus der Schweiz ausgewiesen. Vgl. Mesenhöller P., Ernst Dieffenbach Flüchtlingskorrespondenz 2. Teil (2000), 700, Anm.265. Der badische Hof hatte Garnier dafür bezahlt, dass er von der weiteren Verbreitung des Pamphletes absah und sich zum Schweigen verpflichtete. Vgl. Schulte-Wülwer U., Harro Harring als Freund und Mitstreiter Mazzinis (1992/93), 10f.

1038 Vgl. Schl.-Holst. Landesbibliothek, StA, StK, Deutsche Akten F.205, Nr.1200, 3.

1039 Vgl. Schauberg J., Beilagenheft II, 35. Eyb hatte diese Mitteilung von einem Brief Harro Harrings aus London abgeschrieben. Vgl. Schulte-Wülwer U., Harro Harring als Freund und Mitstreiter Mazzinis (1992/93), 11.
1040 Vgl. Schmidt H., Die deutschen Flüchtlinge in der Schweiz (1899), 126. Die Statutenänderung insbesondere bezüglich der Bewaffnungspflicht erfolgte primär, um angesichts der drohenden behördlichen Interventionen vorsorglich schwerwiegende Repressalien zu vermeiden. Vgl. Urner K., Die Deutschen in der Schweiz (1976), 112.
1041 Vgl. Schüler E., Die Regierung der Republik Bern (1837), 24f. und Feddersen P., Geschichte der Schweizerischen Regeneration (1867), 231; sodann Schmidt H., Die deutschen Flüchtlinge in der Schweiz (1899), 127f.; Brugger O., Geschichte der deutschen Handwerkervereine (1932), 27. Rauschenplatts bzw. Eybs Plan betreffend einer bewaffneten Invasion nach Baden wurde anlässlich dieser Versammlung nicht diskutiert. Dazu und betreffend der Lokalität vgl. Schulte-Wülwer U., Harro Harring als Freund und Mitstreiter Mazzinis (1992/93), 29.
1042 v.Löw bezeichnet es als zürcherische Eigenart, dass die Männer kaum einen Abend bei Frau und Kindern verbringen, sondern regelmässig sich in Männerklubs und am Spieltisch treffen würden. Vgl. v.Löw C.L., Zürich im Jahre 1837 (1837), 36, 40. Börne bezeichnete das Zürich der 1830er Jahre wohl mit Blick auf die teilweise überkommenen gesellschaftlichen und kulturellen Strukturen als «Hauptstadt der Langeweile». Vgl. Hauschild J.-Ch., Georg Büchner (1997), 713.
1043 Vgl. StAZ, Y 53, 3, act.611. – Tatsächlich erweist sich die Memorierungsfähigkeit bezüglich der Reihenfolge von Ereignissen in der menschlichen Erinnerung oft als wenig entwickelt. Dementsprechend sind entsprechende Aussagen nicht selten unzuverlässig. Vgl. Bender/Wartemann, Vernehmung (1992), Rz.364 und Arntzen F., Psychologie der Zeugenaussage (1993), 59f. Zum Problem von Erinnerungsfehlern und -lücken des Angeschuldigten in der Einvernahme vgl. Walder H., Einvernahmetechnik (1987), 21.
1044 Vgl. StAZ, Y 53, 3, act.612.
1045 Vgl. StAZ, Y 53, 3, act.612.
1046 Vgl. StAZ, Y 53, 3, act.622f. (Einvernahmen vom 20. September 1836).
1047 Jacob Heinrich Ulrich, geboren 1797, war Registrator des Obergerichts und Major der Infanterie. Vgl. Bürgerverzeichnis (1836), 226. Gemäss Lessing soll sich Ulrich anerboten haben, die deutschen Revolutionäre in der Schweiz militärisch auszubilden. Vgl. HHStA, StK, Deutsche Akten 283, 578.
1048 Vgl. StAZ, Y 53, 3, act.626.
1049 Vgl. StAZ, Y 53, 3, act.652 (Einvernahme vom 14. Oktober 1836).
1050 Vgl. StAZ, Y 53, 3, act.653 (Einvernahme vom 14. Oktober 1836).
1051 In Mainz und Wien befürchtete man, dass Szent-Györgyi vor dem Verhörrichter reden und insbesondere die wahre Tätigkeit ihres Mannes bekannt geben könnte. v.Engelshofen versicherte Metternich, Eyb verfüge über viel «Charakterstärke», sodass er schweigen werde. «Die Rücksichtslosigkeit, die seltene Unkultur seiner in den Händen des Instructions Richters leicht zu allem benützbaren Frau jedoch, droht jeden Augenblick, Alles zu compromittiren.» Vgl. die Mitteilung vom 8. Juni 1836, Schl.-Holst. Landesbibliothek, StK, Deutsche Akten F.206, Nr.1257, 2.
1052 Das permanente Wiederholen der Verhöre um dieselben Fragen war in der damaligen Praxis der Strafuntersuchung sehr verbreitet. Das «Hin- und Her-Fragen» und das Stellen von Fangfragen wird in der zeitgenössischen Prozessrechtsliteratur empfohlen, um Lügner dadurch, dass sie sich selbst widersprechen, zu entlarven. Vgl. Martin Ch., Lehrbuch (1836), § 65, 154f. Pfister rät dem Untersuchungsrichter, «Mentalreserva-

tionen» des Angeschuldigten durch «eindringendere Fragen» zu beseitigen. Vgl. Pfister L., Merkwürdige Criminalfälle, Bd.5 (1820), 506. v.Grolman fordert die Vermeidung von «captiösen» Fragen, welche er dadurch charakterisiert, dass sie zweideutig gestellt werden und daher auch zweideutige, beweisuntaugliche Antworten zulassen. Dagegen dürfe und müsse der Richter versuchen, den nicht geständigen Angeklagten durch klug ausgewählte «erlaubte Mittel» zum Geständnis zu bestimmen. Falls der Richter darüber Gewissheit erlangt hat, dass der Angeschuldigte trotz erwiesener Schuld die Tat leugnet oder halsstarrig über das Geschehen schweigt, so anerkennt v.Grolman die Berechtigung von Lügen- und Ungehorsamsstrafen wegen Verletzung der Achtung gegen die Gerichte des Staats. Diese hätten sich grundsätzlich auf einfache Zwangsmittel (Haftschärfung, Schmälerung der Kost, körperliche Züchtigungen) zu beschränken. So auch Pfister L., Merkwürdige Criminalfälle, Bd.5 (1820), 670f. Für die Anwendung der Folter müsse indessen ein eigenes gerichtliches Urteil erlassen werden. Überdies sei sie nur erlaubt, wenn keine «nachteiligen Folgen für die Glaubwürdigkeit der Bekenntnisse» drohten. Auch gegen nicht aussagewillige Zeugen können nach v.Grolman Zwangsmittel, evtl. auch die Tortur, angewandt werden. Vgl. v.Grolman K., Grundsätze der Criminalrechts-Wissenschaft (1825), §§ 468ff. und 482. Er weist auf die Gefahr hin, dass in Staaten, wo die Tortur abgeschafft sei, durch andere Zwangsmittel oft ein torturgleicher Zustand herbeigeführt werde, der aber nicht durch genaue Foltervorschriften geregelt werde, was dazu führe, dass Angeschuldigte und Zeugen in einem solchen Staat rechtlich weniger wirksam vor Missbräuchen geschützt seien. Vgl. ebd., § 500. Auch Abegg warnt vor der Wiedereinführung von torturähnlichen Massnahmen durch leichtfertige Verhängung von Ungehorsamsstrafen. Vgl. Abegg J., Lehrbuch des gemeinen Criminal-Prozesses (1833), § 122; ferner Köstlin C.R., Der Wendepunkt des deutschen Strafverfahrens im neunzehnten Jahrhundert, 94ff. Seines bewährten Erkenntnishilfsmittels, der Folter, beraubt neigte der überkommene Inquisitionsprozess dazu, die sich nun auf den Verbalprozess beschränkenden Verhöre mit letztlich dem peinlichen Verfahren verwandten Elementen anzureichern. Nach moderner Anschauung gehören besonders lang dauernde, eindringliche, stark dialektisch gefärbte, primär der Steigerung des seelischen Drucks dienende Einvernahmen zum Instrumentarium der psychischen Folter. In einem bayerischen Mordfall aus jener Zeit wurde der nicht geständige, durch aussagekräftige nahe Indizien aber schwer belastete Angeschuldigte während fast fünf Jahren insgesamt hundert Mal zu denselben Fragen verhört. Vgl. Temme J., Alte Criminal-Bibliothek, Bd.2 (1869), 905ff. (Der Pfarrer Franz Sales Riembauer).

1053 Vgl. StAZ, Y 53, 3, act.630.
1054 Vgl. StAZ, Y 53, 3, act.630.
1055 Während dieser Zeit dürfte Rottenstein mit Ida Szent-Györgyi in näheren Kontakt getreten sein.
1056 Vgl. StAZ, Y 53, 3, act.631.
1057 Vgl. StAZ, Y 53, 3, act.631.
1058 Vgl. StAZ, Y 53, 3, act.631.
1059 So die Angaben der Barbara Dättwiler und des Kantonsrats Schoch in den Einvernahmen vom 14. Oktober 1836. Vgl. StAZ, Y 53, 3, act.649f.
1060 In Mülhausen hatten sich zwischen 1833 und September 1836 10 bis 20 Deutsche zu einem politischen «Kränzchen» vereinigt. Der Verein wurde u.a. vom Schweizer Emissär des Jungen Deutschlands, Georg Rottenstein, betreut und scheint sich mentalitätsmässig wenig homogen präsentiert zu haben. Jedenfalls bestanden enge Verbin-

dungen zu den Zürcher Klubbs. Vgl. dazu Mayer Th.M., Über den Alltag und die Parteiungen des Exils (1993), 71f.

1061 Vgl. StAZ, Y 53, 3, act.667 (Einvernahme vom 30. Oktober 1836). Der Einsatz eines privaten Briefkuriers ermöglichte die Umgehung der Briefzensur an der Grenze. Vgl. Lenherr L., Ultimatum an die Schweiz (1991), 128. Lessing berichtet über den Einsatz von Emissären als Privatkuriere. Die Briefe enthielten keine Angaben über den Adressaten. Diese waren allein dem Kurier bekannt. Vgl. die Schilderung im Brief vom 20. April 1835, im Anhang 2, Beilage 2.

1062 So die Aussagen der des Schreibens unkundigen Catharina Wunderli vom 12. November 1836. Vgl. StAZ, Y 53, 3, act.685.

1063 Vgl. StAZ, Y 53, 3, act.686. Das Paternitätsverfahren bei unehelicher Geburt sah auch unter der Geltung der liberalen Verfassung von 1831 erhebliche Beschwerlichkeiten und Nachteile für die nicht verheiratete Mutter vor, gleichwohl 1836 die Strafbestimmungen des Matrimonialrechts aufgehoben wurden. Da es sich beim Schwängerer um einen weggezogenen Fremden handelte, wäre das Bekanntwerden der Mutterschaft umso nachteiliger für Margaretha Wunderli gewesen. Vgl. dazu Sutter E., «Ein Act des Leichtsinns und der Sünde» (1995), 133ff.

1064 Der «Lehrer der Schreibkunst» Schoch kommt in seinem durch das Verhörrichteramt in Auftrag gegebene Schriftgutachten nach einem Vergleich der Briefe zum Schluss, dass die fraglichen Schriftstücke von gleicher Hand geschrieben wurden. Er begründet dies damit, dass «die Eigenthümlichkeit der Schriftzüge» genau übereinstimme. Die Grossbuchstaben der Unterschriften seien ebenfalls sehr ähnlich. Der Schriftexperte wiederholt zu Beginn seines Gutachtens die Fragestellung des Verhöramtes, beantwortet die Frage, begründet die Antwort und fasst am Schluss seine Ergebnisse in kurze, klare Aussagen. Vgl. StAZ, Y 53, 3, act.677 (Schreiben vom 7. November 1836).

1065 Vgl. den Bericht des Verhöramtes vom 31. Oktober 1836. Vgl. StAZ, Y 53, 3, act.668. Auch der Polizey-Rath nimmt Kenntnis von den Botendiensten der Dättwiler, die im Protokoll als «Unterhändlerin» deutscher Flüchtlinge bezeichnet wird. Vgl. StAZ, PP 31.5, 274, 293.

1066 Sie sei nicht zu Fuss gegangen, sondern mit dem Schiff nach Zürich gefahren, da es geregnet habe und sie krank gewesen sei. Vgl. StAZ, Y 53, 3, act.671. – Der Stadtzürcher Schiffs- und Bootshafen befand sich damals an der Stelle des heutigen Bellevue. Vgl. v.Löw C.L., Zürich im Jahre 1837 (1837), 85 (Anhang).

1067 Vgl. StAZ, Y 53, 3, act.671. Bestätigt in der Einvernahme vom 19. November. Vgl. StAZ, Y 53, 3, act.696.

1068 Einvernahme vom 19. November 1836. Vgl. StAZ, Y 53, 3, act.697.

1069 Vgl. Schl.-Holst. Landesbibliothek, StK, Deutsche Akten F.206, Nr.1257, 6.

1070 Vgl. StAZ, Y 53, 3, act.691.

1071 Vgl. StAZ, Y 53, 3, act.673.

1072 Vgl. StAZ, Y 53, 3, act.673.

1073 Vgl. dazu Henke E., Handbuch, Bd.4 (1838), 843ff.

1074 Bei den Akten befindet sich nur ein im Februar 1835 vom Herzoglich Nassauischen Amt auf den Namen Carl August Eyb ausgestellter, für ein Jahr gültiger Reise-Pass. Vgl. StAZ, Y 53, 3, act.658. Der ursprüngliche Pass konnte in der Registratur des genannten Amtes nicht mehr gefunden werden.

1075 Vgl. StAZ, Y 53, 3, act.696.

1076 Zufolge der nachvollziehbaren Erinnerungsschwäche war die damals bekannte, zur Erkennung eines fiktiven Alibis durchaus wirksame Rückwärtsbefragung Eybs nach so langer Zeit nicht mehr möglich. Bei der Rückwärtsbefragung wird der Angeschuldigte statt in chronologischer Reihenfolge zeitlich umgekehrt nach seinem Verbleib während einer fraglichen Zeitspanne befragt. Diese Technik wird bereits empfohlen bei Pfister L., Merkwürdige Criminalfälle Bd.5 (1820), 501f., erwähnt auch bei Walder H., Die Vernehmung des Beschuldigten (1965), 136.

1077 Claire v.Glümer, welche als Kind innerhalb des Kreises deutscher Flüchtlinge der Szent-Györgyi begegnet war, beschreibt diese aus ihrer Erinnerung folgendermassen: «Seine (Eybs, Anm.) Frau entsprach in keiner Weise dem Bilde, das ich mir von einer Magnatentochter gemacht hatte. Sie war eine grosse, hässliche, aufgeputzte Person – Dame konnte sie nicht genannt werden –. Sie sprach schlechtes Deutsch, lachte überlaut und benahm sich in jeder Weise so auffallend, dass ihr Mann sie bald mit der Bemerkung: ‹das ist mal wieder ganz ungarisch› zu entschuldigen suchte, bald mit ironischem Lächeln zurechtwies, was sie meist zu einer heftigen Szene veranlasste.» v.Glümer C., Aus einem Flüchtlingsleben (1904), 135f. An anderer Stelle zitiert v.Glümer aus einem Brief ihrer Mutter an deren Eltern: «Für eine Magnatentochter habe ich sie zwar nie gehalten, sie machte eher den Eindruck einer Wirtschafterin niedrigster Sorte, die gewöhnt ist, mit der Karbatsche eine Anzahl leibeigener Knechte und Mägde in Ordnung zu halten. – Aber sie verachtete das Volk und war eine der fanatischsten Aristokratinnen, die ich je gekannt habe. – So hat denn das Gerücht, dass sie wegen eines früher – in Gemeinschaft mit ihrem Mann – verübten Verbrechens verhaftet sei, eine gewisse Wahrscheinlichkeit.» Ebd., 163.

1078 Johann Jakob Hess hatte als Vorortspräsident der eidgenössischen Tagsatzung im politisch bewegten Jahr 1833 verschiedene internationale Kontakte geknüpft und sich grosses Ansehen auch ausserhalb der Eidgenossenschaft verschafft. So wurde er zum direkten Ansprechpartner für ausländische Behörden und Gesandtschaften und bewegte sich regelmässig auf diplomatischem Parkett. Zu Hess' politischem Engagement im Jahr 1833 vgl. Bucher E., Ein grosser Tag im Leben des Bürgermeisters Johann Jakob Hess (1974), 87ff.; vgl. ferner Pupikofer J.A., Johann Jakob Hess als Bürger und Staatsmann (1859), 91ff.

1079 Vgl. StAZ, Y 53, 3, act.476a, Anhang 2, Beilage 1.

1080 Vgl. StAZ, Y 53, 3, act.500.

1081 Die Annahme einer Spionagetätigkeit Lessings drängt sich schon durch den Schlusssatz auf: «Sollten Sie mir Aufträge zu geben haben, so bitte ich darum, und ich werde Alles, was thunlich ist, ausrichten.» Vgl. den Brief an Handlungscommis Carl Kurth vom 13. Juni 1834, StAZ, Y 53, 3, act.476a, Anhang 2, Beilage 1.

1082 Vgl. StAZ, Y 53, 3, act.501 (Einvernahme vom 23. Juli 1836).

1083 Sträuli war u.a. mit Gustav Kombst befreundet. Lessing berichtet gar von politischen Zusammenkünften, welche Flüchtlinge bei Sträuli organisiert haben sollen. Vgl. Lessings Schreiben vom 18. Juli 1835, Anhang 2, Beilage 3.

1084 Vgl. StAZ, Y 53, 3, act.503.

1085 Vgl. u.a. Lessings erste Mitteilung aus Zürich vom 27. November 1834, HHStA, StK, Deutsche Akten 284, 117.

1086 Vgl. HHStA, StK, Deutsche Akten 285, 55.

1087 Vgl. Schauberg J., Darstellung I, 90.

1088 Die Tatsache, dass Lessings Berichte in die Hände der preussischen Gesandtschaft kamen, lässt vermuten, dass der «Oheim» die Empfangsstelle der Regierung für diese Mitteilungen war. Ferner ist anzunehmen, dass nur selektiv Briefe, welche kein schlechtes Licht auf Preussen warfen, wohl aber politische Asylanten in Zürich belasteten, überliefert wurden. Vgl. auch Schauberg J., Darstellung I, 101.

1089 Vgl. das Schreiben des Verhörrichters an den Polizey-Rath vom 25. Juli 1836, StAZ, Y 53, 3, act.507.
1090 Vgl. StAZ, Y 53, 3, act.577.
1091 Vgl. Schreiben Roschis vom 4. und 30. August 1836, StAZ, Y 53, 3, act.590.
1092 Vgl. den Untersuchungsbericht des Cantonal-Verhöramtes des Cantons Zürich an die Wohllöbliche Staatsanwaldschaft Zürich vom 20. November 1836, StAZ, Y 53, 3, act.703.
1093 Vgl. die vollständig abgedruckten Briefe Lessings im Anhang 2, Beilagen 1–4.
1094 Vgl. das Schreiben vom 13. Juni 1834 an Carl Kurth, StAZ, Y 53, 3, act.476a, abgedruckt im Anhang 2, Beilage 1.
1095 Vgl. StAZ, Y 53, 3, act.476 a, abgedruckt im Anhang 2, Beilage 1.
1096 Vgl. Biographien (Anhang 1).
1097 Vgl. Lessings Schreiben vom 13. Juni 1834, abgedruckt im Anhang 2, Beilage 1; ferner Schmidt H., Die deutschen Flüchtlinge in der Schweiz (1899), 109.
1098 Vgl. Anhang 2, Beilage 2.
1099 Vgl. Anhang 2, Beilage 4.
1100 Vgl. den württembergischen Gesandtschaftsbericht an das Justizministerium mit Ministerialnotiz, bei Schauberg J., Beilagenheft I, Beilage 30, 156.
1101 Vgl. StAZ, Y 53, 3, act.507a, Anhang 2, Beilage 2.
1102 Auf Arenenberg, dem Stammsitz Napoléons III. (1808–1873), befand sich gemäss Lessing ein geheimes Waffendepot der deutschen Revolutionsbewegung. Vgl. StAZ, Y 53, 3, act.507a, abgedruckt im Anhang 2, Beilage 2. Auch in einem anderen, vermutlich von Eyb verfassten Konfidentenschreiben wird Arenenberg als mutmassliches, von Dufour inspiziertes Waffenlager der Jungdeutschen bezeichnet. Vgl. Schl.-Holst. Landesbibliothek, StK, Deutsche Akten F.203, Nr.916, 3. Angeblich soll dort General Dufour bereits im März desselben Jahres Louis Napoléon im Einverständnis mit Ludwig Snell und Bernhard Lizius zu überreden versucht haben, eine revolutionäre Invasion in den süddeutschen Raum anzuführen. Vgl. Alberts Mitteilung nach Berlin vom 19. März 1835, HHStA, StK, Deutsche Akten 286, 105.
1103 Vgl. StAZ, Y 53, 3, act.507b, im Anhang 2, Beilage 2.
1104 Vgl. dazu Langhard J., Die politische Polizei (1990), 18ff.; im weiteren Kontext vgl. Biaudet J., La Suisse et la monarchie de Juillet 1830–1838 (1941).
1105 Vgl. Biographien (Anhang 1).
1106 Vgl. StAZ, Y 53, 3, act.507a, abgedruckt im Anhang 2, Beilage 2. Allerdings bleibt die Haltung Ludwig Snells gegenüber der «Jungen Schweiz» umstritten. Scherer weist später dessen Ablehnung der Jungen Schweiz nach. Vgl. Scherer A., Ludwig Snell und der schweizerische Radikalismus 1830–1850 (1954), 102. Ludwig Snell wurde u.a. auch wegen dieses von Lessing mitgeteilten Gerüchts von der Berner Regierung am 22. Juli 1836 inhaftiert. Vgl. Stiefel H., Dr. Ludwig Snells Leben und Wirken (1858), 118. Daneben war die von Carl und Hans Schnell ausgehende, von Missgunst und Rachsucht gespiesene Polemik gegen die beiden Snells, insbesondere für das Schicksal Ludwig Snells, ausschlaggebend. Vgl. Cattani A., Die Schweiz im politischen Denken Mazzinis (1951), 53.
1107 Die unterschiedlichen Namen beruhen gemäss Lessing auf blossem Etikettenschwindel. Vgl. HHStA, StK, Deutsche Akten 286, 10. Tatsächlich wurden die Junge Schweiz und der Nationalverein weitgehend von denselben Personen geleitet. Vgl. etwa die Statuten des schweizerischen Nationalvereins, beschlossen zu Schinznach, den 5. Mai 1835 wie auch der Appenzellisch-Vaterländischen Abtheilung des Vereins, genehmigt zu Teufen, den 23. August 1835, Heiden 1835.

1108 Vgl. dazu Cattani A., Die Schweiz im politischen Denken Mazzinis (1951), 41ff.; ferner Bettone G., Mazzini e La Svizzera (1995), 53.
1109 Vgl. dazu Pfister A., Aus den Berichten der preussischen Gesandten 1833–1839 (1909), 464ff.
1110 Lessing begründet seinen diesbezüglichen Optimismus damit, «dass das Volk hier im Allgemeinen für nichts Sinn hat, als für seine materiellen Interessen.» Vgl. StAZ, Y 53, 3, act.507b, abgedruckt im Anhang 2, Beilage 3.
1111 Vgl. StAZ, Y 53, 3, act.507b, abgedruckt im Anhang 2, Beilage 3.
1112 Vgl. StAZ, Y 53, 3, act.507b, abgedruckt im Anhang 2, Beilage 3.
1113 Vgl. das Schreiben Lessings an einen anonymen Adressaten vom 18. Juli 1835, wonach sich die Klubbs des Jungen Deutschlands 1835 in Zürich nach Genehmigung durch Friedrich L. Keller, den die preussischen Adressaten offenbar kannten, regelmässig getroffen hätten. Abgedruckt im Anhang 2, Beilage 3.
1114 Vgl. NZZ Nr.46 vom 17. April 1837, 183.
1115 Vgl. Anhang 2, Beilage 3.
1116 Vgl. StAZ, Y 53, 3, act.507c, abgedruckt im Anhang 2, Beilage 4.
1117 Vgl. ebd.
1118 Vgl. ebd.
1119 Vgl. ebd. Dies wird von Alban bestritten. Vgl. Albans Einvernahme vom 6. August 1836, StAZ, Y 53, 3, act.514.
1120 Tatsächlich stand damals ein solcher Angriff auf den französischen Bürgerkönig zur Diskussion. Rauschenplatt schreibt am 24. August 1835 aus Montpellier an Cratz in Zürich, das Problem eines Sturzes bestehe darin, dass man nicht absehen könne, wer auf den König folgen und die Macht an sich reissen würde. Zitiert bei Schmidt H., Die deutschen Flüchtlinge in der Schweiz, 126.
1121 Vgl. StAZ, Y 53, 3, act.507c, abgedruckt im Anhang 2, Beilage 4.
1122 Vgl. ebd.
1123 Zum Anschlag Fieschis vgl. Dierauer J., Geschichte der Schweizerischen Eidgenossenschaft, Bd.5/2 (1922), 619.
1124 Vgl. Schmidt H., Die deutschen Flüchtlinge in der Schweiz (1899), 129 und Pfister A., Aus den Berichten der preussischen Gesandten 1842–46 (1912), 4.
1125 Vgl. Kelchner/Mendelssohn-Bartholdy, Briefe des Königlich Preussischen Generals und Gesandten Theodor Heinrich Rochus von Rochow an einen Staatsbeamten (1873), 105.
1126 Vgl. Biographien (Anhang 1).
1127 Vgl. Biographien (Anhang 1).
1128 Der Verdacht der Teilnahme Snells an illegalen politischen Verbindungen wurde massgeblich durch Lessings Briefe genährt. Vgl. auch den Hinweis Lessings auf Konferenzen, die zwischen Vertretern der Carbonaria und des Jungen Deutschlands mit Ludwig Snell stattgefunden haben sollen, in: StAZ, Y 53, 3, act.507c, abgedruckt im Anhang 2, Beilage 4.
1129 Vgl. Rochows Mitteilung vom 18. April 1837 nach Berlin, GStA, HA III. MdA I, Nr.8642 (A.1871 vom 30. April 1837).
1130 Vgl. den Bericht v.Rochows vom 18. April 1837 nach Berlin, GStA, HA III. MdA I, Nr.8642 (A.1871 vom 30. April 1837).
1131 Vgl. den Bericht v.Rochows vom 24. April 1837 nach Berlin, GStA, HA III. MdA I, Nr.8642 (A.1917 vom 2. Mai 1837).
1132 Vgl. Schreiben vom 21. Mai und 5. Juli 1837, GStA, HA III.A.A.I, Rep.I, Nr.6894.

1133 Schreiben vom 1. Mai 1837 an das preussische Aussenministerium, GStA, HA III. MdA I, Nr.8642 (A.2049 vom 9. Mai 1837).
1134 Vgl. Rochows Mitteilung vom 18. Mai 1837 nach Berlin, GStA, HA III. MdA I, Nr.8642 (A.2310 vom 26. Mai 1837).
1135 Vgl. Schmidt H., Die deutschen Flüchtlinge in der Schweiz (1899), 129 und Pfister A., Aus den Berichten der preussischen Gesandten 1842–46 (1912), 4.
1136 Vgl. v.Rochows Schreiben an das preussische Aussenministerium vom 13. August 1837, GStA, HA III. MdA I, Nr.8642 (A.3399 vom 24. August 1837).
1137 Vgl. das Schreiben vom 5. März 1837, GStA, HA I. Rep.77, Tit.21, Lit.L, Nr.38, act.64.
1138 Vgl. die Mitteilung des Tagsatzungsbeschlusses an die Berliner Behörden. GStA, HA I. Rep.77, Tit.509, Nr.31, Adh. Bd.1, act.69f.
1139 Vgl. Schauberg J., Darstellung I, 91.
1140 Vgl. dazu Schoeps J., Agenten, Spitzel, Flüchtlinge (1977), 71–104.
1141 v.Rochow gibt sich über die Quelle dieser Informationen wortkarg. Sogar gegenüber Ancillon hält er sich bedeckt: «(...) – ich habe die Quelle zu verschweigen versprechen müssen – (...).» Vgl. v.Rochows Bericht an Ancillon vom 21. August 1836, GStA, HA III. MdA I, Nr.8642 (A.3724 vom 1. September 1836).
1142 Bereits im April 1836 unterrichtet v.Rochow Berlin darüber, dass Cratz von Rektor Lorenz Oken protegiert werde. Vgl. GStA, HA III. MdA I, Nr.8642 (A.2693 vom 29. Juni 1836). Cratz verliess die Zürcher Universität ohne Dissertation, trug dennoch wie auch Dieffenbach bereits den Titel eines Dr.med.
1143 Cratz schildert diese Ausschaffung in einer späteren Einvernahme folgendermassen: «Ein Tag vorher gleich nach dem Essen bin ich von Herrn Hauptmann Fehr in mein früheres Logis im grünen Häusli begleitet worden, dort stellte er einen Wachtmeister zu meiner Bewachung. Dieser blieb bis Abends nach 11 Uhr als sich denn alle Gäste aus dem grünen Häusli wegbegeben hatten. Den folgenden Morgen 4 Uhr erschien er wieder und nun fuhren wir nach dem Frühstück von hier in einem Einspänner nach Baden, wo wir in der Lindt übernachteten, den zweiten Tag kamen wir bis Burgdorf, und den dritten Mittags gegen 1 Uhr kehrten wir im Adler in Bern ein.» Auf Nachfrage des Verhörrichters, weshalb die Reise drei Tage gedauert hätte, erklärt Cratz, er habe sich mit dem Wachtmeister Müller Baden mal ansehen und dort noch ein Bad nehmen wollen, doch sei es an jenem Tag zu heiss gewesen, um im Thermalbad zu baden. Auch Burgdorf habe er sich angesehen. Vgl. StAZ, Y 53, 3, act.532 (Einvernahme vom 13. August).
1144 Bereits am 16. August verfügt das Bezirksgerichtspräsidium Zürich die Beschlagnahme der privaten Effekten der beiden Inhaftierten, nachdem der Vermieter Sicherung für ausstehende Mietzinsen beantragt hatte. Vgl. StAZ, Y 53, 3, act.550.
1145 Vgl. StAZ, Y 53, 3, act.509.
1146 So die Mitteilung v.Rochows an Ancillon vom 21. August 1836. Vgl. GStA, HA III. MdA I, Nr.8642 (A.3724 vom 1. September 1836).
1147 Bereits 1808 hatte die Tagsatzung die rechtlichen Grundlagen für Auslieferung und Polizeieinsätze jenseits der jeweiligen Kantonsgrenzen beschlossen. Vgl. Müller J., Geschichte der Kantonspolizei Zürich (1934), 24f.
1148 Vgl. StAZ, Y 53, 3, act.511f. und StAZ, Y 53, 3, act.532 (Einvernahme von Cratz).
1149 v.Meiss hätte Cratz gerne unvorbereitet mit der Denunziation konfrontiert und sich vom Überraschungseffekt nicht ohne Grund einen Einvernahmeerfolg erhofft. Tatsächlich zählt die sog. «Überraschungsmethode» auch heute noch zum Handwerkszeug

der Strafverfolgungsbehörden. Vgl. Bender/Wartemann, Vernehmung (1992), Rz.81ff.

1150 Cratz gab später an, der Berner Wachtmeister habe ihn zum Kantonal-Verhöramt bringen wollen. Er habe ihm gesagt, dass dieses – es war schon spät, als sie Zürich erreichten – zu dieser Stunde geschlossen sei. Er habe deshalb vorgeschlagen, im grünen Häusli einzukehren und von dort aus Hauptmann Fehr rufen zu lassen. Vgl. StAZ, Y 53, 3, act.532.

1151 So die Aussage der Serviertochter im grünen Häusli. Vgl. StAZ, Y 53, 3, act.513.

1152 Vgl. die Abschriften von Cratz' Einvernahme durch Roschi vom 27. Juli 1836, in: GStA, HA III. MdA I, Nr.8642 und GStA, HA I. Rep.77, Tit.509, Nr.31, Adh. Bd.2, act.155.

1153 «Welche Mordgeschichte hat Alban gehabt?» oder «Ist Ihnen denn auch nicht bekannt von dem Vorhaben der Ermordung eines gekrönten Hauptes?» Eine Abschrift von Cratz' Abhörung durch Roschi befindet sich auch bei den Zürcher Akten. Vgl. StAZ, Y 53, 3, act.526.

1154 Vgl. StAZ, Y 53, 3, act.526.

1155 Vgl. Schl.-Holst. Landesbibliothek, StA, StK, Deutsche Akten F.206, Nr.1218, 1 (Bericht Eybs nach Mainz vom April 1836).

1156 Vgl. StAZ, Y 53, 3, act.532.

1157 Vgl. HHStA, StK, Deutsche Akten 287, 560. Diese Behauptung Lessings wird durch Albert Ende Oktober 1835 dementiert. Vgl. HHStA, StK, Deutsche Akten 287, 13.

1158 Vgl. Lent D., Findbuch (1991), 280 und Schulte-Wülwer U., Harro Harring als Freund und Mitstreiter Mazzinis (1992/93), 27.

1159 Vgl. die exzerptweise Wiedergabe der Verhöre bei Lufft A., Hochverrat, in: Annalen Bd.1 (1845), 179ff.

1160 Vgl. das Schreiben des Regierungsrats vom 1. Oktober 1836 an das Kantonal-Verhöramt, StAZ, Y 53, 3, act.634.

1161 Vgl. Roschi J., Bericht (1836), 5.

1162 Der Segnes Pass, der Elm (Glarus) mit Flims (Graubünden) verbindet, befindet sich in unmittelbarer Nähe des Martins Loch. Gemäss Lessing führte die Reise jedoch über den Panixerpass. Vgl. Beilage 4.

1163 Möglicherweise ist der 1809 geborene, aus Preussen stammende Theologiestudent Carl Wilhelm Steinmetz, vulgo Schlottau, gemeint, der im Juni 1833 der polizeilichen Verfolgung zufolge Mitgliedschaft in der Greifswalder, Hallenser und Jenaer Burschenschaft sich durch Flucht in die Schweiz entzog und 1835 und 1836 in Spanien für die republikanische Sache kämpfte. Vgl. Roschi J., Bericht (1836), 101 sowie Ilse L., Geschichte der politischen Untersuchungen, Tabellarisches Verzeichnis der Flüchtlinge, 1. Abtheilung (1860), XXX; Verzeichniss (1836), 27.

1164 Es handelt sich dabei um Jacob Gondini, der von SS 1834 bis Ende WS 1836 in Zürich an der Philosophischen Fakultät immatrikuliert war und später in Heidelberg und Leipzig Medizin studierte. Gondini praktizierte nach 1842 als Arzt in Andeer, wurde Gemeindepräsident von Zillis und schliesslich Bündner Landammann. Er starb 1855 ledig in Andeer. Vgl. Helfenstein U., Matrikelverzeichnis.

1165 Vgl. StAZ, Y 53, 3, act.514.

1166 1904 erinnert sich die Zeitzeugin Claire v.Glümer, offenbar über die wirklichen Verhältnisse nie aufgeklärt, an Eybs Auftritte in Zürich: «Mein Vater hatte den Letztgenannten (Anm. Eyb) im Kreise der deutschen Flüchtlinge kennen gelernt und von ihm selbst erfahren, dass er aus politischen Gründen mit seiner Familie gebrochen und seine Heimat, Württemberg, verlassen habe. Auch dass seine Frau, eine Magnaten-

Tochter, dem fürstlichen Glanz ihres Vaterhauses entflohen sei, um dem armen Baron Eyb in die Verbannung zu folgen, hatte er meinem Vater erzählt. Trotz dieser Armut musste er jedoch über reichliche Geldmittel verfügen, da er jederzeit bereit war, seinen Gesinnungsgenossen in Geldverlegenheiten zu Hilfe zu kommen.» v.Glümer C., Aus einem Flüchtlingsleben (1904), 135.
1167 Vgl. StAZ, Y 53, 3, act.515.
1168 Vgl. StAZ, Y 53, 3, act.523.
1169 Vgl. StAZ, Y 53, 3, act.524.
1170 Vgl. StAZ, Y 53, 3, act.531.
1171 Gemäss Pfister sollten Untersuchungsinhaftierte so rasch als möglich einvernommen werden, um der Vorbereitung von Verteidigungs- bzw. Bestreitungsstrategien vorzubeugen. Vgl. Pfister L., Merkwürdige Criminalfälle, Bd.5 (1820), 509. Das lange Zuwarten mit der Einvernahme durch v.Meiss verstiess nicht gegen Nr.6 des Gesetzes über die Bedingungen der Verhaftung von 1831, zumal Cratz bereits anlässlich seiner Verhaftung in Bern durch den zuständigen Regierungsstatthalter Roschi «zu Protokoll einvernommen» worden war.
1172 Vgl. StAZ, Y 53, 3, act.532.
1173 Solches ist jedenfalls Eybs Konfidentenschreiben vom 10. Februar 1836 zu entnehmen. Eyb will die entwendeten Aktenstücke direkt nach Mainz gesandt haben. Vgl. Schl. Holst. Landesbibliothek, StK, Deutsche Akten F.205, Nr.1182.
1174 Poststempel Lausanne vom 21. August 1836. Vgl. StAZ, Y 53, 3, act.576.
1175 Im Juli 1836, kurz nachdem Conseil in Bern entlarvt worden war, schrieb v.Rochow an den Protokollanten der Preussischen Ministerial-Commission und Schlüsselfigur der politischen Verfolgung in Preussen Gustav Adolf Tschoppe in Berlin, man könne aufgrund von Eybs «Verhältnis zu Metternich (...) die Angelegenheit wegen Lessing nicht poussieren.» Vgl. GStA, Rep.92, Tschoppe, Nr.24, zitiert nach Kowalski W., Vorgeschichte und Entstehung (1962), 113, Anm.113. Zu Tzschoppes Funktion als Miturheber der Verfolgungen in Preussen vgl. Geiger L., Das Junge Deutschland (1900), 9f. Offenbar wurde bereits früher geprüft, wie man die Zürcher Behörden von preussischer Seite auf eine günstige, den eigenen Interessen entsprechende Fährte führen könnte. Vermutlich wartete man vorerst ab, um Gewissheit darüber zu erhalten, ob Eyb über seine eigene Spitzeltätigkeit schweigen würde. Nachdem er sich still verhalten hatte, konnte ein entsprechender Denunziationsversuch unternommen werden.
1176 Vgl. GStA, HA III. MdA I, Nr.8642 (A.3724 vom 1. September 1836).
1177 Vgl. StAZ, Y 53, 3, act.591.
1178 Vgl. HHStA, StK, Deutsche Akten 286, 295.
1179 Vgl. HHStA, StK, Deutsche Akten 286, 574. Vgl. auch das Schreiben vom 7. August 1835, HHStA, StK, Deutsche Akten 286, 158.
1180 Gemäss Lessing fand im Oktober eine weitere Zusammenkunft Snells u.a. mit Cratz, Alban, Lüning und Dieffenbach auf dem Landgut Maria Halde der Gräfin Benzel-Sternau in Erlenbach statt. Überdies soll sich Snell auch mit radikalen Politikern, so u.a. mit Hess, Hegetschweiler, Ulrich, Gessner und Zehnder, in Zürich getroffen haben. Vgl. HHStA, StK, Deutsche Akten 287, 659ff.
1181 Vgl. StAZ, Y 53, act.583.
1182 Vgl. StAZ, Y 53, 3, act.584.
1183 Die Mitteilung hätte gemäss prozessrechtlicher und gerichtsverfassungsmässiger Zuständigkeit an das Criminalgericht erfolgen müssen. Offenbar wandte sich v.Meiss direkt an Keller, da dieser die Verhaftung Cratz' veranlasst hatte und in der Angelegenheit bezüglich des aussenpolitischen Aspekts der Affäre eine wichtige Rolle wahrnahm.

1184 Vgl. StAZ, Y 53, 3, act.587.
1185 Mitteilung vom 1. September 1836, StAZ, Y 53, 3, act.588.
1186 Vgl. StAZ, Y 53, 3, act.592.
1187 Frau Michel bestätigt am 2. September 1836 gegenüber dem Verhörrichter diese Vermutung. Vgl. StAZ, Y 53, 3, act.598.
1188 Die Briefe aus Strassburg liegen bei den Akten, äussern sich aber nicht zum Mord an Lessing, sondern beschlagen lediglich Themen der politischen Verbindungen. Vgl. StAZ, Y 53, 3, act.594.
1189 Vgl. StAZ, Y 53, 3, act.593.
1190 Vgl. u.a auch Bettone G., Mazzini e La Svizzera, (1995), 34.
1191 Vgl. Schauberg J., Beilagenheft II, 33f.
1192 Vgl. dazu Dannat/Gottschalk, Die Abschaffung der Folter im Aufklärungsdiskurs (2000), 155f.
1193 Vgl. die Briefe, gesammelt in StAZ P 187.1 (2).
1194 Vgl. Pfister L., Merkwürdige Criminalfälle, Bd.5 (1820), 636.
1195 Vgl. Roschi J.E., Bericht (1836), 92f. und Kowalski W., Vorgeschichte und Entstehung (1962), 118.
1196 Vgl. Verzeichniss (1836), gemäss Reihenfolge der Namen.
1197 Vgl. StAZ, PP 31.5, 241 (Sitzung vom 1. September 1836).
1198 Vgl. StAZ, PP 31.5, 253 (Sitzung vom 17. September 1836).
1199 Vgl. StAZ, PP 31, 6, 75 und 178 (Sitzungen vom 15. März und 22. September 1837) und StAZ, P 189.1(2), (Akte Alban).
1200 In Anwendung von § 56 des Strafrechtspflegegesetzes: «Wenn das Cantonal-Verhöramt die Untersuchung vollständig erachtet, so übergibt es die sämmtlichen Acten dem Staatsanwald, welcher mit möglichster Beförderung dem Criminalgericht seinen Antrag über die Vollständigkeit einzureichen hat.»
1201 Vgl. StAZ, Y 53, 3, act.703.
1202 Diese Beurteilung verpflichtete das Gericht aber nicht zur Alternative von Freisprechung und Verurteilung, zumal auch Verdächtigsprechung und Instanzentbindung möglich waren. Erst das Gesetz betreffend das Strafverfahren vom 30. September 1852 schrieb in § 182 vor: «Wer vor Gericht gestellt wird, muss freigesprochen oder verurteilt werden.» Zur Urteilspflicht des Gerichts nach Versetzung in Anklagezustand und deren Entwicklung vgl. Bauhofer A., Wer vor Gericht gestellt wird (1956), 15ff., 25f.
1203 Vgl. StAZ, Y 53, 3, act.703. Nachdem die Untersuchungshaft der Kollusionsverhinderung nicht mehr zu dienen vermochte und sich als Beugehaft nicht bewährt hatte, war sie sinnlos geworden.
1204 Vgl. StAZ, Y 53, 3, act.704.
1205 Vgl. StAZ, Y 53, 3, act.705.
1206 Vgl. StAZ, Y 53, 3, act.707.
1207 Vgl. StAZ, Y 53, 3, act.711, 713f.
1208 Vgl. StAZ, Y 53, 3, act.725.
1209 Vgl. StAZ, Y 53, 3, act.727.
1210 Vgl. StAZ, Y 53, 3, act.732 (Einvernahme vom 14. Februar 1837).
1211 Vgl. StAZ, Y 53, 3, act.734 (Einvernahme vom 14. Februar 1837).
1212 Bericht Roschis vom 22. Februar 1837. Vgl. StAZ, Y 53, 3, act.741.
1213 Vgl. StAZ, Y 53, 3, act.743.
1214 Schauberg will sich der Liquidation dieser Vermögenswerte annehmen. Vgl. StAZ, Y 53, 3, act.739 (Mitteilung Schaubergs an v.Meiss vom 20. Februar 1837) und

Schlussbericht des Kantonal-Verhöramts an das Criminalgericht vom 4. März 1837. Vgl. StAZ, Y 53, 3, act.719.

1215 Die Staatsanwaltschaft wäre berechtigt gewesen gegen die Vollständigerklärung der Akten durch das Criminalgericht beim Obergericht zu rekurrieren. Vgl. § 57 des Strafrechtspflegegesetzes.

1216 Vgl. StAZ, Y 53, 3, act.767.

1217 «In allen Fällen, wo es sich nach der Ansicht des Criminalgerichts oder des Staatsanwaldes um Verhängung einer Todesstrafe, Kettenstrafe oder Zuchthausstrafe handeln könnte, soll dem Angeschuldigten, auch wenn er es nicht verlangt, in soferne er nicht schon einen Vertheidiger bezeichnet hat, ein solcher von Amtswegen aus der Zahl der patentirten Rechtsanwälde beygeordnet werden, welchen der Präsident des Criminalgerichts zu bezeichnen hat.» § 60 des Strafrechtspflegegesetzes.

1218 Vgl. Abegg J., Lehrbuch des gemeinen Criminal-Prozesses (1833), § 144 und Pfister L., Merkwürdige Criminalfälle, Bd.5 (1820), 655.

1219 Vgl. dazu die Ausführungen bei Henke E., Handbuch, Bd.4 (1838), 383f.

1220 Zur Stellung und Bedeutung von peinlichen Sachwaltern und Defensoren im damaligen deutschen Strafprozess vgl. Martin Ch., Lehrbuch (1836), § 50f.; mit Bezug auf Zürich vgl. Bühlmann W., Die Entwicklung der Zürcherischen Strafrechtspflege (1974), 36ff.

1221 Beschluss vom 31. Januar 1837. Vgl. StAZ, Y 53, 3, act.749. § 59 des Strafrechtspflegegesetzes statuiert ein ausdrücklich ein unbeschränktes Akteneinsichtsrecht des Angeschuldigten und dessen Verteidigers. Auf Verlangen steht diesen auch ein Anspruch auf eine «Unterredung ohne Zeugen» zu. Martin, der das Akteneinsichtsrecht zwar begreift und bei grosszügiger Gewährung die Vereitelung der Untersuchung befürchtet, verneint das Recht des Verteidigers auf Aktenzustellung. Vgl. Martin Ch., Lehrbuch (1836), § 59. Auch Abegg hält die Verweigerung der Übergabe von Originalakten an den Verteidiger für zulässig. Allerdings billigt er diesem einen Anspruch auf die Lieferung von Abschriften zu. Falls dies nicht möglich ist, muss jedenfalls Gelegenheit zu ungestörter Einsicht und Zusammenkunft mit dem Angeschuldigten ohne das Beisein eines Beamten möglich sein. Vgl. Abegg J., Lehrbuch des gemeinen Criminal-Prozesses (1833), § 147. In der Zürcher Akte und bei Schauberg findet sich kein Hinweis darauf, dass durch die Verweigerung der Aktenherausgabe unter Zubilligung der Einsicht in den Räumlichkeiten des Verhöramts eine Einschränkung im Akteneinsichtsrecht erfolgt wäre. Schauberg verfertigte vor Ort Abschriften, welche er für seine Publikation benötigte. Er dürfte dazu angesichts des Aktenumfangs mehrere Wochen Zeit benötigt haben.

1222 Vgl. StAZ, Y 53, 3, act.752f.
1223 Vgl. StAZ, Y 53, 3, act.754.
1224 Vgl. StAZ, Y 53, 3, act.756.
1225 Vgl. StAZ, Y 53, 3, act.757.
1226 So die Angaben Heinrich Brunners. Vgl. StAZ, Y 53, 3, act.758.
1227 Vgl. StAZ, Y 53, 3, act.759.
1228 Vgl. StAZ, Y 53, 3, act.760.
1229 Einem Konfidentenschreiben Lessings vom 2. März 1835 ist zu entnehmen, dass Frau Zehnder mit Dieffenbach ein intimes Verhältnis unterhalten hatte. Vgl. HHStA, StK, Deutsche Akten 285, 365.
1230 Regierungsrat Dr. Ulrich Zehnder, bei dem Dieffenbach als Assistenzarzt gearbeitet hatte, vertrat bekanntlich eine sehr liberale Haltung gegenüber politischen Flüchtlingen. Vgl. dazu den hier massgebenden Teil seiner Lebenserinnerungen, publiziert bei

Schnyder W., Die Dreissiger Jahre des 19. Jahrhunderts, in: Zürcher Taschenbuch NF Bd.62 (1942), 164ff., insbesondere 188. Das Haus Zehnder war den Flüchtlingen wohlgesinnt und bot diesen, daran besteht kein Zweifel, häufig Schutz und Aufnahme. Auch Georg Büchner wohnte ab Herbst 1836 bis zu seinem Tod am 19. Februar 1837 bei Zehnder an der Spiegelgasse. Über die bescheidenen Wohnverhältnisse im Hause Zehnders 1836 vgl. Hauschild J.-Ch., Georg Büchner (1997), 724f.

1231 Im gedruckten Urteil ist die Rede von einem Franz Theodor «Kimmer». Die Person dürfte jedoch mit dem oben erwähnten Medizinstudenten Franz Thaddäus Kämmer identisch sein.

1232 Aktennotiz vom Abend des 5. April 1837. Vgl. StAZ, Y 53, 3, act.761.

1233 Vgl. Urteil, 43.

1234 Vgl. StAZ, Y 53, 3, act.762.

1235 Vgl. StAZ, Y 53, 3, act.763 (Konfrontationseinvernahme zwischen Baron und Kämmer).

1236 Angabe des Landgerichts in Kassel vom 27. September 1837. Vgl. StAZ, Y 53, 3, act.769. Im Juni 1837 wanderte Göbel in die USA aus, wo er vorerst in New York, ab 1839 in Philadelphia im dortigen «Weidig-Komitee» sich politisch im Geist des Frühsozialismus betätigte. Vgl. Lent D., Findbuch (1991), 314.

1237 Vgl. NZZ Nr.47 vom 19. April 1837, 186.

7 Beurteilung und Kritik

1238 Einen ähnlichen Vorwurf gegen das Vorgehen der Behörden nach der Tat äussert v.Rochow in einem Schreiben vom 16. April 1836 gegenüber dem Geheimen Staatsminister Ancillon. Vgl. GStA, HA III. MdA I, Nr.8642 (A.2693 vom 29. Juni 1836).

1239 So verbreitete ein Deutscher namens Courier im Sommer 1836 das Gerücht, der in Mülhausen lebende Flüchtling und radikale Aktivist August Christian Scharpf, geboren 1804, aus Homburg stecke hinter dem Mord an Lessing. v.Rochow unterrichtete die Ministerial-Commission, dass dies nicht wahr sein könne, da Scharpf die Schweiz nie betreten habe. Vgl. GStA, HA I. Rep.77, Tit.509, Nr.31, Adh. Bd.1, act.82. Vgl. auch Gerlach A., Deutsche Literatur im Schweizer Exil (1975), 37. Scharpf sollte 1834 jedoch auf Vorschlag Mazzinis Präsident des Berner «Central-Committés» des Jungen Deutschlands werden. Vgl. Roschi J.E., Bericht (1836), 24. Scharpf wurde in Deutschland wegen ehrenrühriger Protestation gegen die Bundestagsbeschlüsse vom 28. Juni 1832 polizeilich gesucht. Vgl. Ilse L., Geschichte der politischen Untersuchungen, Tabellarisches Verzeichnis der Flüchtlinge, 1. Abtheilung (1860), XXVI.

1240 Vgl. dazu die Kritik Mittermaiers in seinem Aufsatz «Über die Ausdehnung der Criminaluntersuchungen» (1820), 541ff. sowie Siemann W., Der Vorrang der Staatspolizei vor der Justiz (1987), 205.

1241 Pfister hält die Erstellung eines Untersuchungsplans für die Durchführung der Generalinquisition für dringend angezeigt, da sich der Untersuchungsrichter von Anfang an Rechenschaft über den Erfolg des von ihm eingeschlagenen Weges ablegen müsse, was nach der Abschaffung der Tortur im Strafprozess mancher deutscher Staaten umso notwendiger geworden sei. Aus diesen Ausführungen wird deutlich, dass die fachlichen und intellektuellen Anforderungen an die Strafverfolgungsbehörden mit der Abschaffung der Folter anstiegen, zumindest von Pfister um 1820 als höher beurteilt werden. Vgl. Pfister L., Merkwürdige Criminalfälle, Bd.5 (1820), 629ff.

1242 Vgl. GStA, HA III. MdA I, Nr.8642 (A.2693 vom 29. Juni 1836).

1243 Über Wünschbarkeit und Gestaltung einer solchen vgl. Bender/Wartemann, Vernehmung (1992), Rz.25f.
1244 Vernehmungsdialoge laufen in polizeilichen Einvernahmen überwiegend auf einer zwangskommunikativen Ebene. Der Ebenenwechsel fällt auch in jüngerer Zeit manchen Polizeibeamten schwer. Vgl. die Ergebnisse der Studie von Banscherus J., Polizeiliche Vernehmung (1977), 258f.
1245 Die moderne Vernehmungstaktiklehre warnt vor einer durch vorgefasste Erwartungen bedingt einseitigen Schwerpunktbildung auf Seiten des die Einvernahme leitenden Beamten. Vgl. Bender/Wartemann, Vernehmung (1992), Rz.23.
1246 Vgl. StAZ, Y 53, 2, act.113.
1247 Die Festlegungsmethode wird heute für die Einvernahme von aussagewilligen, die Unwahrheit angebenden Zeugen empfohlen. Fehlen jedoch zufolge mangelnder Aussagebereitschaft Informationen, die ein Festnageln ermöglichen, so kann der Einvernommene nicht ausreichend gründlich einvernommen werden. Die auf die Festlegung folgende Widerlegung der Aussagen kann nicht erfolgreich durchgeführt werden. Vgl. Bender/Wartemann, Vernehmung (1992), Rz.77.
1248 Zur Prüfung der Glaubwürdigkeit von Zeugenaussagen nach diesen Kriterien vgl. Arntzen F., Psychologie der Zeugenaussage (1993), 27ff., 55ff. bzw. mit Bezug auf die unglaubwürdige Zeugenaussage, ebd., 111ff.
1249 So können die aus den grossen Unterschieden in der Bildung der Einvernommenen zwangsläufig erwachsenden Differenzen im persönlichen Ausdruck durch den wenig anschaulichen Protokollstil nur ansatzweise nachvollzogen werden. Die moderne kriminalistische Protokollierungstechnik legt grossen Wert auf möglichst authentische Wiedergabe des Ausdrucks und der persönlichen sprachlichen Nuancen des Einvernommenen. Vgl. etwa Hauser R., Die Protokollierung im zürcherischen Strafprozess (1980), 26.
1250 Auslassungen und Modifikationen sind typische Protokollierungsfehler. Vgl. Nack A., Wiedergabe und Protokollierung von Zeugenaussagen (1995), 79f.
1251 Vgl. dazu Walder H., Aussagepsychologie (1980), 279.
1252 Diese Frage wurde u.a. Ferdinand Groschvetter gestellt. Vgl. dessen Einvernahme vom 1. Dezember 1835, StAZ, Y 53, 2, act.169.
1253 Vgl. Banscherus J., Polizeiliche Vernehmung: Formen, Verhalten, Protokollierung (1977), 260. Zum Anspruch einer kompetenten Protokollierungstechnik im Spannungsfeld von Vollständigkeit und Wesentlichkeit vgl. Walder H., Die Vernehmung des Beschuldigten (1965), 180; sodann auch Bender/Wartemann, Vernehmung (1992), Rz.139ff.
1254 So mit Bezug auf Fangfragen etwa Martin Ch., Lehrbuch (1836), § 65, 154f. Der Versuch, eine einzuvernehmende Person in Widersprüche zu verwickeln, wird meist scheitern, wenn diese die Wahrheit sagt oder aber sich ein logisch vertretbares, gut durchdachtes und memoriertes Lügengebäude bereitgelegt hat. Die Strafverfolgungsbehörde wird an Glaubwürdigkeit verlieren, wenn ihre Entlarvungsversuche durchschaubar, das Fragemuster zu simpel gestrickt wird. Vgl. die Kritik mit Bezug auf den Fall Zwahlen bei Born H., Mord in Kehrsatz (1989), 177.
1255 Das Problem des suggestiven Einwirkens auf den Angeschuldigten ist damals bereits bekannt und wird auch ausserhalb der juristischen Fachliteratur beschrieben. So lässt Goethe Vansen im 4. Aufzug des «Egmont» auf die Feststellung des naiven Zimmermeisters, wonach man bei einem Unschuldigen nichts «heraus verhören» könne, ausrufen: «O Spatzenkopf! Wo nichts herauszuverhören ist, da verhört man hinein.» Erweitert zitiert nach dem Hinweis bei Walder H., Die Vernehmung des Beschuldigten

(1965), 156. Suggestivfragen sind nach v.Grolman nur erlaubt, sofern die unterstellten Hauptumstände tatsächlich erwiesen seien. Allerdings lässt er auch Suggestivfragen zu, wenn der Richter «mit Gewissheit annehmen kann», dass der Angeschuldigte noch weitere «zur Aufrechterhaltung der Glaubwürdigkeit des Bekenntnisses genügende Hauptumstände müsse angeben können.» Für absolut verboten hält v.Grolman einzig Suggestivfragen, welche nicht erwiesene Tatsachen unterstellen, da die jeweiligen Antworten keine volle Beweiskraft entfalteten. Vgl. v.Grolman K., Grundsätze der Criminalrechts-Wissenschaft (1825), §§ 468ff. und 482. Gegen jede Art von Suggestivfragen unter Vorbehalt von «captiösen Fragen» bei offensichtlichem Lügen äussert sich Martin Ch., Lehrbuch (1836), § 62, 137f. und § 65, 154f.; ähnlich auch Abegg J., Lehrbuch des gemeinen Criminal-Prozesses (1833), § 116. Zum Einfluss des Einvernehmenden durch die Art seiner Fragestellung auf das Aussageverhalten des Einvernommenen mit Bezug auf den sog. Pygmalion-Effekt vgl. Nack A., Wiedergabe und Protokollierung von Zeugenaussagen (1995), 75. Zum damaligen Wissensstand betreffend Einvernahmepsychologie ist die v.Meiss möglicherweise bekannte Studie von Wilhelm Snell, Betrachtungen über die Anwendung der Psychologie im Verhöre mit dem peinlich Angeschuldigten (1819), zu erwähnen.

1256 Die falsche Paraphrasierung gilt als typischer Protokollierungsfehler. Vgl. Nack A., Wiedergabe und Protokollierung von Zeugenaussagen (1995), 79f.

1257 v.Grolman weist mit Nachdruck darauf hin, dass sich der Richter mit «allgemeinen Bekenntnissen» nie begnügen dürfe, sondern durch sorgfältiges Nachfragen die einzelnen Umstände auszumitteln habe. Vgl. v.Grolman K., Grundsätze der Criminalrechts-Wissenschaft (1825), § 472.

1258 Dies kritisiert auch der Gesandte v.Rochow in seinem Schreiben vom 28. Oktober 1837 an den Geheimen Staats- und Kabinetsminister v.Werther. Er hebt «die sehr geringen Fähigkeiten» des Verhörrichters v.Meiss hervor. Vgl. GStA, HA I. Rep.77, Tit.21, Lit.L, Nr.38, act.82. Vgl. sodann die neuere allgemeine Kritik an einem derartigen Verhörstil bei Walder H., Die Vernehmung des Beschuldigten (1965), 137f.

1259 Vgl. Pfister L., Merkwürdige Criminalfälle (1820), 642.

1260 Mit Hinweis auf verschiedene Autoren vgl. dazu Nack A., Wiedergabe und Protokollierung von Zeugenaussagen (1995), 75f.

1261 So herrscht im Strafprozessrecht des 20. Jh. gemeinhin die Meinung, dass Beschuldigteneinvernahmen nur nach genauer Vorbereitung erfolgen sollten und der Untersuchungsrichter gegenüber dem Einvernommenen stets die genaue Kenntnis des gesammelten Aktenmaterials signalisieren sollte. Vgl. dazu Gross H., Handbuch für Untersuchungsrichter Bd.1 (1922) oder Walder H., Die Vernehmung des Beschuldigten (1965), 110. Diese Kenntnisse gehen dem Untersuchungsrichter ab, der Widersprüche zu bereits stattgefundenen Einvernahmen nicht bemerkt.

1262 Vgl. Pfister L., Merkwürdige Criminalfälle, Bd.5 (1820), 506.

1263 Vgl. Pfister L., Merkwürdige Criminalfälle, Bd.5 (1820), 534–545.

1264 Jedenfalls wäre die Annahme verfehlt, damals wären Strafprozesse grundsätzlich durch menschenverachtende Behörden mit ebensolchen Mitteln geführt worden, während die heutigen Strafverfolgungsorgane, durch Verfassung und Europäische Menschenrechtskonvention zivilisiert, Tatverdächtigen stets mit Humanität und Respekt begegneten.

1265 Vgl. v.Treitschke H., Deutsche Geschichte im Neunzehnten Jahrhundert, Bd.4 (1889), 606.

1266 Pupikofer ging es darum, kein schlechtes Licht auf den von ihm als herausragenden, integren und brillianten Politiker geschilderten Bürgermeister Hess, der mit der Strafuntersuchung als Präsident des Polizey-Raths in engem Zusammenhang stand, zu werfen. Vgl. die Schilderung bei Pupikofer J.A., Johann Jakob Hess (1859), 137.

1267 Heinrich Escher hatte für den strafprozessrechtlichen Unterricht am politischen Institut in Zürich, wo wahrscheinlich auch v.Meiss seine juristische Bildung bezogen hatte, 1816 Hermann Wilhelm Eduard Henkes «Lehrbuch der Strafrechtswissenschaft» eingeführt. Seit 1818 wurde gestützt auf die Lehrbücher von Feuerbach und Martin unterrichtet. 1824 stützte sich Johann Caspar Ulrich in seinem strafprozessrechtlichen Unterricht auf das 1810 in Heidelberg erschienene Lehrbuch Carl J.A. Mittermaiers, «Handbuch des Peinlichen Prozesses». Ferner beruhten seine Vorträge auf Christoph Carl v.Stübels fünfbändigem, 1811 in Leipzig erschienenen Werk «Das Kriminal-Verfahren in den Deutschen Gerichten». Vgl. Guggenheim Th., Die Anfänge des strafrechtlichen Unterrichts in Zürich (1965), 64f. und 89. An der Hochschule Zürich unterrichteten Georg Wilhelm August Sell und Josef Schauberg ab SS 1835 nach dem Lehrbuch v.Feuerbachs. Vgl. Odermatt T., Der strafrechtliche Unterricht an der Universität Zürich (1975), 45, 53.

1268 Auch die parallel geführte Untersuchung gegen Ernst Schüler in Bern ist geprägt vom Schweigen der involvierten Flüchtlinge und Handwerker, soweit nach Namen gefragt wird. Vgl. Lufft A., Hochverrat, in: Annalen Bd.1 (1845), 179ff. Roschi erklärt, seine umfangreiche Untersuchung der Machenschaften des Jungen Deutschlands im Kanton Bern sei hauptsächlich wegen der konsequenten Verschwiegenheit der verhörten Personen gescheitert. Vgl. Roschi J., Bericht (1836), 45. Dass das Schweigen der Einvernommenen tatsächlich auf eiserner Entschlossenheit beruhte, erscheint umso wahrscheinlicher, wenn man sich vor Augen hält, dass der damalige Berner Strafprozess mehr Spielraum für «strenge Verhöre» erlaubte, als dies das Strafrechtspflegegesetz von 1831 in Zürich zuliess, und Roschi ein wenig zimperlicher Ermittler war, der durch die Berner Regierung wegen schlechter Behandlung von Verfahrensbeteiligten schon zuvor hatte gerügt werden müssen. Vgl. Schmidt H., Die deutschen Flüchtlinge in der Schweiz (1899), 137. Ferner war im Mai 1835 gegen Roschi zufolge ungerechtfertigter Verhaftung ein Verfahren wegen Überschreitung der Amtsgewalt geführt worden. Vgl. das über die sich dabei stellenden Rechtsfragen eingeholte Rechtsgutachten der Juristenfakultät Zürich (1835).

1269 Die moderne Einvernahmetaktik misst der detaillierten Planung der Einvernahme einen hohen Stellenwert zu. Vgl. Bender/Wartemann, Vernehmung (1992), Rz.87ff.

1270 Vgl. die Darstellung des Falles bei Müller J., Ich bin auch da (1951), 7ff. und Baumann W., Von Fall zu Fall (2000), 131ff.

1271 Anlässlich des «grossen Gaunerprozesses» 1826, der auch die Aufklärung des rätselhaften Todes des luzernischen Schultheissen Keller zum Gegenstand hatte, wurde eine solche Konferenz zur Koordination des Verfahrens eingeleitet. Vgl. Tobler G., Regierungsstatthalter Jakob Emanuel Roschi (1905), 7f. Über den «grossen Gaunerprozess» vgl. v.Wyss F., Leben der beiden zürcherischen Bürgermeister David von Wyss, Bd.2 (1886), 512–522 sowie Escher H., Geschichtliche Darstellung und Prüfung der über die denunzirte Ermordung Herrn Schultheiss Kellers sel. von Luzern verführten Kriminalprozedur (1826).

1272 v.Rochow erklärt den bisherigen Misserfolg der Strafuntersuchung mit Schreiben vom 15. Januar 1836 an die Ministerial-Commission damit, dass das Criminalgericht wie auch der Regierungsrat von «Radikalen und als solche Freunde der deutschen Flüchtlinge» dominiert würden. Vgl. GStA, HA III. MdA I, Nr.8642 (A. 213).

1273 Vgl. HHStA, StK, Deutsche Akten 285, 327.

1274 Vgl. Schl.-Holst. Landesbibliothek, StK, Deutsche Akten F.203, Nr.916, 9.

1275 Vgl. HHStA, StK, Deutsche Akten 285, 327.
1276 Vgl. Lessings Mitteilung vom 20. August 1835, HHStA, StK, Deutsche Akten 287, 355.
1277 Vgl. Dändliker K., Geschichte der Stadt und des Kantons Zürich, Bd.3 (1912), 290.
1278 Vgl. HHStA, StK, Deutsche Akten 285, 368. Diese Einschätzung wird dadurch gestützt, dass Keller Lessing, wie oben erwähnt, jedenfalls gegenüber Cratz als Spion bezeichnete.
1279 Vgl. HHStA, StK, Deutsche Akten 285, 369.
1280 Vgl. HHStA, StK, Deutsche Akten 286, 345.
1281 Vgl. Lessings Bericht vom 5. Juni 1835; HHStA, StK, Deutsche Akten 286, 427.
1282 Vgl. HHStA, StK, Deutsche Akten 287, 557.
1283 Vgl. HHStA, StK, Deutsche Akten 287, 613.
1284 Vgl. HHStA, StK, Deutsche Akten 285, 325.
1285 Vgl. HHStA, StK, Deutsche Akten 285, 56.
1286 Mit Bezug auf Hess' Ruf als den Flüchtlingen hilfreicher Politiker vgl. Hauschild J.-Ch., Georg Büchner (1985), 397. Zu seiner Rolle in der Flüchtlingsaffäre vgl. Pupikofer J.A., Johann Jakob Hess (1859), 137ff.; mit Bezug auf die Ermordung Lessings erwähnt auch bei Biaudet J.-Ch., Der modernen Schweiz entgegen (1977), 930. Als die Ausweisung trotz seiner Verwendung unumgänglich wurde, riet Hess Dieffenbach von einem Rekurs gegen den Ausweisungsbeschluss der Regierung ab, da dieser zwar tatsächlich ungerecht behandelt worden sei, jedoch durch ein Verfahren erhebliche Kosten entstehen könnten, da keine günstigere Beurteilung zu erwarten sei. Klüger sei es, sich vorläufig zu fügen und bessere Zeiten abzuwarten. Vgl. Dieffenbachs Schreiben vom 5. August 1836 an den Vater, bei Mesenhöller P., Ernst Dieffenbach Flüchtlingskorrespondenz 2. Teil (2000), 680.
1287 Vgl. HHStA, StK, Deutsche Akten 285, 369.
1288 Mörgeli streicht mit Blick auf Hegetschweiler die Naivität der damaligen intellektuellen Liberalen in Zürich gegenüber den Flüchtlingen hervor. Vgl. Mörgeli Ch., Dr.med. Johannes Hegetschweiler (1986), 140. v.Rochow spricht, sich auf die radikale Haltung des Politikers und Arztes beziehend, vom «berüchtigten Staatsrath Hegetschweiler». Vgl. GStA, HA III. MdA I, Nr.8642 (A.2693 vom 29. Juni 1836).
1289 Vgl. Konfidentenschreiben vom 29. März 1835 aus Zürich vermutlich von Albert, HHStA, StK, Deutsche Akten 286, 64.
1290 Vgl. Lessings Mitteilung nach Berlin vom 26. Mai 1835, HHStA, StK, Deutsche Akten 286, 344.
1291 Vgl. das «Schreiben des Cantonal-Verhöramtes an den h. Polizey-Rath des Cantons Zürich, d.d. 2. April 1836», StAZ, Y 53, 2, act.252.
1292 Vgl. Schauberg J., Darstellung I, 67f.
1293 Die Korrespondenzen wurden vom Polizey-Rath wie auch vom Criminalgericht und vom Verhörrichter eingesehen. Da sie keine Hinweise auf die Urheberschaft am Mord Lessings enthielten, interessierte sich der Verhörrichter erst wieder im April 1836 für die Briefe, nachdem seine Untersuchung sich auf die politischen Umtriebe der Flüchtlinge zu konzentrieren begann. Die Genehmigung zur Rückgabe an das Kantonal-Verhöramt durch den Polizey-Rath erfolgte in dessen Sitzung vom 12. April 1836. Vgl. StAZ, PP 31.5, 190f.
1294 Soweit offiziell spedierte Briefe die Schweizer Grenze zu passieren hatten, dürfte ihr Inhalt i.a. wenig brisant gewesen sein, da auf die Preisgabe politisch heikler Informationen angesichts der an der deutschen und österreichischen wie auch französischen Grenze praktizierten Briefzensur mit Vorteil verzichtet wurde. Zu diesen Briefkon-

trollen vgl. Lenherr L., Ultimatum an die Schweiz (1991), 124f. Allerdings verschickte etwa Mazzini seine Korrespondenzen unvorsichtigerweise regelmässig mit der regulären Briefpost. Die österreichische Geheimpolizei verfügte über einen nachgestochenen Metallsiegelstempel Mazzinis, mit dem die erbrochenen Briefe neu versiegelt wurden, sodass die Kontrolle nicht bemerkt wurde. Vgl. Schulte-Wülwer U., Harro Harring als Freund und Mitstreiter Mazzinis (1992/93), 13.

1295 Vgl. HHStA, StK, Deutsche Akten 285, 327.
1296 Lessing stellt Kombst als üblen Drahtzieher innerhalb der Zürcher Klubbs dar und verrät dessen politisches Engagement. Vgl. Anhang 2, Beilage 3. Kombst brachte für Lessing daher auch keinerlei Sympathie auf, zumal er das in Preussen gegen ihn angestrengte Verfahren wegen Hochverrats auf Lessings Konfidentenberichte zurückführte. Vgl. Kombst G., Erinnerungen (1848), 110f.
1297 Vgl. GStA, HA III. A.A.I, Rep.I, Nr.6894.
1298 Vgl. die Mitteilung v.Rochows vom 18. Mai 1837 an das preussische Aussenministerium, GStA, HA III. MdA I, Nr.8642 (A.2310 vom 26. Mai 1837).
1299 Vgl. die Schreiben v.Rochows vom 13. August und 28. Oktober 1837. Exzerptweise zitiert bei v.Treitschke H., Deutsche Geschichte im Neunzehnten Jahrhundert, Bd.5 (1894), 756. Ferner GStA, HA III.A.A.I, Rep.I, Nr.6892, act.196f. und GStA, HA III. MdA I, Nr.8642 (A.4076 vom 7. November 1837).
1300 Vgl. GStA, HA III A.A I, Rep.I, Nr.6894, 21. Mai 1837.
1301 Vgl. v.Treitschke H., Deutsche Geschichte im Neunzehnten Jahrhundert, Bd.4 (1889), 606. In seinem abschliessenden Bericht vom 28. Oktober 1837 an das preussische Aussenministerium in Berlin hatte v.Rochow die «sehr geringen Fähigkeiten» des Verhörrichters und die «unverantwortlichen Verstösse der Polizeibeamten» für das Scheitern der Untersuchung verantwortlich gemacht. Vgl. GStA, HA III. MdA I, Nr.8642 (A.4076 vom 7. November 1837).
1302 Im als Beilage eines Schreibens des Fürsten Wittgenstein deklarierten Konfidentenbericht aus Zürich vom 19. März 1835 wird festgestellt, dass die Zürcher Polizeibehörden über das Treiben der Flüchtlinge durchaus informiert seien, man jedoch nicht eingreife, um die Männer an der Spitze der Regierung (Keller, Hegetschweiler und Ulrich) nicht zu kompromitieren. Vgl. Schl.-Holst. Landesbibliothek, StK, Deutsche Akten F.203, Nr.916, 3. Das Bestehen eines breiten Wissensstandes zu dieser Zeit dürfte tatsächlich auf die Mitglieder des Polizey-Rathes zutreffen, nicht aber auf die unteren Organe der Strafrechtspflege (Bezirksstatthalter, Kantonal-Verhörrichter).
1303 Vgl. den die Verhältnisse stark generalisierenden Bericht v.Engelshofens an Metternich vom 8. Juni 1836, Schl.-Holst. Landesbibliothek, StK, Deutsche Akten F.206, Nr.1257, 2.
1304 v.Löw stellt einzig fest, die politischen Flüchtlinge seien «infolge der neuesten Verfügungen fast gänzlich verschwunden.» Vgl. v.Löw C.L., Zürich im Jahre 1837 (1837), 67.
1305 Dieses Phänomen gilt in der Kriminalistik als notorische Erscheinung, wenn der Hauptstrang der Ermittlungen abreisst. Vgl. Müller J., Ich bin auch da (1951), 18.
1306 Vgl. das Schreiben des Zürcher Bürgermeisters Hess an den Regierungsrat des Kantons Zürich vom 14. Juni 1836. GStA, HA III.A.A.I, Rep.I, Nr.6894, 208.
1307 Vgl. GStA, HA III. MdA I, Nr.8642 (A.2693 vom 29. Juni 1836).
1308 So seine Mitteilung an das preussische Aussenministerium vom 28. Oktober 1837, GStA, HA III. MdA I, Nr.8642 (A.4076 vom 7. November 1837).

1309 Vgl. v.Rochow, in: Kelchner/Mendelssohn-Bartholdy, Briefe des Königlich Preussischen Generals und Gesandten Theodor Heinrich Rochus von Rochow an einen Staatsbeamten (1873), 57.
1310 Vgl. v.Rochow, in: Kelchner/Mendelssohn-Bartholdy, Briefe des Königlich Preussischen Generals und Gesandten Theodor Heinrich Rochus von Rochow an einen Staatsbeamten (1873), 69.
1311 Vgl. v.Rochows Lagebericht vom 20. Februar 1836, GStA, HA I. Rep.77, Tit.509, Nr.31, Bd.2, act.64ff.
1312 Vgl. dazu v.Treitschke H., Deutsche Geschichte im Neunzehnten Jahrhundert, Bd.5 (1894), 755.
1313 Vgl. Schl.-Holst. Landesbibliothek, StK, Deutsche Akten F.205, Nr.1182.
1314 Zum gleichen Schluss gelangt auch Hermann Venedey. Vgl. Venedey H., Jakob Venedey (1930), 90. Schieder behauptet dagegen, dem § 52 der Statuten des Jungen Deutschlands, wonach für Verrat die Todesstrafe zu verhängen war, sei von Anfang an keine praktische Bedeutung zugekommen. Vgl. Schieder W., Anfänge der deutschen Arbeiterbewegung (1963), 44, Anm.97.
1315 Eine 1836 unter Handwerkern in der Schweiz verbreitete Moritat beinhaltet als Strophe des Messerschmieds: «Bin Messerschmied, mit Ehr und Recht, und mach' jetzt allweil Dolche, auf Fürsten und auf Fürstenknecht und auf die Pfaffenmolche! Die Rache wird Gerechtigkeit, durch all die Willkür unserer Zeit.» Vgl. Schieder W., Anfänge der deutschen Arbeiterbewegung (1963), 171. Weder Büchse noch Schwert oder Kanone, sondern der Dolch ist des Handwerkers Waffe. Auch ein Schweizer, der 1834 nach der Steinhölzli-Versammlung sich missbilligend über dieselbe geäussert hatte, soll von deutschen Handwerkern «beinahe zu Tode geprügelt» worden sein. Vgl. HHStA, StK, Deutsche Akten 283, 499.
1316 Vgl. Sailers Schreiben an Hennenhofer vom 5. November 1835, abgedruckt bei Schauberg J., Beilagenheft I, Beilage 19, 119.
1317 Vgl. Groschvetters Schreiben vom 2. Mai 1835, abgedruckt bei Schauberg J., Beilagenheft I, Beilage 26, 140.
1318 Vgl. HHStA, StK, Deutsche Akten 282, 634.
1319 Vgl. HHStA, StK, Deutsche Akten 287, 554.
1320 Vgl. HHStA, StK, Deutsche Akten 287, 660.
1321 So Lessings Darstellung der Dinge in einem Schreiben vom 30. September 1835 nach Berlin, HHStA, StK, Deutsche Akten 287, 609.
1322 Lessing will sich in einer Versammlung des Jungen Deutschlands anfangs August 1835 gegen Ludwig Snell ausgesprochen haben, da dieser eine moderatere Politik des Radikalismus in der Schweiz angestrebt habe. Vgl. Lessings Bericht vom 7. August 1835 nach Berlin, HHStA, StK, Deutsche Akten 286, 158f.
1323 Vgl. Lessings Schreiben vom 10. Oktober 1835, HHStA, StK, Deutsche Akten 287, 659.
1324 Am 10. Oktober 1835 schreibt er nach Berlin, ihm sei unbekannt, wo die im Geheimen fabrizierte Munition gelagert werde. Vgl. HHStA, StK, Deutsche Akten 287, 662.
1325 Vgl. HHStA, StK, Deutsche Akten 287, 8.
1326 Vgl. Sailers Schreiben an Hennenhofer vom 5. November 1835, abgedruckt bei Schauberg J., Beilagenheft I, Beilage 19, 119.
1327 Vgl. Cratz' Einvernahme vom 8. November 1835, act.31. 1834 fand tatsächlich ein Fechtduell im Sihlhölzli statt. Vgl. StAZ U 98a, 1 (2), act.3. Als weitere Duellplätze

nennt Cattani die dem Tatort nahe gelegene (Wollishofer) Allmend, Tiefenbrunnen und das Burghölzli. Vgl. Cattani A., Licht und Schatten (1954), 131.
1328 Der Informant gibt sich skeptisch bezüglich einer erfolgreichen Aufklärung des Kriminalfalles, nachdem man die Sache nun vor allem als Politikum behandle. Vgl. GStA, HA I. Rep.77, Tit.509, Nr.31, Bd.2, act.191ff., insbesondere 194.
1329 Vgl. HHStA, StK, Deutsche Aken 284, 662.
1330 Aus Paris meldet ein Konfident am 7. Januar 1836 nach Mainz: «Alle hiesigen Deutschen, selbst die meisten Refugirten und Litteratoren, die anscheinend zusammenhalten, zerreissen sich hinter den Rücken und leben wie Hund und Katze» (mit besonderem Bezug auf Heinrich Heine!). Vgl. Schl.-Holst. Landesbibliothek, StK, Deutsche Akten F.205, Nr.1146.
1331 Vgl. v.Hentig H., Der Mord (1956), 244f.
1332 Mandrot äussert darüber hinaus Zweifel daran, dass Lessing Mitglied des Jungen Deutschlands gewesen sein soll. Vgl. Mandrot, Einige Worte zu Gunsten der Flüchtlinge (1836), 12f.
1333 Vgl. GStA. HA I. Rep.77, Tit.500, Nr.10, Bd.1, act.215f.
1334 Vgl. die entsprechende Passage im Brief Lessings vom 18. Juli 1835, im Anhang 2, Beilage 3.
1335 Vgl. HHStA, StK, Deutsche Akten 285, 321.
1336 Lessing teilte in einem seiner Spitzelbriefe nach Berlin mit, Ludwig werde von der Gothaer Polizei wegen Teilnahme an burschenschaftlichen Verbindungen gesucht. Nun habe ihm die Zürcher Behörde nach Erlegen einer Kaution ab 1835 politisches Asyl gewährt. Vgl. StAZ, Y 53, 3, act.507b, abgedruckt im Anhang 2, Beilage 3.
1337 Zum Phänomen des an den Tatort zurückkehrenden Täters vgl. u.a. v.Hentig H., Der Mord (1956), 99f.
1338 Vgl. HHStA, StK, Deutsche Akten 285, 59.
1339 Vgl. HHStA, StK, Deutsche Akten 285, 424.
1340 Vgl. Freytag G., Karl Mathy (1888), 84f.
1341 Vgl. Hauschild J.-Ch., Georg Büchner (1985), 415.
1342 Vgl. HHStA, StK, Deutsche Akten 287, 353.
1343 Vgl. HHStA, StK, Deutsche Akten 287, 613.
1344 Vgl. HHStA, StK, Deutsche Akten 287, 625.
1345 Vgl. HHStA, StK, Deutsche Akten 287, 664.
1346 Vgl. HHStA, StK, Deutsche Akten 287, 8.
1347 Vgl. HHStA, StK, Deutsche Akten 287, 7ff.
1348 Vgl. Schl.-Holst. Landesbibliothek, StK, Deutsche Akten F.205, Nr.1108.
1349 Vgl. Schl.-Holst. Landesbibliothek, StK, Deutsche Akten F.205, Nr.1115.
1350 Vgl. Schl.-Holst. Landesbibliothek, StK, Deutsche Akten F.205, Nr.1115 (Beilage), 1.
1351 Vgl. Schl.-Holst. Landesbibliothek, StK, Deutsche Akten F.205, Nr.1115 (Beilage), 2. Vgl. auch HHStA, StK, Deutsche Akten 287, 104ff.
1352 So Noës Mitteilung an Metternich vom 6. November 1835; Schl.-Holst. Landesbibliothek, StK, Deutsche Akten F.205, Nr.1108.
1353 Gemäss diesem Schreiben soll «Albert» in einem nicht mehr auffindbaren Bericht die Zentralstelle in Mainz darüber informiert haben, die Mörder hätten ihm am Abend des 3. November 1835 die Tat selbst mitgeteilt. Vgl. Schl.-Holst. Landesbibliothek, StA, StK, Deutsche Akten F.205, Nr.1189, 1.
1354 Vgl. Marr W., Das junge Deutschland in der Schweiz (1846), 73.
1355 Fein scheint Venedey überdies Unterlagen über Lessings Tod ausgeliehen zu haben, die sich heute jedoch nicht mehr im Nachlass Feins befinden, angesichts von Feins

Ausdrucksweise wohl auch keine besonders heiklen und aufschlussreichen Details enthielten. Vgl. Venedey H., Jakob Venedey (1930), 89f.
1356 Vgl. Schauberg J., Darstellung I, 63.
1357 Vgl. Schauberg J., Darstellung I, 63.
1358 Vgl. Schauberg J., Darstellung I, 70. Die Carbonaria scheint mit dem Aufkommen der radikalen Bewegungen anfangs der 1830er Jahre in Paris und Strassburg die Vorherrschaft beansprucht zu haben. 1834 soll die Vereinigung unter dem Einfluss des Jungen Deutschlands massiv an Einfluss eingebüsst haben. Dies lässt sich jedenfalls der Einschätzung Lessings entnehmen. Vgl. HHStA, StK, Deutsche Akten 282, 628, 632.
1359 Vgl. Spitzer A., Old Hatreds and Young Hopes (1971), 220ff.
1360 Vgl. Lessings Schreiben vom 18. Juli 1835; Beilage 3. Ein Jahr zuvor berichtete er noch, es sei dem Jungen Deutschland gelungen, «die ganze Schweiz von der Charbonerie loszureissen, (...).» Vgl. HHStA, StK, Deutsche Akten 282, 632.
1361 Es ist davon auszugehen, dass zwischen den Deutschen Verbindungen in Paris und der Carbonaria enge Kontakte bestanden, insbesondere nachdem mit der Gründung des «Bundes der Geächteten» auch die radikalen Organisationen der Deutschen Geheimbundstrukturen einführten. Vgl. Schieder W., Anfänge der deutschen Arbeiterbewegung (1963), 23f.
1362 Vgl. Heer G., Geschichte der Deutschen Burschenschaft, Bd.2 (1927), 109.
1363 Vgl. Biographien (Anhang 1).
1364 Vgl. Biographien (Anhang 1).
1365 Bezüglich Wilhelm Snells Zugehörigkeit zum Geheimbund vgl. Rocholz, Die Ergebnisse der Untersuchung in Bezug auf den Bund der Unbedingten oder der Schwarzen (1831), 25ff. und Hug R., Die Central-Untersuchungs-Commission zu Mainz und die demagogischen Umtriebe (1831), 41ff.
1366 Dargestellt bei Spitzer A., Old Hatreds and Young Hopes (1971), 203. Da sich Spitzer jedoch hauptsächlich auf die romanhafte Beschreibung der Verhältnisse durch Wit von Dörring stützt, ist seinen Ausführungen mit Vorsicht zu begegnen. Zu Prati vgl. Schweizer P., Geschichte der Schweizerischen Neutralität (1895), 662, 668f.
1367 Vgl. HHStA, StK, Deutsche Akten 283, 501.
1368 Allerdings soll Fazy gemäss Becker gemeinsam mit Henri Druey Mitglied des Jungen Europas gewesen sein, was auf die Mazzini-Spur führt. Vgl. Becker A., Geschichte des religiösen und atheistischen Frühsozialismus (1847/1932), 16.
1369 Vgl. HHStA, StK, Deutsche Akten 285, 56.
1370 Neben Sailer wird Lizius auch von einem Informanten der Frankfurter Central-Behörde der Carbonaria zugeordnet. Vgl. GStA, HA I. Rep.77, Tit.509, Nr.31, Bd.2, act.175.
1371 Der Buchdruckergeselle Urban Muschani wird gemäss einer Polizeinotiz über die deutschen Assoziationen in Paris vom 22. Juli 1834 gemeinsam mit einigen anderen, im vorliegenden Kontext bedeutungslosen Personen als «Gründer» der zur Carbonaria gehörenden deutschen Assoziation bezeichnet. StAZ, Y 53, 3, act.594, bei Schauberg J., Beilageheft I, Beilage 30, 150. Dieser Urban Muschani bleibt während der Untersuchung völlig im Dunkeln. In der Registratur der Frankfurter Central-Behörde über Muschani nur, dass er aus Reisslingen/Baden stammte, ursprünglich Lithograph, später «Mechanikus» war und sich 1835 als Mitglied des Bundes der Geächteten in Paris befunden habe. Vgl. Ilse L., Geschichte der politischen Untersuchungen, III. Register (1860), XXVI. Muschani galt als überaus engagiertes Mitglied des «Bundes der Geächteten». Ihm wird es zugerechnet, dass der geheime «Bund der Geächteten» in Paris zahlreiche Mitglieder aus dem ehemaligen «Deutschen Volksverein» gewinnen

konnte. Im Sommer 1834 wirkte er als Emissär dieses neuen Bundes in Deutschland. Er wurde in Baden vorübergehend verhaftet, um kurz darauf wieder nach Paris zurückzukehren. Vgl. dazu Schieder W., Anfänge der deutschen Arbeiterbewegung (1963), 18ff. mit Quellenhinweis auf HHStA, StK, Deutsche Akten F.197, 366 und 525. Immerhin bestanden angesichts der auch durch Fein intensiv gepflegten Kontakte zwischen Strassburg, Liestal und Zürich enge Verbindungsnetze, die ein entsprechendes verschwörerisches Zusammenwirken auch von Paris aus ohne weiteres ermöglicht hätten, ohne dass Muschanis physische Anwesenheit in Zürich erforderlich gewesen wäre. Das Bestehen und die Pflege dieser Beziehungen lassen sich etwa durch die erhaltenen Korrespondenzen nachvollziehen, so in den Abschriften über das Junge Deutschland im Nachlass Georg Feins (Liestal 1836). Vgl. dazu Lent D., Findbuch (1991), 155f.; ferner Grandjonc/Werner, Wolfgang Strähls Briefe (1978), 7.

1372 Cratz erklärt in der Einvernahme vom 27. Juli 1836 gegenüber dem Berner Regierungsstatthalter Roschi Muschani zu kennen. Vgl. die Abschrift der Einvernahme in: GStA, HA III. MdA I, Nr.8642 (Beilage zum Schreiben vom 21. August 1836).
1373 Vgl. Konfidentenschreiben vom 29. März 1835 aus Zürich vermutlich von Albert, HHStA, StK, Deutsche Akten 286, 67f.
1374 Zum Verbot der Erstellung von Schriftstücken über den «Jüngling-Bund» vgl. Follenberg C., Acten-Stücke über die unter dem Namen des «Männer-Bundes» und des «Jüngling-Bundes» bekannten demagogischen Umtriebe (1833), 26; ferner Heer G., Geschichte der Deutschen Burschenschaft, Bd.2 (1927), 109ff.
1375 Vgl. Schl.-Holst. Landesbibliothek, StK, Deutsche Akten F.203, Nr.916, 7f.
1376 Vgl. HHStA, StK, Deutsche Akten 286, 191.
1377 Vgl. Eybs Brief an Schauberg vom 24. Januar 1837, abgedruckt bei Schauberg J., Beilagenheft I, Beilage 24, 134. Vgl. auch die Polizeinotizen über die deutschen Assoziationen in Paris, bei Schauberg J., Beilagenheft I, Beilage 30, 152, bestätigt bei Schieder W., Anfänge der deutschen Arbeiterbewegung (1963), 26. – Gustav Kombst bezeichnet die Statuten des Jungen Deutschlands als «verbesserte Auflage» derjenigen der Carbonaria. Vgl. Kombst G., Erinnerungen (1848), 193. Auch der der Carbonariabewegung zuzuordnende «Jünglingsbund» verfügte über eine statutarische Bestimmung betreffend die Tötung von Verrätern. Vgl. Follenberg C., Acten-Stücke über die unter dem Namen des Männer-Bundes und des Jüngling-Bundes bekannten demagogischen Umtriebe (1833), 26.
1378 Vgl. HHStA, StK, Deutsche Akten 282, 628.
1379 Vgl. den Text der Beitrittsschwurformel: «Und wenn ich je meinen Eid brechen werde, so soll man mich mit Schimpf und Schande aus den Reihen des Jungen Europas ausstossen – soll mein Name dem eines Verräthers gleich sein – und soll das Unglück, das ich dadurch bewirke, auf mein Haupt zurückfallen.» § 50 der Statuten des Jungen Europas, im Anhang 3, Beilage 5.
1380 Vgl. Anhang 3, Beilage 5.
1381 Die möglicherweise anekdotische Begebenheit, wonach Rauschenplatt als Berner Strafrechtsdozent Mazzini auf dessen Frage, wie er sich ein künftiges europäisches Strafrecht vorstelle, geantwortet haben soll, es solle dieses als «Standrecht» ausgestaltet werden, ist nicht geeignet, Rauschenplatt als Vertreter einer die Rechtsschutzinteressen des Individuums schützenden Strafrechtsphilosophie auszuzeichnen. Zu Rauschenplatts Äusserung vgl. Freytag G., Karl Mathy (1888), 113.
1382 Vgl. Spitzer A., Old Hatreds and Young Hopes (1971), 198f.
1383 Vgl. sein Schreiben an Fein vom 24. November 1835, erwähnt bei Lent D., Findbuch (1991), 133.

1384 Vgl. Scherer A., Ludwig Snell und der schweizerische Radikalismus 1830–1850 (1954), 102 und Stiefel H., Dr. Ludwig Snells Leben und Wirken (1858), 115f. Ob aus dieser Äusserung entnommen werden kann, dass Rauschenplatt und Mazzini effektiv etwas mit dem Mord an Lessing zu tun hatten, ist jedoch ungewiss. Zum Verhältnis zwischen Mazzini und Rauschenplatt allerdings wenig informativ vgl. Bettone G., Mazzini e La Svizzera (1995), 24, 72.

1385 Mit vorsichtigem Interesse ist hier Freytags Feststellung anzufügen, wonach innerhalb der geheimen politischen Bünde im Italien des frühen 19. Jh. der politische Meuchelmord geradezu als Tugend gegolten haben soll. Auch v.Hentig erwähnt einen allerdings erst im 20. Jh. dokumentierten «Mafia-Rachemord» aus New York, wo das Opfer durch 18 Messerstiche getötet wurde. Vgl. v.Hentig H., Der Mord (1956), 128.

1386 Freilich lässt sich aus der Art der Tatbegehung allein, abgesehen von einem affektiv aufgeladenen Umfeld der Ereignisse, nicht auf das Motiv schliessen, eher vielleicht auf die Herkunft der Täter. v.Hentig referiert einen amerikanischen Fall aus Cleveland, wo italienische Lohnmörder ihr Opfer mit zahlreichen Messerstichen tödlich verletzten. Vgl. v.Hentig H., Der Mord (1956), 55. Jedenfalls kann Glossy darin gefolgt werden, dass die Zahl der Stiche gegen einen «gemeinen Mord» spreche. Vgl. Glossy K., Literarische Geheimberichte aus dem Vormärz (1912), CXXXIX.

1387 Zum Verbrüderungsvertrag kam es im Januar 1836. Vgl. Gelzer H., Die geheimen deutschen Verbindungen (1847), 24, 27; Lufft A., Hochverrat, in: Annalen Bd.1 (1845), 209 und Roschi J., Bericht (1836), 12.

1388 Vgl. Roschi J., Bericht (1836), 15.

1389 Vgl. HHStA, StK, Deutsche Akten 284, 111.

1390 Vgl. v.Rochow, in: Kelchner/Mendelssohn-Bartholdy, Briefe des Königlich Preussischen Generals und Gesandten Theodor Heinrich Rochus von Rochow an einen Staatsbeamten (1873), 107.

1391 Vgl. Schraepler E., Geheimbündelei und soziale Bewegung (1962), 84f. unter Hinweis auf Becker A., Geschichte des religiösen und atheistischen Frühsozialismus (1847/1932), 47.

1392 Vgl. Roschi J., Bericht (1836), 9.

1393 Die am 31. Mai 1831 stattgehabte, fragliche Erdolchung eines italienischen Flüchtlings in «Rhodez» wurde 1833 durch ein Gericht als «Mord ohne Vorbedacht» beurteilt. Der Verdacht, es habe sich dabei um die Vollstreckung eines durch eine Geheimgesellschaft gefällten Urteils gehandelt, wurde widerlegt. Vgl. die Ausführungen des mit Mazzini eng befreundeten Lausanner Advokaten Mandrot, Einige Worte zu Gunsten der Flüchtlinge, 1. Abtheilung (1836), 12. Vgl. ferner Schmidt H., Die deutschen Flüchtlinge in der Schweiz (1899), 139. Der durch Roschis Bericht als gefährlicher politischer Agitator dargestellte Mazzini veranlasste 1836 in Biel die Publikation zweier Gegendarstellungen unter dem Titel «Observations sur le rapport Roschi» und «Quelques mots en faveur des proscrits», in denen Roschis Bericht als haltlose Anschuldigung scharf kritisiert wird. Vgl. Mazzini G., Scritti editi ed inediti, Bd.13 (1912), 201ff., 328ff. Vgl. dazu auch Stern A., Mazzini-Briefe (1907), 168f. und Tobler G., Mazzini-Briefe (1907), 158ff.

1394 Vgl. Mazzini G., Quelques mots en faveur des proscrits, Scritti editi ed inediti, Bd.13 (1912), 337.

1395 Vgl. Mack Smith D., Mazzini (1994), 36. Der Ruf, gedungene Mörder zur Beseitigung von politischen Gegnern eingesetzt zu haben, haftete Mazzini Zeit seines Lebens an. So auch 1860 anlässlich der revolutionären Unruhen in Rom und 1864 nach dem

Putschversuch durch Pasquale Greco in Paris. Vgl. ebd., 147 und 165; ferner Freytag G., Karl Mathy (1888), 99.
1396 Vgl. Schulte-Wülwer U., Harro Harring als Freund und Mitstreiter Mazzinis (1992/93), 28.
1397 Vgl. Bettone G., Mazzini e La Svizzera (1995), 34. Cratz hatte im April 1836 gezielt auf die «gänzliche Trennung der Verbindung des jungen Deutschlands vom jungen Europa» hingewirkt. Vgl. GStA, A.A.I, Rep.1, Nr.2893, act.75, zitiert nach Kowalski W., Vorgeschichte und Entstehung (1962), 112, Anm.71.
1398 Freilich ist bei der motivationalen Rekonstruktion auf rationaler Ebene bei politisch motivierten Tötungsdelikten Zurückhaltung geboten, denn der beabsichtigte Erfolg stimmt bei diesen Taten sehr oft nicht mit dem tatsächlich erzielten überein. Mitunter bewirken politische Attentäter durch ihre Tat das Gegenteil ihrer ursprünglichen Absicht. Vgl. Middendorf W., Der politische Mord (1968), 183.
1399 Zur Todesstrafe bei Mazzini vgl. Assing L., Giuseppe Mazzini's Schriften, Bd.1 (1868), 193. Mazzini äusserte sich sowohl gegen die Gewaltanwendung durch monarchische Herrscher wie auch gegen die terroristische Gewaltanwendung militanter Carbonari. Vgl. Mack Smith D., Mazzini (1994), 9.
1400 Vgl. Mazzini G., Que nous veut-on?, Scritti editi ed inediti, Bd.13 (1912), 303. Wenige Seiten später bezeichnet er Eyb als «canaille». Vgl. ebd.306.
1401 Vgl. Mazzini G., Quelques mots en faveur des proscrits, Scritti editi ed inediti, Bd.13 (1912), 336ff.
1402 «Der Hass! Er ist uns eine solche Last, dass wir ihn los sein möchten, auch auf Kosten des Lebens, wenn er um unseretwillen wäre. Aber vor uns stehen die blutigen Häupter unserer Brüder, und ihr letzter Laut hinterliess uns einen solchen Vorrath von diesem Hass, den zu verleugnen ein Vergehen wäre.» Von Mazzini verfasst 1832. Vgl. Assing L., Giuseppe Mazzini's Schriften, Bd.1 (1868), 188. – «(...) wir werden, wenn es sein muss, für die Freiheit (des Vaterlandes, Anm.) sterben, und wehe den Verräthern und den offenen Beschützern der Tyrannei! (...).» Allerdings distanziert sich Mazzini auch hier von Terrormassnahmen und stellt in Aussicht, die Verräter seien «der Gerechtigkeit der Nation» zu übergeben. Text von 1832 (Über einige Ursachen, welche bis jetzt die Entwicklung der Freiheit in Italien verhinderten). Vgl. ebd. 119.
1403 Das Problem wird gestreift bei Mack Smith D., Mazzini (1994), 114. In einem kurz vor Lessings Tod in der «Jungen Schweiz» Nr.35 vom 28. Oktober 1835 publizierten, besonders kampfeslustigen, sich gegen Diplomatie und Verrat wendenden Artikel Mazzinis heisst es: «Wenn Ihr einen Feind besiegen wollt, so nehmt sein Terrain nicht an. Bringt ihn aus seiner Stellung. Zwingt ihn einen Boden zu betreten, der ihm unbekannt ist (...). Ihr werdet ihn zwingen vor Euch zurückzuweichen oder – Ihr werdet ihn zerschmettern. (...). Der Feind mag an den Sieg glauben ohne ihn zu erhalten, an die Schlacht ohne sie liefern zu können. Er rücke vor unter Gefahren; er weiche zurück unter Gefahren. Jeden Zollbreit Landes bezahle er mit Blut; mit jedem Schritt, den er vorwärts thut, büsse er einen Theil seines Selbstvertrauens ein. Demoralisirt den Feind, das ist die Hauptsache; es wird Euch unfehlbar gelingen.»
1404 Vgl. Mack Smith D., Mazzini (1994), 9.
1405 Vgl. Mack Smith D., Mazzini (1994), 3; ferner Keller H.G., Das «Junge Europa» (1938), 42 und Cattani A., Die Schweiz im politischen Denken Mazzinis (1951), 3.
1406 Mazzini soll im April 1834 den freisinnigen Philologen Johann Kaspar v.Orelli in Zürich besucht haben. Vgl. den Konfidentenbericht BA, Wien, Polizeihofstelle, 50/7, 26 bei Lenherr L., Ultimatum an die Schweiz (1991), 176.

1407 So die Mitteilung v.Engelshofens an Metternich vom 8. Juni 1836. Vgl. Schl.-Holst. Landesbibliothek, StA, StK, Deutsche Akten F.206, Nr.1257, 8.
1408 Vgl. Pupikofer J.A., Johann Jakob Hess (1859), 139.
1409 Vgl. Schulte-Wülwer U., Harro Harring als Freund und Mitstreiter Mazzinis (1992/93), 30.
1410 Vgl. GStA, HA III. MdA I, Nr.8642.
1411 Vgl. u.a. das Schreiben Ancillons vom 6. November 1834, GStA, HA I. Rep.77, Tit.500, Nr.10, Bd.1, act.137ff.
1412 Auch Werner Kowalski, der die weitläufigen Bestände für seine Forschungen über den «Bund der Geächteten» und das «Junge Deutschland» ausführlich sichtete, stiess auf keine konkreten Hinweise über die Täterschaft in den Akten (Persönliche Mitteilung Kowalskis vom 27. Juli 2000 an den Autor). Eigenartigerweise verzichtet Pfister auf die Erwähnung des Falls Lessing in seiner Auswertung von v.Rochows Korrespondenzen. Vgl. Pfister A., Aus den Berichten der preussischen Gesandten 1833–1839 (1909), 437–485.
1413 Verschiedene im Geheimen Staatsarchiv verwahrte Diplomatenkorrespondenzen sind durch drei- und vierstellige Zahlencodes mit Unterstreichungen verschlüsselt. Vgl. insbesondere GStA, HA I. Rep.81 (Bern), V, Nr.20, Bd.2.
1414 Diese Meinung vertritt Schmidt H., Die deutschen Flüchtlinge in der Schweiz (1899), 145.
1415 Vgl. StAZ, Y 53, 3, act.593.
1416 Vgl. Lessings Schreiben vom 18. Juli 1835, abgedruckt im Anhang 2, Beilage 3.
1417 Vgl. Kombst G., Erinnerungen (1848), 200ff. Kombst kann sich indessen, wie erwähnt, auch eine einheimische Täterschaft vorstellen. Gemäss Glossy soll es sich beim Opfer um einen preussischen Agenten gehandelt haben, der von zwei Polen kurz vor Lessing ermordet wurde. Vgl. Glossy K., Literarische Geheimberichte aus dem Vormärz (1912), CXXXIX.
1418 Vgl. Mazzini G., Quelques mots en faveur des proscrits, Scritti editi ed inediti, Bd.13 (1912), 338. Aus seinen autobiographischen Notizen aus den Jahren 1861–1866 lässt sich entnehmen, dass Mazzini die Identifikation der Täterschaft mit dem Jungen Deutschland als Propagandaakt der französischen, österreichischen, deutschen und russischen Diplomatie interpretierte: «Sul cadavere d'un Lessing accoltellato da mano ignota e per cagione ignota presso Zurigo, architettarano tutto un edificio di società segreta all'antica, di giuramenti terribili, di tribunali vehmici e di condanne mortali pronunziate dalla Giovine Germania.» Mazzini G., Note autobiografiche, Scritti editi ed inediti, Bd.77 (1938), 237.
1419 Vgl. Mandrot, Einige Worte zu Gunsten der Flüchtlinge (1836), 12f.
1420 Eine Woche vor dessen Tod orientierte Polizeikommissär v.Engelshofen die Regierung in Wien darüber, dass Lessings Berichte viele Unwahrheiten enthielten. Vgl. HHStA, StK, Deutsche Akten 287, 7ff.
1421 So auch die Feststellung bei Steiger J., Studiosus Ludwig Lessing, in: NZZ vom 5. November 1935, Nr.1926.
1422 Vgl. HHStA, StK, Deutsche Akten 283, 297ff.
1423 Vgl. GStA, HA I. Rep.77, Tit.21, Lit.L, Nr.38, act.25.
1424 Vgl. GStA, HA I. Rep.77, Tit.21, Lit.L, Nr.38, act.26.
1425 Der Gesandte unterrichtet das Aussenministerium in nahen Abständen ziemlich regelmässig über die Angelegenheit. Seine hier interessierenden Informationen sind an der jeweils passenden Stelle der vorliegenden Arbeit in die Darstellung eingewoben.

1426 Vgl. die Mitteilung an Cabinetts-Minister Ancillon, GStA, HA I. Rep.77, Tit.21, Lit.L, Nr.38, act.30.
1427 Vgl. GStA, HA I. Rep.77, Tit.21, Lit.L, Nr.38, act.31.
1428 Vgl. GStA, HA I. Rep.77, Tit.21, Lit.L, Nr.38, act.34.
1429 Vgl. GStA, HA I. Rep.77, Tit.509, Nr.31, Bd.3, act.24ff.
1430 Wie schwierig die erfolgreiche Aufklärung eines durch einen Drittstaat organisierten Tötungsdelikts vor dem sich dadurch eröffnenden politischen Hintergrund fällt, musste über hundert Jahre später in der Schweiz erneut festgestellt werden, als der abtrünnige sowjetische Agent Ignaz Reiss 1937 in Lausanne durch Stalins Geheimpolizei (NKWD) ermordet wurde, ohne dass die Täter zur Rechenschaft gezogen werden konnten. Vgl. dazu Huber P., Der Mord an Ignaz Reiss (1990), 382ff.
1431 Temme war ein Vertrauter des berühmt-berüchtigten Berliner Polizeiinspektors und späteren Polizeirats Friedrich Wilhelm Duncker, der in den 1830er Jahren für Preussen diverse politische Geheimaufträge ausführte. Er hätte durch diese Quelle vielleicht doch Näheres über Lessings Ende vernommen, hätte Preussen die Fäden gezogen, auch wenn Temme nach seiner Flucht den Kontakt zu Duncker wohl nicht mehr pflegen konnte. Zur Bekanntschaft mit Duncker vgl. Temme J., Erinnerungen (1883/1996), 148. Über Duncker vgl. Obenaus W., Die Entwicklung der Preussischen Sicherheitspolizei (1940), 77f.
1432 Vgl. StAZ, Y 53, 2, act.9.
1433 Die folgenden Ausführungen stützen sich massgeblich auf Stähelin F., «Demagogische Umtriebe» zweier Enkel Salomon Gessners (1914), 1–88.
1434 1493 erstmals urkundlich erwähnte, zum Grossmünster führende Verbindung zwischen dem Zwingliplatz und der Marktgasse 12. Vgl. Gujer/Saladin/Lendenmann, Die Strassennamen der Stadt Zürich (1999), 181.
1435 Unter den Gästen der Brüder Gessner befanden sich 1820 mehrere bekannte «Demagogen», so u.a. Karl Voelker und G.W. Roeder. Vgl. Stähelin F., «Demagogische Umtriebe» zweier Enkel Salomon Gessners (1914), 6f.
1436 Vgl. Stähelin F., «Demagogische Umtriebe» zweier Enkel Salomon Gessners (1914), 9ff.
1437 Der Jünglingsbund kannte in seinen Statuten u.a. die Bestimmung «Den Verräter treffe der Tod.» Vgl. Stähelin F., «Demagogische Umtriebe» zweier Enkel Salomon Gessners (1914), 15. Zum «Jünglingsbund» vgl. Follenberg C., Acten-Stücke über die unter dem Namen des Männer-Bundes und des Jünglings-Bundes bekannten demagogischen Umtriebe (1833).
1438 Vgl. Stähelin F., «Demagogische Umtriebe» zweier Enkel Salomon Gessners (1914), 30f.
1439 Im Gefolge des «Züriputsches» 1839 büsste Heinrich Gessner seine vorherrschende Position in Stadt und Kanton Zürich ein und musste mit der bescheidenen Stellung eines Landschreibers zu Pfäffikon vorliebnehmen. Vgl. Stähelin F., «Demagogische Umtriebe» zweier Enkel Salomon Gessners (1914), 58.
1440 Vgl. Bürgerverzeichnis 1836, 58.
1441 Wie sich aus Feins Korrespondenz ergibt, unterhielt Heinrich Gessner noch 1833 mit August Follen Kontakt, allerdings trug er mit diesem zu jener Zeit einen Streit aus. Vgl. den Hinweis bei Lent D., Findbuch (1991), 312.
1442 Vgl. Lessings Schreiben vom 5. Juli 1835 nach Berlin, HHStA, StK, Deutsche Akten 286, 12.
1443 Vgl. Hauschild J.-Ch., Georg Büchner (1985), 387.
1444 Vgl. Lent D., Findbuch (1991), 312.

1445 Vgl. Anhang 2, Beilage 3.
1446 Vgl. HHStA, StK, Deutsche Akten 286, 12.
1447 Vgl. Temme J., Studentenmord (1872), 224. Allerdings kommen als Inhaber jener «zwei Augen» auch andere Personen, welche um die Täterschaft wussten, in Frage. Neben Mazzini ist auch an Lessings Freund, Hermann Lebert, den Temme als Professorenkollegen kannte, zu denken oder aber an den zu jener Zeit im Kanton Zürich arrivierten und angesehenen Friedrich G. Ehrhardt.

8 Das Urteil des Criminalgerichts

1448 Vgl. Vögelin S., Das alte Zürich, Bd.1 (1878), 452f.
1449 So der Bericht v.Rochows über den Verhandlungstag. Vgl. GStA, HA III. MdA I, Nr.8642, (A.1706 vom 20. April 1837).
1450 Vgl. Biographien (Anhang 1).
1451 § 97 Strafrechtspflegesetz. Die Richter werden im Urteil nicht namentlich erwähnt.
1452 Unter Hinweis auf § 63 Strafrechtspflegesetz vgl. Bühlmann W., Die Entwicklung der Zürcherischen Strafrechtspflege (1974), 30. In einem reinen Indizienprozess, wo die Ausfällung der Todes- oder einer Kettenstrafe möglich war, hatte allerdings eine «eidliche Einvernahme» der Zeugen durch das Gericht zu erfolgen (§ 94 Strafrechtspflegesetz).
1453 §§ 63ff. des Strafrechtspflegesetzes regeln die Hauptverhandlung wie folgt: § 63 «Der Staatsanwald entwickelt mündlich oder schriftlich und nach den Akten die Thatsachen, die vorhandenen Beweise, er würdigt die Strafbarkeit des Verbrechens, und trägt im Interesse des öffentlichen Wohls auf die angemessene Strafe an, welches letztere immer vermittelst Vorlegung eines nach Vorschriften (...) abzufassenden Antrages zu einem Endurtheil geschehen soll.» § 65 «Alsdann trägt der Angeschuldigte oder der Vertheidiger mündlich oder schriftlich die Vertheidigung vor. Hat der Vertheidiger gesprochen, so soll auch der Angeschuldigte noch selbst befragt werden, ob er der Vertheidigung etwas beyzufügen habe.» Anschliessend besteht die Möglichkeit zu Replik und Duplik (§ 66). § 67: «Nach dieser öffentlichen Verhandlung fällt das Criminalgericht in Abstand der Parteyen und des Publikums das Urtheil aus, welches sofort bey offenen Thüren dem Angeschuldigten eröffnet wird.»
1454 Nach Ausserkraftsetzung des Helvetischen Peinlichen Gesetzbuches 1803 wurde in Zürich bis 1835 wieder weitgehend nach dem während des Ancien Régime gepflogenen Gewohnheitsstrafrecht, mitunter in Anlehnung an die Constitutio Criminalis Carolina von 1532 und an andere überlieferte Malefizrechtsquellen gerichtet. Vgl. dazu Bader K.S., Die Geschichte des Strafrechts und der Verbrechensbekämpfung im Überblick (1962) und Odermatt T., Der strafrechtliche Unterricht an der Universität Zürich (1975), 46.
1455 Vgl. StAZ, Y 53, 3, act.764, 50 (Anklageschrift).
1456 Vgl. StAZ, Y 53, 3, act.764, 1ff.
1457 Vgl. StAZ, Y 53, 3, act.764, 44.
1458 Vgl. StAZ, Y 53, 3, act.764, 45.
1459 GStA, HA III. MdA I, Nr.8642 (Anlage zum Bericht vom 1. Mai 1837, Abschrift des gerichtlichen Protokolls der mündlichen Anklage).
1460 Vgl. GStA, HA III. MdA I, Nr.8642 (Anlage zum Bericht vom 1. Mai 1837, Abschrift des gerichtlichen Protokolls der mündlichen Anklage).
1461 Vgl. GStA, HA III. MdA I, Nr.8642 (Anlage zum Bericht vom 1. Mai 1837, Abschrift des gerichtlichen Protokolls der mündlichen Anklage).

1462 Vgl. StAZ, Y 53, 3, act.764, 48f.
1463 Vgl. v.Rochows Bericht vom 8. April 1837 nach Berlin, GStA, HA III. MdA I, Nr.8642 (A.1706 vom 20. April 1837).
1464 Schaubergs Vortrag wird auszugsweise im Urteil aufgeführt. Vgl. Urteil, 45ff.
1465 Vgl. Urteil, 46.
1466 Dies kolportiert v.Rochow am 8. April 1837 nach Berlin, GStA, HA III. MdA I, Nr.8642 (A.1706 vom 20. April 1837). Der «deutsche Charakter und (die deutsche, Anm.) Geschichte verabscheuen den Mord.» GStA, HA III. MdA I, Nr.8642 (Anlage zum Bericht vom 1. Mai 1837, Abschrift des gerichtlichen Plädoyerprotokolls).
1467 Vgl. GStA, HA III. MdA I, Nr.8642 (Anlage zum Bericht vom 1. Mai 1837, Abschrift des gerichtlichen Plädoyerprotokolls).
1468 So der Bericht v.Rochows nach Berlin vom 8. April 1837, GStA, HA III. MdA I, Nr.8642 (A.1706 vom 20. April 1837).
1469 Unter Hinweis auf § 58 des zürcherischen Strafgesetzbuches. Vgl. GStA, HA III. MdA I, Nr.8642 (Anlage zum Bericht vom 1. Mai 1837, Abschrift des gerichtlichen Plädoyerprotokolls).
1470 Tatsächlich informiert Lessing bereits im August 1834 seine Auftraggeber, dass in Bern ein reger Handel mit falschen Pässen blühe. Emissäre brachten insbesondere englische Pässe in die Schweiz. Gemäss dieser Quelle wurden die meisten falschen Pässe in Strassburg hergestellt. Vgl. HHStA, StK, Deutsche Akten 283, 519. Auch in einem Schreiben Lessings vom 25. Juni 1835 ist die Rede von falschen englischen Pässen, welche die Komitees in Bern und Zürich lagerten und deutschen Flüchtlingen zur Verfügung stellten. Vgl. HHStA, StK, Deutsche Akten 286, 575.
1471 Vgl. GStA, HA III. MdA I, Nr.8642 (Anlage zum Bericht vom 1. Mai 1837, Abschrift des gerichtlichen Plädoyerprotokolls).
1472 Vgl. Urteil, 46f. und den Bericht v.Rochows vom 6. April 1837, GStA, HA III. MdA I, Nr.8642 (A.1706 vom 20. April 1837).
1473 Vgl. GStA, HA III. MdA I, Nr.8642 (Anlage zum Bericht vom 1. Mai 1837, Abschrift des gerichtlichen Plädoyerprotokolls).
1474 Vgl. GStA, HA III. MdA I, Nr.8642 (Anlage zum Bericht vom 1. Mai 1837, Abschrift des gerichtlichen Plädoyerprotokolls).
1475 Vgl. GStA, HA III. MdA I, Nr.8642 (Anlage zum Bericht vom 1. Mai 1837, Abschrift des gerichtlichen Plädoyerprotokolls).
1476 Das Gesetz über die Strafrechtspflege von 1831 hatte in § 95 die Instanzentbindung eingeführt: «Wenn das Gericht findet, dass der Beweis zwar nicht vollständig und genügend geführt, aber dass doch ein bedeutender Grad von Verdacht gegen den Angeschuldigten vorhanden sei, so ist er von der Instanz zu entlassen, und es können ihm je nach den Umständen die Kosten auferlegt werden.» Die Verdachtsstrafe und die «absolutio ab instantia» spielen als Formen sistierender Verfahrenserledigung prozessgeschichtlich eine wichtige Rolle als Übergangsphänomen vom Geständniszwang verbunden mit dem Verbot einer Verurteilung gestützt einzig auf blosse Indizien hin zu den Grundsätzen der freien Beweiswürdigung und der selbständigen, indiziengestützten Verurteilung (§ 88 des Strafrechtspflegegesetzes). Vgl. dazu Bauhofer A., Wer vor Gericht gestellt wird (1956), 22ff. und Bühlmann W., Die Entwicklung der Zürcherischen Strafrechtspflege (1974), 32f. Zu «absolutio ab instantia» und Verdachtsstrafe in der zeitgenössischen Prozessrechtslehre vgl. Mittermaier C.J.A., Die Lehre vom Beweise im deutschen Strafprozesse (1834), § 65 und Abegg J., Lehrbuch des gemeinen Criminal-Prozesses (1833), § 172; kritisch gegenüber der «absolutio ab instantia» äussert sich Zachariä H., Über die Lossprechung von der Instanz (1839), 371ff. Zur all-

mählichen Abkehr von der Entbindung von der Instanz im Kontext der Prozessreformen der frührechtsstaatlichen Epoche in Deutschland vgl. Rüping H., Das Strafrecht im Zeitalter des Rechtsstaats und seine Reform (1987), 161. Zur Verdachtsstrafe vgl. Thäle B. Die Verdachtsstrafe in der kriminalwissenschaftlichen Literatur des 18. und 19. Jahrhunderts (1992).

1477 Untersuchungshaft, deren Anordnung nicht durch das Verhalten des Angeschuldigten begründet wurde, war gemäss § 87 StGB «auf angemessene Weise» von der ausgesprochenen Strafe in Abzug zu bringen.

1478 Ferner wurde Aldinger auch noch mit einer Disziplinarbusse von 6 Franken bestraft, weil er während der Haft auf ungestempeltem Papier Briefe an den Verhörrichter geschrieben hatte. Vgl. StAZ, Y 53, 3, Urteil, 93 (Handschrift). Es war verboten, privates Schreibpapier zu verwenden. Zur damaligen, äusserst restriktiven Abgabepraxis von Schreibmaterial während der Untersuchungshaft vgl. Pfister L., Merkwürdige Criminalfälle, Bd.5 (1820), 512.

1479 Vgl. Urteil 53f. Zum Vergleich: Ein ordentlicher Professor verdiente 1833 jährlich 1'800, ein Oberrichter 1'600 Franken. Vgl. Gagliardi/Nabholz/Strohl, Die Universität Zürich 1833–1933 (1938), 191. Das gesamte Steueraufkommen der Stadt Zürich betrug im Jahr 1837 109'000 Franken. Vgl. Schulthess W., Zürcherisches Kleinstadtleben (1937), 12.

1480 Die Frist für eine Appellation ans Obergericht betrug nach § 68 des Strafrechtspflegegesetzes vier Tage. Zur Einführung der Appellationsmöglichkeit in schwerwiegenden Strafsachen und den zeitgenössisch dargestellten politischen Hintergründen vgl. die 1830 anonym erschienene Schrift «Über die Einführung zweyer Instanzen in Criminal-Prozessen im Kanton Zürich».

1481 «Wer einen Andern auf rechtswidrige Weise absichtlich des Lebens beraubt und entweder den Entschluss hierzu mit Vorbedacht gefasst oder das Verbrechen mit Überlegung ausgeführt hat, ist des Mordes schuldig. Die Strafe des Mordes ist der Tod für den Urheber, achtjähriges Zuchthaus bis zwanzigjährige Kettenstrafe für die Gehülfen.»

1482 «Wer sich selbst oder einem Andern in rechtswidriger Absicht die Rechte des Familienstandes in einer fremden Familie beylegt, soll mit Gefängniss, verbunden mit Busse bis auf vierhundert Franken oder unter erschwerenden Umständen, besonders wegen der Grösse des bewirkten oder bezweckten Schadens oder Gewinnes, mit Zuchthaus bestraft werden.»

1483 «Wer Staats- oder öffentliche Kredit-Papiere oder im Staate als öffentliche Urkunden geltende Schriften (worunter auch die Notariatsinstrumente verstanden sind) nachmacht oder ächte verfälscht und dieselben auf rechtswidrige Weise anwendet, macht sich des Verbrechens der Fälschung öffentlicher Urkunden schuldig. Diesem Verbrechen ist der blosse wissentliche rechtswidrige Gebrauch einer falschen oder verfälschten öffentlichen Urkunde gleich zu achten.»

1484 «Die Strafe der Fälschung öffentlicher Urkunden ist Zuchthaus oder Kettenstrafe bis auf zwölf Jahre, deren Grösse besonders nach der Wichtigkeit der Urkunde, nach dem von derselben gemachten Gebrauche, nach dem Umstande, ob falsche Siegel, Stempel u. dgl. dazu gebraucht wurden, und nach der Grösse des bezweckten oder verursachten Schadens zu bestimmen ist. War indess Gefahr und Schaden sehr gering, wie z.B. bey Verfälschung von Reisepässen, Wanderbüchern u. dgl., so sind die Gerichte ermächtigt, auf Gefängnisstrafe zu erkennen.»

1485 «Ungehorsam gegen amtliche Verfügungen soll, insofern das Vergehen nicht als eine derjenigen Übertretungen erscheint, welche von den Gerichten ohne ein wirkliches

Strafverfahren mit Ordnungsstrafen belegt werden, mit Geldbusse von höchstens Einhundert Franken, womit Gefängnis bis auf Einen Monath verbunden werden kann, bestraft werden.»

1486 «Wenn mehrere noch nicht bestrafte Verbrechen des gleichen Thäters so zusammentreffen, dass darüber von demselben Gerichte und in einem und demselben Urtheile zu erkennen ist, so soll, wo nicht das Gesetz eine Ausnahme bestimmt, die Strafe des schwersten dieser Verbrechen angewendet, die übrigen aber als Schärfungsgrund berücksichtigt und, nach Massgabe der Umstände, bis auf das Doppelte je Strafe erkannt werden. Würde durch die Verdoppelung der höchste Grad einer Strafart überschritten, so kann zu einer höheren Strafart, jedoch mit angemessener Berücksichtigung ihres grösseren Gewichtes, übergegangen werden, niemahls indess zur Todesstrafe.» Das Zürcher Strafgesetzbuch von 1835 folgte bei der Strafzumessung dem Asperationsprinzip.

1487 «Mit Rücksicht auf die Beschaffenheit des Thäters ist die Strafe zu erhöhen: (...) e. je mehr er die Untersuchung durch Lügen erschwerte; (...).»

1488 Vgl. StAZ, Y 53, 3, Urteil, 73–82 (Handschrift).

1489 Vgl. Henke E., Handbuch Bd.4 (1838), 421ff. Mittermaier weist darauf hin, dass aus diesem Grundsatz keine «Begünstigung der Vertheidigung» erfolgen dürfe. So sei die Aussage eines fragwürdigen Entlastungszeugen in ihrem Beweiswert nicht höher zu veranschlagen als diejenige eines verlässlichen Belastungszeugen. Vgl. Mittermaier C.J.A., Die Lehre vom Beweise im deutschen Strafprozesse (1834), 153ff. Vgl. auch die Grundlagen der Beweisführung bei Abegg J., Lehrbuch des gemeinen Criminal-Prozesses (1833), §§ 92ff.

1490 Vgl. dazu Richstein Ch., Legale Beweistheorien und Beweiswürdigung im 19. Jahrhundert (2000), 202f.

1491 Vgl. Henke E., Handbuch, Bd.4 (1838), 563. Kurz zusammengefasst unterscheidet Martin folgende Arten von Indizien: Die juristischen Schlussfolgerungen «beruhen nun auf Indicien (Anzeigungen) im eigentlichen Wortverstande; welche man I) in Ansehung ihres Gegenstandes, in Anzeigen der Schuld oder Unschuld, ja sogar in solche eintheilen kann, welche sich nicht auf die Hauptsache, sondern nur auf eine Processhandlung beziehen; ferner in Anzeigen der Wahrheit oder der Unwahrheit einer Thatsache, und endlich in directe oder blos mittelbare; II) nach dem Umfange, in eigenthümliche und gemeinschaftliche; III) nach den Quellen, in gesetzliche blos natürliche; endlich IV) nach ihrer Kraft und Wirksamkeit, in nahe und entfernte; welche letzteren Abtheilung aber, bey affirmirenden Schlüssen, die, von Feuerbach vorzüglich hervor gehobene, in vorhergehende (antecedentia), gleichzeitige (concomitantia) und nachfolgende (subsequentia) vorzuziehen ist, da sie auf die Basis aller bejahenden Anzeigen, das Causal- oder ein Cohärenz-Verhältniss der mehreren Thatsachen, aufmerksam macht.« Martin Ch., Lehrbuch (1836), § 90. Zur zeitgenössischen Indizienlehre vgl. ferner Mittermaier C.J.A., Die Lehre vom Beweise nach deutschem Strafprozessrechte (1834) § 55ff. und v.Grolman K., Grundsätze der Criminalrechts-Wissenschaft (1825), § 450ff. sowie Abegg J., Lehrbuch des gemeinen Criminal-Prozesses (1833), § 133 (Eintheilung der Indicien).

1492 Zur damaligen Indizienlehre vgl. Henke E., Handbuch Bd.4 (1838), 565ff. und sekundär mit Bezug auf die deutsche Strafrechtsliteratur des 19. Jh. vgl. Pöltl R., Die Lehre vom Indizienbeweis im 19. Jahrhundert (1999), 69ff. Gestützt auf die P.G.O. (Constitutio Criminalis Carolina von 1532) nennt v.Grolman in seiner zeitgenössischen Darstellung des deutschen Strafprozessrechts als «nahe Anzeige» eines Mords, wenn «der Verdächtige zu der Zeit, wo das Verbrechen vorgefallen ist, mit blutigen

Kleidern oder Waffen, auf eine verdächtige Art, angetroffen worden ist, ohne dass er einen andern wahrscheinlichen Grund dieser Erscheinung anzugeben vermag». Die «dringende Vermuthung» dafür, dass jemand einen Raubmord begangen hat, ergibt sich daraus, «dass man bey ihm Sachen, welche der Ermordete erweisslich bei sich hatte, findet, oder ihm doch bewiesen werden kann, dass er dergleichen Sachen, nach der Ermordung, besessen habe, ohne dass er im Stande wäre, einen Rechtsgrund seiner Erwerbung nur im geringsten wahrscheinlich zu machen.» Eine einfache Vermutung entsteht gegen jene Person, die bei einer tödlichen Verwundung des Opfers in einem Auflauf dabei war, wenn erwiesen ist, «dass er mit dem Getödteten in Streit gerathen sey und die Waffen gegen denselben gezogen habe». Diese Vermutung wird wiederum dringend, «wenn zugleich erwiesen wird, dass man die Waffen des Angeschuldigten gleich nachher mit Blut befleckt gesehen habe und die Beschaffenheit der Wunde der Vermuthung, dass sie mit dieser Waffe zugefügt worden sey, nicht widerspricht.» Vgl. v.Grolman K., Grundsätze der Criminalrechts-Wissenschaft (1825), § 456.
1493 Vgl. dazu Henke E., Handbuch Bd.4 (1838), 571ff.
1494 Der Statthalter ist insbesondere für den Vollzug von bezirks- und zunftgerichtlichen Urteilen zuständig. Vgl. § 73 des Strafrechtspflegegesetzes.
1495 Immerhin wird Aldinger in das Strafprotokoll des Kantons Zürich eingetragen. Vgl. StAZ, PP 61.2, Nr.510.
1496 So der Bericht v.Rochows vom 18. April 1837 nach Berlin, GStA, HA III. MdA I, Nr.8642 (A.1871 vom 30. April 1837).
1497 Unten auf der Rechnung findet sich die Erklärung: «Herr Kriminal Gerichtsschreiber Nüscheler beliebe gütigst den Betrag verabfolgen zu lassen. Zürich den 7. April 1837, sig. Aldinger». Vgl. StAZ, Y 53, 3, act.771.
1498 Am 21. April berichtet die NZZ, die Aufsicht im Gerichtshaus scheine «nicht sehr genau» zu sein. Vgl. NZZ Nr.48 vom 21. April 1837.
1499 Vgl. StAZ, PP, 31.6, 100 und 124.
1500 Vgl. Schweizerischer Republikaner Nr.36 vom 5. Mai 1837, 167.
1501 Vgl. StAZ, PP, 31.6, 87.
1502 Vgl. StAZ, PP, 31.6, 195f.
1503 Vgl. HLS (Albert Portmann-Tinguely). Auch v.Glümer kann über den späteren Aufenthalt Aldingers keinerlei Auskunft geben. Vgl. v.Glümer C., Aus einem Flüchtlingsleben (1904), 169. v.Engelshofen teilt bereits am 7. Juni 1836 Metternich mit, dass sich Eyb inskünftig nicht mehr als Konfident eigne, da die Deutschen nach der Preisgabe des Mitgliederverzeichnisses «äusserst erzürnt» auf diesen reagiert hätten. Vgl. Schl.-Holst. Landesbibliothek, StA, StK, Deutsche Akten F.206, Nr.1257, 9.
1504 Vgl. NZZ Nr.46 vom 17. April 1837, 183f.
1505 Vgl. NZZ Nr.47 vom 19. April 1837, 185f.
1506 Vgl. NZZ Nr.48 vom 21. April 1837, 190f.
1507 Vgl. Der Schweizerische Constitutionelle Nr.32 vom 21. April 1837, 125.
1508 Vgl. NZZ Nr.49 vom 24. April 1837, 194.
1509 Vgl. Schweizerischer Beobachter Nr.44 vom 13. April 1837, 175f.
1510 Vgl. Schweizerischer Republikaner Nr.29 vom 11. April 1837, 131.
1511 Vgl. Schweizerischer Republikaner Nr.31 vom 18. April 1837, 141.
1512 Vgl. Schweizerischer Republikaner Nr.36 vom 5. Mai 1837, 165f.
1513 Vgl. Schweizerischer Republikaner Nr.39 vom 16. Mai 1837, 182. Der preussische Gesandte schickte diesen Artikel vermutlich mit Genugtuung nach Berlin, wo er Eingang in die Akte über die Ermordung Lessings fand. Vgl. GStA, HA III. MdA I, Nr.8642.

1514 Vgl. Der Schweizerische Constitutionelle Nr.42 vom 26. Mai 1837, 165f.
1515 Vgl. Vogel F., Memorabilia Tigurina (1841), 122.
1516 Vgl. den Bericht v.Rochows vom 18. April 1837 nach Berlin, GStA, HA III. MdA I, Nr.8642 (A.1871 vom 30. April 1837).
1517 Vgl. GStA, HA I. Rep.77, Tit.21, Lit.L, Nr.38, act.50ff. Das Verbot findet sich publiziert im 13. Sitzungs-Protokoll der deutschen Landes Versammlung zu Frankfurt a.M. vom 24. Mai 1837, § 148.
1518 Vgl. das Schreiben des Herzoglich Sächsischen Geheimen Ministeriums zu Altenburg, Minister v.Braun, vom 7. April 1837, GStA, HA I. Rep.77, Tit.509, Nr.31, Bd.3, act.215, 297. Tatsächlich kündigte Demme 1837 in seiner Zeitschrift an, der Berner Untersuchungsrichter Lufft werde demnächst über die Fälle «Ernst Schüler» und «Ludwig Lessing» in den Annalen berichten. Vgl. Annalen der deutschen und ausländischen Criminal-Rechtspflege Bd.1 (1837), Anhang (Anzeige und Dank). Lufft verliess seine Stellung als Berner Verhörrichter aber bereits im Mai 1837 und wurde später Königlich Bayerischer Regierungsrat in Augsburg, weshalb die beabsichtigte vermehrte Berichterstattung über Kriminalfälle aus der Schweiz nicht realisiert werden konnte. 1845 erfolgte einzig die Publikation des bereits 1836 von Lufft verfassten und schon früher publizierten Beschlusses über die Verhängung der peinlichen Hauptuntersuchung gegen Ernst Schüler in den Annalen. Vgl. ders., Hochverrath durch Herbeiführung einer Gefahr für den Staat vom Auslande (1845) 179ff.; betreffend den Weggang Luffts aus Bern vgl. Schweizerischer Republikaner Nr.36 vom 5. Mai 1837, 167.
1519 Vgl. StAZ, Y 53, 3, Nachtrag, act.12 (Bericht an das Criminalgericht vom 22. August 1838).
1520 Vgl. StAZ, Y 53, 3, Nachtrag, act.3f.
1521 Vgl. StAZ, Y 53, 3, Nachtrag, act.8.
1522 Vgl. StAZ, Y 53, 3, Nachtrag, act.13. Wie auch heute sind Geständnisse durch eine möglichst genaue analoge Beweiserhebung zu unterlegen, um im Widerrufsfall gewappnet zu sein. Zudem verpflichtet der Inquisitionsgrundsatz die Gerichte im 19. Jh. auf exakte Überprüfung der Wahrheit. Geständnisse sind daher stets genau auf deren Möglichkeit und Richtigkeit zu überprüfen. Der Verhörrichter bzw. der Solothurner Stellvertreter handelt korrekt, indem er sein Wissen über die Einzelheiten des Delikts bei der Befragung zurückhält, sodass die Bewertung der Aussagen aufgrund ihres eigentümlichen Inhaltes möglich wird. Ein für falsch vermutetes Geständnis ist mit «Umsicht und Behutsamkeit» zu widerlegen. Vgl. Pfister L., Merkwürdige Criminalfälle, Bd.5 (1820), 556. Es wird durch die amtliche Feststellung von Kenntnissen verifiziert, über die nur der Täter selbst verfügen kann. Vgl. Walder H., Die Vernehmung des Beschuldigten (1965), 119. In der älteren Literatur wird verschiedentlich auf das Phänomen des «fingirten Geständnisses» hingewiesen. Abegg formuliert positive und negative Voraussetzungen eines gültigen Geständnisses. Vgl. dazu Abegg J., Lehrbuch des gemeinen Criminal-Prozesses (1833), §§ 106ff. Zum Geständnis als prozessuales Beweismittel vgl. Henke E., Handbuch, Bd.4 (1838), 466f. und Martin Ch., Lehrbuch (1836), § 80f. sowie Abegg J., Lehrbuch des gemeinen Criminal-Prozesses (1833), § 104. Von einer genauen Prüfung kann indessen nicht die Rede sein, wenn der Verhörrichter diese Abklärungen in einem derart heiklen Fall nicht selbst an die Hand nimmt.
1523 Vgl. StAZ, Y 53, 3, Nachtrag, act.14.
1524 Schreiben vom 26. August 1838. Vgl. StAZ, Y 53, 3, Nachtrag, act.15.

1525 Vgl. StAZ, Y 53, 3, Nachtrag, act.17. Die Zuger Polizeibehörden konnten sich an ein solches Delikt nicht erinnern. Vgl. StAZ, Y 53, 3, Nachtrag, act.32 (Schlussbericht des Verhörrichters an das Criminalgericht in Zürich vom 21. September 1838).
1526 Vgl. StAZ, Y 53, 3, Nachtrag, act.18.
1527 Vgl. StAZ, Y 53, 3, Nachtrag, act.19ff.
1528 Vgl. StAZ, Y 53, 3, Nachtrag, act.37.
1529 Vgl. StAZ, Y 53, 3, Nachtrag, act.38.

9 Epilog

1530 Vgl. dazu v.Wyss G., Die Hochschule Zürich in den Jahren 1833–1883 (1883), 44ff.; ferner Erb H., Geschichte der Studentenschaft an der Universität Zürich 1833–1936 (1937), 37ff.
1531 Vgl. dazu Gagliardi/Nabholz/Strohl, Die Universität Zürich 1833–1933 (1938), 422; Helfenstein U., Altes und Neues von der Zürcher Universitätsmatrikel (1991), 25. Vgl. auch Mörgeli Ch., Stadtzürcher Polizeinachtwächter ersticht Studenten. Höhepunkt der Krise zwischen Universität und politischen Behörden, in: NZZ Nr.121 vom 26. Mai 1992, 55.
1532 Auch der berühmte Zürcher Schriftsteller Gottfried Keller war als junger Erwachsener in jene Auseinandersetzungen zwischen Behörden und Studentenschaft involviert. Vgl. Cattani A., Licht und Schatten (1954), 131.

Biographien

1533 Vgl. Dvorak H., Biographisches Lexikon der Deutschen Burschenschaft, Bd.1, Teilbd.1 (1996), 12 und Hauschild J.Ch., Georg Büchner (1985), 401. Vgl. auch Helfenstein U., Matrikelverzeichnis sowie Ilse L., Geschichte der politischen Untersuchungen, Tabellarisches Verzeichnis der Flüchtlinge, 1. Abtheilung (1860), II und Heer G., Geschichte der Deutschen Burschenschaft, Bd.2 (1927), 293ff.; zu Albans gewaltsamem Ausbruch aus dem Frankfurter Gefängnis vgl. Kowalski W., Vom kleinbürgerlichen Demokratismus zum Kommunismus Bd.2 (1978), 58. Zur Flucht in die Schweiz vgl. HHStA, StK, Deutsche Akten 283, 292.
1534 Vgl. Dvorak H., Biographisches Lexikon der Deutschen Burschenschaft, Bd.1, Teilbd.1 (1996), 37; ferner Helfenstein U., Matrikelverzeichnis und Ilse L., Geschichte der politischen Untersuchungen, Tabellarisches Verzeichnis der Flüchtlinge, 1. Abtheilung (1860), II.
1535 Vgl. Dvorak H., Biographisches Lexikon der Deutschen Burschenschaft, Bd.1, Teilbd.1 (1996), 53. Der besagte Barth ist nicht zu verwechseln mit Carl Theodor Barth, der 1834 zu den Gründern des Jungen Deutschlands gehörte. Vgl. Gerlach A., Deutsche Literatur im Schweizer Exil (1975), 43f. ferner Ilse L., Geschichte der politischen Untersuchungen, Tabellarisches Verzeichnis der Flüchtlinge, 1. Abtheilung (1860), II.
1536 Vgl. Elsener F., Die deutschen Professorenjahre Friedrich Ludwig von Kellers und Johann Caspar Bluntschlis (1975), 162ff.
1537 Vgl. Bluntschli J.C., Die Kommunisten in der Schweiz nach den bei Weitling vorgefundenen Papieren (1843).
1538 Marr W., Das junge Deutschland in der Schweiz (1846), 129.
1539 Vgl. die Polizeinotizen über die deutschen Assoziationen in Paris, bei Schauberg J., Beilagenheft I, Beilage 30, 151; ferner Urner K., Die Deutschen in der Schweiz (1976), 110f. Zu den Biographien der Gebrüder Breidenstein vgl. Dvorak H., Biogra-

phisches Lexikon der Deutschen Burschenschaft, Bd.1, Teilbd.1 (1996), 132f. Betreffend die strafrechtlichen Vorwürfe vgl. Ilse L., Geschichte der politischen Untersuchungen, Tabellarisches Verzeichnis der Flüchtlinge, 1. Abtheilung (1860), IV.
1540 Vgl. Helfenstein U., Matrikelverzeichnis.
1541 Vgl. Dvorak H., Biographisches Lexikon der Deutschen Burschenschaft, Bd.1, Teilbd.1 (1996), 174 und Helfenstein U., Matrikelverzeichnis sowie HLS (Alfred Portmann-Tinguely).
1542 Vgl. Dvorak H., Biographisches Lexikon der Deutschen Burschenschaft, Bd.1, Teilbd.1 (1996), 198f. und Bell G.E., Ernest Dieffenbach. Rebel and Humanist (1976) sowie Mesenhöller P., Ernst Dieffenbach. Flüchtlingskorrespondenz 1.Teil (1990–94), 372–376; bezüglich politischer Verfolgung vgl. Ilse L., Geschichte der politischen Untersuchungen, Tabellarisches Verzeichnis der Flüchtlinge, 2. Abtheilung (1860), XXXVIII und XLIV.
1543 Vgl. u.a. Dvorak H., Biographisches Lexikon der Deutschen Burschenschaft, Bd.1, Teilbd.1 (1996), 222f. und HBLS, Bd.2, 746 (M. Reymond).
1544 Vgl. HBLS, Bd.3, 1.
1545 Angeblich mit einem Jahresgehalt von 900 Franken Vgl. die Mitteilung Lessings vom 5. Juni 1835, HHStA, StK, Deutsche Akten 286, 427.
1546 Vgl. Dvorak H., Biographisches Lexikon der Deutschen Burschenschaft, Bd.1, Teilbd.1 (1996), 238; ferner Helfenstein U., Matrikelverzeichnis sowie Stern A., Aus deutschen Flüchtlingskreisen (1913), 448f. und HLS (Alfred Portmann-Tinguely); sodann GStA, HA I.Rep.77, Tit.21, Nr.13.
1547 Vgl. HBLS, Bd.3, 126 (H. Friderich).
1548 Vgl. insbesondere Lent D., Findbuch (1991), 48ff., 103ff. (Verweisungen); ferner Gerlach A., Deutsche Literatur im Schweizer Exil (1975), 44; Mayer Th.M., Über den Alltag und die Parteiungen des Exils (1993), 77f.; Hauschild J.-Ch., Georg Büchner (1997), 610f. und Oppermann O., Georg Fein, ein Politiker der burschenschaftlichen Linken (1910) sowie HBLS, Bd.3, 132 (A. Nägeli) und Ilse L., Geschichte der politischen Untersuchungen, Tabellarisches Verzeichnis der Flüchtlinge, 1. Abtheilung (1860), VIII; Heer G., Geschichte der Deutschen Burschenschaft, Bd.2 (1927), 241, 246 und 290. v.Glümer beschreibt Fein als liebenswürdigen und humorvollen Menschen. Vgl. die Charakterisierung bei v.Glümer C., Aus einem Flüchtlingsleben (1904), 146.
1549 Vgl. Rocholz, Die Ergebnisse der Untersuchung in Bezug auf den Bund der Unbedingten oder der Schwarzen (1831), 4ff.; ferner Hug R., Die Central-Untersuchungs-Commission zu Mainz und die demagogischen Umtriebe (1831), diverse Erwähnungen und Heer G., Geschichte der Deutschen Burschenschaft, Bd.2 (1927), 109ff.
1550 Vgl. Schweizer P., Geschichte der Schweizerischen Neutralität (1895), 664f. Zu Karl Follen vgl. Spevack E., Charles Follen's Search for Nationality and Freedom (1997), insbesondere 86ff.
1551 Vgl. dazu Feller R., Die Universität Bern 1834–1934, 85f., 114. Zum Entwurf vgl. Frey L., Entwurf zu einem republikanischen StGB, 4ff. sowie Gschwend L., Zur Geschichte der Lehre von der Zurechnungsfähigkeit (1996), 356f.
1552 Vgl. u.a. HHStA, StK, Deutsche Akten 283, 500.
1553 Vgl. Helfenstein U., Matrikelverzeichnis und Ilse L., Geschichte der politischen Untersuchungen, Tabellarisches Verzeichnis der Flüchtlinge, 2. Abtheilung (1860), XLVI.
1554 Vgl. Gerlach A., Deutsche Literatur im Schweizer Exil (1975), 45, 112ff. Zur neueren Literatur über Harring und sein Werk vgl. Hamer, H.-U., Die schleswig-holsteinische

Erhebung (1998). Zum Verhältnis zwischen Mazzini und Harring vgl. Schulte-Wülwer U., Harro Harring als Freund und Mitstreiter Mazzinis (1992/93), 8ff.
1555   Vgl. v.Glümer C., Aus einem Flüchtlingsleben (1904), 146f.
1556   Vgl. HBLS, Bd.4, 209 sowie Pupikofer J.A., Johann Jakob Hess (1859).
1557   Vgl. Heer G., Geschichte der Deutschen Burschenschaft, Bd.2 (1927), 72 sowie Ilse L., Geschichte der politischen Untersuchungen, Tabellarisches Verzeichnis der Flüchtlinge, 1. Abtheilung (1860), XVIII.
1558   Vgl. Mesenhöller P., Ernst Dieffenbach Flüchtlingskorrespondenz 2.Teil (2000), 685.
1559   Vgl. Helfenstein U., Matrikelverzeichnis; ferner Ilse L., Geschichte der politischen Untersuchungen, Tabellarisches Verzeichnis der Flüchtlinge, 1. Abtheilung (1860), XVI.
1560   Vgl. Elsener F., Die Schweizer Rechtsschulen (1975), 366ff. und ders., Die deutschen Professorenjahre Friedrich Ludwig von Kellers und Johann Caspar Bluntschlis (1975), 154ff. Zu Kellers Bedeutung für die Reform der zürcherischen Rechtspflege vgl. v.Orelli A., Rechtsschulen und Rechtsliteratur in der Schweiz (1879), 62ff. Zur Rolle Kellers in der Zürcher Regenerationsbewegung vgl. Wettstein O., Die Regeneration des Kantons Zürich (1907), u.a. 106–112 und Largiadèr A., Geschichte von Stadt und Landschaft Zürich, Bd.2 (1945), 118ff. und im weiteren Kontext: Fritzsche/Lemmenmeier, Die revolutionäre Umgestaltung von Wirtschaft, Gesellschaft und Staat, 1780–1870, in: Geschichte des Kantons Zürich, Bd.3, 128ff.
1561   Vgl. HBLS, Bd.4, 526.
1562   Zum Fluchtzeitpunkt vgl. Ilse L., Geschichte der politischen Untersuchungen, Tabellarisches Verzeichnis der Flüchtlinge, 1. Abtheilung (1860), XVIII. Vgl. sodann die autobiographischen Aufzeichnungen Kombsts: Erinnerungen aus meinem Leben (1848).
1563   Vgl. den undatierten, anonymen Bericht, GStA, HA I. Rep.77, Tit.509, Nr.31, Bd.1, act.139ff.
1564   Vgl. GStA, HA I. Rep.77, Tit.509, Nr.31, Bd.2, act.175; ferner GStA, HA I.Rep.77, Tit.6, Nr.92.
1565   Vgl. Gerlach A., Deutsche Literatur im Schweizer Exil (1975), 50, gestützt auf v.Treitschke H., Deutsche Geschichte im Neunzehnten Jahrhundert, Bd.4 (1889), 529.
1566   Vgl. Schulte-Wülwer U., Harro Harring als Freund und Mitstreiter Mazzinis (1992/93), 27.
1567   Vgl. Schieder W., Anfänge der deutschen Arbeiterbewegung (1963), 130f.
1568   Vgl. v.Glümer C., Aus einem Flüchtlingsleben (1904), 149.
1569   Vgl. Schmidt H., Die deutschen Flüchtlinge in der Schweiz (1899), 110.
1570   Vgl. dazu Schieder W., Anfänge der deutschen Arbeiterbewegung (1963), 227ff. und Brugger O., Geschichte der deutschen Handwerkervereine (1932), 19f.
1571   Vgl. Helfenstein U., Matrikelverzeichnis und Gagliardi/Nabholz/Strohl, Die Universität Zürich 1833–1933 (1938), 234, 546; ferner Mörgeli Ch., Dr.med. Johannes Hegetschweiler (1986), 139 mit Literaturhinweisen.
1572   Vgl. Gerlach A., Deutsche Literatur im Schweizer Exil (1975), 41. Zum Vorwurf der Teilnahme am Wachensturm und der Mitgliedschaft in der Würzburger Burschenschaft vgl. Ilse L., Geschichte der politischen Untersuchungen, Tabellarisches Verzeichnis der Flüchtlinge, 1. Abtheilung (1860), XX. Mit Schreiben vom 21. Juni 1836 an die Frankfurter Central-Behörde teilt ein Informant mit, Lizius gehöre nicht dem Jungen Deutschland, sondern der Carbonaria an. Vgl. GStA, HA I. Rep.77, Tit.509, Nr.31, Bd.2, act.175. Silbernagl bezeichnet Lizius, freilich ohne Quellenhinweis, als

der Carbonaria zugehörigen Gegner des Jungen Deutschlands. Vgl. Silbernagl D., Die geheimen politischen Verbindungen (1893), 802.
1573 Vgl. Gerlach A., Deutsche Literatur im Schweizer Exil (1975), 41 und Lent D., Findbuch (1991), 336 sowie Adler H., Staatsschutz im Vormärz (1977), 41 sowie Hauschild J.-Ch., Georg Büchner (1997), 609.
1574 Vgl. StAZ, PP 31.5, 113. Zu Ludwigs politischer Vergangenheit vgl. Ilse L., Geschichte der politischen Untersuchungen, Tabellarisches Verzeichnis der Flüchtlinge, 1. Abtheilung (1860), XX.
1575 Vgl. Helfenstein U., Matrikelverzeichnis und HBLS, Bd.4, 720 sowie Gerlach A., Deutsche Literatur im Schweizer Exil (1975), 42. Zum Vorwurf bezüglich Mitgliedschaft in der Greifswalder Burschenschaft vgl. Ilse L., Geschichte der politischen Untersuchungen, Tabellarisches Verzeichnis der Flüchtlinge, 1. Abtheilung (1860), XX.
1576 Vgl. Freytag G., Karl Mathy (1888); ferner Ilse L., Geschichte der politischen Untersuchungen, Tabellarisches Verzeichnis der Flüchtlinge, 2. Abtheilung (1860), XL; ferner Heer G., Geschichte der Deutschen Burschenschaft, Bd.2 (1927), 242 und NDB, Bd.16, 380f.
1577 Zu Mazzinis Leben und politischem Werk vgl. etwa Mack Smith D., Mazzini (1994). Zu Mazzinis Zeit in der Schweiz vgl. Bettone G., Mazzini e La Svizzera (1995); ferner Freytag G., Karl Mathy (1888), 84ff.
1578 Vgl. Gerlach A., Deutsche Literatur im Schweizer Exil (1975), 46.
1579 Vgl. v.Glümer C., Aus einem Flüchtlingsleben (1904), 150f.
1580 Vgl. HBLS, Bd.5, 353.
1581 Vgl. die Schilderung Rauschenplatts bei Schmidt H., Die deutschen Flüchtlinge in der Schweiz (1899), 23f.; Freytag G., Karl Mathy (1888), 123ff.; Wiltberger O., Die deutschen politischen Flüchtlinge in Strassburg (1910), 12ff. sowie die biographischen Angaben mit Quellenverweisen bei Gerlach A., Deutsche Literatur im Schweizer Exil (1975), 35; ferner auch Bettone G., Mazzini e La Svizzera (1995), 136; Schraepler E., Geheimbündelei und soziale Bewegung (1962), 66f. und ADB, Bd.27, 446f. sowie die Erwähnung in der Registratur der Frankfurter Central-Behörde bei Ilse L., Geschichte der politischen Untersuchungen, Tabellarisches Verzeichnis der Flüchtlinge, 1. Abtheilung (1860), XXII; sodann Heer G., Geschichte der Deutschen Burschenschaft, Bd.2 (1927), 202f. und 297ff.; wie auch GStA, HA I.Rep.77, Tit.6, Nr.36.
1582 Vgl. Tobler G., Regierungsstatthalter Jakob Emanuel Roschi (1905), 1–14.
1583 Vgl. Gerlach A., Deutsche Literatur im Schweizer Exil (1975), 61 und Ilse L., Geschichte der politischen Untersuchungen, Tabellarisches Verzeichnis der Flüchtlinge, 1. Abtheilung (1860), XXIV sowie Lent D., Findbuch (1991), 350.
1584 Vgl. HBLS, Bd.5, 751 (D.F.).
1585 Vgl. Gerlach A., Deutsche Literatur im Schweizer Exil (1975), 34f.; ferner Lent D., Findbuch (1991), 351. Nach anderen, irrigen Angaben war Rust Doktor der Medizin. Vgl. Verzeichniss (1836), 25. Ferner die Erwähnung in HHStA, StK, Deutsche Akten 283, 578.
1586 Vgl. Mesenhöller P., Ernst Dieffenbach Flüchtlingskorrespondenz 2. Teil (2000), 698, Anm.251.
1587 Vgl. dazu seine Publikation «Politische Betrachtungen über die Stiftung einer neuen Hochschule zu Zürich und den Bildungszustand in der Schweiz überhaupt» von 1834.
1588 Vgl. Findel J.G., Nekrolog auf Joseph Schauberg J., in: «Bauhütte» (1866), Separatum ohne Seitenzahlen; ferner Odermatt T., Der strafrechtliche Unterricht an der Universität Zürich (1975), 49ff. und Guggenheim Th., Die Anfänge des strafrechtlichen Unterrichts in Zürich (1965), 107f.; bezüglich die politische Verfolgung Schaubergs in

Deutschland vgl. Ilse L., Geschichte der politischen Untersuchungen, Tabellarisches Verzeichnis der Flüchtlinge, 1. Abtheilung (1860), XXVI; hinsichtlich der Tätigkeit in der Marcomannia vgl. Heer G., Geschichte der Deutschen Burschenschaft, Bd.2 (1927), 169f.; bezüglich der Nichtwahl als Professor vgl. Keller F. L., Leserbrief ohne Titel, in: Schweizerischer Beobachter Nr.39 vom 16. Mai 1837.
1589 Vgl. Helfenstein U., Matrikelverzeichnis.
1590 Vgl. Lessings Mitteilung vom 16. Juni 1835 nach Berlin, HHStA, StK, Deutsche Akten 286, 525.
1591 Vgl. dazu Sommer H., Karl Schnell (1939) und Kölz A., Neuere schweizerische Verfassungsgeschichte (1992), 274; ferner Lauterburg L., Karl Schnell (1855), 248ff. Als gegen die Brüder Schnell polemisierende Quelle sei ferner aufgeführt Gelzer H., Die geheimen deutschen Verbindungen (1847), 88.
1592 Vgl. Cattani A., Die Schweiz im politischen Denken Mazzinis (1951), 53.
1593 Vgl. Kölz A., Neuere schweizerische Verfassungsgeschichte (1992), 274. Zu den Brüdern Schnell und ihrer Bedeutung in der Berner Politik nach 1830 vgl. Junker B., Geschichte des Kantons Bern Bd.2 (1990), 20ff. und 91ff.
1594 Vgl. Volksfreund vom 28. Juli 1836, Nr.60, abgedruckt bei Schmidt H., Die deutschen Flüchtlinge in der Schweiz (1899), 140f. – Liebevoller äusserte sich Mazzini über die Berner Professoren, welche sich nach seiner Erfahrung bei ihren Zusammenkünften zwar oft mit alkoholischen Getränken berauschten, die leeren Flaschen zum Fenster hinauswarfen und die Nacht unter dem Tisch verbrachten, am nächsten Tage aber unerschüttert ihre Vorlesungen hielten «e lo fanno benissimo.» Vgl. Haefliger E., Josef Mazzini und sein Aufenthalt in Grenchen (1926), 504f.
1595 Vgl. StABe, BB XV 1766.
1596 Vgl. Junker B., Geschichte des Kantons Bern, Bd.2 (1990), 97 und Hessische Biographien Bd.1, 239–241 (H. Türler), sodann Lufft A., Hochverrat, in: Annalen Bd.1 (1845), 211 und Bettone G., Mazzini e La Svizzera (1995), 59f.; ferner Freytag G., Karl Mathy (1888), 117ff. Die Einbürgerungskorrespondenzen weisen Schüler als unbedenklichen Bürgerrechtsanwärter aus. Vgl. StABe, A II 3161, act.4ff. Zu Schülers Verteidigung vgl. seine gedruckte, die Berner Regierung und den Bericht Roschis sowie die Untersuchung Luffts sowohl inhaltlich wie auch im Ton äusserst scharf kritisierende Verteidigungsschrift «Die Regierung der Republik Bern» (1837). Zum strafrechtlichen Vorwurf in Deutschland wegen politischer Umtriebe vor der Flucht in die Schweiz vgl. Ilse L., Geschichte der politischen Untersuchungen, Tabellarisches Verzeichnis der Flüchtlinge, 1. Abtheilung (1860), XXVI; ferner Mesenhöller P., Ernst Dieffenbach Flüchtlingskorrespondenz 2. Teil (2000), 659, Anm.157.
1597 Vgl. ADB, Bd.33, 680f. und Jahresbericht der Universität Zürich 1835/36, in: Jahresberichte, transkribiert von Stadler-Labhart V. (1989), 10f. Zu Sells Lehrtätigkeit in Zürich vgl. Odermatt T., Der strafrechtliche Unterricht an der Universität Zürich (1975), 44.
1598 Vgl. Schmidt H., Die deutschen Flüchtlinge in der Schweiz (1899), 20.
1599 Vgl. HHStA, StK, Deutsche Akten 283, 291.
1600 Betreffend die geheimdienstliche Tätigkeit vgl. Gerlach A., Deutsche Literatur im Schweizer Exil (1975), 38; ferner Ilse L., Geschichte der politischen Untersuchungen, Tabellarisches Verzeichnis der Flüchtlinge, 1. Abtheilung (1860), XXVIII und Lent D., Findbuch (1991), 353f.
1601 Vgl. Kölz A., Neuere schweizerische Verfassungsgeschichte (1992), 213 und Gagliardi/Nabholz/Strohl, Die Universität Zürich 1833–1933 (1938), 210f., 246; ferner ADB, Bd.34, 508ff. sowie HBLS Bd.6, 390f. (B. Schmid) und Stiefel H., Dr. Ludwig

Snells Leben und Wirken (1858). Zu Snells Verhaftung am 22. Juli 1836 vgl. Schmidt H., Die deutschen Flüchtlinge in der Schweiz (1899), 140ff. Zum Einfluss der Verfassungstheorie Ludwig Snells auf die Entwicklung der schweizerischen Regeneration vgl. Kölz A., ebd., 246ff. An dieser Stelle ist auch das zentrale Werk Ludwig Snells, das «Handbuch des schweizerischen Staatsrechts», 3 Bde. (1837–1848), zu erwähnen.

1602 Vgl. Kölz A., Neuere schweizerische Verfassungsgeschichte, 213f. und ADB, Bd.34, 512ff. sowie HBLS, Bd.6, 391 (B. Schmid). Zu Snells philosophisch ausgerichteter strafrechtlicher Lehrtätigkeit an der Zürcher Hochschule 1833 bis 1834 vgl. Odermatt T., Der strafrechtliche Unterricht an der Universität Zürich (1975), 36ff. Zu Snells Bedeutung in der Geschichte des Kantons Bern vgl. Junker B., Geschichte des Kantons Bern Bd.2 (1990), 119ff.

1603 Vgl. Hessische Biographien Bd.1 (1918), 168f.; ferner Ilse L., Geschichte der politischen Untersuchungen, Tabellarisches Verzeichnis der Flüchtlinge, 2. Abtheilung (1860), XLII. Vgl. auch die Anmerkung bei Schauberg J., Darstellung I, 115 und Roschi J., Bericht (1836), 24.

1604 Vgl. Freytag G., Karl Mathy (1888), 91.

1605 Vgl. Lent D., Findbuch (1991), 363.

1606 Vgl. Tabellarisches Verzeichnis der Flüchtlinge, 1. Abtheilung bei Ilse L., Geschichte der politischen Untersuchungen (1860), XXX sowie 294; ferner Urner K., Die Deutschen in der Schweiz, 110.

1607 Vgl. Lent D., Findbuch (1991), 364 und Adler H., Staatsschutz im Vormärz (1977), 42.

1608 Vgl. HBLS, Bd.6, 644 (Alb. von Tavel).

1609 Vgl. Temme J., Erinnerungen von J.D.H. Temme (Stephan Born) (1883/1996); ferner Hettinger M., J.D.H. Temme (1798–1881) – Volksfreund oder Staatsfeind?, 93–178; sodann Gust, M., J.D.H. Temme. Ein münsterländischer Schriftsteller des 19. Jahrhunderts (1914) und Kötschau U.L., Richterdisziplinierung in der deutschen Reaktionszeit. Verfahren gegen Waldeck und Temme (1976) sowie Gödden/Nölle-Hornkamp (Hg.), Westfälisches Autorenlexikon 1750–1800 (1993), 398–405.

1610 Vgl. Helfenstein U., Matrikelverzeichnis und Mesenhöller P., Ernst Dieffenbach Flüchtlingskorrespondenz 2. Teil (2000), 682, Anm.209. Betreffend den Beitritt zum Jungen Deutschland vgl. Schl.-Holst. Landesbibliothek, StK, Deutsche Akten F.206, Nr.1228 (Konfidentenbericht vom Mai 1836). Zu Trapps Verhältnis zu Georg Büchner vgl. Hauschild J.-Ch., Georg Büchner (1985), 385ff., insbesondere 388, Anm.55 und ders., Georg Büchner (1997), 582f.

1611 Vgl. dazu Kölz A., Neuere schweizerische Verfassungsgeschichte (1992), 386ff.; mit Literaturhinweisen Biaudet J.-Ch., Der modernen Schweiz entgegen (1977), 924; ferner Oechsli W., Geschichte der Schweiz im 19. Jahrhundert, Bd.2 (1913), 608ff. und HBLS, Bd.7, 62 (J. Troxler).

1612 Vgl. HBLS, Bd.7, 74 (Fr. von Tscharner und B. Schmid).

1613 Vgl. HBLS, Bd.7, 119 (W. Ulrich); Gagliardi/Nabholz/Strohl, Die Universität Zürich 1833–1933 (1938), 157f., 186 und Bühlmann W., Die Entwicklung der Zürcherischen Strafrechtspflege (1974), 17.

1614 Vgl. HBLS, Bd.7, 117 (W. Ulrich) und Bühlmann W., Die Entwicklung der Zürcherischen Strafrechtspflege (1974), 46f.

1615 Vgl. Schauberg J., Darstellung I, 114f.

In der Strafuntersuchung verwendete Briefe Lessings

1616 Die Briefe Lessings liegen bei den Akten (StAZ, Y 53, 3, act.476a und 507a bis c). Sie wurden von Schauberg vollumfänglich publiziert und werden nachfolgend in derselben Fassung vorgelegt. Vgl. Schauberg J., Beilagenheft I, 74ff; StAZ, Y 53, 3, act.476a.

1617 Gustav Lembert aus Neustadt an der Hardt in Rheinbayern, lebte zuletzt in Biel und reiste im Juli 1836 freiwillig über Basel nach Deutschland zurück. Vgl. Verzeichniss (1836), 7f.

1618 Der Schriftsteller Wilhelm Sauerwein aus Frankfurt a.M. wurde wegen Abfassung und Verbreitung revolutionärer Schriften polizeilich verfolgt, worauf er im Frühjahr 1834 in die Schweiz floh. Vgl. Ilse L., Geschichte der politischen Untersuchungen, Tabellarisches Verzeichnis der Flüchtlinge (1860), XXIV. Vgl. auch die Anmerkung bei Schauberg J., Darstellung I, 120 und Freytag G., Karl Mathy (1888), 127f.

1619 Vgl. StAZ, Y 53, 3, 507a; Schauberg J., Beilagenheft I, 81ff.

1620 Friedrich Geissel, vulgo Peitsch, lebte im Kanton Waadt und in Zürich, wo er im Jungen Deutschland mittat. Vgl. Verzeichniss (1836), 20.

1621 Friedrich Wilhelm Vulpius (geb. 1804) wurde dem engeren Kreis des Jungen Deutschland um Ernst Schüler zugerechnet und hielt sich in Kreuzlingen auf. Vgl. Verzeichniss (1836), 16.

1622 Vgl. StAZ, Y 53, 3, act.507b; Schauberg J., Beilagenheft I, 89ff.

1623 Christian Günther Graf von Bernstorff (1769–1835) war bis er 1831 von Ancillon abgelöst wurde preussischer Aussenminister. Er galt als Metternich eng verbundener Förderer der preussischen Restauration. Nach 1824 prägte sein geschwächter Gesundheitszustand seine Amtstätigkeit. Seine Berufung ins preussische Aussenministerium durch Hardenberg wurde von zahlreichen Zeitgenossen und Historikern als Fehlbesetzung bewertet. Vgl. dazu ADB, Bd.2, 494ff. (K. Lorentzen).

1624 Vgl. StAZ, Y 53, 3, act.507c; Schauberg J., Beilagenheft I, 98ff.

1625 Ob dieser Sieber mit einem der im Text erwähnten Sieber identisch ist, kann nicht rekonstruiert werden.

Statutenauszüge

1626 Die Statuten des *Jungen Europa* von 1834 sind vollständig abgedruckt bei Schauberg J., Beilagenheft I, 35–47 (6. Beilage, aus während des Verfahrens beschlagnahmten Papieren). Die Statuten dieser und weiterer Vereinigungen sowie anderweitiges Quellenmaterial zur Geschichte der Handwerkerbewegungen nach 1834 hat in jüngerer Zeit Hans-Joachim Ruckhäberle zusammengetragen. Vgl. ders., Bildung und Organisation in den deutschen Handwerksgesellen- und Arbeitervereinen in der Schweiz (1983).

1627 Vgl. Schauberg J., Beilagenheft I, 48–60 (7. Beilage, aus während des Verfahrens beschlagnahmten Papieren).

1628 Vgl. Roschi J., Bericht (1836), Beilage Nr.4, 69–78.

Quellenverzeichnis

1 Ungedruckte Quellen

1.1 Staatsarchiv Zürich

P 187.1 (2), (= Confiscirte Papiere deutscher Flüchtlinge 1834–1836)
P 188 (Flüchtlinge, Verzeichnisse und Berichte 1833–1877)
P 189 (Flüchtlinge aus Deutschland 1833–1879)
P 189.1 (1), (Allgemeines)
P 189. 1 (2 und 3), (Spezielles)
P 192 (Fremdenpolizei-Controlle 1836–1922)
P 252 (Kuppelei, Bordelle, Mädchenhandel 1845–1926)
P 253 (Dirnen: Einzelfälle, Ausweisungen etc. 1837–1916)
P 253. 1 (Verbrechen verfolgende Polizei. Dirnen 1837–1897)
PP 31.5 (Protokoll des Polizeirates, 1835/1836)
PP 31.6 (Protokoll des Polizeirates, 1836/1837)
PP 61.2 (Straf-Protokoll vom 31. Dezember 1835 bis 31. Juli 1839)
U 98a 1 (2), (Studenten, Disziplin, Duell 1833–1884)
Y 11, 4, 4a, 5 (Mord am Studenten Lessing 1836)
Y 53, 2 und 3 (Kriminalakte über die Ermordung des Studenten Ludwig Lessing aus Freienwalde in Preussen)
YY 25.10 (Strafprotokoll 1836, Nr.315, 16.7.1836, Protokoll des Criminalgerichts, 840f. und 916–923)

1.2 Staatsarchiv Bern

A II 3161 (Regierungsakten, Biel 1, Politisches: Affäre Ernst Schüler)
BB 1766 (Untersuchungsakten Ernst Schüler von Biel), 2402
BB IX 335 (Polizeisektion: Flüchtlingsangelegenheiten 1834/35, Dossier Ludwig Lessing)

1.3 Geheimes Staatsarchiv Preussischer Kulturbesitz, Berlin

HA I. Rep.77, Tit.2, Lit.N, Nr.20 (Ministerium des Innern, Censur-Sachen. Specialia, Nr.20: Acta betr. das Verbot folgender in der Schweiz erschienenen oder noch erscheinenden, revolutionären Schriften: 1., «Nordlicht», eine in Stefa für fremde Handwerker und junge Leute erscheinende Zeitschrift. 2., «Die sieben Todsünden der Liberalen», Flugschrift von Hundt-Radowski, Burgdorf in der Schweiz, bei Langlois. 3., «Geisterstimmen der Ermordeten», an Fränzel, Fritzel und Nickel, Schrift ohne Druckort. 4., «Das Leben eines alten Demagogen», ein Buch, welches Hundt-Radowski herauszugeben beabsichtigt; ebenso. 5., «Flugschrift von Schubauer über die Zerrüttung des deutschen Gesammtvaterlandes.»)

HA I. Rep.77, Tit.21, Lit.L, Nr.38, Geh. Verb. Spec. (Ministerium des Innern, Acta betr. stud.med. Ludwig Lessing aus Freienwalde wegen Theilnahme an burschenschaftlichen Verbindungen)

HA I. Rep.77, Tit.6, Lit.H, Nr.74 (Ministerium des Innern, Acta betr. den deutschen Flüchtling und Schriftsteller Harro Harring, 1835–1867)

HA I. Rep.77, Tit.6, Lit.K, Nr.92 (Ministerium des Innern, Acta betr. den Dr.philos. Gustav Kombst aus Stettin wegen politisch verdächtigen Aufenthalts im Auslande, besonders in der Schweiz, 1834–1848)

HA I. Rep.77, Tit.6, Lit.R, Nr.36 (Ministerium des Innern, Acta betr. den in der Schweiz und in Frankreich sich aufhaltenden deutschen Revolutionär Rauschenblatt)

HA I. Rep.77, Tit.21, Lit. E., Nr.13, Geh. Verb. Spec. (Ministerium des Innern, Acta betr. den stud.jur. Friedrich Gustav Ehrhardt aus Wehlitz wegen Theilnahme an burschensch. Verb. in Greifswald)

HA I. Rep.77, Tit.509, Nr.31, Bd.1 (Ministerium des Inneren und der Polizei, Acta betr. das Revolutionaire Treiben und die Volksaufstände in der Schweiz)

HA I. Rep.77, Tit.509, Nr.31, Bd.2 (Ministerium des Inneren und der Polizei, Acta betr. das Revolutionaire Treiben und die Volksaufstände in der Schweiz)

HA I. Rep.77, Tit.509, Nr.31, Bd.3 (Ministerium des Inneren und der Polizei, Acta betr. das Revolutionaire Treiben und die Volksaufstände in der Schweiz)

HA I. Rep.77, Tit.509, Nr.31, Adh. Bd.1 (Ministerium des Inneren und der Polizei, Polizeiliche Massnahmen gegen die sich in der Schweiz aufhaltenden und von dort ausgewiesenen politischen Flüchtlinge 1836–1838)

HA I. Rep.77, Tit.509, Nr.31, Adh. Bd.2 (Ministerium des Inneren und der Polizei, Polizeiliche Massnahmen gegen die sich in der Schweiz aufhaltenden und von dort ausgewiesenen politischen Flüchtlinge 1836–1838)

HA I. Rep.77, Tit. 500, Nr.10, Bd.1 (Ministerium des Inneren und der Polizei, Vereine/ Handwerksgesellschaften)

HA I. Rep.77, Pol. Verd. A 26 (Ministerium des Inneren und der Polizei)

HA I. Rep.77, Pol. Verd. D 59 (Ministerium des Inneren und der Polizei)

HA I. Rep.81, V., Nr.20, Bd.2 (Bern)

HA II. A.A.I, Rep.I, 2.4.1., Nr.6891 (Berne. Correspondance de la mission du Roi)

HA III. A.A.I. Rep.1, 2.4.1., Nr.6891 (Berne. Correspondance avec la Mission du Roi)

HA III. A.A.I. Rep.1, 2.4.1., Vol.I, Nr.6892 (Berne. Correspondance avec la Mission du Roi)

HA III. A.A.I. Rep.1, Nr.6893 (Berne. Correspondance avec la Mission du Roi)

HA III. A.A.I. Rep.1, Nr.6894 (Berne. Correspodance avec la Mission du Roi)

HA III. A.A.I. (Politische Abteilung), Rep.1, Nr.2889–2896 (betreffend die politischen Verhältnisse der Schweiz. Umtriebe der in der Schweiz sich aufhaltenden Revolutionäre aller Nationen, 1834–1838)

HA III. MdA I, Nr.8462 (Ministerium des Äusseren, Acta betr. die Umtriebe des aus Freienwalde gebürtigen Ludwig Lessing in der Schweiz, dessen Ermordung in der Nähe von Zürich am 5. November 1835)

1.4 Hauptlandesarchiv Brandenburg, Potsdam

Rep. 30, Berlin, C Polizeipräsidium, Tit. 94 (Überwachung):

Nr.10061 (Acta des Königlichen Polizey-Präsidii zu Berlin, betreffend die Ermittlung eines Gebäudes zur Einrichtung von Staats-Gefängnissen, 1833)

Nr.11947 (Acta des Königlichen Polizei-Präsidii zu Berlin, betreffend den Stud. philosophiae David Normann aus Berlin wegen Theilnahme an einer geheimen Verbindung in Heidelberg, 1833–1858)

Nr.12787 (Acta des Königlichen Polizei-Präsidii zu Berlin, betreffend die wegen politischer Verbrechen und namentlich in Bezug auf die wegen demagogischen Umtrieben auf der Stadt- und Hausvogtei in Haft befindlichen Studenten, ergangenen Verfügungen, u. diesenhalb erlassenen Requisitionen, 1833–1842)

Rep. 30, Berlin, C Polizeipräsidium, Tit. 95 (Politische Abteilung):

Nr.10874 (Acta des Königlichen Polizei-Präsidii zu Berlin, betreffend den Studios.med. Heinrich Jacoby aus Alt Strelitz, betreffend die Vernehmungen des Jacoby über seine Wissenschaft und Theilname von und an einer geheimen burschenschaftlichen Verbindung, 1833)

1.5 Bayerisches Geheimes Staatsarchiv, München

Ministerialakten II, 1640, ad 96
Ministerialakten II, 1645, ad 41
Ministerialakten II, 1646, ad 16
Ministerialakten II, 1648, ad 51, ad 95

1.6 Schleswig-Holsteinische Landesbibliothek, Kiel

Nachlass Harro Harring:

17.03:05, masch. Abschrift St. K. Deutsche Akten F.203, Nr.916 (Beilage zum Schreiben des Fürsten Wittgenstein aus Berlin vom 29. März 1835)

17.06:04, masch. Abschrift St. K. Deutsche Akten F.205, Nr.1108 (Noë an Metternich, Mainz, 6. November 1835)

17.06:05, masch. Abschrift St. K. Deutsche Akten F.205, Nr.1115 (Beilage betreffend die Ermordung des Studenten Lessing zum Bericht Noës aus Mainz vom 21. November 1835, Nr.164)

17.06:07, masch. Abschrift St. K. Deutsche Akten F.205, Nr.1182 (Drei Beilagen zum Bericht Engelshofens aus Mainz vom 26. Februar 1836 und Bericht von «Maurer», von Albert, Zürich 10. Februar 1836)

17.06:08, masch. Abschrift St. A. St. K. Deutsche Akten F.205, Nr.1184 (Zwei Beilagen zum Bericht v.Engelshofens vom 26. Februar 1836: Brief von Sator vom 11. Februar 1836 an Carl von Eyb in Zürich, Bericht des Confidenten Albert über seinen Besuch bei Mazzini in Bad Grenchen und das Journal «Die junge Schweiz»)

17.06:09, masch. Abschrift St. A. St. K. Deutsche Akten F.205, Nr.1189 (Anweisung aus Wien für H. v.Engelshofen vom 5. März 1836)

17.06:10, masch. Abschrift St. A. St. K. Deutsche Akten F.205, Nr.1192 (Note an den Präsidenten der Polizey-Hofstelle, Graf Sedlintzky)

17.06:12, masch. Abschrift St. A. St. K. Deutsche Akten F.205, Nr.1200 (Drei Beilagen zum Bericht v. Engelshofens aus Mainz vom 29. März 1836, Nr.187, Thalweil 8. März 1836, Zürich 23. März 1836)

17.06:13, masch. Abschrift St. A. St. K. Deutsche Akten, F.206, Nr.1218. Sub-Beilage zum Bericht v.Engelshofens aus Frankfurt vom 23. April 1836, Nr.192 (ad Brief Alberts vom 18. April 1836)

17.06:13, masch. Abschrift St. A. St. K. Deutsche Akten, F.206, Nr.1236 (Beilage zum Bericht v.Engelshofens aus Frankfurt vom 21. Mai 1836, Nr.199)
17.06:15, masch. Abschrift St. K. Deutsche Akten F.206, Nr.1226 (Zwei Beilagen zum Bericht v.Engelshofens aus Mainz vom 6. Mai 1836, Nr.195, Zürich 28. April 1836 und 30. April 1836)
17.06:15, masch. Abschrift St. K. Deutsche Akten F.206, Nr.1228 (Beilage zum Bericht v.Engelshofens aus Mainz vom 6. Mai 1836, Nr.195)
17.06:17, masch. Abschrift St. K. Deutsche Akten F.206, Nr.1245 (Beilage zum Bericht v.Engelshofens aus Frankfurt vom 28. Mai 1836, Nr.201, Bericht Alberts, Zürich 23. Mai 1836)
17:06:19, masch. Abschrift St. K. Deutsche Akten, F.206, Nr.1257
masch. Abschrift St. A. St. K. Deutsche Akten, F.206, Nr.1236 (Beilage zum Bericht v.Engelshofens aus Frankfurt vom 21. Mai 1836)
masch. Abschrift St. A. St. K. Deutsche Akten, F.246, Nr.1257 (Beilage zum Bericht v.Engelshofens aus Bregenz vom 8. Juni 1836)

1.7 Österreichisches Staatsarchiv, Haus-, Hof- und Staatsarchiv, Wien

Staatskanzlei, Deutsche Akten:

282 (alt F.198), Wittgenstein an Metternich (25. Mai 1834) mit einem Bericht Lessings aus Bern (ohne Datum), fol.626ff.
283 (alt F.199), Wittgenstein an Metternich (10. August 1834) mit einem Bericht Lessings aus Bern vom 29. Juli 1834, fol.288ff.
283 (alt F.199), Bericht Lessings aus Bern vom 12. August 1834, fol.497ff.
283 (alt F.199), Kast an Metternich (4. September 1834) mit einem Bericht Lessings aus Bern vom 21. August 1834, fol.516ff.
283 (alt F.199), Tzschoppe an Metternich (16. September 1834) mit einem Bericht Lessings aus Bern vom 8. September 1834, fol.577ff.
283 (alt F.200), Bericht Lessings aus Bern vom 17. September 1834, fol.71ff.
283 (alt F.200), Wittgenstein an Metternich (12. Oktober 1834) mit einem Bericht Lessings aus Bern vom 4. Oktober 1834, fol.160ff.
284 (alt F.200), Wittgenstein an Metternich (2. November 1834) mit einem Bericht Lessings aus Bern vom 22. Oktober 1834, fol.455ff.
284 (alt F.200), Wittgenstein an Metternich (18. November 1834) mit einem Bericht Lessings aus Bern vom 5. November 1834, fol.616ff.
284 (alt F.200), Noë an Metternich (28. November 1834) mit einem Bericht Alberts aus Bern vom 21. November 1834, fol.651ff.
284 (alt F.200), Bericht Lessings aus Bern vom 16. November 1834, fol.657ff.
284 (alt F.201), Wittgenstein an Metternich (6. Dezember 1834) mit einem Schreiben Lessings aus Zürich vom 27. November 1834, fol.108ff.
284 (alt F.201), Wittgenstein an Metternich (17. Dezember 1834) mit einem Schreiben Lessings aus Zürich vom 7. Dezember 1834, fol.217ff.
285 (alt F.201), Wittgenstein an Metternich (31. Dezember 1834) mit einem Schreiben Lessings aus Zürich vom 18. Dezember 1834, fol.319ff.
285 (alt F.202), Wittgenstein an Metternich (21. Januar 1835), fol.49ff.
285 (alt F.202), Wittgenstein an Metternich (24. Januar 1835) mit einem Schreiben Lessings aus Zürich vom 15. Januar 1835, fol.53ff.

285 (alt F.202), Wittgenstein an Metternich (3. Februar 1835) mit einem Schreiben Lessings aus Zürich vom 21. Januar 1835, fol.134ff.
285 (alt F.202), Wittgenstein an Metternich (15. Februar 1835) mit einem Schreiben Lessings aus Zürich vom 6. Februar 1835, fol.198ff.
285 (alt F.202), Wittgenstein an Metternich (7. März 1835) mit einem Schreiben Lessings aus Zürich vom 20. Februar 1835, fol.295ff.
285 (alt F.202), Wittgenstein an Metternich (9. März 1835) mit einem Schreiben Lessings aus Zürich vom 1. März 1835, fol.348ff.
285 (alt F.202), Wittgenstein an Metternich (10. März 1835) mit einem Schreiben Lessings aus Zürich vom 2. März 1835, fol.364ff.
285 (alt F.202), Schreiben Lessings aus Zürich vom 9. März 1835, fol.412ff.
286 (alt F.203), Wittgenstein an Metternich (8. April 1835) mit einem Schreiben Lessings aus Zürich vom 29. März 1835, fol.63ff.
286 (alt F.203), Wittgenstein an Metternich (29. März 1835) mit einem Schreiben Lessings aus Zürich vom 19. März 1835, fol.103ff.
286 (alt F.203), Wittgenstein an Metternich (25. April 1835) mit einem Schreiben Lessings aus Zürich vom 10. April 1835, fol.187ff.
286 (alt F.203), Wittgenstein an Metternich (28. April 1835) mit einem Schreiben Lessings aus Zürich vom 20. April 1835, fol.225ff.
286 (alt F.203), Wittgenstein an Metternich (23. Mai 1835) mit einem Schreiben Lessings aus Zürich vom 15. Mai 1835, fol.294ff.
286 (alt F.203), Wittgenstein an Metternich (4. Juni 1835) mit einem Schreiben Lessings aus Zürich vom 26. Mai 1835, fol.339ff.
286 (alt F.203), Schreiben Lessings aus Zürich vom 5. Juni 1835, fol.424ff.
286 (alt F.203), Wittgenstein an Metternich (29. Juni 1835) mit einem Schreiben Lessings aus Zürich vom 16. Juni 1835, fol.521ff.
286 (alt F.203), Wittgenstein an Metternich (6. Juli 1835) mit einem Schreiben Lessings aus Zürich vom 25. Juni 1835, fol.572ff.
286 (alt F.204), Wittgenstein an Metternich (17. Juli 1835) mit einem Schreiben Lessings aus Zürich vom 5. Juli 1835, fol.7ff.
286 (alt F.204), Wittgenstein an Metternich (30. Juli 1835) mit einem Schreiben Lessings aus Zürich vom 18. Juli 1835, fol.118ff.
286 (alt F.204), Wittgenstein an Metternich (12. August 1835) mit einem Schreiben Lessings aus Zürich vom 3. August 1835, fol.151ff.
286 (alt F.204), Schreiben Lessings aus Zürich vom 7. August, fol.158ff.
287 (alt F.204), Wittgenstein an Metternich (2. September 1835) mit einem Schreiben Lessings aus Zürich vom 20. August 1835, fol.347ff.
287 (alt F.204), Wittgenstein an Metternich (8. September 1835) mit einem Schreiben Lessings aus Zürich vom 26. August 1835, fol.401ff.
287 (alt F.204), Wittgenstein an Metternich (29. September 1835) mit einem Schreiben Lessings aus Zürich vom 17. September 1835, fol.553ff.
287 (alt F.204), Metternich an Wagemann und Noë vom 30. September 1835, fol.546ff.
287 (alt F.204), Schreiben Lessings aus Zürich vom 30. September 1835, fol.609ff.
287 (alt F.204), Schreiben Lessings aus Zürich vom 10. Oktober 1835, fol.659ff.
287 (alt F.204), Metternich an Wagemann und Nordberg vom 24. Oktober 1835, 623f.
287 (alt F.205), Engelshofen an Nordberg (28. Oktober 1835), fol.7ff.
287 (alt F.205), Metternich an Nordberg (7. November 1835), fol.51.
287 (alt F.205), Nordberg an Metternich (21. November 1835) mit einem Schreiben Alberts aus Zürich vom 10. November 1835, fol.103ff.

287 (alt F.205), Nordberg an Metternich (27. November 1835) mit einem Schreiben Alberts aus Zürich vom 24. November 1835, fol.123ff.
Staatskanzlei, Schweiz: Berichte 1833–1838, F.259–270
Weisungen 1833–1840, F.305–308

2 Gedruckte Quellen

2.1 Gesetzestexte

Staatsverfassung für den Eidgenössischen Stand Zürich vom 10. März 1831 (OS I 5 ff.).
Gesetz über die Gemeindeverwaltung vom 30. Mai 1831 (OS I 92ff.).
Gesetz über die Strafrechtspflege für den Kanton Zürich vom 10. Brachmonat 1831 (OS I 177ff.).
Gesetz über die Bedingungen der Verhaftung und der Entlassung aus dem Verhaft vom 27. Brachmonath 1831 (OS I 236ff.).
Organisches Gesetz über das Gerichtswesen im allgemeinen und die bürgerliche Rechtspflege in's Besondere vom 7. Brachmonath 1831 (OS I 132ff.).
Gesetz vom 24. Weinmonath 1834 betreffend einige Abänderungen in dem organischen Gesetze über die Strafrechtspflege vom 10. Brachmonath 1831 (OS III 332ff.).
Verordnung des Regierungsrathes betreffend die Aussercurssetzung der Französischen Louisd'ors vom 7. Hornung 1835 (OS III 388f.).
Strafgesetzbuch für den Kanton Zürich vom 24. Herbstmonat 1835, in Kraft getreten per 1. Januar 1836 (OS IV 43ff.).
Gesetz betreffend die besondern Verhältnisse der politischen Flüchtlinge und anderer Landesfremden vom 29. Herbstmonath 1836 (OS IV 286ff.).
Gesetz betreffend das Duell vom 25. April 1866 (OS XIII 588ff.).
Gerichtsverfassungsgesetz des Kantons Zürich (GVG) vom 13. Juni 1976 (LS 211.1.).
Schweizerisches Strafgesetzbuch vom 21. Dezember 1837 (SR 311.0).

2.2 Quellen zum Fall «Ludwig Lessing» i.e.S.

Anonymus
Der Mord verübt an Ludwig Lessing aus Freienwalde gewesener Rechtskandidat an der Universität in Zürich oder aktenmässige, geschichtliche Darstellung der gegen den Zacharias Aldinger von Dörzbach angeblichen Baron von Eib und übrige Eingeklagte desshalb geführten Untersuchung nebst Entscheidungsgründen und Urtheil des Kriminalgerichtes in Zürich, Zürich 1837 (zit. Urteil).

Schauberg, Joseph
Aktenmässige Darstellung der über die Ermordung des Studenten Ludwig Lessing aus Freienwalde in Preussen bei dem Kriminalgerichte des Kantons Zürich geführten Untersuchung. Erster Abschnitt. Die That an und für sich, Zürich 1837.
Aktenmässige Darstellung der über die Ermordung des Studenten Ludwig Lessing aus Freienwalde in Preussen bei dem Kriminalgerichte des Kantons Zürich geführten Untersuchung. Beilagenheft, Zürich 1837 (zit. Beilagenheft I).
Aktenmässige Darstellung der über die Ermordung des Studenten Ludwig Lessing aus Freienwalde in Preussen bei dem Kriminalgerichte des Kantons Zürich geführten Untersuchung.

Zweites Beilagenheft. Beiträge zur Geschichte Kaspar Hausers, Zürich 1837 (zit. Beilagenheft II).

Steiger, Jakob
Studiosus Ludwig Lessing, in: NZZ vom 5. November 1935 (156. Jg.), Nr.1926.

Temme, Jodokus D.H.
Der Studentenmord in Zürich. Criminalgeschichte, Leipzig 1872.

2.3 Zeitgenössische Medien

Das Nordlicht. Ein Volksblatt in zwanglosen Heften, Nr.1-3, Zürich 1835.
Das Junge Deutschland. Zeitschrift in zwanglosen Heften, Biel 1835.
Der Berner Volksfreund, Burgdorf 1832-1845.
Der Erzähler, St. Gallen 1835.
Der Geächtete. Zeitschrift. In Verbindung mit mehreren deutschen Volksfreunden hg. von Jakob Venedey, Paris 1834-1836.
Der Schweizerische Beobachter, Bern 1834-1850.
Der Schweizerische Constitutionelle, Zürich 1834-1838.
Die junge Schweiz. Ein Blatt für Nationalität. La jeune Suisse. Journal de nationalité, Biel 1836.
Freitags-Blatt. Eine Zeitung für das Volk, Zürich 1834-1836.
Neue Zürcher Zeitung, Zürich 1780ff.
Schweizerischer Republikaner, Zürich 1831-1851.

2.4 Zeitgenössische Geschichtsschreibung und vermischte Schriften

Baumgartner, Gallus Jakob
Die Schweiz in ihren Kämpfen und Umgestaltungen von 1830 bis 1850, 4 Bde., Zürich 1853-1860.

Becker, August
Geschichte des religiösen und atheistischen Frühsozialismus. Erstausgabe des von August Becker 1847 verfassten und von Georg Kühlmann eingelieferten Geheimberichts an Metternich und von Vinets Rapport. Nebst einer Einleitung herausgegeben von Ernst Barnikol (= Christentum und Sozialismus. Quellen und Darstellungen, 6), Kiel 1932.

Demme, Wilhelm Ludwig
Die Nacht des 3. Aprils 1833 in Frankfurt am Main, in: Annalen der deutschen und ausländischen Criminal-Rechtspflege, Bd.1 (1841), 462-469.

Erni, Johann Heinrich
Memorabilia Tigurina. Neue Chronik oder fortgesetzte Merkwürdigkeiten der Stadt und Landschaft Zürich, Zürich 1820.

Escher, Heinrich
Politische Annalen der eidgenössischen Vororte Zürich und Bern während der Jahre 1834, 1835 und 1836, Bd.2, Zürich 1839.

Feddersen, Peter
Geschichte der Schweizerischen Regeneration von 1830-1848, Zürich 1867.

Findel, Joseph Gabriel
Nekrolog auf Joseph Schauberg, in: «Bauhütte» (1866), Separatum.

Frey, Ludwig
Entwurf zu einem republikanischen Strafgesetzbuch, Bern 1835.

Gelzer, Heinrich
Die Geheimen deutschen Verbindungen in der Schweiz seit 1833. Ein Beitrag zur Geschichte des modernen Radikalismus und Communismus. Aus gedruckten und ungedruckten Quellen, Basel 1847.

v. Glümer, Claire
Aus einem Flüchtlingsleben (1833–1839). Die Geschichte meiner Kindheit, Dresden/Leipzig 1904.

Gutzkow, Karl Ferdinand
Rückblicke auf mein Leben, Berlin 1875.

Hildebrand, Theodor
Die Carbonari. Eine Geschichte aus der spanischen Revolution, Berlin 1827.

Hottinger, Johann Jacob / v. Escher, Gottfried
Das alte und das neue Zürich, historisch topographisch beschrieben mit einem Wegweiser durch die Stadt und ihre nächsten Umgebungen, Zürich 1859.

Ilse, Ludwig Johann
Geschichte der politischen Untersuchungen, welche durch die neben der Bundesversammlung errichteten Commissionen, der Central-Untersuchungskommission zu Mainz und der Bundes-Central-Behörde zu Frankfurt in den Jahren 1819 bis 1827 und 1833 bis 1842 geführt sind, Frankfurt a.M. 1860.

Kelchner, Ernst / Mendelssohn–Bartholdy, Karl (Hg.)
Briefe des Königlich Preussischen Generals und Gesandten Theodor Heinrich Rochus von Rochow an einen Staatsbeamten. Als Beitrag zur Geschichte des neunzehnten Jahrhunderts, Frankfurt a.M. 1873.

Kombst, Gustav
Erinnerungen aus meinem Leben, Leipzig 1848.

Lauterburg, Ludwig
Karl Schnell, von Burgdorf, in: Berner Taschenbuch auf das Jahr 1854, 3 (1855), 248–271.

Leuthy, Johann Jakob
Geschichte des Cantons Zürich von 1831–1840. Aus den Quellen untersucht und nach höchst wichtigen Mittheilungen von noch lebenden Zeitgenossen und Augenzeugen dargestellt, Zürich 1845.

v. Löw, Carl Ludwig Friedrich
Zürich im Jahre 1837. Nach den natürlichen und geselligen Verhältnissen geschildert für Einheimische und Fremde, Zürich 1837, neu hg. v. Conrad Ulrich, Zürich o.J.

Mandrot
Einige Worte zu Gunsten der Flüchtlinge. Nebst einigen Bemerkungen über den Bericht des Herrn Roschi, Biel 1836.

Marr, Wilhelm
Das junge Deutschland in der Schweiz. Ein Beitrag zur Geschichte der geheimen Verbindungen unserer Tage, Leipzig 1846.

Mazzini, Giuseppe
Giuseppe Mazzini's Schriften. Aus dem Italienischen mit einem Vorwort von Ludmilla Assing, 2 Bde. Hamburg 1868.
Scritti editi ed inediti, 108 Bde., Imola 1906–1986.

Meyer von Knonau, Gerold
Der Canton Zürich, historisch-geographisch-statistisch geschildert von den ältesten Zeiten bis auf die Gegenwart. Ein Hand- und Hausbuch für Jedermann, 2 Bde., St. Gallen/Bern 1844/46.

Pupikofer, Johann Adam
Johann Jakob Hess als Bürger und Staatsmann des Standes Zürich und eidgenössischer Bundespräsident. Ein biographischer Beitrag zur Geschichte der schweizerischen Eidgenossenschaft und des schweizerischen Gemeinsinns in der Restaurations- und Regenerationszeit, Zürich 1859.

Rocholz
Die Ergebnisse der Untersuchung in Bezug auf den Bund der Unbedingten oder der Schwarzen und die andern geheimen politischen Verbindungen in Deutschland bis zur Errichtung der Mainzer Commission (= Geschichte der geheimen Verbindungen in der neuesten Zeit, Heft 2), Leipzig 1831.

Schauberg, Joseph
Politische Betrachtungen über die Stiftung einer neuen Hochschule zu Zürich und den Bildungszustand in der Schweiz überhaupt, Zürich 1834.

Schüler, Ernst
Die Regierung der Republik Bern und die Verfolgten der Könige. Als Vertheidigung gegen eine Anklage auf «Hochverrath» vor den Gerichten und der öffentlichen Meinung. Ein Beitrag zur Geschichte Berns im Jahre 1836, Biel 1837.

Snell, Ludwig
Das verletzte Völkerrecht an der Eidgenossenschaft oder Betrachtungen über die ungerechten Notenforderungen nebst einem getreuen Abdruck der über diesen Gegenstand geführten Tagsatzungsverhandlungen vom 22., 24. und 29. Juli, Zürich 1834.
Handbuch des schweizerischen Staatsrechts, 3 Bde., Zürich 1837–1848.
Die gegenwärtige Lage der Schweiz und ihre Gefahren. Allen geistesfreien Eidgenossen gewidmet, Bern 1844.

Stiefel, Heinrich
Dr. Ludwig Snells Leben und Wirken. Ein Beitrag zur Geschichte der regenerirten Schweiz, bearbeitet nach den von dem Verstorbenen hinterlassenen Papieren und Schriften von einem jüngeren Freund desselben, Zürich 1858.

Temme, Jodokus D.H.
Erinnerungen von J.D.H. Temme, hg. v. Stephan Born, Leipzig 1883, neu herausgegeben und eingeleitet von Michael Hettinger unter dem Titel, Augenzeugenberichte der deutschen Revolution 1848/49. Ein Preussischer Richter als Vorkämpfer der Demokratie, Darmstadt 1996.

Vogel, Friedrich
Memorabilia Tigurina oder Chronik der Denkwürdigkeiten der Stadt und Landschaft Zürich, Zürich 1841.

Vulpius, Christian August
Lionardo Monte Bello oder der Carbonari-Bund, Leipzig 1821.

Wirth, Johann Georg August
Die politische Reform Deutschlands. Noch ein dringendes Wort an die deutschen Volksfreunde, Strassburg 1832.

Witt von Dörring, Johannes
Fragmente aus meinem Leben und meiner Zeit, 3 Bde., Leipzig 1828.

2.5 Zeitgenössische rechts- und kriminalwissenschaftliche Literatur

Abegg, Julius Friedrich Heinrich
Lehrbuch des gemeinen Criminal-Prozesses mit besonderer Berücksichtigung des Preussischen Rechts, Königsberg 1833.
Lehrbuch der Strafrechtswissenschaft, Neustadt a.d. Orla 1836.

Anonymus
Über die Einführung zweyer Instanzen in Criminal-Prozessen im Kanton Zürich, Zürich 1830.

Autenrieth, Johann Heinrich Ferdinand
Anleitung für gerichtliche Ärzte bey denen Fällen von Legal-Inspectionen und Sektionen, Vergiftungen, Kindermord und der Frage: ob eine Frau kürzlich geboren habe, in welcher schon die erste Untersuchung genugthuend seyn muss, Tübingen 1806.

Bauer, Anton
Lehrbuch des Strafrechts, 2. A. Göttingen 1833.

Böhmer, Georg Wilhelm
Handbuch der Litteratur des Criminalrechts in seinen allgemeinen Beziehungen, mit besondrer Rücksicht auf Criminalpolitik nebst wissenschaftlichen Bemerkungen, Göttingen 1816.

v. Böhmer, Johann Samuel Friedrich
Dissertatio de legitima cadaveris occisi sectione, Halle 1747.

Dorguth, Geheimerrat
Realistische Betrachtung des Duells und dessen Strafbarkeit, der Injurie gegenüber, mit Rückblick auf das allgemeine Preussische Landrecht, in: Annalen der deutschen und ausländischen Criminal-Rechtspflege Nr.1 (1843), 212–223.

Ehrhardt, Friedrich Gustav
Inhalt, Entstehung und Untergang des Schuldbriefes nach zürcherischem Rechte, Zürich 1836.

Emmerich, Obergerichts-Anwalt
Verbrechen des Hochverraths an dem kurhessischen Staate, durch Eintritt in die Verbindung: «das junge Deutschland» in der Schweiz, in: Annalen der deutschen und ausländischen Criminal-Rechtspflege, Nr.1 (1839), 331–392.

v. Feuerbach, Paul J. A.
Lehrbuch des gemeinen in Deutschland geltenden Peinlichen Rechts, Giessen 1801.

v. Grolmann, Karl
Grundsätze der Criminalrechts-Wissenschaft, 4. A., Giessen 1825.

Henke, Hermann Wilhelm Eduard
Lehrbuch der Strafrechtswissenschaft, Zürich 1815.
Handbuch des Criminalrechts und der Criminalpolitik, 4 Bde., Berlin und Stettin 1823–1838, Reprint Goldbach 1996.

Hitzig, Julius Eduard / Demme, Wilhelm Ludwig / Schletter, Hermann Theodor (Hg.)
Annalen der deutschen und ausländischen Criminal-Rechts-Pflege, begründet v. Hitzig, fortgesetzt v. Demme, v. Bd.31 (1845) an hg. v. Schletter, Berlin 1828–1855.

Hommel, Friedrich August
Dissertatio de lethalitate vulnerum et inspectione cadaveris post occisum hominem, Leipzig 1749.

Jarcke, Carl Ernst
Handbuch des gemeinen deutschen Strafrechts mit Rücksicht auf die Bestimmungen der preussischen, österreichischen, baierischen und französischen Strafgesetzgebung, 2 Bde., Berlin 1827/f.

Kappler, Friedrich
Handbuch der Literatur des Criminalrechts und dessen philosophischer und medizinischer Hilfswissenschaften. Für Rechtsgelehrte, Psychologen und gerichtliche Ärzte, Stuttgart 1838.

Köstlin, Christian Reinhold
Der Wendepunkt des deutschen Strafverfahrens im neunzehnten Jahrhundert, Tübingen 1849.

Lufft, August
Hochvertrath durch Herbeiführung einer Gefahr für den Staat vom Auslande, in: Annalen der deutschen und ausländischen Criminal-Rechtspflege, Nr.1 (1845), 179–216.

Martin, Christoph Reinhard Dietrich
Lehrbuch des Teutschen gemeinen Criminal-Processes, mit besonderer Berücksichtigung auf das im Jahre 1813 publicirte Straf-Gesetzbuch für das Königreich Bayern, 4. A. Heidelberg 1836.

Mende, Ludwig Julius Caspar
Ausführliches Handbuch der gerichtlichen Medicin, 6 Teile, Leipzig 1819–1832.

Merker, Polizeirath
Handbuch für Polizey-Beamte im ausübenden Dienste, Erfurt 1818.

Metzger, Johann Daniel
Kurzgefasstes System der gerichtlichen Arzneywissenschaft, 2. A. Königsberg/Leipzig 1798.

Mittermaier, Carl J.A.
Handbuch des Peinlichen Prozesses, Heidelberg 1810.
Über die Ausdehnung der Criminaluntersuchungen, in: Neues Archiv des Criminalrechts, Nr.3 (1820), 541–557.

Die Lehre vom Beweise im deutschen Strafprozesse nach der Fortbildung durch Gerichtsgebrauch und deutsche Gesetzbücher in Vergleichung mit den Ansichten des englischen und französischen Strafverfahrens, Darmstadt 1834.

Über die neuesten Fortschritte der Strafgesetzgebung, mit vergleichender Prüfung der Entwürfe für das Königreich Würtemberg, für den Kanton Zürich, den Kanton Luzern und für das Königreich Norwegen, in: Archiv des Criminalrechts NF (1835), 417–448, 533–562.

Osenbrüggen, Eduard
Die Präsumtionen im Criminalrecht. Ein Vortrag gehalten vor einem gebildeten Publikum, in: Deutsches Museum (1853), 127–142.

Pfister, Ludwig
Actenmässige Geschichte der Räuberbanden an den beiden Ufern des Mains, im Spessart und im Odenwalde, Heidelberg 1812.
Merkwürdige Criminalfälle mit besonderer Rücksicht auf die Untersuchungsführung, 5 Bde., Heidelberg 1814–1820.

Roose, Theodor Georg August
Taschenbuch für gerichtliche Ärzte und Wundärzte bei gesetzmässigen Leichenöffnungen, Bremen 1800.

Schauberg, Joseph
Über die Begründung des Strafrechts, Diss.iur. München 1832.

Snell, Wilhelm
Betrachtungen über die Anwendung der Psychologie im Verhöre mit dem peinlich Angeschuldigten (= Abhandlungen über verschiedene Gegenstände der Strafrechtswissenschaft, Heft 1), Giessen 1819.

v. Stübel, Christoph Carl
Das Kriminal-Verfahren in den Deutschen Gerichten, 5 Bde., Leipzig 1811.

Temme, Jodokus D. H.
Lehrbuch des Preussischen Strafrechts, Berlin 1853.
Lehrbuch des Schweizerischen Strafrechts, Aarau 1855.

Tittmann, Carl August
Handbuch der Strafrechtswissenschaft, Halle 1824.

Zachariae, Heinrich Albert
Grundlinien des gemeinen deutschen Criminal-Processes, mit erläuternden Ausführungen und mit besonderer Rücksicht auf die neuern deutschen Legislationen, Göttingen 1837.
Über die Lossprechung von der Instanz, in: Archiv des Criminalrechts, NF (1839), 371–395.

2.6 Amtliche Berichte, Verzeichnisse sowie Gutachten

Amtliche Sammlung
der neuern Eidgenössischen Abschiede. Hg. auf Anordnung der Bundesbehörden unter Leitung des eidgenössischen Archivars Jakob Kaiser. Repertorium der Abschiede der eidgenössischen Tagsatzungen aus den Jahren 1814–1848. Bearbeitet von Wilhelm Fetscherin, 1, Bern 1874.

Bericht
der am 30. August vor der Tagsatzung in der Angelegenheit des Aug. Conseil niedergesetzten Kommission, o.O. 1836.

Bericht
zu der Eingabe eines Gutachtens der über die Angelegenheit der fremden Flüchtlinge niedergesetzten Tagsatzungskommission, Bern 1836.

Bluntschli, Johann Caspar
Die Kommunisten in der Schweiz nach den bei Weitling vorgefundenen Papieren. Wörtlicher Abdruck des Kommissionalberichtes an die Hohe Regierung des Standes Zürich, Zürich 1843.

Follenberg, Carl (Hg.)
Actenmässige Darstellung der Versuche Deutschland in Revolutions–Zustand zu bringen (= Geschichte der geheimen Verbindungen der neuesten Zeit, Heft 4), Leipzig 1831.
Acten-Stücke über die unter dem Namen des Männer-Bundes und des Jünglings-Bundes bekannten demagogischen Umtriebe (= Geschichte der geheimen Verbindungen in der neuesten Zeit, Heft 7), Leipzig 1833.

Gutachten
der Minderheit der Tagsatzungskommission über die Angelegenheit der Flüchtlinge, Bern 1836.

Helfenstein, Ulrich (Hg.)
Die Matrikel der Universität Zürich 1833–1906 (1914), CD-Rom in Bearbeitung, Zürich 1999 (online: http://www.rektorat.unizh.ch/matrikel/index.html).

Holzhalb, Hans Jakob
Verzeichniss der Stadtbürgerschaft von Zürich auf das Jahr 1834, Zürich 1834.
Verzeichniss der Ansässen in der Stadt Zürich auf das Jahr 1834, Zürich 1834.
Verzeichniss der Stadtbürgerschaft von Zürich im März 1836, Zürich 1836.
Verzeichniss der Niedergelassenen in der Stadt Zürich auf das Jahr 1836, Zürich 1836.

v.Keller, Friedrich Ludwig
Bericht im Namen der in der Angelegenheit des französischen Spions Conseil niedergesetzten Kommission, Bern 1836.
Die entlarvten Diplomaten oder Bericht und Antrag der in der Tagsatzung eingesetzten Kommission betreffend die Angelegenheit «Conseil» und das diesfällige Benehmen der französischen Gesandtschaft, Zürich 1836.

Protokolle
der Deutschen Bundesversammlung vom Jahre 1833, Frankfurt a.M. 1834.

Rechtliches Gutachten
Der Juristenfakultät in Zürich betreffend die Rechtsgültigkeit der von dem Regierungsstatthalter Herrn Roschi in Bern gegen den Redaktor des Zeitungsblattes «Schweizerischer Beobachter», Herrn Dr.med. Eininger daselbst, unterm 17. Januar verfügten und vollzogenen Verhaftung, Bern 1835.

Roschi, Jakob Emmanuel
Bericht an den Regierungsrath der Republik Bern, betreffend die politischen Umtriebe ab Seite politischer Flüchtlinge und anderer Fremden in der Schweiz, mit besonderer Rücksicht auf den Canton Bern, Bern 1836.

Rüttimann, Johann Jakob / Ehrhardt, Friedrich Gustav / Sulzberger, Ernst
Rechtsgutachten über die von der Regierung des Kantons Luzern gegen die Regierung des Kantons Schaffhausen erhobene Beschwerde betreffend die Handhabung der Konkordate von 1820 und 1842, Schaffhausen 1857.

Stadler-Labhart, Verena
Jahresberichte der Hochschule Zürich 1833–1850, nach den Originalen im Universitätsarchiv, transkribiert von Verena Stadler-Labhart, Zürich 1989.

Tafeln
zur Vergleichung der bisher gebräuchlichen Masse und Gewichte des Kantons Zürich mit den Neuen Schweizerischen Massen und Gewichten. Amtliche Ausgabe, Zürich 1837.

Verzeichniss
der aus der Schweiz fortgeschafften Flüchtlinge, und solcher, die im Ausland arretirt worden sind, so wie der in mehreren polizeilichen Untersuchungen über die politischen Umtriebe in der Schweiz mehr oder weniger implizirt erscheinenden Fremden, Bern 1836.

Sekundärliteratur

1 Kriminalfalldarstellungen

Ammann, Wilhelm
Die Kriminalprozedur gegen J. Müller von Stechenrain, Kanton Luzern, Mörder des sel. Herrn Grossrat Leu von Ebersol, Zürich 1846.

Baechi, Walter
Der Mordfall Näf. Das Revisionsgesuch vom 28. Februar 1936, Zürich 1936.

Bänziger, Kathrin
Dani, Michi, Renato und Max. Recherchen über den Tod vier junger Menschen, Zürich 1988.

Baumann, Walter
Von Fall zu Fall. Criminelles aus Alt Zürich, Zürich 2000.

Birkner, Siegfried
Goethes Gretchen. Das Leben und Sterben der Kindsmörderin Susanna Margaretha Brandt, Frankfurt a.M./Leipzig 1999.

Böckel, Fritz
Kriminalgeschichten, in: Monatsschrift für Kriminalpsychologie und Strafrechtsreform, 11 (1914–1918), 503–512.

Boehncke, Heiner / Sarkowicz, Hans
Die Metropole des Verbrechens. Räuber und Gauner in Berlin und Brandenburg, Frankfurt a.M. 1997.

Bösch, Paul
Meier 19. Eine unbewältigte Polizei- und Justizaffäre, Zürich 1997.

Bolte, Christian / Dimmler, Klaus
Schwarze Witwen und eiserne Jungfrauen. Geschichte der Mörderinnen, Leipzig 1997.

Born, Hanspeter
Mord in Kehrsatz. Wie aus einer Familientragödie ein Justizskandal wurde, Zürich 1989.

Bossard, Georg Joseph
Leiden und Tod des Johann Bättig von Hergiswil in den Kriminalgefängnissen der Stadt Luzern. Ein aktenmässiger Beitrag zur luzernischen Kriminaljustizpflege in den 1830er Jahren, Luzern 1844.

Braunschweig, Max
Berühmte Schweizer Kriminalprozesse aus vier Jahrhunderten, Zürich 1943.

Brettschneider, Paul
Die schwersten Verbrechen unter den zivilisierten Völkern, ihre Enthüllungen, Prozesse & Blutsühne, St. Gallen 1870.

Carrère, Emmanuel
L'Adversaire, Paris 2000.

Crauer, Pil
Das Leben und Sterben des unwürdigen Dieners Gottes und mörderischen Vagabunden Paul Irniger. Gezeichnet nach den Gerichtsakten und den Erinnerungen der Zeitgenossen. Mit einem Nachwort von Roman Brodmann (= Reihe Litprint, 44), Basel 1981.

Diggelmann, Walter M.
Hexenprozess. Die Teufelsaustreiber von Ringwil, Bern 1969.

Eger, Rudolf
Berühmte Kriminalfälle aus vier Jahrhunderten, Zürich/Wien 1949.

Escher, Heinrich
Geschichtliche Darstellung und Prüfung der über die denunzierte Ermordung Herrn Schultheiss Kellers sel. von Luzern verführten Kriminalprozedur, Aarau 1826.

v.Feuerbach, Paul J. A.
Aktenmässige Darstellung merkwürdiger Verbrechen, Frankfurt a.M. 1829.
Kaspar Hauser. Beispiel eines Verbrechens am Seelenleben des Menschen, Ansbach 1832.

Flubacher, Rita
Flugjahre für Gaukler. Die Karriere des Werner K. Rey, 2.A, Zürich 1992.

Frank, R. / Roscher, G. / Schmidt, H. (Hg.)
Pitaval der Gegenwart. Almanach interessanter Straffälle, 8 Bde., Leipzig 1904–1914.

Friedländer, Hugo
Interessante Kriminalprozesse, Berlin 1922.

Gayot de Pitaval, François
Causes célèbres et intéressantes, 20 Bde., Paris 1734–1743.
Unerhörte Kriminalfälle, hg. v. Rudolf Marx, Leipzig 1980.

Gerichtshalle
Sammlung merkwürdiger Rechtsfälle aus neuester Zeit, hg. v. mehreren Rechtsgelehrten Bd.1 und 2, Frankfurt a.M. 1847/1848.

Habermas, Rebekka
Das Frankfurter Gretchen. Der Prozess gegen die Kindsmörderin Susanna Margaretha Brandt, München 1999.

Halder, Nold
Leben und Sterben des berüchtigten Gauners Bernhart Matter. Eine Episode aus der Rechts- und Sittengeschichte des 19. Jahrhunderts (= Beiträge zur Geschichte des Strafvollzuges und des Gefängniswesens im Kanton Aargau, 3), (1947) 2. A. Aarau/Frankfurt a.M. 1977.

Harsdörffer, Georg Philipp
Der grosse Schauplatz jämmerlicher Mords-Geschichten. Aus dem Französischen verdolmetscht und mit einem Bericht von den Sinnbildern versehen, Hamburg 1650.

Hasler, Evelyn
Anna Göldi. Letzte Hexe, Zürich 1982.

Hauser, Walter
Im Zweifel gegen die Frau. Mordprozesse in der Schweiz, Zürich 1997.

Henri-Robert, Ancien Batonnier
Les Grands Procès de l'Histoire, 10 séries, Paris 1922–1935.

Henschel, Petra / Klein, Uta (Hg.)
Hexenjagd. Weibliche Kriminalität in den Medien, Frankfurt a.M. 1998.

Hiess, Peter / Lunzer, Christian (Hg.)
Jahrhundert-Morde. Kriminalgeschichte aus erster Hand (= Bibliothek des Verbrechens, 1), Wien 1994.

Hirzel, Heinrich
Hans Jakob Kündig. Sein Leben, Verbrechen und Ende, Zürich 1859.

Hitzig, Julius Eduard / Häring, Wilhelm / Vollert, Anton (Hg.)
Der neue Pitaval, Leipzig 1842–1890.

Huber, Peter
Der Mord an Ignaz Reiss 1937 bei Lausanne: Ein Beispiel für Stalins Säuberungen im Ausland, in: Schweizerische Zeitschrift für Geschichte, 40 (1990), 382–408.

Ilg, Susie
Moneten, Morde, Mannesehr'. 13 Geschichten aus Schaffhauser Gerichten, Schaffhausen 1996.

Jacta, Maximilian
Berühmte Strafprozesse, 2 Bde., München 1963/66.

Jarcke, Carl Ernst
Carl Ludwig Sand und sein an Kozebue verübter Mord, in: Annalen der deutschen und ausländischen Criminal-Rechts-Pflege, Nr.6 (1830), 62–154.

Kaiser, Peter / Moc, Norbert / Zierholz, Heinz-Peter
Das Gastmahl der Mörderin. Giftmorde aus drei Jahrhunderten, Berlin 1997.

Kent, David
Doppelmord in Fall River. Leben und Legende der Lizzie Borden. Aus dem Englischen von Christa Schuenke, Hamburg 1993 (dt. Übersetzung des unter dem Titel «Forty Whacks. New Evidence in the Life and Legend of Lizzie Borden» 1992 in Emmaus, Pennsylvania, erschienenen Werks).

Küther, Carsten
Räuber und Gauner in Deutschland. Das organisierte Bandenwesen im 18. und 19. Jahrhundert, Göttingen 1976.

Kunz, Walter
Kleiner Schweizer Pitaval. Zwanzig Kriminalfälle aus Städten und Dörfern der Schweiz. Nach vergilbten Blättern zusammengestellt und bearbeitet, Hamburg 1965.

Leonhardt, Rainer / Schurich, Frank-Rainer
Berlin mörderisch. Ein kriminalhistorischer Führer mit Strasse und Hausnummer, Berlin 1999.

Leuenberger, Martin.
Mitgegangen – mitgehangen: «Jugendkriminalität» in Basel 1873–1893, Diss.phil. Basel 1988, Zürich 1989.

Löffler, Karl
Die Opfer mangelhafter Justiz. Gallerie der interessanten Justizmorde aller Völker und Zeiten, 3 Bde. Jena 1868–1870.

Mehle, Ferdinand
Der Kriminalfall Kaspar Hauser (= Historische Zeitbilder, 6), Strassburg/Basel 1994.

Meyer, Johann Ludwig
Schwärmerische Gräuelszenen oder Kreuzigungsgeschichte einer religiösen Schwärmerin in Wildenspuch Cantons Zürich. Ein merkwürdiger Fall zur Geschichte des religiösen Fanatismus. Nach den Criminal-Acten bearbeitet, Zürich 1823.

Roth, Fritz
Ein Justizirrtum? Der Giftmordprozess Riedel-Guala. Aus den Dokumenten für seine Revision, Zürich/Leipzig 1929.

Schorsch, Eberhard
Kurzer Prozess? Ein Sexualstraftäter vor Gericht, Hamburg 1995.

Schultz, Uwe
Grosse Prozesse. Recht und Gerechtigkeit in der Geschichte, München 1996.

Steck, Rudolf
Die Akten des Jetzerprozesses nebst dem Defensorium, Basel 1904.

Temme, Jodokus D.H.
Alte Criminal-Bibliothek aus vier Jahrhunderten, 2 Bde., Hamburg/Leipzig 1869.

Wendel, Clara
Die Räuberkönigin der Schweiz, in: Boehnke Heiner/Hindemith Bettina/Sarkowicz Hans (Hg.), Die grossen Räuberinnen, Frankfurt a.M. 1994, 84–103.

Wosnik, Richard
Beiträge zur Hamburgischen Kriminalgeschichte, Hamburg 1926/27.

Zihlmann, Peter
Der Fall Plumey. Die Ware Wahrheit, Genève 1995.

2 Geschichts- und kriminalwissenschaftliche Sekundärliteratur

Adler, Hans
Staatsschutz im Vormärz, in: Ders. (Hg.), Literarische Geheimberichte. Protokolle der Metternich-Agenten, Band I: 1840–1843. Mit einem Geleitwort von Walter Jens, Köln 1977, 3–45.

Aicher, Manuel
Die Aldinger. Beiträge zur Familiengeschichte. Überarbeitung des 1919 veröffentlichten Buches «Die Aldinger» mit Beiträgen von Gerhard Aldinger und Theo Aldinger, Stuttgart 1996.

Arntzen, Friedrich
Psychologie der Zeugenaussage. System der Glaubwürdigkeitsmerkmale, 3. A., München 1993.

Bachmann, Martin
Lektüre, Politik und Bildung. Die schweizerischen Lesegesellschaften des 19. Jahrhunderts unter besonderer Berücksichtigung des Kantons Zürich (= Geist und Werk der Zeiten – Arbeiten aus dem Historischen Seminar der Universität Zürich, 81), Bern/Berlin/Frankfurt a.M./New York/Paris/Wien 1993.

Bader, Karl Siegfried
Die Geschichte des Strafrechts und der Verbrechensbekämpfung im Überblick, Referat gehalten vor dem kriminalistischen Institut des Kantons Zürich, Zürich 1962.

Banscherus, Jürgen
Polizeiliche Vernehmung: Formen, Verhalten, Protokollierung. Eine empirische Untersuchung aus kommunikationswissenschaftlicher Sicht (= BKA-Forschungsreihe, 7), Wiesbaden 1977.

Bauhofer, Arthur
Wer vor Gericht gestellt wird, muss freigesprochen oder verurteilt werden. Ein Beitrag zur Geschichte der Verdachtsstrafe und der Instanzentbindung im zürcherischen Strafprozess, in FS Prof. Dr. H.F. Pfenninger, Strafprozess und Rechtsstaat, Zürich 1956, 15–28.

Baum, Robert
Die Schweiz unter dem Presse- und Fremdenkonklusum von 1823, Diss.phil. Zürich/Strassburg 1947.

Baumann, Kurt (Hg.)
Das Hambacher Fest 27. Mai 1832. Männer und Ideen. Unter Mitwirkung von A. Doll, H. Renner, H. Scheidt, E. Schneider und E. Süss (= Veröffentlichungen der pfälzischen Gesellschaft zur Förderung der Wissenschaften, 15), Speyer 1957.

Bell, Gerda Elizabeth
Ernest Dieffenbach. Rebel and Humanist, Palmerston/New Zealand 1976.

Bender, Rolf / Wartemann, Frank
Vernehmung, in: Kube E./Störzer H.U./Timm K.J. (Hg.), Kriminalistik. Handbuch für Praxis und Wissenschaft Bd.1, Stuttgart/München/Hannover/Berlin/Weimar 1992, 639–668.

Berghoff-Ising, Franz
Die sozialistische Arbeiterbewegung in der Schweiz, Leipzig 1895.

Bertoliatti, Francesco
Lo spionaggio austriaco in Isvizzera dall'epistolario di Jean-Marc Du Pan, in: Zeitschrift für Schweizerische Geschichte, 26 (1946), 194–239.

Bettone, Giannino
Mazzini e la Svizzera, Pisa 1995.

Biaudet, Jean-Charles
La Suisse et la monarchie de Juillet 1830–1838, Diss.phil. Lausanne 1941.
Der modernen Schweiz entgegen, in: Handbuch der Schweizer Geschichte, Bd.2, Zürich 1977, 871–986.

Blasius, Dirk
Bürgerliche Gesellschaft und Kriminalität. Zur Sozialgeschichte Preussens im Vormärz (= Kritische Studien zur Geschichtswissenschaft, 22), Göttingen 1976.

Kriminalität und Alltag. Zur Konfliktgeschichte des Alltagslebens im 19. Jahrhundert, Göttingen 1978.
Geschichte der politischen Kriminalität in Deutschland (1800–1890). Eine Studie zu Justiz- und Staatsverbrechen, Frankfurt a.M. 1983.

Blauert, Andreas / Schwerhoff, Gerd (Hg.)
Mit den Waffen der Justiz. Zur Kriminalitätsgeschichte des Spätmittelalters und der Frühen Neuzeit, Frankfurt 1993.

Blauert, Andreas / Schwerhoff, Gerd
Einleitung, in: dies. (Hg.), Kriminalitätsgeschichte. Beiträge zur Sozial- und Kulturgeschichte der Vormoderne, Konstanz 2000, 11–18

Bloesch, Hans
Das junge Deutschland in seinen Beziehungen zu Frankreich, Diss.phil. Bern 1903.

Bluntschli, Johann Caspar
Bluntschli's Staatswörterbuch in drei Bänden. Bearbeitet und herausgegeben von Dr. Löning, Bd.2, Zürich 1871.

Bonjour, Edgar
Geschichte der Schweizerischen Neutralität. Vier Jahrhunderte eidgenössischer Aussenpolitik, Bd.1, 4. A. Basel 1970.

Brändli, Sebastian
Die Retter der leidenden Menschheit. Sozialgeschichte der Chirurgen und Ärzte auf der Zürcher Landschaft (1700–1850), Diss.phil. Zürich, Zürich 1990.

Brand, Ernst
Die Auswirkungen der deutschen Demagogenverfolgungen in der Schweiz, in: Basler Zeitschrift für Geschichte und Altertumskunde, 47 (1948), 137–208.

Brecht, Eberhard
Von der Prostitution im früheren Zürich, in: Zürcher Taschenbuch NF 89 (1969), 64–83.

Bringmann, Tobias C.
Duell, Student und Davidstern. Satisfaktion und Antisemitismus in Deutschland 1871–1900, Freiburg i.B. 1995.
Reichstag und Zweikampf. Die Duellfrage als innenpolitischer Konflikt des deutschen Kaiserreichs 1871–1918, Diss.phil. Freiburg i.B. 1997 (= HochschulSammlung Philosophie, Geschichte, 10), Freiburg 1997.

Brugger, Otto
Geschichte der deutschen Handwerkervereine in der Schweiz 1836–1843. Die Wirksamkeit Weitlings (1841–1843) (= Berner Untersuchungen zur Allgemeinen Geschichte, 3), Bern/Leipzig 1932.

Bucher, Erwin
Ein grosser Tag im Leben des Bürgermeister Johann Jakob Hess, in: Zürcher Taschenbuch NF 94 (1974), 87–104.

Bühler, Johannes
Das Hambacher Fest, Ludwigshafen 1932.

Bühlmann, Werner
Die Entwicklung der Zürcherischen Strafrechtspflege seit 1831, Diss.iur. Zürich 1974.

Bundeskriminalamt (Hg.)
Methoden der Fallanalyse. Ein internationales Symposium (= BKA-Forschungsreihe, 38.1), Wiesbaden 1998.

Cattani, Alfred
Die Schweiz im politischen Denken Mazzinis, Diss.phil. Zürich 1951.
Licht und Schatten. 150 Jahre Kantonspolizei Zürich, Zürich 1954.
Staatsschutz in der Demokratie. Entstehung und Entwicklung der politischen Polizei in der Schweiz, in: Eichenberger Kurt/Cattani Alfred/Friedrich Rudolf, Schutz der Demokratie (= IPZ Information Nr.D/10 Juli 1990), Zürich 1990, 15–36.

Classen, Isabella
Darstellung von Kriminalität in der deutschen Literatur, Presse und Wissenschaft 1900 bis 1930 (= Hamburger Beiträge zur Germanistik, 8), Frankfurt a.M./Bern/New York/Paris 1988.

Craig, Gordon A.
Geld und Geist im Zeitalter des Liberalismus 1830–1869, aus dem Englischen übersetzt von Karl Heinz Siber, München 1988.

Curti, Claudia
Die Strafanstalt des Kantons Zürich im 19. Jahrhundert, Diss.iur. Zürich (= Zürcher Studien zur Rechtsgeschichte, 19) Zürich 1988.

Dändliker, Karl
Geschichte der Stadt und des Kantons Zürich, Bd.3, Zürich 1912.

Danker, Uwe
Räuberbanden im Alten Reich um 1700. Ein Beitrag zur Geschichte von Herrschaft und Kriminalität in der Frühen Neuzeit, Frankfurt a.M. 1988.

Dannat, Sabine / Gottschalk, Martin
Die Abschaffung der Folter im Aufklärungsdiskurs, in: Jerouschek Günter/Rüping Hinrich (Hg.), «Auss liebe der gerechtigkeit und umb gemeines nutz willenn». Historische Beiträge zur Strafverfolgung (= Rothenburger Gespräche zur Strafrechtsgeschichte, 1), Tübingen 2000, 135–163.

Daumer, Georg Friedrich / Feuerbach, Paul Johann Anselm
Kaspar Hauser, mit einem Bericht von Johannes Mayer und einem Essay von Jeffrey M. Masson, Frankfurt a.M. 1995.

Della Peruta, Franco
Mazzini e la Giovine Europa, in: Annali. Istituto Giangiacomo Feltrinelli, 5 (1963), 11–147.

Derrida, Jacques
Mémoires, Wien 1988.
Dem Archiv verschrieben. Eine Freudsche Impression, Berlin 1997.

Deschner, Karlheinz
Kriminalgeschichte des Christentums, Bd.1–6ff., Hamburg 1986ff.

Deuerlein, Ernst
Studentengeschichtliches aus dem Archiv der Freimaurerloge «Libanon zu den 3 Cedern» in Erlangen. Ein Beitrag zur Geschichte der Akademischen Logen und der Studentenorden in Erlangen, in: Archiv für Studenten- und Hochschulgeschichte 5/6 (1934).

Dierauer, Johannes
Geschichte der Schweizerischen Eidgenossenschaft, Bd.5, 2. Hälfte: 1814–1848, 2. A. Gotha 1922.

Drechsel, Wiltrud Ulrike / Gerstenberger, Heide / Marzahn, Christian (Hg.)
Criminalia. Bremer Strafjustiz 1810–1850 (= Beiträge zur Sozialgeschichte Bremens, 11), Bremen 1988.

Dubler, Anne-Marie
Masse und Gewichte im Staat Luzern und in der alten Eidgenossenschaft, Luzern 1975.

v.Dülmen, Richard (Hg.)
Verbrechen, Strafen und soziale Kontrolle (= Studien zur historischen Kulturforschung, 3), Frankfurt a.M. 1990.

Ebnöther, Karl
Polizeigeschichte in der Schweiz. Literaturbericht. Erweiterte Fassung des gleichnamigen Beitrages in der Schweizer Zeitschrift für Geschichte 4/1995, hg. v. der Kantonspolizei Zürich, Zürich 1995.

Eibach, Joachim
Recht – Kultur – Diskurs. Nullum Crimen sine Scientia, in: Zeitschrift für Neuere Rechtsgeschichte 23 (2001), 102–120.

Elsener, Ferdinand
Die deutschen Professorenjahre Friedrich Ludwig von Kellers und Johann Caspar Bluntschlis, in: Zürcher Taschenbuch NF 95 (1975), 154–175.
Die Schweizer Rechtsschulen vom 16. bis zum 19. Jahrhundert unter besonderer Berücksichtigung des Privatrechts. Die kantonalen Kodifikationen bis zum Schweizerischen Zivilgesetzbuch, Zürich 1975.

Erb, Hans
Geschichte der Studentenschaft an der Universität Zürich, Zürich 1937.

Escher, Conrad
Chronik der ehemaligen Gemeinde Enge, Zürich 1918.

Estermann, Alfred (Hg.)
Politische Avantgarde 1830–1840. Eine Dokumentation zum «Jungen Deutschland», 2 Bde., Frankfurt a.M. 1972.

Fahrmeier, Andreas / Freitag, Sabine (Hg.)
Mord und andere Kleinigkeiten. Ungewöhnliche Kriminalfälle aus sechs Jahrhunderten, München 2001.

Fehling, August Wilhelm
Karl Schapper und die Anfänge der Arbeiterbewegung bis zur Revolution von 1848. Ein Beitrag zur Geschichte des Handwerkerkommunismus, Diss.phil. Rostock 1922.

Feller, Richard
Die Universität Bern 1834–1934. Dargestellt im Auftrag der Unterrichtsdirektion des Kantons Bern und des Senats der Universität Bern, Bern/Leipzig 1935.

Fischer-Homberger, Esther
Medizin vor Gericht – Zur Sozialgeschichte der Gerichtsmedizin. Mit Fallbeispielen, zusammengestellt von Cécile Ernst, und zahlreichen Abbildungen, Bern 1983.

Foucault, Michel
L'archéologie du savoir (1969), Paris 1994.
Archäologie des Wissens, übers. von Ulrich Köppen, Frankfurt a.M. 1973.

Frevert, Ute
Ehrenmänner. Das Duell in der bürgerlichen Gesellschaft, München 1995.

Freytag, Gustav
Karl Mathy, in: Gesammelte Werke, Bd.22, Leipzig 1888.

Fritzsche, Bruno / Lemmenmeier Max
Die revolutionäre Umgestaltung von Wirtschaft, Gesellschaft und Staat, 1780–1870, in: Flüeler Niklaus/Flüeler-Grauwiler Marianne (Hg.), Geschichte des Kantons Zürich, Bd.3: 19. und 20. Jh., Zürich 1994, 20–157.

Frommel, Monika
Strafjustiz und Polizei: Muss man die Strafrechtsgeschichte vom Kopf auf die Füsse stellen? in: Simon Dieter (Hg.), Akten des 26. Deutschen Rechtshistorikertages. Frankfurt am Main, 22. bis 26. September 1986 (= IUS COMMUNE. Veröffentlichungen des Max-Planck-Instituts für Europäische Rechtsgeschichte Frankfurt am Main, Sonderhefte, Studien zur Europäischen Rechtsgeschichte, 30), Frankfurt a.M. 1987, 169–196.

Funk, David A.
Historische Rechtstatsachenforschung in Theorie und Praxis, in: Killias M./Rehbinder M. (Hg.), Rechtsgeschichte und Rechtssoziologie. Zum Verhältnis von Recht, Kriminalität und Gesellschaft in historischer Perspektive (= Schriftenreihe zur Rechtssoziologie und Rechtstatsachenforschung, 58), Berlin 1985, 43–58.

Gagliardi, Ernst
Geschichte der Schweiz von den Anfängen bis zur Gegenwart, 3 Bde., 3. A. Zürich 1938.

Gagliardi, Ernst / Nabholz, Hans / Strohl, Jean
Die Universität Zürich 1833–1933 und ihre Vorläufer. Festschrift zur Jahrhundertfeier, Zürich 1938.

Geiger, Ludwig
Das Junge Deutschland und die preussische Censur. Nach ungedruckten archivalischen Quellen, Berlin 1900.

Gerlach, Antje
Deutsche Literatur im Schweizer Exil. Die politische Propaganda der Vereine deutscher Flüchtlinge und Handwerksgesellen in der Schweiz von 1833–1845 (= Studien zur Philosophie und Literatur des neunzehnten Jahrhunderts, 26), Frankfurt a.M. 1975.

Gersmann, Gudrun
Schattenmänner. Schriftsteller im Dienst der Pariser Polizei des Ancien Régime, in: Jerouschek G./Marssolek I./Röckelein H. (Hg.), Denunziation. Historische, juristische und psychologische Aspekte (= Forum Psychohistorie, 7), Tübingen 1997, 99–126.

Glossy, Karl (Hg.)
Literarische Geheimberichte aus dem Vormärz. Separatdruck aus dem Jahrbuch der Grillparzer-Gesellschaft, 21–23. Mit Einleitung und Anmerkungen, Wien 1912.

Grandjonc, Jacques / Werner, Michael
Wolfgang Strähls «Briefe eines Schweizers aus Paris» 1835. Zur Geschichte des Bundes der Geächteten in der Schweiz und zur Rezeption Heines unter deutschen Handwerkern in Paris (= Schriften aus dem Karl-Marx-Haus, 21), Trier 1978.

v. Grebel, Hans
Die Aufhebung des Geständniszwanges in der Schweiz, Diss.iur. Zürich 1899.

Grisi, Francesco
Giuseppe Mazzini. Nella Storia e nelle speranze degli Italiani, Milano 1995.

Grob, Paul
Fahndungsmassnahmen auf Grund von Tatbestandsfeststellungen bei Tötungsdelikten, Sonderdruck aus Kriminalistik, 20 (1966), 15–20 und 74–81.

Gross, Hans
Besprechungen, in: Archiv für Kriminal-Anthropologie, 62 (1915), 98–109.
Handbuch für Untersuchungsrichter als System der Kriminalistik, 2 Bde., 4. A. München 1904.
Handbuch für Untersuchungsrichter als System der Kriminalistik, 2 Bde., 7. A. München/Berlin/Leipzig 1922.

Gschwend, Lukas
Zur Geschichte der Lehre von der Zurechnungsfähigkeit. Ein Beitrag insbesondere zur Regelung im Schweizerischen Strafrecht, Diss.iur. Zürich (= Zürcher Studien zur Rechtsgeschichte, 33), Zürich 1996.

Guggenbühl, Christoph
Zensur und Pressefreiheit. Kommunikationskontrolle in Zürich an der Wende zum 19. Jahrhundert, Diss.phil. Zürich 1995, Zürich 1996.

Guggenbühl, Dietegen
Gerichtliche Medizin in Basel von den Anfängen bis zur Helvetik (= Basler Veröffentlichungen zur Geschichte der Medizin und Biologie, Fasc. XV), Basel/Stuttgart 1963.

Guggenheim, Thomas
Die Anfänge des strafrechtlichen Unterrichts in Zürich unter besonderer Berücksichtigung des politischen Instituts, Diss.iur. Zürich 1965.

Gust, M.
J.D.H. Temme. Ein münsterländischer Schriftsteller des 19. Jahrhunderts, Diss.phil. Münster 1914.

Gut, Franz
Die Übeltat und ihre Wahrheit. Straftäter und Strafverfolgung vom Spätmittelalter bis zur neuesten Zeit – Ein Beitrag zur Winterthurer Rechtsgeschichte, in: Neujahrsblatt der Stadtbibliothek Winterthur 1996, Winterthur 1995.

Guyer, Ernst Viktor
Vom Pedell, Senatsaktuar und Universitätssekretär an der Universität Zürich im 19. Jahrhundert, in: Zürcher Taschenbuch NF 104 (1984), 125–144.

Guyer, Paul / Saladin, Guntram / Lendenmann, Fritz
Die Strassennamen der Stadt Zürich, 3.A, Zürich 1999.

Haag, Friedrich
Die Sturm und Drang-Periode der Bernischen Hochschule 1834–1854, Bern 1914.

Haas, Beat
Die 1893 eingemeindeten Vororte: Siedlungsstruktur um 1800, bauliche Entwicklung im 19. und 20. Jahrhundert, in: Hundert Jahre Gross-Zürich, 100 Jahre 1. Eingemeindung. Hg. v. Stadtarchiv Zürich, Zürich 1993, 39–179.

Haefliger, E.
Josef Mazzini in Grenchen, in: Zeitschrift für Schweizerische Geschichte, 6 (1926), 489–512.

Hamer, Hans-Ulrich
Die schleswig-holsteinische Erhebung im Leben von Harro Harring, Heide 1998.

Hartmann, Hanspeter
Tatzeit und Todeszeit, in: Kriminalistik, 37 (1983), 247–250.

Hauschild, Jan-Christoph
Die Betroffenen, in: Hauschild Jan-Christoph/Vahl Heidemarie (Hg.), Verboten! Das Junge Deutschland 1835. Literatur und Zensur im Vormärz, Düsseldorf 1985, 62–82.
Georg Büchner. Studien und neue Quellen zu Leben, Werk und Wirkung. Mit zwei unbekannten Büchner-Briefen (= Büchner-Studien, 2), Königstein/Ts. 1985.
Georg Büchner. Biographie, 2.A Berlin 1997.

Hauser, Robert
Die Protokollierung im Zürcherischen Strafprozess, insbesondere in der Untersuchung. Referat gehalten vor dem Kriminalistischen Institut des Kantons Zürich im Wintersemester 1979/1980 (Typoskript), Zürich 1980.
Die Zürcherische Rechtspflege im Wandel 1831–1981, Blätter für Zürcherische Rechtsprechung, 80 (1981), 261–274.

Heer, Georg
Geschichte der Deutschen Burschenschaft, Bd.2: Die Demagogenzeit. Von den Karlsbader Beschlüssen bis zum Frankfurter Wachensturm (1820–1833), Heidelberg 1927.
Geschichte der Deutschen Burschenschaft, Bd.3: Die Zeit des Progresses von 1833 bis 1859, Heidelberg 1929.

Helbing, Franz
Die Tortur. Geschichte der Folter im Kriminalverfahren aller Völker und Zeiten, 2. A., Berlin 1910.

Helfenstein, Ulrich
Altes und Neues von der Zürcher Universitätsmatrikel, in: Stadler-Labhart Verena, «Der Parnass liegt nicht in den Schweizer Alpen». Aspekte der Zürcher Universitätsgeschichte. Beiträge aus dem «Zürcher Taschenbuch» 1939–1988 (= Schriften zur Zürcher Universitäts- und Gelehrtengeschichte, 8), Zürich 1991, 9–36.

Henry, Philippe
Crime, justice et société dans la principauté de Neuchâtel au XVIIIième siècle (1707–1806), Diss.phil. Neuchâtel 1984.

v.Hentig, Hans
Zur Psychologie der Einzeldelikte. II. Der Mord, Tübingen 1956.

Herzberg, Wilhelm
Das Hambacher Fest. Geschichte der revolutionären Bestrebungen in Rheinbayern um das Jahr 1832, Ludwigshafen 1908.

Hettinger, Michael
J.D.H. Temme (1798–1881) – Volksfreund oder Staatsfeind? Ein Demokrat vor der Zeit, in: Düwell Franz Josef/Vormbaum Thomas (Hg.), Recht und Juristen in der deutschen Revolution 1848/49, Baden-Baden 1998, 93–178.

Hömberg, Walter
Zeitgeist und Ideenschmuggel. Die Kommunikationsstrategie des Jungen Deutschland, Stuttgart 1975.

Hug, Rudolph
Central-Untersuchungs-Commission zu Mainz und die demagogischen Umtriebe in den Burschenschaften der deutschen Universitäten zur Zeit des Bundestags-Beschlusses vom 20. September 1819 (= Geschichte der geheimen Verbindungen der neuesten Zeit, Heft 3), Leipzig 1831.
Die demagogischen Umtriebe in den Burschenschaften der deutschen Universitäten. Fortsetzung der Central-Untersuchungscommission zu Mainz (= Geschichte der geheimen Verbindungen der neuesten Zeit, Heft 6), Leipzig 1831.

Johnson, Eric
Urbanisation and crime: Germany 1871–1914, New York/Melbourne 1995.

Junker, Beat
Geschichte des Kantons Bern seit 1798. Bd. II: Die Entstehung des demokratischen Volksstaates 1831–1880, hg. v. Historischen Verein des Kantons Bern, Bern 1990.

Keller, Hans Gustav
Das «Junge Europa» 1834–1836. Eine Studie zur Geschichte der Völkerbundsidee und des nationalen Gedankens, Zürich/Leipzig 1938.

Killias, Martin
Zur Rolle der Geschichte in Rechtssoziologie und Kriminologie: Historizismus (wieder) ante portas?, in: Killias Martin/Rehbinder Manfred (Hg.), Rechtsgeschichte und Rechtssoziologie. Zum Verhältnis von Recht, Kriminalität und Gesellschaft in historischer Perspektive (= Schriftenreihe zur Rechtssoziologie und Rechtstatsachenforschung, 58), Berlin 1985.

Klötzer, Wolfgang
Die Ausstrahlung des Hambacher Festes auf den mittelrheinischen Liberalismus, in: Stephenson Kurt/Scharf Alexander/Klötzer Wolfgang, Darstellungen und Quellen zur Geschichte der deutschen Einheitsbewegung im neunzehnten und zwanzigsten Jahrhundert, Bd.4, Heidelberg 1963, 135–151.

Knightley, Phillip
The Second Oldest Profession. The Spy as Bureaucrat, Patriot, Fantasist and Whore, London 1986.

Kölz, Alfred
Neuere Schweizerische Verfassungsgeschichte. Ihre Grundlinien vom Ende der Alten Eidgenossenschaft bis 1848, Bern 1992.

Kötschau, Uwe Lorenz
Richterdisziplinierung in der deutschen Reaktionszeit. Verfahren gegen Waldeck und Temme, Diss. Kiel 1976.

Koopmann, Helmut
Das Junge Deutschland. Analyse seines Selbstverständnisses, Stuttgart 1971.

Kowalski, Werner
Vorgeschichte und Entstehung des Bundes der Gerechten. Mit einem Quellenanhang (= Schriftenreihe des Instituts für deutsche Geschichte an der Martin-Luther-Universität Halle, 1), Berlin-Ost 1962.
Vom kleinbürgerlichen Demokratismus zum Kommunismus, Bd.1: Zeitschriften aus der Frühzeit der deutschen Arbeiterbewegung (1834–1847) (= Archivalische Forschungen zur Geschichte der deutschen Arbeiterbewegung, 5/1), Berlin-Ost 1967.
Vom kleinbürgerlichen Demokratismus zum Kommunismus, Bd.2: Die Hauptberichte der Bundeszentralbehörde in Frankfurt am Main von 1838 bis 1842 über die deutsche revolutionäre Bewegung (= Archivalische Forschungen zur Geschichte der deutschen Arbeiterbewegung, 5/2), Berlin-Ost 1978.

Kroeschell, Karl
Deutsche Rechtsgeschichte (seit 1650), Bd.3, Opladen 1989.

Kruse, Joseph A.
Das Verbot, in: Hauschild, Jan-Christoph/Vahl, Heidemarie (Hg.), Verboten! Das Junge Deutschland 1835. Literatur und Zensur im Vormärz, Düsseldorf 1985, 37–61.

Kuhn-Schnyder, Emil / Waser, Peter Gaudenz
Lorenz Oken (1779–1851). Erster Rektor der Universität Zürich (= Schriften zur Zürcher Universitäts- und Gelehrtengeschichte, 3), Zürich 1980.

Kutter, Markus
Der modernen Schweiz entgegen, Bd.4: Jetzt wird die Schweiz ein Bundesstaat. Von der Revolution der 1830er Jahre bis zur ersten Bundesverfassung (1830–1848), Basel 1998.

Lambert, Pierre-Arnaud
La charbonnerie française, 1821–1823, Du secret en politique, Lyon 1995.

Langhard, Johannes
Die politische Polizei der schweizerischen Eidgenossenschaft, Bern 1909.

Largiadèr, Anton
Geschichte von Stadt und Landschaft Zürich, Bd.2: Von der Aufklärung bis zur Gegenwart, Erlenbach/Zürich 1945.

Lenherr, Luzius
Ultimatum an die Schweiz. Der politische Druck Metternichs auf die Eidgenossenschaft infolge ihrer Asylpolitik in der Regeneration (1833–1836) (= Europäische Hochschulschriften. Reihe 3, Geschichte und ihre Hilfswissenschaften, 485), Berlin/Bern/Frankfurt a.M./New York/Paris/Wien 1991.

Lennhoff, Eugen
Politische Geheimbünde, Bd.1, Zürich/Leipzig/Wien 1931.

Lent, Dieter (Bearb.)
Findbuch zum Bestand Nachlass des Demokraten Georg Fein (1803–1869) sowie Familie Fein (1737, 1772–1924), (Veröffentlichungen der Niedersächsischen Archivverwaltung; Inventare und kleinere Schriften des Staatsarchivs in Wolfenbüttel, 6), Wolfenbüttel 1991.

Levi, Ernst
Zur Lehre vom Zweikampfverbrechen, Leipzig 1889.

Liman, Paul
Der politische Mord im Wandel der Geschichte, Berlin 1912.

Linder, Joachim
Deutsche Pitavalgeschichten in der Mitte des 19. Jahrhunderts. Konkurrierende Formen der Wissensvermittlung und der Verbrechensdeutung, in: Schönert Jörg (Hg.), Erzählte Kriminalität. Zur Typologie und Funktion von narrativen Darstellungen in Strafrechtspflege, Publizistik und Literatur zwischen 1770 und 1920. Vorträge zu einem interdisziplinären Kolloquium, Hamburg, 10.–12. April 1985, Tübingen 1991, 313–348.

Löw, Adolf
Die Frankfurter Bundeszentralbehörde von 1833–1842, Diss.phil. Frankfurt a.M. 1931, Gelnhausen 1932.

Lüdtke, Alf
«Das Schwert der inneren Ordnung»: Administrative Definitionsmacht, Polizeipraxis und staatliche Gewalt im vormärzlichen Preussen, in: Kriminologisches Journal, 2. Beiheft 1987, 90–110.

Lüthi, Max
Die Schweiz im Urteil deutscher Flüchtlinge um 1848, in: Näf Werner, Deutschland und die Schweiz in ihren kulturellen und politischen Beziehungen während der ersten Hälfte des 19. Jahrhunderts. Fünf Untersuchungen (= Berner Untersuchungen zur Allgemeinen Geschichte, 9), Bern 1936, 52–128.

Luzio, Alessandro
Giuseppe Mazzini carbonaro, Torino 1920.

Mack Smith, Denis
Mazzini, New Haven/London 1994.

Mallach, Hans Joachim (Hg.)
Geschichte der Gerichtlichen Medizin im deutschsprachigen Raum, Lübeck 1996.

Mauerhofer, Marguerite
Mazzini et les réfugiés italiens en Suisse, in: Zeitschrift für Schweizerische Geschichte, 12 (1932), 45–100.

Mayer, Thomas Michael
Über den Alltag und die Parteiungen des Exils anlässlich von Büchners Briefen an Braubach und Geilfus, in: Gillmann Erika/Mayer Thomas Michael/Pabst Reinhard/Wolf Dieter (Hg.), Georg Büchner an «Hund» und «Kater». Unbekannte Briefe des Exils, Marburg 1993, 41–146.

Meier, J.
Die Tatbestandsaufnahme bei Tötungsdelikten, in: Kriminalistik, 36 (1982), 631–636 und 653–654.

v.Meiss, Walther
Aus der Geschichte der Familie Meiss von Zürich, II. Teil und Schluss, in: Zürcher Taschenbuch NF, 49 (1929), 1–92.

Mesenhöller, Peter
Ernst Dieffenbach. Briefe aus dem Strassburger und Zürcher Exil 1833–1836. Eine Flüchtlingskorrespondenz aus dem Umkreis Georg Büchners (Teil 1), in: Georg-Büchner-Jahrbuch, 8 (1990–1994), 371–443.
Ernst Dieffenbach. Briefe aus dem Strassburger und Zürcher Exil 1833–1836. Eine Flüchtlingskorrespondenz aus dem Umkreis Georg Büchners (Teil 2), in: Georg-Büchner-Jahrbuch, 9 (1995–2000), 649–744.

Middendorf, Wolf
Der politische Mord. Ein Beitrag zur historischen Kriminologie, Wiesbaden 1968.
Erkenntnisse für Kriminalisten und Kriminologen aus Falldarstellungen, in: Kriminalistik, 36 (1982), 76f.

Mörgeli, Christoph
Dr.med. Johannes Hegetschweiler (1789–1839). Opfer des «Züriputschs». Wissenschafter und Staatsmann zwischen alter und moderner Schweiz, Zürich 1986.
Stadtzürcher Polizeinachtwächter ersticht Studenten. Höhepunkt der Krise zwischen Universität und politischen Behörden, in: NZZ Nr.121 vom 26. Mai 1992, 55.

Mucke, Johann Richard
Die politischen Bewegungen in Deutschland von 1830 bis 1835 mit ihren politischen und staatsrechtlichen Folgen, 2 Bde., Leipzig 1875.

Müller, Eugen
Eine Glanzzeit des Zürcher Stadttheaters. Charlotte Birch-Pfeiffer 1837–1843, Diss.phil. Zürich 1911.

Müller, Jakob
Geschichte der Kantonspolizei Zürich. Zur Jubiläumschrift des Vereins der Kantonspolizei anlässlich der Feier seines 25-jährigen Bestandes als Festgabe gewidmet, Zürich 1934.
Ich bin auch da. Erinnerungen und Erfahrungen eines Kriminalisten, Zürich 1951.

Nack, Armin
Wiedergabe und Protokollierung von Zeugenaussagen, in: Barton Stephan (Hg.), Redlich aber falsch: Die Fragwürdigkeit des Zeugenbeweises (= Schriftenreihe Deutsche Strafverteidiger e.V., 8), Baden-Baden 1995, 65–82.

Näf, Werner
Deutschland und die Schweiz in ihren kulturellen und politischen Beziehungen während der ersten Hälfte des 19. Jahrhunderts, Bern 1936.

Neitzke, Paul
Die deutschen politischen Flüchtlinge in der Schweiz 1848–1849, Diss.phil. Kiel 1927, Charlottenburg 1926.

Obenaus, Walter
Die Entwicklung der Preussischen Sicherheitspolizei bis zum Ende der Reaktionszeit, Berlin 1940.

Odermatt, Tutilo
Der strafrechtliche Unterricht an der Universität Zürich, Diss.iur. Zürich 1975.

Oechsli, Wilhelm
Geschichte der Schweiz im 19. Jahrhundert, 2 Bde. Leipzig 1903–13.

Oppermann, Otto
Georg Fein, ein Politiker der burschenschaftlichen Linken, in: Haupt Hermann (Hg.), Quellen und Darstellungen zur Geschichte der Burschenschaft und der deutschen Einheitsbewegung, Bd.1, Heidelberg 1910, 240–279.

v. Orelli, Aloys
Rechtsschulen und Rechtsliteratur in der Schweiz. Vom Ende des Mittelalters bis zur Gründung der Universitäten von Zürich und Bern, Zürich 1879, Neudruck Aalen 1966.

Peitler, Hans / Ley, Hans
Kaspar Hauser. Über tausend bibliographische Nachweise, Ansbach 1927.

Pfenninger, Heinrich
Das Strafrecht der Schweiz, Berlin 1890.

Pfister, Alexander
Aus den Berichten der preussischen Gesandten in der Schweiz 1833–1839, in: Basler Zeitschrift für Geschichte und Altertumskunde, 8 (1909), 437–485.
Aus den Berichten der preussischen Gesandten in der Schweiz 1842–46, in: Neujahrs-Blatt der Literarischen Gesellschaft Bern auf das Jahr 1913, 1–52.

Pfister, Christian
Klimageschichte in der Schweiz 1525–1860. Das Klima in der Schweiz von 1525–1860 und seine Bedeutung in der Geschichte von Bevölkerung und Landwirtschaft, 2 Bde., Bern 1984.

Piekalkiewicz, Janusz
Weltgeschichte der Spionage. Agenten – Systeme – Aktionen, München 1988.

Pöltl, René
Die Lehre vom Indizienbeweis im 19. Jahrhundert (= Europäische Hochschulschriften. Reihe II, 2735), Diss.iur. Heidelberg 1999, Frankfurt a.M./Berlin/Bern/Bruxelles/New York/Wien 1999.

Porret, Michel
Le crime et ses circonstances. De l'esprit de l'arbitraire au siècle des Lumières selon les réquisitoires des procureurs généraux de Genève, Genève 1995.

Prechner, Wilinsch
Der Savoyer-Zug 1834, Diss.phil. Bern 1919.
Der Savoyerzug 1834. Die Geschichte eines misslungenen Revolutionsversuchs, in: Zeitschrift für Schweizerische Geschichte, 4 (1924), 459–507.

Prokowsky, Dieter
Die Geschichte der Duellbekämpfung, Diss.iur. Bonn 1965.

Puenzieux, Dominique / Ruckstuhl, Brigitte
Medizin, Moral und Sexualität. Die Bekämpfung der Geschlechtskrankheiten Syphilis und Gonorrhöe in Zürich 1870–1920, Diss.phil. Zürich 1994, Zürich 1994.

Radbruch, Gustav / Gwinner, Heinrich
Geschichte des Verbrechens. Versuch einer historischen Kriminologie, Stuttgart 1951 (Neudruck Frankfurt a.M. 1990).

Richstein, Christine
Legale Beweistheorie und Beweiswürdigung im 19. Jahrhundert, in: Jerouschek Günter/Rüping Hinrich (Hg.), «Auss liebe der gerechtigkeit und umb gemeines nutz willenn». Historische Beiträge zur Strafverfolgung (= Rothenburger Gespräche zur Strafrechtsgeschichte, 1), Tübingen 2000, 191–215.

Romer, Hermann
Historische Kriminologie – zum Forschungsstand in der deutschsprachigen Literatur der letzten zwanzig Jahre, in: Zeitschrift für neuere Rechtsgeschichte, 14 (1992), 227–242.

Ruckhäberle, Hans-Joachim
Flugschriftenliteratur im historischen Umkreis Georg Büchners (= Skripten Literaturwissenschaft, 16), Diss.phil. München 1974, Kronberg/Ts. 1975.

Ruckhäberle, Hans-Joachim (Hg.)
Frühproletarische Literatur. Die Flugschriften der deutschen Handwerksgesellenvereine in Paris 1832–1839 (= Mongraphien Literaturwissenschaft, 34), Kronberg/Ts. 1977.
Bildung und Organisation in den deutschen Handwerksgesellen- und Arbeitervereinen in der Schweiz. Texte und Dokumente zur Kultur der deutschen Handwerker und Arbeiter 1834–1845 (= Studien und Texte zur Sozialgeschichte der Literatur, 4), Tübingen 1983.

Reinöhl, Fritz
Die österreichischen Informationsbüros des Vormärz, ihre Akten und Protokolle, in: Archivalische Zeitschrift, hg. durch das Bayerische Hauptstaatsarchiv in München, Dritte Folge, 5 (1929), 261–288.

Reiter, Herbert
Politisches Asyl im 19. Jahrhundert. Die deutschen politischen Flüchtlinge des Vormärz und der Revolution von 1848/49 in Europa und den USA (= Historische Forschungen, 47), Diss.phil. Florenz, Berlin 1992.

Rückert, Joachim
Zur Rolle der Fallgeschichte in Juristenausbildung und juristischer Praxis zwischen 1790 und 1880, in: Schönert Jörg (Hg.), Erzählte Kriminalität. Zur Typologie und Funktion von narrativen Darstellungen in Strafrechtspflege, Publizistik und Literatur zwischen 1770 und 1920. Vorträge zu einem interdisziplinären Kolloquium, Hamburg, 10.–12. April 1985, Tübingen 1991, 285–311.

Rüping, Hinrich
Das Strafrecht im Zeitalter des Rechtsstaats und seine Reform, in: Simon Dieter (Hg.), Akten des 26. Deutschen Rechtshistorikertages. Frankfurt am Main, 22. bis 26. September 1986 (= IUS COMMUNE. Veröffentlichungen des Max-Planck-Instituts für Europäische Rechtsgeschichte Frankfurt am Main, Sonderhefte, Studien zur Europäischen Rechtsgeschichte, 30), Frankfurt a.M. 1987, 155–168.

Salewski, Michael (Hg.)
Die Deutschen und die Revolution, Göttingen/Zürich 1984.

Schaidl, André
Fremdenpolizeiliche Ermittlungen gegen deutsche Sozialdemokraten in Zürich und Umgebung zwischen 1878 und 1890. Ein Beitrag zu den Anfängen der politischen Polizei im Kanton Zürich, Lizentiatsarbeit phil.I Zürich, Zürich 1989.

Scheffer, Thomas
Übergänge von Wort und Schrift: Zur Genese und Gestaltung von Anhörungsprotokollen im Asylverfahren, in: Zeitschrift für Rechtssoziologie, 20 (1998), 230–265.

Scherer, Anton
Ludwig Snell und der schweizerische Radikalismus 1830–1850, Diss.phil. Fribourg 1954.

Schieder, Wolfgang
Anfänge der deutschen Arbeiterbewegung. Die Auslandsvereine im Jahrzehnt nach der Julirevolution von 1830 (= Industrielle Welt. Schriftenreihe des Arbeitskreises für moderne Sozialgeschichte, 4), Stuttgart 1963.
Probleme einer Sozialgeschichte des frühen Liberalismus in Deutschland, in: Schieder Wolfgang (Hg.), Liberalismus in der Gesellschaft des deutschen Vormärz (= Geschichte und Gesellschaft. Zeitschrift für Historische Sozialwissenschaft, Sonderheft 9), Göttingen 1983, 9–21.

Schlosser, Hans / Willoweit, Dietmar (Hg.)
Neue Wege strafrechtsgeschichtlicher Forschung (= Konflikt, Verbrechen und Sanktion in der Gesellschaft Alteuropas. Symposien und Synthesen, 2), Köln 1999.

Schmid, Bruno
Einleitung, in: Mörgeli Christoph, «Beiträge zur Revolutionsgeschichte des Kantons Zürich». Ein unbekanntes Manuskript des Oberamtmanns Johann Caspar Ott zum Ustertag von 1830, Stäfa 1991, 9–16.
Ein Quellenfund zum Tod von Regierungsrat Hegetschweiler: Antworten und neue Fragen, in: Zürcher Taschenbuch NF 118 (1998), 125–143.

Schmidhäuser, Eberhard
Verbrechen und Strafe. Ein Streifzug durch die Weltliteratur von Sophokles bis Dürrenmatt, München 1995.

Schmidt, Eberhard
Einführung in die Geschichte der deutschen Strafrechtspflege, 3. A. Göttingen 1965, Neudruck 1983.

Schmidt, Heinrich
Die deutschen Flüchtlinge in der Schweiz und die erste deutsche Arbeiterbewegung 1833–1836, Diss.phil. Bern 1899, Nachdruck Hildesheim 1971.

Schmitz, H. Walter
Tatortbesichtigung und Tathergang. Untersuchungen zum Erschliessen, Beschreiben und Melden des modus operandi (= BKA-Forschungsreihe, 6), Wiesbaden 1977.
Tatgeschehen, Zeugen und Polizei. Zur Rekonstruktion und Beschreibung des Tathergangs in polizeilichen Zeugenvernehmungen (= BKA-Forschungsreihe, 9), Wiesbaden 1978.

Schnyder, Werner
Die Dreissiger Jahre des 19. Jahrhunderts im Urteil des Zürcher Bürgermeisters Dr.med. Ulrich Zehnder, in: Zürcher Taschenbuch NF 62 (1942), 164–211.

Schönert, Jörg (Hg.)
Literatur und Kriminalität. Die gesellschaftliche Erfahrung von Verbrechen und Strafverfolgung als Gegenstand des Erzählens. Deutschland, England und Frankreich 1850–1880, Tübingen 1983.

Schoeps, Julius H.
Agenten, Spitzel, Flüchtlinge. Wilhelm Stieber und die demokratische Emigration in London, in: Schallenberger Horst/Schrey Helmut (Hg.), Im Gegenstrom. Festschrift für Helmut Hirsch, Wuppertal 1977, 71–104.

Scholz, L.
Die Gesche Gottfried. Besprechung, in: Archiv für Kriminal-Anthropologie, 62 (1915), 102.

Schraepler, Ernst
Geheimbündelei und soziale Bewegung. Zur Geschichte des «Jungen Deutschland» in der Schweiz, in: International Review of Social History, 7 (1962), 61–92.

Schubiger, Hans / Rinderknecht, Robert
Das Kriminalmuseum. Verbrechen – Sühne – Polizei – im Wandel der Zeit, Zürich 1980.

Schütz, Alfred
Die Kriminalpolizei im Kanton Zürich. Ihre Eingriffe in die Freiheiten und Rechte der Bürger durch zwangsrechtliche Fahndungs- und Erforschungsmittel, Diss.iur. Zürich 1955 (= Zürcher Beiträge zur Rechtswissenschaft NF, 202), Zürich 1956.

Schulte-Wülwer, Ulrich
Harro Harring als Freund und Mitstreiter Mazzinis in den Jahren 1834–1836, in: Mitteilungen der Harro-Harring-Gesellschaft, 11/12 (1992/93), 8–35.

Schulthess, Wilhelm
Zürcherisches Kleinstadtleben. Streiflichter aus dem Jahre 1837 im Spiegel des Tagblatt der Stadt Zürich, Zürich 1937.

Schultz, Uwe (Hg.)
Das Duell. Der tödliche Kampf um die Ehre, Frankfurt a.M./Leipzig 1996.

Schweizer, Paul
Geschichte der Schweizerischen Neutralität, Frauenfeld 1895.

Schwerhoff, Gerd
Köln im Kreuzverhör. Kriminalität, Herrschaft und Gesellschaft in einer frühneuzeitlichen Stadt, Bonn 1991.
Aktenkundig und gerichtsnotorisch. Einführung in die Historische Kriminalitätsforschung, Tübingen 1999.
Kriminalitätsgeschichte im deutschen Sprachraum. Zum Profil eines «verspäteten» Forschungszweiges, in: Blauert A./Schwerhoff G. (Hg.), Kriminalitätsgeschichte. Beiträge zur Sozial- und Kulturgeschichte der Vormoderne, Konstanz 2000, 21–67.

Seemann, Siegfried
Tatortarbeit, in: Kube Edwin/Störzer Hans Udo/Timm Klaus Jürgen (Hg.), Kriminalistik. Handbuch für Praxis und Wissenschaft Bd.1, Stuttgart/München/Hannover/Berlin/Weimar 1992, 639–668.

Senn, Marcel
Rechtshistorisches Selbstverständnis im Wandel. Ein Beitrag zur Wissenschaftstheorie und Wissenschaftsgeschichte der Rechtsgeschichte (= Zürcher Studien zur Rechtsgeschichte, 6), Zürich 1982.

Siemann, Wolfram
«Deutschlands Ruhe, Sicherheit und Ordnung». Die Anfänge der politischen Polizei 1806–1866 (= Studien und Texte zur Sozialgeschichte der Literatur, 14), Tübingen 1985.
Der Vorrang der Staatspolizei vor der Justiz, in: Simon Dieter (Hg.), Akten des 26. Deutschen Rechtshistorikertages. Frankfurt am Main, 22. bis 26. September 1986 (= IUS COMMUNE. Veröffentlichungen des Max-Planck-Instituts für Europäische Rechtsgeschichte Frankfurt am Main, Sonderhefte, Studien zur Europäischen Rechtsgeschichte, 30), Frankfurt a.M. 1987, 197–210.

Silbernagl, D.
Die geheimen politischen Verbindungen der Deutschen in der ersten Hälfte des neunzehnten Jahrhunderts, in: Historisches Jahrbuch der Görres-Gesellschaft, 14 (1893), 775–813.

Slawig, Johannes
Der Kampf gegen das Duellwesen im 19. und 20. Jahrhundert in Deutschland unter besonderer Berücksichtigung Preussens, Diss. Münster 1986.

Sommer, Hans
Karl Schnell von Burgdorf, Diss.phil. Bern 1939.

Spevack, Edmund
Charles Follen's Search for Nationality and Freedom. Germany and America 1796–1840, Cambridge, Mass. / London 1997.

Spitzer, Alan B.
Old Hatreds and Young Hopes. The French Carbonari against the Bourbon Restoration, Cambridge Mass. 1971.

Stadler, Peter
Georg Büchner und die Universität Zürich, in: Mann Golo, Gedanken zur Wandlung von Begriff und Wirklichkeit der Revolution seit Büchner (= Schriften zur Zürcher Universitäts- und Gelehrtengeschichte, 7), Zürich 1987, 11–14.

Stadler-Labhart, Verena
Der erste Jahresbericht der Universität Zürich, in: Dies., «Der Parnass liegt nicht in den Schweizer Alpen». Aspekte der Zürcher Universitätsgeschichte. Beiträge aus dem «Zürcher Taschenbuch» 1939–1988 (Schriften zur Zürcher Universitäts- und Gelehrtengeschichte, 8), Zürich 1991, 37–60.

Stadtarchiv Zürich (Hg.)
Hundert Jahre Gross-Zürich. 60 Jahre 2. Eingemeindung 1934 / Publikation des Stadtarchivs und des Baugeschichtlichen Archivs zum Jubiläumsjahr mit Beiträgen von Fritz Lendenmann, Daniel Kurz und Beat Haas, Zürich 1993.

Stähelin, Felix.
«Demagogische Umtriebe» zweier Enkel Salomon Gessners, in: Jahrbuch für Schweizerische Geschichte, 39 (1914), 1–88.

Stern, Alfred
Geschichte Europas 1815 bis 1871, Erste Abteilung: Geschichte Europas 1815 bis 1830, Bd.1, Berlin 1894.
Nachtrag zu dem Artikel «Mazzini-Briefe», in: Anzeiger für Schweizerische Geschichte, 10 (1907), 168f.

Theodor Schuster als angeblicher politischer Geheimagent (April 1847). Ein Beitrag zur Geschichte der deutschen und französischen Geheimbünde in Paris, in: Haupt Hermann (Hg.), Quellen und Darstellungen zur Geschichte der Burschenschaft und der deutschen Einheitsbewegung, Bd.3, Heidelberg 1912, 228–239.

Aus deutschen Flüchtlingskreisen im Jahre 1835, in: Festgabe für Gerold Meyer von Knonau, Zürich 1913, 445–468.

Stolleis, Michael
«Junges Deutschland». Jüdische Emanzipation und liberale Staatsrechtslehre in Deutschland, Stuttgart 1994.

Strohl, Jean
Lorenz Oken und Georg Büchner. Zwei Gestalten aus der Übergangszeit von Naturphilosophie zu Naturwissenschaft, Zürich 1936.

Süss, Edgar
Die Pfälzer im «Schwarzen Buch». Ein personengeschichtlicher Beitrag zur Geschichte des Hambacher Festes, des frühen pfälzischen und deutschen Liberalismus (= Heidelberger Veröffentlichungen zur Landesgeschichte und Landeskunde, 3), Heidelberg 1956.

Sutter, Eva
«Ein Act des Leichtsinns und der Sünde». Illegitimität im Kanton Zürich: Recht, Moral und Lebensrealität (1800–1860), Diss.phil. Zürich 1993, Zürich 1995.

Tanner, Albert
«Alles für das Volk». Die liberale Bewegung von 1830/31, in: Hildbrand Thomas/Tanner Albert (Hg.), Im Zeichen der Revolution. Der Weg zum Schweizerischen Bundesstaat 1798–1848, Zürich 1997, 51–74.

Teufel, Manfred
Vom Werden der deutschen Kriminalpolizei. Ein polizeihistorischer Abriss mit prosopographischen Anmerkungen, in: Nitschke Peter (Hg.), Die Deutsche Polizei und ihre Geschichte. Beiträge zu einem distanzierten Verhältnis (= Schriftenreihe der Deutschen Gesellschaft für Polizeigeschichte e.V., 2), Hilden 1996, 72–97.

Thäle, Brigitte
Die Verdachtsstrafe in der kriminalwissenschaftlichen Literatur des 18. und 19. Jahrhunderts (= Europäische Hochschulschriften, Reihe II, Rechtswissenschaften, 1390), Frankfurt a.M./Berlin/Bern/New York/Paris/Wien 1992.

Thamer, Hans-Ulrich
Emanzipation und Tradition. Zur Ideen- und Sozialgeschichte von Liberalismus und Handwerk in der ersten Hälfte des 19. Jahrhunderts, in: Schieder Wolfgang (Hg.), Liberalismus in der Gesellschaft des deutschen Vormärz (= Geschichte und Gesellschaft. Zeitschrift für Historische Sozialwissenschaft, Sonderheft 9), Göttingen 1983, 55–73.

Tobler, Gustav
Regierungsstatthalter Jakob Emanuel Roschi, 1778–1848, in: Neues Berner Taschenbuch auf das Jahr 1905, 1–14.
Mazzini-Briefe, in: Anzeiger für Schweizerische Geschichte, 10 (1907), 158–160.

v. Treitschke, Heinrich
Deutsche Geschichte im Neunzehnten Jahrhundert, 5 Bde., Leipzig 1879–1894.

Ulrich, Anita
Bordelle, Strassendirnen und bürgerliche Sittlichkeit in der Belle Epoque. Eine sozialgeschichtliche Studie der Prostituierten am Beispiel der Stadt Zürich (= Mitteilungen der Antiquarischen Gesellschaft in Zürich, 52/3), Diss.phil. Zürich 1985.
«Marie Trottoir» in Zürich. Zur sozialen Situation der Prostituierten in der Belle Epoque, in: Schweizerische Zeitschrift für Geschichte, 34 (1984), 420–430.

Urner, Klaus
Die Deutschen in der Schweiz. Von den Anfängen der Koloniebildung bis zum Ausbruch des Ersten Weltkrieges, Frauenfeld/Stuttgart 1976.

Venedey, Hermann
Jakob Venedey. Darstellung seines Lebens und seiner politischen Entwicklung bis zur Auflösung der ersten deutschen Nationalversammlung 1849, Diss.phil. Freiburg i.B., Stockach 1930.

Voegelin, Salomon
Das alte Zürich. Historisch und antiquarisch dargestellt, Bd. 1, 2. A. Zürich 1878.

Walder, Hans
Die Vernehmung des Beschuldigten. Dargestellt am Beispiel des zürcherischen und deutschen Strafprozessrechts, Hamburg 1965.
Aussagepsychologie. Darstellung einiger Aspekte, in: Schweizerische Zeitschrift für Strafrecht, 97 (1980), 257–290.
Einvernahmetechnik. Referat gehalten am 2. und 5. März 1987 am Kriminalistischen Institut des Kantons Zürich, Zürich 1987.

Wentzcke, Paul
Strassburg als Zufluchtort deutscher Flüchtlinge in den Jahren 1819–1850, in: Elsass-Lothringisches Jahrbuch Bd. 12 (1933), 229–248.

Westendorf, Ritva
Die Pflicht zur Verhinderung geplanter Straftaten durch Anzeige. Eine kritische Betrachtung der §§ 138, 139 StGB im Kontext der Unterlassungsdelikte (= Schriften zum Strafrecht und Strafprozessrecht, 40), Frankfurt a.M./Berlin/Bern/New York/ Paris/Wien 1999.

Wettstein, Walter
Die Regeneration des Kantons Zürich. Die liberale Umwälzung der dreissiger Jahre 1830–1839, Zürich 1907.

Willoweit, Dietmar (Hg.)
Die Entstehung des öffentlichen Strafrechts. Bestandesaufnahme eines europäischen Forschungsproblems (= Konflikt, Verbrechen und Sanktion in der Gesellschaft Alteuropas. Symposien und Synthesen, 1), Köln/Weimar/Wien 1999.

Wiltberger, Otto
Die deutschen politischen Flüchtlinge in Strassburg 1830–1849 (= Abhandlungen zur mittleren und neueren Geschichte, 17), Berlin/Leipzig 1910.

Wirth, Christian
Der Jurist Johann Andreas Georg Friedrich Rebmann zwischen Revolution und Restauration (= Rechtshistorische Reihe, 144), Frankfurt a.M./Berlin/Bern/New York/Paris/Wien 1996.

v. Wyss, Friedrich
Leben der beiden zürcherischen Bürgermeister David von Wyss, Vater und Sohn, 2 Bde., Zürich 1884/86.

v. Wyss, Georg
Die Hochschule Zürich in den Jahren 1833–1883. Festschrift zur fünfzigsten Jahresfeier ihrer Stiftung im Auftrage des akademischen Senates verfasst, Zürich 1883.

Zihlmann, Peter
Justiz im Irrtum, Rechtsbruch und Rechtsspruch in der Schweiz. Ein Bericht über die Schweizer Justiz, Zürich 2000.

Züsli-Niscosi, Franz
Beiträge zur Geschichte der Polizeiorganisation der Republik Zürich in der zweiten Hälfte des 18. Jh., Diss.iur. Zürich 1967.

Zurlinden, Samuel
Hundert Jahre Bilder aus der Geschichte der Stadt Zürich in der Zeit von 1814–1914, Bd.1, Zürich 1914.

3 Nachschlagewerke

Allgemeine Deutsche Biographie
(1875–1910), Neudruck Berlin 1967–1971.

Bächtold-Stäubli, Hanns / Hoffmann-Krayer, Eduard (Hg.)
Handwörterbuch des deutschen Aberglaubens, 10 Bde. (1927–1941), Nachdruck Berlin/New York 1987.

Dvorak, Helge
Biographisches Lexikon der Deutschen Burschenschaft. Im Auftrag der Gesellschaft für burschenschaftliche Geschichtsforschung (GfbG) hg. v. Christian Hünemörder, 1: Politiker, Teilband 1: A–E, Heidelberg 1996.

Gödden, Walter / Nölle-Hornkamp, Iris (Hg.)
Westfälisches Autorenlexikon 1750–1800, Mitarbeit Henrike Grundlach, Paderborn 1993.

Haupt, Hermann (Hg.)
Hessische Biographien, 3 Bde., Darmstadt 1918–1934.

Historisch-Biographisches Lexikon der Schweiz
Neuenburg, 1921–1934.

Historisches Lexikon der Schweiz
http://www.hls.ch

Neue Deutsche Biographie
Berlin 1953ff.

Abkürzungen

A.	Auflage
ADB	Allgemeine Deutsche Biographie
Anm.	Anmerkung
BA	Schweizerisches Bundesarchiv, Bern
Bd.	Band
Bearb.	Bearbeiter
Diss.	Dissertation
F.	Faszikel
Fn.	Fussnote
fol.	folio
Geh.St.Mü.	Geheimes Staatsarchiv, Bayrischer Kulturbesitz, München
GStA	Geheimes Staatsarchiv, Preussischer Kulturbesitz, Berlin
HA	Hauptabteilung
HBLS	Historisch-Biographisches Lexikon der Schweiz
Hg.	Herausgeber
HHStA	Haus-, Hof und Staatsarchiv Österreich, Wien
HLS	Historisches Lexikon der Schweiz
H.V.U.	Haute Vente Universelle
i.d.R.	in der Regel
inkl.	inklusiv
Jh.	Jahrhundert
Lit.	Litera
MdA	Ministerium des Äusseren
NDB	Neue Deutsche Biographie
NF	Neue Folge
Nr.	Nummer
NZZ	Neue Zürcher Zeitung
o.J.	ohne Jahresangabe
OS	Offizielle Sammlung
Reg.	Register
Rep.	Repertorium
S.	Seite
SR	Systematische Rechtssammlung des Bundesrechts
SS	Sommersemester
StABe	Staatsarchiv Bern
StAZ	Staatsarchiv Zürich
StGB	Strafgesetzbuch
St.K.	Staatskanzlei
Tit.	Titel
WS	Wintersemester
z.T.	zum Teil

Personenverzeichnis

A

Abegg, Julius Friedrich Heinrich 392, 395
Alban, Julius Thankmar 27, 29, 51, 80, 83ff., 99, 103, 107, 133, 142f., 166, 189ff., 213, 220, 228ff., 237f., 271, 288ff., 333, 369, 402f.
Aldinger, Zacharias, s. v.Eyb, Baron 7, 11, 17, 161ff., 173f., 181, 184, 186, 210, 249ff., 389, 393, 424
Altermatt, Martin 385
Altorfer, Rudolf 111
Ancillon, Johann Peter Friedrich 36, 108, 145, 192f., 240, 243, 287, 333, 367, 401, 406
Autenrieth, J. 353

B

Bach, Christoph 91, 271
Bader, Karl Siegfried 316
Baron, Joseph 112, 212
Barth, Adolf 103, 271, 426
Barth, Carl Theodor 24, 112, 150, 326, 426
Bauernschmid, Karl Eduard 377
Baumann, August 327
Baur, Anna 50, 113, 345
v.Benzel-Sternau, Gräfin 403
v.Bernstorff, Christian G. Graf 294, 432
Bettelheim, Joseph 174
Bikel, Anna 111
Blasius, Dirk 317
Blickle, Peter 316
Blumenstein, Polizeidirektor 129ff.
Bluntschli, Johann Caspar 45, 271, 333, 377
Börne, Ludwig 328, 395
Bohrer, Victor 117ff.
de Bombelles, Ludwig Graf 36, 166, 174, 240, 337, 349, 394
Bosshard, Jacob 115

Brändli, Gemeindeammann 48f., 57, 110, 115f.
Breidenstein, August 24, 150, 272, 286, 390
Breidenstein, Friedrich 24, 150, 272
v.Brenn, Justizminister 122f., 141f., 372
Briner, Zunftrichter 352
Bruch, Philipp 149f., 227
Brunner, Heinrich 212
Büchner, Georg 17, 24, 37, 175, 271f., 277, 283, 341, 351, 381, 406
Büeler, Lisette 187
Bürki, Friedrich 351
Buonarotti, Filippo 331

C

Carl Albert 34
Casparis, Otto Paul 46, 255, 272, 357
Conseil, Auguste 38, 233, 338, 403
Cramer, Carl Gottfried Wilhelm 52, 84ff., 205, 207, 295, 350
Cratz, Carl 27ff., 45f., 50f., 83ff., 91ff., 133, 135, 151ff., 157, 165f., 195ff., 220, 222, 224, 227ff., 235ff., 255, 261, 272f., 288, 290, 293ff., 329f., 333, 360, 386, 401ff., 417

D

Daniel, Friedrich 154, 386
Danner, Pankratius 351
Dättwiler, Barbara 182ff., 396f.
Demme, Wilhelm Ludwig 263, 314, 321, 425
Dieffenbach, Ernst 26, 88, 91, 94ff., 118, 133, 149, 155, 157, 166, 175, 201ff., 213, 272f., 290, 294, 298, 334ff., 344, 350, 360ff., 371, 384, 386, 390, 403, 405, 410
Dorn, Peter Jakob 32, 101, 127, 133, 157, 207, 230, 375, 380
Dostojewski, Fjodor 314

471

Druey, Henri 29, 273, 414
Dufour, Guillaume Henri 375, 378, 399
de Dufour, Gustave 375
Duncker, Wilhelm 419
Du Pan, Jean-Marc 333

E

v.Effinger von Wildegg, Gesandter 389
v.Ehrenberg, Ferdinand 101, 123, 273
Ehrhardt, Friedrich Gustav 27f., 80ff., 133, 136, 143, 146, 180f., 199, 206, 208, 220, 223ff., 235, 238, 261, 272f., 296, 333, 363f., 386, 420
Engelhard, Reallehrer 161
v.Engelshofen, J.C. Ritter 98, 131, 162, 176, 226, 229, 232f., 242, 323, 384f., 387, 395, 418, 424
Escher, Heinrich 409
v.Escher vom Luchs, Jacob Hans Caspar 104f., 366
Esslair, Ferdinand 358
v.Eyb, Carl August Baron, s. *Aldinger, Zacharias* 6f., 30f., 45, 84, 90, 99f., 112ff., 136, 149ff., 195ff., 220ff., 249, 251f., 256ff., 276f., 386, 388, 390, 393, 395, 397

F

Fauche-Borel 31
Fazy, James 29, 234, 273, 414
Feddersen, Peter 338
Fehr, Jakob 59, 82, 110, 133f., 164, 196, 209, 354, 401f.
Fein, Georg 24ff., 207, 228, 274, 328, 362, 387f., 413, 415
v.Feuerbach, Paul Johann Anselm 12, 343, 353, 358, 360, 376, 388, 392, 409
Follen, August 21, 245, 322, 419
Follen, Karl 21, 234, 244f., 274, 322
Frey, Ludwig 24, 274
Freytag, Gustav 32, 282, 328, 416
Friedrich II. 335
Friedrich Wilhelm III. 22

G

Gärth, Karl 381
Gailfuss, Georg 174, 386

Garnier, Joseph 32, 176f., 371, 394
Geissel, Friedrich 432
Gelpke, Julius 338
v.Gerlach, Wilhelm 123, 141f.
Gessner, Eduard 244ff., 419
Gessner, Heinrich 223, 244ff., 403, 419
Gessner, Salomon 244
Geuther, Willibald 45, 51, 84ff., 100, 205, 207, 274, 295, 350
v.Glümer, Carl Weddo 53, 76, 351
v.Glümer, Claire 53, 136, 140, 389f., 398, 402
Göbel, Georg 100, 180, 199f., 207, 213, 365, 406
v.Goethe, Johann Wolfgang 318, 407
Gondini (Contini), Jacob 198, 402
Gorrizi (Goritzki), Christian 159, 388
Greco, Pasquale 417
v.Grolman, Karl 161, 351f., 367, 395, 408, 423
Groschvetter, Ferdinand 112, 116, 126f., 134, 188, 228, 287, 373f., 377
Gross, Carl, s. *v.Eyb, Baron* 260
Gross, César 332
Gross, Hans 316, 348
Gutzkow, Carl 351
Gwinner, Heinrich 316

H

Haager, Conrad 109f.
v.Haller, Carl Ludwig 32
Harring, Harro 17, 36, 151f., 156, 159, 176, 207, 273f., 386f.
Hauser, Kaspar 117, 176, 261f., 370f.
Hegetschweiler, Johannes 134, 155, 224, 235, 386, 403, 410f.
Hegetschwiler, Caspar 109f.
Heine, Heinrich 328, 351, 413
Henke, Adolph 353
Henke, Eduard 171, 258, 347, 366f., 409
v.Hennenhofer, Major 117ff., 177, 371
v.Hentig, Hans 78, 230, 316, 355, 357, 416
Herrscher, Friedrich 100, 230
Hess, Bezirksarzt 49, 58, 66ff., 82, 102, 168, 176, 186, 210, 220, 239, 242, 275

Hess, Johann Jakob 152, 154, 156, 186, 195, 203, 224f., 235f., 239, 242, 378, 386, 398, 403, 408, 410
Hirzel, Verhörschreiber 79
Hisse, Anton 330
Hitzig, Julius Eduard 321
Hodes, Martin 59, 275
Hotz, Heinrich 88
Huber, Heinrich 110, 115, 346
Huber, Jacob 111

I

Isler, Johannes 111

J

Jacobi, Joel 231
Jacoby, Heinrich 123f., 138, 372, 379
Jahn, Friedrich Ludwig 245

K

Kämmer, Franz 103, 213, 231, 275, 406
Karl von Braunschweig 286
Kelchner, Ernst 191f., 227
v.Keller, Friedrich Ludwig 38, 84, 92, 97, 135, 170, 190, 195, 201, 203, 216, 222ff., 235f., 245, 262, 275, 280, 283, 289, 293, 339, 353, 377, 400, 411
Keller, Gottfried 426
Killias, Martin 316
Kirchmeier, Albert 267
Klapproth, Heinrich Julius 334
Klingler, Johannes 111
Köchli, Anna 48, 109
Kohler, Polizeidirektor 127f., 275, 292
Kombst, Gustav 27, 114, 225, 230, 240, 275f., 290, 294, 298, 338, 340, 398, 411
v.Kotzebue, August 98, 274, 364
Krauer, Statthalter 102
Kühnapfel, Rudolf 351
Kurth, Carl 186, 193, 285

L

de Lamenais, Félicité 188, 276, 287, 363
Landolt, Johannes 368
Landolt, Magdalena 151f.
Lattmann, Jakob 351

Laube, Heinrich 351
Lebert (Levi), Hermann 85, 125, 224, 276, 298, 373, 420
Lembert, Gustav 432
Lessing, Gotthold Ephraim 346
Levi, Hermann, s. *Lebert, Hermann* 124
Leuenberger, Martin 316
Lieb, Barbara 81
Liehr, Ernst 394
Lienhart, Conrad 50, 346, 352
Lizius, Bernhard 32, 94, 100f., 106ff., 118, 127f., 133, 209, 222, 230, 233, 235, 276, 285, 288, 366f., 374, 399, 426
Locher-v.Muralt, Familie 45ff., 58, 76, 80, 82, 88, 91f., 104f., 112, 115, 121f., 132, 134, 139f., 181, 186, 188, 213, 229, 354, 357, 377, 389
Locher-Zwingli, Heinrich 358, 364
Löffler, Karl 315
v.Löw, Carl Ludwig 93, 226, 345, 359, 395
Lohbauer, Caspar 105
Louis XVIII. 325
Louis Napoléon 135, 189, 378, 399
Louis Philippe 189ff., 235, 288, 297, 330, 339
Ludwig, Johann Gottfried 46, 49, 102, 276
Lüdtke, Alf 317
Lüning, Friedrich August 27, 46, 83, 87, 89, 91, 103, 110, 166, 190, 195, 198ff., 206ff., 213, 228, 230, 277, 288, 295ff., 344
Lufft, August 102, 144, 381, 386, 425

M

Mandrot, Advokat 241, 413, 416
Marr, Wilhelm 233, 272, 333
Martin, Christoph R.D. 347, 366, 376, 395, 405, 423
Mathy, Karl 157, 207, 231, 277, 281ff., 387
Mazzini, Giuseppe 7, 24, 27ff., 34, 36, 118ff., 152, 156f., 165f., 177, 189, 196, 226, 230, 236ff., 251, 274, 277, 282, 326, 329ff., 386f., 411, 415ff.
Meili, Johannes 109, 110
Meili, Rudolf 100, 115
v.Meiss Dorothea, 349

473

v.Meiss, G. 341
v.Meiss, Hans 51, 59, 79ff., 90, 93, 96, 99, 101ff., 106ff., 115ff., 147, 150, 153ff., 158ff., 206ff., 242f., 263ff., 349, 390, 403, 408f.
v.Meiss, Hans Konrad 349
Melz, Adolf 358
Mende, Ludwig J.C. 353
v.Metternich, Klemens Wenzel 35f., 107f., 131, 142, 158, 162, 175f., 183, 226, 232f., 241, 323, 333f., 395, 424
Metzger, Daniel 353
Meyer von Knonau, Johann Conrad 105, 178, 180, 223, 366
Meyer von Knonau, Johann Ludwig 366
Michoud, Louis 332
Middendorf, Wolf 316
Mina, General 189, 289, 294
Minoprio, Maggi 174, 393
Mittermaier, Carl J.A. 55, 279, 343, 348, 409, 423
v.Montebello, Herzog 38, 195, 233, 339
Morf, Caspar 109
Müller, Hermann 123
Müller, Johannes 155, 263, 277
Mundt, Theodor 351
v.Muralt, Leonhard 358
Murat von Neapel 325
Muschani, Urban 188, 235, 414f.

N

Nabholz, Bürstenbinder 212
Napoléon 325
Napoléon III. 399
Noë, Karl 131, 232, 323, 334
Normann, David 124

O

v.Odeleben, Baron 125
Oechsli, Wilhelm 31
Oken, Lorenz 23, 87, 134, 207, 272, 275, 359, 378, 401
v.Olfers, Gesandter 126, 128, 138
v.Orelli, Johann Kaspar 325, 417
v.Orelli, Konrad 212, 249
Osenbrüggen, Eduard 314
Ott, Hans Kaspar 335

P

Peter, Ludwig 89
Peters, Georg 24, 112, 150, 207, 285, 290, 326
Pfenninger, Johannes 109
Pfister, Ludwig 314, 353f., 367, 395, 403, 406, 418
de Pitaval, F. Gayot 12, 313
Platter, Felix 353
Prati, Gioachino 234, 244
Pupikofer, Johann Adam 220, 408

R

Radbruch, Gustav 316
Rahn, Verena 210
Ramorino, Girolamo 35
Rass, Elisabetha 345
Rath, Johannes 388
v.Rauschenplatt, Hermann 27, 36, 101, 133, 151ff., 165, 187f., 209, 222, 228, 236, 239, 278, 285, 289, 329, 386, 390, 395, 400, 415f.
Redeker, Eduard Ferdinand 155
Reinke, Herbert 316
Reiss, Ignaz 419
Riembauer, Franz Sales 396
v.Rochow, Gustav Adolf Rochus 146f., 384
v.Rochow, Theodor Heinrich Rochus 18, 32, 34, 96f., 108, 126, 131, 137, 140, 144f., 150, 152, 175, 188f., 192ff., 201, 203, 216, 225ff., 237, 239, 240, 242f., 251, 262, 331ff., 349, 382f., 401ff., 406ff., 421
Roeder, G.W. 419
Romer, Hermann 316
Roose, Th. 353
Roschi, Jakob Emmanuel 102, 126, 129f., 151, 157, 163, 187f., 193, 196f., 200, 202, 205, 208, 212, 221, 227, 243, 278, 377, 383, 386f., 390, 409, 416
Roth, Johannes 151
Roth, Michael 25
Rottenstein, Georg 24, 101f., 151f., 168, 181, 207, 209, 222, 230, 279, 386, 388, 396
Rüttimann, Johann Jakob 56, 209, 249f., 259, 279, 353

Ruffini, Giovanni 156
Rust, Clemens 27, 279
Rusca, Franchino 332

S

Sailer, Ferdinand 6, 88, 98, 116ff., 142, 170, 227ff., 239, 262, 279, 371
v.Salis-Soglio, Johann Graf 335
Sand, Carl Ludwig 98
Santarini, Agent 334, 358, 377
Sartorius, Johann Baptist 345, 358
Sauerwein, Wilhelm 432
Schapper, Karl 25
Schäppi, Catharina 99
Schäppi, Margaretha 51
Schäppi, Peter 50, 99
Scharpf, Christian 150, 207, 406
Schauberg, Joseph 17, 49, 56f., 74, 78, 111, 113, 117, 123, 126, 139, 192ff., 206, 211f., 224f., 233ff., 246, 251ff., 261ff., 279, 352, 368, 409
Schiller, Friedrich 313
Schlutter, Friedrich Ernst 45, 84ff., 103f., 156, 205, 207, 280, 350
Schnell, Carl 127, 134, 157, 189, 280, 287, 374, 378, 399
Schnell, Hans 157, 189, 280, 399
Schönlein Lucas 24, 122, 133, 207, 275, 283, 340, 378
Schoch, Major u. Kantonsrat 177f., 182, 393, 396
Schröder, Ludwig 101, 365
Schüler, Ernst 24ff., 38f., 102, 144, 157, 165, 175, 187, 193ff., 239, 281, 295, 329f., 332, 386f., 409
Schuster, Karl Wilhelm Th. 362f.
Schweizer, Barbara 163f., 179, 252, 256
Schwerhoff, Gerd 318
Scriba, Eduard 157, 207, 330, 332
Sell, Georg Wilhelm August 89, 275, 281, 360, 409
Sennhauser, Heinrich 351
Seydelmann, Karl 358
Siebenpfeiffer Jakob 24, 128, 175, 193, 231, 281, 287, 340
Sieber, Georg 263ff.
Sieber, Jacob David 159
de Sismondi, J.-Ch. Simonde 363
Smith, Adam 153, 385

Snell, Ludwig 11, 21, 29, 132, 157, 189, 196, 199ff., 229, 236, 245, 281, 289, 296, 324, 337f., 399f., 403, 412, 426
Snell, Wilhelm 21, 29, 107, 132, 189, 199, 234, 244f., 282, 290, 322, 324, 408, 414
Soldan, Karl 156f., 207, 282, 387
Steinmetz, Carl Wilhelm 402
Stendhal 314
Stephani, Carl Ludwig Friedrich 46, 82f., 91ff., 199, 201, 205, 224, 227, 230, 282, 295, 369
Stock, Carl August Julius 105
Sträuli, Heinrich 187, 202, 293, 398
Sträuli, Johann Jacob 183
Strohmeyer, Franz 24, 32, 157, 207, 282, 291, 390
v.Stübel, Christoph Carl 409
Sulzberger, Johannes 172
Szent-Györgyi, Ida 153, 161ff., 172ff., 178f., 182, 185f., 199, 202, 210, 217, 249ff., 390, 396

T

v.Tattenbach, Emil Arthur E. Graf 263
v.Tavel, Franz Carl 192f., 282, 287
Temme, Jodokus D.H. 19f, 29, 40, 113, 123, 126, 138f., 243, 247, 282, 372, 419
Trapp, Herrmann Moritz 45, 51, 84, 86ff., 149, 154, 160, 165f., 204, 207, 213, 246, 283, 290, 344, 359
v.Treitschke, Heinrich 137, 141, 220, 226, 228
Troxler, Ignaz Vital 29, 189, 236, 245, 283, 289f.
Tscharner, Carl Friedrich 192, 283
Tzschoppe, Gustav Adolf 403

U

Ulrich, David 56, 160, 222f., 235, 245, 249, 251, 283, 403, 411
Ulrich, Jacob Heinrich 178, 395
Ulrich, Johann Kaspar 170, 283, 343, 409

V

Venedey, Jakob 138, 233, 237, 363, 413
Vincens, Carl 151, 165, 175, 283, 285
Völker, Karl 322, 419
Vogel, Conrad 117
Vogel, Friedrich 262
Voltaire 328
Vuille, Jules 332
Vulpius Friedrich Wilhelm 432

W

Waser, Maria 109
v.Watt, Stadtpolizeidirektor 130
Weingart, Johann August 157, 281, 332
Willoweit, Dietmar 317
Winkler, Jacob 84, 166, 172f., 178, 180, 210, 393
Wirth, Conrad 49
Wirth, Johann Georg August 134, 287, 373
Wirz, David 81
Wit v.Dörring, Johannes 244, 322, 414
Wolf, Carl Ludwig 154, 385
Wolff, Arons 186, 194
Wunderli, Catharina 397
Wunderli, Margaretha 182, 397
Wunderli, Regula 50
Wydler, Heinrich 47, 50

Z

Zachariä, Karl 245
Zehnder, Frau 212f., 225, 405
Zehnder, Ulrich 134, 222, 224f., 272, 343, 390, 403f., 406
Zuppinger, Polizeikommissär 351
Zwingli, Statthalter 49ff., 55, 81, 116, 154f., 168, 244, 259, 352